本书由国家重点研发计划项目"中欧新型城镇化创新平台：文化城市建设与关键技术研究"（项目编号：2016YFE0133400）资助

文化城市建设

理论 · 方法 · 技术 · 实践

周建明　著

中国建筑工业出版社

图书在版编目（CIP）数据

文化城市建设：理论·方法·技术·实践/周建明
著．—北京：中国建筑工业出版社，2023.5
ISBN 978-7-112-26079-9

Ⅰ.①文… Ⅱ.①周… Ⅲ.①城市文化—建设—研究
—中国 Ⅳ.①G12

中国版本图书馆CIP数据核字（2021）第070811号

责任编辑：王晓迪
书籍设计：锋尚设计
责任校对：姜小莲

文化城市建设
理论·方法·技术·实践
周建明　著

*
中国建筑工业出版社出版、发行（北京海淀三里河路9号）
各地新华书店、建筑书店经销
北京锋尚制版有限公司制版
天津图文方嘉印刷有限公司印刷
*
开本：787毫米×1092毫米　1/16　印张：30¾　字数：584千字
2023年5月第一版　　2023年5月第一次印刷
定价：**198.00**元
ISBN 978-7-112-26079-9
（37682）

序 一

我国是拥有"百万年人类史、一万年文化史、五千多年文明史"的古国，中华文明是世界上唯一延续至今并从未中断的文明。类型多样、内涵丰富、数量巨大的文化遗产，展现了源远流长的文化传承、独具特色的精神追求和一脉相承的营城智慧。2021年3月全国人大通过《中华人民共和国国民经济和社会发展第十四个五年规划和2035年远景目标纲要》，明确提出要在2035年建成文化强国。2021年9月中共中央办公厅、国务院办公厅印发《关于在城乡建设中加强历史文化保护传承的意见》，提出要延续历史文脉、推动城乡建设高质量发展。2022年8月中共中央办公厅、国务院办公厅印发《"十四五"文化发展规划》，指出文化是国家和民族之魂，文化的繁荣发展已成为重要的国家战略。

随着我国城镇化发展进入中后期，城市发展必须由以"外延式扩张"为主向以"内涵式发展"为主转变。2015年中央城市工作会议指出，统筹改革、科技、文化三大动力，提高城市发展持续性。国家发改委印发的《"十四五"新型城镇化实施方案》，提出建设宜居、韧性、创新、智慧、绿色、人文城市。《国家新型城镇化规划（2021—2035年）》提出通过传承弘扬优秀传统文化、促进文化旅游融合发展、提升基层文化服务等举措丰富居民精神文化生活、建设魅力的人文城市。以人民为中心，满足人民群众对美好生活的追求已成为新时代城市建设的目标任务。《"十四五"文化发展规划》中明确提出要"加快建设一批有全国影响力的文化中心城市、特色文化强市。支持相关省（自治区、直辖市）建设一批具有代表性的区域文化中心城市和特色文化城市"。文化是城市发展的动力，人民是城市建设的主体，在城镇化的"后半场"与城市文明发展的新阶段，延续城市文化、彰显城市特色、提升城市魅力，促进城市宜居化与健康发展，实现城市物质空间与精神文化建设相协调，是时代赋予的使命。

住房和城乡建设部高度重视文化保护与发展工作。"历史文化名城"是具有中国特色的保护制度，至今已走过40年的发展历程，保护力量日趋增强、保护经验不断丰富。"历史文化保护传承"是名城保护工作的进一步发展，旨在建立分类科学、保护有力、管理有效的城乡历史文化保护传承体系，更加注重保护的完整性与管理的系统性。住房和城乡建设部在组织开展"城市双修""城市更新"试点工作时，也特别强调注重文化传承，为留住城市特有的地域环境、文化特色、建筑风格等作出贡献。

我一直注重城乡历史文化保护传承工作，在中国城市规划设计研究院工作期间主持过多个文化项目的规划工作。在2017年黄帝陵国家文化公园规划设计中，从国家高度、千年尺度重新认识了黄帝陵的独特文化价值，通过对圣地空间保护、寻根功能提升、祭祀游赏线路的规划设计，强化了黄帝陵作为中华文明精神标志的景观风貌与文化功能。在2019年永新古城更新中，将文化放在决定性地位，通过挖掘文化底蕴、修复历史记忆、激活空间价值等措施，结合两年多的努力，古城文化氛围日益浓厚、人居品质不断提升，古城重新焕发蓬勃生机，践行了文化引领发展的城镇复兴。通过这些实践，我切实体会到文化不只是方向，也是城市发展的主要动力。

美美与共，文明互鉴是城市文化发展的重要途径，欧洲是城市化发展与文化城市建设的先行者。"文化城市建设关键技术研发与应用"是中国科学技术部与欧盟委员会科研创新总司建立联合资助机制后，确立的中方资助基金项目。我作为中欧新型城镇化创新平台中方项目负责人，全程参与了这项工作。2017年项目启动以来，中国城市规划设计研究院牵头，协同挪威科技大学、奥地利科技部研究促进署、欧洲城市联盟组织等欧洲研究机构和政府部门，以及中国科学院地理科学与资源研究所、哈尔滨工业大学等国内科研院所，依托城市规划领域的实践，不断深化文化城市建设中的关键技术研究，形成了包括指标体系、行业指南、数字平台、专著论文、国家专利以及联合基地等多项成果，增补了我国文化城市研究领域的不足，为文化城市实践提供了创新思路。

这项研究工作强调成果的国际化交流与本土化落地。2017年初至2019年底，先后在挪威特隆赫姆，比利时布鲁塞尔，中国北京、天津等地组织多次国际学术交流研讨会。我们积极汲取欧洲文化城市发展的有益经验，同时分享我国文化与教育互动、与产业融合、与环保并行、与人民福祉相连的探索与经验，为文化城市国际合作贡献中国经验和中国智慧。时任科学技术部部长万钢、住房和城乡建设部副部长黄艳、欧盟驻华大使汉斯·迪特马尔·施魏斯古特（Hans Dietmar Schweisgut）先生等多次莅临会议，对这项促进国际合作交流、探索中国特色文化城市发展道路的工作给予了高度评价。

周建明博士主笔的《文化城市建设　理论·方法·技术·实践》一书是这项研究的重要成果之一。本书全面总结了国内外文化城市建设的相关理论与实践，在三个方面取得了开创性、系统性成果：一是构建了具有普适性的文化城市建设内容体系。由于城市文化内涵多样，文化城市标准不同，很难进行比照评估与模式推广，书中借鉴欧洲文化之都、东亚文化之都、东盟文化之都、联合国创意城市网络和可持续城市的成果，特别是我国历史文化名城和全国文明城市的成果，构建了具有中国特色的普适性与可操作的文化城市建设内容框架。二是注重以人民为中心的价值理念。以文化基因识别、文化发展定位、特色文化发展和文化城市建设、健康文化生态等，构筑了文化城市建设的逻辑层次。三是应用新技术拓展文化城市测度的深度与广度。通过创新技术方法，形成集成平台、现状评估、规划指引等技术支撑体系，有效应对发展中的新需求与新动态。由于国内文化城市理论研究和建设实践尚处于起步阶段，书中研究成果还有待未来验证和完善，但相信一定会对"城市中国"的文化建设产生很好的指导作用。希望作者再接再厉，在新时代中国式现代化进程中取得文化城市建设研究的新成就。

杨保军

序 二

在世界文明版图上，中华农耕文明独立成章、延绵不绝，是世界唯一延续至今且未曾中断的文明。远古神农氏开创农耕文明的先河，男耕女织、聚族而居的生活方式，千里沃野、精耕细作的生产方式促成了内敛式自给自足的生活形态与组织模式。在漫长的发展历程中，孕育出了百花齐放、百家争鸣的局面。儒释道文化的互融互补，为中华民族生生不息、发展壮大提供了深厚滋养，形成了天人合一、以人为本、家国一体、天下为公、大同世界、和谐向善、诚信包容等独特的优秀传统文化。农耕文明直接影响并塑造了中华文化的个性和特质，这些文化内涵早已融入中国社会的方方面面，潜移默化地影响着中国人的习性与品格。

在中华大地上，随着生产力的提高，聚居形式从穴居野处、构木为巢，演变为早期的聚落、村寨与坞堡，进而发展成更为完善的聚落体系，王城、王都颇具规模并领先于同时期的城市建设水平。至近代，城市又分化出政治中心、经济中心、商贸中心以及交通枢纽、重要港埠、军事重镇等职能类型。城市不仅具有各类职能，而且拥有多样的文化功能。它既能为人们遮风挡雨、供给衣食住行，还能给人们提供丰富的城市景观、施展才华的人生舞台、亲朋好友的聚居场所和令人记忆深刻的生活片断。对于久居城市的人们来说，城市所创造的不仅是物质空间场所，更有非凡的文化与独特的集体性格。

在全球化和城市化背景下，传统地域文化受到冲击。1978年，我国的城镇化率仅为17.9%；2021年，我国常住人口城镇化率达到64.72%。改革开放40年以来，中国的最大变化是城镇化，从乡土中国变成了城市中国。在城镇化浪潮中，部分城市的历史文化快速流失，换来的是"千城一面"的工业化城市景观及与本地文化毫无关联的建筑设施。当老城中挤满了高层建筑、原有的景观格局不复存在；当传统街区不断消失、被大体量的现代建筑所取代；当尺度宜人的曲折街巷被改造、取而代之的是宽阔统一的道路；当浓荫蔽日的街头绿地被不断蚕食、宏大尺度的城市广场占据大量公共空间……当这一切不断成为现实，城市优秀传统文化将难以找到适合的承载空间，留给子孙后代的城市将是失去历史记忆和文化灵魂的"物质空壳"。

2015年，习近平总书记在中央城市工作会议上指出："我国5000多年的悠久文明，城市是一个主要载体。我国古代城市建设，蕴藏着极为丰富且极具智慧的思想观念、理论原则、技术方法。"城市是人类文化的最高体现和重要结晶，文化塑造了一座城市居民的整体性格特征，外化为一种生活态度、生活方式，凝结为城市的独特魅力。文化奠定了一座城市总体的社会价值取向，塑造了城市内在的精神特质，这种精神是城市发展内在、持久的动力。城市文化的变迁深刻地影响着城市的走向和兴衰，一个繁荣的城市必定有着积极健康的城市文化。

党的二十大报告中，30余次提及"文化"一词，提出"推进文化自信自强，传承中华优秀传统文化，促进文化事业和文化产业发展繁荣"等，将文化发展提升到空前高度。近年来，相关部门主办的"文化双年展""城市读书月""艺术交流季"等文化活动不断增多，在提升城市生活质量与公共空间品质等方面发挥着越来越重要的作用。联合国教科文组织开发了多项与文化相关的项目，如创意城市网络，现已成为一个国际交流合作平台，以实现"建设包容性和有复原力的城市"为目标。文化功能的多样性有助于加强城市的创造力，为城市发展提供不竭动力。

关于城市文化发展和文化城市建设的学术研究一直是国内外学界的焦点话题。周建明博士作为中国城市规划设计研究院文化与旅游规划研究所所长，教授级规划师、文物保护责任设计师，中欧可持续城市化中方专家，长期致力于文化遗产保护和文化城市规划建设工作，他涉猎广泛，笔耕不辍，在文化遗产保护、文化城市建设、文化生态保护区规划、文化旅游发展等方面取得了丰硕的学术前沿成果，是我国文化城市研究和建设领域的杰出学者。

周建明博士的专著《文化城市建设　理论·方法·技术·实践》，针对当前文化城市建设问题，结合精心选择的案例（既有国内外文化城市的典型案例，也有作者多年工作积累的实践项目），归纳总结了文化城市建设的理论和方法，研发和吸收了系列实用的新技术，并将其应用于文化城市规划建设实践中。本书思路广阔，多有新见，深入缜密，启发思考，体现了建明博士深厚的学术积累和宽广的学术视野。更难能可贵的是书中对文化城市未来的展望，对我们深化对城市文化的认识和推进文化城市的建设具有一定的指导意义。

说到底，文化城市建设，最为关键的要素在于城市居民群体，在于对全体市民文化素质的培养和提升。要努力提高长期习惯于乡村生活的广大民众融入新的城镇环境的适应能力。大力推进移风易俗，继续开展对搬迁群众生活方式适应性的教育培养，不能满足于"拎包入住换新居"，而应当是"融入城镇新生活"。积极引导进城群众参加群团组织、社会团体，由工会、共青团、妇联及志愿服务组织等开展关爱新迁群众的行动。鼓励引导所在地原有居民与新市民融合交往。在新的城市环境中，不能是同住一层楼却形同陌路人、自扫门前雪不管他人瓦上霜。文化城市建设，不只是要求有宜居的住宅、道路、各项文化设施、完善的生活和工作环境；文化城市还应当是有新型人际关系，上下同心同德，人与人亲密交流、彼此尊重的综合体；要构建彼此亲善、团结和谐、互帮互助的新型邻里关系，努力实现搬迁群众在新居城镇的身份融入、情感融入、文化融入，要争当这一方土地、这一片天的好当家。爱天、爱地、爱建设、爱勤俭、讲道德、爱群体、爱环境、爱城市新家园。有了这样的市民群体，文化城市的建设自然就前景广阔、大有希望了。

文化城市建设是一项长期、系统工程，需要社会各界共同努力。建明博士这部著作作为一份系统性研究成果，可以使社会各界特别是城市规划建设管理者和城市居民更好地了解文化导向的城市建设工作，探索不同城市的特色文化与发展方向，重塑城市的"精气神"。这部著作也是一份人文读本，旨在塑造厚德自强的礼仪之邦的国民性格，建设具有人文关怀与社会包容力的美好家园。相信建明博士的这部著作将为我国城市文化发展与文化城市建设提供极好而有益的指导与帮助。

谨为序。

前　言

　　文化是民族的血脉，是人民的精神家园。文化自信是更基本、更深层、更持久的力量。从全球来看，城市化进程与经济发展水平保持同步，绝大部分的经济增长由城市产生，占全球土地面积3%的城市区域，贡献了全球一半的经济活动。文化在城市社会经济方面也发挥着越来越重要的作用，近十年，我国文化产业年均增速12.1%，贡献了同期GDP比重的4.43%。全球有6.2%的从业者在文化创意行业工作，贡献了全球GDP的3.1%。面对全球文化发展的新趋势与世界环境的新变化、新挑战，联合国教科文组织呼吁建设具有韧性的文化行业与文化数字环境，通过社会参与文化治理，将文化融入可持续发展的框架，并强化文化生态系统的建设。文化城市既是外显性的城市特色景观形象，也是内在性的城市功能与品质，作为城市竞争力的重要组成部分，更是城市文化发展与繁荣的环境支撑，文化城市建设将是城市未来发展的必然方向。

　　回首中国城市化发展历程，自中华人民共和国成立至今，城市化率总体提高约54%，特别是近二十年间，城市化率迅猛提高约30%，在2021年达到64.72%，短短数十年间快速走过欧美国家的百年城镇化历程。中国的社会经济发展在经历快速提升阶段后，客观上已经来到最重要的转型时期。快速崛起的城市里，高楼林立、车水马龙，但尚未形成稳定的文化架构、有力的文化轴心、有效的文化管理机制，一些城市文化存在荒漠化、碎片化、快餐化的问题。规模化、统一化的城市建设模式逐渐成为主流，城市景观风貌日趋千篇一律。全球化又进一步加剧了城市文化与特色危机，盲目追风造成了城市历史记忆割裂、缺乏个性特色，千城一面现象日益严重。更为重要的是，地域特色与传统文化也面临着同样的危机，应对文化危机、加强文化城市建设的历史性任务迫在眉睫。

本书重点研究特色文化传承、城市文化功能、文化城市发展与繁荣及城市文化生态环境等内容。全书分为10章，第1章介绍了研究的背景与时代语境；第2章综述了理论研究与演进情况，明确了相关概念；第3章以城市文化发展的视角，探索并解读了城市文化的特征与内容、发展定位与目标、重点与策略；第4章以文化城市建设的视角，在全面解析国内外文化城市的基础上，归纳了在文化功能、文化设施、文化活动方面的一般经验与效果，构建了文化城市基本指标体系并进行了实证应用评估；第5章至第8章以大量典型案例为依托，分别就历史文化与传统文化、特色景观风貌、文化空间、文化生态四项文化城市建设的核心内容进行了归纳；第9章介绍了在文化城市研究与规划中应用的前沿技术；第10章以全球视角对国内外典型城市的最新实践进行总结，并提出了中国"特色文化城市建设指南"。

本书的理论意义在于提出了中国文化城市的理论和技术支持体系，以多项创新技术建设中国特色文化城市，建立文化城市测评指标，编制规划建设指南，从而支撑建设以人民为中心的城市，提升城市居民的获得感和归属感，提高我国城市在关键领域的竞争力，推动中华优秀传统文化复兴和传承，有效解决中国新型城镇化背景下特色文化城市建设的若干问题。本书的实践意义在于努力解决我国特色文化城市建设过程中遇到的理论难点与技术障碍，这对提高中国特色文化城市建设和可持续城镇化过程中所需的技术水平有重要意义，将为提升我国城镇化的发展质量、推动经济社会转型升级提供强劲的动力。

2012年，作者承接了辽宁省"辽阳县首山新城特色文化城市规划"，属于同期较早开展的文化导向的城市规划项目，规划名称来自中共中央十七届六中全会公报中提出的"特色文化城市"概念。规划探索了在快速城镇化过程中加强城市历史文化保护传承、突出地域特色文化的方法，探索了城市文化与国家主流价值观、人类文明先进成果相结合的路径，也由此形成了本书的最初框架构想。2016年，作者团队申请了科技部基于国际合作的配套基金：国家重点研发计划项目"中欧新型城镇化创新平台：文化城市建设与关键技术研究"，开启了对文化城市更为系统的研究。2019年开始，按文化城市书稿框架，在整理课题研究成果的基础上，开始补充相应章节内容，并于2021年5月中旬形成了初稿，2022年7月底形成了二稿，2022年底完成了送审稿。成书过程中，高晓雪博士、董慰教授、罗启亮高级规划师参与了综述部分的撰写，丁拓、毛凌潇、宋增文、周旭影、陈杰、刘翠鹏、孙依宁参与了书稿部分章节的修改与完善，郭磊、秦子薇、沈薇、关戴婉静、马菲、张园、李佳俊、马诗瑶等提供了智慧应用集成平台和案例城市的材料；特别是周旭影对送审稿进行了多次校改，丁拓对初稿的写作给予了协助，在此深表感谢！感谢杨保军总经济师作为中欧合作项目中方负责人、刘畅主任研究员在科技部项目申报过程中的指导和贡献！感谢王凯院长、张菁总规划师、科技促进处彭小雷处长、计划财务处徐春英处长、经营管理处徐泽副处长，以及罗江、陈萍等同志对课题和成书的大力支持和帮助！感谢参与科技部文化城市建设与关键技术研究的所有同志以及引用案例的所有编制人员！

本书可为城市政府和文化主管部门、城市规划建设管理者和规划设计技术人员、城市与区域文化研究人员、大专院校有关师生参考使用。

目 录

1 导言

1.1 城市发展模式的转型 02

1.2 文化为城市发展赋能 04

1.3 文化城市发展契合国家战略 06

1.4 城市建设现实问题不断凸显 09

1.5 文化城市建设的重要意义 11

2 城市文化与文化城市

2.1 文化研究 14

 2.1.1 文化的概念 15

 2.1.2 文化研究的主要流派 17

2.2 城市文化认知 19

 2.2.1 城市文化的概念 19

 2.2.2 西方现代语境中的城市文化 21

 2.2.3 城市符号与城市意向 23

 2.2.4 城市文化经济与文化消费 25

 2.2.5 文化建设、文化生产并兼具争议反思 26

 2.2.6 国内研究进展 28

2.3 文化城市研究 30

 2.3.1 文化城市的概念与内涵 31

 2.3.2 当代文化城市发展战略与规划 35

 2.3.3 文化城市建设指标体系 38

 2.3.4 历史城市保护与发展 41

 2.3.5 文化空间设计 44

 2.3.6 量化城市研究进展与文化研究中新技术的应用 47

2.4 相关文化概念 53

    2.4.1 历史文化 54

    2.4.2 优秀传统文化 54

    2.4.3 城市文化形态 57

    2.4.4 城市文化生态 57

    2.4.5 城市文化空间 58

    2.4.6 城市景观风貌 59

    2.4.7 文化事业与文化产业 61

3 城市文化发展

3.1 中国传统农业社会的"城市化"转型 64

    3.1.1 从乡村到城市的文化重心转变 64

    3.1.2 快速城镇化造成历史文化破坏加剧 65

    3.1.3 创造兼具独特性与现代化城市文化的时代命题 66

3.2 城市文化内容 67

    3.2.1 文化基因 67

    3.2.2 文化要素 69

    3.2.3 文化遗产 70

    3.2.4 文化形态 71

    3.2.5 城市文化构成 72

3.3 城市文化特征 76

    3.3.1 聚集性 77

    3.3.2 层次性 77

    3.3.3 多元异质性 78

    3.3.4 地域性 78

    3.3.5 辐射性 79

    3.3.6 动态延续性 79

3.4 文化发展定位 80

    3.4.1 文化定位内涵与构成 80

    3.4.2 城市文化定位的意义 82

    3.4.3 城市文化定位的依据 83

    3.4.4 中国城市文化定位的视角 86

3.5 文化发展目标 89
 3.5.1 文化发展目标确定的基础 89
 3.5.2 文化发展目标确定的方向 92
 3.5.3 中国文化发展与文化城市建设的总体目标 94

3.6 文化发展策略 96
 3.6.1 提升文化作为城市发展动力的作用 96
 3.6.2 加强文化事业的建设 98
 3.6.3 促进文化产业的繁荣 101
 3.6.4 规划实践 104

4 文化城市建设

4.1 国内外文化城市解析 110
 4.1.1 欧洲文化之都 110
 4.1.2 联合国创意城市网络 114
 4.1.3 东亚文化之都 116
 4.1.4 国际其他代表性文化城市 119
 4.1.5 中国历史文化名城 119
 4.1.6 中国全国文明城市 121

4.2 文化城市特征与分类 123
 4.2.1 文化城市特征 123
 4.2.2 文化城市分类 128

4.3 文化城市标准 136
 4.3.1 中国文化城市建设基本指标体系 136
 4.3.2 实证研究 141

4.4 城市文化功能 158
 4.4.1 大都市：世界级文化都市建设 158
 4.4.2 老城区、老工业区：文化振兴 159
 4.4.3 中小城市：特色文化发展 160

4.5 城市文化设施 161
 4.5.1 历史文化场所 161
 4.5.2 现代文化设施 165
 4.5.3 数字文化设施 166

4.6 城市文化活动..167

    4.6.1 文化大事件.. 167

    4.6.2 主题活动与节庆活动.................................... 169

    4.6.3 民间文化活动.. 171

5 历史文化保护传承

5.1 物质文化遗产保护与利用......................................174

    5.1.1 国内外文化遗产保护体系................................. 174

    5.1.2 主要类型的保护方法..................................... 177

    5.1.3 历史城镇的整体性保护................................... 180

5.2 非物质文化遗产保护、传承与发展..........................187

    5.2.1 非物质文化遗产特点与保护原则..........................187

    5.2.2 保护方式.. 191

    5.2.3 文化形态的整体性保护................................... 194

5.3 精神文化传承与发展...199

    5.3.1 精神文化内涵认知....................................... 199

    5.3.2 传承发展中华精神文化................................... 200

5.4 制度文化传承与发展...201

    5.4.1 制度文化认知... 201

    5.4.2 制度文化的结构系统..................................... 202

    5.4.3 制度文化传承发展....................................... 203

5.5 优秀传统文化传承与"双创"发展....................... 205

    5.5.1 传承弘扬的原则... 206

    5.5.2 传承弘扬的方式... 208

    5.5.3 中华优秀传统文化创造性转化的主要内容.............. 210

    5.5.4 中华优秀传统文化创新性发展的主要内容.............. 211

    5.5.5 推动中华优秀传统文化"双创"发展......................212

5.6 "软性"体验文化保育与传承................................221

    5.6.1 乡愁认知..221

    5.6.2 乡愁要素解构..222

    5.6.3 乡愁的保育传承..225

6 文化城市特色景观风貌塑造

6.1 城市特色景观风貌的组成 230
　6.1.1 城市特色景观风貌的基本构成 230
　6.1.2 不同文化元素对城市形象的影响..............................231

6.2 城市特色景观风貌塑造的原则 238
　6.2.1 尊重地理环境，彰显地域特色 238
　6.2.2 尊重地域文化，体现场所精神 239
　6.2.3 尊重当地生活，体现风土人情 239
　6.2.4 面向时代需求，促进可持续发展...............................240

6.3 城市特色景观风貌的发展方向 240
　6.3.1 可识别 240
　6.3.2 可记忆 246
　6.3.3 美丽的 250

6.4 城市传统景观风貌的延续 252
　6.4.1 保护历史风貌 252
　6.4.2 留住城市乡愁 255
　6.4.3 营造城市风情 259

6.5 城市当代景观风貌的塑造 263
　6.5.1 依托历史文脉，传统与现代风貌共融......................263
　6.5.2 依靠符号、形式语言，塑造现代城市景观..............270

7 城市文化空间规划设计

7.1 文化空间的组成与分类 282
　7.1.1 文化空间构成要素 282
　7.1.2 城市文化空间的分类 283

7.2 文化空间的建设方向 285
　7.2.1 充分展示地域文化魅力，彰显城市人文活力 285
　7.2.2 富有城市生活温度，体现城市的开放包容 286
　7.2.3 应对当代多元文化与精神消费诉求，
　　　　塑造城市品牌与名片 287

7.3 城市节点与地标区的设计 288
　7.3.1 广场与公共建筑 288
　7.3.2 商业空间 294

7.4 城市文化街区与文化园区的规划 297

    7.4.1 居住社区 297

    7.4.2 小城镇 302

    7.4.3 大学城 306

    7.4.4 文化产业园区 309

    7.4.5 创意集群区 314

7.5 城市整体文化空间的规划 318

    7.5.1 功能设施 318

    7.5.2 景观环境 320

7.6 文化空间建设的实施模式 322

    7.6.1 政府主导 323

    7.6.2 市场推动 324

    7.6.3 社区推动 325

8 城市文化生态建设

8.1 文化生态建设的意义 328

    8.1.1 "技术至上""经济至上"城市建设的问题 328

    8.1.2 良好的城市文化生态 330

8.2 文化生态建设的重点 332

    8.2.1 涵养城市的文化基因 332

    8.2.2 提炼城市的主题文化 333

    8.2.3 打造城市的文化品牌 334

    8.2.4 塑造城市的文化形象 336

8.3 历史文化保护传承与生态建设 338

    8.3.1 线性文化遗产体系 338

    8.3.2 古城文化体系 341

8.4 精神文化培育与生态建设 343

    8.4.1 秉承城市人文关怀 343

    8.4.2 健全城市文化设施与教育体系 344

    8.4.3 统筹城市文化生态管理体制建设 344

    8.4.4 实证研究 345

8.5 现代主题文化的提炼与产业化发展 346

8.5.1 城市特色主题文化的提炼 346

8.5.2 优势主题文化的产业发展 347

9 特色文化城市中的新技术应用与开发

9.1 新技术助力文化城市量化研究 352

9.1.1 文化城市建设科技发展 352

9.1.2 文化城市规划建设新数据来源 353

9.1.3 文化城市规划建设新技术工具 355

9.1.4 文化城市规划建设新技术方法 356

9.1.5 特色文化城市建设技术研发与规划应用 359

9.2 基础信息平台 361

9.2.1 数字孪生城市信息模型 361

9.2.2 文化城市智慧应用集成平台 362

9.3 辅助规划设计 364

9.3.1 基于海量文本解读的文化语义挖掘技术 364

9.3.2 动态人流时空大数据分析技术 369

9.3.3 文化生态保护与文化景观识别 371

9.3.4 区域文化网络引力测度模型 375

9.3.5 基于交互式设计理念的文化空间场景协同平台 378

9.3.6 文化城市活力与文化舆情监控平台 380

10 文化城市建设经典案例与建设指南

10.1 国外文化城市 382

10.1.1 巴黎 382

10.1.2 纽约 386

10.1.3 东京 390

10.1.4 阿姆斯特丹 394

10.1.5 伊斯坦布尔 400

10.1.6 孟买 403

10.2 中国文化城市 405

    10.2.1 西安 405

    10.2.2 泉州 408

    10.2.3 大同 412

    10.2.4 长沙 414

    10.2.5 大理 416

    10.2.6 上海 421

    10.2.7 深圳 425

10.3 文化城市建设经验 430

附录 433

    附录一：欧洲文化之都 433

    附录二：联合国教科文组织创意城市网络 438

    附录三：联合国可持续城市与社区 443

    附录四：东亚文化之都 447

    附录五：东盟文化之都 450

    附录六：国家历史文化名城 451

    附录七：全国文明城市 456

    附录八：特色文化城市建设指南 463

主要参考文献 469

1 导言

在全球跨入知识经济时代以来，文化作为一种重要的地域性资源，开始得到越来越多的关注。城市是文化的表征和载体，也是人类社会演进和文化延续的主要"动因"。当代城市不仅是一个地域性的生产要素和生活要素集聚区，更具有作为凝聚人类文明智慧的"场域"功能，是人类社会性创造的主体空间场所。尽管每个城市都有其自身的发展规律和成长模式，但总体上都因循多样化、综合化和复杂化的发展趋势，都在从单纯满足物质需求走向物质和精神需求并重的发展模式。因此，城市文化建设被提升到了决定一个社会或民族突破创新发展的高度，城市的文化影响力被视作一种独特的国际竞争软实力，城市文化的核心价值正在决定城市的最终价值。

本章将从城市发展模式转型、文化为城市发展赋能、文化城市建设在国家层面的战略意义、城市建设现实问题不断凸显几个方面，以时代背景、发展阶段、国际及国内经验等视角，阐释文化城市建设的必要性。

1.1　城市发展模式的转型

城市是人类文明的创造物，又是人类文明的主要承载地。城市在从农耕文明时代进入工业文明时代再到后工业文明时代的进程中，其功能本质也在悄然发生转变，创新、生产与服务性活动的重要性不断提升。据联合国的城市发展报告及预测[1,2]，1949—1995年属于中国城镇化初期阶段，城镇化水平从1949年的10.64%增长至1995年的29.04%，年均增速较缓；1996—2032年是中国城镇化的中期阶段，城镇化率快速上升（图1-1）。2011年末，我国常住人口城镇化率首次超过50%，2021年达到64.72%，中国进入了以城市为主导的社会。2033年之后，我国将进入城镇化后期，趋于平稳发展阶段。当前所处的快速增长后期阶段，在经济增长的同时，也迫切需要增长方式的转型。

从城市发展的阶段性进程来看，文化城市是城市发展的高级阶段。文化经济的概念是在20世纪70年代由苏联学者莫肖夫等人进行研究后提出的，其中文化被认为是生活条件、物质和精神价值、思想和知识的总体，对社会经济发展有实际推

① 国家统计局. 中国城市化率历年统计数据（1949—2020）[EB/OL]. http://wenku.baidu.com/view/d4a365f4f61fb7360b4c6560.html.

② United Nations Human Settlements Programme.World cities report 2022: envisaging the future of cities[EB/OL]. https://unhabitat.org/sites/default/files/2022/06/wcr_2022.pdf?utm_medium=website&utm_source=archdaily.com.

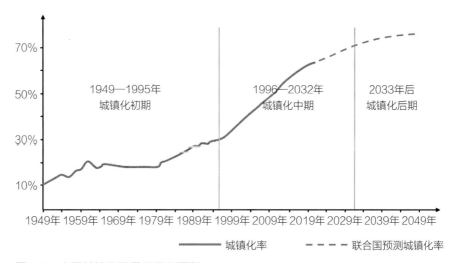

图1-1　中国城镇化发展历程及预测
来源：根据国家统计局1949—2020年城市化率数据、2022年联合国人居署世界城市报告数据绘制

动作用，而且经济发展中的一些反常现象可以通过文化发展来解释和解决。1998年，澳大利亚经济学家 D. 思罗斯比（David Throsby）第一次将"文化资本"引入经济学范畴。文化资本是以财富的形式具体表现出来的文化价值的积累，这种积累引起物品的服务不断流动，形成了本身就具有文化价值和经济价值的商品。文化资本一方面以文化积累和财富的方式直接生产出具有经济和社会价值的文化产品和财富；另一方面以智力投入和创意的形式融入生产过程，获得超出物质生产和精神生产物化形态的体验附加值、审美附加值、科技附加值等文化附加值。

进入20世纪后期以来，随着人类社会迈入知识经济时代，文化的资本价值开始得到前所未有的关注。在经济全球化时代，承接工业文明所创造的物质和精神财富，文化与经济一体化的趋向更加显著，经济发展与文化发展相互融合、相互促进，生产力的进一步发展需要依托精神、文化变革和创新的大力支持。文化的经济化使社会的消费方式发生了巨大转变，人们从此前对食物的数量需求变为对品质、特色的追求，社会生产方式从古典政治经济学背景下的物质生产逐步转变为知识经济时代的精神和文化生产，这也使城市发展需要结合更多的具有文化资本的无形资产以期保证持续而长期的增长。许多城市决策者都把对文化的投资作为制定政策并指导面向未来成功方向的投资，采取以文化为基础的城市更新战略来应对全球经济和社会的各种变化，以挖掘文化对经济的潜力，实现经济可持续发展，甚至表示"21世纪的成功城市将是文化城市"[①]。随着对城市文化竞争

① 朱铁臻. 21世纪成功的城市将是文化城市[J]. 领导决策信息, 2002（46）：18.

力认识的不断深入，中国的北京、上海、广州等中心城市相继提出了建设世界文化中心城市或世界文化名城的战略目标。城市文化也要适应中国从以农业社会为主进入以城市社会为主的发展阶段，创造、建设现代城市文明成为历史的必然选择。

1.2 文化为城市发展赋能

20世纪80年代以来，文化发展日益引起世界各国的关注。在全球化时代大背景下，每个国家、每个地区、每个城市都成为世界经济社会中的一环，不再是发展的孤岛，这也意味着每种文化都拥有了表达与展现的途径。文化自身具有独特的地域属性，无论是在要素层面、制度层面抑或生计层面，都赋予了城市与众不同的价值或意义。

城市文化是城市发展的推动力。文化产业已经越来越多地成为城市经济中的支柱产业，文化生产力也成为促进城市发展、推动经济增长的强大动力。文化创意产业是发达国家经济转型过程中的重要产物，由于附加值高、发展可持续，这一新兴产业越来越为各国所重视，其增长速度远快于整体国民经济增速。文化创意产业还可以产生美化城市形象等外在价值以及带动其他产业发展的多种价值。伦敦文化创意产业产值在2009年达到210亿英镑，成为伦敦第二大支柱产业。近年来，创意产业在英国国内生产总值中的比例已达到8.2%，其增长速度是整个国民经济增速的两倍。1997—2021年，美国核心版权产业平均增长率为7%，其他产业只有3%，核心版权产业是2021年最大的出口产业。文化的发展为社会发展与城市经济增长赋予活力与能量。文化产业的增长可以带动相关产业的发展，促进当地经济结构的多样化，也直接增加了城市的就业机会，欧盟近年的文化产业及其相关产业的就业人数达到总就业人数的4%~8%。"欧洲文化之都"（European City of Culture）活动自1985年开始以来延续至今，已经成为欧盟最成功和最受欢迎的一项活动，每年都有一或两座城市荣获这个称号，在享受称号的一年中，该市不仅有机会展示本市、本地区具有象征性的文化亮点、文化遗产和文化领域的发展与创新，而且能够吸引欧盟其他成员国的艺术家、表演家到该市表演和展出。这些城市也利用文化之都的荣誉和举办活动的机会彻底改造文化基础设施，举办"欧洲文化之都"活动扩大了这些城市的知名度，吸引了更多的游客，促进了文化旅游业发展。

　　城市文化发展体现了人民群众对美好生活的追求。20世纪社会发展的历史已经证明，当一个国家或城市由贫穷走向经济起飞，国民经济人均GDP达到3000美元以上、人民生活水平越过温饱走向小康时，城市社会对文化的需求会显著提升，文化行业将迎来全新的发展阶段。文化空间与文化设施直接改善了城市形象，提高了城市文化品位。世界上许多国家的大城市中心由于是商务区，下班后少有人光顾，怎样恢复城市中心区的活力，并使城市居民能够充分利用中心区的资源，是城市政府的当务之急。实践表明，通过建设大型文化项目吸引人们返回市中心有不错的成效，公共艺术政策的实施结合城市美化手段，如景观设计、灯光、雕塑、壁画、喷水池等，大大改善了城市形象，提高了城市品位。发展城市文化项目，还具有社会效益，有助于城市居民形成积极向上的精神氛围，从而减少犯罪，保持社会的稳定和安全。文化行业的发展也能增进城市内部的经济文化协作，城市文化是城市发展的内在驱动力量。城市经济的发展必须根植于当地的文化环境，城市的文化活动与其所拥有的创造力密不可分。当世界经济发展到知识经济时代，创新能力将左右城市的发展进程。从这种意义上讲，城市文化功能已经成为城市现代化和创新、创意的象征。

　　城市文化提升城市竞争力，塑造了独特的市民性格。著名学者T. 奥里根（Tom Origen）曾表达过"比起其他问题，国家、地区和城市的竞争力是政府在全球化环境中面临的首要问题。作为公开追求'位置'竞争力的后果，各级政府越来越把通信、文化和创造性资源当作竞争比较优势的来源"。文化产业及其相关产业以其强大的创造性激发了城市活力，并直接构成城市竞争力的主要来源。美国奥兰多只是一个小城，1972年，迪士尼乐园在该地建成，迪士尼乐园有83个娱乐项目、16个度假村，每年收入150亿美元，年贸易额约600亿美元，受其带动，奥兰多成为美国经济增长的一个亮点。以文化艺术塑造城市新形象在西方发达国家已经有一些成功的案例，如纽约、毕尔巴鄂等城市都纷纷通过更新与发展文化艺术产业而改变其城市面貌。各种类型的艺术区、文化区、文化街以及文化城市的建设不仅保护了原有文化遗产，也实现了文化资本向经济优势的转化。目前，世界上许多城市已经把"文化立市"提到发展战略的高度，形成了伦敦模式、曼彻斯特模式、巴塞罗那模式、新加坡模式、中国香港模式等，共同特点是对民族文化、艺术加以保护，同时发展文化创意产业，高度重视大众参与，带动市民就业，希望成为文化复兴城市和世界文化中心，以此推动城市在新世纪的发展，使城市获得不竭的活力和竞争能力。

　　城市文化赋予城市个性特色，增强城市的识别性。一个城市的特色，是其历经数百年乃至千年积累而成的，城市特色有着不可移动性，它是一个城市文化与历史的积淀，是人们历经感知、认知到认同的过程。一个真正有特色的城市必然借助着历史的厚重与独特的积淀来凸显其风格。城市特色代表了一个城市的个性特征，不同城市的本质属性借助城市特色得以区分。中国在快速发展的背景下，许多城市景观风貌也在不断趋同，城市在地域性和文化性方面的特色不仅没有被发掘，还被不断削弱。许多学者和城市建设者已经意识到在物质文明高速发展的过程中，也需要对城市文化脉络进行保护和发掘，通过物质形态的塑造和城市文化内涵的融合，塑造城市特色景观风貌。通过聚焦"人文兴城"、城市特色的构建，提升城市自然生态环境质量，优化城市空间，延续城市肌理，重塑城市标志物、城市天际线、色彩、轴线等，以历史文化资源为特色，整合各类城市文化资源，从而更好地延续城市文脉，完善城市蓝绿网络、提升城市空间环境质量，同时提升文化、教育、医疗、康养等生活性服务业，使城市更宜居、更具人文魅力。

1.3 文化城市发展契合国家战略

"文化"引领城市建设是我国新型城镇化的重要理念。国家《新型城镇化规划纲要（2004—2010年）》首次提出了建设"人文城市"的要求。2011年，党的十七届六中全会发布《中共中央关于深化文化体制改革 推动社会主义文化大发展大繁荣若干重大问题的决定》。会议明确指出，文化是民族的血脉，是人民的精神家园。会议还作出了如下决定：推动文化产业成为国民经济支柱性产业，保证公共财政文化投入增幅高于经常性收入增幅，增强国家文化软实力，推动中华文化走向世界。

政策文件：《中共中央关于深化文化体制改革 推动社会主义文化大发展大繁荣若干重大问题的决定》（2011年）（节选）

当今世界正处在大发展大变革大调整时期，世界多极化、经济全球化深入发展，科学技术日新月异，各种思想文化交流交融交锋更加频繁，文化在综合国力竞争中的地位和作用更加突显，维护国家文化安全任务更加艰巨，增强国家文化软实力、中华文化国际影响力要求更加紧迫。……要全面认识祖国传统文化，取其精华、去其糟粕，古为今用、推陈出新，坚持保护利用、普及弘扬并重，加强对优秀传统文化思想价值的挖掘和阐发，使优秀传统文化成为新时代鼓舞人民前进的精神力量。

　　2012年，以习近平同志为核心的党中央站在实现中华民族伟大复兴的战略高度，对传承和弘扬中华优秀传统文化作出一系列重大决策部署，对推进新时代经济建设、政治建设、文化建设、社会建设和生态文明建设五位一体的总体布局作了全面部署，制定了新时代统筹推进"五位一体"总体布局的战略目标。2013年，中央政治局第十二次集体学习时指出：提高国家文化软实力，关系"两个一百年"奋斗目标和中华民族伟大复兴中国梦的实现。2014年，中共中央、国务院印发《国家新型城镇化规划（2014—2020年）》，提出重视人文城市建设。2015年，中央城市工作会议指出"城市发展需要依靠改革、科技、文化三轮驱动，增强城市持续发展能力"。党的十九大报告提出要"坚定文化自信，推动社会主义文化繁荣兴盛"。城市文化发展与文化城市建设是当今中国城镇化进程的内在逻辑，也是中国城市可持续发展的必然选择。

　　改革开放进程和旧城改造、环保、节约、集约等理念催生了新型城镇化浪潮，文化力量在城市发展中的地位日益凸显。新型城镇化是指坚持以人为本、以新型工业化为动力、以统筹兼顾为原则，推动城市现代化、城市集群化、城市生态化、农村城镇化，全面提升城镇化质量和水平，走科学发展、集约高效、功能完善、环境友好、社会和谐、个性鲜明、城乡一体、大中小城市和小城镇协调发展的城镇化建设之路。所谓"新"，涵盖了起点、主题、形式、目标和生活五个方面的创新发展思维，旨在消除过往片面追求城市规模空间扩张的弊端。文化社区及文化城市建设是推进新型城镇化的一种重要发展模式，结合其选址布局特点，应根据地区实际情况充分挖掘地方文化资源潜力，以创新思维为指导，以特色策划和精准营销为宣传策略，完善文化社区和文化城市的文旅项目开发和管理服务，以文化社区和文化城市建设促进地方特色和文化底蕴提升，形成地区独特

政策文件：《国家新型城镇化规划（2014—2020年）》（节选）

　　发掘城市文化资源，强化文化传承创新，把城市建设成为历史底蕴厚重、时代特色鲜明的人文魅力空间。注重在旧城改造中保护历史文化遗产、民族文化风格和传统风貌，促进功能提升与文化文物保护相结合。注重在新城新区建设中融入传统文化元素，与原有城市自然人文特征相协调。加强历史文化名城名镇、历史文化街区、民族风情小镇文化资源挖掘和文化生态的整体保护，传承和弘扬优秀传统文化，推动地方特色文化发展，保存城市文化记忆。培育和践行社会主义核心价值观，加快完善文化管理体制和文化生产经营机制，建立健全现代公共文化服务体系、现代文化市场体系。鼓励城市文化多样化发展，促进传统文化与现代文化、本土文化与外来文化交融，形成多元开放的现代城市文化。

的文化产业集群，将文化力量转变为城镇化发展的动力。

《中共中央关于制定国民经济和社会发展第十四个五年规划和二〇三五年远景目标的建议》的主题词就是"高质量发展"。其中指出，"发展社会主义先进文化，提升国家文化软实力"。国家统计局发布的我国文化及相关产业权威数据显示，2011年至2018年，中国文化及相关产业增加值的年均增速保持在18%左右的水平。2019年，全国文化及相关产业增加值为44363亿元，比上年增长7.8%，占当年GDP的4.5%[①]。根据中国人民大学《中国文化产业发展指数和文化消费指数报告》，我国文化及相关产业增加值持续增长，文化消费综合指数持续增长。2020年，疫情催化数字技术与文化传播融合，也逐渐培养了用户对高质量内容的消费习惯，各圈层的文化消费群体的品质化付费意愿日益提高，呈现从娱乐性消费向知识性文化消费的升级转变。2020年上半年，文化新业态特征较为明显的16个行业小类比上年同期增长18.2%。在推动文化产业发展方面，国家目前已经认定了三批、共计55家国家级文化和科技融合示范基地。文化与数字科技的深度融合形成众多新的增长极，带动各行业推进文化艺术生产消费与互联网、大数据、5G等技术的全面融合，催生多种新兴业态。中央文化体制改革和发展工作领导小组办公室印发的《关于做好国家文化大数据体系建设工作的通知》、《中共中央关于制定国民经济和社会发展第十四个五年规划和二〇三五年远景目标的建议》提出，实施文化产业数字化战略，加快发展新型文化企业、文化业态、文化消费模式。2020年，文化大数据、数字内容、媒体融合、智慧文旅、人工智能、数字文博等领域成为产业融合的新热点，并向文化遗产资源、场馆教育、演艺娱乐、全媒体等行业渗透，不断催生新场景、新模式、新业态。

2021年，《"十四五"文化和旅游发展规划》提出推动文化产业发展融入新型城镇化建设，提升城乡文化品位，在城市更新、社区建设、美丽乡村建设中充分预留文化和旅游空间等要求，依托文化旅游资源，梳理精神谱系。确定的这些方针对城乡文化发展有重要的时代意义。

2022年，中共中央办公厅、国务院办公厅印发《"十四五"文化发展规划》，明确指出"文化是国家和民族之魂，也是国家治理之魂"。提出加强新时期精神文明创建、传承弘扬中华优秀传统文化和革命文化、提高公共文化服务覆盖面与实效性、推动文化产业高质量发展、推动文化和旅游融合发展、促进城乡区域文化协调发展等策略，提出了新时代城市文化建设的重点内容。乡村文化振兴也应充分发挥文化传承功能，推动乡村成为文明和谐、物心俱丰、美丽宜居的空间。

---

① 第四次全国经济普查后，对2017年之后的国内生产总值和全国文化及相关产业增加值进行了修订，故比重相应有所调整。

可见，文化城市建设已经成为关乎国家文化自信的宏大命题，是我国全面推动高质量发展的重要抓手，也是人民增强获得感和实现美好生活向往的重要途径。随着我国从高速度增长全面转入高质量发展，文化导向的高质量发展是当前与未来城市发展的重点。

政策文件：《"十四五"文化发展规划》（节选）
　　文化中心城市建设：支持北京加快建设全国文化中心、世界历史文化名城，上海建设社会主义国际文化大都市，广州、深圳建设彰显国家文化软实力的现代文明之城。支持建设若干具有全国影响力的文化中心城市。
　　城市文化空间构建：依托历史文化遗产、城市文化设施、工业遗址、公园绿地等，连片成线建设公共文化空间，打磨历史文化街区，发展社区文化，构建历史文脉、时代风貌和生态环境交融的城市文化空间结构。

1.4 城市建设现实问题不断凸显

城市建筑特色趋同现象。出现城市特色危机的原因，是对地方特色文化重视不够、保护传承与创新发展不够，以及全球范围内广泛的交流和它所带来的城市建筑趋同倾向。在全球文化环境下，建筑文化全球化也成为一种必然趋势。建筑文化传播的过程一直存在不同程度的相互影响或趋同现象，从希腊时期在地中海沿岸的殖民，到神圣罗马帝国的扩张，使希腊和罗马的建筑文化成为今天正统欧洲古典建筑的源头，也使整个欧洲的文化显现出一定的同质性，形成一个大文化群体，在此后的千年内无论是哥特式、文艺复兴式还是巴洛克风格，都主要在这样一个范围内流传。但这个文化群体的范围最初是伴随着国家扩张而形成的，或者说是对个体而言丧失了选择自主权的文化传播过程；其后进行的传播，又多数是同一个文化内部的变革与更新。期间发生过伊斯兰文化在欧洲一定区域的传播，但多数也是伴随着扩张发生的。建筑文化的真正"全球化"，则始于20世纪前半叶的现代主义运动。作为在人类工业革命已经完全成熟，全球性的联系已经初步建立以后发生的一次建筑革命，现代主义因其与工业文明紧密联系的一整套技术和美学体系迅速传遍了全球，形成了所谓的"国际式"风格。随着现代主义的兴盛到泛滥，20世纪中叶逐渐出现对"国际式"建筑的反思，表达出对这种全球建筑文化的单一化趋同倾向的担忧。因而，现代主义建筑开始走向多元化，一些地方的建筑师开始回归本土，设计地方化的建筑作品，许多建筑师也各自有了不同的风格和立场。然而，这些多元化的发展虽然可以丰富全球的建筑文化，却很难恢复过去建筑文化的地域分布，阻止全球化的趋同——它只不过由早期"国际式"单一化的趋同，变成了多元化的趋同。

城市景观风貌"千城一面"的危机。随着经济快速发展以及全球化时代的来临，我国社会进入转型期，城市发展和城市建设进入了加速期，城市快速扩张、规模化建设，由现代建筑技术主导且缺乏设计的统一建设模式逐渐成为城市建设的主流，这就使城市的景观风貌千篇一律。各地城市在建设过程中盲目追风，导致许多地块建设缺乏有效的规划和控制，如居住小区容积率高，以高强度开发，钢筋混凝土森林不断耸立，作为城市记忆载体的建筑物、雕塑被拆除改造，城市历史记忆被割裂等，造成城市建设趋同化明显，现代城市越来越缺乏个性和特色。

城市文化形态出现断层与失衡。主要表现在以下方面。一是物质文化、精神文化、制度文化三个层面的文化形态发展不够和谐，物质文化发展迅速，其他文化形态发展相对滞后。二是文化多样性正在消失，在发达的网络科技文化与西方强势文化扩张的环境下，文化多样性受到了严重威胁。目前，城市文化需求与供给的矛盾尖锐，城市缺乏足够的可以选择的文化活动内容，市民往往只有"广场舞"等少数形式单调的文化活动，缺乏适合平民消费的健康有益的大众文化、草根文化。培养城市居民的文化认同度、参与度和归属感，才是一个城市凝聚向心力的根本途径和关键举措。三是城市中传统文化生存的底层空间日益消失，人们交往的空间在城市建设中被日益压缩，民间自发的文化活动日益消亡，使传统文化的存在失去了依存空间。四是各种非正式社团正在不断消失，城市文化传承困难。空间场所是人际交往的载体。人类的一切活动都需要特定的场所，而场所的特征必须符合人类特定活动的要求。由于空间的形式会在一定程度上影响人的行为模式和心理状态，因此建设有利于居民形成良好行为模式和心理状态的空间，是社区建设与规划的重要内容。但在城市社区建设中，可以满足邻里交往行为所需要的空间，并未受到建设单位和建设主管部门的重视，小区的规划往往很少顾及邻里交往所需的空间以及和谐文化氛围的营造。建设和谐宜居的现代化城市，应致力于促进文化与经济良性互动、有机融合，在传统与现代之间寻求平衡，积极探索维护特色文化形态与建设新型文化生态之路，打造良好的城市文化生态。

1.5 文化城市建设的重要意义

文化在城市中扮演着愈发重要的角色。R. 威廉斯（Raymond Williams）对文化术语进行了辨析，认为文化作为审美样式和实践，文化作为生活方式，以及文化作为支持人类发展的资源。文化是城市的重要资源，它赋予城市与众不同的个性，创造出令人兴奋的感觉与各种可能性，孕育着新的想法，吸引着各路人才。无论是在发展创意产业推动就业和经济增长方面的作用，还是建立交流或是发展自身的国际声誉，都需要寻找到未来战略发展中的文化定位。特别是在世界城市中，文化更是位于公共政策的中心，赋予城市独特的吸引力。

文化城市是一种不同于"政治城市""经济城市"的新型城市发展模式，核心是一种以文化资源和文化资本为主要生产资料，以服务经济和文化产业为主要生产方式，以人的知识、智慧、想象力、创造力等为主体条件，以提升人的生活质量和推动个体全面发展为社会发展目标的城市理念、形态与模式。一言以蔽之，它最突出的本质特征是，城市的文化形态与精神功能成为推动城市发展的主要力量与核心机制。进一步说，文化城市理念的产生及其在人类实践中的展开，既符合当今世界城市化进程的内在逻辑，也是人类践行可持续发展的历史必然。就前者而言，在后工业社会的大背景下，当今城市不仅远远超越了城市原始的防卫、商业等实用功能，也在很大程度上突破了古代以"政治"为中心、现代以"经济"为中心的城市发展模式；就后者而言，人类有限的环境与资源已无法支撑以"工业化"为中心的现代城市化模式，转变经济增长方式不仅是中国也是世界多数国家的必然选择。传统的以现代工业起家、在后工业社会中又成为文化产业和各种新型经济大本营的城市，则必然首先面临现实的挑战，必须承担率先转型的先锋使命。

城市的最高本质在于"提供有价值、有意义的生活"，这是城市的文化功能高于城市的其他实用功能的根源。当城市的文化功能被城市的经济功能绑架，城市发展就不再服从"城市让生活更美好"的最高本质，这是我国城市化进程中以"城市规划的同质化""崇洋媚外""城市品牌的粗制滥造""低俗化"为代表的"城市文化病"泛滥成灾的原因，也是我国城市特色消失、千城一面、同质发展的深层原因。由此可知，城市特色既是城市文化健康与否最直观的表现形式，也从一个侧面反映出城市发展的质量与真实困境。因而，探索和研究我国城市文化的特色问题，就不能仅仅停留在建筑、规划、设计等硬件和技术层面，而是应该以城市特色的研究与重建为切入点，寻求我国城市化进程面临的关键问题的综合解决方法，从而凸显地域民族特色、体现时代特征、引领未来的城市文化，带动乡村、区域文化发展，展现多样的城市特色、城市性格与行为文化。

中国城市的文化问题，已经在城市的政治与经济发展之后日益成为社会关注的重大问题。文化已经逐步成为城市之间竞争的利器，占据了文化发展的领先地位，拥有强大的文化软实力，就能够在激烈的城市竞争中赢得主动、占得先机；同时，文化也是彰显城市特色、打造城市品牌、促进经济发展的关键。因此，弘扬城市文化，构建完善的文化设施体系，加快文化产业的形成与发展，成为新时期城市发展的重点，建设"文化城市"，已经成为越来越多的城市在未来发展中的选择。文化城市建设既顺应了我国在全球化进程中参与国际城市竞争、积极进行文化转向的时代发展潮流；又体现了我国城市在现代化过程中，以产业结构调整为契机，培育新的经济增长点，加快城市发展内在机制创新，谋求城市转型发展的内在要求。同时，文化城市建设作为我国城市发展的新任务，有利于在城市文化的发展中探索出一条既保障文化的公益性，又充分注重文化的市场性，既坚持艺术原则，又兼顾市场原则的发展之路，对推动城市文化的协调、有序、健康发展有积极意义。

2

城市文化与文化城市

城市文化概念不一、内容泛广；文化城市标准不一、说法不同。按照《现代地理学辞典》，文化城市是指以宗教、艺术、科学、教育、文物古迹等文化机制为主要职能的城市。但在知识经济时代来临以及都市社会生态不断恶化的当下，这个定义已远不能表现出文化城市与时俱进的内涵与意义。文化城市不再是具有单一文化特色的城市，而是强调具有多种功能的综合性城市。从文化角度讲，"城市文化"是一个城市各种文化事象的总和，它是对该城市市民的道德倾向、价值观念、思维方式、社会心理、文化修养、科学素质、外在形象、活动形式等因素的全面反映，而"文化城市"则是这种因素发挥作用的过程和结果。

首先，本章将结合文化的演变过程，梳理不同学科并从交叉学科视角中的文化概念与研究情况出发解释文化现象与城市文化；其次，以"城市文化"为侧重点，梳理城市文化概念、源流演变、文化生产、文化经济、文化建设、文化生产发展等方面的研究情况；再次，以"文化城市"为侧重点，梳理文化城市的概念、内涵、文化战略规划、文化城市建设指标、文化遗产保护传承、文化空间设计、文化城市量化等方面的研究情况；最后，对历史文化、优秀传统文化、城市文化形态、城市文化生态、城市文化空间、城市景观风貌、文化事业与文化产业等相关概念进行界定与辨析。

2.1 文化研究

关于文化概念，一般认为文化是一种社会现象，同时又是一种历史现象，是人类历史发展的产物，是人类所创造的物质和精神成果，包括器物和产品、技术和知识、规范和习惯、信仰和价值等。文化存在的基础在于保持过去的经验，也就是法国社会学家 M. 哈布瓦赫（Maurice Halbwachs）提出的集体记忆。文化记忆的两个主要形式分别是仪式和节日，它们都使群体能够参与到文化记忆之中。书写的出现导致了从仪式到文本建构的文化连贯性的转化。公元前800至公元前200年，人类进入一个重要的历史时期，西方哲学家称之为人类文明的"轴心时代"，东西方几大文明共同进入一个创造性思维集体迸发的时代，对原始文化进行超越和突破，同时也产生了宗教，超越和突破的不同类型产生了不同的文化形态。各文明都出现了伟大的精神导师，他们提出的思想原则塑造了不同的文化传统，也一直影响着人类的生活。

2.1.1 文化的概念

西方语言中"文化"一词的意思是耕作土地，后引申为培养一个人的兴趣、精神和智能。随着社会知识体系的不断发展，文化一词的含义也在不断扩展。英国文化史学者 R. 威廉斯（Raymond Williams）认为："文化是英语中最为复杂难解的两二个词语之一。"在其《文化与社会：1780—1950》[1]一书中，他考证到，从18世纪末开始，"Culture"的词义与用法发生了重大变化。"在这个时期以前，文化一词主要指'自然成长的倾向'以及类比的人的培养过程。但是到了19世纪，文化本身变成了某种东西，用来指'心灵的某种状态或习惯'；其后又用来指'一个社会整体中知识发展的一般状态'；再后是表示'各类艺术的总体'。最后，到19世纪末，文化开始意指'一种物质上、知识上和精神上的整体生活方式'。""文化作为审美样式和实践—文化作为生活方式—文化作为支持人类发展的资源"是对文化概念演变的诠释。

汉语中"文化"的最初含义为"文治和教化"。古籍《周礼》即有"观乎人文以化成天下"；西汉刘向在《说苑》中有"文化不改，然后加诛"，前提是有"人"才有文化，意即文化是讨论人类社会的专属语；"文"是基础和工具，包括语言和文字；"化"是这个词的真正重心所在：作为名词的"化"是人群精神活动和物质活动的共同规范，作为动词的"化"是共同规范产生、传承、传播及得到认同的过程和手段。梁启超认为，"文化者，人类心能所开释出来之有价值的共业也"。[2]

对文化进行的专门研究最早出现在文化人类学家 G. 克莱姆（Gustay Klemn）于1843年出版的《普通人类文化史》中，他把"文化"定义为"习俗、工艺和技巧；和平和战争时期的家庭生活和公共生活，宗教、科学和艺术"，这个定义已非常接近现代的概念了。英国人类学家 E. B. 泰勒（Edward Burnett Tylor）在1871年提出的文化概念被广泛认可，他将文化定义为"包括知识、信仰、艺术、法律、道德、风俗以及作为一个社会成员所获得的能力与习惯的复杂整体"。此后，文化的定义层出不穷，美国人类学家 A. L. 克洛伯（A. L. Kroeber）和 L. D. 克鲁克洪（L.D.Kluck-hohn）合著的《文化：其概念和定义的批评》一书，统计、分析、研究了从1871—1951年，即80余年间关于文化的164种定义，概括了6个类型。（1）列举和描述性的，把文化作为整体事物来概述，试图通过列举的方式把文化所涵盖的内容全部包括在内。以 F. 博厄斯（F. Boas）的观点为代表，博厄斯认为：

① 威廉斯. 文化与社会：1780—1950[M]. 高晓玲，译. 长春：吉林出版集团有限责任公司，2011.
② 梁启超. 梁启超论中国文化史[M]. 北京：商务印书馆，2012.

"文化包括一个社区中所有社会习惯、个人对其生活的社会习惯的反应及由此而决定的人类活动。"（2）历史性的，强调文化的社会遗留性及其传统性。如美国文化语言学的奠基人 E. 萨皮尔（E. Sapir）的定义："文化被民族学家和文化史学家用来表达在人类生活中任何通过社会遗传下来的东西，这些东西包括物质和精神两方面。"（3）规范性的，强调文化的规则和方式属性，具有代表性的是美国人类学家 C. 威斯勒（C. Wissler）的定义："某个社会或部落所遵循的生活方式被称作文化，它包括所有标准化的社会传统行为。"或者强调理想、价值和行为的定义，如 W. I. 托马斯（W. I. Thomas）的定义："文化是指任何无论是野蛮人还是文明的人群所拥有的物质和社会价值观（他们的制度、风俗、态度和行为反应）。"（4）心理性的。①强调文化是调整与解决问题的方法手段，C. S. 福德（C. S. Ford）指出："文化包括所有解决问题的传统方法。"②强调学习，威斯勒认为："文化现象被认为是包含所有人类通过学习所获得的行为。"③强调习惯，美国人类学家 G. P. 默多克（G. P. Murdock）认为："文化是行为的传统习惯模式，这些行为模式构成了个人进入任何社会所应具备的已确定行为的重要部分。"④纯心理学的定义，G. 罗海姆（G. Roheim）认为："对于文化我们应该理解为是所有升华作用、替代物，或反应形成物的总和。"（5）结构性的，强调文化的模式或结构层面。著名的是人类学家 C. 克鲁克洪（C. Kluckhohn）和 W. H. 凯利（W. H. Kelly）的定义："一个文化乃历史上源起于为求生存所作的明显或含蓄的设计体系，此体系为这一群体全部成员，或某部分成员所共有。"（6）遗传性的。它的中心命题是关心文化的来源、文化存在及继续生存的原因等，以 L. J. 卡尔（L. J. Karl）的定义最为简洁："文化的本质正在于团体中过去行为之积累与传授的结果。"克洛伯与克鲁克洪总结了前人对文化的定义，认为文化存在于任何内隐和外显的模式之中，借助于符号的运用得以被学习和传播，并构成人类群体的特殊成就，这些成就包括他们制造物品的各种具体式样。文化的基本要素是传统的思想观念和价值观，其中尤以价值观最为重要。

现代学者对文化概念的认识有广义和狭义之分：广义的文化包括人类在物质和精神发展方面所取得的成果；狭义的文化多指人类精神方面所取得的成绩。《中国大百科全书》（哲学卷）对文化的定义是："广义的文化总括人类物质生产和精神生产的能力，物质和精神的全部产品；狭义的文化指精神生产能力和精神产品，包括一切社会意识形态，有时又专指教育、科学、文学、艺术、卫生、体育等方面的知识和设施，以与世界观、政治思想、道德等意识形态相区别。"《现代汉语词典》给文化下的定义是："人类在社会历史发展过程中所创造的物质财富和精神财富的总和，特指精神财富，如文学、艺术、教育、科学等。"

世界各国普遍认同的是联合国教科文组织（UNESCO）在《世界文化多样性宣言》（2001年）中对文化的定义：文化应当被认为是某一社会或社会群体所持有的一套独特的精神、物质、智力和感情特征。除了艺术和文学，它还包括生活方式、群居方式、价值体系、传统和信仰。

2.1.2 文化研究的主要流派

文化是一个非常广泛的概念，人类学家、哲学家、社会学家、历史学家和语言学家一直努力，试图从各自学科的角度来界定文化的概念。

文化人类学是最早以文化为研究对象并对文化做出定义的学科，它研究人类各民族创造的文化，通过对文化差异性和相似性的研究来理解文化的本质，使用考古学、人种学、民俗学、语言学的方法、概念、资料，对全世界不同民族的文化做出描述和分析。

文化人类学的进化论学派认为，人类社会和文化是不断由低级阶段向高级阶段发展的，不同地区的民族的社会发展大致经历或将经历相同的发展顺序。传播学派以传播的理论来解释文化，认为所有文化开始于一个或多个特殊区域，然后向全世界传播，不同文化的相同性是许多文化圈相交的结果，强调实证方法。功能学派认为任何一种文化现象都有满足人类实际生活需要的作用，即都有一定的功能，它们中的每一个与其他现象都互相关联、互相作用，都是整体中不可分割的一部分。心理学派认为心理决定文化，从人们的心理特征上来解释文化差异，以人性、人格与文化变迁为研究主题，寻找个人人格和社会文化的相互作用、相互影响所形成的文化模式。"二战"之后，结构主义学派首先提出把音位学中的结构分析法运用到人类学研究中，运用结构分析法从混乱的社会现象中找出秩序，通过建立概念化的模式来理解社会结构的全部过程。认知人类学是在人类学中进一步应用以心理动态学为着眼点的研究方法。象征人类学关注社会构成原理，是把文化当成象征符号体系加以探讨的人类学。解释人类学认为人类学就是对人类文化的解释，把"文化"作为文本和文献来解读，探究这些文本和文献背后的意义。此外，经济人类学，是研究人类各种社会的经济生活、经济制度及其演化规律的文化人类学分支学科。政治人类学，是政治学和人类学的交叉学科，它用人类学的方法、知识、原理解释人类政治现象的起源、机制和发展，注重研究人类早期社会和初级社会的政治和政治关系。

马克思主义观认为文化的实质性含义是指人化或人类化，即人类主体通过社会实践活动，适应、利用、改造自然界客体而逐步实现自身价值观念的过程，其体现既有自然面貌、形态、功能的不断改观；也有人类个体与群体素质的不断提高和完善。

哲学的存在主义学派认为，文化是对一个人或一群人存在方式的描述。人们存在于自然中，同时也存在于历史和时代中；文化是指人们在这种存在过程中的言说或表述方式、交往或行为方式、意识或认知方式。文化不仅用于描述一群人的外在行为，还包括作为个体的人的自我心灵意识和感知方式。

文化哲学学派是从哲学角度研究文化的本质、特征及其发展规律的学科，认为文化从本质上讲是哲学思想的表现形式。在文化哲学看来，人是文化的存在，即能够以精神的劳作进行文化创造，并通过文化的创造进行自我创造的存在。一方面，人类能够通过精神的活动赋予对象以意义，使对象变成符号化的意义；另一方面，人又要融入符号化的意义，通过符号化的意义确认人自身。人创造文化，并寓于特定的文化中，人通过文化的创造进行自我创造。因此，真正的人的哲学不是自然哲学、精神哲学或宗教哲学，而是根植于人的现实性的文化哲学。

文化政治学是研究权力的不均衡分布以及意义的产生与变异的文化研究领域，一个民族在特定时期普遍奉行的一整套政治态度、信仰、情感、价值等基本取向，影响甚至决定着一个民族或每个政治角色的政治行为方式、政治要求的内容和对法律的反应。每一个政治实体创造文化，都会将自己的价值观和利益置于文化的中心位置，而且都企图用这种文化将其他政治实体组织到自己的政治框架和利益框架中。传播文化的过程，就是建立权威和谋求利益的过程。这种现象就是文化政治现象。对这种现象进行关注、描述和研究，就是文化政治学。

文化经济学是一门新兴的交叉性学科，研究文化与经济的关系，文化经济学的研究对象并不是文化本身，而是在生产文化、供应文化和使用文化的活动过程中表现出来的经济现象，是从文化理论与经济理论的互相结合上来考察文化商品的运动、变化和发展的客观规律。

文化语言学，根据 E.萨皮尔与 L.沃夫（Lee Whorf）的看法，语言是人们将这个世界概念化的唯一途径，所以先有语言才有思想。语言的背后是有东西的，而且语言不能离开文化而存在，文化语言学研究语言、思维与文化的关系，认为文化是基于语言的文字表达和组织，包括一个国家或民族的历史、地理、风土人情、传统习俗、生活方式、文学艺术、行为规范、思维方式和价值观念。

文化地理学是研究人类文化现象地域分异的一门人文地理分支学科。它研究地表各种文化现象的分布、空间组合与发展演化规律，以及有关文化景观、文化的起源和传播、文化与生态环境的关系、环境的文化评价等方面的内容。文化地理学的研究，旨在探讨各地区人类社会的文化定型活动，人们对景观的开发利用和影响，人类文化在改变生态环境过程中所起的作用，以及该地区区域特性的文化继承性，也就是研究人类文化活动的空间变化。

历史学注重对人类历史文化的研究。从发展趋势上看，历史学正愈来愈从局部事件的研究向政治史、经济史、思想史乃至更为综合的文化史方向发展，历史学的文化意识逐渐增强，使之与文化人类学愈来愈接近，历史学研究的是"文化的化石"，文化人类学研究的是"活的文化化石"。

社会学对文化最简单的说法是：凡人类不是凭生物本能而做出来的任何事物，都可以认为是文化。社会学研究人与人、人与群体、群体与群体之间的关系行为，而这些关系与行为背后的指导因素却是一系列文化观念。文化人类学与社会学的区别是，社会学研究侧重于研究人与人、群体与群体、个人与群体之间的关系；文化人类学则侧重于研究人与群体的行为。

社会生物学将达尔文的物竞天择原理应用于社会行为研究，认为所有的社会行为都是基因或生物因素所造成的，深植于我们的基因构造中，而不是通过学习得来的。

2.2 城市文化认知

关于城市文化概念界定，不同学者研究视角和方法不同，对此有不同的理解和描述，目前尚未达成共识。一般认为，城市文化是具有鲜明城市特点的一种文化，它强调的是具有标志性的或内在价值特征的地域文化，从而使城市充满朝气或独特性，这就是城市文化的价值所在。此外，城市文化作为一种经验性的概念，也常指被外界所感知的，一座城市的物质特点和意义构成模式。

2.2.1 城市文化的概念

"城市文化"是文化的一种特殊地域类型，随着社会劳动分工的加深而产生。城市是人类适应环境的一种特殊方式，在不断适应环境的过程中，产生了不同地域、不同时代特色的生活方式、行为模式与建筑形式，亦即产生了具有时代特色和地域特色的城市文化。作为文化的组成部分和的独特文化现象，城市文化反映着它所处的时代、社会、经济、科学技术、生活方式、人际关系、伦理道德及宗教信仰等。"城市文化"特指一个城市利用文化传承、文化创造、文化汲取等，并通过城市建设和文治教化使其具有的独特形态、形象、特征、精神和品格。

城市文化包括一座城市在历史长河发展中创造和形成的、为该城市社会成员所共有的物质财富和精神财富的总和。它包括城市的历史文化、发展变迁、功能地位、社会结构、人口构成、文化产品、精神风气、建筑形态、符号系统等，还包括市民的思维方式、生活方式、行为方式、生活哲学、人格类型、价值准则、文化习俗、伦理亲缘、宗教信仰、民族精神等。城市文化的构成类型有城市物质文化、精神文化、制度文化、行为文化等。总之，城市文化是由众多复杂要素结合在一起的综合整体，是一种文明形成的群体行为模式和生活方式，是物质文化与精神文化的统一。

文化城市是以宗教、艺术、科学、教育、文物古迹等文化功能为主要职能的城市。城市的文化主题性是指能够反映城市精神、城市特质的文化特征，是伴随城市始终的有别于其他城市的主体风格和独特气质，是一个城市的特质所在，任何一个城市都有自己的文化主题性。作为人类物质和文化的聚集地，城市在不断演进与更替的过程中，通过自身集中的物质和文化力量加速了人类交往活动的进程，并通过城市中的各种有形的物质形态载体和非物质的意识形态载体把文化世代传承下来，形成城市文化。

城市文化作为城市社会的重要构成要素，是城市的内核和灵魂，也是城市的实力和形象，更是现代城市竞争力的重要表现和城市发展的内在精神动力，对城市的可持续发展有着重要的推动作用。一个城市的文化决定着城市品质、展示着城市风貌、塑造着城市精神、明确着城市定位、支撑着城市发展。城市文化发展水平往往代表着一个城市文明程度所能达到的最高水平，城市文化的提升则是城市发展的最终任务。

目前，我国学术界主要从城市角度和文化角度两个方向进行概念辨析：从城市本身的特征出发进行定义的模式是以城市为中心，根据城市自身的发展状况衍生出城市文化的含义，认为城市文化是城市市民在长期的生活实践中所创造出来，具有城市具体地域特征的文化模式，如张瑾基于文化在城市化进程中的表现和作用，把城市文化定义为城市人格化的空间表现以及城市主体所具有的共同行为方式和价值观念[1]；从文化的定义推理演绎则是以文化为核心，认为城市文化仍属于文化范畴，是人类在认识世界和改造世界中创造的精神财富和物质财富总和，只不过将其范围缩小到某一具体城市，如任平[2]和宗海勇[3]等认为城市文化是由城市和文化共同形成的统一体，表现在物质层面和精神层面，其本质是文化主体和城市之间所构成的各种关系的总和。

① 张瑾. 我国城市文化建设存在的主要问题及其对策[J]. 中华文化论坛，2015，3（3）：5-10.
② 任平. 当代视野中的马克思[M]. 南京：江苏人民出版社，2008.
③ 宗海勇. 马克思文化思想对当代城市文化发展的哲学反思与批判[J]. 社会科学论坛，2015（5）：231-236.

　　城市文化也有广义与狭义之分，广义的城市文化是指涉及城市和文化的物质财富和精神财富的总和，它包括了思想意识，物质和精神产物，传播科学技术、教育和文化知识，开展文化娱乐、旅游、展览、收藏等各项活动，以及人们在生活中所追求的理念、传统、信仰、制度、风俗、经验等。狭义的城市文化是指城市社会成员在城市长期的发展中培育形成的独具特色的共同思想、价值观念、基本信念、城市精神、行为规范等精神财富的总和。出于城市文化的复杂性，我国学者通常是通过明确城市文化指向的具体对象来对其进行讨论与研究的。如杨东平、张钟汝、章友德等学者就提出，城市文化是市民在长期的生活过程中，共同创造的、具有城市特点的文化模式，是城市生活环境、生活方式和生活习俗的总和[1],[2]。《中外城市知识辞典》中提出城市文化可以分为物质文化和非物质文化两个方面，"前者属物质的或有形的器物用品，如城市建筑、园林、教堂、公共文化娱乐设施、交通工具等；后者则为社会心理、价值观念、道德、艺术、宗教、法律、习俗以及城市居民的生活方式等"[3]。

　　总的来说，城市文化涉及三个要点：①城市文化是一个广泛的视角，它并非单指某特定城市的文化，如文教设施、人的知识水平、教育程度等单一的文化形象，而是包括了城市所创造的一切物质文化和非物质文化总和所形成的整体景象；②城市文化是一种综合认识的结果，即主体整体对某城市客体的总印象。它不是单独个体的认识，也不是多数人对城市文化个别要素的认识，而是多数人对一个城市的总体认识结果；③城市文化是生态文化与社会文化的结合，物质文化、制度文化与精神文化的统一，它们共同构成了城市文化的基本条件和组织架构[4]。由此也可以看出，城市文化处在整个社会的前沿，最能体现时代特征。

2.2.2　西方现代语境中的城市文化

　　早在古希腊时期，雅典的发展就与其城市文化的繁荣密切相关。随着工业化与城市化的发展，对城市文化的研究进入了新阶段，理论界对城市文化更加关注。国际上对城市文化的研究，以20世纪末至21世纪初为界，分为前后两个阶段。在20世纪，人类文明凸显的是工业社会文明和后工业社会文明，研究主要涉及城市文化和城市特色文化；在21世纪，人类文明凸显的是城市文明，研究主要

①　杨东平. 城市季风[M]. 北京：东方出版社，1994.

②　张钟汝，章友德. 城市社会学[M]. 上海：上海大学出版社，2001.

③　刘国光. 中外城市知识辞典[M]. 北京：中国城市出版社，1991.

④　陈柳钦. 城市文化：城市发展的内驱力[J]. 理论学习，2011（1）：108-114.

涉及城市文化建设。

工业革命不仅推动了生产力迅速发展，同时促进了近代城市兴起，由此也带来一些城市问题亟须解决。各国学者纷纷著书立说，阐述各自的观点。如 G. 西美尔（Georg Simme）的《大都市与精神生活》（1903年），指出了城市空间对城市人格的塑造及对城市人行为方式的影响。西美尔将现代社会人们之间"非个人化"的交往方式与现代城市环境中流通的大量不同的想法、态度、意见和生活方式联系起来，认为现代城市是一个舞台，大量的信息不断刺激、影响着生活在城市中的人。现代都市人已经学会了如何处理城市生活带来的问题，专注于那些能让他们在城市中成功生存的经验，屏蔽周围环境中个人本质需求之外的信息和经验。L. 沃思（LouisWirth）的《作为一种生活方式的都市化》（1938年）直接从生活方式的角度研究了城市文明，认为人类现代文明开端的显著标志是大都市的成长。凯文·林奇（Kevin Lynch）的《城市意象》（1960年），探讨了如何通过城市形象使人们对空间的感知能够融入城市文化。刘易斯·芒福德（Lewis Mumford）在《城市文化》（1938年）中全面论述了城市发展和文化发展的因果关系，而在《城市发展史》（1961年）中则关注社会文化问题对城市发展的影响，主张复兴城市和地区的文化遗产。

美国学者以"一战"之后的现代城市社区为经验母体，芝加哥学派学者 E. 伯吉斯（Ernest Burgess）、R. 帕克（Robert Park）、L. 沃思等人认为，城市是"文明人"的自然居住地（the natural habitat of civilized man）。其中，沃思在《作为一种生活方式的城市主义》（1938年）中从三个角度定义了现代社会，第一是"物理结构"，第二是"特定的社会组织系统"，第三是"一套态度和观念"。他认为，在现代社会中，城市生活的特点是功利主义和效率。城市的密度和整体的异质性导致城市居民个体生活在相对同质化的社群中，从而在城市中形成了"社会世界的马赛克"（mosaic of social worlds）。而城市人在不同社群之间过渡是困难的，众多社会秩序、规范加剧了城市生活的分隔。

20世纪60年代以后，西方国家先后步入后工业社会，城市建设也得到进一步发展。人们开始从不同角度对过分强调功能城市引发的问题进行反思。如 C. 亚历山大（Christopher Alexander）的《城市并非树形》（1965年），指出城市复杂的现状环境反映了人类行为以及深层次的需求，体现了城市文化的价值。舒玛什的《文脉主义：都市的理想和解体》（1971年），提出文脉主义理论，强调对城市中已经存在的内容应尽量设法使之成为城市的有机内涵之一。挪威城市建筑学家 C. 诺伯格-舒尔茨（Christian Norberg-Schulz）在1979年提出"场所精神"概念。在其《场所精神——迈向建筑现象学》一书中，他认为人的基本需求在于体验其生活情境，艺术作品以及建构筑物的目的则在于"保存"并传达意义，借以满足人的需求。上述学者虽然对城市文化有着不同的理解，但都指出城市建设要解决的实际问题不仅仅是物质对象，还应该包括丰富的城市文化。加拿大作家J·雅各布斯（Jane Jacobs）在《美国大城市的死与生》（1961年）中认为"多样性是大城市的天性"。同样，在法国诗人 C. P. 波德莱尔（Charles Pierre Baudelaire）和德国思想家 W. B. S. 本雅明（Walter Bendix Schoenflies Benjamin）看来，城市为多样、开放的公共生活的形成提供了潜力。

　　进入21世纪，国际上对城市文化产业与城市竞争力关系的研究掀起了新的热潮。文化产业对城市文化的贡献不断提升。美国学者 R. 斯坎伦（Rosemary Scanlon）撰写的《纽约市对艺术事业的扶持》、加拿大学者 C. 兰德利（Charles Landry）撰写的《伦敦：文化创意城市》、加拿大学者 A. 高特列波（Alan Gottliepo）撰写的《多伦多：一座国际化都市面临的挑战》都以翔实的数据、生动的事例论证了文化建设对一个城市的发展所发挥的重要作用。美国哈佛大学教授 J. 奈（Joseph Nye）所著的《软力量——世界政坛成功之道》，为研究城市文化软实力提供了富有启发性的观点和可以借鉴的资料。

2.2.3 城市符号与城市意向

　　如前所述，学者对城市文化的研究是跨学科、多视角的。但总的来说，他们对一系列相似的问题感兴趣，即文化如何赋予城市空间以形态和意义。具体来说，包括不同历史时期、不同社会体制下，凝聚各个民族、社群的文化观念与生活方式的特征和形态是怎样的？这些文化观念与生活方式如何通过物质形式（图像、装饰、服装、饮食、建筑）与空间结构（聚落、社区、城市）进行差异化的表达？这些表达怎样在不同的地域空间、社会结构中分布？因而，对城市文化的研究需要论述与分析文化物质符号与结构表达、主体观念与文化实践、地理空间结构、社会制度结构之间的相互关联。

　　在欧洲学者对城市文化展开的分析研究中，符号学（semiotics）是主要的认识论和方法之一。符号学的视角和方法，帮助他们实现对城市空间形态或更广泛的定居空间形式，如对村庄、部落营地等形态进行社会意义维度的解读。符号学研究的基础是符号（sign）的概念，它最常见的定义是来自瑞士语言学家 F. 索绪尔（Ferdinand de Saussure）。对索绪尔来说，符号是由人们通过一些社会行为构建的，具有物理性、口语化的文化形式（如文本、图像、建筑），以及要求传达的基本概念组成。继而，对于城市符号学（urban semiotics）研究者来说，物质空间对象是社会意义的载体，而人类的符号行为（symbolic act）总是涉及物质及其相关的社会话语。

在城市符号学传统中，学者的主要研究对象是城市空间的构成元素，例如街道、广场、建筑和外墙。符号学分析的对象也常常被扩展到包括财产所有权的代码、规划的书面文本、设计师的计划、城市用户的城市话语和房地产广告上。他们把这些对象当作文本，试图发掘其形态和结构的深层逻辑。比如 P. 布登（Pierre Boudon，1986）对突尼斯老城进行的空间语法分析，从5个基本的空间要素开始。然后他制定了4套互补的规则，用这些规则作为他的空间语法的抽象基础。他的目标是构建一套深层次的语法，将经验元素作为一个表面结构，并明确指出它们所具备相对普遍性的深层规则。

当把城市环境作为一个有意义的实体时，大多数美国学者首先会想起凯文·林奇关于城市意象（image）的经典研究。林奇通过心理地图（cognitive mapping）来获得居民城市生活经验中的意义的方法已经成为认知地理学的基石，因此代表了目前研究城市符号的主要手段。但是，后来的学者也很快注意到林奇方法的不足，如城市居民对城市环境中符号的理解被简化为对物理形式的认知。此外，林奇所强调的物理特征，即著名的路径、边缘、节点、区域、标志物等5个方面的要素，将城市居民对城市环境的使用简化为单纯的运动（movement）。其主要问题是，他将空间认知（spatial cognition）作为主要分析对象，但是却忽略了感知（perception），忽视了城市居民对城市符号社会意义理解建构的重要维度。

学者们多年以来对城市符号研究的发展证实了城市居民对城市图像符号感知和认知的社会基础。从制度的视角看，文化符号也是城市权力控制的强有力工具。学者们对19世纪末和20世纪初城市的研究，特别是对 G. 奥斯曼男爵（Baron Georges-Eugène Haussmann）领导改造的巴黎，以及对维也纳、圣彼得堡和柏林的研究，充分显示了文化符号、城市空间和社会权力之间的共鸣。学者们对20世纪下半叶以来城市发展的研究指出，为促进城市经济发展，不同城市采取了不同的文化战略。有些侧重修建博物馆和其他大型文化建筑，也有些侧重保护城市或区域中心的建筑地标。这些战略的共同点是，它们将文化的多个层面和冲突简化为一个连贯的视觉表现。因此，文化作为一种"生活方式"被纳入"文化产品"，如生态景观、历史文化街区或文化建筑，它们提供的"文化服务"可以普遍被消费。这些研究指出，社群的身份建构是在空间和社会实践的相互作用下形成的。现代化的内涵在城市意向与物质空间建构的过程中，是一个颇具争议的领域。社群之间的冲突使文化研究成为城市研究的必要工具，为城市研究注入了新的活力。文化符号为图像和记忆的来源，它表达着特定社群与地方的归属关系，这点在城市历史文化建筑、街区、景观的感知和认同上表现得尤为明显。从社会学的角度来说，环境意象认知的形成并非个体化的，不同的个体对城市印象的认知和理解是不同的，这取决于他们的社会位置和所在社群获得的群体生活经验。正如段义孚（Yi-fu Tuan）所建议的，人类有基本的时间和空间概念，但是他们对环境的概念化理解是一种经由学习获得的社会产品。因此，在理解普遍持有的城市形象构成时，重要变量是社会与文化经验。

2.2.4 城市文化经济与文化消费

近年来，城市符号经济（symbolic economy）越来越受到学者们的关注，国内外学者从各个不同角度将城市文化与新型经济发展模式联系起来。城市"特色文化"越来越多地被视为城市的经济引擎，尤其是作为旅游景点开发、文创产业发展，以及在吸引受过较高教育的人才，进而吸引那些试图雇佣他们的企业方面，呈现出独特的竞争优势。艺术、食品、时尚、音乐、旅游等文化消费以及迎合文化消费的行业增长，推动了城市符号经济发展，也使城市的独特性受到广泛关注。

一些研究者从世界经济和社会阶层结构的变化出发，解释城市符号经济的兴起，也特别关注了城市决策者利用文化景点、机构和活动来向投资者和游客推销城市的策略。他们首先观察到，开发商和当选官员通过推销地方的文化价值来寻求投资资金，而将城市文化"神话化"，作为一个场所来出售则是其一般策略。他们在解释当权者对文化的重视时，提到了资本主义经济制度下，城市越来越多地呈现同一性或"无场所性"（placelessness），这使得"差异消费"（consumption of difference）被普遍地想象和放大。从物质的角度来看，城市经理人强调文化空间，如纪念碑、艺术收藏品、表演空间，甚至是商业街，作为文化性物质要素在历史过程中所积累的独特意义。从这个角度看，文化是一个城市便利设施的总和，使城市经理人能够将其作为竞争投资和争取工作机会的筹码，即一个地区的"比较优势"。对符号经济在城市生活中兴起且繁盛的另一种解释是，受过高等教育的专业人士和高端服务阶层的工作在某种程度上仍然集中在城市，他们有强烈的获得文化消费和服务的需求。劳埃德（Lloyd）指出，艺术家波希米亚式的生活方式及在当地的文化实践对城市的经济发展有利，他们无意识地迎合了生活方式体验的制造和销售，推动了像酒吧、餐馆、俱乐部、咖啡馆、画廊和设计公司等"审美经济"（aesthetic economy）业态的发展。因此，20世纪80年代以来，关于绅士化的讨论往往集中在受过高等教育的城市中产阶级的文化诉求上。人们也重新评估了文化和城市在构建现代身份方面发挥的关键作用。

从指导实践的角度出发，R. 佛罗里达（Richard Florida）提出了创意城市思想，倡导城市规划与建设部门通过创造振奋的生活、工作或旅游场所，来达到吸引人群和资本的目的。佛罗里达认为，都市核心区如果能容纳一群"波希米亚人"，如高科技软件业者、艺术家、音乐家、同性恋等，那么该城市的经济发展水平则高度发达。佛罗里达统称这样富含创意的群体为"创意阶层"（creative class），并设计出一系列指标，包含"波希米亚指数""同性恋指数""多样性指数"，并通过测评这些指数对都市发展潜力进行排名。他声称，一个重视培育创意群体且包容开放的城市环境，可以吸引更多有创意的人、企业与资本。因而，他认为，要吸引并留住重点的高等人才，需要注重修建如体育场馆、标志性建筑和购物中心等城市要素性建筑。

2.2.5 文化建设、文化生产并兼具争议反思

一般来说，"文化建设"嵌入在现代化的思想框架中，强调建设主体的权威性和建设过程的运动性，侧重文化的"精神层面"。"文化生产"与政治经济逻辑相关，强调不同社会阶层的价值诉求、资源条件的联系和互动，强调文化的"物质层面"。而"文化构建"则在日常生活的语境下，强调作为"进程"的文化以及多元主体参与。三者建立在不同文化与社会结构的关系假设之上，强调不同的文化价值、文化主体、文化形态，对城市空间的形成亦有不同的理解。

城市形态史学家刘易斯·芒福德认为，在现代欧洲，意大利城邦国家巴洛克风格是"统治者"作为理性权威与"现代化文化建设"共生关系的开端。文化建设要求视觉的、理性的和有纪律的社会公共形式，体现在建筑、公众习惯、城市设计、公共仪式中。他用笛卡尔式的语言写道："这是巴洛克思维的成功，空间被组织，使之连绵不断，并将其简化为标准和秩序"，但高度统一也削弱了城市的个性与特色。另一个被广为批判的城市文化建设的案例是奥斯曼对巴黎的改造。从柯尔贝尔开始，法国国家建设的现代化主义者就致力于将仔细计划的集权化行政网格模式叠加在当地现存的交通网络上。他们的计划就是将公路、运河，最终还有铁路排列成像车轮的辐条一样，从巴黎呈放射状发出，尽管这从没有被彻底实现过。学者们认为，这些宏伟计划"是服务于政府和城市的，目的只是为了军队行军和税收到达国库"。T. 克拉克（T. J. Clark）认为新的巴黎被彻底视觉化，"奥斯曼的目的之一是表现一个可以看得见的现代化，在某种程度上他成功了；他建成了很多形式的建筑，使这个城市清晰可见，甚至可以被理解；通过重复固定的格式，巴黎成为很好的展示物"。同样的批判也指向勒·柯布西耶在《光辉城市》（1933年）中所勾勒的现代化城市图景，以及其随后主持的城市设计、建设实践中。在这些城市中，机械时代背后的"一般真理"通过简单化的图像体现出来，城市原有的历史让步于精确和统一的视觉组织逻辑、意识形态和

空间秩序特征。艾伦·斯科特（Scott）认为，呈几何状城市的正式规则仅仅是它的视觉组织带有仪式和意识形态的特征，尽管一些政府的服务更容易提供，远方的地址更容易到达，这些明显的好处也会被其他坏处否定，比如缺少了集中的街区生活，方便了对当地有敌意的势力进入，失去了使人们觉得安逸的空间随意性，也失去了非正式群体娱乐的场所和邻里的感觉。

从马克思主义、唯物主义和历史观出发的学者习惯于从一个社会的政治经济制度和历史出发对城市文化空间的形成进行分析。"生产"的视角强调了历史和政治经济制度的效力，由此出发来解释文化何以出现，以及以什么样的物质形态出现。在马克思主义冲突论视角下，都市文化是阶级文化，城市的文化资源被大体等同于精英的文化资源。"生产"的视角不一定排斥"建构主义"的理解，因为物质环境是通过象征（symbolization）和再现（representation）的过程被赋予意义的。但它认为物质性是最重要的，并通过特定的权力动态、霸权主义实践、经济策略以及政治和军事控制来影响文化构建的过程。这提供了一个关于空间和地点如何被构思、建造和创造的唯物主义图景。但是，对于很多文化社会学家与地理学家来说，"文化生产"与马克思主义的"生产"并不一致。贝克尔（Becker）强调文化世界包括文化创造者和资助者、生产性和评价性的常识、评论和把关的人员以及文化活动发生的组织。圣托诺（Santoro）曾指出："文化生产视角中的'生产'更是一种隐喻，而不是一种分析范畴。它是一种要求人们去做很多研究的隐喻。它已被用来指代一系列不同的进程，从文化创造到文化分配和消费。"彼得森（Peterson）在《文化生产：一篇序论》中强调，"在这里，'生产'这个术语在其一般意义上是指创造、制作、市场化、分配、展览、吸纳、评价和消费的进程"。

公共空间对一个城市文化的构建和生产很重要，因为它们是陌生人交往的场所，又是人们审视城市的基本视域；既是聚会场所又是社会舞台。公共空间使人们能够把代表城市文化的意识概念化和物质化。公共空间是城市文化发生的主要场所，此外，作为一种景象，公共空间是构建一个城市居民共享的社会生活愿景的重要介质。这种愿景（vision）一旦形成，则既作用于每天在城市公共空间中互动的城市居民，也适用往来于城市之间的游客、通勤者和投资者。近年来，城市社会和人文地理家写了大量关于城市公共空间商业化和景观化的文章，反思城市公共空间中社会生活体验的压缩以及公共性的丧失。这些典型的现象涵盖从19世纪末被视作现代城市典型的公共空间的巴黎的拱廊和大城市的百货商店，到作为后现代性城市主要公共空间的当代城市中的购物中心，以及主题公园式的购物空间。正如祖金（Zukin）所说：我们被迫去关注消费对现代城市公共文化的重要性，在这种消费中，眼睛垄断了感官食欲，人们沉醉在肤浅的感觉中，以便更好地在新奇、奢华和霓虹灯的外表下隐藏他们在城市中所感受到的严酷的孤独和苦难。迪士尼乐园的"美国大街"调用了美国的各种形象，旨在使人们联想到任何一条典型的美国街道。但实际上，这条大街并不来自美国的任何一个地方，它模仿的是根本不存在的事物，即没有原型的复制品，但是这些仿制品比原型看上去更加真实。谢尔兹（Shieilds）指出，这类仿制的景观给人们制造了一种"他乡别处"的感觉，使得其商品更具引诱性，尽管他们与那些遥远的地方常常没有任何瓜葛。谢尔兹认为，购物中心和其他消费场所证明现代主义中各种价值领域空间边界已经瓦解，包括私人和公共经验、休闲和消费、文化和经济、世俗和精神生活领域。

2.2.6 国内研究进展

20世纪80年代，我国城市化运动大规模开展，但在快速城镇化的过程中，对城市文化建设的关注较少。至20世纪90年代，大规模的旧城改造运动使大量文化遗产遭到拆除和毁坏，随之而来的"千城一面"现象引发了城市文化特色危机。在这样的背景下，我国学者们对城市文化的关注度逐渐加大，研究角度和研究内容也随之逐渐多样化。

在20世纪八九十年代，学者们对城市文化的定义、内涵、功能及发展条件等进行了初步探讨，并取得了一定成绩。这其中较具代表性的如黎澍通过总结京沪两大文化中心的历史，将城市文化发展必不可少的条件概括为须保证尊重宪法规定的人民民主权利、须有相应的物质条件并善于吸引和培养人才[①]；林梓根据文化的分类，认为城市的文化结构包括两个层次：一是可供观察并时刻影响改变着人们日常生活的文化形态，二是历史和现实存在于特定城市和市民本身的文化[②]；东方缨华指出城市文化是人类生存活动在城市空间投影的总和，表现为社会文化、组织文化、个人行为文化三个层次，其结构可分为物质文化、方式文化、精神文化[③]。这一时期的研究虽然属于初期阶段，但为进一步研究我国城市文化奠定了基础。

自20世纪90年代以来，中国进入城市高速发展阶段，关注城市文化以及城市文化建设方面的研究逐渐增多。国内专家和学者从多个角度对城市文化的定义、内容和作用关系进行理论与实践方面的研究，并取得了一定的成果。如任平对现

---

① 黎澍. 黎澍同志谈城市文化发展的三个条件[J]. 当代青年研究，1985（11）：3，15.
② 林梓. 城市文化及其发展[J]. 社会科学家，1987（1）：13-15.
③ 东方缨华. 城市文化与城市设计[J]. 城市，1989（1）：34-36.

代主义与后现代主义的城市文化理念、城市文化结构、后现代城市传统文化地位
与功能、城市生态文化、城市文明的创新活力、城市文明的冲突、城市形象设计
理念进行了辨析[①]；陈立旭通过比较受全球化影响的中国城市文化与外国城市文
化的同一性及差异性，认识中国城市文化在全球城市文化中的地位、发展水平[②]；
鲍宗豪等对诸如都市文化的世界眼光、社会内涵、文化产业、都市文化比较、都
市文化艺术、都市文化个案研究等多个方面作了详尽的解析与评说[③]；苏国勋等深
入分析了全球化过程中，全球化与民族文化互动、冲突、融合、共生的内在逻辑
与发展前景，为城市文化发展提供了新的思路[④]；杨丽萍较为全面地对城市文化的
特征、功能、城市教育文化、城市传媒文化、城市基层文化、城市休闲文化、城
市生态文化、城市建筑文化、城市文化作品、城市文化产业、城市文化基础设施
与城市公共文化服务等进行了较为详细的探讨[⑤]；奚洁人等论述了世界著名都市的
城市精神，并讨论了这些世界名都城市精神的借鉴意义[⑥]。除了上述宏观层面的研
究外，结合地方特色进行城市文化的研究正逐渐成为近年来我国城市文化研究的
一个趋势，如杨苗青等对广州城市文化的研究[⑦]、付宝华对世界名城的主题文化的
研究[⑧]、吴忠以深圳为主要研究对象对改革开放30年以来城市文化的发展变化的研
究[⑨]、吴俊范以近代以来上海为例对城市文化心态及其演变机制的研究[⑩]。除此之
外，还有针对城市群进行的比较研究，如《珠江三角洲城市文化论》[⑪]《提升珠三角
文化软实力研究》[⑫]《长三角都市文化演进与体验》[⑬]《地域一体·文化一脉京津冀历
史文化》[⑭]等。

　　关于城市文化发展路径，也有不少学者进行了探索。单霁翔[⑮]辨析了从"功

① 任平. 时尚与冲突：城市文化结构与功能新论[M]. 南京：东南大学出版社，2000.
② 陈立旭. 都市文化与都市精神：中外城市文化比较[M]. 南京：东南大学出版社，2002.
③ 鲍宗豪，胡以申. 文化：国际大都市的灵魂[M]. 上海：上海社科院出版社，2004.
④ 苏国勋，张旅平，夏光. 全球化：文化冲突与共生[M]. 北京：社会科学文献出版社，2006.
⑤ 杨丽萍. 城市文化手稿[M]. 郑州：大象出版社，2008.
⑥ 奚洁人. 世界城市精神文化论[M]. 上海：学林出版社，2010.
⑦ 杨苗青，刘小钢. 文化都市：大城市以文化论输赢[M]. 广州：广州出版社，2002.
⑧ 付宝华. 城市主题文化与世界名城崛起[M]. 北京：中国经济出版社，2007.
⑨ 吴忠. 城市文化与文明[M]. 北京：人民出版社，2011.
⑩ 吴俊范. 棚户区与城市文化心态[M]. 上海：上海人民出版社，2015.
⑪ 黄志云. 珠江三角洲城市文化论[M]. 广州：广东人民出版社，2004.
⑫ 周薇. 提升珠三角文化软实力研究[M]. 广州：广东人民出版社，2013.
⑬ 钱智，贡瀛翰，杜芳芳. 长三角都市文化演进与体验[M]. 桂林：广西师范大学出版社，2014.
⑭ 首都博物馆，天津博物馆，河北博物院，等. 地域一体 文化一脉：京津冀历史文化[M]. 北京：科学出版社，
　 2015.
⑮ 单霁翔. 从"功能城市"走向"文化城市"发展路径辨析[J]. 文艺研究，2007（3）：41-53.

能城市"走向"文化城市"的发展路径。张雅楠[1]、丁立磊等[2]、周学琴[3]探讨了文化城市的建设路径。阎峰[4]、王艳云[5]以上海为例，分析了城市文化发展的理论特征与路径。仲璨[6]、丁兰华[7]以江苏泰州和无锡为例探析了城市文化建设的路径。刘容[8]以毕尔巴鄂、伦敦、圣达菲、纽约等国际文化创意城市为例，分析了文化创意城市建设路径。魏伟等[9]以伦敦、纽约、巴黎、东京为例，研究了城市文化空间建设路径。杨扬[10]分析了城市文化软实力建设的基础与路径。刘静波[11]、周学琴[12]探讨了塑造城市文化品牌的路径。从学者们的研究看，城市文化是人类进化到城市生活阶段的产物，是人类在城市中创造的物质财富和精神财富总和，是城市人格化的表现，是文明的标志，显示着城市人群的完整价值体系、生活意趣及城市的气质和品位。城市文化是城市全面发展的推动力，是城市形象的基础，体现着城市的综合竞争力。

2.3 文化城市研究

　　文化城市是当前国内外学术界共同关注的重要课题，基础研究主要包括三个方面的内容。首先，是文化城市的界定，"文化城市"是一个交叉学科的概念，被文化研究和城市研究两个领域所关注，作为在中西方城市发展建设中的特定理念，反映了不同城市社会经济的客观条件和整体状况，具有多个层次的丰富内涵。其次，是对西方文化城市理论与应用的总结，以及对我国文化城市研究与实践的综述，西方城市化进程已进行了200多年，可以为中国的城市化和文化城市

① 张雅楠."文化城市"建设路径研究[D].西安：西安理工大学，2012.
② 丁立磊，郝亚飞.城市文化建设主要路径与方法[J].合作经济与科技，2012（22）：20-22.
③ 周学琴.当代中国城市文化建设的路径分析[J].焦作大学学报，2013，27（2）：7-9.
④ 阎峰.上海城市文化发展：理论、特征和路径[J].中国文化产业评论，2006（1）：247-258.
⑤ 王艳云.上海城市文化建设的新路径[J].上海艺术评论，2016（4）：30-31.
⑥ 仲璨.城市文化建设路径探析：以泰州市文化建设为例[J].江南论坛，2010（5）：33-35.
⑦ 丁兰华.无锡城市文化品牌打造路径探析[J].湖北成人教育学院学报，2014，20（6）：105-106，111.
⑧ 刘容.文化创意城市建设路径实证研究：以毕尔巴鄂、伦敦、圣达菲、纽约为例[J].中国名城，2016（7）：83-87.
⑨ 魏伟，刘畅，张帅权，等.城市文化空间塑造的国际经验与启示：以伦敦、纽约、巴黎、东京为例[J].国际城市规划，2020，35（3）：77-86，118.
⑩ 杨扬.城市文化软实力建设的基础与路径[J].探索与争鸣，2021（7）：37-39.
⑪ 刘静波.塑造城市文化品牌路径探析[J].品牌与标准化，2022（2）：25-27，31.
⑫ 周学琴.当代中国城市文化建设的路径分析[J].焦作大学学报，2013，27（2）：7-9.

建设提供有益经验，特别是西方城市在保护城市空间、传承城市文化、发展文化产业以及构建文化城市评价指标体系等方面，对处于快速发展阶段的中国城市建设具有示范意义。最后，在文化和科技深度融合发展的新阶段，技术进步赋予文化城市分析、规划的更多可能性，基于量化城市研究的新方法与新进展，探索了文化城市研究的依据与方法。

2.3.1 文化城市的概念与内涵

从宏观角度来看，由于文化在当代世界各国中的战略地位不断跃升，文化繁荣成了最高的发展目标，"文化城市"这一理念应运而生。从微观角度来看，许多城市将文化视为发展的新动力，"文化城市"这一理念契合了城市转型的需要。

"文化城市"这一概念起源于20世纪70年代的美国，最初是以文化政策为主导的城市发展模式，通过引入文化艺术团体来吸引游客，同时利用这些团体对空间的需求，对衰退的内城进行更新。这种新兴的城市转型方式影响到欧洲国家城市，欧盟提出了"欧洲文化之都"计划，各代表城市以文化政策为主导，将文化植入发展之中，利用文化革新城市经济结构，重新规划城市空间结构，并且通过不同的文化服务为城市留住拥有专业知识技能的外来移民，以获得更好的文化创新。我国自改革开放以来，城市发展速度逐渐加快，但是在以政治、经济功能发展为核心的城市建设中，随着城市规模的扩大、城市产业的更迭，如内城衰退、经济发展无力、城市活力缺乏、城市形象"千城一面"等问题逐渐暴露；随着人们物质生活水平不断提高，文化建设成为人们实现精神诉求的需要，对民族文化、地方文化、历史文化的再认识，逐步得到应有的重视。为解决这些问题，"文化城市"成为多数国内城市转型借鉴的对象，并为业界所热议[①]。尽管东西方城市在整体上对"文化城市"理念选择的时代语境稍有不同，但在现代化、全球化和城市化的历史进程中，"文化城市"理念以其独有的特性和彰显出的魅力，将城市文化的地位提升到了一个全新高度，并在多种形式的城市实践中不断丰富着这一理念的内涵。

在文化城市定义的研究方面，我国早期较有影响的研究出自左大康主编的《现代地理学辞典》[②]。接着，戴立然对"城市文化"与"文化城市"进行了区分，指出"城市文化"是指已经存在的各种文化因素的总和，而"文化城市"则是这

---

① 翟天健. 文化主导下的城市更新：近十年来我国"文化城市"研究现状及热点分析[J]. 新闻知识，2019（6）：70-73.

② 左大康. 现代地理学辞典[M]. 北京：商务印书馆，1990.

些因素发挥作用的过程和结果[①]。沈山在研究南京城市形象定位与建设策略时指出，"文化城市"是一个文明集聚中心体，具有辐射与扩散、吸纳与传承、指导与服务、协调与调节、创新与示范等功能[②]。2004年上海文化工作会议的成果认为，"文化城市"是文明城市、学习型社会、国际文化交流中心、国家历史文化名城。但是，随着世界城市的发展，根据我国城市发展的战略与经济诉求，需要对文化城市进行新的界定。单霁翔从城市发展的战略高度，明确提出从"功能城市"到"文化城市"的重要观点[③]。此后，我国学术界对文化城市做了广泛探讨。刘士林提出文化城市是以文化资源为主要生产对象、以文化产业为先进生产力代表、以高文化含量的现代服务业为文明标志的新城市形态[④]。刘合林将文化城市界定为"以城市文化为核心手段组织城市经济活动、社会网络与空间形态，支持城市文化多样性需求与城市增长机器本质，处于不断发展状态的充满人情味的现代城市生活空间"，并根据世界文化城市现有的文化特质和发展历程，将其分为高雅艺术主导型、大众化娱乐主导型、精英商务主导型、高端技术主导型、历史文化遗存主导型、传统工业文化主导型和多维综合性等类型[⑤]。任致远认为，文化城市是"以人为本，尊重、继承和发展传统历史文化，融于自然生态绿色环境和人文园林宜人景观之中，现代精神文化、知识产业占有重要地位和城市个性特色鲜明的智慧型城市"[⑥]。杜小平等对世界文化城市模式进行了研究，归纳出创新型文化城市、知识型文化城市、文艺复兴城市、休闲娱乐型文化城市四种类型[⑦]。这些概念有的偏重于精神层面，有的偏重于城市功能或城市空间。总的来说，文化城市的特征一是以城市文化为核心，二是该文化核心能够带动城市全面发展。从上述概念也可以看出，城市发展和文化发展是相互促进、紧密相连的。

城市一方面可以传承和带动传统文化的发展，另一方面也可以促使新文化形成。而文化的不断传承和更新，也引领城市多元发展，城市特色内涵也在时代中不断更新发展。对文化城市概念的研究不仅对我国文化城市建设有指导价值，也对我们理解文化城市的内涵有重要意义。文化城市作为一种主导时代发展的价值

① 戴立然. 城市文化与文化城市的辩证思考[J]. 大庆社会科学，2001（6）：38-38.
② 沈山，祁豫玮，林炳耀. 文化都市：形象定位与建设策略　以南京市为例[J]. 人文地理，2005，20（2）：84-87.
③ 单霁翔. 从功能城市到文化城市[J]. 建筑与文化，2007（8）：10-13.
④ 刘士林. 建设文化城市急需解决三大问题[N]. 中国文化报，2007-07-17.
⑤ 刘合林. 城市文化空间解读与利用：构建文化城市的新路径[M]. 南京：东南大学出版社，2010.
⑥ 任致远. 探讨城市文化特性走向文化城市[J]. 城市，2012（12）：3-8.
⑦ 杜小平，王琳. 世界文化城市模式与"十二五"时期中国文化城市战略研究[J]. 城市，2011（3）：72-75.

观念，其内涵大致可以从理论本身的发展逻辑和城市发展的阶段性进程两个层面阐释[①]。

（1）作为理论形态的"文化城市"

从相关理论的发展逻辑来看，文化城市是对当代文化与城市关系的深入认识。文化与城市关系密切，作为融合文化与城市的产物，文化城市是人文社科领域的重要议题。早期文化城市的相关研究，对文化与城市起源、发展的关系较为重视，更多的是追溯文化城市的历史资源和发展脉络。在新的时代条件下，文化城市理念与以往研究的差异主要体现在研究的重点和文化的功能定位上，以往的研究多是以城市为载体研究文化，城市仅是文化的一种"容器"，而当代的文化城市研究则是以文化为载体研究城市，文化是城市发展的重要驱动力。换言之，在当代仅探讨城市的历史文化积淀的意义十分有限，文化城市的研究更重视文化资源的开发利用在城市发展中的核心地位。当代的文化城市理论更多关注文化如何作为城市的目标定位和主要功能，是在当代的时代背景下对文化与城市关系的重新阐释。对于文化城市而言，将文化作为目标定位与主要功能，二者是相互依存的。从某种意义上来说，只有文化功能完备的城市才能称为文化城市，而城市文化功能的充分发挥也有助于文化城市目标的实现。当代语境中的文化城市研究在城市发展的目标定位和实践路径上深化了文化与城市的关系，更加重视以文化为基础的经济活动和社会服务，凸显了文化在城市发展中的主导性功能。

（2）作为城市发展新阶段的"文化城市"

从城市发展的阶段性进程来看，城市的发展经历了由区位条件、资源禀赋、建设投资等为主要驱动力的发展过程。在这些发展阶段，文化通常仅处于一个从属性的地位，文化生产活动在整个城市经济发展中的作用十分有限。但随着当代城市的发展转型，以资源禀赋和建设投资拉动经济发展的方式越来越难以为继，这使得文化城市迎来了发展契机，成为城市发展的高级阶段。之所以说文化城市是城市发展的高级阶段，主要是其理念及实践体现出如下特征：

首先，当代文化城市的发展高度依赖文化与创意，已逐渐形成了一种内生型的发展模式。2015年的中央城市工作会议提出"改革、科技、文化"是城市发展的三大动力；《世界城市文化发展报告（2012）》指出，"文化创意产业在大城市的经济中所占的份额很大且不断增长"。"文化对城市经济的第二项贡献，则可

---

① 王林生. "文化城市"理念的历史语境及理论内涵[J]. 城市问题，2014（4）17-23.

能是更根本的。在使一座城市吸引受过教育的人才，进而吸引那些试图雇佣他们的企业方面，以多样化形式存在的文化居于核心地位"，"丰富而充满活力的文化也成为经济成功的间接来源"。内生型的城市发展模式着力于城市的可持续性发展，是当代城市发展的重要路径之一。在长期的发展过程中，城市通常以自然资源、建设投资等作为发展主导，但这种发展模式难以避免地会面临资源枯竭、资金链断裂的制约，与之相对的文化与创意却是城市发展可依托的取之不竭的资源。因此，在当代文化转向中的城市发展，推崇创意对城市内部蕴藏的文化资源的开发利用，强调文化艺术和创意人才对经济的支撑与支持，借助城市自身的文化资源、创意资本、文化生产、文化消费等，实现城市发展的持续性。相比于依托自然资源和建设资本投入的物质化产品形态，文化城市理念下的产品更偏重于具有符号性、象征性特质的精神性产品的生产，具有较高的经济附加值。不同于过去依赖区位、资源和投资的发展模式，文化城市的发展路径充分依赖城市自身的文化潜能和创造力，将文化和创意视为城市发展的核心与动力，是一种自然资源节约型、环境友好型的城市发展类型，是一种以提高发展质量与全面发展为目标的可持续的城市化模式。

其次，在当代文化城市中，产业发展将更加注重挖掘和展现文化的潜力和创造力，强调文化对城市的贡献，文化产业成长为城市经济增长的支柱型产业。在经济全球化与世界城市化背景下，文化已经成为城市经济系统中极为重要的新生产要素，并构成新时代全新的生产形态和发展方式。作为城市发展转向的必然诉求，文化城市建设就是要用文化生产力丰富当代生产力系统，用文化软资源补充经济发展的资源储备，带动并实现城市经济增长方式转变，形成发达的城市文化经济和丰富的城市文化生活，以影视制作、出版发行、演艺娱乐、会展节庆、广告设计、休闲旅游、信息服务、软件开发、艺术品交易、咨询策划等为代表的文化产业将作为城市发展的核心增长动力之一。随着我国的城市发展越来越有文化自觉意识，我国部分城市已经提出了"文化强市""文化立市"等理念，在城市发展的诸多要素中，文化开始作为一种核心要素逐步获得了发展的优先性。

再次，当代文化城市注重多种要素协同发展，强调科技、经济与文化的融合。在文化城市的发展中，虽然文化在城市发展的诸多要素中处于优先地位，但这并不意味着科技、经济与文化绝缘。相反，由于文化本身具有极强的渗透性和包容性，在文化城市的实践中，文化也发挥着一种导向性的作用，具备统筹一切社会发展因素的力量。当代文化城市发展的基本理念是通过跨界达成文化与其他行业或领域的融合。文化城市所注重的文化是一种广义的科技的"文化"化、经济的"文化"化，而在文化城市的实践中，文化也发生着文化的科技化、文化的经济化。科技、经济等要素与文化的融合发展，不仅是城市文化产业提升竞争力和实现产业升级的根本途径，也有利于增强城市自身的文化软实力和硬实力。

最后，文化城市是人本主义城市理念的具体体现。城市的本质在于不仅要使人生活得安全、富裕、健康，同时还要使人生活得愉快、自由、有意义、有尊严。因此，新的城市图景需要引入文化城市这一概念，以便为人类个体过上美好生活提供真实的空间。

总的来说，文化城市的理论内涵是丰富和多元的，它彰显了这一理念在发展过程中巨大的开放性和包容性。文化城市理念的出现意味着文化在支撑城市发展的诸要素中被置于突出的位置，文化与城市的关系逐渐成为理论探讨和实践的焦点，城市文化的发展正在成为新的时代命题。在本质上，文化城市是一种不同于资源型、工业型的新城市发展模式，体现了时代的发展特征和文明发展的新高度。它以文化为中心对城市的构成要素进行重新整合与转换，构建一个以文化和创意为内生动力，以文化产品的生产和体验为产业终端，以城市文化服务和城市文化生活为主要内容的城市文化生态，是融合了传统与创新、物质与精神、科技与经济，以适合人生存和社会全面发展的新型城市理念与形态。

2.3.2 当代文化城市发展战略与规划

20世纪50年代初，文化的驱动力日趋显著，美国城市发展使用城市重建资金合法化。20世纪70年代初，国际上已有城市规划机构和设计人员开始对"文化规划"的定义和涵盖内容进行界定。美国城市为应对日渐紊乱的城市内部景象，通过政府决策、投资者支持，打造合适的城市文化空间，营造浓郁的文化氛围以吸引顾客、艺术团体，逐渐开始在政府、私人投资者和艺术团体之间形成以文化作为推动城市发展的新的合作方式和基本策略。20世纪70年代中期，为了带动老城区的更新改造，在美国政府的推动下，陆续出现了文化规划实施案例，城市文化艺术设施开始和商业、办公、旅游等功能设施混合布局。20世纪70年代以后，这种在文化政策主导下的"城市更新"已经成为西方"城市复兴"的一种主流方式，世界上许多著名城市开始推动文化与政治和商业融合，注重多元文化的交叉和发展。到了20世纪八九十年代，西方城市的经济衰退使文化进一步成为政府推动经济复兴的工具，城市文化改造政策更多地体现出经济利益诉求。因此，这一时期，城市大型文化项目和文化旅游发展受到了更多关注。

毕尔巴鄂效应（Bilbao effect）指的是西班牙巴斯克地区一个衰败的工业城市毕尔巴鄂，在20世纪90年代邀请明星建筑师弗兰克·盖里（Frank Gerry）建造一个现代艺术博物馆，即毕尔巴鄂古根海姆博物馆（Guggenheim Museum

Bilbao），并因此享誉世界，获得了经济转型的成功。该项目花费2.283亿美元。投资之初，批评者反对将如此多的公共资金浪费在如此不相关和排他的内容上。但后期的研究证实了项目的成功，学者 B. 普拉扎（Beatriz Plaza）等在2000—2015年做了一系列的追踪研究，定量地证实了博物馆对当地城市意向、游客流量和旅游停留、文化创意经济有正面影响。研究认为，这得益于古根海姆博物馆在很大程度上嵌入了当地和区域的机构、私人代理和政策背景。随着人们越来越认识到该博物馆对毕尔巴鄂地区创意和服务行业的潜在影响，这种影响也在逐年增加。毕尔巴鄂和这一博物馆也有被纳入全球文化生产和传播网络的趋势，这可以从其在吸引游客方面的品牌效应或"毕尔巴鄂"一词在语义网络中的重要性增加中得到证明。

1996年，英国研究小组 I. 泰勒（Ian Taylor）、K. 埃文斯（Karen Evans）和 P. 弗雷泽（Penny Fraser）发表了一份关于曼彻斯特和谢菲尔德的比较研究。该研究从日常实践出发，考察了这两座城市的不同发展路径。研究认为，"即使在这个全球化的时代，承认城市之间的地方文化差异仍然是明智的……应重视其具有的重要社会学意义，持续的文化渊源和影响"。这个研究利用焦点小组的工具，广泛采访了不同的社会群体，通过对地方实践的比较，揭示英国北部的两个工业城市应对后工业衰退（post-industrial decay）的不同方法。曼彻斯特的市民积极采用"变革文化"来应对挑战，通过工作重组和英联邦运动会等重大项目为城市描绘新的前景，而谢菲尔德的市民对往昔辉煌的工业的怀旧情绪挥之不去，作者将此归因于历史典范式的执着于常规化和习惯化的做法（routinized and habitualized practices）。研究的前提假设是：如果我们有一个像骨干一样贯穿城市的结构，我们可以期望在所有社会群体中观察到这个结构，并能够在公共生活的组织中分析它。研究认为，不同社会群体之间的互动产生了一种结构，为城市提供了某些选择，而拒绝其他选择。作者通过采访受过良好教育的服务行业雇员、儿童和青少年、老年人、少数民族成员、失业者等群体，来重建一座城市中社群日常生活交互所生成的社会—文化结构。该研究聚焦于城市公共交通系统和购物空间的组织。它比较了相关的城市规划标准，如可及性、数量、位置等和不同社会群体对这些关键生活领域的体验。

20世纪90年代后，以文化作为推动城市发展的基本策略成为世界各国主要城市的时代趋势，各国政府纷纷调整和更新文化发展战略。1993年，英国政府发表了以"创造性的未来"为题的"国家文化艺术发展战略"；1994年，澳大利亚政府首次制定了以"创造性的民族"为核心的国家文化发展战略；1995年，日本在《新文化立国：关于振兴文化的几个重要策略》的报告中，确立了21世纪的文化立国方略，为加强对文化的引领，设立了文化咨询机构，将文化发展战略作为国家和城市发展战略的核心；2000年，新加坡制定了《文化复兴城市》发展战略，提出将新加坡发展成21世纪的国际文化中心城市之一；此外，意大利等国政府也积极促进文化政策成为推动国家和城市发展的重要举措。"文化城市"作为应对新一轮城市转型挑战而采取的一种城市发展战略相继被提出。兴起于20世纪80年代的欧洲"文化城市"，在近年不断发展完善，既是加强欧洲诸国、城市联系的纽带，又承担着欧洲文化走向世界的重任，是欧洲城市参与竞争的重要方式，欧洲文化城市建设的经验对中国具有非常重要的启示作用。

纵观我国文化城市研究历程，在改革开放初期，学者们对城市社会文化的研究兴盛一时。20世纪90年代，随着城市化的加快，商业行为逐渐使地域特色消失，我国学者的关注重点开始转移到城市特色文化建设方面。进入21世纪，伴随着国际上对文化城市研究的兴起，以及国际上"文化城市""文化之都"活动的持续开展，我国也开始了对该主题的研究，研究重点从城市文化建设的内容、效应、路径延伸到文化城市建设，并取得了一定的研究成果。

我国文化城市建设的实践，以2005年国务院发布文件倡导宜居城市为标志。最早以宜居城市为战略目标开启文化型城市建设进程的是北京。2005年1月，国务院正式批复《北京市城市总体规划（2004—2020）》，将北京的发展目标明确为国家首都、国际城市、文化名城、宜居城市。北京城市总体规划的调整，带动了全国新一轮城市总体规划修编。其后，党的十七届六中全会通过了《中共中央关于深化文化体制改革　推动社会主义文化大发展大繁荣若干重大问题的决定》，根据世界城市发展的基本趋势，明确提出"建设特色文化城市"，将文化发展提升到国家发展战略上来。近些年来，我国各大城市也围绕文化城市发展，纷纷制定文化发展战略，确立了文化城市的发展目标和建设路径，如北京提出了"建设中国特色社会主义先进文化之都"的理念，提出了把首都建设成为在国内发挥示范带动作用、在国际上具有重大影响力的著名文化中心城市；上海将"塑造时尚魅力的国际文化大都市"作为主要目标，大力提升城市艺术博物馆的数量和质量，打造完整的艺术博物馆体系；广东省提出建设"文化大省"的战略目标；广州提出要率先建成国家创新型城市，坚持自主创新核心战略，成为创新型国家的战略节点；深圳市也正式确定实施"文化立市"战略，以期成为城市发展的重要战略支撑。这些城市的发展目标和思路无论是"国际文化大都市"还是"创新型城市"，其核心内容都是"文化城市"，只是不同城市的文化发展方向和侧重点不同。我国对文化城市理念的理解与实践，既秉承了文化城市理念的某些特质，同时又结合我国城市文化的现状和历史，展示出一定的特殊性。

建设文化城市已经成为城市发展的重要主题，而城市文化特色的维护和发展则是文化城市建设的先期条件。文化已经成为一个城市发展的根基，不仅要精心保护，而且要认真研究，发挥文化对城市规划、建设、管理的引领、定位和规范作用并持久地影响城市的可持续发展，避免急功近利的短期行为和大拆大建的无序发展。

2.3.3 文化城市建设指标体系

"文化城市"这一理念的出现得益于文化在当代世界各国整体战略地位中的跃升。1985年，在雅典举行的欧洲联盟文化部长会议开幕式上，希腊文化部长M. 莫库里（Melina Mercouri）正式提出文化城市的概念，随后在世界范围内形成了一系列研究。国外相关指标体系研究主要有以下视角：

一是关注世界城市的文化发展指标体系。如2008年英国伦敦市政府发布的《伦敦：一项文化的审计》，对伦敦、纽约、东京、上海、巴黎5个世界城市的文化数据进行了分析；2012年又发布《世界城市文化报告》，基于"文化供应""消费与参与"两个维度，立足文化遗产、图书出版、表演艺术、电影和游戏、创意人才、文化活力和多样性等六大类的52个指标，新增柏林、伊斯坦布尔、约翰内斯堡、孟买、圣保罗、新加坡、悉尼等，将原来的5个城市扩展到12个世界城市。总体来看，前者注重经济发展指标而轻视文化发展的作用，后者强调世界城市的文化贡献，其数据与成果被文化领域的学术界、媒体等广泛引用。

二是关注文化及相关产业体系的指标研究。联合国教科文组织在1986年就构建了文化统计框架，2009年进行了重新调整，基于联合国各成员国文化统计的经验，把文化领域分为关键领域与扩展领域两个层面。其中，每个文化活动领域纵向按产业链来设计，内容包含反映创作和生产、传播和发布、接受和消费以及各项活动规模和参与情况等的文化统计指标；横向按产品与消费、教育、传统知识、档案与储蓄等来设计，衡量指标则包括就业和教育、价值量和实物量指标等。新的文化统计框架突出了新技术对文化的影响以及旅游与体育休闲业的重要性。

三是关注创意城市指标体系的研究。R. 佛罗里达将"3T"创意指数与欧洲实际结合，提出"欧洲创意指数"，由欧洲人才指数、欧洲科技指数和欧洲包容指数三部分组成，即包括四个权重相同的因素——创意阶层在就业人口中的比例、创新（以每人平均专利数来衡量）、高科技产业（采用米尔肯机构的"科技极化指数"衡量）、多元化，从而客观反映创意聚集程度与创新经济的成果；而佛罗里达在《在创意时代的欧洲》（2004年）中进一步分析了"欧洲创意指数"

（ECI），包括科技指数、人才指数与包容指数。此外，兰德里（Landry）在《创意城市》（2000年）中提出从城市的活力与生命力两个方面测量城市创意程度，并提出九大评估标准，即群聚效应（critical mass）、多样性（diversity）、接触渠道（accessibility）、安全和保障（safety and security）、身份认同与独特性（identity and distinctiveness）、创新（innovativeness）、连接性与综合（linkage and synergy）、竞争力（competitiveness）和组织能力（organizational capacity），强调塑造创意生态环境的重要性；而香港学者许焯权等在《香港创意指数研究》中，则从资本形态角度，围绕结构与制度资本、人力资本、社会资本、文化资本四大要素建立香港创意指数（HKCI），并提出香港创意指数"5C"框架，较为系统和全面，同时强调了4种资本形式对创意增长的决定性。总体来看，创意城市的研究者们都很重视评估城市创意水平与创意潜力，以指引创意城市发展。

特色文化建设具有复杂性、多元性，不能仅以单一维度的指标对其进行衡量。国内的研究机构及学者对城镇中的文化多层维度建设指标体系进行了研究，并取得了一定成果。国内相关指标体系研究主要有以下视角：

一是关注文化及相关产业的系统性与关联性的指标统计。王琳较早提出中国城市文化产业综合评价的指标体系，从总量指标、政府投入、发展水平指标、经济效益指标、市场化程度、对国民经济的贡献等六大维度24个二级指标测量城市文化产业发展状况。

二是关注城市文化指标体系的研究。一方面，侧重城市文化的现代化，如王益澄较早构建了城市文化现代化指标体系，划分为三个层次，即目标层、门类层和指标层，其中目标层是文化现代化程度，门类层包括文化投入、文化设施、文化产业、文化信息、文化消费、文化交流、文化科技、文化遗产、文化法制、群众文化10个二级指标，指标层由24个三级指标构成，强调了文化现代化的特点；深圳大学基于既有的经典理论方法，提出中国城市创意指数体系（CCCI），设置了要素推动力、需求拉动力、相关支撑力、产业影响力4个分指数，研究还为创意城市进行了分类，努力在贴合互联网时代发展特点的同时，保持指数体系的全面性和系统性。这一指数体系在文化产业外的其他产业所受影响的衡量上仍然缺失，同时聚焦城市内部情况，缺乏对城市对外交流等相关要素的评估。此外，上海创意产业中心根据上海的特点并借鉴了欧洲创意体系，构建了上海城市创意指数（SHCI），由产业规模指数（权重30%）、科技研发指数（权重20%）、文化环境指数（权重20%）、人力资源指数（权重15%）、社会环境指数（权重15%）5个一级指标33个二级指标构成；高福民与花建则关注文化城市评估指标，包括文化环境、文化资源、文化创新、文化生产、文化交流、文化共享6个一级指标，经济环境、原创数量、投入产出、文化贸易、文化消费等18个二级指标，以及72个三级指标，强调了内外环境资源对文化城市塑造的重要性。此外，还有学者基于模糊理论构建了城市文化评价指标体系，包括城市物质文化体系、城市制度文化体系、城市精神文化体系三大维度24个指标，侧重关注城市文化与空间的关联以及与环境的协调性。

三是关注文化产业竞争力的指标构建。上海文化研究中心于2006年提出国际大都市文化竞争力比较体系，包括城市发展水平、文化传媒要素等12个互相关联的类别、50个评价要素与116个统计指标。此外，关注城市文化竞争力指标体系的研究也较多。李凡等采用层次分析法（AHP）与综合评判法将城市文化竞争力指标划分为目标层、综合层、因素层，其中综合层由传统文化、都市文化、文化产业、文化交流、文化环境、文化素质、文化消费7个二级指标构成，因素层由26个三级指标构成，突出了城市竞争实质是城市文化竞争的内核；徐桂菊、王丽梅则从文化资源、文化管理体制、文化市场、文化创新力、文化输出力五大方面采用26个指标构建城市文化竞争力评价体系，也强调文化力是城市竞争力的核心；而于泽基用"钻石模型"设计城市文化产业竞争力评价体系，包括生产要素、需求基础、生产竞争力、相关产业发展情况、产业运作与竞争力、创新能力、产业影响力、政府要素等8个一级指标、18个二级指标和59个三级指标，关注了内外部因素，内容和指标较为系统和全面。此外，中国传媒大学在2016年初首次发布中国城市文化竞争力指数，在借鉴世界中心城市文化竞争力提升经验的基础上，提出了城市文化竞争力评价的"跑道模型"，将影响文化竞争力的要素分为文化禀赋要素、文化经济要素两个硬要素和文化潜力要素、文化管理要素两个软要素以及文化交流要素，构成一个完整的城市文化生态系统。这一模型的问题在于，文化禀赋要素过于看重历史时期积累形成的物质文化遗产和非物质文化遗产，忽略新兴城市文化对产业发展的推动作用。存在的与之前模型类似的问题在于，由于文化产业的思维方式不断应用到三大产业的各个行业当中，传统统计口径的产业划分方式已经不能很好地反映文化所发挥的影响力。

四是对文化产业发展指数进行系统研究。上海交通大学发布的中国文化产业发展指数（CCIDI），基于文化产业外部关联度与产业内部发展要素的复杂性，立足表征与内涵评价，形成了16个一级指标、52个二级指标、91个三级指标与151个四级指标，并据此将我国文化产业发展划分为"三大梯队"与"五种类型"；中国人民大学文化产业研究院则构建了中国省市文化产业发展指数体系，包括产业生产力、产业驱动力和产业影响力三大维度46个指标，其中34个定量指标基于公开的年鉴数据、学术文献与政府数据，由12项定性指标来自对6.8万个企业负责人与市民的调查；臧志彭等首次提出文化产业上市公司的"龙文化指数"，包括经济效益、科技创新（文化科技融合）、社会贡献和公司治理四大维度，由12项评价内容、17个评价要点与32个指标构成，提供了深入而新颖的研究视角。

总体来看，虽然现有的国内外研究侧重点各有不同，但多注重文化竞争力、创意指数、创意产业/文化产业等方面，较有针对性地提供了良好的视角与基础，从各个侧重点体现出新旧文化行业的跨界融合、新兴业态涌现等现状与趋势带来的变化。对于文化城市的研究需要一个基本评估与测度框架，进而从更加系统、更加客观与比较的视角看待城市文化发展，关注特殊文化因子的宽泛性、生态性与跨界融合性的特点，给现代城市文化发展带来的变革。

2.3.4 历史城市保护与发展

国际、国内对文化遗产保护给予了越来越多的关注。纵观保护发展历程，西方文化遗产保护探索从18世纪中期开始，现代意义的文化遗产保护工作从20世纪初开始，特别是第二次世界大战以来，文化遗产保护已经逐步发展到国际层面上，联合国教科文组织、国际文物保护和修复研究中心（ICCROM）、国际博物馆协会（ICOM）和国际古迹遗址理事会（ICOMOS）等组织纷纷建立，随着遗产类型的拓展，宪章、公约、建议与指南相继出台，现在已有成熟的保护理论与方法，并在实践中不断完善。我国文化遗产保护起源自清代末年，在新政改革和地方自治过程中立法保护古物古迹，开创了保护的先河。英国、法国、意大利、日本、美国等国家的保护理念对我国早期古物保护法制建设产生很大影响。至改革开放前，我国遗产保护事业长期封闭，初步建立了自成一体的保护体系。改革开放后，我国以"学习者"的角色逐步进入国际保护领域，1985年加入《保护世界文化和自然遗产公约》，1987年第一批文化遗产列入《世界遗产名录》，文化遗产保护法律法规体系逐步完备，逐渐探索出本土化的保护理论与方法，并在实践过程中进一步完善。

城市作为人类的生活场所、文化容器，其多样的空间形态、丰富的街巷肌理，是人类物质文明与精神文明的创造，也是人地关系在建成环境中的文化表现。人们逐渐认识到历史城镇的价值，开始提出保护这类城镇。1967年，英国出台《城市宜人环境法》（*Civic Amenities Act*），最早提出"保护区"概念。早期保护区以历史城镇中心区为主，随着保护观念的发展，逐步出现传统村落、历史居住及工业遗产地段等多种类型。1987年，国际古迹遗址理事会公布《关于历史城镇和城区保护的华盛顿宪章》，提出了对历史城镇的保护要求。2005年，国际古迹遗址理事会公布《关于保护文物建筑、遗址和遗产区域的背景环境的西安宣言》，特别强调了对历史环境的保护，认为仅保住遗产本体，但所依托的人文环境、自然环境丧失，对于遗产而言将是巨大的缺憾。2005年，联合国教科文组织通过《保护历史性城市景观的宣言》，指出充满活力的历史城市，尤其是世界遗产城市，需要一种以保护为主要出发点的城市规划和管理政策。2011年，联合国教科文组织公布《关于历史性城市景观的建议书》，将城市地区视为具有文化和自然价值特征的历史性层积，城市遗产是历史性层积和当代发展动态叠合的结果，强调文化与自然、物质与精神之间的联系，对城市保护的评价，已从关注纪念物、地标建筑转向更为广泛的城市在社会、文化、经济进程中的重要意义[1]。现在，世界上已有超半数的人居住在城市中，城市在社会经济发展中发挥着重要作用，逐步成为经济增长的引擎、人类创意和革新中心。但是，快速无序的城市化造成城市环境质量急剧恶化、建筑密度过高、建筑形式单调、公共空间缺失、社会隔离分化、气候灾害加剧等严重恶果。在变化的全球环境中，文化景观遗产，无论是有形的、无形的还是组合体，在提升城市宜居性和维持生产性方面已成为重要资源。

　　与历史城镇保护相关的研究正在不断丰富，A. 马吉根（Andrea Mageean）[2]、N. 科恩（Nahoum Cohen）[3]、D. 罗德韦尔（Dennis Rodwell）[4, 5]等学者从政策、城市规划、可持续发展等侧重点探讨了历史城市保护的理论与实践。2019年，J. 科迪（Jeff Cody）、F. 锡拉鲁（Francesco Siravo）两位学者主编的《历史城市：城市保护中的问题》一书，选录了65篇文章，对城市保护文献进行了系统整理，涵盖全球主要地区的实践[6]。英国的"保护区"制度开创了国际历史地段保护的先河，现已形成成熟的保护理论与方法，《共识时代的保护》[7]《重视场所：保护区优秀实践》[8]中对英国保护区的经验进行了系统梳理。F. 巴达兰（Francesco Bandarin）等学者分析了"历史性城镇景观"这种方法对于认识城市理念的影响

① 联合国教科文组织. 关于历史性城市景观的建议书[R]. 2011.

② MAGEEAN A. Assessing the impact of urban conservation policy and practice: the Chester experience 1955-96[J]. Planning perspectives, 1999, 14(1): 69-97.

③ COHEN N. Urban planning conservation and preservation[M]. New York: McGraw-Hill, 2001.

④ RODWELL D. Sustainability and the holistic approach to the conservation of historic cities[J]. Journal of architectural conservation, 9(1): 58-73, 2003.

⑤ RODWELL D. Conservation and sustainability in historic cities[M]. Hoboken: Wiley-Blackwell, 2015.

⑥ CODY J, SIRAVO F. Historic cities: issues in urban conservation[M]. Getty Conservation Institute, 2019.

⑦ PENDLEBURY J. Conservation in the age of consensus[M]. London: Routledge, 2009.

⑧ English Heritage. Valuing places: good practice in conservation areas[R]. London: Park Communcations, 2011.

及未来城市遗产保护的思路[①]。

　　我国在城市保护方面已有较多研究积累，并探索出了中国特色的保护路径。随着改革开放和国际交流的开展，1981年，在北京大学侯仁之、建设部郑孝燮、故宫博物院单士元的提议下，全国政协起草了专题报告，建议尽快公布一批文物古迹丰富的历史城市。1982年，国务院公布了第一批历史文化名城，这是我国城市保护的标志性节点。经过这些年的发展，已逐步探索出以历史文化名城制度为主要特征的本土化保护理论方法，为国际遗产保护注入新的理念与范例。以《中华人民共和国城乡规划法》《中华人民共和国文物保护法》《中华人民共和国非物质文化遗产保护法》和《历史文化名城名镇名村保护条例》《中华人民共和国文物保护法实施条例》为依托的法律法规为名城保护工作提供了有力保障。在关于名城的研究中，王景慧[②]、阮仪三[③]、仇保兴[④]等在不同时期系统总结了名城保护工作的理论与实践情况，赵中枢[⑤]、张广汉[⑥]、胡敏等[⑦]讨论了作为名城重要组成部分的历史文化街区的保护情况。在实践过程中，名城保护的内容不断丰富。2021年，北京市修编了《北京历史文化名城保护条例》，提出北京历史文化名城保护对象，包括世界遗产，文物，历史建筑和革命史迹，历史文化街区、特色地区和地下文物埋藏区，历史文化名镇、名村和传统村落，历史河湖水系和水文化遗产，山水格局和城址遗存，传统胡同、历史街巷和传统地名，风景名胜、历史名园和古树名木，非物质文化遗产，法律、法规规定的其他保护对象，将保护内容进一步拓展，名城已经成为各级政府保护工作的重要抓手，从而将市域范围内的系列相关资源进行统筹管理。以2011年《关于历史性城市景观的建议书》的出现为标志，国内涌现了一批基于地域文化特征的系统性保护实践与研究，张兵[⑧]、何依等[⑨]、邵甬等[⑩]、张松[⑪]分别结合在山西、浙江、上海等地的实践情况，对整体

① BANDARIN F, OERS R V. Reconnecting the city: the historic urban landscape approach and the future of urban heritage[M]. New York: Wiley Blackwell, 2015.

② 王景慧. 历史文化名城保护理论与规划[M]. 上海：同济大学出版社，1999.

③ 阮仪三. 历史文化名城保护实践的新探索[J]. 中国名城，2011（7）：10-13.

④ 仇保兴. 风雨如磐：历史文化名城保护30年[M]. 北京：中国建筑工业出版社：2014.

⑤ 赵中枢. 历史文化街区保护的再探索[J]. 小城镇建设，2012（10）：8-12.

⑥ 张广汉. 历史文化街区保护管理办法中几个关键问题的探讨[J]. 小城镇建设，2012（10）：41-43.

⑦ 胡敏，郑文良，陶诗琦，等. 我国历史文化街区总体评估与若干对策建议：基于第一批中国历史文化街区申报材料的技术分析[J]. 城市规划，2016，40（10）：65-73.

⑧ 张兵. 历史城镇整体保护中的"关联性"与"系统方法"：对"历史性城市景观"概念的观察和思考[J]. 城市规划，2014，38（S2）：42-48，113.

⑨ 何依，邓巍，李锦生. 沁河流域古村镇集群保护规划方法[M]. 武汉：华中科技大学出版社，2021.

⑩ 邵甬，刘敏霞. "历史性城镇景观"视角下上海历史城区建筑高度控制体系和方法研究[J]. 城市规划学刊，2017（6）：105-112.

⑪ 张松. 城市保护规划：从历史环境到历史性城市景观[M]. 北京：科学出版社，2020.

性、关联性保护方法进行了理论总结。

文化遗产保护工作是文化城市建设的重要组成部分。2015年，联合国可持续发展峰会通过了《改变我们的世界——2030年可持续发展议程》，明确了营造可持续的城市和社区等目标。该目标明确提出，进一步努力保护和捍卫世界的文化和自然遗产，遗产保护是可持续发展的重要组成部分，具有战略意义。近年，习近平总书记关于"一带一路""人类命运共同体""亚洲文化遗产保护行动"等论述，关于文物保护利用、文化传承发展的系列指示批示，以及2020年党的十九届五中全会提出的《中共中央关于制定国民经济和社会发展第十四个五年规划和二〇三五年远景目标的建议》，明确提出2035年建成文化强国等，充分体现了党中央对文化建设的高度关注，文化事业的发展受到空前重视。

2.3.5 文化空间设计

文化空间在不同学科中有不同的概念与内涵。在社会学、人类学视角下，依据空间生产理论，"文化空间"最早出现在法国哲学家 H. 列斐伏尔（Henri Lefebvre）的著作《空间的生产》（1974年）一书中。在其空间理论的阐述中，空间被认为是由人类主体的意识活动而产生，他明确指出空间的观念源自人类的实践，是事物的关联性、结构性、有序性在人们头脑中的反映，是一种物质的存在方式。文化空间表现的是人类世界的空间维度，本身与时间相对称，即文化空间必须通过时间得以纵向延续和发展。这一时空结构对于"文化"的表现，既是聚集、积淀、传承以前各个阶段城市精神与文化发展的成果，又是在当代特有的"物质条件"与"精神基础"上创造出的文化模式。因此，从空间生产理论来看，文化空间是人和文化存在的重要场所，即"有文化意味的空间"，文化空间的形成既依赖于当下的文化创造，更需要从时间的演进中获得支持和培育。

在非物质文化遗产语境中，"文化空间"也称为"文化场所"（culture place），是联合国教科文组织在保护非物质文化遗产时使用的一个专用名词，首先表述在《宣布人类口头和非物质遗产代表作条例》（1998年）之中。在条例中，"文化空间"这一概念更多用来指代人类口头和非物质文化遗产代表作的形态和样式，与"文化表现形式"共同组成口头和非物质遗产的两种表现形式。首批人类口头和非物质文化遗产列出了5个文化空间，分别是乌兹别克斯坦的博恩逊文化空间、俄罗斯的塞梅斯基口述文化及文化空间、多米尼加的维拉·麦拉康果斯圣灵手足情文化空间、摩洛哥的杰曼菲那（Djamaael-Fna）广场文化空间、几内亚的尼亚加索·苏苏—巴拉文化空间。非物质文化遗产体系中的文化空间注重描述一个集中民间和传统文化活动的地点，而活动的发生时间可以是某一周期或某一特定时间段。我国颁布的《国家级非物质文化遗产代表作申报评定暂行办法》（2005年）中，"文化空间"被定义为"定期举行传统文化活动或集中展现传统文化表现形式的场所"。总体来说，在非物质文化遗产语境下的文化空间是一个相对狭义的概念。

在地理学视角下，文化空间研究属于人文地理学与文化地理学的交叉领域，而在20世纪初提出的"文化区"概念，反映了地理学者对文化空间研究的切入视角。美国学者 F. 博厄斯在20世纪20年代提出了"文化区"的内涵，即认为过去遗存下来的文化特质会展示在当代的空间分布中，而透过当代空间所见的文化特质可以重建一个族群文化的历史[①]。人文地理学侧重从地域视角去研究人文现象的空间规律，并探讨其成因、揭示与地理环境的相互关系并预测其发展变化趋势。所以，人文地理学视角下的"文化区"研究关注某种人文特征的群体在空间上的分布现象，即人文的空间现象。而文化地理学主要以"文化景观"为核心概念，探讨人类文化与景观的相互联系。所以，文化地理学语境下的"文化区"，是以居住在同一地理区域内，不同人群之间的相互关联产生的文化特质为基础和前提的，是时间、空间共同构建的文化产物。

在旅游发展的相关研究中，文化常常被作为旅游地能产生旅游吸引力的根本动因。文化是旅游活动的主要内容，只有有文化介入和沟通的旅游，才能摆脱单纯的旅行活动而成为真正意义上的旅游。所以，从旅游视角来看，文化空间同时也是具有旅游吸引力的空间，其本质是由文化资源决定的[②]。

综上，虽然在各个学科领域的语境下，文化空间有不同的解释方式，也有不同的研究侧重点。但总的来说，不难理解文化空间的概念包含两个核心：第一，文化空间是具有明确文化特质的空间；第二，文化空间有具体的空间实体，即便空间实体并不一定代表具有清晰可辨的空间边界。

基于对文化空间概念内涵不同角度的理解，不同学者进行了相应的特征梳理。陈虹根据联合国教科文组织对人类口头及非物质文化遗产的界定，将文化空间理解为人类特定活动方式的空间和共同的文化氛围，即定期举行传统文化活动或集中展现传统文化表现形式的场所，认为文化空间兼具空间性、时间性和文化性，是具有时空意义的文化依存体，并非一般意义上的空间概念或一种具体表现，需要将三者结合起来进行案例解读[③]。张博认为关于文化空间的定义应当继续扩张，于是从非物质文化遗产保护的视角出发，提出文化空间具有活态性、传

① 博厄斯. 人类学与现代生活[M]. 刘莎, 谭晓勤, 张卓宏, 译. 北京: 华夏出版社, 1999.
② 侯兵, 黄震方, 徐海军. 文化旅游的空间形态研究: 基于文化空间的综述与启示[J]. 旅游学刊, 2011, 26 (3): 70-77.
③ 陈虹. 试谈文化空间的概念与内涵[J]. 学术论坛, 2006 (1): 44-64.

统性和整体性三个特征①。活态性的文化空间保存了最重要的"文化基因";传统性亦可解读为本土性,任何一种非物质文化遗产的创生和传承都与其特定的环境息息相关;整体性即应当从生态整体性和文化整体性两个方面来对文化空间进行认知,在实践中也应当对文化空间的整体性进行保护。向白驹指出文化空间存在的核心价值和理论依据在于其完整、综合、真实、生态、生活地呈现了非物质文化遗产②。在人类学语境下,人类及其活动以及实体的场地都成为支撑文化空间概念的重要元素。就其自然属性而言,文化空间必须是一个独立存在的文化场;从其文化属性看,则往往具有综合性、多样性、岁时性、周期性、季节性、神圣性、族群性和娱乐性等特征。虽然不同学者列举了不同的文化空间特性,但这些特性均指向文化空间的本质特征,即非物质文化遗产的表现形式在很大程度上体现在文化空间构成的基础上,而对文化空间的保护,归根结底也是对非物质文化遗产的存在、发展、传承和表现空间的保护。

在设计策略研究方面,李玉臻提出,文化空间保护应注重以整体保护代替局部保护的模式,发展以生产的观念实现文化空间保护,以及基于当地民众需求的保护模式③。首先,对于文化空间的保护应当尊重文化空间的整体性,理解其空间背后相互交错的联系;其次,利用文化生产与再生产对文化空间进行保护,是对文化空间活态性的实践认知,也是文化空间可持续发展的关键;此外,应该认识到文化空间中的原住民对经济发展和提升生活质量的渴望,采取合理策略进行适度开发。张晓萍、李鑫在分析文化空间的内涵和现状的基础上,结合当前旅游开发的特征,提出旅游化生存是增强文化空间生命力和竞争力的有效途径,并认为"大型实景歌舞展演"和"非物质文化遗产景观旅游"是文化空间旅游化生存的可取之道。刘扬、徐泽针对城市文化空间的规划技术问题进行探讨,提出应构建"城市文化空间体系",将文化空间分为三大类别并进行分类引导:一是文化生态空间,包括历史文化遗产、非物质文化遗产环境、传统生产生活片区等;二是文化产业空间,包括大型主题设施、文化创意产业园区等;三是文化事业空间,主要是公益性文化设施和公共空间。同时,也提出应当对重点文化空间确立建设指引,即确定城市文化发展核心区(分为成熟型文化中心区和潜力型文化中心区)、城市文化发展重要廊道(强调轴线等空间结构)④。总体来说,对文化空间的规划研究相对较少,原因主要有以下两点:一是目前对文化空间的研究仍处

① 张博. 非物质文化遗产的文化空间保护[J]. 青海社会科学, 2007(1): 34-41.
② 向白驹. 论"文化空间"[J]. 中央民族大学学报, 2008, 35(3): 81-88.
③ 李玉臻. 非物质文化遗产视角下的文化空间研究[J]. 学术论坛, 2008(9): 178-182.
④ 刘扬, 徐泽. 浅谈城市文化空间规划[C]//中国城市规划学会. 城市时代, 协同规划: 2013中国城市规划年会论文集. 中国城市规划学会, 2013: 1-13.

于初始阶段，二是文化空间的概念较为抽象。此外，如何将文化空间保护与现代化结合，也是面向未来城市可持续发展的重要议题。

2.3.6 量化城市研究进展与文化研究中新技术的应用

（1）新技术应用与研究会议、研究机构概况

文化城市规划建设新技术的应用得到了许多机构的重视，举办了多场相关的会议、论坛，研究组织包括高校等研究机构、规划院所等规划建设一线实践单位以及相关企业。具体情况如下。

①相关会议论坛

各种类型的官方会议和论坛成为大数据应用的主要推动方式。一方面，诸如城市规划年会和城市发展大会等城市研究与规划领域内的主流会议近年来都设有城市文化和大数据相关分论坛；另一方面，以大数据研究为核心的专项会议不断增加，比如文化城市规划建设信息化实务论坛、规划建设信息化年会、GIS年会和数据增强设计研讨会等。

②高校

全球范围内已经涌现出众多聚焦于规划建设新技术的高校研究团队。南京大学基于微博数据的规划分析，同济大学对于手机定位数据的深入应用，清华大学在课程设计中广泛开展的数据增强设计，北京大学基于多源数据的生活圈规划，深圳大学将空间信息智能感知技术应用于时空大数据分析等均取得了一定成果。为便于跟踪了解相关研究进展，这里列出国内外的代表性研究机构，包括：北京大学智慧城市研究与规划中心、南京大学智慧城市研究院、东南大学智慧城市研究院、上海同济大学可持续智慧城市实验室、麻省理工学院媒体实验室、新加坡苏黎世联邦理工学院未来城市实验室、新南威尔士大学建成环境学院城市分析实验室、哈佛大学肯尼迪政府学院艾什中心、芝加哥大学城市计算与数据中心、纽约大学城市科学与发展中心、哥伦比亚大学空间研究中心。

③规划院所

规划院所是从事规划设计业务的一线单位，在规划设计新技术创新中始终走在前列。其中的代表包括北京市城市实验室（BCL）、北京清华同衡规划设计研究院的城市数据实验室、中国城市规划设计研究院的规划云平台、北京规划院的规划云平台和规划决策支持系统、中规院上海分院的机器学习与神经网络分析、武汉规划院的"众规武汉"等。

④企业

企业拥有很强的数字技术能力和资金能力，对文化城市规划建设的新技术发展发挥了有重要作用。如百度成立百度地图慧眼大数据实验室，关注商业化应用的同时也涉足城市（文化）空间研究；阿里巴巴集团通过"活水计划"支持了一批前沿的城市研究；腾讯提供专门的位置大数据服务，可以用于城市规划建设研究与应用；中国联通成立智慧足迹公司，针对空间结构和空间流动为城市规划建设提供准确的数据支撑。此外，还有一大批致力于各类城市数据服务的公司，比如上海元卓信息科技有限公司、广东国地规划科技股份有限公司、洛阳众智软件科技股份有限公司、科大讯飞股份有限公司、广州奥格智能科技有限公司等。许多企业与规划院所成立联合实验室，如阿里巴巴—中规院未来城市实验室、百度地图慧眼中规院联合创新实验室、中国联通智慧足迹公司等，以促进规划建设新技术的发展。

（2）文化城市规划建设新技术主要应用领域

①城市交通规划与职住分析

传统交通规划建设是基于人口规模和功能分区，通过划分交通分析区和观察调研做出的，研究尺度较大、粒度较粗，并且数据获取较为麻烦，这使得交通规划建设领域成为最先应用大数据的领域。早在2004年，浮动车数据（出租车GPS数据）就得到了应用，随后，公交IC卡数据、出租车计价器数据、ETC数据、公交车GPS数据、手机信令数据、停车数据和网约车数据等在交通规划研究领域纷纷得到应用。公交刷卡数据可以用来检测人们的公交出行OD[①]；导航APP传回的GPS数据，经处理后可以了解道路的实时路网信息，通过抓取地图数据获取道路拥挤情况，进而用这些数据进行交通可达性分析、公交线网规划、停车场规划和交通控制管理等。基于新型大数据的城市交通研究不仅能够呈现城市的通勤特征，分析城市职住的平衡关系，也可以揭示城市非通勤出行活动（特别是城市文化消费行为）的模式与形态，为传统的文化社会学调研方法提供了更加科学和全面的洞察手段[②]。

②数字城市设计

清华大学龙瀛提出空间增强设计（DAD）理论和方法，通过以对城市定量分析为驱动的规划设计方法，以数据分析、建模、预测等手段，为城市规划设计的全过程提供调研、分析方案设计、评价，以提高设计的科学性，激发规划设计

[①] "O"来源于"origin"，指出行的出发地点；"D"来源于"destination"，指出行的目的地。

[②] 谢峰. 《2021年度中国主要城市通勤监测报告》发布[N]. 首都建设报，2021-07-28（2）.

人员的创造力①。目前已经召开两届数据增强设计研讨会，并衍生出图片城市主义、街道城市主义和人本尺度城市形态等概念。李苗裔等人利用数字技术搭建了一套数据驱动的规划技术支持框架②。赵珂等通过构建由数据分析平台和设计交流平台构成的大平台来达成参与式的地理设计③。东南大学的杨俊宴尝试构建了全数字化城市设计框架，使用量化和数字化方法来实现传统城市设计中依靠经验和感性判断的技术内容，将多源大数据应用于"空间本体"和"空间外围"两个维度，并展开了丰富的城市设计实践④。

　　③数字国土空间规划与公众参与

　　天津规划院积极探讨大数据时代下的城市规划编制工作流程，并将传统数据与大数据结合，编制了技术手册，在相对准确、及时、样本量不大的数据下，深层挖掘数据的内在联系、因果关系及发展方向，具有较强的实践指向⑤。长沙市规划信息中心从"多规合一"的角度出发，在研究规划数据体系的理论框架基础上，提出了包含区域规划、总体规划（含专项规划）、控制性详细规划、修建性详细规划和城市设计的城乡规划应用体系，并提出了数据范式和服务体系⑥。除了参与规划分析与编制外，还广泛应用于规划实施与管理公众参与环节。多样化和大体量的时空大数据可以为规划动态监管提供技术支撑，动态评估规划实施效果，保证规划的正确推行。如从化市将GIS规划大数据、手机定位数据、出租车GPS定位数据等大数据方法进行规划梳理，为"三规合一"打下了基础。江苏省城市发展研究所以时空行为数据为基础，结合GIS空间分析、计算机仿真模拟等技术，实现对南京岱山保障房片区商业规划实施的定量检核，从而为规划调整优化提供了参考⑦。新数据环境及大数据技术也在一定程度上改变了原来以资料收集为主的公众参与模式，为公众参与规划编制提供了条件。一方面，无论公众是否有意识参与规划，作为重要的规划数据源，由公众日常行为产生的大数据已自然而然地进入规划决策；另一方面，随着城市规划成果展示、咨询和互动等多种平台的搭建，大数据技术尤其是大数据可视化技术使公众有机会深入了解城市规

① 龙瀛，罗子昕，茅明睿. 新数据在城市规划与研究中的应用进展[J]. 城市与区域规划研究，2018，10（3）：85-103.

② 李苗裔，王鹏. 数据驱动的城市规划新技术：从GIS到大数据[J]. 国际城市规划，2014，29（6）：58-65.

③ 赵珂，赵钢. "非确定性"城市规划思想[J]. 城市规划汇刊，2004（2）：33-36，95.

④ 杨俊宴，胡昕宇. 城市空间特色规划的途径与方法[J]. 城市规划，2013，37（6）：68-75.

⑤ 李刚，高相铎. 大数据时代下的城市规划编制工作流程[J]. 规划师，2014，30（8）：19-24.

⑥ 胡兵. 基于存量规划的规划信息化应用模式设想[J].《规划师》论丛，2015（1）：257-262.

⑦ 崔曙平，徐晓冬，罗桑扎西，等. 基于时空间行为数据的规划实施分析与优化策略探讨：以南京岱山保障房片区商业规划为例[C]//2014（第九届）城市发展与规划大会论文集：S08智慧城市、数字城市建设的战略思考、技术手段、评价体系. 2014：113-118.

划，形成公众参与规划设计、公众与规划师互动的新模式，规划编制单位通过分析大数据可以获得公众对城市发展和规划编制的意见和建议。目前，多数规划机构都已经开通自己的微博和微信账号，以方便新媒体环境下的公众参与。武汉在大数据环境下首先推出"众规武汉"开放平台，构建了规划编制过程的公众参与平台，形成了规划师与社会各界交流、规划信息发布的新媒体平台以及社会公众了解规划的窗口，已经参与完成了环东湖绿道实施性规划、武汉市停车场近期建设规划等实践项目。北京市规划院推出CityIF云平台，用智慧平台去汇集规划师自组织群体的智慧，用动力平台去集合自下而上的社区治理的力量，用数据平台去获取、处理和挖掘大数据时代的丰富数据资源，并应用于城市规划和研究，目前已成功推出城市界面展、街道环境改善设计竞赛和长辛店老镇复兴计划等项目和活动。具体项目中也有不少对大数据与公众参与的探索，王鹏等针对北京"钟鼓楼片区"改造，利用新媒体技术展示规划方案，收集公众反馈信息，通过网站、APP等方式建立并推广了公众参与规划的新模式。

④城市规划评估与空间治理

新数据的产生提供了对与人类活动、移动有关的社会空间维度进行评价的可能，如微博数据、百度热力图、公交地铁刷卡数据、浮动车数据、人类活动热点、土地使用强度等。但新数据存在的问题在于它并不是为规划量身定做的数据，需要经过运算处理方能转化为规划使用的数据，从而为基于环境感知的空间治理探索、基于遥感和大数据的城市体检研究服务。目前已取得成功的评价实践有基于规划许可数据的城市增长边界实施评价、基于人类活动移动数据的城市增长边界实施评价、城市内部空间的反现实模拟、基于城市之间联系数据对区域规划结构的评价与街道的绿化评估等。值得一提的是，新数据并非替代了传统数据，传统数据与新数据共同构成了规划评价的手段，两者的结合大大增强了规划评价的科学性、完整性与人文性。

⑤文化城市行为空间

空间及空间上承载的活动具有相互影响的辩证关系，尤其随着社会流动的加速，居民的行为活动对城市空间的影响更为突出，与居民行为活动紧密相关的手机信令、微博、各类兴趣点等数据可以较为理想地表示文化城市行为空间。由于数据点能够代表个人，数据点的密度可以表示人群密度，因而大数据首先为文化城市活力研究提供了有效的解决方案。通过对个体行为特征的总结可以得到人群的某类总体特征，进而分析特定人群居住、就业、游憩和交通行为的时空变化情况。作为居民多种行为结合体的职住关系分析是重要的城市行为分析之一，多种大数据得到广泛应用，比如冷炳荣等利用热力图进行重庆市主城区职住关系的剖析[①]；郝新华等利用腾讯基于位置的服务数据（location based services，简称LBS）研究了北京市的职住平衡情况[②]；钮心毅等利用手机信令数据分析了上海市的职住空间关系[③]，还利用手机信令数据分析了上海的娱乐就业匹配情况[④]；重庆市规划院利用手机信令等多源数据进行了人口、用地和交通研究，提出了重庆市产城融合发展的建议[⑤]。除了学术研究之外，不少机构进行了人群标签分析，比如北京城市象限的人迹地图产品能够分析多尺度和多属性的时空行为。

在居民时空行为研究领域，GPS轨迹捕获替代了活动日志的调查，可以更加精确地了解居民出行和活动的时空信息，研究居民行为与城市环境的关系。比如南京大学秦萧和甄峰等从社交数据出发，关注时空行为，在总结传统城市时空行为研究方法存在问题的基础上，对影响其变革的数据获取与处理技术进行梳理，构建了基于大数据应用的城市研究方法框架[⑥]。

⑥文化城市建成环境评价

在文化城市空间研究领域，通过对主题网站、智能手机、智能卡等居民活动数据进行综合分析，可以了解文化城市居民对空间的利用方式与效率及质量评价，判断文化城市各类空间发展存在的问题。随着信息技术的广泛使用，一方面，学者不仅可以从众多主题网站（大众点评网、淘宝网、搜房网等）获取城市不同文化空间或设施大样本、动态的位置与文本或图片数据，还可以掌握城市居民对这些文化空间的态度评价数据（各环节评价数字统计、文本评价、图片等），结合因子分析、舆情分析和图片分析等方法，可以对各类空间的综合发展质量进行全面科学评价；另一方面，智能卡刷卡、手机定位及社交网络签到等大数据时刻记录着城市居民的活动特征和轨迹，可以结合描述性统计等方法，分析出居民对不同空间的使用效率，也可以利用社交网络分析等关系模拟工具找出城市不同空间之间的联系。龙瀛等于2016年利用路网数据、手机信令、地图兴趣点（POI）、现状用地分类和现状建设用地等数据，从人口密度等方面对成都街道活力进行量化评价[⑦]。王德利用手机信令数据，从职住关系、通勤行为、消费休闲

① 冷炳荣，曹春霞，易峥，等. 重庆市主城区产城融合评价及其规划应对[J]. 规划师，2019，35（22）：61-68.
② 郝新华，王鹏，谢力唯. 大数据视角下的北京职住平衡[J]. 北京规划建设，2015（6）：28-31
③ 钮心毅，丁亮，宋小冬. 基于手机数据识别上海中心城的城市空间结构[J]. 城市规划学刊，2014（6）：61-67.
④ 钮心毅，康宁，李萌. 都市圈视角下的上海城市公共中心体系重构探讨[J]. 城市规划学刊，2019（3）：42-49.
⑤ 冷炳荣，曹春霞，易峥，等. 重庆市主城区产城融合评价及其规划应对[J]. 规划师，2019，35（22）：61-68.
⑥ 秦萧，甄峰，熊丽芳，等. 大数据时代城市时空间行为研究方法[J]. 地理科学进展，2013，32（9）：1352—1361.
⑦ 龙瀛，周垠. 街道活力的量化评价及影响因素分析：以成都为例[J]. 新建筑，2016（1）：52-57.

行为等视角，从个体角度对城市建成环境进行了综合评价①。

⑦土地利用与功能布局

土地利用与功能布局是城市规划最基本的管控引导内容，但传统的研究面临数据更新、数据质量和方法可靠性等限制，大数据则能在一定程度上解决以上诸多问题，尤其是在城市建成区识别、城市增长边界划定、城市用地现状识别和各种功能设施布局等方面已经积累了较丰富的经验。城市建成区识别的传统方法主要通过遥感影像解译辅以人口、经济、设施指标进行确定，数据精度和获取成本难以保证。龙瀛等提出了利用全国测绘路网数据和POI数据自动识别地块的方法，并通过约束性元胞自动机推测地块是否为建设用地。同时，该方法可以推断出地块的用地功能、开发密度和混合使用程度，在一定程度上可以解决用地现状图在中国通常难以获得且更新较慢的问题②。韩昊英等在POI数据的基础上加入公交刷卡数据，有效提高了居住区的识别精度③。在城市增长边界研究方面，龙瀛等发现95%以上的人类活动和移动位于规划边界内，因而可以用规划许可数据、出租车轨迹数据、公交卡刷卡记录、位置微博和街景等数据确定城市增长边界④。除此之外，大量城市更新与再开发规划都开始尝试功能的混合与兼容，使得单一功能片区的空间边界模糊，极大地增强了突出居民体验的大数据的应用价值，为优化城市设施布局和判断实施承载力提供了新的思路，目前在交通设施、商业设施、教育设施、医疗设施和环卫设施等设施规划研究中都已经展开了大数据应用。

⑧文化城市形态与结构

广义的城市形态与结构可以涵盖城市研究的大部分内容，本书仅仅是指较为宏观的城市形态与要素构成，兼及少量文化城市案例。大数据在城市形态与结构方面的应用研究主要通过追踪人口分布与动态变化来反映空间和功能分布，主要数据来源是百度热力图、微信宜出行、手机信令和互联网开放数据等。吴志强等基于百度热力图数据，并以上海中心城区为例，对人群的集聚度、集聚位置、人口重心等指标在连续一周中随时间变化的情况进行了考察和分析⑤。李娟等从人口空间集聚的角度出发，利用百度热力图数据，进行了全国尺度多中心城市分

---

① 王德利. 北京市空间紧凑度测度及提升对策[J]. 城市问题，2013（11）：25-30，66.

② 龙瀛，吴康，王江浩，等. 大模型：城市和区域研究的新范式[J]. 城市规划学刊，2014（6）：52-60.

③ 韩昊英，于翔，龙瀛. 基于北京公交刷卡数据和兴趣点的功能区识别[J]. 城市规划，2016，40（6）：52-60.

④ 龙瀛，李派. 新数据环境下的城市增长边界规划实施评价[J]. 上海城市规划，2017（5）：106-111.

⑤ 吴志强，叶锺楠. 基于百度地图热力图的城市空间结构研究：以上海中心城区为例[J]. 城市规划，2016，40（4）：33-40.

区①。钮心毅等基于手机信令数据，利用局部空间自相关方法进行聚类分析，识别了上海中心城区的公共中心体系②。郑晓伟以西安主城区为研究对象，提出基于开放数据的城市中心体系识别与优化方法③。

⑨城市区域空间网络结构测度

市域城镇等级体系规划和区域城镇体系规划都需要研究城镇之间的相互联系，城市之间的"人流""物流"和"信息流"成为分析的主要内容，然而，统计数据主要关注经济联系，并且统计单元往往较大，难以反映城市之间的真实关系。近年来，交通班次数据、企业注册信息数据、搜索指数数据和手机信令数据等从不同角度为研究提供了新思路。尤其是手机信令数据因其广泛性和客观性已经成为描述区域内不同城市人流联系的有效方法，其中，同济规划院对南昌大都市区城镇联系进行的研究较有代表性。同济规划院利用南昌大都市区内连续37天联通数据模拟了区域内城市间联系强度，分别从城镇等级体系、中心城市腹地和区域发展廊道三个方面对区域城镇体系现状进行评估，为合理构建城镇组群提供了定量分析支撑。社交网络活动、移动通信等大数据被用来表征城市的综合实力、城市间时空联系及空间结构，进而重新认识和界定区域内部的发展关系④。

总体而言，文化城市内涵丰富、认识不一、指标多样，对文化城市进行形态识别、特征判析和数据提取较为困难。本书中的新技术应用主要基于大量城市规划建设方面的可比性、统一性数据，并以此作为文化城市研究的参考依据。故此，在论述具体技术的过程中，将城市应用作为一般对象，并在典型文化城市中予以应用。

2.4 相关文化概念

根据前文，就相关相近概念进行辨析和界定。

① 李娟，李苗裔，龙瀛，等. 基于百度热力图的中国多中心城市分析[J]. 上海城市规划，2016（3）：30-36.
② 钮心毅，丁亮，宋小冬. 基于手机数据识别上海中心城的城市空间结构[J]. 城市规划学刊，2014（6）：61-67.
③ 郑晓伟. 基于开放数据的西安城市中心体系识别与优化[J]. 规划师，2017，33（1）：57-64.
④ 姚凯，钮心毅. 手机信令数据分析在城镇体系规划中的应用实践：南昌大都市区的案例[J]. 上海城市规划，2016（4）：91-97.

2.4.1 历史文化

"历史"和"文化"组成了"历史文化",本身最少有三层含义:一是"历史上的文化",二是"以历史为核心的文化",三是"历史与文化"。"历史文化是指人类社会在发展过程中所展现的文化风貌的总和。在历史上,每个时期都有不同于其他时期的时代风貌,各个时期的时代风貌合起来构成总体的文化风貌。这些不同时期的时代风貌,以及它们所组成的总体文化风貌,就是历史文化。"这一描述较明确地指出了历史文化的概念。[①]

历史文化的第一层含义,可以认为是"历史上的文化",其本身包含了历史,只是这些历史要产生一定影响。这里的历史文化和现实文化,是按照历时性把文化分成了两大组成部分。历史文化和现实通常有一定时期的间隔,但历史文化又对现实文化产生难以磨灭的影响。

历史文化的第二层含义,则应解释为"历史"经过沉淀后成为文化,历史文化是包括历史在内的文化的一个重要组成部分,强调历史是一种核心文化。"历史"成为影响人类发展的文化成果,大多是以口头传说、历史遗存、图文以及影音资料等方式记录下来的"往事"。没有被记录下来的"历史",通常也不会影响人类发展。因此,这一层"历史文化"含义,主要指的是口头传说、历史遗存、图文以及影音资料等能够影响人类生产生活方式的精神和物质成果。

历史文化的第三层含义,基本应叠加"历史"和"文化"的定义,是指过去的事实和有关记录以至人类所创造的精神产品和物质产品所表现出的,以及赋予于自然现象或物体上,能够对人类生产生活方式产生影响的精神因素。当然,在这里,历史与文化也是一种相互交织的关系,不能截然分开。在这一层含义中,既包括历史,也包括文化;既包括历史上的文化,也包括现实中的文化。

以上三层含义相互交织。综合三层含义取最广义,应基本上囊括了整个"历史文化"的意思。[②]

2.4.2 优秀传统文化

文化限定于精神层面或者观念形态的下一层面,那么"传统文化"就是指一种"非物质的",由某个特定民族或国家所创造且代代相传,与经济、政治、社会、生态文明等并列的文化。世界上各个民族都有自己的民族文化,而且出于历史的原因,还形成了不同的宗教文化、地区文化等。传统文化是一个民族的精神

① 颜吾芟. 中国历史文化概论[M]. 北京: 北方交通大学出版社, 2002.
② 赵东. 数字化生存下的历史文化资源保护与开发研究[D]. 济南: 山东大学, 2014.

延续，是一个民族得以发展和延续的精神支柱。每一个伟大的民族，总是和它优秀的、灿烂的传统文化联系在一起，中华民族也同样如此。

要探讨"中华优秀传统文化"，还需要厘清"中华文化"与"中华传统文化"的基本内涵。《唐律疏议》记载："中华者，中国也。亲被王教，自属中国，衣冠威仪，习俗孝悌，居身礼仪，故谓之中华。"故许多学者认为，"中华文化"与"中国文化"是在同一意义上使用的，认为中国文化是"由中华民族在东亚大陆这片广袤的土地上创造的文化"。习近平总书记指出，"从孔夫子到孙中山，我们都注意汲取其中积极的养分"。就表现形式而言，有学者把中华传统文化分为两大类，一类是中华典籍中传承下来的文化，如诸子百家的典籍；另一类是中国人口口相传或在日常生活中潜移默化影响下流传下来的，以习俗为主要特点的文化传统[①]。就内容构成而言，大部分学者认为中华传统文化是"儒、佛、道三足鼎立的传统文化"[②]。就核心精神而言，有学者认为儒家思想是中华传统文化的核心，"三纲五常"就是这一核心的主要道德规范[③]；还有学者认为格物、致知、诚意、正心、修身、齐家、治国、平天下，这种从知识到信仰，再到行动的转变过程，是中国传统文化的基本精神[④]。基于以上论点，本书认为中华传统文化是指从孔子到孙中山的中华传统文化，是多元一体、形式多样的，来源于中华民族的历史实践，是中华民族在几千年历史过程中所产生的包含儒家思想在内的各类思想文化的总和，是儒家、道家、佛家等多种思想和学说之间互相交流融合，同其他文化不断互鉴交流而形成的文化，在不同的历史阶段呈现出不同的历史形态。

世界上的事物无不包含矛盾对立的两个方面，中华传统文化也是一个良莠并存、具有内在矛盾的统一体。传承弘扬中华传统文化，既要挖掘中华传统文化的积极方面，也要正视中华传统文化中的部分缺陷。也就是说，要清醒地认识到，我们传承和弘扬的是优秀传统文化，对不良部分必须舍弃。值得注意的是，优秀与不良的界定往往不是绝对的，而是交叉互渗的。比如，儒家的仁爱观念，既表现了人道精神，也包含了等级观念。佛家的因果报应说，既是一种因果律的理性观念，也是一种神学说教。这都需要我们认真分析，吸取精华，剔除糟粕。因此，区别优秀与不良，主要是看其是否符合客观实际、是否符合社会发展需要和是否促进社会进步。为此，学者们对中华传统文化那些优秀的成分进行提炼并给

① 李君如. 弘扬文化传统要讲辩证法[N]. 光明日报，2013-10-25（12）.

② 朱康有. 传统文化"双创"的几个舆论难点[EB/OL].（2019-01-15）. http://www.rmlt.com.cn/2019/0115/537434.shtml?from=groupmessage.

③ 刘梦溪. 百年中国文化传统的流失与重建[J]. 浙江艺术职业学院学报，2016，8（2）：1-8.

④ 刘建军. 传统文化中的信仰概念[J]. 中国人民大学学报，1998（5）：56-61.

予现代解读。如有学者认为中华优秀传统文化的基本精神，主要表现在天人合一、以人为本、刚健有为、以和为贵。有学者从中华文化的独特性和实践性提出，中华优秀传统文化在社会模式上建立了"礼仪之道"，在人格模式上建立了"君子之道"，在行为模式上建立了"中庸之道"。有学者从国家、社会、个人三个层面对中华优秀传统文化予以界定，认为符合国家发展需要、符合社会发展、使人拥有积极向上精神状态的文化就是优秀的，其优秀成分主要包括以修身、齐家、治国为主要内容的思想文化，以民俗节日等为主要内容的社会文化，以探究和利用自然、社会规律为主要内容的科技文化。有学者认为就内容而言，自强不息、厚德载物、家国情怀、忧患意识、道法自然、天人合一、人贵于物、义重于利、德高于力、群己和谐等价值理念，均是中华优秀传统文化的重要表现和载体[①]。基于"取其精华、弃其糟粕"的基本方针，本书从宏观叙事与具体阐释两个层面对中华优秀传统文化予以界定。就宏观叙事而言，中华优秀传统文化是指那些剔除了腐朽部分、摒弃了消极因素的中华传统文化的优秀成分，主要体现在能够代表中国文化发展的正确方向、体现中华民族蓬勃向上精神，包括儒家、道家、佛家思想等在内的积极思想和观念，即习近平总书记所说的"讲仁爱、重民本、守诚信、崇正义、尚和合、求大同"[②]等内容，未来文化的建设与发展，应注重"中华民族精神基因的传承"[③]。

2022年，中共中央办公厅、国务院办公厅印发《关于实施中华优秀传统文化传承发展工程的意见》，对中华优秀传统文化主要内容做出清晰界定：

核心思想理念。中华民族和中国人民在修齐治平、尊时守位、知常达变、开物成务、建功立业过程中培育和形成的基本思想理念，如革故鼎新、与时俱进的思想，脚踏实地、实事求是的思想，惠民利民、安民富民的思想，道法自然、天人合一的思想等，可以为人们认识和改造世界提供有益启迪，可以为治国理政提供有益借鉴。传承发展中华优秀传统文化，就要大力弘扬讲仁爱、重民本、守诚信、崇正义、尚和合、求大同等核心思想理念。

中华传统美德。中华优秀传统文化蕴含着丰富的道德理念和规范，如天下兴亡、匹夫有责的担当意识，精忠报国、振兴中华的爱国情怀，崇德向善、见贤思齐的社会风尚，孝悌忠信、礼义廉耻的荣辱观念，体现着评判是非曲直的价值标准，潜移默化地影响着中国人的行为方式。传承发展中华优秀传统文化，就

---

① 李宗桂. 关于中华优秀传统文化当代价值的两点思考[J]. 文化软实力, 2019（2）: 39-43.

② 习近平在中共中央政治局第十二次集体学习时强调：把培育和弘扬社会主义核心价值观作为凝魂聚气强基固本的基础工程[N]. 人民日报, 2014-02-26（1）.

③ 习近平在山东考察时强调：认真贯彻党的十八届二中全会精神　汇聚起全面深化改革的强大正能量[N]. 人民日报, 2013-01-29（1）.

要大力弘扬自强不息、敬业乐群、扶危济困、见义勇为、孝老爱亲等中华传统美德。

中华人文精神。中华优秀传统文化积淀着多样、珍贵的精神财富，如求同存异、和而不同的处世方法，文以载道、以文化人的教化思想，形神兼备、情景交融的美学追求，勤俭节约、尊老爱幼的生活理念等，是中国人民思想观念、风俗习惯、生活方式、情感样式的集中表达，滋养了独特丰富的文学艺术、科学技术、人文学术，至今仍然具有深刻影响。传承发展中华优秀传统文化，就要大力弘扬有利于促进社会和谐、鼓励人们向上向善的思想文化内容。

2.4.3 城市文化形态

形态是事物基于自身内部的组织、结构和功能并直接显示出来的形状、样态，作为事物的直观和典型形象，形态也直接蕴涵着事物内部诸要素间的相关性，形态具有客观性、可认知性和可分析性，形态决不等于"形式"，其本身就是形式与内容的统一。[①]

文化形态是指一种文化的内部结构、运作方式及其表现形式[②]。举例来说，现代博物馆以其独有的文化资源、运作方式和表现形式，成为一种独立的文化形态，其所体现出的文化价值已深植于大众观念之中，是一种特定的社会文化形态。广而言之，我们生活中某一特定生活方式和行为模式也可称为文化形态，这是一种历史演变而成的形态，同时它也是社会进步的推动力，历史就是一定的生活方式和行为模式演变出来的结果。

城市文化形态是指城市文化的具体存在方式或状态，城市文化的形态是多种多样且不断变化的。在特定社会和社群的文化内部，往往存在若干层次和类型。这些不同层次和类型的文化也往往有着不同的特征和功能，形成形态各异的文化形态。

2.4.4 城市文化生态

文化生态是根据人类生存的整个自然环境和社会环境的各种因素交互作用形成的特定结构和状态[③]。文化生态是不同的文化体系在相互作用、相互影响下形成的一种动态系统，是一个民族在特定的外部环境下通过长期的生产实践形成的

---

① 韩庆祥，邹诗鹏. 当代哲学的主题形态何以是人学？我们的哲学观[J]. 社会科学战线，2001（3）：65-72.

② 王宏鹏. 文化形态的外延与结构[J]. 青年文学家，2011（23）：216.

③ 美国文化人类学著名学者朱利安·海内斯·斯图尔德（Juliar Haynes Steward，1902—1972）于1955年在其理论著作《文化变化理论：多线性变革的方法》（*Theory of Culture Change: the Methodology of Multilinear Evolution*）中首次明确提出"文化生态学"的观点。

一种文化发展生态，外部生态环境是文化产生与发展的基本前提和重要依托，不同的外部生态环境决定了不同民族的独特文化形态。文化的形成与发展都离不开外部的生态环境，文化与生态环境在相互作用下，形成了相互制约和相互依存的文化生态。

城市文化生态，是一个城市、一个地区文化生长和传承发展的土壤。它是文化在社会潮流中得以继承和发扬的环境，不仅仅是文化本身所具有的要素的体现，更包含了与文化相关的自然、人文、社会等要素的总和。城市文化生态的组成涵盖了城市生活的各个方面，对人类的生存和发展有着重要的影响。城市文化生态的建设旨在提醒人们不要破坏文化生长与发展的环境，从进化论角度讲，文化生态也是一种有生命的生态，它的产生、成长、发展、推广有自己的生态规律，有自身的系统性。文化生态的存在是以文化的组成要素为基础，以文化组成之间的联系和相关性为纽带进行平衡，一旦文化生态平衡被打破，文化传承就会受到毁灭性打击，对城市的持续发展非常危险。

2.4.5 城市文化空间

文化空间。1998年联合国教科文组织颁布的《宣布人类口头和非物质遗产代表作条例》中，明确将人类口头和非物质文化遗产划分为两大类。一是各种民间传统文化表现形式，包括语言、文学、音乐、舞蹈、游戏、神话、礼仪、习惯、手工艺、建筑技术及其他艺术；二是文化空间，"文化空间"被指定为非物质文化遗产的重要形态，主要用来指人类口头和非物质遗产代表作的形态和样式。2005年，我国国务院办公厅印发《关于加强我国非物质文化遗产保护工作的意见》，其附件《国家级非物质文化遗产代表作申报评定暂行办法》把"文化空间"作为非物质文化遗产的一个基本类别，并定义为"定期举行传统文化活动或集中展现传统文化表现形式的场所，兼具空间性和时间性"。

城市文化空间。刘易斯·芒福德认为城市是各种文化的积聚和载体，他在其《城市发展史》一书中写到："城市通过它的许多储存设施（建筑物、保管库、档案、纪念性建筑、石碑、书籍），能够把它复杂的文化一代一代往下传，因为它不但集中了传递和扩大这一遗产所需的物质手段，而且也集中了人的智慧和力量。这一点一直是城市给人类作出的最大贡献。"因此，从某种意义上讲，"城市本身就是文化的一种空间表现形式"。王承旭从文化符号学的角度，提出城市居民通过"易辨"[①]的公共文化活动进行有效的沟通，获得场所精神的体验，形成多层次的、具有认同感和归属感的城市公共空间，继而产生对都市结构的指认，形成都市文化意象。公共文化活动"易辨性"及"有效性"的形成有赖于城市物质文化对城市制度和精神的表征程度。由此可见，居民心理、精神上的认可和皈依是形成城市物质文化空间的关键。并将占据一定物质空间、得到居民普遍认可、集中体现城市公共文化的场所称为"城市文化空间"[②]。"人""活动"和"场所"[③]反映了居民对时间结构、空间结构的意象，是形成城市文化空间的三要素。姜建蓉提出城市文化空间在城市文化发展中具有特殊作用，城市文化空间的形成是产业发展、文化发展和城市发展的有机综合，将具有一定物质空间范围、为人们普遍认同、集聚文化生产与消费、集中体现城市文化特质的场所，理解为"城市文化空间"。根据人的文化活动强度、不同空间的要素聚集程度和空间的规模，并考虑科技进步因素，将城市文化空间概括为四大尺度，即整体意象、文化区片、文化场点和虚拟文化空间。并提出了城市文化空间的7大形态，即"城市节点或地标区、历史文化街区、历史文化古镇、传统文化发源地及表演空间、现代人文社区、文化创意产业园区、文化业态集聚区"。

结合研究，本书从城市文化角度，按照不同空间尺度，根据人的聚居分异、文化活动强度及场所的空间分布，将城市文化空间划分为四个层次——①整体城市文化意象空间、文化分区；②城市内部宏观尺度的文化空间、文化片区；③城市内部中观尺度的文化空间、文化设施；④城市内部微观尺度的文化空间。同时，按照需求层次，将城市文化空间统一划分为基础型、提升型和标志型三种类型。

2.4.6 城市景观风貌

城市景观。"景观"一词最早被运用于《圣经》旧约全书中，当时主要指的是耶路撒冷的美丽景色，发展到近代，它最早出现于绘画中，意为"风景"或者"景色"。城市景观是"人们通过视觉所看到的城市各构成要素的外部形态特征，是由街道、广场、建筑群、小区、桥梁等物体所共同构成的视觉图像，是城市中

---

① 凯文·林奇认为，城市的物质文化是一种交流和沟通的媒介，展现着明确的与不明确的符号——旗帜、草地、十字架、标语、彩窗、橙色屋顶、螺旋梯、柱、门廊、生了锈的栏杆等。这些符号告诉我们其所有权、社会地位、所属的团体、隐性功能、货物与服务、举止，还有许多其他有趣或有用的信息。这是感觉的一个构成，可以称之为"易辨性"，即在一个聚落里，居民用符号性的物质特征来与其他人沟通的有效程度。

② 王承旭. 城市文化的空间解读[J]. 规划师，2006（4）：69-72.

③ 只有对城市的文化空间进行实质上的辨认，才会有亲切的感觉，并对空间产生认同，产生归属感，凯文·林奇称这种空间为"领域圈"，也即通常所说的"场所"。

局部和片段的外观"[①]。简单地讲，城市景观就是城市生活的表象特征，"景"是静态的，而形成城市的"景"是一种动态过程，因而不同时代有不同的景，"景"是在特定时空下的一种产物，是客观的存在物；而"观"是抽象和能动的，不同的个体会使"观"呈现不同的含义，是一种联觉产物。凝聚着特色文化的城市景观是经过人们不断推敲和锤炼出来的，是城市历史的一部分，也是这个城市的代表。

城市风貌的定义并没有统一的说法。张继刚认为，城市风貌由形而上的"风"（指风格、格调、品格、精神等）和形而下的"貌"（面貌、外观、景观、形态等）组成[②]。因此，城市风貌包括潜在的城市文质形态和显性的城市物质形态。城市风貌中的"风"可理解为"内涵"，是城市社会人文方面的表现，是城市居民对所处环境的情感寄托[③]。"貌"则是城市物质环境特征的综合表现，是城市整体及构成元素的形态和空间的总和，是"风"的载体。有形的"貌"与无形的"风"，两者相辅相成、有机结合，形成有特有的文化内涵和精神取向的城市风貌。由此可见，城市风貌的研究对象既包括可见的物质形态又包括潜在的精神内涵。具体来说，城市风貌是无形的"风"，如社会风俗、戏曲、风土人情和传说等，在有形的"貌"，如建筑、街道、雕塑、人的服饰和行为等物质载体上的一种综合表现。

关于城市特色景观风貌，吴良镛院士曾经说过，"特色是一定时间地点条件下典型事物的最集中最典型的表现"，认为特色是生活的反映，离不开城市所处的地域环境、城市的社会历史。文化和民族的影响是特定时间、特定地点的典型表现，能够给在此处生活过的人们带来心灵上的共鸣。关于城市风貌，王建国院士认为城市风貌特色主要指一座城市在其发展过程中由历史积淀、自然条件、空间形态、文化活动和社区生活等共同构成且感知上有别于其他城市的形态表征。

城市是人们活动最集中的地方，城市特色不等同于城市风貌，城市风貌具有绝对性，没有地域限制，每个城市都可以有类似的城市风貌，而城市特色却是相对的，是独一无二的，彰显着一个城市的个性，有区域性的特征，如同人一样，有面貌上的差别，也有性格上的差别。相对城市风貌而言，城市特色更形象化、具体化。由此可见，城市景观包含了城市风貌，具有个性的、典型的、可识别的、区别于其他城市的城市风貌又形成了城市特色，城市景观风貌是对城市文态和物态经过糅合而展现的城市整体面貌。城市特色景观风貌只是在城市景观风貌

①　马武定. 城市美学[M]. 北京：中国建筑工业出版社，2005.

②　张继刚. 城市景观风貌的研究对象、体系结构与方法浅谈：兼谈城市风貌特色[J]. 规划师. 2007，23（8）：5.

③　中国城市规划学会. 中国城市规划行业发展报告（2007—2008）[M]. 北京：中国建筑工业出版社，2008.

的基础上再次凝练、概括、升华，总结出城市景观风貌区别于其他城市的独特之处。

2.4.7 文化事业与文化产业

文化事业，是指在文化领域从事研究创作、精神产品生产和文化公共服务的组织机构所从事的与文化有关的非赢利事业。它的主要任务就是为社会提供精神产品，满足人民对文化生活的多方面需求。在特色城市规划中，文化事业单位主要包括以下几个类别：演出事业单位，包括各类艺术表演院团等；艺术创作事业单位，包括艺术创作院所、艺术中心、音像影视中心等；图书文献事业单位，包括图书馆、档案馆、文献信息中心等；文物事业单位，包括文物保护站、文物考古队（所）、博物馆、纪念馆等；群众文化事业单位，如群众艺术馆、文化馆（站、宫）、青少年宫、俱乐部等；广播电视事业单位，包括广播电台（站）、电视台、转播台（站）等；报纸杂志事业单位，包括各类报社、杂志社等；编辑事业单位，包括各类编辑部、党史编纂室、地方志编纂室等；新闻出版事业单位，包括各类出版社、新闻中心、新闻社等；其他文化事业单位。

文化产业。联合国教科文组织和关贸总协定（GATT）对文化产业的定义为：文化产业是从事具有文化属性的产品与服务的创造、生产和分销的行业，文化产品和服务在本质上具有文化属性，且通常受版权保护。2003年9月，我国文化部制定下发的《关于支持和促进文化产业发展的若干意见》，将文化产业界定为从事文化产品生产和提供文化服务的经营性行业。尽管世界各国对文化产业从不同角度进行了不同的定义，但文化产品的精神性、娱乐性等基本特征不变，因此，文化产业是具有精神性、娱乐性的文化产品的生产、流通、消费活动。联合国教科文组织对文化产业的定义要求文化产业必须符合以下4个特征，即系列化、标准化、生产过程分工精细化和消费的大众化（如书籍报刊等印刷品和电子出版物等）。我国的文化产业基本上可以划分为以下3类：一是生产与销售以相对独立的物态形式呈现的文化产品的行业（如生产与销售图书、报刊、影视、音像制品等的行业），二是以劳务形式出现的文化服务行业（如戏剧舞蹈的演出、体育、娱乐、策划、经纪业等），三是向其他商品和行业提供文化附加值的行业（如装潢、装饰、形象设计、文化旅游等）。

3

城市文化发展

费孝通将传统中国定义为"乡土中国",农本立国是乡土中国的根基。时至今日,中国的经济和社会形态已经发生了历史性转型,步入"城乡中国""城市中国"的新阶段。一般而言,城市与文化有密不可分的关系,城市是文化的实体,文化是城市的体现,文化对城市发展有重要贡献。如何从结构形态意义上理解城市主导的社会形态、培育城市文化、传承优秀传统文化以及制定适合中国现代化进程的公共政策,是我国现阶段迫切需要解决的问题。

本章将对城市文化内容与框架体系、成因机理与成长规律进行深入研究,探究城市文化内容的范畴,包括文化基因、文化要素、文化遗产、文化形态、文化构成5个层面,将城市文化特征归纳为聚集性、层次性、多元异质性、地域性、辐射性和动态延续性。在理清城市文化的内容与特征后,结合城市文化地域特色与价值,明确城市文化发展定位与发展目标,综合考虑城市性质、经济水平、城市精神等不同视角。最后,提出城市文化独特、健康发展的重点任务与策略。

3.1 中国传统农业社会的"城市化"转型

3.1.1 从乡村到城市的文化重心转变

聚落是人类进行生产、生活及其他社会活动的场所,是人类在地表集聚的空间组织形式。农村型聚落,就是人口密度和人口规模较小,社会关系大部分局限于地域内部,居民大部分从事第一产业的地域社会。与农村聚落相比较,城市型聚落具有人口总数和非农业人口数量多,人口密度大,居民职业构成、社会构成复杂,各种物质和精神现象高度集聚,生活方式高度现代化和社会化等特征。人类的生产方式和生产力水平决定了空间规模与居住方式,"空间"不仅仅是一个物理概念,在社会理论范畴,空间还是社会关系的产物,产生于有目的的社会实践。

传统乡村聚落的社会性包含了文化、精神、意识形态等非物质的、深层表达聚落特征的属性,如宗教信仰、社会阶层、社会交往、民俗礼仪、亲属关系、家庭结构、生活方式等。中国传统聚落正是由传统文化中体现的乡土文化与社会关系维系发展的。中国古代城市聚落在长期发展中,形成了"以血缘为纽带,以等级分配为核心,以伦理道德为本位的思想体系和制度",它既是规定天人关系、人伦关系、统治秩序的法规，也是制约生活方式、伦理道德、生活行为、思想情操的规范，渗透到中国古代社会生活的各个领域。

中国历史上是一个农业为主的社会，改革开放以来，特别是20世纪90年代以来，我国进入了快速城镇化阶段。从1996年城市化率超过30%，到2011年突破50%，再到2021年底提升至64.72%，这是人类历史上最大规模的快速城镇化，我国也从几千年的传统农耕社会转变到了以城市为主导的社会组织形态。随着市场化与市场经济的发展，维系传统乡村社会的结构属性逐渐分化转型。现代城市的概念可以理解为城市内不同功能与社群关系所形成的具有群体识别特征的物质空间形态。城市聚落也从传统的血缘关系、熟人社会转变为以用地权属为代表的法理关系。此外，在全球化发展过程中，城市空间生产出现趋同趋势，使得现代城市聚落的空间特色不断弱化。

3.1.2 快速城镇化造成历史文化破坏加剧

在快速城镇化进程中，大规模的城乡建设活动使大量历史文化遗产遭到毁灭性破坏，城乡传统历史风貌正在褪色。20世纪90年代开始的旧城改造和房地产开发，给历史文化遗产带来"建设性破坏"，直接破坏文物古迹和历史建筑，或者间接改变文物古迹和历史建筑的周边环境，给包括文物古迹、建筑群、历史地区在内的城市历史环境保护带来严峻挑战。据统计，中华人民共和国成立初期保存完好的古城有400余座，迄今仅有山西平遥古城、新疆喀什古城、云南丽江古城、贵州镇远古城、四川阆中古城等取得了良好的保护成效。第三次全国文物普查结果显示，登记的不可移动文物达到766722处，其中近1/4的文物保存现状堪忧。[①]

还有一些地方仅注重对高等级文物的保护，疏于对历史文化名镇名村的保护。另外，还有不少历史文化资源尚未纳入保护名录，尚未做到要素全囊括、空间全覆盖。随意破坏传统风貌的现象仍有发生，给城乡传统格局和历史风貌造成了不可挽回的损失。以传统村落为例，在中华文明的历史长河中，各民族各地区的人们，通过不断的经验积累和创造性建设，形成了特色鲜明的民居，这些民居巧妙地融合了自然、文化以及周边环境的独特优势，并围绕其独特功能形成了形态丰富的传统村落，其空间形态、选址、布局无不显示出高超的技术和智慧。首批评选出的646个国家级传统村落中，有国家级非物质文化遗产名录项目700多个，占全部1200多个国家级非物质文化遗产名录项目总数的一半以上，这些非物

---

① 邓海建. 文物保护当少些"遗砖之憾"[EB/OL]. （2016-11-16）. http://www.rmzxb.com.cn/c/2016-11-16/1148521.shtml.

质文化遗产因村落的存在而存在，并使得村落传统厚重鲜活。[1]此外，传统村落中还有大量历史记忆、宗族传衍、方言俚语、乡约乡规、生产方式等，它们共同构成了中国传统文化不能脱离的生命土壤，传统村落是承载和体现中华民族传统文明的重要载体。

我国自改革开放之初至20世纪90年代，因经济基础薄弱，国家采取了低成本的工业化与城镇化之路，即农村劳动力大量进城和乡村工业化[2]，广大乡村失去了大量青壮劳动力，乡村面貌也发生了较大变化，尤其是大城市的近郊乡村。村落消亡势头日趋迅猛，如2000年自然村约有363万个，2010年就缩减至271万个，2012年进一步减少至230万个。从城市化发展趋势来看，村落消减是一个必然趋势。中国村落文化研究中心课题组在2009—2010年集中对我国长江、黄河流域以及西北、西南17个省113个县的902个乡镇传统村落文化遗存进行了综合性复查，统计数据显示：中国传统村落，2004年总数为9707个，2010年骤减为5709个，减少数量几近半数，平均每天消亡1.6个。[3]

3.1.3　创造兼具独特性与现代化城市文化的时代命题

城市文化的作用体现在三个方面：一是建设城市居民的精神家园，满足城市居民精神文化生活的需要；二是"养育"城市居民独特、健康的性格，培育兼具中华优秀传统文化和城市地域特色的"国民性"；三是满足城市文化的地域性和国家文化多样性的需要（多元一体的中华文化）。除此之外，城市文化还有推动城市文化产业发展、提升城市竞争力，以及为国家、中华民族文化整体提供优秀文化内容、为世界文明贡献独特文化价值的作用。

在现代社会中，城市是各级区域的文化中心，是一个区域、民族乃至国家文化的主要创造地，也是文化遗产的主要承载地。如何定位并建设城市文化？2022年，中共中央办公厅、国务院办公厅印发国家《"十四五"文化发展规划》，特别强调"加强城市文化建设"，"加快建设一批有全国影响力的文化中心城市、特色文化强市。支持相关省（自治区、直辖市）建设一批具有代表性的区域文化中心城市和特色文化城市"，"结合新型城镇化建设，鼓励因地制宜发展一批承载历史记忆、体现地域特征、富有民族特色的美丽城镇"，特色小镇建设也需要文化为其提供不竭动力。[4]文件为我国城市文化发展提出了总体方向，"综合城

①　周建明. 中国传统村落保护与发展[M]. 北京：中国建筑工业出版社，2014.

②　周建明. 中国城市化道路探讨[J]. 城市发展研究，1997（6）：2.

③　周建明. 中国传统村落保护与发展[M]. 北京：中国建筑工业出版社，2014.

④　周建明. 文化为特色小镇发展提供不竭动力[EB/OL]. http://cx.xinhuanet.com/scft/ft2.htm.

功能定位和经济社会发展，建设传统文化和现代文化交相辉映、城市气质与人文精神相得益彰的现代城市文化。强化各类规划中文化建设的刚性约束，保护历史文化遗产，融合时代文明，构建城市文化精神，发展城市主题文化，营造特色文化景观。以文化建设带动城市建设，提升城市文化品位、整体形象和发展品质"。

如何形成特色城市文化？首先要从城市自身及其所在的区域中聚拢、传承优秀的地域/民族文化，将其作为城市文化之"根"和文化独特性的"本底"；其次是依据中央提出的中国特色社会主义文化前进方向，吸纳中华文明中不同地域、不同民族的优秀传统文化，充实革命红色文化和社会主义先进文化，搭起城市文化的"框架"；再次要根据城市能级、性质和发展目标，确定城市文化定位和主题文化方向，通过世界范围内的文明互鉴和城市自身的针对性创造，界定城市独特的文化形态。下文就城市文化内容、特征、定位、目标以及策略进行具体解析。

3.2 城市文化内容

3.2.1 文化基因

对文化基因这一概念的研究可以追溯自1976年由 R. 道金斯（Richard Dawkins）所创立的"迷因学说"（Memetics）。在《自私的基因》一书中，道金斯用达尔文式的进化思维大胆地提出了一种称为"迷因"（meme）的单位，并猜想迷因是某种"文化的遗传因子"。道金斯认为可能存在某种"复制子"（replicator），将人类在文化意识层面的选择通过模仿的方式进行传递。道金斯为了描述文化的初始状态还发明了"文化池"（culture pool）这一概念，并在同时期的人类学和社会学领域掀起了一股文化研究热潮。

迷因学说作为一种带有朴素达尔文主义色彩的理论模型，在其诞生后的20多年内一直备受争议。如丹尼特（Dennett）在探讨进化论对现代人类思维模式的影响时就明确指出，迷因学是一种"危险的抽象"，由于其概念定义的模糊性，许多社会现象如语言演化、宗教运动以及文化差异认知都很容易用迷因学的概念模型进行套用，但"迷因"本身却无法被生物学或社会学用试验性的方法观察，也无法得出稳定的参数化理论证明。

尽管如此，迷因学说所隐约勾勒出的"文化的传播、复制与传承"机制却引发了学界对"文化基因"（culture gene）的世界性关注。在这样的背景下，学界对文化基因的讨论也逐渐分化成两个流派。其一是依托迷因学所提供的路径和话语体系，以哲学家为研究主体，以迷因作为某种"借喻"，期望在文化内在结构上有所突破的"后迷因"学派。其二是以人类文化学家为研究主体，基于对文化历史和文化传承传播的角度，试图阐释人类不同的社会群体间、人类与周遭自然社会环境间的文化互动过程的"民族志学派"。

中国学界对文化基因的研究大致起源于20世纪80年代。1988年，米文平在对鄂温克族古民俗文化演变研究中首次使用了"文化基因"一词。次年，刘长林在《哲学动态》上发表了《中国民族文化基因及其阴性偏向》，正面讨论了"文化基因"在中国传统文化研究中的意义，并指出"大量的事实表明，在前人对后人的影响、文化门类之间相互影响的背后，还有着更为深刻的动因和决定因素在发生作用，从而规定着民族文化以至整个民族历史的发展趋势和形态特征，这种动因和决定因素就可称为民族的'文化基因'"。在《中国系统思维：文化基因透视》中，刘长林笼统地提出"寰道观"或"天人合一"理念就是中国的文化基因。此后，包括鲍健强、吕琛荣、黄娜娜在内的学者均从"文化基因"这块透镜中再次审视中国传统文化的生发与传承过程，对研究中西方系统性思维模式差异的根本性原因有一定的启示。

21世纪初期，随着我国城乡建设领域对历史文化、文化遗产和文化产业的价值有了更全面的认知，"文化基因"研究再一次得到关注。如刘植惠提出"知识基因"概念，用以描绘文化传承过程中的稳定性、统摄性、变异性以及走向性[1]；尚乐林则提出了"文化基因"的三个层次，即结构基因、调节基因、操作基因，从而丰富了文化基因的自组织结构[2]。又如王东所述："所谓文化基因，就是决定文化系统传承与变化的基本因子、基本要素……文化基因的核心内容是思维方式和价值观念，特别是如何处理人与自然、人与人、国与国、心与物这四大主体关系的核心理念。"[3]

上述论述虽然在一定程度上推进了国内文化基因的研究工作，但绝大部分都是在原有历史文化演变发展的基础上做出的理论构建，其对于我国当下或未来社会生活实践中文化基因的作用规律缺乏观察和阐释。少数学者，如毕文波则对文化基因进行了标签式的分类，从一个侧面反映出了现阶段我国文化基因研究的某种状态。

① 刘植惠. 知识基因探索（一）[J]. 情报理论与实践，1998（1）：63-65.
② 尚乐林. 文化基因三层观："超循环发展观"思考札记之六[J]. 发展，1998（5）：7-8.
③ 王东. 中华文明的文化基因与现代传承（专题讨论）中华文明的五次辉煌与文化基因中的五大核心理念[J]. 河北学刊，2003（5）：130-134，147.

　　进入21世纪后，我国文化基因的研究从语言学、社会学、人类学等领域向城市规划、风景园林、建筑学、人文地理等学科拓展。研究视角由文化片段向文化复合体转化，由特定人类组群向多元社会群体转化。同时，学者们将文化基因的内在特性进行了不同维度的细分，如郭谌达、周俭在对湖南张谷英村的研究中总结出文化基因的3个内在特性，即一致性、保育性、强化性，认为该传统村落空间组织与其居民的宗族观念、纲常思想相匹配，又满足了与其他支族交往联系等共存需求。

　　2020年9月28日，十九届中央政治局专门以考古为主题举行集体学习。习近平总书记在主持学习时发表重要讲话，即"建设中国特色中国风格中国气派的考古学 更好认识源远流长博大精深的中华文明"，指出要深入研究中华文明、中华文化的起源和特质，形成较为完整的"中国文化基因理念体系"。人类从野蛮到文明进程中，逐步形成了涉及人与自然、人与人（社会）、人与神（心与物）相互关系和秩序的"价值观""思维方式""宗教信仰"等以内隐方式存在的文化基本因子，它们可以被看作是"文化基因"，其储存了文化的信息，蕴含了文化的传播规律。"中国文化基因"是指保证中华文明绵延五千多年不曾断裂、屡经冲击嬗变不脱底色、固本培元又与时俱进、开放包容、乐与他者交流的基本文化因素。中国传统思想文化体现着中华民族世世代代在生产生活中形成的世界观、人生观、价值观、审美观等，其中最核心的内容已经成为中华民族最基本的文化基因，是中国人民在修齐治平、尊时守位、知常达变、开物成务、建功立业过程中逐渐形成的有别于其他民族的独特标识。在历史长河中，中华民族形成了伟大民族精神和优秀传统文化，这是中华民族生生不息、长盛不衰的文化基因，也是实现中华民族伟大复兴的精神力量，要结合新的实际发扬光大。深入研究和提炼中国的城市文化基因，对于增强文化自信、提升城市影响力有重要的意义。

3.2.2 文化要素

　　文化要素是社会学、人类学等社会科学研究的基本问题，一般是根据对文化的理解和定义而来。主要观点包括物质要素、精神要素、语言和象征符号要素以及规范体系。也有观点认为包括信仰、价值观、规范和法令、符号、技术、语言6种要素。还有观点认为包括语言、规范、奖惩、价值观4种要素。

　　物质要素即文化的物质部分，包括人类创造出来的一切物质产品，其中尤以生产工具最为重要。工具反映了人的需要和技术发展水平与人类改造自然的能力，人们对时代的划分有时是以使用什么样的生产工具为标准的，如石器时代、铁器时代等。人们也以使用工具的特性来表示不同的文化，如"青铜器文化""电气文化"等。

精神要素即精神文化，包括哲学、科学、宗教、艺术以及各种思想观念，其中尤以价值观念最为重要。人们改造自然与社会，创造和享受文化的活动无一不是在一定的思想观念指导和推动下进行的。价值观念是人们判断是非、选择行为方向和目标的标准，是在社会共同生活中培养起来的，群体或社会的价值决定着这个群体或社会的特有生活式样。

语言和象征符号要素，人的交往只有借助语言和符号才能进行，一切知识的继承和传递也只有借助语言和符号才能实现。语言还是人们观察世界甚至是改造世界的工具，人们用语言在自己的头脑里建造了客观的世界，所以语言不同，对世界的反映也不同。符号是一种无声的语言，也是社会互动过程中不可缺少的手段，如表情、姿势、动作、声音、图形、标志等。有的符号是表征性的，如国徽、军旗，有的符号是规定性的，如禁止通行的符号，前者含义丰富，后者意义明确，符号也是文化特色的表现。

有些人类学家把文化归结为人的行为规范和模式，足见行为规范和模式对于文化的重要性。规范是人们在社会互动过程中根据需要指定出来或衍生出来的，如规则、制度、道德。各种规范互相配合共同调节人们的各种社会行为，以维护社会秩序。它是一定的价值观念的具体化，是一个群体和社会文化的外部表现。所以，了解一个群体和社会的文化，首先从认识规范开始，进而才能达到文化的核心——价值观念。

文化的结构从小到大分为三类。一是文化特质（文化元素），是组成文化的基本要素或最小单位，一个社会的文化内容就是各种文化特质的总和。文化特质可以表现为物质文化的形式，也可以表现为非物质文化的形式。文化特质的特点是，每种特质都可以独自成一个单位，有它的特殊历史和特殊形式，不会与其他特质相混淆。二是文化丛（文化特质丛），是指因功能上相互联系而组合成的一组文化特质，它往往与人们的某种特定活动有关，而且往往是物质文化与非物质文化的特殊结合。三是文化模式，是一个社会中所有的文化内容结合在一起的特殊形式和结构。

3.2.3 文化遗产

文化遗产是历史留给人类的财富，从存在形态上分为物质文化遗产和非物质文化遗产。依据2005年国务院印发的《关于加强文化遗产保护的通知》（国发〔2005〕42号），"物质文化遗产是具有历史、艺术和科学价值的文物，包括古遗址、古墓葬、古建筑、石窟寺、石刻、壁画、近代现代重要史迹及代表性建筑等不可移动文物，历史上各时代的重要实物、艺术品、文献、手稿、图书资料等可移动文物；以及在建筑式样、分布均匀或与环境景色结合方面具有突出普遍价值的历史文化名城（街区、村镇）。非物质文化遗产是指各种以非物质形态存在的与群众生活密切相关、世代相承的传统文化表现形式，包括口头传统、传统表演艺术、民俗活动和礼仪与节庆、有关自然界和宇宙的民间传统知识和实践、传统手工艺技能等以及与上述传统文化表现形式相关的文化空间"。

3.2.4 文化形态

文化形态也称社会文化形态，即文化发展的历史状况。作为人类认识和改造世界的精神成果，作为社会生活的反映和重要组成部分，文化不是一成不变的，而是随着社会历史的变化而变化。[1] 在历史哲学的研究领域中，文化形态学指的是德国学者奥斯瓦尔德·斯宾格勒（Oswald Arnold Gottfried Spengler）提出的，并由英国学者阿诺德·约瑟夫·汤因比（Arnold Toseph Toynbee）继续论证的人类文明的历史发展理论。代表作为斯宾格勒的《西方的没落》与汤因比的《历史研究》。我国学者对于文化形态的解释大致有三种：一是将相对于经济、政治而言的人类全部精神活动及其产品称为文化形态，二是将一定的生活方式和行为模式称为文化形态，三是将一种文化的内部结构、运动方式及其表现形式称为文化形态。[2]

文化形态体现的是与人精神活动相关的内容，无论是个人的思想、能力、行为、习惯、人权和利益，还是整个人类社会的历史、规律、现状和趋向，都是在形态各异的文化形式中体现出来。文化形态划分的依据或标准也并非唯一，如以时间和地域为依据、以文化创作的主客体为标准、以文化的审美特征及社会功能为标准等。[3] 按时间划分，有原始文化、中世纪文化、现代文化、当代文化等；按性质划分，有传统文化和现代文化、意识形态文化和非意识形态文化、先进文化和落后文化、资本主义文化和社会主义文化等；按地域来分，有世界文化和民族文化、中国文化和西方文化；按社会功能标准划分，有主导文化、精英文化、大众文化等。

我国在2018年提出"国家级文化生态保护区"的概念，明确其定义是指以保护非物质文化遗产为核心，对历史文化积淀丰厚、存续状态良好，具有重要价值

① 李忠尚，尹怀邦，方美琪，等. 软科学大辞典[M]. 沈阳：辽宁人民出版社，1985.
② 李清扬，温波. 论马克思主义中国化文化形态[J]. 苏州大学学报（哲学社会科学版），2019，40（1）：6.
③ 张静，吴荣生. 文化形态嬗变视阈下马克思主义中国化、时代化、大众化研究[J]. 理论学刊. 2010（6）：8-13.

和鲜明特色的文化形态进行整体性保护，并经文化和旅游部同意设立的特定区域。[①]文化部所提的"文化形态"，继承了国际上文化形态学派提出的具有生命周期、平行共生的不同人类"文明"的概念内涵，与马克思主义哲学中融合意识形态的"文化形态"概念相比，外延意义更为宽泛，延续了民族学语境中将少数民族语言文化艺术等统称为"民族文化形态"的概念，延伸到了某一民族或地域在特定环境下产生的包括各类非物质文化遗产在内的民族文化或地域文化统合概念，体现了非物质文化遗产的整体性保护理念——从单个"非遗"上升到了对中华文明所包括的特色鲜明的不同"子文明"的整体保护层面。文化生态保护区的设立，是对我国多元一体的各类民族文化形态、地域文化形态的整体性保护，对现代社会西方文化冲击下中国优秀传统文化的发展与再建构具有重要意义。

对城市文化形态的考察，需要把握住某城市文化的显性属性[②]，特别是其中的关键特征，以及由此关联的文化类型的核心价值，在此前提下才能防止因为学习某种文化而被"同化"，保护独特的地域文化特色，增强城市居民的文化自信。

3.2.5 城市文化构成

文化是复合、开放、动态的系统性存在，有其自身的深层结构和构成因子，这些内在的构成要素，在文化系统中作用不一、地位不等，却始终相互依赖、相互作用，共同参与文化生成及发展的全过程。城市文化亦是如此。卢嘉瑞等提出，城市文化包括设计文化、建筑文化、自然环境文化、交通文化、居住人口文化、商业文化、人文景观文化等[③]；陈立旭将城市文化概括为3个层次：城市物质文化、城市制度文化和城市精神文化[④]；殷京生认为，城市文化从精神和物质的表现形式及关系上分析，可分为3个层次：一是社会意识、制度、宗教等，二是社会生活、风俗、习惯、审美等大众文化，三是前两者的物化[⑤]；单霁翔认为，城市文化分为3个层面：表层的文化是可视的城市形态，中层的文化是种种城市特有的习俗，深层的文化是城市的集体性格[⑥]；任平认为，城市文化可分为生活秩序文化层和人文价值文化层、制度文化层和物质文化层4个层次结构[⑦]。

此外，也有些人类学家将文化分为3个层次：一是包括哲学、文学、艺术和

① 文化和旅游部. 国家级文化生态保护区管理办法[R]. 2018.

② 马尔腾. 人类生态学[M]. 顾朝林, 译. 北京: 商务印书馆, 2012.

③ 卢嘉瑞, 王立珍. 浅谈城市文化建设[J]. 河北经贸大学学报, 1997（4）: 85-88.

④ 陈立旭. 都市文化与都市精神: 中外城市文化比较[M]. 南京: 东南大学出版社, 2002.

⑤ 殷京生. 试论城市文化的特征[J]. 宁夏社会科学（1）: 49-50.

⑥ 单霁翔. 关于"城市", "文化"与"城市文化"的思考[J]. 文艺研究, 2007（5）: 35-35.

⑦ 任平. 当代视野中的马克思[M]. 南京: 江苏人民出版社, 2008.

宗教等在内的高级文化；二是以习俗、仪式及衣食住行、人际交往等生活方式为主要内容的大众文化；三是深层文化，主要指在价值观上的美丑定义，在生活节奏、处理问题的方式以及与性别、阶层、职业、亲属关系相关的个人角色。这3个层次的文化相互关联，高级文化和大众文化均植根于深层文化，而深层文化的某一概念又以一种习俗或生活方式反映在大众文化中，以一种艺术形式或文学主题反映在高级文化中。汉默里（Hammerly）曾把文化分为信息文化、行为文化和成就文化。信息文化指普通民众通过接受教育所掌握的关于社会、地理、历史等的知识；行为文化则指人的生活方式、实际行为、价值观念等，是成功交际最重要的因素；成就文化则是专指艺术和文学上的创作成就，是传统的文化概念。

上述研究的重点虽然不尽相同，但总的来说，文化内部结构包括以下几个层次。一是物态文化层，该层是人类的物质生产活动方式和产品的总和，是可触知的具有物质实体的文化事物。二是制度文化层，该层是指人类在社会实践中组建的各种社会行为规范。三是行为文化层，该层是人际交往中约定俗成的以礼俗、民俗、风俗等形态表现出来的行为模式。四是心态文化层，这是人类在社会意识活动中孕育出来的价值观念、审美情趣、思维方式等主观因素，相当于通常所说的精神文化、社会意识等概念，这是文化的核心层面。据此，城市文化可以进一步概括为物质文化、制度文化和精神文化3个层次。这3个层面的构成要素并不是孤立存在的，而是相互影响、相互依存的，它们共同形成了一个有机整体，支撑着城市文化发展。城市的物质文化是城市的"外衣"，城市的发展离不开诸如房屋、街道、交通、公共建筑等物质文化要素；城市的制度文化是城市的"骨架"，它为城市的物质文化和精神文化发展提供制度保证；而城市的精神文化则是城市的"灵魂"，它体现了整个城市的底蕴和内涵[①]。

（1）城市物质文化

城市的物质文化是表层的城市文化，也可称之为城市物态文化。城市物质文化是城市文化的外在表现，是一个城市文化风貌最生动、最直观和最形象的呈现，由城市可感知的有形物质实体组成，通过物质形态表现出来，这里的物质形态不仅是那些有形的物质实体，城市的布局、空间结构也能够形象地反映出城市的文化特征，具体可表现为城市总体规划布局，以及城市里的建筑、绿化、设施以及商品等形式。城市中这些客观存在的事物，是人对城市的最直接的认识，同时也是人类的精神实质特征的外在反映，是人们精神文化思想的具体承载者，直

---

① 郝利. 高等学校与文化城市互动发展问题研究[D]. 桂林：广西师范大学，2008.

接对外呈现了城市的精神风貌。可以说，城市中的这些客观实体所呈现的远远超乎人类通过肉眼所看见的外在表象，是城市制度文化和城市精神文化的折射。

（2）城市制度文化

城市的制度文化是中间层的城市文化，是通过城市规范与制度体系表现城市文化的具体形式。城市制度文化主要包括家庭制度、经济制度、政治制度，反映社会的发展变化，以城市的物质文化发展变迁为基础，满足了市民日益增长的物质文化需求和人际交往需要。

①城市的家庭制度

在现代城市中，城市家庭制度的演变过程在很大程度上反映了从乡村文化到城市文化以及城市社会和文化自身的变迁轨迹。在传统的乡村社会中，家庭具有多样的社会功能，乡村社会家庭除了生育子女的功能外，还有经济、威望和地位、教育、安全保障、宗教、娱乐、情感等功能。但是，随着乡村社会与文化向城市社会与文化转换，家庭的这些功能也逐渐地被其他的社会领域所承担，如公司等经济组织承担经济功能、学校等教育机构承担教育功能等。现代城市家庭的功能正逐渐减少，主要承担社会化、情感支持等少数功能。与家庭的这种变化趋势相对应，城市家庭的结构也正朝核心家庭的方向发展，三代或多代同堂的家庭已经越来越少。

②城市的经济制度

在城市制度文化各要素中，经济制度是极为重要的内容。一方面，经济制度是城市文化的重要表现形式，另一方面，城市文化是推动城市经济以及经济制度发展的重要力量。社会文化因素必然会通过已经社会化的经济主体对城市的经济活动、经济制度产生作用。在现代城市中，这种最基本的经济制度就是市场制度[①]。现代城市文化对市场制度的作用主要表现在以下几个方面：一是城市文化塑造了作为市场经济制度基本单元的理性行动者，现代市场制度主要是由为多数人普遍接受的固定思维习惯所组成，而这些思维习惯的形成毫无疑问离不开城市文化；二是城市文化赋予了市场制度以具体的意义，在市场经济体制中，人们往往是通过所在城市文化这一途径理解和适应市场制度与市场关系的；三是城市文化对城市中的经济活动有规范、调节的重要作用，在具体的经济活动中，城市文化潜在影响和塑造着人们的道德素质，促使人们在逐利的过程中自觉受外在规范制度的约束。

---

① 何键. 关于建设"文化兰州"的再思考："文化兰州"需要功能创新发展特色经济[J]. 甘肃农业，2005（3）：56-57.

③城市的政治制度

城市文化的变迁通常会伴随着城市政治制度的变迁，城市的政治制度既是城市文化的建构，反映了城市特定历史时期的性格特征和精神面貌，展示出城市的文化性格，同时也建构了城市文化，在一定程度上折射出一个时代、一个社会的精神特征。如中国古代城市规划的主导思想一直显示出统治者的无上权威，是帝王们君临天下的礼制规章与政治制度和工匠们代代因循的朴素经验相结合的产物，而古希腊城邦积极参与型的城市政治文化，则是城市民主政治制度孕育和生长的最理想的土壤。

（3）城市精神文化

城市的精神文化是深层的城市文化，包括城市习俗理念、精神信仰、艺术修养等，是城市文化的根基和灵魂，是城市物质文化和城市制度文化的凝练与升华，具体映射了城市社会政治经济的发展状况。城市的精神文化是城市文化的实质内核，在城市文化结构体系当中处于深层结构。陈立旭认为城市的精神文化可以分为两个部分：一部分是通过一定的物质载体如大众传媒、书刊等有形物质得以记录、表现、保存、传递的文化，又可分为城市公益文化和城市文化产业；另一部分则是以思想观念、心理状态等形式存在于城市市民大脑之中的文化，如城市社会成员的价值观念、审美情趣、生活方式、思维习惯、社会意识等[①]。

需要进一步说明的是，城市文化构成要素并非仅包含上述三个方面，还包括诸如城市文化的特质、文化丛、模式等层面。城市文化特质作为文化的最小单位，既可表现为语言文字等非物质文化形式，也可表现为房屋等物质文化形式，正是这些文化特质共同构成了一座城市的文化内容体系。城市文化丛也可称为城市文化特质丛，是指因功能上相互联系而组合成的城市文化特质，其往往与某种特定活动有关，如中国城市的春节就是由一系列的文化活动组成的。城市文化模式是城市文化内容组合在一起的形式，这种模式往往表现出一个城市文化的特殊性，不同的城市因为社会历史文化传统等的差异，也必然具有不同的城市文化模式[②]。

---

① 陈立旭. 都市文化与都市精神：中外城市文化比较[M]. 南京：东南大学出版社，2002.
② 张伶俐. 社会主义核心价值体系视域下城市文化建设研究[D]. 西安：西安理工大学，2014.

3.3 城市文化特征

城市是人类适应环境的特殊方式，在不断适应环境的过程中，城市中产生了不同地域、不同民族及带有时代特色的生活方式、行为模式与建筑形式，亦即城市文化。有别于其他文化，城市文化具有鲜明的特征[①]。城市文化的特征体现在城市精神与城市品牌、城市特色风貌、标志性文化与文化体系、城市文化产业与文化事业、城市文化景观，以及城市文化空间与文化设施等方面，表达了城市文化的活力、规模和多样性。

城市文化特性是城市间民族之异、历史之异、传统之异、宗教之异的体现，是城市应保存的有价值的文化内涵，是城市市民对本民族、本地区和本城市的历史、传统、宗教信仰及其载体的一种认同看法及行为表现。城市文化是城市得以延续的重要内容，一座城市能够延续下来，在很大程度上取决于城市文化的延续。一座城市，其过去的文化和现在的文化都体现它的价值，若抛开长期积淀下来的城市文化，则该城市的知名度、凝聚力和辐射力就会减去大半。由此可见，城市文化随城市的产生、发展而形成。

对于城市文化的特征，不同学者的观点存在一定差异。沙润[②]、殷京生[③]、武向青[④]等分析总结了城市文化特征。杨章贤等认为，城市文化的特征是有机综合性、层次性和时代性[⑤]；陈立旭则是从与农村文化相比较的角度，认为城市文化的特征为开放性和多样性、聚集性和扩散性以及利益社会的特征[⑥]；李文堂认为，城市文化具有丰富性、参与性、开放性、公共性、凝聚性、交互性、变异性、创造性、共融性、独特性等特征[⑦]。陈柳钦认为，城市文化的特征是地域性、聚集性、包容性与选择性、多元异质性、延续性与动态性[⑧]。总的来说，大多数学者普遍认为，城市文化具有聚集性、层次性、多元异质性、地域性、辐射性、动态延续性。

---

① 武向青. 浅析城市文化的特征及其功能[J]. 工程与建设，2004，18（4）：75-77.
② 沙润. 城市文化特征的时空透视[J]. 城市开发，1997（9）：19.
③ 殷京生. 试论城市文化的特征[J]. 宁夏社会科学，2003（1）：49-52.
④ 武向青. 浅析城市文化的特征及其功能[J]. 工程建设与档案，2004（4）：75-77.
⑤ 杨章贤，刘继生. 城市文化与我国城市文化建设的思考[J]. 人文地理，2002（4）：30-33.
⑥ 陈立旭. 都市文化与都市精神：中外城市文化比较[M]. 南京：东南大学出版社，2002.
⑦ 李文堂. 中国共产党的文化使命[M]. 南京：江苏人民出版社，2000.
⑧ 陈柳钦. 城市文化：城市发展的内驱力[J]. 理论学习，2011（1）：108-114.

3.3.1 聚集性

在人类文明的历次重要发展阶段中，城市都发挥了极重要的载体、聚合和贮存流传作用。无论是古代巴比伦文明、埃及文明、希腊—罗马文明、中古的基督教文明、近代工业文明，还是东方的印度文明、中华文明，它们的形成和发展都证实了这一结论。人类社会总的发展趋势是城市化，人类的财富、信息、权力乃至全部生活方式都以城市为中心汇集起来。这个集中过程使城市文化更具社会化，它的涵盖面越来越大、凝聚力越来越强。城市文化以城市为载体，城市的一个重要特征就是集聚，不仅是人口，城市同时也是产业、资本、科技、建筑密集的场所。人类在各类要素的集聚中创造了城市，也创造了城市文化。在城市中聚集的文化可以来自不同时代，也可以来自不同地域、不同民族，这些文化不仅在城市沉积，而且在城市中融合、渗透和创新。除了不同文化的聚集，各种文化资源在城市中的聚集也体现了城市文化的聚集性。城市中所拥有的文化设施是农村社会无法比拟的。在现代城市中，不仅集中了博物馆、展览馆、影剧院、歌剧院、文化艺术馆等各种文化设施，还集中了大学、中学等教育机构以及研究所；城市空间设计、建筑风格及外部装饰要素十分精致；各种思想流派、艺术流派相互交锋、相互融合，聚集了各路文化人才。总之，城市以其独有的向心力使人类以城市为中心集聚，这个过程使城市文化的涵盖面越来越大、凝聚力越来越强，带来了文化在城市的繁荣，进而使其成为凝聚市民精神的力量源泉。

3.3.2 层次性

城市文化是一个多层次的、综合的、复杂的统一体。法国历史学家 M. 艾马尔（Maurice Aymard）指出："城市是一些纵横交错、布局密集的空间，是按照虽不成文但人人均需严格遵守的一套规则部署的，这些反映在城市生活各个层次上的规定，决定了文化的复杂性。"从城市满足人类生活需求层次的角度来看，城市文化的构建可分为理念文化层、行为文化层和物质文化层3个层次。理念文化层从城市居民内在的心理价值观念方面、行为文化层从城市居民外在的行为方式方面、物质文化层从城市居民创造出来的物质财富积累方面体现城市文化，推动城市文化的建设和发展。从城市文化精神和物质的表现形式及关系方面分析，城市文化可分为3个层次：一是社会意识、制度、宗教等，二是社会生活、风俗、习惯、审美等大众文化，三是前两者的物化。由于不同层次有不同的功能和目标，因而城市文化具有动态关联的特点。城市文化的层次性和历史积淀决定了它不会是单一的形态。正是这种矛盾性和复杂性使得城市文化充满内在张力，而这种张力会对文化发展起到强有力的驱动作用。

3.3.3 多元异质性

人类文化由多样的文化共同组成，其多样性正是人类文明生生不息的关键所在。城市则是各个民族、各种文化相互混合、相互作用的大熔炉。在漫长的历史发展过程中，城市文化在不断碰撞、融合中呈现出多样性的特征，城市也成为一个包容多种文化的共存体，新的民族、风俗与社会形态正是在这些碰撞与融合中产生的。一直以来，城市文化都显示出极强的开放性，而这也是城市具有活力的重要原因之一。优秀的城市文化是人类在开放的社会实践形态中发展形成的，它产生于不同国家、民族、地区之间文化的相互交融。在过去的几百年间，西方在资本主义的发展中创造了丰富多彩的城市文明。近百年间，中国的部分城市在学习和效仿西方城市文明的过程中也有了许多成功案例。当下，中国的城市文化系统是开放且受全球化影响的，其开放与包容的广度和深度也会在未来的发展中继续加深。尤其在如今信息化的世界里，各国家、各民族、各地区经济文化交流日益频繁和密切，城市文化的多元性因此将更加突出。大城市从来就是各种民族、各种文化相互混合、相互作用的大熔炉，如巴黎有华人区、意大利区和阿拉伯区等，纽约作为典型的移民城市，其城内有华人区、意大利区、波多黎各区等。新的种族、新的文化、新的风俗与新的社会形态就在这些相互作用中产生。城市文化的这种多元异质性使城市亚文化丰富多彩，极大地激发了城市的内在活力，增加了对不同文化背景人才的吸引力。

3.3.4 地域性

城市的兴起与发展基于一定的地理位置和交通状况，并进一步影响城市功能和市民生活。由于地域间存在明显的差异，而且不同的地域原本也相对隔绝，因此城市按照自身不同的条件与方式孕育出各自的城市观念和特色文化。城市文化的地域特色与城市的发展经历密不可分，是地理环境、历史文化传统、生活方式、价值观念等长期积淀、演变的结果。城市文化自一开始便带有鲜明的地域性，且不同地域的城市文化又有不同的特色与个性。城市文化的地域性体现在许多方面，如城市的规划布局、建筑形象、景观特色以及社会氛围、生活方式、价值观念等。具体而言，如重庆依山布局，苏州临水设街；北方建筑物敦厚稳重、色彩浓艳，南方建筑物轻盈通透、色彩淡雅；苏州人秀丽柔和、朴素淡雅，北京市民展现"精度气派""燕赵侠骨"，上海人则表现出从实际出发、讲究实惠、潇洒开朗、乐于创新等特点[①]。城市作为一定范围的区域中心，承载着自身及周边历史文化传统的积淀，这是城市人产生认同感、归宿感的基础，也是城市个性形成的根本原因。不同的地域特征也使城市文化具有稳定性和传承性，不同城市文化的差异也主要表现为地域性。城市的地域性文化是有价值的文化内涵，是市民对本民族与本地区的历史、传统、宗教信仰及其载体的一种认同及表现，其对市民的心理、性格和行为能够产生较为深刻的影响，而且在一定程度上也影响着市民的价值取向。

3.3.5 辐射性

城市作为一个区域的文化中心，其文化必将对周边形成一定的辐射作用。城市一旦形成，它就为人流、物流、财富流、信息流频繁的交流提供了极为便捷的场所，不同的文化在城市里得以交流发展。人类的知识、思想、经验、技能在城市里日复一日、年复一年地积累着，并被整理加工为一种约定俗成的生活秩序。城市文化在交流和发展中呈现趋向共通的势头，并向城市四周辐射，这已成为城市天然的属性和功能。这种文化形态的横向运动，一是由于城市和乡村文化上的对立与不可分割，二是由于各地区间、国家间发展的不平衡，三是由于文化上的交流、传播和融合[②]。如中国黄河流域形成的文化体系辐射到整个中国而形成了中国文化区，某些要素传播到朝鲜、日本便形成了文化区的复合带。近代史上，西方文化随军事、宗教和贸易等得以传播，在中国沿海城市形成了租界区建筑，当代沿海开放城市文化进而渗透内地。这种文化的辐射是相互不断磨合、同化的过程，也正是在这样的过程中，人类文明得到了进一步发展。

3.3.6 动态延续性

由于城市文化能够不断传递与积累，故而城市文化具有天然的延续性；且城市文化是不断更新的动态文化，随着城市的发展不断向前推进，是一个动态的系统。城市文化的动态延续并非对旧有文化固守不动，而是根据社会发展的需要对文化进行选择与加工，是对旧有城市文化的扬弃与继承。在人类社会漫长的发展过程中，不同历史时期的城市文化都有不同的表达，尤其是在信息化的当下，不断发展变化的城市经济水平快速地改写着一些城市的形象（表3-1）。但城市文化是一个不断发展的过程。城市生活中的行为和现象只有通过时间的沉淀和检验，才能体现在文化层面，进而成为一种可以遗传下去的城市文化基因。所有城

---

① 张伶俐. 社会主义核心价值体系视域下城市文化建设研究[D]. 西安：西安理工大学，2014.

② 郝利. 高等学校与文化城市互动发展问题研究[D]. 桂林：广西师范大学，2008.

市都会有自己的历史文化积淀，这是城市得以延续的重要原因，也是一个城市的本源和血脉。因此，延续城市的记忆，传承城市历史文脉，让这些富有特色、源远流长的历史文化适应现代社会，并为其注入新的活力，对保护城市文化特色、丰富城市文化内涵、展示城市文化魅力、发掘城市文化精神，有着举足轻重的意义。

城市发展与城市文化特征的关联　　　　　　　　　表3-1

类型	城市主要功能	城市文化特征
原始城邦	宗族部落的仪式中心	浓厚的原始崇拜文化与保守的传统制度观念
封建都城	国家（联邦）的官僚机构所在地	国家（联邦）的集权象征，森严庄重的文化氛围
贸易城市	贸易与物流的重要枢纽，地方经济的重心	多元文化交融碰撞，财富和政治自治的文化氛围
工业城市	工业产业组织与生产机构的集聚区	以社区为单位的无产阶级与资产阶级间激烈的文化冲突
信息城市（后工业城市）	依托于数字信息传播技术所形成的社会生产与生活的组织管理中心	消费主义影响下的多元文化状态，不同的生活生产模式和价值理念相互冲突并交融互动

3.4 文化发展定位

3.4.1 文化定位内涵与构成

在快速城镇化的进程中，城市文化建设通常面临着难以找到合适方向与定位的问题。文化视域下的城市定位和城市突围往往也意味着城市文化资本和全球城市文化价值链的核心再造。城市文化定位和特色文化城市建设的要义在于知己知彼，从"文化自觉"和"文化他觉"双重认知城市定位，寻找最佳"文化生态位"。费孝通论述"文化自觉"的过程本身就包含了"文化他觉"的意涵："文化自觉指生活在一定文化中的人对其文化有自知之明，明白它的来历、形成过程、所具有的特色和它的发展趋向……自知之明是为了加强对文化转型的自主能力，取得决定适应新环境、新时代对文化选择的自主地位。文化自觉是一个艰巨的过程，首先要认识自己的文化，理解所接触到的多种文化，才有条件在这个正在形成中的多元文化的世界里确立自己的位置。"①

文化视域下的城市定位要求文化自觉的主体由个人、群体、民族转换到城市社会，这也和全球城市社会来临的时代背景相契合。构建城市文化自觉的主体内容包括：一是对城市特色文化资源的辨别和再生产能力，将文化资源转化为文化资本，实现城市的可持续发展；二是对城市优秀文化传统的甄别和选择能力，取其精华，弃其糟粕；三是对城市未来发展方向的识别和定位能力，在全球城市网络中寻求特色定位，避免外部强势文化冲击导致优秀传统文化的衰落；四是对城市特色空间环境营造的鉴别和再创造能力，形成特色主题景观场域，避免"千城一面"的城市悲剧；五是对城市产业引导和构建能力，形成特色产业，推动城市直接参与全球产业价值链分工；六是对具备现代文明品格的城市人的塑造和培育能力，为市民社会的养成创造基础。其中，城市人作为城市最为显现的财富，是主导城市整体文化自觉的主体，同时也是城市整体文化自觉表现的重要载体。在这个意义上，我们论述城市和城市人的文化自觉，需要将社会情景进行从农村到城市的一个整体转换，以吻合时间上的演进；需要将责任主体进行从民族国家到地方社会的一个转换，以符合空间上的聚焦。

聚焦到城市文化自觉主体中的城市定位，特色文化竞争力的定位体现了城市文化转型的选择性偏好。根据中国城市发展的"社会事实"，可以凝练出中国城市本土化的"城市定位五项原则"：一是要能够从本土化的文化土壤中挖掘中国城市特有的文化和资源；二是要能够从城市的区域文化——地方性的成长中创造城市定位的内涵；三是要能够从历史的传统中寻找城市独有的文化性格；四是要能够从现代技术层面创造"智识型"城市；五是要能够从人类历史发展的总体过程中，创造千年永续的城市空间与符号。

从城市文化资本到城市文化价值链再生产体现了城市特色竞争力与综合竞争力的双重建构。城市定位就是"要审视那些原有城市资本存在的样态、类型、功能，从'第三视角'来利用、创造'城市文化资本'，使城市文化资源转化成文化资本。"城市文化资本的场域性运用，可以有效地形成城市文化价值链，并使得原来单体的城市文化资本价值获得几何倍数增长。城市文化价值链的实质是"城市文化的文化价值链"，涉及空间价值、品牌价值、归属价值、产业价值、经济价值等多个维度，不单纯表现为城市文化的货币价值。在全球整体的发展中，区域性经济体和城市可能通过"区域与城市的文化资本再生产"，创造全新的区域经济体和单体城市的价值与能级，继而通过国际化的经济与"文化资本再

---

① 费孝通. 费孝通论文化与文化自觉[M]. 北京：群言出版社，2007.

生产场域"的建构，形成区域的"城市文化资本"再生产过程，实现在区域社会
与城市的全球网络中从低价值生产向高价值生产的转移，进而形成实现城市整体
竞争力和特色竞争力的有效提升路径。

根据安运华[①]、吴齐[②]等的研究，城市文化是一个城市的历史底蕴、审美情
趣、道德价值以及体现于城市内涵特质中的人文精神，它积淀着这个城市最深层
的精神追求和行为准则。不同城市的文化存在明显的个性差异。随着人们对社会
全面发展的关注，文化的地位和作用日益显现，准确定位城市文化对于塑造美好
的城市形象意义深远。研究城市文化定位，就是对某个城市多年来城市文化的发
展情况进行反思和考证，确定城市文化的个性，寻找这个城市与其他城市的差
异，以及具有本地民众基础且具有自身发展特色的文化个性[③]。研究城市文化定
位有助于理清一个城市的发展脉络，指导城市建设的走向，提升城市生活的文化
品位，进而塑造完美的城市形象。

根据陈太政的研究，城市文化定位包括物质文化定位、行为文化定位和精神
文化定位三个方面。物质文化定位体现在城市的经济发展、人口构成和地域面貌
等方面，是城市的皮肤，是塑造城市形象的基础。行为文化定位体现在城市的社
会秩序、管理模式和文化活动等方面，是城市的肌肉，是塑造城市形象的中坚。
精神文化定位体现在城市的城市精神、历史积淀和文化发展战略等方面，是城市
的血液，是塑造城市形象的灵魂[④]。城市文化定位要充分体现科学发展观，这对
城市形象的整体优化与提升、对经济社会的健康发展、城市品牌建设都具有重要
意义，有利于优化城市投资环境、促进城市可持续发展、促进城市文化资源整
合、提高市民文化素质、彰显城市文化特色、提升人文精神、增强城市文化凝
聚力。

3.4.2 城市文化定位的意义

根据刘军等[⑤]的研究，城市文化的准确定位与发展有着十分重要的意义。城
市文化是人类文化发展到一定历史阶段的产物，是人类文化的一种特殊形态。作
为城市历史发展的积淀，城市文化综合地反映了城市的观念、社会行为的模式或
特点。如何明晰城市发展的方向和思路，打造宜居、宜业、宜商、宜游的生态健

① 安运华，徐文华. 城市文化与城市形象塑造探析[J]. 中外建筑，2006（5）：92-94.

② 吴齐. 城市文化定位和塑造城市形象的思考[J]. 沈阳农业大学学报（社会科学版），2009，11（1）：48-51.

③ 王强. 关于沈阳城市文化的定位分析[J]. 沈阳工程学院学报，2006（4）：448-450.

④ 陈太政. 论城市文化形象的塑造[J]. 南阳师范学院学报，2007（4）：18-20.

⑤ 刘军，张娜娜. 城市文化的定位与发展：以芜湖为例[J]. 西昌学院学报（社会科学版），2013，25（4）：126-129.

康城市，着力构建结构层次合理、布局结构优化、功能作用互补的城市体系；如何打造城市自身的文化特色，做到规模与容量、功能与环境、现代与历史、布局与文化高度融合，既展现时代气息，又极富历史内涵，保护历史文化遗产，努力使历史文脉得到延续，成为重大课题。许多城市已经把城市文化的发展列入了重要议程。城市"文化定位"正在悄然成为许多城市关注的课题，以文化为轴心的城市发展战略成为越来越多的城市的共同选择。

城市文化的准确定位与发展，是建设社会主义先进文化的需要。建设社会主义先进文化是不断满足人民群众日益增长的精神文化需求，更好地保障人民群众文化权益的一项重要内容。准确定位城市文化，发展城市文化，让城市文化发展的成果惠及广大人民群众，是"立党为公，执政为民"的具体体现。

城市文化的准确定位与发展，是弘扬民族精神，培育城市精神的需要。塑造城市精神是弘扬民族精神的具体实践。优秀文化遗产是民族精神的载体，也是塑造城市精神的重要基础，对于一个国家、一个民族以及一个城市会产生巨大的凝聚力。

城市文化的准确定位与发展，是提升城市形象，增强城市竞争力的需要。强调城市个性，注重城市特色的塑造，已成为许多城市在经济全球化竞争中赢得优势的重要方略。文化是城市的核心竞争力，城市之间的竞争是其文化力的竞争。只有发展城市文化，才能把文化优势转化为城市现代化建设的优势，才能突出城市特色，增强城市竞争力。

文化的复杂性决定了城市文化定位的复杂性和多样性，不同的城市可以有不同的文化定位，如北京定位于"皇城文化"，西安定位于"古都文化"，上海定位于"海派文化"，重庆定位于"码头文化"，杭州定位于"休闲文化"，南京定位于"博爱文化"，宁波定位于"港城文化"，香港定位于"港派文化"等。城市文化如何定位，不仅是对历史的总结，而且关系未来的发展。定位是发展的起点和基础，如果对城市文化的历史、现状及其在发展过程中形成的个性特点、自身规律和优势与劣势等，缺乏科学的认识和准确的判断，就很难确定未来的发展目标和发展战略，进而会导致文化发展上的盲目性，甚至把财富当作包袱，把优势变为劣势，做出一些违背发展规律甚至以毁坏历史文化为代价的事情，更无从谈及科学、持续的发展。

3.4.3 城市文化定位的依据

文化定位是城市发展的一个重要方面，它不仅要把历史文化、地域文化和时代文化联系在一起，而且要将有形的物质文化和无形的非物质文化相结合。

对城市文化定位的研究，要从历史上城市文化的发展情况进行研究考据，从而找出城市文化的个性特征，找到与其他城市不同的地方，并在当地群众中找到自己的发展特点。对城市文化定位的研究，可以使一个城市的发展轨迹更加明晰，对城市的发展方向有一定的指导作用，从而提高城市的生活文化品位，增强城市的独特个性，形成鲜明的城市形象。关于城市文化发展定位的依据，不同学者分别进行了研究，王强认为城市文化定位的依据体现在6个方面，吴齐认为包括物质文化、精神文化、行为文化3个类型的8个方面。综合相关研究看，城市文化定位的依据主要包括以下几个方面。

（1）历史积淀

城市本身就是一个历史现象，是历史发展的产物。不同时代的城市文化遗存都在这里打下历史的烙印，越是历史悠久的城市，城市文化积淀越是深厚，有什么样的历史就有什么样的城市表现形式。城市的历史就是城市的记忆，是城市文化可持续发展的保证。如河南洛阳是国家历史文化名城，自东周起，先后有9个朝代建都于此，九朝古都便成了洛阳城市形象的代名词。

（2）城市精神

城市精神是一座城市的灵魂，是一座城市文明素养和传统道德的高度体现，也是对一座城市意志品格与文化性格的精确提炼。对城市精神的挖掘和提炼，应是对这座城市的历史与文化的再挖掘，对这座城市民风民俗的再认知。城市精神的构成内容不仅有自身的独特文化传承，还有对外部先进文化的吸收，以及对时代精神的体现。过分强调时代精神会让城市特色淡化或缺乏特色；过分强调外部文化会使城市文化脱域或城市精神异化。所以，城市精神应该是以城市传统优秀文化为主导，与外部优秀文化和时代精神结合形成的对本地当代文化的影响。

城市精神是一座城市在其产生、成长、发展过程中逐渐形成的，并为广大市民共同认同。由于历史过程、文化传统、地理环境、民族构成、社会经济等方面的不同，每座城市的精神特质都不同。城市精神可通过城市物质空间、风土人情表现出来，并反映到当地市民的心态文化和行为方式上，具有"一脉相承"的特点、"贯穿古今"的能力和"承前启后、继往开来"的潜质。在对城市精神概括提炼的过程中，应该通过对该城市文化底蕴的发掘，找出这座城市的文化个性，从而使这座城市在文化品位上得到一个更高层次的提升。如"精致""安逸""诚信"分别对应扬州、成都、青岛这些城市的城市性格，从这些城市性格出发去树立一个城市的品牌往往更容易成功。

城市精神是从实践到理性的升华，是对城市市民的理想、信念、价值取向等多个方面的概括和凝练，具有凝聚人心、统领行动、唤起斗志、催人奋进等无可替代的作用。城市精神是在一个更高的层次上引领、约束、激励市民的行为规范，并把市民素质引领到促进城市现代化发展的作用轨道上。如伦敦是著名的博物馆之城、出版之城、时装之都和设计之都，它的城市精神是"古今和谐，天人和谐"，即历史与现实的和谐统一，人和自然的和谐统一，这一城市精神更多地表现出伦敦面对纷繁世界时的一种沉稳冷静的绅士态度。再如巴黎是浪漫之都、服饰之都、时尚之都、设计之都和艺术之都，它的城市精神就是要成为世界时尚之都，这不但向世界坦诚自己的城市特色及其追求，而且也在这种城市精神中洋溢着巴黎乃至整个法国的一种浪漫个性的特色和情调。凝练城市精神应遵循"植根历史、基于现实、紧跟时代、引领未来"的原则，凝练"形神合一、相得益彰"并且"独树一帜、突出特色"的城市精神，挖掘并彰显城市的个性。

（3）文化活动

文化因素的组合形成地区的特色，语言、宗教、风俗习惯、艺术特点等，丰富和充实了人类不同地区文化活动的内容。丰富多彩、格调高雅、群众喜闻乐见的文化活动是提升城市文化品位的有效载体，是塑造城市形象的重要内容，能够凝聚公众注意力，提升市民文明层次，使外地公众增加对城市的兴趣和向往。如今，越来越多的城市举办各种形式的文化活动，如昆明世界园艺博览会、哈尔滨冰雕节、青岛啤酒节、潍坊风筝节、孔子文化节等，展示了城市文化风格、城市丰富的文化传统，有效地增强了城市形象的影响和辐射作用。总之，研究城市文化定位的依据，就是更好地寻找城市文化的精华和特色，指导未来城市文化的发展，扬长避短、节约资源，更好地定位城市形象，设计城市形象，塑造城市形象。

（4）特色风貌

城市作为占据一定地表区域的聚落形态，直接影响城市文化的发展。城市的特色风貌体现在城市的形态、建筑风格、景观和社会风俗等对自然环境的适应、改造和利用。不同的地域有不同的文化，城市文化是顺应地域自然特征和地域文化发展而形成的，离开了特定的地域，城市文化就没有了存在的条件，城市也就失去了发展的潜力。例如桂林是著名的国际风景旅游城市，有独特的山水城市景观，桂林风景区是由奇特的石灰岩峰林和清澈碧透的漓江共同组成的，山青、水秀、洞奇、石美形成了"桂林山水甲天下"的特质。

（5）人口构成

人是城市中最活跃、最具主观能动性的要素，是城市形成的关键，是城市财富的创造者。人对城市的贡献最大，破坏也最大，因此人是创造城市文化的决定性因素。城市文化是人主客观意志的集中体现和智慧结晶。同时，人在城市文化建设中起着生产和消费的双重作用。城市文化定位与人口构成密切相关，如深圳是新兴城市，本土人口比重小，外来人口比重大，因此传统文化底蕴意识相对薄弱，文化特质较为模糊。

（6）经济水平

城市经济是城市发展和进步的基本动力，对城市文化的发展起着决定性的作用。经济增长是城市发展的原动力。经济发展水平越高，城市发展的步伐越快，城市的景观格局、文化内涵、基础设施等发生的变化越明显，文化建设的保障也就越好。因此，城市文化定位应以城市经济发展为依据，体现城市经济优势，提升城市经济价值品位，扩大城市经济辐射力，拉动城市经济全面发展。

（7）城市性质

城市性质是城市在国家经济和社会发展中所处的地位和所起的特定作用。城市性质决定了城市产业、服务、管理、建设和发展方向，是城市文化定位的最重要依据，也是研究城市文化定位的关键。城市性质影响和决定着城市文化定位的准确性，城市文化的定位必须与城市性质保持协调一致。如美国的威廉斯堡，20世纪初，洛克菲勒买下威廉斯堡的土地，美国曾在这里打响独立战争第一枪，因而他想将该地的主题定为"革命发源地"。但历史学家认为，革命战争中，英美冲突是短暂的，而旧大陆与新大陆的文化传承则是长远的，英国来开发殖民地，使旧大陆的文化进入新大陆，这对于美国至关重要。历史学家建议突出这一文化的转化，将该地定位为"殖民时代的威廉斯堡"，这个定位使威廉斯堡实现了新旧大陆文化的"一脉相承"。

3.4.4 中国城市文化定位的视角

对我国城市文化进行定位，其实质就是要找准城市文化在我国城市坐标系中的位置，而构成我国城市坐标系的纵向维度是各个城市演变与发展的不同历史，构成我国城市坐标系的横向维度则是每个城市政治、经济、文化、社会等发展的不同现状。根据刘晓春①的研究，应该从以下几个角度来认识城市文化的重要意义。

（1）城市的历史传承与记忆

人类文明的进步促成了城市的发展，城市凝聚了人类文明与文化的主要样态，城市也传承和保存了人类社会的绝大部分历史烙印与文化遗产，"城市——诚如人们从历史上所观察到的那样——就是人类社会权力和历史文化所形成的一种最大限度的汇聚体"②。从公共史学与集体记忆理论的角度来说，能够体现我国城市历史传承与人文记忆的元素有很多，诸如古城、老街、古城墙、教堂、寺庙等名胜古迹，都可以被视为我国城市历史传承与公众意象的代表，因为其中蕴含着丰富的城市建筑文化与历史文化元素。

城市记忆是城里人的"乡愁"，城市的"乡愁"往往会是一个游子或游客魂牵梦绕的老城市井、老街商贾、古城墙青砖、古刹晨钟。如上海外滩周边的老城区与城隍庙老街，天津的津门故里老街，青岛的八大关历史文化街区，西安、南京的古城墙，哈尔滨的圣索菲亚教堂与北京的广济寺等，这些都属于城市的历史传承与集体记忆，是居民对城市的共同情感体验和认同，也是上述城市独具特色的城市意象。

（2）城市的符号和标识

地标性建筑、广场、公园、博物馆（博物院）、纪念馆（纪念堂）、纪念碑（纪念塔）、大学、图书馆等作为城市文化的构成要件，都可以成为城市的符号和标识。英国社会学家 M. 费瑟斯通（Mike Featherstone）说："城市总是有自己的文化，它们创造了别具一格的文化产品、人文景观、建筑及独特的生活方式。甚至我们可以带着文化主义的腔调说，城市中的那些空间构型、建筑物的布局设计，本身恰恰是具体文化符号的表现。"城市的地标性建筑不仅有建筑美学价值，还往往是一个城市的文化象征，如北京的天安门城楼、上海的东方明珠电视塔。

（3）城市的内核和灵魂

城市的内核和灵魂也称城市内在精神或城市精神内核，是指赋予市民的一种

---

① 刘晓春. 我国城市文化的定位与特色研究：以连云港市为例[J]. 江苏海洋大学学报（人文社会科学版），2020，18（1）：130-140.

② 芒福德. 城市发展史：起源，演变和前景[M]. 宋俊岭，倪文彦，译. 北京：中国建筑工业出版社，2005.

在城市中生存的意义感。通过城市内在精神或城市精神内核，能够加强市民的团结，并给予市民共同的责任感和荣誉感。城市内在精神或城市精神内核属于城市文化中精神层面的要素，是市民的内心信念、价值取向与审美趣味的综合反映。城市内在精神或城市精神内核涵盖城市的科学精神与人文精神，科学精神主要是指崇尚真理精神、求真务实精神，人文精神则主要包括爱国主义精神、改革创新精神、无私奉献精神、扶贫济困精神、乐于助人精神、诚实守信精神等向善崇美精神。例如深圳精神，就是在"时间就是金钱，效率就是生命"的效率意识和"拓荒牛"的开拓精神的基础上，凝练而成的"开拓创新、诚信守法、务实高效、团结奉献"精神。城市内在精神或城市精神内核作为城市的灵魂和气质，具有双重社会功能，对内能够凝聚市民的人心，对外可以塑造城市的形象。

（4）城市竞争的软实力

如今，城市之间的竞争是经济实力、文化魅力、科技创新力、人才获得力等综合实力的竞争，而城市的综合实力包括城市的硬实力和软实力两个方面。城市的软实力是指一个城市的制度引领力、文化辐射力、价值观感召力、商贸服务力、旅游吸引力等非物化要素。城市文化作为城市软实力的构成要素，与作为城市硬实力构成要素的城市经济之间是双向互动的关系。一方面，城市经济的发展能够为城市文化的生发提供物质基础和保障，从而能够促进城市文化繁荣；另一方面，城市文化作为一种精神动力，不仅可以为城市的规划、建设、管理引领方向，还可以为城市经济的快速发展提供智力支持。同时，丰富的城市文化能够赋予城市更迷人的风采，从而增强城市的对内凝聚力和对外影响力，并由此使城市软实力得以提升，故而城市文化是城市竞争的内生动力和潜力。由此不难发现，城市之间的竞争更多地表现为城市文化之间的较量，城市文化实力作为城市软实力已然成为城市的核心竞争力。

（5）城市文明的标尺

城市文化繁荣的状况在一定意义上就是城市文明进步的程度，因而可以说城市文化是衡量城市文明的标尺或标杆。如果说城市文化倾向表征城市形态与样态，那么，城市文明则倾向表征城市的行为形态与状态，城市文明反映的是城市的生活品质、文化品位、环境状况及城市治理能力与市民素质等，城市文明体现的是城市发展和城市进步的整体水平。城市文化与城市文明的区分具有相对性，两者要在特定语境下才能区分，如人们一般认可：城市的街区和商铺样态属于城市文化的组成部分，而街区和商铺的买卖是否公平与公道就该归属于城市文明的范畴。

（6）城市旅游的核心要素

人们选择去某个城市旅游，是为了去体验都市的风情，去体味城市的习俗，去欣赏和游览城市的名胜古迹。而都市风情和城市习俗、城市名胜古迹都属于城市文化的要素，都市风情和习俗属于行为形态的城市文化，城市名胜古迹则属于物质形态的城市文化，这种物质形态的城市文化包括城市历史文化遗迹与遗址、工业文化遗产、自然与历史文化遗产、现代文化创意产品等。因此，城市文化赋予了城市旅游丰富的内涵，城市文化是城市旅游的核心和灵魂，文化旅游是城市旅游的主要形态，城市旅游文化则是城市文化与城市旅游碰撞和交融而衍生的一种新型商业文化。发展城市旅游，不仅仅是为了把城市旅游当作产业而追逐经济利益，更是为了通过发展城市旅游来提升城市品质和塑造城市形象，同时实现文化交流与文明互鉴。要塑造好城市的旅游形象和突出城市的旅游特色，必须从强化城市的文化意识、树立城市的文化形象、提高城市的文化品质、打造城市的文化品牌，以及彰显在地文化的独特性与可识别性入手。

3.5 文化发展目标

城市文化与经济社会发展互促共荣，是城市文化发展的主要目标。在城市发展的语境下，文化与经济的关系本质上是一种共生互动关系。特别是城市发展到一定阶段以后，文化和经济是城市两个不同角度但却同等重要的内容。城市文化和城市经济在城市发展的语境下表现为相互交织、相互促进、共同繁荣。

随着人类社会进入后工业时代，人的需求更加多元化。城市经济活动不仅需要满足人的物质需求，更需要满足人的精神需求。在城市经济活动中，文化的比重越来越大，文化不仅能丰富城市经济的内涵，更能提升城市经济活动的品位。

3.5.1 文化发展目标确定的基础

（1）准确把握政策导向

2000年10月，在《中共中央关于制定国民经济和社会发展第十个五年计划的建议》中，"文化产业"概念在文化产业政策中被正式运用，并首次提出"完善文化产业政策"，将文化产业列入国民经济和社会发展计划之中。2001年3月，在《国民经济和社会发展"十五"计划纲要》中，文化产业在经济发展中的重要地位被确认，文化产业开始和文化事业共同发展。

2002年，党的十六大正式将文化活动分为文化产业和文化事业两个方向，这一举措被称为文化产业的"二分法"。2005年，国务院出台《关于深化文化体制改革的若干意见》，这一时期，广电和新闻出版单位开始依据"创新机制、面向市场"的转型方针进行国有文化事业单位企业制改革。同年，政府开始鼓励和支持民营资本进入文化产业。关于文化产业概念的内涵和外延及统计政策也在这一时期萌生，如2005国家统计局印发了《文化及相关产业统计指标体系框架》文件，文件汇总了文化产业的财务状况和就业人员等指标现状。

2006年，《国家"十一五"时期文化发展规划纲要》出台，这是我国首个关于文化发展的中期规划。2009年，我国第一部《文化产业振兴规划》出台，标志着文化发展上升至国家战略层面。2010年，党的十七届五中全会上，把文化产业列为国家战略性支柱产业。2012年，《文化部"十二五"时期文化产业倍增计划》指出，文化产业已成为国民经济和社会发展的重要组成部分，这标志着我国文化产业发展步入新阶段。

党的十八大以来，国家修订及出台了一系列文化政策和法规来促进文化发展、弘扬文化遗产，包括《关于支持电视剧繁荣发展若干政策的通知》（2017年）、《全民阅读促进条例（草案）》（2017年）、《电影产业促进法》（2017年）、《关于实施中华优秀传统文化传承发展工程的意见》（2017年）、《公共文化服务保障法》（2016年）、《关于推动文化文物单位文化创意产品开发的若干意见》（2016年）、《艺术品经营管理办法》（2016年）、《博物馆条例》（2015年）等。党的十九大提出"文化创新"这一加快发展文化产业的主线，"数字文化产业"政策激发"文化+"潜能，唤起"互联网+"时代文化产业的新发展。

党的十九届五中全会审议通过了《中共中央关于制定国民经济和社会发展第十四个五年规划和二〇三五年远景目标的建议》，其中明确提出要"繁荣发展文化事业和文化产业，提高国家文化软实力"。"十四五"时期，文化建设已处于我国全局工作更加突出的位置。2019年11月，习近平总书记在上海考察时指出，"文化是城市的灵魂。城市历史文化遗存是前人智慧的积淀，是城市内涵、品质、特色的重要标志"。繁荣发展文化事业和文化产业，推进城市文化发展，提高城市文化软实力，切实促进满足人民文化需求和增强人民精神力量相统一，是我国未来5年乃至15年城市文化发展的奋斗方向与战略目标。

2021年6月，文化和旅游部发布了《"十四五"文化和旅游发展规划》，提出，到2025年，文化事业、文化产业和旅游业将成为经济社会发展和综合国力竞争的强大动力和重要支撑。"十四五"时期文化和旅游发展重点任务全面推进"一个工程、七大体系",包括了实施社会文明促进和提升工程,构建新时代艺术创作体系,完善文化遗产保护传承利用体系,健全现代公共文化服务体系,健全现代文化产业体系等文化事业、文化产业发展任务。文化和旅游部印发艺术创作、文物保护和科技创新、非遗保护传承、公共文化服务、文化产业发展、旅游业发展等10部专项规划,指导未来我国城市文化事业与文化产业的发展方向。

在市场经济条件下,城市文化发展主要表现在文化事业和文化产业两大形态上。发展文化事业,可以提高城市市民与社会组织的文化素质,为增强城市文化软实力提供人才基础;发展文化产业,增强文化产品的多样性,满足市民多层次的文化需求,有助于健全城市文化市场、增强城市文化生产的动力和影响力。因此,提高城市的文化软实力既要注重发展文化事业,又要提高文化产业的发展水平,充分挖掘代表城市文化内涵特色的文化传统、文化作品等文化载体,使城市文化借助有效的载体得到广泛传播。[①]

（2）紧密衔接前沿趋势

进入新时代,我国的城市文化建设进一步获得全面快速发展,文化发展的宏观环境继续优化,政府对文化建设的政策支持力度不断加大,文化事业和文化产业稳步发展,公共文化服务体系不断完善,文学艺术创作精彩纷呈,文化市场得到有效规范和治理,文化传播和竞争力不断增强。党的十八大以来,文化体制改革的不断深化极大解放和发展了文化生产力,文化事业繁荣兴盛,公共文化投入力度持续加大,公共文化服务设施不断完善,服务能力和服务水平明显提升。我国公共图书馆、群众文化机构、文化馆、博物馆、艺术表演场馆以及艺术表演团体数量逐渐增加,总体发展平稳、稳中有升。近年来,我国文化基础设施建设规模逐年扩大,公共文化供给能力逐年增强,公共图书馆面积和群众文化设施建筑面积逐年增加。截至2019年,我国平均每万人公共图书馆建筑面积为121.4m^2,平均每万人群众文化设施建筑面积为322.72m^2。文物事业发展稳定,文物机构接待观众能力逐年增强,文物机构接待观众13.42余亿人次,其中未成年人达3.16余亿人次。广播和电视事业稳步发展,广播和电视综合人口覆盖率以及农村人口覆盖率都在稳步提升,广播节目综合人口覆盖率达到99.1%,电视节目综合人口覆盖率达到99.4%。

---

① 孙宁,苗金芬. 如何深刻理解"繁荣发展文化事业和文化产业,提高国家文化软实力"[J]. 党课参考,2020（Z2）：148-163.

3.5.2 文化发展目标确定的方向

（1）传承城市记忆

在城市的发展和延续过程中，必然会形成保留下来的历史遗存，随着时间的推移，这些历史遗存的文化内涵与价值会更加丰富，并与当代城市文化建立起千丝万缕的联系。城市的生命与性格、历史与记忆就这样存在于城市的肌理、土地、建筑、街道与城市空间中。越是历史悠久的城市，其积淀越是深厚，其中有的成为城市的文化标志，有的则融入了社区居民的日常生活。尽管这些历史遗存的价值表现形式多种多样，但都是维系一个城市生命的重要因素。传承城市的记忆，保护历史的延续，保留文明发展的脉络，也是现代城市发展的重要任务之一[①]。

（2）落实城市定位

城市文化指引行动方向、确立发展定位的作用，是其他任何教育都无法代替的功能。城市文化明确城市定位的实质，通过城市文化的教育、引导和约束，为城市和市民指出健康的发展方向[②]。对于政府而言，在政治、经济、文化、交通等方面，城市的功能定位都具有十分重要的意义，而对于城市居民而言，城市的主要功能定位就是生活。对政府与居民而言，城市的功能定位应该是有机统一的，需要以满足市民的需要作为根本的价值标准。城市的定位只有不脱离人们的生活状态和精神追求，才能具有持久的活力。城市文化指引的定位科学准确，符合历史传统和现实状况，就能使其成为城市居民的共同价值与目标，城市的发展也就会卓有成效。

（3）展现城市风貌

城市风貌是一种文化感知，是城市文化底蕴和物质环境特征的综合表现，是一种总体的城市特征。对于城市来说，城市风貌是重要的无形资产，对城市的发展有着重要影响力。不同社会环境、历史环境、自然环境中的人有不同的生活方式，从而使城市呈现出不同的文化特征，城市风貌的核心便在于城市的这些文化与精神。从某种意义上讲，城市的文化形象决定了人们对一个城市的第一印象和整体印象，城市文化虽然是无形的，却与有形的物质设施具有相同深远、广泛的影响。

---

① 单霁翔. 关于"城市""文化"与"城市文化"的思考[J]. 文艺研究，2007（5）：35-46.
② 冯志斌. 社会主义核心价值体系视阈下的城市文化建设研究[D]. 西安：陕西师范大学，2011.

（4）形成城市特色

城市特色是在一定时空条件下，社会为了自身的生存和发展，以当时所达到的文明手段，所创造的有别于其他城市的、包含物质和精神成果的外在表现形式[①]。城市特色的基础在于它的文化，城市特色的形成过程是一种历史的积淀和文化的凝结，有其漫长的形成过程，它与城市的社会生活和历史息息相关，蕴含着人与社会的内在素质。城市文化决定了城市特色，脱离城市文化的城市特色建设就像无源之水、无本之木。城市特色蕴含于城市文化中，不同的城市文化也衍生出不同的城市特色。每座城市都有自身的形象和内涵，而具有特殊文化品格和精神气质的城市，无疑是最有文化魅力的城市。国内外使人留下深刻印象的城市，大多是有特色的城市。吴良镛先生就曾在《城市特色美的探求》一文中指出，"一般人往往会有类似经历：某些具有特色的城市，曾经在某方面给自己留下难忘的印象"[②]。特色是城市内在的、恒久的生命力，只有突出个性和特色，城市才会生机勃勃、丰富多彩。

（5）塑造城市精神

城市精神是城市文化的核心，存在于市民精神世界之中，也表现在市民的行为方式之中，凝练城市精神对于提高公民素质、塑造城市风貌有重大而深远的意义。如青岛精神是"诚信、博大、和谐、卓越"，上海精神是"海纳百川、服务全国、艰苦奋斗、追求卓越"，南京精神是"开放开明、诚朴诚信、博爱博雅、创业创新"。推动城市发展的一个重要驱动力就是市民对城市精神的认同，而城市文化正是通过对城市精神的塑造和弘扬来形成城市发展的凝聚力。城市文化中蕴含着一座城市的文脉，凝聚着城市的历史与民风民俗，体现着城市共同的价值取向、底蕴和行为准则。城市文化受到市民的广泛认同后会上升为城市精神，城市精神中深厚的文化传统和积淀能够转化为全体市民深层次的群体意识，这种群体意识激发人们的自觉性来规范行动，形成一种群体行动的指南，发挥出城市文化凝聚市民、引导市民的作用[③]。城市精神能够形成一种向心力和凝聚力，引导市民心系城市命运，维护城市的形象，鼓励并引导市民对城市的发展贡献自己的力量。

---

① 单霁翔. 关于"城市""文化"与"城市文化"的思考[J]. 文艺研究，2007（5）：35-46.
② 吴良镛. 城市特色美的探求[J]. 城乡建设，2002（1）：33-35.
③ 余晓曼. 城市文化软实力的内涵及构成要素[J]. 当代传播，2011（2）：83-85.

（6）支撑经济发展

在一个社会系统内，文化与经济是互动共生的，城市经济活动无不体现着城市文化的内涵。没有一种经济活动不是同文化联系在一起的，即使在文化产业之外，城市文化也渗透在城市经济的各个领域，无论是政府经济政策，还是企业的经营理念、管理方式，抑或消费服务的各个方面。文化与经济的相互促进、融合已成为发展的新特点、新趋势，世界各国都致力于促进文化与经济良性互动，使文化与经济在双赢格局中共同进步。将城市文化融入经济活动，不仅可以提升经济的价值和品位，形成行业特色，还可以增强吸引力，推动消费，增加经济的总值。城市文化是城市经济发展的内在基础，能够扩大城市经济的吸引力与辐射力，是支撑城市发展的巨大动力和无形资产。城市文化还能从经营管理理念层面保证城市发展的制度连续性、规划合理性和建设系统性。

（7）提升综合竞争力

城市的综合竞争力是指一个城市所独有的、能够使其与其他城市相比处于领先地位的关键能力。它不是城市的资源和禀赋本身，而是能将这些资源转化为竞争优势的一组政策、知识、技术或技能的有机综合体。城市综合竞争力的形成不是短期可以完成的，而是通过长期历史的积淀形成的，特别是城市长期以来秉承的发展特色和人文精神这类文化的积淀，需要不断积累、超越和升华。随着城市文化的发展，城市的人文环境会不断改善和优化，从而激发市民热爱城市、发展城市的主动性和创造精神，增强市民的归属感和凝聚力，进而转化为巨大的发展动力与集聚社会资源的城市竞争力。城市文化对城市的发展及其综合竞争力的形成有重要作用，是城市综合竞争力的源泉，对社会发展和经济实力的影响也日益突出。

3.5.3 中国文化发展与文化城市建设的总体目标

对于中国来说，吸收先进文化，创新引领未来，强化中国城市的文化特色和建构中国城市的特色文化，不仅关系到城市本身的发展，而且是中国特色现代化的国家战略，而任何国家的现代化，都必然经历文化自觉、再造与文化核心价值的重构过程。在创造中国文化的核心价值和社会发展的新核心动力方面，特色文化城市的建设应注意以下方面的价值再构：首先，特色文化城市建设的本质是，在吸收外来优秀文化基础上，实现中国本土化文化价值的重构与传播。创造中国本土化的特色文化城市，就是在弘扬中国优秀传统文化，建构新时代中国文化核心价值。其次，文化价值不能仅仅停留在精神层面，更要作为直接生产力作用于整个社会和国家的现代化，文化与经济互为里表，构成了新时代全新的生产形态和发展模式。其三，特色文化城市的打造就是为城市经济结构升级和城市能级提升创造原动力，也是在建构城市特色生产力，是城市社会进入现代性转型的一个抓手。其四，注重为全球和谐的文化生态秩序提供地方性的发展样本。由于全球资本逻辑的通行和标准生产的介入，世界性与本土性、国家性与地方性的矛盾冲突愈发难以调和。在中国语境下的"文化城市"，其总体发展目标与建设路径大致体现在以下4个方面：

（1）建设文化强国，实现中华民族的文化复兴

从历史上看，我国是文化最繁盛的国家之一，中国的许多城市在文化方面具有世界影响力。近年，我国将文化强国作为国家战略的重要内容予以突出强调，并认为文化的繁荣与发展，关系到中华民族伟大复兴的实现。城市是国家的载体，承担着国家、民族复兴的重任，因此，文化城市理念是文化强国战略的必然要求，它的实施与成效不仅决定着城市未来的发展水平，也与中华民族的文化复兴息息相关。当下，中华民族的伟大复兴已经进入了一个重要的历史时期，随着我国现代化进程和城市化进程的不断发展，文化城市理念的重要性已经超过了以往任何一个时代，成为一个必须要面对的历史命题。

（2）参与国际城市竞争，提升城市文化软实力

J. 奈在20世纪90年代末提出了文化软实力的概念，认为其是国家军事力量、经济力量之外的一种国家实力。冷战结束后，在全球化浪潮的推动下，国家与国家的软实力竞争日趋激烈，而且这种竞争越来越多地集中在城市之间，即城市间的竞争逐渐代替了国家间的竞争，如奥运会、世博会、园博会的举办城市之争等。在城市大竞争的世纪，城市特别是世界大都市之间的文化软实力竞争成为当代世界最重要的历史事件，文化优势已经成为城市竞争力增强的核心表现。北京、上海、深圳、杭州、成都、哈尔滨等申请"世界创意城市网络""设计之都""手工艺与民间艺术之都""美食之都""音乐之都"等，都是紧紧依托城市特色文化资源，着力于塑造个性鲜明的城市文化品位、品牌和形象，并以此来提升城市的感召力、影响力和凝聚力。这不仅是以优势文化参与国际竞争的重要途径，也是践行"文化城市"理念、提升城市文化软实力的重要形式。

（3）推动城市转型发展，培育新的经济增长点

我国经济在经历了改革开放以来的快速发展后，传统上支撑城市经济发展的资源、能源、环境等各方面要素已经受到极大的消耗或破坏，我国的城市正面临发展的危机。当下，城市转型发展已经成为我国城市发展最为紧迫的任务之一。从国际发展经验来看，同过去相比，以文化经济为主要内容之一的第三产业在国民经济中的比重已大幅上升，并逐渐取代了第二产业在城市发展中的首要地位，城市的命运也越来越与文化资源、文化产品和知识资本联系在一起。尤其是在文化与科技、经济融合发展的推动下，动漫游戏、设计创意、数字出版、新媒体等文化新业态在城市文化经济中发展迅速，进一步提高了文化产业在城市经济发展中的地位。因此，结合我国城市发展的实际情况和国际的发展经验来看，文化城市的建设是推动城市经济增长、实现创新发展的必由之路。

（4）完善城市文化服务，繁荣城市文化生活

繁荣的城市文化生活需要有完善的城市文化设施、配套的文化服务来支撑，而繁荣的城市文化生活是城市保持活力的根本。由于我国在长期的社会发展过程中实施的是外向型经济和投资拉动经济的战略，相对忽视对文化设施和文化服务的投入，这使得我国城市当下的文化供给与文化需求之间存在较大矛盾。可以说，文化设施的短缺已经成为制约我国城市文化发展和城市文化消费的短板。文化城市建设的适时提出与实践，既弥补了过去文化发展的欠缺，加快了城市文化基础设施的建设，也成为立足于当下，创造能够丰富城市文化生活、满足人们文化需求的平台和载体。同时，更是做到了着眼于文化服务和文化消费在未来城市发展中的变化和地位，促进了城市文化发展水平的提升。

3.6 文化发展策略

3.6.1 提升文化作为城市发展动力的作用

联合国教科文组织对文化领域的工作高度重视，在文化与城市可持续发展领域，已经组织开展了一系列行动，如创意城市网络（UCCN）、学习型城市、可持续发展的旅游业、亚洲和太平洋地区文化遗产保护奖等。其中，创意城市网络

成立于2004年，旨在促进那些将创意视为可持续城市发展战略要素的城市之间的合作。全球近300个城市将文化和创意置于可持续城市发展政策的核心，无论是手工艺和民间艺术、设计、电影、美食、文学、音乐还是媒体艺术，创意城市都是其创新资源、知识和实践，旨在为所有人建设更加可持续、更加美好的城市。2022年9月，墨西哥举办了世界文化政策大会，核心议题就是制定全球文化政策路线。"世界为文化向集结"，193个会员国代表集中讨论政府在支持艺术和文化的复原力、包容性和可持续性方面的作用，强调衡量文化在社会中的作用，衡量文化对环保、教育、性别平等和经济增长的贡献，将文化视为"全球公共产品"。

　　我国的文化城市建设不仅关注特定文化的表达，更强调文化对城市的社会生活、经济发展、环境品质甚至是城市居民的核心价值导向的影响作用，将"文化"从处于城市建设的"从属地位"提升到与城市基础性要素（如土地、人口、产业等）同一高度去审视文化的赋能作用。关于城市文化发展的策略，单霁翔在城市建设问题上，提出了"从功能城市走向文化城市"的命题[①]。樊勇认为，城市文化建设是城市现代化建设的重要内容，内容构成主要包括：一是对城市社会成员素质的培养，包括城市社会成员的教育水平、科技水平、思维方式和价值观等的形成。二是城市形象建设，即城市公益文化和环境文化的建设。三是城市文化产业的发展，包括城市文化娱乐产业、新闻出版业等。四是对城市历史文化资源的发掘和利用，包括对城市文物、古迹等历史遗产的发掘和利用。五是城市群众文化的建设，包括城市社区文化、校园文化等方面的建设[②]。蔡绍洪等通过对功能城市与文化城市的相互关系和利弊分析，认为从功能城市到文化城市的转变是大中城市的可持续发展之路[③]。马如兰等通过分析文化社区及文化城市的类型、选址布局特点、发展中存在的问题并结合实例说明文化对城市发展的作用，提出构建文化社区和文化城市，挖掘城市文化潜力是推进新型城镇化，将文化资本转化为经济资源的有效手段[④]。杜彩芹等认为加强文化遗产保护，提高全民文化素质，大力发展城市文化产业，创新城市文化建设的管理模式，完善公共文化服务体系，加强城市文化品牌建设等是提升城市文化建设水平的有效策略[⑤]。查晓鸣等认为要根据城市文化的特性有序推进城市文化建设，促进城市可持续发

① 单霁翔. 从"功能城市"到"文化城市"[J]. 瞭望新闻周刊, 2005（22）: 52-53.
② 樊勇. 文化建设与全面小康[M]. 北京: 社会科学文献出版社, 2005.
③ 蔡绍洪, 李莉, 解伏菊. 大中城市从功能城市到文化城市的可持续发展之路[J]. 经济纵横, 2010（11）: 31-34.
④ 马如兰, 孟杰, 李波, 等. 文化社区及文化城市建设与新型城镇化[J]. 甘肃科技, 2010（22）: 4-6.
⑤ 杜彩芹, 韩志新, 姜德辉. 论提升城市文化建设的策略[J]. 唐山师范学院学报, 2013, 35（4）: 75-77.

展，提升城市的竞争力①。曾倩认为应把握具有中国特色的社会主义文化前进方向，用城市先进文化引领城市文化建设，推动城市文化建设与城市化步调保持一致，在文化自信的视域下推动城市文化建设高质量发展②。众多学者从不同角度提出了城市文化发展的策略，综合来看可以分为文化事业与文化产业两大方面。

3.6.2 加强文化事业的建设

城市文化事业发展的重点，是在国家相关政策的指引下，通过对城市特色文化、优势文化、标志文化的挖掘与展示，构建特色文化城市。引导区域文化系统展示和城市特色景观环境展示，注重对文化轴线及文化标志点的培育塑造，完善公共文化服务设施，打造文化产业园区。落实中央关于文化大发展大繁荣的宏观方针，建设可感知、可体验、特色强的文化城市，塑造城市性格，强化城市特色，进而提炼城市精神。

（1）文化遗产保护与利用

一座城市的文化遗产是城市文化的重要载体，也是城市文化个性的具体体现。对于文化遗产的保护是提升城市文化软实力的基础：

首先，应加强对文化遗产的普查管理工作。构建保护名录，完善保护体系，明确不同层次保护对象的保护重点和保护方法，强调对历史文化遗产的整体保护，构建整体保护格局。建立覆盖全域的保护框架，将近现代特别是新中国时期文化遗产纳入保护框架，研究相应保护和利用措施，形成历史文化遗产保护体系。

其次，应加强对物质文化遗产的保护与利用。健全不可移动文物保护机制，把文物保护管理纳入国土空间规划编制和实施。保护好、管理好、运用好革命文物，加大工作力度，建设革命文物保护利用片区，实施一批革命旧址保护修缮重大工程和馆藏革命文物保护修复重点项目。健全世界文化遗产申报和保护管理制度，加大历史文化名城名镇名村保护力度，加强传统村落、农业遗产、工业遗产保护。加强文物展示利用，发挥博物馆的社会教育功能。活化利用文物资源，推进文物合理利用。结合适合的文物和文化遗产资源，建设国家文化公园、国家考古遗址公园、文物保护利用示范区。推动文化遗产保护利用技术研发和集成应用，加强文物科技创新和人才培养。

再次，提高非物质文化遗产保护水平。强化非物质文化遗产系统性保护，培养好传承人，一代代传下去。加强各民族优秀传统手工艺保护和传承，建设传统

---

① 查晓鸣，杨剑. 刍议城市文化建设的策略[J]. 中共济南市委党校学报，2015（2）：89-92.
② 曾倩. 论文化自信视域下城市文化建设的策略[J]. 品位·经典，2022（12）：55-57，72.

工艺工作站和国家级非物质文化遗产生产性保护示范基地。完善代表性传承人制度，加大扶持力度，加强评估和动态管理，探索认定非遗代表性传承团体，加强青年传承人培养。实施中国非物质文化遗产传承人研培计划，提升传承人技能艺能，命名一批国家非物质文化遗产传承教育实践基地。完善区域性整体保护制度，推进文化生态保护区建设。建设非物质文化遗产特色村镇、街区，全面推进"非遗在社区"工作。建设集传承、体验、教育、培训、旅游等功能于一体的传承体验设施体系。结合国家重大战略，加强非物质文化遗产保护传承，建立区域保护协同机制。加大非物质文化遗产传播普及力度，开展宣传展示交流等活动。推出一批具有鲜明非物质文化遗产特色的主题旅游线路、研学旅游产品。

最后，探索文化遗产保护与城市文化资源可持续发展融合的策略。在城市全域自然、文化资源开发利用的总体框架下，探索文物古迹保护与合理利用、功能提升的实施策略，加强文物资源与周边自然、人文景观资源的整合利用分析研究，积极探索将文物保护与合理利用的系列化、主题化以及与全域旅游资源开发相融合的路径，针对重要文化遗产提出更具可实施性的功能优化与业态调整建议。开展古籍推广活动，加强古籍创意产品开发。健全古籍保护人才队伍。依托各级图书馆、博物馆开展珍贵典籍展示利用。

（2）优秀传统文化传承与发展

在文化自信视域下推动城市文化建设高质量发展，这就要求以本地城市历史文化传统为根基，传承发展中华优秀传统文化，形成独具特色的地域城市文化。在城市文化建设中，首先应大力挖掘中国优秀传统文化，弘扬民族精神，展现中华优秀传统文化魅力。充分吸收和传承中华优秀传统文化思想，不断推动中华优秀传统文化的话语体系的现代化转变，尤其要注重将优秀传统文化元素融入城市基础设施建设，充分体现优秀传统文化色彩。其次要面向世界，博采众长，使城市文化建设体现时代精神，使城市文化为人民群众所掌握。也就是说，在开展城市文化建设工作时，要以现代化精神批判继承传统文化，去粗取精，去伪存真，同时吸收借鉴其他国家优秀城市文化建设经验，不断提高城市文化先进性与时代性。

（3）城市文化空间布局

从地理区域、文化区域两个不同层面切入，以区域文化特色为出发点，以现代文化市场为导向，秉承以协调区域地理、人口、资源、环境和区域经济布局为准则，以突出优势、差异互补、错位竞合为导向，确立城市文化发展的空间框架，在既定空间内落实文化发展的布局，文化资源开发、文化创新再造的重大举措，实现文化发展的整体成长质量和增长速度的最优化组合。基于城市总体文化定位与发展目标，对城市重点文化景观轴线和节点进行打造。围绕文化功能提升，对文化展示体验、空间秩序、建筑与景观风貌、开放空间节点、土地利用与交通等进行专项设计。结合文化空间塑造，丰富文化活动功能。

（4）公共文化服务体系建设

提升城市文化建设水平的一个重要基础是建立比较完善的公共文化服务体系。要提高公共文化服务水平，需要政府出台相关政策。一是健全公共文化投入机制。城市发展总体规划要考虑到公共文化服务体系建设，并在政府财政支出预算上给予支持。二是完善公共文化设施。立足于当地经济社会发展水平、人口结构等实际情况，在有条件的地区新建、改建一批具有时代气息和地域特色的标志性社会文化设施。三是壮大公共文化服务队伍。不断扩大公共文化服务队伍的规模、提高服务意识及服务能力，给公共文化服务体系提供重要支撑。四是创新公共文化服务方式。随着经济实力不断增强及市民对文化生活需求不断增长，对公共文化服务也提出更高的要求。因此，需要创新内容和形式，增强公共文化服务的吸引力。五是提供优质公共文化产品。要实施精品战略，集中力量抓好精品生产，推出更多反映时代精神、体现地域特色的优秀文艺作品①。

（5）城市文化品牌塑造

当前是品牌经济时代，品牌就是竞争力。城市文化品牌是城市品牌的重要组成部分。建设城市文化品牌是提升城市竞争力的重要途径。可以通过以下四个方面来实现：一是将城市文化的品牌建设纳入城市发展的长期规划，明确建设任务，整合各种资源，将城市文化品牌建设和各项工作有机结合，如联合国创意城市网络、东亚文化之都、国家历史文化名城、全国文明城市等均是具有影响力与公信力的城市品牌。二是要充分利用各种媒体打造城市文化品牌，通过报纸杂志、电视、电影等现代传媒塑造城市品牌是各地常用的方式。三是做好城市文化定位。要寻找该城市与其他城市不同的地方。在这个过程中要遵循的原则是：传承城市的历史文化，体现城市地域特色，符合人们的心理感情，契合城市的发展目标②。四是强化城市文化品牌包装营销。按照城市文化整体品牌形象定位，开展文化形象品牌塑造推广、特色品牌打造与目标市场营销。形成强识别性、高美

① 甘丹丽，朱巧玲. 公共文化服务与软实力的关系研究：一个社会资本变迁视角的解读[J]. 改革与战略，2012（12）：17-21.
② 肖守库，陈新亮. 关于张家口城市文化定位的分析[J]. 河北北方学院学报（社会科学版），2012（4）：75-78.

誉度的文化形象与品牌，进行高效的网络化市场营销系统规划。

（6）全民文化素质提高

文化建设的基本特点是对人才有更高的依赖性。人力资源是城市文化建设的根本动力，没有人才的支持，城市文化建设无法得到长足的发展。城市文化建设对人才的需求不仅体现在对特殊人才的需求上，还体现在对城市的整体人文素质提升的需求上。这就要求：一方面要重视对城市文化建设专业人才的培养，另一方面还要重视城市居民整体人文精神的提高。市民是城市的主体，是城市文化的载体，市民素质的整体状况必然影响到一个城市的文化形象和文化产业的发展。

当前，加强城市文化人才建设可以从以下方面着手：一是在城市形成学习的气氛，努力建设学习型城市；二是制定适当的城市文化人才政策，政策应该有利于稳定现有人才，培养本地人才，吸引外来人才；三是健全和完善人才激励机制，应该给文化人才一定的物质鼓励和经济支持，不但要吸引人才，更要通过激励机制留住人才；四是要培育成熟的文化人才市场，要尊重城市文化建设规律，改革原有的人才管理模式，充分发挥市场在人才资源配置方面的基础性作用，实现城市文化人才流动的社会化和市场化运作。

（7）城市文化事业管理模式创新

管理是城市文化建设的重要方式。加强管理创新，提高政府与市民参与城市文化建设的管理水平，是加强城市文化建设的重要手段。推进城市文化建设的管理创新，可以通过以下四个途径来实现：一是创新管理模式，将民主管理纳入城市文化管理。民众是城市发展的主要参与者，没有市民的参与，城市管理就不会得到良好的发展。二是要健全和完善已有的城市管理制度，并创新管理制度，形成顺畅的城市管理机制。只有加强城市管理文化的制度设计，才能真正提高城市管理文化的水平，增强城市管理文化的竞争力。三是要建立政府对城市管理的完善体系。四是要建立高效的城市文化管理机构。当前，我国城市都设有比较完备的城市文化管理机构，而目前的任务是使这些机构更加规范，明确其工作职能和分工，充分发挥其在城市文化建设中的重要作用。

3.6.3　促进文化产业的繁荣

（1）文化产品体系开发与文化项目打造

传统文化遗产资源是文化建设的珍贵原料，应加以整合开发。结合当代文发展的最新动态，依靠科技进步和独特创意来创造新的文化资源。对文化资源的充分发掘和利用是文化事业和文化产业发展壮大的基本条件。城市文化产业市场化，就是将文化作为一种资源成本进行资本化运作，通过市场机制作用优化其资源配置格局，实现文化产品的良性消费和流转。应整合城市文化特色优势，面向文化体验消费市场，开发城市特色文化产品，进行产品结构体系设计，形成城市文化特色吸引力。着力培育城市文化新业态，构建文化旅游产业聚集区。加强重点文化功能提升建设项目策划，包括重点文化休闲娱乐服务项目和重点文化休闲配套服务产业类项目策划，形成以城市文化和特色环境为依托的高端文化项目，特别是吸引力强、效益高的文化消费项目。

（2）文化产业结构优化升级

按照区域内文化产业各个行业发展基础、产业特色等特征，以及产业的成长性、融合性与协同性等基本条件，确立文化产业主导行业和辅助行业。前者是发展基础较好、产能效率较高、对区域文化经济拉动作用明显并具有较好的经济、社会效益的产业形态。后者是发展前景较好、发展空间广阔、体现文化发展协同创新较为明显或对提升区域文化品牌价值、盘活区域文化资源存量具有明显作用，但近期或近中期经济效益次重要的形态。确立产业发展的重点领域、资源配置、产业支撑条件等。

顺应数字产业化和产业数字化发展趋势，推动新一代信息技术在文化创作、生产、传播、消费等各环节的应用，以及创新链和产业链对接。推动数字文化产业加快发展，发展数字创意、数字娱乐、网络视听、线上演播、数字艺术展示、沉浸式体验等新业态，丰富个性化、定制化、品质化的数字文化产品供给。改造提升演艺、娱乐、工艺美术等传统文化业态，推进动漫产业提质升级。提高创意设计发展水平，促进创意设计与实体经济、现代生产生活、消费需求对接。推进文化与信息、工业、农业、体育、健康等产业融合发展，提高相关产业的文化内涵和附加值。推动演艺产业"上线上云"，巩固线上演播商业模式。推动上网服务、歌舞娱乐、游艺娱乐等行业全面转型升级，引导发展新业态、新模式，提升服务质量，拓展服务人群。实施创客行动，激发创新创业活力。实施文化品牌战略，打造一批有影响力、代表性的文化品牌。

（3）文化消费引导

在我国城市快速发展的背景下，应准确把握人民群众不断提升的文化审美情趣和文化消费需求，实现真正意义上城市文化事业发展和文化产业繁荣，提升城市居民的幸福感和获得感。完善文化基础设施，构建文化产业体系，营造文化系列景观，丰富群众文化消费活动。按照高起点、高标准建设要求，与区域社会经济发展现状结合，科学确定城市消费体验相关设施与服务的规模与布局，强化接待服务功能，促进文化休闲相关产业集聚。

还应健全扩大文化消费的制度，尊重群众消费选择权，加强需求侧管理。完善消费设施，改善消费环境，不断提升文化消费水平。培育新型消费、信息消费、定制消费等，培育消费增长点。大力发展夜间经济，推进夜间文化和旅游消费集聚区建设。把文化消费嵌入各类消费场所，建设集合多种业态的消费集聚地。鼓励各地制定促消费优惠政策，举办消费季、消费月等活动。

（4）城乡文化产业协调发展

文化产业是许多城市的经济增长点。文化产业有不同类型，有的是在传统基础上打造的文化产业，如宜兴的紫砂壶产业、庆阳的香包业等；还有的是借用其他地区文化资源凭空打造的文化产业，如义乌小商品市场等。由于城市规模不同，文化产业内容也会存在差别，如在大城市，新闻服务，图书、报刊、音像及电子出版物的出版发行，广播、电视服务，电影制作与发行，文艺演出，互联网信息服务，旅游服务、休闲健身娱乐活动，艺术品、收藏品拍卖、广告、会展，文化用品生产、工艺美术品的制造与生产，文化用品的销售、文化设备的销售，首饰、工艺品及收藏品的批发与销售等，都有可能成为该城市文化产业的重要组成部分，而对于那些规模较小的城市来说，文化产业的范围就会小得多。在特色文化城市的规划过程中，应重点考虑城市文化产业布局是否合理，是否已经充分发挥城市优势，应根据当地资源，对该城市文化产业的走向做出明确判断。

还应加强对城乡文化产业发展的统筹协调，推动形成优势互补、联动发展格局。推动文化产业发展融入新型城镇化建设，大力发展乡村特色文化产业。统筹发达地区和欠发达地区文化产业发展，鼓励区域间开展多种形式的文化产业合作。

（5）城市文化产业管理体制改革

人才在文化事业和产业发展中的作用是不可忽视的。城市文化产业发展的重点在于创新，创新的关键在于人才，尤其是既精通专业理论和技术，又善于管理经营的人才队伍。如科技创新人才、金融人才、资本投资运营人才和数字技术人才等是目前城市文化建设人才队伍中非常欠缺的。积极营造人尽其用的和谐用人环境并建立培养人才、留住人才和吸引人才的用人机制，是壮大人才队伍的重要措施。

目前，我国在市场管理、投融资管理等方面缺乏可操作性的法规或政策实施办法，加上公平、高效的市场监管体系尚未建立，使得城市文化产业和文化事业难以呈现繁荣的局面。城市文化建设需要融入市场，竞争和融合会让城市文化迸发出活力生机和不可思议的创造力。要让城市文化建设朝着开放创新化、可持续化的方向发展，建立健全城市文化管理体系和文化市场体系势在必行。

3.6.4 规划实践

在城市文化产业建设与引导方面，以《泰山文化保护传承总体规划（2019—2035年）》[①]为代表案例。国务院批准《山东新旧动能转换综合试验区》，山东省委省政府高度关注"泰山文化保护传承建设"，特组织编制《泰山文化保护传承总体规划》。

规划认为，泰山是世界级的文化品牌，泰山文化旅游产业是泰安市第三产业中的支柱产业，但在当前发展过程中，泰安市、济南市未对这一文化优势进行合理利用。主要表现在：一是对泰山文化挖掘开发利用不足，文化资源优势未能有效转换为产业发展优势，相关旅游品质一般、缺乏高端旅游产品、旅游服务接待设施建设滞后、文化与旅游融合有待提升。二是新兴业态发展滞后，数字创意发展较为薄弱，文化消费拉动不够，文化与制造、旅游、农业等领域融合发展有待加强。三是龙头文化企业、上市企业偏少，文化企业整体实力和竞争力不强。四是创新驱动发展不足，文化金融平台建设滞后，文化科技融合不够，文化领军型人才缺乏且外流情况较为突出，相关政策尚未得到有效落实。

针对现状问题，《规划》对泰山文化发展提出如下策略：

一是在文化空间与文化设施方面，创新形式，塑造泰山文化活力发展空间。培育文化引领的活力空间，梳理适合泰山文化展示的潜力空间，对历史文化街区及历史风貌区、风貌保存较好的历史地段、历史文化名镇名村、传统村落，特色小镇等进行系统梳理，合理选择与泰山文化相契合的展示空间。发展灵活多样的文化展示业态，积极培育创意工坊、小型专题文化博物馆、画廊、艺术沙龙等新业态。泰安市应深入挖掘大泰山区域、泰安泰山文化和儒家文化空间秩序关系和历史联系，打造创新文创空间。加快建设与泰山文化相关联的大运河文化带，挖掘大汶河沿线文化资源，打造具有鲜明区域特点的文化创意项目。推动济南东郊文化集聚区、济南老城商埠区及历史文化街区、泰安历史文化街区，打造富有活力的都市文化休闲空间，完善文化设施建设。打造生态优良的产业孵化空间，推动济南新旧动能转换先行区、莱芜科技新城、泰安东部生态科技新区建设泰山文

---

① 中国城市规划设计研究院.泰山文化保护传承总体规划（2019—2035年）[Z]. 2019. 项目负责人：周建明，贺剑，郑童.

化引领的创新型文化产业园区、创新型文化产业孵化器和文化产业集聚区，发挥文化动力功能，促进区域活力提升。培育特色文化产业集聚区，充分利用老旧厂房、古民居、古村落、古街自身特点和比较优势，培育特色突出、活力强的文化产业集聚区。

二是在文化产业方面，优化泰山文化产业内部链条及内容。加快新旧动能转换，着力让泰山优秀文化产业"强"起来。积极引导帮扶，不断赋予其新的时代内涵和载体形式。加快泰山文化产业新动能培育。坚持用泰山文化提升产业层次，用产业承载繁荣泰山文化，构筑良好文化产业生态，放大文化的倍增效应。充分发挥泰山文化底蕴深厚、产业基础良好的优势，实施"泰山文化+互联网"工程，推动文化产业转型升级，建设一批泰山文化特色小镇，开发一批泰山文化特色产业项目，制作一批IP影视动漫精品，为泰山文化保护传承开拓新的发展空间。以泰山文化发展催生新模式、创造新供给、壮大新业态、培育新动能，全面提升泰山文化的引领转型发展能力，打造泰山文化全球知名产业品牌。

做优泰山文化演艺业，演艺中注入泰山文化要素（泰山历史故事、泰山历史人物、泰山区域的曲艺、传统音乐、传统舞蹈、传统戏剧类，如端鼓腔、东平渔鼓、汶河大鼓、山东柳琴、皮筋顶等），制作一批泰山文化内涵更丰富、特色更突出的演艺精品。积极开展出国巡演、文化演出交流等活动。在各景点、公园、餐饮场所，灵活设置非遗展演点，将演艺融入生活空间。与影音娱乐产业深度融合，深入挖掘泰山文化和泰山精神，以泰山文化、历史故事、历史名人和大汶口人类起源、水浒文化、商圣文化、史圣文化、黄河文化、大运河文化等相关文化为内容，推动泰山文化资源与动漫影游产业结合，大力开发原创漫画、影视漫画、网络动漫等产品。依托泰山文化，积极发展影视创作、拍摄、后期制作、发行放映、下游产品开发等产业，形成集制作、播放、版权转让、衍生品开发于一体的产业链。

创新泰山文化节事活动内容，以"泰山文化"和泰山品牌为主题，策划文化节事活动，如主题论坛、文化博览会、非遗博览会、全国选秀节日等文化传媒盛会，扩大泰山文化影响力。举办中国梦主题推选展播活动、精品创作传播工程、泰山经典民间故事动漫创作工程、网络优秀原创节目推选活动。开发独具泰山文化特色的非遗商品，带动文化餐饮业及文创小商品制作业等相关产业发展。制定鼓励对泰山非遗进行生产性利用的配套政策，扶持重点企业，针对企业设立产业发展资金。制定鼓励原创内容生产、项目建设、促进对外文化贸易的激励政策。研究制定文创人才兴业政策，提升创新创业软环境，尝试建立跨区域人才流动模式，实现创新创意人才的柔性流动，激励出成果、出效益。

　　三是在文化与旅游融合方面，升级旅游产品，建设泰山世界遗产旅游目的地。以大泰山为核心资源，强化世界复合遗产的文化与生态价值，围绕"大文化、大旅游"思路，以"平安泰山"为文化旅游目的地品牌，整合大汶口文化、民俗文化以及古城古镇、大汶河、东平湖等文化与自然资源，依托山城相依、山水呼应的自然景观格局，按照城景协调、全域布局思路，加快文化旅游供给侧改革，加大文化旅游项目建设力度，促进文化旅游产业深度融合，丰富文化旅游产品体系，提升公共服务水平，推动文化旅游空间布局由"一山独秀"向龙头带动、全域延伸、多点支撑转变，产业发展由单一业态向多业深度融合转变，结构类型由以传统观光为主向观光休闲度假并重转变，全面提升文化旅游国际化、品质化、智慧化、特色化水平，努力打造中国山岳旅游第一名片，打造大泰山世界遗产旅游目的地。

　　强化泰山"中华泰山·精神家园"的文化地位，大力发展以泰山寻梦、泰山怀古、泰山祈愿等为主题的"中华泰山"文化体验旅游。进一步深化开发登山祈福旅游，提升泰山旅游品质。进一步巩固泰山作为中华祈福圣地的地位，突出泰山的重要精神内涵，塑造精神文化体验之旅。将泰山历史文化及部分文化仪式开发成主题旅游产品，提高游客体验感。依托山地生态资源，发展山地生态休闲旅游。开发大泰山回归自然、感受生态的休闲旅游、运动探险、养生保健、山地度假等旅游项目。从泰山主峰登山拓展到"泰山十二脉"，在更广阔的空间使游客体验"天下第一山"的广阔与雄伟。此外，推动文化旅游与相关产业融合，以业态创新为动力，贯彻统筹、协调发展理念，以文化旅游产业发展为主线，融合农业、工业、服务业等相关产业，推动文化旅游发展向开放、融合的发展模式转变，为相关产业发展提供新动力、为文化旅游产业发展提供新平台。

　　四是在新技术、数字化方面，运用现代数字科技挖掘和展示传播泰山文化。通过互联网、新一代信息技术等科技驱动创新，从传承泰山文化到创新泰山文化，提升文化科技支撑水平，推动文化科技融合发展，加大文化与科技深度融合促进力度，鼓励与泰山文化相关的剧目、音乐、美术、非物质文化遗产的数字化转化，探索数字文物、数字考古、数字博物馆技术，支持开发适宜互联网、移动终端的数字文化产品。紧跟"网络强国"、"互联网+"、大数据等国家战略，以泰山文化为重点，推动互联网、新一代信息技术、大数据、人工智能和泰山文化深度融合，加强有关互联网技术应用于文化领域的关键技术攻关。依托5G，打造新型融媒体平台，响应智慧山东建设，构建泛在互联的信息基础设施体系。建立"泰山文化"微信公众号及官方微博等，推进互联网"泰山文化"营销。加强数字泰山平台建设、泰山VR平台建设，让人们在网上就能"浏览"泰山，浏览与泰山相关的非物质文化遗产和历史故事、名人轶事，使"泰山文化"融入人们的日常生活，加强对文化的"场景化""生活化"利用。加强互联网大数据监测。关注和分析"泰山文化"关键词出现频率和市场接受度，及时调整和开发新的文化产品。加强互联网平台建设，在互联网上建立泰山文化企业、商品平台。

扶持"泰山文化"数字产业。推动泰山文化相关的剧目、音乐、美术、非物质文化遗产的数字化转化，探索数字文物、数字考古、数字博物馆技术，开发适宜互联网、移动终端的数字文化产品。推动数字图书、数字报刊、数字音乐等数字内容的采集和搭建。推动泰山文化数字教育、网络课程、学术研究成果共享等平台建设。

4 文化城市建设

　　文化城市战略的推行，要求城市不仅具有传统文化优势，而且要积极发展现代文化，成为既有传统民族地域特色，又有现代文化时尚的新型城市，在地区和国际文化交流中发挥广泛影响。文化城市建设理论上是以文化为中心对城市的构成要素进行重新整合与转换，构建以文化和创意为内生动力，以文化产品的生产和体验为产业终端，以城市文化服务和城市文化生活为主要内容的城市文化生态，文化功能完备的城市才能称为文化城市。在实践过程中，城市文脉各具特色，城市职能、城市性质、城市规模在类型与等级方面存在差异。如何结合城市不同的特征与发展情况，提出针对城市特点的文化建设要求，以期塑造城市鲜明的特色与性格、培育健康文化生态，是本章探讨的重点。

　　本章将系统梳理以欧洲文化之都、联合国创意城市网络、东亚文化之都、国家历史文化名城、全国文明城市为代表的国内外文化城市的评选标准与代表案例，归纳这些城市品牌的创建经验与城市特征；在此基础上，总结文化城市的共性特征与主要分类；综合构建中国文化城市建设的基本指标体系，并以西安、成都、武汉、哈尔滨、洛阳等城市为例，进行实证研究。在文化功能、文化设施、文化活动的主要建设方面，世界各地文化城市建设具有一定共同点，也因国情及城市发展基础条件不同而各具特点，下面就其中的共性经验进行总结。

4.1 国内外文化城市解析

4.1.1 欧洲文化之都

　　"欧洲文化之都"（European Capital of Culture）是1985年由欧洲联盟主导的在欧洲国家开展的以文化交流和展示为主题的高规格城市活动。至2022年，共有67座城市获得了这项荣誉称号，包括希腊雅典、意大利佛罗伦萨、荷兰阿姆斯特丹、法国巴黎、英国格拉斯哥、爱尔兰都柏林、西班牙马德里、德国魏玛等。在享受称号的一年中，当选城市可以充分展示本市、本地区具有象征性的文化亮点、文化遗产和文化领域的发展与创新，推广该城市的文化生活和文化发展，还可以吸引欧盟其他成员国的艺术家、表演家到该市表演和展出。当选城市也会充分利用成为文化之都之际建设完善本地的文化基础设施。通过举办文化之都活动，有效提升这些城市的知名度，促进文化与旅游产业发展，吸引新的投资，提高就业率，更重要的是将欧洲人更为紧密地联系在一起。

30余年的实践证明，这一活动的影响力无论对于获得称号的城市还是整个欧洲都是巨大的。欧盟委员会表示，"欧洲文化之都"的创办理念是把城市置于整个欧洲文化生活的中心。"文化之都"这一殊荣给历届当选城市带来了新的生命，助推其文化、社会和经济发展。许多城市如法国里尔、英国格拉斯哥和德国埃森，借助当选"欧洲文化之都"的契机成功实现了转型和复兴。同时，当地居民有机会参与长达一年的文化活动，并在城市发展和文化表达上发挥更大的作用。欧盟负责文化工作的现任文教委员菲杰尔对这一活动给予了充分肯定，"欧洲文化之都"已经成为欧盟最成功和最受欢迎的一项活动，"欧洲文化之都"是一个名副其实的荣誉称号，它在欧盟的不断完善和扶持下更富有生命力和魅力。它对欧洲的团结合作、文化发展和经济繁荣所做出的贡献不可低估。

（1）评选标准

"欧洲文化之都"的选拔程序严格、透明。该评选秉持四项核心理念：一是注重国家之间的机会平等，没有任何一个国家能够连续两年承办"欧洲文化之都"，在文化积淀和经济实力差距甚大的欧洲各国间，承办机会得到相当平等的分配；二是注重权衡活动的竞争性与公益性，"欧洲文化之都"承办国的城市需经历竞争性申办过程，同时，各国大多未刻意将机会偏向给首都、大都市，更重视发挥此活动对中小城市和衰落城市的公益性作用，如三次承办的意大利，其首都罗马至今尚未中选，两次承办的英国，也尚未推出其首都伦敦；三是并非刻意复古，更多的是寄意复兴，"欧洲文化之都"尽管大多选择拥有悠久文化历史的古城承办，但其目的绝非刻意复古，而是寄意于对城市本质的复兴，是对传承久远的城市精神进行挖掘、演绎与弘扬；四是足够尊重文化边缘人群和非物质文化，承办城市都不仅突显已具相当知名度的主流文化内容，还特别重视对本地边缘文化人群和非物质文化的解读与展示。

"欧洲文化之都"的总体目标为保护和促进欧洲文化的多样性，突出其共同点，促进共同文化区产生归属感；根据各自的战略和优先事项，促进文化对经济、社会和城市长期发展的贡献。在欧洲维度（the European dimension）的目标为：促进各国、各类艺术家和文化经营者之间的合作；强调欧洲多元文化的丰富性；突出欧洲文化的共同点。在城市和市民维度（city and citizens）的目标为：促进本地公民参与、提升国内外公民参与的兴趣；将可持续性作为城市长期社会文化发展的一部分。在国家和城市政府维度（government of nation or city）的目标为：通过文化提振城市的社会经济发展。

根据《欧洲文化之都2025年申请征集规则与标准》，申请评审城市的授权标准分为以下6类，其具有相同的权重（表4-1）。

"欧洲文化之都"的评选标准

表4-1

授权标准	具体内容
1. 对长期战略的贡献	（1）在申请时是否有开展系列活动的文化战略，并包括活动年度之后继续开展文化活动的计划； （2）计划提高文化和创意部门的业绩，包括候选城市文化、经济和社会部门的长期整合； （3）设想中该称号对候选城市文化、社会和经济的影响，及对城市发展的影响； （4）监测和评价该头衔对候选城市的影响，并公布评价结果
2. 欧洲维度	（1）促进欧洲文化多样性、文化间对话，增进欧洲公民相互了解的活动情况； （2）突出欧洲文化、遗产和历史的共性，促进欧洲统一和解决当前欧洲问题的活动情况； （3）欧洲艺术家开展活动的情况，不同国家演员合作情况，以及跨国伙伴关系； （4）面向欧洲和国际受众的战略
3. 文化艺术内容	（1）明确、连贯的艺术愿景和战略； （2）当地艺术家、文化组织参与文化项目的设计与执行； （3）拟举办文化活动的情况及其质量水平； （4）能够将当地文化遗产和传统艺术与创新性的艺术表现形式相结合
4. 实施能力	（1）申请将得到广泛而有力的政治支持，地方、区域和国家政府将长期参与； （2）申请城市拥有充足的基础设施，或筹建相关设施，保障活动开展
5. 社会参与度	（1）当地民众参与申请书的编写和相关活动； （2）为广泛社会群体提供新的、持续的参加文化活动的机会，并特别确保这些活动也向弱势群体开放； （3）面向新受众的总体战略，特别是教育部门、学校参与的战略制定
6. 管理	（1）经费保障情况，包括准备阶段、活动期间、应急情况下的资金筹备与保障； （2）执行机构与组织安排，地方政府与艺术团队所属机构建立了合适的合作机制； （3）工作人员有相应的资质，可以保障活动有序开展

"欧洲文化之都"项目促进了主办城市在文化认同、经济发展和城市更新等方面的相关举措。文化导向的城市发展在欧洲持续进行，对其实施评估也成为相关工作的重要构成，欧盟制定了两个总体目标和四个特定目标及相关指标用于评价"欧洲文化之都"项目的执行成效（表4-2）。

"欧洲文化之都"的实施评价指标   表4-2

目标	指标类型	代表性指标	数据来源
总体目标1：保护和促进欧洲文化多样性，强调欧洲共享的文化共性，提升居民的归属感	影响类	居民对欧洲文化多样性的认识；居民的归属感	对当地居民的调研
总体目标2：培育文化对地区发展的长远影响	影响类	国家/国际层面对城市文化活力的认识以及城市形象的改善；文化和创新领域在城市经济和就业中持续增长	对城市中旅游者的调研，对旅游发展的国际性调研，国家级或国际文化专家的意见；政府统计数据
特定目标1：强调城市文化供应的范围、多样性及欧洲层面的跨国合作	结果类	欧洲文化之都项目的文化活动和价值；基于欧洲主题或跨国合作的强调欧洲多样性的活动	欧洲文化之都管理机构提供的项目数据
特定目标2：扩宽文化参与途径	结果类	文化活动参与度；居民参与文化活动的比例，包括年轻人、少数民族和弱势群体	欧洲文化之都管理机构提供的项目数据；对当地居民的调研
特定目标3：强化文化领域的作用及其他领域的联系	结果类	城市长期文化发展战略；文化基础设施的投入；文化管理中持续的多部门合作	公共部门提供的统计数据；欧洲文化之都评估文件
特定目标4：通过文化提升城市的国际影响力	结果类	旅游人数增加；媒体对城市正面报道的比例；当地居民对欧洲文化之都项目的认知	旅游部门提供的统计数据；权威媒体公布的数据；对当地居民的调研；欧洲文化之都管理机构提供的项目数据

（2）启示

"欧洲文化之都"是欧洲地区的文化交流与展示项目。欧洲是城镇化的先行者，约3/4的人口生活在城市及周边地区，基本完成了城镇化的进程，积累了丰富多彩的城市文明成果。

"欧洲文化之都"的评选标准不仅关注具有丰富文化资源和深厚历史文化底蕴的城市，不囿于街区面积、建筑数量、古城格局、历史风貌等物质文化遗产，也发展现代与未来艺术，提倡将当地文化融入现代生活。不仅关注国际大都市、大城市，还均衡考量中小城市、衰落城市的振兴发展。当选城市的活动与互动具有开放性，通过吸引欧盟其他成员国的艺术家、表演家到该市表演和展出，吸引社会各界参与和认同，特别强调欧洲文化的丰富性和多样性及同一性，使欧洲人民更紧密地联系在一起并增进相互理解。"欧洲文化之都"的实施评价指标关注对地方、国家、欧洲、国际不同层面的影响力。强调充分利用文化资源推动文化创意产业和旅游业的发展，鼓励用创意这一全球通用语言向世界展示欧洲文化。

4.1.2 联合国创意城市网络

联合国创意城市网络（UNESCO Creative Cities Network）是2004年由联合国教科文组织推出的致力于促进将创意视为可持续发展战略因素的城市之间的合作项目，旨在通过对成员城市促进当地文化发展的经验进行认可和交流，从而达到在全球化环境下倡导和维护文化多样性的目标。创意城市网络申请征集活动面向所有联合国教科文组织会员国和准会员国（地区）的城市。评选涵盖七大门类，分别是文学之都、电影之都、音乐之都、手工艺与民间艺术之都、设计之都、媒体艺术之都和美食之都。

联合国教科文组织总干事 A. 阿祖莱（Audrey Azulai）表示："城市文化的发展有利于政治和社会创新，对年轻一代尤为重要。这些城市在全球各地用独特的方式证明，文化不只是装饰，而是一座城市的支柱。"这一项目的设立代表着联合国教科文组织全球文化保护理念的新动向，提出申请的城市应致力于将创意和文化产业置于城市发展战略的核心地位，并积极开展国际合作，从而使城市更具安全性、发展韧性、包容性、可持续性和前瞻性，符合联合国《2030年可持续发展议程》。截至2021年，共有不同大洲和地区的78座城市列入其中。中国有16座城市列入其中，分别是文学之都——南京，电影之都——青岛，音乐之都——哈尔滨，手工艺与民间艺术之都——杭州、苏州、景德镇、潍坊，设计之都——深圳、上海、北京、武汉，媒体艺术之都——长沙，美食之都——成都、顺德、澳门、扬州。

（1）评选标准

要成为联合国创意城市网络的成员，申报城市需要提交一份申请，明确表明其资产、承诺以及通过实施申请中提出的城市行动计划，表明可为目标作出贡献的能力。申请城市的文化遗产和现有创意资产应成为制定一致且渐进式行动计划的支柱，该计划将根据联合国《2030年可持续发展议程》及其17个可持续发展目标为城市的可持续城市发展做出贡献。联合国教科文组织创意城市网络主要围绕战略方法和具有影响力的项目。联合国教科文组织的创意城市以文化和创意作为实现发展目标的方式，促进可持续城市发展。在这种情况下，各申请城市在落实和制定行动计划的活动和方案时，需要展示其在城市层面实施联合国《2030年可持续发展议程》的参与度，并采用包容性的发展方法，包括经济，社会和环境方面。申请城市需要表明其承诺和能力，在国家、区域和国际层面与教科文组织和该网络成员城市共同开展活动和合作倡议。

此外，欧盟建立了文化和创意城市的监测指标体系，旨在标绘和推动欧洲城市的创意和文化潜力，促进经济增长和社会包容度。通过文化活力、创意经济和实施环境三个方面的29项指标（表4-3），对欧洲30个国家190座城市进行了定性和定量监测，以促进国家和地区之间的交流学习，并使政策制定者在统一比对的基础上发掘地方文化特色和机遇。

欧盟文化和创意城市的监测指标体系　　表4-3

一级指标	二级指标	三级指标
1. 文化活力	1.1 文化场所和设施	景点与地标数量； 博物馆数量； 电影院座位数量； 音乐会和演出场次； 剧院数量
	1.2 文化参与程度和文化吸引力	游客数量； 博物馆参观人数； 电影院上座率； 文化场所满意度
2. 创意经济	2.1 创意、文化、知识产业从业情况	艺术、文化、娱乐活动工作岗位数量； 媒体、通信工作岗位数量； 创意产业岗位数量
	2.2 知识产权	信息通信技术专利申请数量； 社区建设程度
	2.3 新兴创新产业从业情况	新兴艺术、创新文娱产业工作岗位数量； 新媒体工作岗位数量； 其他文化创新产业工作岗位数量
3. 实施环境	3.1 人力资源和教育资源	艺术、人文专业毕业生人数； 信息通信专业毕业生人数； 大学平均排名
	3.2 开放程度、融入度和信任度	外国毕业生人数； 在国外出生人数； 对外国人的接受度； 外国人的融入程度； 民众信任度
	3.3 地区国际化接轨程度	航班数量； 道路可达性； 轨道交通班次
	3.4 治理情况	管理条例

（2）启示

创意城市网络是侧重文化创意产业、阶层、活动的评选。创意城市网络是联合国教科文组织加强全球文化多样性保护战略的重要组成部分。创意城市网络的设立离不开创意城市的参与，但是不等于创意城市的简单聚合。加入创意城市网络，需要城市自身具有某种文化特色，并致力于相互交流合作，在此过程中产生新的创意思维与发展模式，才能真正发挥创意城市网络的功能。这里的创意城市是 T. 坎农（Tom Cannon）所说的"人的城市"，是创意阶层集聚并互动的城市，是具有人文关怀的城市。创意城市网络归属于联合国教科文组织文化署创意产业发展部管理，可以说创意城市网络保护文化多样性的手段是发展文化产业，发展基础是各城市的特色文化资源，因此在其运行过程中，文化多样性与文化产业互为依托，是兼具城市文化与经济发展的国际城市平台。

"欧盟文化和创意城市的监测指标体系"评价的对象包括"欧洲文化之都"、联合国教科文组织选定的"创意城市"以及每年定期举办两次国际文化庆典活动的城市。共设置三项一级指标，分别为：文化活力，占40%权重；创意经济，占40%权重；实施环境，占20%权重。为欧洲文化与创意发展提供了一个多角度和可实施的测度框架。

4.1.3 东亚文化之都

"东亚文化之都"（Culture City of East Asia）是2013年由中国、日本、韩国的文化部门发起的政府间多边性城市文化活动，是重点打造的东亚区域文化合作品牌，也是三国中长期文化合作的战略性项目。在尊重文化多样性的基础上，本着"东亚意识、文化交融、彼此欣赏"的精神，突出"共生·创新·和谐"的共识，推动对东亚文化传统的保护与传承、创新与发展，以及人民的认同与共享。中、日、韩三国通过积极参与和配合彼此举办"东亚文化之都"活动，使三国人民体验异国丰富多彩的文化艺术，进一步提升举办城市的文化底蕴、知名度和影响力，促进城市经济社会繁荣，加深三国人民之间的相互了解和友谊。

首届"东亚文化之都"评选活动是为落实2012年5月中、日、韩三国领导人在第五次中日韩领导人会议上达成的重要共识，以及2012年5月第四次中、日、韩文化部长会议签署的《中日韩文化部长会议——上海行动计划（2012年至2014年）》而开展的一项文化活动，是文化部统筹国内国际，进一步加强国际文化交流与合作、增进与周边国家了解与友谊的一项举措。从本次会议开始，正式宣布启动"东亚文化之都"活动。截至2022年，我国已有泉州、青岛、宁波、长沙、哈尔滨、西安、扬州、绍兴、敦煌、温州、济南入选。此项活动进一步密切了包括日、韩在内东亚各国的文化联系与历史纽带，求同存异，共同提炼"亚洲价值"，向世界展现独具魅力的亚洲文化精神家园，从而推动东西方不同文明由对峙碰撞走向交流交融、和谐共生。申报工作为促进我国城市可持续发展、增强中华文化国际影响力作出积极贡献。通过"东亚文化之都"评选活动向世界展现我国文化改革发展的崭新面貌，对推动国内城市文化建设、亚洲区域文化交流合作和促进世界文化多样性发展都具有积极意义。

（1）我国的评选标准

我国的评选标准包括具有明确的发展目标，即能够弘扬中华文化的理念、智慧、气度、神韵，举办各类文化活动，增强城市文化活力，加强同各国的文化贸易、文化产业合作，以及非物质文化遗产保护领域的交流与互鉴等，并拥有完整的实施方案（表4-4）。

我国的东亚文化之都评选标准　　　　　　　　　　　　　表4-4

一级指标	二级指标	三级指标
1. 文化资源禀赋	1.1 历史文化悠久度	—
	1.2 文化形态丰富度	—
	1.3 文化资源规模度	—
	1.4 文化品牌度	历史文化品牌； 城市综合品牌
	1.5 文化自信与开放度	具有东亚文化精神； 文化多样性、包容性与文化自信； 与东亚主要城市有直航
2. 文化保护	2.1 非物质文化遗产保护与传承	—
	2.2 文物保护与利用	—
	2.3 知识产权保护	—
3. 公共文化服务与设施	3.1 公共文化服务体制与机制	建立公共文化服务保障机制； 公共文化机构免费开放； 公共文化服务效能提升； 公共文化服务社会化； 特殊群体文化权益保障
	3.2 文化配套设施与场馆	设施配置量； 设施功能性； 设施布局性； 管理常态化
	3.3 文化服务网络平台	公共文化数字平台； 公共文化数字服务网络
	3.4 文化交流	文化合作项目； 文化交流活动； 文化交流平台
	3.5 市民参与	文化志愿服务体系； 社区文化服务； 群众自办文化； 群众文化走出去； 市民参与度

一级指标	二级指标	三级指标
4. 文化产业和旅游产业	4.1 文化和旅游企业	骨干文化和旅游企业（集团）； 中小微文化和旅游经济组织； 文化和旅游协会组织； 文化产业和旅游产业集聚区； 文化和旅游企业走出去； 企业文化
	4.2 文化和旅游产品	文化创意产品； 中华传统文化产品； 中国传统文艺产品； 高端文化产品； 旅游景区/度假区； 新产品和新业态； 旅游产品类型； 旅游要素设施完善； 旅游平台建设
	4.3 文化和旅游的投资与产出	—
5. 文化和旅游融合	5.1 文化+旅游	文化设施和场馆的旅游化； 非物质文化的旅游利用； 文物的旅游化利用
	5.2 旅游+文化	文化研学旅游； 文化创意旅游； 文化休闲旅游； 文化和旅游演出； 培育旅游新文化
	5.3 多态融合	—
6. 实施保障	6.1 组织保障	领导小组； 纳入考核
	6.2 联建机制	联合创建； 部门联合； 联合营销； 联合执法
	6.3 "东亚文化之都"规划与实施	"东亚文化之都"发展规划； "东亚文化之都"后续实施方案
	6.4 "东亚文化之都"品牌营销	融媒体营销； 海外营销； 第三方评价； 营销经费
	6.5 政策保障	资金政策； 奖励政策； 人才政策

（2）启示

"东亚文化之都"是侧重东亚地区文化宣传与交流的评选项目。当选城市将以"东亚文化之都"名义开展形式多样的文化活动，通过文化交流与合作、文化产业合作、非物质文化遗产保护与传承、公共文化服务体系建设交流经验，带动城市和市民更积极地参与东亚区域文化合作，带动城市文化建设，激发城市活力，扩大城市的国际知名度、美誉度，切实实现以文惠民，以文兴城。可见，"东亚文化之都"具有综合性的东亚地域文化特征，不仅要有特色鲜明、遗存丰富的城市历史文化，还要有很强的文化事业、文化产业和国际性的文化活动，具有多元广泛的文化交流与合作是成为"东亚文化之都"的必要属性。

4.1.4 国际其他代表性文化城市

"东盟文化城市"（ASEAN Cultural City）是东南亚国家联盟在2008年发起的文化城市评选项目，"东盟文化城市"评选活动的启动旨在反映东盟各国的文化与标志，增进国际社会对东盟地区多彩文化的认可。列入的城市包括菲律宾宿务市、新加坡新加坡市、越南顺化市、文莱斯里巴加湾市、印度尼西亚日惹市、柬埔寨暹粒市等。

"美洲文化之都"（Cultural Capital of the Americas）是美洲文化之都组织在2000年发起的评选活动，旨在增进美洲大陆各国人民之间的了解，尊重国家和地区的多样性，并且重视生活在这片大陆上居民的共同文化遗产。列入的城市包括墨西哥梅里达市、智利伊基科市、巴西马塞约市、秘鲁库斯科市、巴拉圭亚松森市、厄瓜多尔基多市等。

4.1.5 中国历史文化名城

历史文化名城是具有中国特色的文化遗产保护体系。1982年，我国公布了第一批24座历史文化名城，标志着中国历史文化名城制度的创立。经过40年的努力，我国逐步建立了以国家历史文化名城为主体的文化遗产保护体系，开始构建城乡历史文化保护传承体系；制定了历史文化名城保护法规体系和技术标准，形成了相对完善的制度保障；加快了与国际遗产保护接轨，有效地保护了一批世界遗产及其周边环境；建立了保护专项资金制度，推动了地方社会经济的可持续发展。

40年来探索出的富有中国特色的历史城镇（村）保护理论与实践，为讲好中国故事、推动城乡高质量发展、建设社会主义文化强国提供了有力保障。截至2022年，国务院共公布了国家历史文化名城140座，各省公布省级历史文化名城

190座。此外，住房和城乡建设部会同国家文物局公布了中国历史文化名镇312个，中国历史文化名村487个，中国传统村落6819个。国家历史文化名城包括北京、承德、大同、南京、苏州、扬州、杭州、绍兴、泉州、景德镇、曲阜、洛阳、开封、荆州、长沙、广州、桂林、成都、遵义、昆明、大理、拉萨、西安、延安等。

（1）评选标准

2020年，住房和城乡建设部联合国家文物局出台《国家历史文化名城申报管理办法（试行）》，其中对认定标准界定如下：

一、国家历史文化名城应具有下列重要历史文化价值之一

1. 对中国悠久、连续的古代文明的承载和见证价值；

2. 对中国近现代社会变革的见证价值；

3. 对中国共产党团结带领中国人民不懈奋斗的历史和革命精神的载体与见证价值；

4. 中华人民共和国伟大建设成就和革命精神的载体与见证价值；

5. 中国改革开放和社会主义现代化建设及开放、创新精神的载体与见证价值；

6. 中华民族文化多样性的见证与民族、独特地方文化载体的价值。

历史文化名城不仅是在古代和近代历史上的著名城市，同样也包括中国共产党领导中国人民的革命历程中具有重要意义的城市，在中华人民共和国的社会、经济建设过程中，以及改革开放，建设中国特色社会主义过程中发挥重要作用的城市和具有多样民族特色，承载民族文化传统的城市。强调历史文化名城价值，通过历史文化名城讲好中国的故事，构建中国历史和文化的整体表述系统，使整个历史文化名城体系"有利于突出中华文明历史文化价值，有利于体现中华民族精神追求，有利于向世人展示全面真实的古代中国和现代中国"。

二、国家历史文化名城应具有能够体现上述历史文化价值的物质载体和空间环境

1. 体现特定历史时期的城市格局风貌、历史文化街区和历史建筑保存完好。历史文化街区不少于2片，每片历史文化街区的核心保护范围面积不小于$1hm^2$、50m以上历史街巷不少于4条、历史建筑不少于10处。

2. 各级文物保护单位不少于10处，保存状态良好，且能够体现城市历史文化核心价值。

（2）启示

历史文化名城是侧重物质文化遗产的评选项目。历史文化名城既是历史悠久的古城，也是今天人们生活居住、充满活力的当代城市。历史文化名城的保护既需要划定清晰的保护红线，使所有体现历史文化名城价值的要素得到有效的保护，同时也需要对历史文化名城的价值进行清晰的表认和阐释，让人们充分理解这些价值，在城市建设和发展中传承历史文化名城所承载的历史文化价值，使优秀的文化传统得到弘扬。历史文化名城也必须注重民生的改善，使居民有切实的获得感，有获得感才能使市民更积极地参与历史文化名城的保护。

今天，在社会快速发展的过程中，应通过建立更为整体和系统的中华民族历史文化表达体系，提升文化的自觉、自信和自豪，形成强大的社会凝聚力。历史文化名城需要强调更为积极的对历史文化传统的传承，需要面对未来的城市发展，延续城市的文化特色。

4.1.6 中国全国文明城市

全国文明城市是2005年由中央文明委主办的全国性评选活动。全国文明城市是国家给予一个城市的最高综合性荣誉称号，它反映了一个城市的整体文明、和谐程度，是一个城市最有价值的无形资产和最有影响力的品牌。社会主义精神文明建设是中国特色社会主义的重要特征，是实现"两个一百年"奋斗目标、建设社会主义现代化强国、实现中华民族伟大复兴中国梦的重要内容和重要保证。精神文明创建活动是把社会主义精神文明建设的任务要求落实到城乡基层的重要载体和有力抓手，是人民群众群策群力、共建共享、移风易俗、建设美好生活的创举，以创建文明城市、文明村镇、文明单位、文明家庭、文明校园为主要形式。创建文明城市活动是精神文明创建的龙头工程，是体现中国特色社会主义制度优越性、提升城市治理能力和治理水平、提高市民文明素质和城市文明程度、保证中国特色社会主义城市化进程顺利推进的重要途径。

全国文明城市创建每三年评选一次，截至2022年，已公布六批全国文明城市（区）名单，共计284个城市（区）获得这项荣誉称号，由省会城市、副省级城市、直辖市城市、地级市、县级市和县共同组成。已列入的城市（区）包括北京市西城区、天津市和平区、上海市嘉定区、山东省济南市、浙江省宁波市、江苏省南京市、广东省广州市、海南省海口市、青海省西宁市、福建省漳州市、安徽省马鞍山市、甘肃省金昌市、陕西省志丹县、内蒙古自治区准格尔旗、吉林省梅河口市等。

（1）评选标准

依据《全国文明城市（地级以上）测评体系（2021年版）》的要求，评选标准由9个测评项目、72项测评内容、140条测评标准构成（表4-5）。

全国文明城市评选标准（略）   表4-5

一级指标	二级指标
1. 建设有强大生命力和创造力的社会主义精神文明	1.1 习近平新时代中国特色社会主义思想学习宣传教育
	1.2 理想信念教育
	1.3 文明培育
	1.4 文明实践
	1.5 文明创建
2. 廉洁高效的政务环境	2.1 党风廉政建设
	2.2 政务行为管理
3. 公平正义的法治环境	3.1 法治宣传教育
	3.2 基层民主建设
	3.3 公民权益维护
4. 诚信守法的市场环境	4.1 诚信建设制度化
	4.2 文明诚信服务
5. 健康向上的人文环境	5.1 国民教育
	5.2 科学普及
	5.3 公共文化服务
	5.4 文化产业
	5.5 民族团结进步
6. 和谐宜居的生活环境	6.1 经济发展和科技进步
	6.2 城市运行管理
	6.3 城市市容市貌
	6.4 健康中国建设
	6.5 社会保障
7. 安全稳定的社会环境	7.1 双拥共建
	7.2 公共安全体系建设
8. 有利于可持续发展的生态环境	8.1 环境管理与环境质量
	8.2 土地资源管理
9. 长效常态的创建工作机制	9.1 组织领导
	9.2 群众支持参与
	9.3 加强动态管理
	9.4 投入保障

（2）启示

全国文明城市是侧重城市环境与精神行为面貌的评选项目。它对政务环境、法治环境、市场环境、人文环境、生活环境、社会环境、生态环境等多方面进行评测，旨在引导建设崇德向善、文化厚重、和谐宜居、人民满意的文明城市。全国文明城市注重评估复查工作，中央文明办按照城市自查、省级审核、中央把关、组织测评等复查办法和程序，依据《全国文明城市测评体系》每年对往届全国文明城市（区）进行复查测评，依据测评成绩确定是否继续保留全国文明城市（区）资格，此举保障了文明建设工作的长期有效推行。

4.2 文化城市特征与分类

欧洲文化之都、联合国创意城市、东亚文化之都、国家历史文化名城、全国文明城市等评选项目，反映出文化城市建设有不同的类型与特征。根据城市历史悠久程度，可以划分为传统文化型城市，如巴黎、伦敦、开罗、维也纳等；现代文化型城市，如纽约、洛杉矶、新加坡、香港等。按照城市文化资源的多样性程度，可以划分为综合型文化城市、特色型文化城市等。按照城市文化影响力，可以划分为影响到全球的全球性文化城市、主要影响到所在洲的洲际性文化城市、主要影响到周边国家的区域性文化城市等。综合而言，优秀的文化城市在社会、经济、文化等方面的发展中具有共性特征，如文化具有独特性与多样性、文化产业与文化投入占有较大比重、文化具有活力与持久影响力。

4.2.1 文化城市特征

（1）文化特征：文化具有鲜明独特性与多样性

城市是社会文化的写照，反映着它所处的时代、社会、经济、科学技术、生活方式、人际关系、哲学观点、宗教信仰等。城市文化是一个复杂的体系，包括物质、意识、信仰、道德、法律、风俗和习惯等，它是一个城市创造的物质与精神成就的总和，它在民族文化的基础上融合外来文化而具有独特风格。著名城市多具有文化方面的独特之处，如巴黎被称为浪漫之都、伦敦颇有绅士风度、罗马气度恢宏、威尼斯神秘浪漫，再如北京的庄严、上海的繁华、杭州的休闲、苏州的妩媚、西安的古朴、厦门的温馨等，城市的个性与基因从根本上来说是一个城市的气质和神韵，这种气质和神韵也是通过物质层面的"形"表现出来的，这种"形"包括城市规划、城市建筑、城市色彩、城市标识等。

城市文化属于意识形态的范畴，影响其形成的因素非常繁多，这些影响因素可分为城市自然环境因素与城市自身的人文历史影响因素两大类。城市的自然条件直接影响人们的生活方式、居住形式以及建筑风格，不同地域的人按照各自的方式来创造自己的文化，表现为不同的思维方式、价值尺度以及审美情趣。如陕西的窑洞、南方的骑楼都是因当地气候条件而产生的相应的建筑形式。再如泰安的泰山文化、重庆的山城文化、济南的泉水文化、苏州的水城文化等是在城市中的山河湖海等特殊地理条件影响下形成的独特城市文化。一座城市发展历史的特殊性是城市文化特色形成与存在的决定性因素。如历史悠久的城市会形成相应的古城文化，在它的城市风貌中会留存下很多历史的痕迹。而有过殖民历史的城市则明显带有舶来文化的烙印，在建筑、街道、城市空间中都会显示出与本土文化的巨大差异。宗教通过引导人们崇拜敬仰超自然的神灵，成为信仰者的思想寄托和精神的支柱。从古至今，宗教信仰是生活在城市中的人们内心的图式，又在一定程度上由城市布局反映出来，从而造成城市文化有巨大差异。

传统文化型城市与现代文化型城市各具特色，反映出地域环境形成了城市文化的最初积淀，也反映出城市随着人类文明的进步而发展。传统文化型城市具有深厚的历史底蕴——罗马是意大利首都，古罗马帝国的发祥地、意大利文艺复兴中心，至今仍保存着相当丰富的文艺复兴与巴洛克式的古老建筑，矗立着帝国元老院、凯旋门、纪功柱、万神殿和大竞技场等著名古迹。虽然罗马的经济地位低于伦敦、巴黎等城市，却拥有巨大的世界影响力。一方面，罗马在西方文明演进过程中有重要地位；另一方面，罗马为人类社会保存了众多建筑、雕塑、绘画、宗教等领域的艺术珍品。梵蒂冈是世界上面积最小的国家，只有0.44km²，但却是世界天主教的中心，在文化领域有着举足轻重的影响力。1984年，联合国教科文组织将梵蒂冈全境都列为世界文化遗产，梵蒂冈境内有著名的圣彼得广场，全球最大的教堂圣彼得教堂，还有梵蒂冈博物馆、美术馆，米开朗基罗、拉斐尔、达·芬奇等巨匠都在此留有作品，堪称艺术殿堂。梵蒂冈的经济发展主要依靠旅游业，游客时常比当地居民还多。

现代文化型城市具有时代活力。好莱坞（Hollywood）位于美国西海岸加利福尼亚州洛杉矶郊外，最先由摄影师寻找外景地时发现，至20世纪初，已吸引了许多拍摄者，而后是小公司和独立制片商们纷纷涌来，逐渐形成了一个电影中心。随着当地娱乐工业日益发达，电影制片厂分布的范围早已不局限在好莱坞一隅，好莱坞与其周边的城市共同构成了美国影视工业的中心地区，形成了发达的电影业产业链。米高梅、派拉蒙、20世纪福克斯等七大影业公司相继落户，这些企业相互合作、紧密关联，相互构成利益共同体，形成了庞大的好莱坞影视制作基地。今天，好莱坞呈现这样一种局面：以文化创意产品的制造企业为核心，信息咨询机构服务于内容创意，后期制作、设备供应商服务于加工生产，中介机构、经纪公司服务于市场营销，更有政府、行业协会、民间组织提供综合性服务和必要的支持。

习近平总书记指出："文明是多彩的，人类文明因多样才有交流互鉴的价值。"2005年第33届联合国教科文组织大会上通过的《保护和促进文化表现形式多样性公约》中，"文化多样性"被定义为各群体和社会借以表现其文化的多种不同形式。这些表现形式在他们内部及其间传承。文化多样性不仅体现在人类文化遗产通过丰富多彩的文化表现形式来表达、弘扬和传承，也体现在借助各种方式和技术进行艺术创造、生产、传播、销售和消费。面对文化多样性，费孝通先生提出"各美其美，美人之美，美美与共，天下大同"，不同文化有历史长短之分和表现形式之异，文化城市的规模有大小之别和驱动力因素之异，却无高低优劣之别。解决人类面临的各种问题需要全人类的共同努力，每个民族、每种文化都在文明人类的生活中有其位置和贡献，都有值得尊重的视野、经验、价值和智慧。文化多样性是人类社会的基本特征，也是人类对各种文化自由发展、和平竞争的肯定和期待。

（2）经济特征：文化产业具有较大的规模比重

文化产业作为一种特殊的文化形态和特殊的经济形态，世界各国根据自己的发展阶段特点和实际需要，赋予了其不同内涵。世界上文化产业发达的国家，文化产业主要可以分为4种模式：一是版权模式，以美国为代表，美国是世界上文化产业最发达的国家，其模式以知识专利、市场权益为中心，注重发展新兴文化产业。二是创意模式，以英国、澳大利亚、加拿大为代表，其模式以专利、商标、设计和版权为核心，注重个人的创造、技艺和才华。三是传统模式，以法国、德国为代表，其模式为利用本国较为久远的历史文化资源和较为完备的产业链条，发展本国视角较为强劲的传统文化产业。四是文化创新模式，以韩国、日本为代表，其模式为注重利用现代化的科学技术手段，对本民族文化资源进行符号化的改造，使之成为具备民族文化标识的文化产品和服务。

联合国贸易与发展会议（United Nations Conference on Trade and Development，简称UNCTAD）在其《2010年创意经济报告》中指出：文化产品和服务在全球贸易和国内生产总值中所占的份额越来越大。美国的文化产业是国际上最具竞争力的产业之一，据统计，美国非营利性文化艺术产业每年直接或间接拉动的经济效益为369亿美元，提供130万个就业机会。欧盟国家对文化体制和文化政策进行了改革和调整，加大了资金投入，《2000年文化发展纲要》实施期间（2000—2006年），整个欧盟文化投入总金额超过23亿欧元，用于发展文化创造、文艺传播、跨文化对话，丰富欧洲人民的历史文化知识。英国文化创意产业是经济最具活力的部分，规模与金融业相当，是英国6个战略经济产业之一。德国的会展业是文化产业中的亮点，在国际上150个重要的专业博览会中，大约有2/3在德国举办，会展业年均营业额约23亿欧元，参展商和参观者为博览会的支出超过85亿欧元，各类展会的蓬勃发展带动了系统的会展产业链发展，德国每年有近10万人从事与博览会有关的工作，综合经济效益达205亿欧元。法国文化产业规模巨大，全国有136种法文日报，年发行总量90亿份；电影观众保持在每年1.85亿人次左右；戏剧、博物馆与历史名胜也是文化行业的重要组成部分，每年约有5万场戏剧演出，吸引着800万固定观众；约有1200座博物馆，每年吸引几千万参观者。日本的文化内容产业已成为快速发展的产业，日本的内容产业市场规模在2000年就已达到11兆日元，在海外，市场规模达到3258亿日元，漫画、动画、游戏软件等具有代表性的日本内容产业已在世界颇有影响。2020年，北京文化产业实现增加值3770.2亿元，占GDP的比重为10.5%，吸纳从业人员平均人数达54.8万人，占从业人员总人数的85.6%。2020年，上海文化产业实现增加值2389.64亿元，占GDP的比重为6.1%，2021年上海电影全年票房为25.44亿元。

在以知识与信息为基础的知识经济时代，科技进步与科技创新越来越成为一国或地区保持经济可持续发展的决定性力量。科技经费投入作为科技创新、科技进步的重要支撑条件，已经得到了各国各地方政府的高度重视。随着新经济时代的到来，文化产业政策和发展战略已经成为提高国家和城市竞争力的主要路径，文化产业被许多国家和地方政府寄予高度期望。从国际上来看，美国、英国、日本、韩国等国家的文化产业增加值占国内生产总值比重均已超过15%，成为本国经济的支柱性产业。从国内来看，广东、湖南、北京、上海等省市文化产业增加值占当地经济比重均已接近或超过5%，对经济发展的贡献日益突出。当前，文化已逐步提升到与资本、资源、管理等其他战略要素同样重要的地位，发展为支柱型产业之一。

（3）社会特征：文化具有活力与持续的影响力

文化影响力是城市发展的核心竞争力，世界城市往往是全球文化中心，具有巨大的影响力。法国巴黎是世界上四大"全球城市"之一、国际知名的文化城市，有"艺术之都"的美誉，是全球文化人士心中的"圣地"，一直引领全球艺术、文化、时尚的潮流，每年有来自全世界的无数游客到访。2017年，巴黎圣母院、圣心大教堂作为世界文化遗产接待游客分别达到1365万人次和1050万人次，法国接待的外国游客高达8700万人次。美国洛杉矶每年出产高达1500场戏剧，拥有世界最大规模的影视、音乐制作基地——好莱坞。好莱坞不仅是全球时尚的发源地，也是全球音乐、电影产业的中心地带，拥有世界顶级的娱乐产业和奢侈品牌，代表全球时尚的最高水平；洛杉矶爱乐乐团已成为世界上最顶尖的管弦乐队之一；洛杉矶有14所地方大学开设艺术及设计的高级课程，培育了大量文化创意的专业人才。洛杉矶的文化影响力，透过其生产制作的影视音乐传播到了全球每一个角落。奥地利维也纳是欧洲最古老和最重要的文化、艺术和旅游城市之一，是举世闻名的"音乐之都"，维也纳拥有非常丰富的音乐遗产和一流的交响乐演出团队与大师。维也纳的高雅音乐文化在全球具有举足轻重的地位。

世界城市富有活力并处于不断变化中，移民不断涌入给世界城市带来新的理念和人才，这种变化的过程对于世界城市的未来至关重要。全球城市的人口状况虽然有着相当大的差别，但是仍然表现出一些趋同的人口特征，即高密度性、高流动性和多样性。而造成这些人口特征的核心机制是人口的迁移和流动，移民构造了移民城市，影响着城市的年龄结构、族群结构和社会结构，使全球城市成为最有活力和最有动态性的人口地区。全球城市是包含了大量国内外移民的目的地和枢纽地区，如纽约60%以上的人口不是出生在纽约，其中20%的人口出生于纽约之外的美国地区，40%的人口来自世界其他国家和地区。全球城市处于全球商贸和经济社会活动的节点，城市的连接性带来商务人口和旅游休闲人口的短期流动性，如上海的空港客运量在2017年已经达到1.12亿人次。正是由于全球城市的人口迁移流动和空间动态性，产生出城市发展的活力和创造精神。人口迁移也使全球城市成为优秀人才的集聚地区。全球城市不仅通过其教育资源提升了地区的人口素质，更通过高新技术产业和高级服务业集聚了国家乃至全球的优秀人力资本。

科学技术的飞速发展、产业发展的高端化及居民生活质量的提高也对城市文化发展提出了更高的新要求。著名的文化都市普遍个性鲜明，文化开放进取、包容性强，并具有较高的科技水平，教育和出版、广播电视、网络等媒体行业发达，图书馆、博物馆、剧场、电影院等现代文化设施齐备，具有持续创造的能力，是各种新思想、新观念和新潮流的发源地。如纽约作为国际科技的中心，大学和科研机构密集并较为集中，纽约大都市区拥有100多家大学和788家科研机构。东京的筑波科学城以筑波大学为中心，聚集了46家国立研究所、8家民间研究所和30多家高级技术公司，聚集了科研和辅助人员2.2万人，囊括了全国科技人才的近40%。纽约还是出版业的大都会，数百家国家级杂志总部设立于此。

4.2.2 文化城市分类

在普遍认知里，特定的城市，如北京、伊斯坦布尔、开罗、佛罗伦萨等，因其在历史进程中积累了大量可见的艺术珍品和文化遗产而被称为"艺术作品"类的文化城市。这些独特的文化资源既存在于城市的博物馆和画廊中，也存续在其建筑结构和布局中，特别是公共空间和街巷社区中。对于另一些城市来说，它们得天独厚的自然与人文景观，如里约热内卢、旧金山、成都、阿姆斯特丹等，仍然在本地人日常生活中被持续构建，成为城市知名度或文化资源的主要来源，这类城市也被认为是文化城市。从文化产品生产的角度看，特定的大都市，如洛杉矶、孟买、伦敦等，因在全球化文化生产网络中拥有很强的文化资源，容纳了艺术、时尚、电视、电影、出版、流行音乐、旅游和休闲等大众文化产业，也被视为文化城市。

文化城市分类方面的研究成果相对有限。按文化功能的不同，可以分为以寺院、神社为中心的宗教型城市，如印度的普陀迦亚、以色列的耶路撒冷、阿拉伯的麦加等；以大学、图书馆及文化机构为中心的艺术教育型城市，如英国的牛津、剑桥等；以古代文明遗迹为标志的文明古迹型城市，如意大利的罗马、中国的北京和西安等。在这些城市中，文化竞争力已经成为城市竞争力的主导力量，其文化的繁荣与经济的繁荣呈现互利共生的发展态势。

国家历史文化名城按照特点主要分为七类：一是历史古都型——以都城时代的历史遗存物、古都的风貌为特点的城市，如洛阳、西安、北京、南京、开封、杭州、安阳、郑州等；二是地域特色型——以地域特色或独自的个性特征、民族风情、地方文化构成城市风貌主体的城市，如敦煌、丽江、拉萨等；三是传统风貌型——保留了一个或几个历史时期积淀的完整建筑群的城市，如商丘、大理、平遥等；四是风景名胜型——建筑与山水环境的叠加而显示出鲜明个性特征的城市，如苏州、桂林等；五是一般史迹型——分散在全城各处的文物古迹为历史传统主要体现方式的城市，如济南、承德等；六是近代史迹型——以反映历史上某一事件或某个阶段的建筑物或建筑群为其显著特色的城市，如上海、重庆、延安、遵义等；七是特殊职能型——某种职能在历史上占有极突出的地位的城市，如景德镇、榆林、自贡等。

欧洲文化创意城市按照规模、驱动力等因素主要分为六类：一是技术型城市——大多是大学城，表现出高度的包容性和良好的就业水平，如比利时鲁汶、英国曼彻斯特等；二是创新商业中心——通过火车、飞机和道路紧密相连的城市，大多数城市都是"创意城市网络"的关键节点；三是文化枢纽——在城市创意方面远超平均水平，拥有丰富的博物馆、剧院、文化遗址和地标，人均GDP水平高，如罗马、马德里、雅典等；四是创意之都——这些城市都是顶尖的文化中心，艺术和文化蓬勃发展，并滋养着全球经济，这些城市在文化供应、文化就业和创造就业机会之间表现出更健康的平衡，如巴黎、阿姆斯特丹、柏林、里斯本和布鲁塞尔等；五是有吸引力的文化中心——由具有巨大文化价值的城市组成，虽然均为中小规模的城市，人口不超过50万，却拥有重要的联合国教科文组织世界遗产，每年吸引大量游客，如爱丁堡历史中心、威尼斯及其潟湖、佛罗伦萨历史中心等；六是新兴文化创意城市——所有改善有潜力的城市，虽然具有很高的历史价值，但尚未创造出足够的文化条件和动态的经济环境来吸引创意阶层，但近年取得快速发展，如布达佩斯——东欧增长最快的城市之一，文化年就业增长率为18%。这样的快速增长伴随着旅游业和设计行业的发展，它们是城市社会、文化和经济发展的关键领域。

联合国创意城市网络按照特色文化将城市分为七类：一是文学之都——英国爱丁堡、美国爱荷华城、捷克布拉格等；二是电影之都——澳大利亚悉尼、韩国釜山、中国青岛等；三是音乐之都——西班牙塞维利亚、比利时根特、刚果共和国布拉柴维尔等；四是手工艺与民间艺术之都——美国圣达菲、埃及阿斯旺、海地雅克梅勒、中国苏州等；五是设计之都——德国柏林、日本神户、西班牙毕尔巴鄂等；六是媒体艺术之都——法国里昂、塞内加尔达喀尔、奥地利林茨等；七是美食之都——中国成都、瑞典厄斯特松德、巴西弗洛里亚诺波利斯等。

综合文化城市特征、相关研究情况与国内外主流分类标准，将文化城市分为文明古迹型、宗教文化型、科技教育型、特色发展型四种主要类型。城市的根本价值在于其独特性，特色文化、文化遗产等资源对于城市发展的价值与品牌效益愈发显著，城市因资源禀赋不同，需要不同的发展策略。

（1）文明古迹型

以古代文明陈迹为标志的城市，如中国的北京、西安、洛阳等，日本的奈良、京都，希腊的雅典和意大利的罗马等。文明古迹积淀和凝聚着深厚丰富的文化内涵，成为城市文明的纪念碑。无法复制的特征使其具有不可再生的唯一性，同时赋予它们一种难得的文化价值，这就要求我们必须进行妥善而有效的保护。文明古迹并不是阻碍城市发展的绊脚石，相反，它是城市发展取之不竭的动力之源。唯有悉心保护文化遗产，才能使城市愈发底蕴深厚和生机盎然。文明古迹的文化价值要求我们对其积极而合理地加以利用，同时，历史也证明，对文化遗产来讲，继承是最好的保护，发展是最深刻的弘扬。① 一味进行博物馆式的保护既不符合经济规律，又不符合科学发展规律。重现古代陈迹，在一定程度上还原历史，科学合理地利用历史上的著名古迹，一方面迎合了当代人的怀旧情结，使人们对民族和地方的历史有所了解；另一方面可以打造新的景点，以促进旅游业的发展。重现古迹主要有两种方式，一是根据史料记载，依据合理推断进行新建；二是以古迹为依托，建设新旧融合的景观。无论采取哪种方式，都必须通过科学的论证分析，避免造成不可挽回的损失。

传统风貌型城市以平遥为例。平遥古城是世界文化遗产，我国历史文化名城之一。它距今已有两千余年的历史，是我国现存最完整、规模最大、具有悠久历史的县城（图4-1）。平遥古城最大的历史价值就是它完整地保存了城墙、街道、店铺、寺庙、民居建筑等，而且这些文物古迹完全是按照汉民族传统规划思想

图4-1　平遥古城
来源：视觉中国

① 单霁翔. 留住城市文化的"根"与"魂"[M]. 北京：科学出版社，2010.

和建筑风格建设的。1997年12月3日，平遥以整座古城申报世界文化遗产获得成功，联合国教科文组织这样评价平遥古城："平遥古城是中国汉民族城市在明清时期的杰出范例，它保存了其所有特征，而且在中国历史的发展中为人们展示了一幅非同寻常的文化、经济、社会及宗教发展的完整画卷。"平遥古城的街道布局以"井"字及"丁"字形为主，俗称为"四大街、八小街、七十二条蚰蜒巷"，且其平面格局、空间尺度等均保留了明清时期的特点。古城内的整体空间布局井然有序，南大街作为整个古城的主轴线，城隍庙、县衙和文庙、武庙左右对称布置，东观、市楼则居中布置，整体古城呈对称式布局。清灰色民宅与庭院绿树和错落的色彩鲜明的庙宇建筑形成对比。城市整体水平发展，呈现平展的天际线，反映了古代城市等级制度和严格的规划方法，是传统城市布局的杰出代表。平遥古城不仅在城市中体现了中国明清时期典型的汉文化，同时由于其特征得到了很好的保护，为人们展示了一幅关乎社会、经济及宗教的完整画卷，是人类文明进程中的杰出范例。中国北方的汉族传统生活方式在这个城市中得到了良好的延续，传统的宗教仪式、食物和民间活动依然存在，这些非物质文化遗产在研究艺术、美术史、社会史乃至华北的经济史等方面具有独特的价值。[①]

古迹型城市以西安为例。西安古称"长安""京兆"，是举世闻名的世界四大文明古都之一，居中国古都之首，是中国建都时间最早、建都历史最久、建都朝代最多的城市。西安浓缩了中国历史的精华：从奴隶制社会的顶峰西周王朝、中国第一个大一统秦帝国、中国第一个盛世王朝西汉，到中国封建社会的顶峰唐朝，西安书写了中国历史最华彩的篇章。对历史遗迹的悉心保护是突显城市文脉和精神气质的核心内容，而西安主要采用建设博物馆的形式对历史遗迹进行保护利用，如秦始皇兵马俑博物馆、西安碑林博物馆等，一方面能够对珍贵文物进行合理有效的保护利用与管理研究，另一方面也能打造城市地标以便更好地展示文化底蕴。根据相关的史实记载，结合城市发展规划，科学合理地对已损毁的遗迹进行复建，既可以提升市民的自豪感和主人翁意识，又可以打造新的景点以促进旅游业发展。

（2）宗教文化型

以寺院、神社等宗教文化圣地为中心的宗教性城市，有以色列的耶路撒冷、沙特阿拉伯的麦加、日本的伊势（旧称宇治山田）等。该类文化城市大多因具有深远影响和广泛知名度的宗教遗迹而成为众多教徒神往之地，其中的宗教建筑是

---

① 田林，王冠松，张超. 浅析平遥古城遗产保护规划[J]. 建筑与文化，2018（5）：151-152.

不同历史时期的艺术珍品，背后隐藏着多重文化元素，也是打造历史文化名城、突出城市特色的重要资源。宗教与城市相辅相成、交相呼应，城市作为完整的有机体包容、传扬、保护着宗教文化，发展宗教旅游也能带动地方经济、提高城市知名度。因此，需要对当地优秀的物质及非物质文化遗产进行广泛宣传，扩大其在更大范围内的影响力和知名度。与此同时，创新多种方式利用现有资源，如加强文化旅游力度、深化文化产业改革、融入文化事业发展等。

以耶路撒冷为例。耶路撒冷位于犹大山地南部的高原，是犹太教、基督教和伊斯兰教三大亚伯拉罕宗教（或称"三大天启宗教"）的圣地（图4-2）。自从公元前10世纪所罗门圣殿在耶路撒冷建成，耶路撒冷一直是犹太教信仰的中心和最神圣的城市。根据《圣经》记载，耶稣在此受难、埋葬、复活、升天，因此基督教徒亦十分崇敬耶路撒冷。与此同时，伊斯兰教将耶路撒冷列为麦加、麦地那之后的第三圣地，以纪念穆罕默德夜行登霄。耶路撒冷的宗教遗迹得到了完好保存，作为世界三大宗教——基督教、犹太教、伊斯兰教的圣地，其对犹太人、基督徒和穆斯林具有重要的历史和精神意义。教徒们需要既定的物体来抒发宗教情怀，因此具有深远影响和广泛知名度的宗教遗迹便能成为众多教徒神往的图腾。耶路撒冷不准发展重工业以保护独特的宗教圣地，而其经济支柱便是依靠宗教朝

图4-2　耶路撒冷
来源：视觉中国

圣和旅游观光发展起来的各项服务业。另一个宗教圣地麦加更是极度依赖每年的朝觐活动，朝觐季度赚取利润超过1亿美元，将这一特点表现得淋漓尽致。

（3）教育艺术型

以大学、图书馆及文化机构为中心的艺术教育型城市，如英国的牛津、剑桥，日本的京都等。在城市的发展规划中，需要充分融入文化元素，并广泛体现在城市的公共空间之中。如剑桥将大学的各类设施（如学院、教学楼、图书馆等）分散布局于城市之中，与城市的空间发展构架紧密嵌合，同时将非物质要素（如划船、奇闻轶事等）作为城市的独特景观，成为城市宣传和旅游观光的重要部分。诚然，集中展示有利于突出文化风貌，但与此同时必须统筹兼顾与城市整体的融合，以创建文化城市而非文化景区。文化教育的兴起使城市的经济、人口也随之发展，艺术教育文化不是随机生硬地分布于城市内部，而是要做到与城市的有机交融。艺术教育文化可以提升城市文化氛围，促进城市发展，城市作为艺术教育的空间载体传播文化，二者和谐共生。

以文化教育为中心的城市以英国剑桥为例。剑桥位于伦敦北部约80km处，乌斯河支流卡姆河东岸，1207年首次获准设建制，目前为英国剑桥郡首府（图4-3）。早在两千多年前，罗马人就曾在此安营扎寨，屯兵驻军。然而在漫长的岁月里，剑桥只是乡间集镇而已，直到1209年创办剑桥大学第一所学院——彼

图4-3 剑桥城市景观
来源：视觉中国

得学院起，剑桥才作为世界上最著名的大学城之一存在至今。剑桥被形容为"城市中有大学"，它之所以在世界范围内享有盛誉，绝大部分原因来自剑桥大学的声名远播。随着剑桥大学名声渐起，最后闻名于世，剑桥的经济以及人口也渐渐地发展起来，如今剑桥已经成为英国的一座文化旅游城市。剑桥大学将著名学院、学校传统、奇闻轶事等作为城市宣传和旅游观光的一部分，通过多种方式促进城市发展，如售卖学校相关纪念品和开展学校观光体验游等活动。教学、生活、生产等学校各类设施在城市中分散布局有利于与城市有机交融，由于剑桥大学的各个学院具有很强的独立性，故分布分散在大学城内，居民区、研究机构等也穿插分布在各处，而不再是"大学"与"城"的生硬结合。城市也需要着力于自身文化氛围的营造，如面向公众举办音乐节、建设体育馆等，以适应多种需求的人群，形成多样性的文化氛围，而非仅仅是学校的配套附属设施。

以艺术创意为主要功能和产业发展的城市以加拿大蒙特利尔为例。蒙特利尔是世界上少数实行设计产业引导经济发展策略的城市。2006年5月，蒙特利尔被联合国教科文组织授予"设计之城"的称号，成为北美洲第一个加入文化多样性全球联盟创意城市网络的城市。蒙特利尔设计城市的发展，缘于市政府对城市发展战略的明确定位，同时以开创性的策略引导和支持设计产业发展壮大，是国际化战略下的创意城市。在城市发展基础上，拓展城市对外交流渠道，延伸国际触角，提升城市在国际社会上的知名度和影响力。主要表现为承办国际性的知名赛事、活动，吸引国际目光；同时，还积极吸收和接纳国际组织、非政府机构入驻，借由国际组织在专业领域内的影响力，加深国际社会对蒙特利尔的认识，同时提高其对国际社会的影响力。此外，重点部署城市文化产业的发展，以满足国际城市多元文化繁荣的基本要求、顺应产业发展趋势。[①]

以教育创意为驱动力的城市还有日本京都。京都位于日本列岛中心的关西地区，面积约为610km^2，有150万人口，自公元794年起，多次被定为日本的首都——"平安京"，成为日本的政治及文化的中心。京都是西日本的"学都"，在京阪神地区更有"在京都上学、在大阪赚钱、在神户生活"这样的说法，可见京都教育的发达程度。2009年，在京都就读的大学生多达139237人，在日本所有都市中位列第二，学生占总人口的比例则高居首位。京都的大学中，历史最悠久且学术地位最高的是京都大学。京都美国大学联盟（Kyoto Consortium for Japanese Studies）于1989年在京都市内设立，加盟学校包括了14所美国大学，它们每年均派遣40~50名主攻日本研究的学生来到京都留学，学习日本文化，而部

---

① 为之. 蒙特利尔：国际化战略下的创意城市[J]. 公关世界，2014（9）：36-39.

分日本学生也可以听讲京都美国大学联盟的科目，斯坦福大学也在京都拥有一个日本中心。很多科技公司和文化创意公司都蜂拥而入京都，松下电器的家电设计部门驻扎京都；实时通讯软件（LINE）、大型网络广告公司（CyberAgent）、人力网站（Livesense）、提供名片管理服务的公司（Sansan），陆续在京都开设办公室；知名记账软件（Money Forward）扩充了京都的营业据点；机器人制造公司（Tmsuk）以京都一间西阵织机织工厂改建成的研究所，研究AI及自动驾驶等先进技术。不少国际企业进驻京都的原因，是既可以聘用优秀的外国人才，同时又可以发挥京都的品牌效应。

（4）特色发展型

文明古迹型、宗教文化型、教育艺术型城市的形成往往需要几百年，甚至上千年的积累，并具有举世瞩目的影响力。在现代社会，一些城市建成时间较短，新城、新区一般不具备深厚的历史优势，且规模较小的中小型城市很难具有大型城市的集聚力与公信力。在"欧洲创意之都"的评选中也特别考虑到现代文化的重要性，以及对中小型城市、衰落城市的综合考量，故此，将具有现代文化优势的新城，具有特色文化吸引力的中小型城市界定为特色发展型城市。现代新城如深圳，中小城市如美国圣达菲、中国乌镇、顺德等。

深圳是现代新城的代表。自改革开放以来，深圳从一座小渔村，成长为一座GDP破3万亿、常住人口破千万的超大城市，国际竞争力和影响力不断提升。相较于一些历史名城，深圳缺少了历史厚重感。但是，近年来，随着深圳文化创新发展全面提速，其经济、文化地位不匹配的局面正在发生改变。2021年，深圳市文化产业增加值超2500亿元，占全市GDP的比重约为8.3%。2022年，深圳被国务院认定为"文化产业和旅游产业发展势头良好、文化和旅游企业服务体系建设完善、消费质量水平高的地方"。对市民来说，他们能感受到文化产品、业态、场景越来越丰富——各种文化艺术展览、书香浓郁的图书馆、带有深圳标签的文艺精品接连诞生，包括华侨城创意文化园、南海意库、大芬油画村等在内的市级文化产业园区有70余处。深圳有"图书馆之城"的称号，阅读在深圳是一种普及率高的公共生活方式，这也正是深圳打造文化基础设施的缩影。数据显示，深圳拥有1000多个公共图书馆及服务点，遍布大街小巷的图书馆及服务点，构建起了"十分钟文化服务圈"。深圳利用科技创新和创意人才汇聚的优势，重点发展创意文化产业和数字文化产业，让城市文化产业发展的深圳特色更加突出。开放多元、兼容并蓄、创新创意、现代时尚等文化特质日益鲜明。高水平的文化场馆、高品质的文艺活动，是深圳聚焦文化创新发展，提升城市精神文明水平的一个重要切面。一座年轻的现代化城市，正在以积跬步式的努力来充实城市的文化基底。

乌镇是小城镇的代表。乌镇位于浙江桐乡市北部，素有"中国最后的枕水人家"之誉，拥有7000多年文明史和1300年建镇史。全镇区域面积110km²，下辖4个社区和26个行政村，境内水系属太湖流域，河流纵横交织，京杭大运河依镇而过。自1999年启动古镇保护开发项目以来，乌镇经历了从单一的景区建设到品牌打响、景镇融合、数智联动的"全域跃升"，实现了三次转型跃升。第一阶段是古镇保护和品牌打响阶段，实现了由落后工贸小镇向文旅型景区的转型跃升，其中东栅、西栅景区相继对外开放，成功创建国家AAAAA级景区；第二阶段是互联网产业深度融入阶段，实现了由文旅型景区向互联网创新发展试验区的转型跃升，依托世界互联网大会永久落户带来的溢出效应和乌镇互联网创新发展试验区的设立，乌镇首创文旅产业与互联网产业"联姻"发展的战略模式，拓展新业态、新空间，探索文旅融合与数智城镇的多种可能性；第三阶段是全域美丽、产城融合、品质提升阶段，实现了由新业态功能区向文旅型美丽城镇的转型跃升。先后获中国历史文化名镇、中国十大魅力名镇、全国环境优美乡镇、国家AAAAA级旅游景区、浙江省首批AAAAA级景区镇、全国乡村治理示范乡镇、全国智慧健康养老应用试点示范乡镇等荣誉。

4.3 文化城市标准

4.3.1 中国文化城市建设基本指标体系

（1）评价指标体系设计原则

综合当前研究与实践经验，文化城市发展指标体系的构建遵循以下原则：

一是尊重文化多样性原则。联合国教科文组织在2005年第33届大会上通过了《保护文化内容和艺术表现形式多样性公约》，认为每种文明和文化都在特定的地理环境和特定人群中产生与发展，维护文化的多样性极其重要，从而将文化多样性原则提升到国际社会应遵守的伦理道德层面和法律层面。文化多样性原则意味要设置开放性、包容性的指标体系，即城市文化发展指标的构建应将城市文化空间定位为一个可持续发展的文化生态系统，实现文学艺术、语言文字、生活方式、文化习俗、价值体系、宗教信仰、工艺技艺等异质文化共存共生。文化多样性的践行和培育城市文化软实力息息相关，既要积极吸收、消化国际发达城市主流文化，也需加强城市本土文化特色培育，形成城市本土文化自信下的多元文化并存。

二是公平性原则。公平性原则是指要全面评价选取的城市文化指标，确保指标客观公正，不能造成天然的不公平，指标不应存在天然的倾向性。这就要求在筛选指标体系时，既要确保构建的城市文化发展指标内涵与外延一致，减少主观因素的影响，又要考虑不同城市的特色文化的差异性与城市文化同质化的平衡，反映在指标体系上要公平看待各个文化要素对城市文化发展的影响，防止评价结果出现偏差。

三是相对独立原则。城市文化业态与表现形式众多，城市文化指标也呈纷繁复杂的状态。在众多指标中甄选时，既要立足主要文化类型与城市文化张力，提炼出最具代表性的关键指标，也要确保指标相关性不能太强，保持城市文化发展指标相互独立，确保统计结果的科学性。

四是保护历史与面向未来相结合的原则。城市文化指标构建需要承前启后，既要反映出城市历史性的文化要素与特征，确保指标体系相对稳定；也要面向未来，实现指标设置的前瞻性，考虑城市文化发展的走向与最新发展趋势，特别要充分考虑高新技术、产业融合对城市文化未来发展的影响，从而达到评价指标体系的静态性与动态性的结合。

五是数据可得、可比原则。城市文化指标数据采集与来源要可靠、可得，确保指标值可测量，这是使指标具有可操作性的基本要求，因此尽可能选择联合国教科文组织、国家统计局等发布的统一规范的指标，减少主观指标与不规范的统计指标。同时，要考虑指标的可比性，唯有具有可比性的指标才能提供准确的信息进行不同城市文化发展状况的比较与评价，即不同城市规范通用指标具有可比性才能赋予指标体系现实意义。

（2）基本指标体系框架

文化城市建设与发展水平，在一定时期内常以一定指标描述和衡量，可包括文化保护传承相关指标、文化设施服务评价指标、文化产业相关发展指标等。综合国内外相关城市文化维度的指标体系，欧洲文化之都、联合国创意城市网络、东亚文化之都以及国内历史文化名城、全国文明城市的评选标准，文化城市的基本衡量标准包括以下内容：

一是"城市文化品牌"，以拥有国内外知名文化品牌数量和文化发展能力衡量，设置"文化品牌""城市品牌"两个二级指标。

二是"城市文化资源",以拥有历史文化遗产数量、文化形态多元程度、文化资源丰富程度、城市文化格局与要素特色程度衡量,设置"历史文化""文化形态""文化资源""城市文化格局与要素"4个二级指标。

三是"城市文化设施",以拥有国内外知名的文化服务设施数量、公共文化服务设施社会化开放程度、公共文化设施与场所数量、文化资源数字信息化水平衡量,设置"文化服务体制机制""文化设施与场馆""文化服务网络平台"3个二级指标。

四是"城市文化活动",以承办国内外大型文化活动数量、常态化文化交流平台数量、国内外文化合作项目数量、传统节日与主题活动开展情况衡量,设置"文化交流与大事件""文化合作""文化主题活动"3个二级指标。

五是"城市文化和旅游产业",以文化产业发达程度、优秀文化人才集中程度、文化创新能力、文化产业在国民经济中的地位、文化和旅游产品代表性产品数量、文化旅游发展状况衡量,设置"文化和旅游企业""文化和旅游产品""文化和旅游融合"3个二级指标。

六是"城市文化环境",以社会参与程度与居民归属感、文化包容性与开放程度、国内外城市形象改善情况、政策保障情况衡量,设置"文化认同""文化长远影响""政策保障"3个二级指标。

研究构建了包括6个一级指标、18个二级指标、33个三级指标在内的三层次评价体系。6个一级指标从精神内涵、物质实体、经济效益、实施保障等维度测度城市文化发展水平,18个二级指标完整地诠释和支撑一级指标,33个三级指标将选取合理的测度变量,通过定权累加法进行计算,权重结合指标体系设计框架和专家意见确定(表4-6)。基本指标体系可作为中国文化城市建设的参考指标框架。

中国文化城市建设基本指标体系 表4-6

一级指标	二级指标	三级指标
1. 城市文化品牌	1.1 文化品牌	世界级文化品牌:拥有世界文化遗产等世界级文化称号
		国家级文化品牌:拥有历史文化名城等称号;全国重点文物保护单位数量在10处以上;国家级非物质文化遗产在3项以上
	1.2 城市品牌	城市文化氛围与风貌:拥有全国文明城市等称号。城市文化富有活力,文化氛围浓厚,市容市貌市风特色突出
		城市文化软实力:城市具有文化内涵和明确的核心理念,具备创新创意能力,将文化列为城市发展的核心要素,具有较强的文化软实力和文化影响力

续表

一级指标	二级指标	三级指标
2. 城市文化资源	2.1 历史文化	悠久程度：历史悠久，文化底蕴丰厚，城市风貌、人文遗产能够体现文化传统，具有鲜明的城市或地方特色文化
	2.2 文化形态	多元程度：主要文化类型超过10类
	2.3 文化资源	丰富程度：支撑主要文化类型的文化资源数量充足，关联性强，证据链完整
	2.4 城市文化格局与要素	特色程度：城市特色风貌与文化景观、历史街区与文化空间场所、传统建筑与雕塑小品等是城市人文秩序底蕴的集中载体，具有典型的景观格局与魅力空间
3. 城市文化设施	3.1 文化服务体制机制	公共文化服务保障机制：形成了现代公共文化服务体系建设的制度设计成果。建立特殊群体基本文化权益的保障机制。提升公共文化服务效能，建立群众文化需求反馈机制，健全基本公共文化服务标准动态调整机制
		公共文化机构免费开放：秉承共享理念，以人为本，建立公共文化设施免费开放的保障机制。公共图书馆、博物馆、文化馆、纪念馆、美术馆等免费开放
		公共文化服务社会化：建立健全政府向社会力量购买公共文化服务的机制。鼓励经营性演出、电影放映、书刊出版、网络运营机构安排低价场次或低收费项目，推动经营性文化设施、非物质文化遗产传习场所和传统民俗文化活动场所等向公众提供优惠或免费的公益性文化服务
	3.2 文化设施与场馆	设施配置数量：公共图书馆、文化馆、博物馆、电影院、剧院、音乐厅等各类文化场馆和设施配置齐全，数量充足，可较好满足市民和游客的文化需求
		设施功能健全：设施建设质量高，富有文化特色，使用安全，环境卫生，配套必要的疫情防控设施，支持智慧文化和旅游服务设施建设，重点场馆达到国际领先水平
	3.3 文化服务网络平台	公共文化数字平台：挖掘整理优秀传统文化资源，推进数字化保存和传播，构建准确权威、开放共享的一站集成式城市文化资源公共数据平台。统筹实施城市文化信息资源共享工程，建设数字图书馆、博物馆、文化馆、数字广播电视等项目，构建标准统一、互联互通的公共数字文化服务网络
4. 城市文化活动	4.1 文化交流与大事件	文化交流平台：拥有成功承办世界级文化活动的经历。成功承办国际、国内大型文化活动或已形成对外文化交流的特色品牌。拥有常态化国际文化交流平台
	4.2 文化合作	文化合作基础：在对外文化交流方面有良好基础，积极参与国家级区域文化合作项目
	4.3 文化主题活动	文化氛围培育：传统节日活动传承、主题性文化活动设计

续表

一级指标	二级指标	三级指标
5. 城市文化和旅游产业	5.1 文化和旅游企业	骨干文化和旅游企业：拥有一批具有全球视野和较强引领力的骨干文化和旅游龙头企业
		文化和旅游协会组织：文化类及旅游类行业协会、基金会、民办非企业单位等社会组织有序发展，富有活力，管理规范
		文化和旅游企业走出去：大力发展对外文化和旅游贸易，让更多体现中华文化特色、具有较强竞争力和影响力的文化与旅游企业走向国际市场
	5.2 文化和旅游产品	文化创意产品：挖掘中华优秀文化资源，开发富有城市文化特色与品位的创意产品，支持鼓励数字文化和旅游产品开发
		传统文化产品：有一批中国传统工艺、中华医药、中华烹饪、中华武术、中华典籍、中国文物、中国园林、中国节日等中华传统文化代表性产品
		旅游景区/度假区：拥有高品质的旅游景区或旅游度假区，能够满足市民和游客的基本旅游需求，推动数字技术与景区和度假区融合发展
		新产品和新业态：旅游创新活跃，拥有一定比例的旅游新产品和新业态，并保持较快的更新升级速度，鼓励智慧文化和旅游产品研发与应用，大力发展与创新智慧旅游业态
		旅游平台建设：积极建设在线旅游综合平台和智慧旅游企业实体，推动旅游景区、旅行社、餐饮企业等旅游全产业链在线化发展，全面提高智慧旅游技术在旅游经营管理、营销推广、服务设施、安全救援、旅游物流等领域的应用水平
	5.3 文化和旅游融合	文化+旅游：科学有效地利用文化遗产资源开发文化和旅游产品或文化和旅游消费空间。发挥文化设施和场馆的旅游公共服务功能
		旅游+文化：充分利用历史文化资源优势，规划设计并推出一批专题研学旅游线路，引导游客在文化研学旅游中感知中华文化。拥有高品质的文化和旅游休闲街区，推动城市休闲生活与传统文化融合发展，培育满足现代人需求的主客共享的文化和旅游休闲产品。推动文化、旅游、商业、科技、体育等多业态融合，形成多业态城市综合体
6. 城市文化环境	6.1 文化认同	社会参与：尊重并体现市民多样性的文化需求，鼓励市民积极参与各项文化活动
		居民归属感：以文化为桥梁团结人民，增强人民特别是青年一代对文化的集体认同感和归属感
	6.2 文化长远影响	文化包容与自信：以优秀文化与精神为导向培育当代文化，引导社会主义文化新风尚并培育中华文明基因。秉承开放理念，尊重文化多样性，具有文化包容性，树立文化自信
		文化战略影响：通过文化战略的实施，改善国际国内层面对城市形象的认识。文化和创新领域在城市经济和就业中的贡献持续增长
	6.3 政策保障	资金政策：政府能够提供资金保障，对推动文化和旅游工作及开展对外文化和旅游交流能给予经费支持，或能自筹经费开展文化和旅游领域的相关活动。制定和完善惠及中华优秀传统文化传承发展工程项目的金融支持政策
		管理政策：文化管理中持续多部门合作。培养相应领域的人才

4.3.2 实证研究

（1）新数据环境下的文化城市发展评估[①]

选定西安、成都、武汉、哈尔滨、洛阳、福州、杭州7个典型城市，对这些城市的文化发展水平进行不同维度的评价与衡量，通过指标横向对比与纵向比较来审视城市文化发展的多元变迁与动态性，系统、客观地把脉一个城市文化发展的状况。为使评估结果客观权威并具有横向和历年可对比性，有效地反映出城市的发展状况并指明下一步发展方向，将指标体系的数据来源规定为通过互联网可以公开获取的权威数据。可分为三个类别，第一类是查询权威部门的国民经济及相关产业统计年鉴，如统计局、文化部、地方文化主管部门等机构发布的数据；第二类是通过政府公开报告，如市政府各项获奖公示、年度政府工作总结获取相关年数据等；第三类是通过第三方大数据机构获得，主要为LBS数据、高德POI数据、百度搜索指数、豆瓣数据等。

①文化资源

文化资源是文化建设的基础，伴随城市经济增长与社会发展，城市文化基础设施方面的投入不断增加、布局趋向均衡化与合理化，采用"AAAA级以上景区""市（区）级文化组织""文化设施""文创设施"来评价文化资源水平。这里的"文化设施"主要指由以政府部门为主的公共部门提供、以公共财政作为支撑、以保障公民的基本文化权利、满足公民的基本文化需求为目的，向公民提供的公共文化设施；而"文创设施"则是带有文化创意属性的、面向市场的、更为多元化的文化载体。

文化资源方面杭州市得分最高，文化资源分布均衡且较为丰富。紧随其后的西安市，在文创设施和市级文化机构方面表现较好，但公共文化设施相对缺乏。得分较低的是哈尔滨市，市级文化机构、文化设施和文创设施等方面有待改善（图4-4）。

②文化活动与文化吸引力

充分的文化交流不仅可以为城市文化生态系统注入新鲜血液，还可以将区域文创产品输出到外界，为区域经济发展创造条件。文化交流不仅能够拉动区域经济，通过文化会展和文化旅游等形式吸引消费，还能够建立城市的品牌，使城市的精神和形象能够有效地传播出去，打造一种可流通的城市意象，从而产生更强大的文化吸引力，将人才和资源有效地吸引到区域建设之中。"文化活动"涵盖"大型文化活动举办次数""市级文化组织举办活动""人均文化活动强度"3项指

[①] 注：本部分节选自"中欧新型城镇化创新平台：文化城市建设与关键技术研究"（项目编号：2016YFE0133400）课题子任务报告《我国特色文化城市发展指标体系研究》。

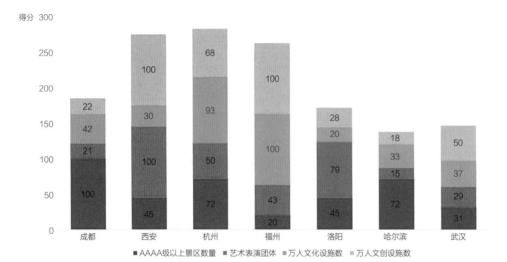

图4-4 文化资源各城市得分

来源：项目组绘制

标；"文化吸引力"包括"文化空间活跃度""人流年迁徙量""黄金周吸引游客量"3项指标。

文化活动方面，成都市得分最高，人均文化活动强度和国际（国内）文化活动举办次数得分最高，但市级文化组织或机构相对较少，艺术表演团体演出次数较少。洛阳市的艺术表演团体演出次数相对最高，但是人均文化活动强度相对较低，国际（国内）文化活动举办次数相对较低。福州市和哈尔滨市的人均文化活动强度和国际（国内）文化活动举办次数相对较低，有待进一步提升（图4-5）。

文化吸引方面，仍是成都市得分最高，黄金周游客人数、腾讯迁徙年度人次和文化空间活跃度都相对最高。杭州市文化空间活跃度也相对最高，但黄金周游客人数和腾讯迁徙年度人次都相对较低，所以文化吸引力得分低于成都市。其他城市在文化活力与吸引力方面有一定提升空间（图4-6）。

（2）与新型城镇化的耦合关系量化评估[①]

《国家新型城镇化规划（2014—2020）》指出，新型城镇化应注重人文城市建设，在发掘城市文化资源、强化文化传承创新、推动地方特色文化发展，加快完善文化管理体制和文化生产经营机制，建立健全现代公共文化服务体系、现代文化市场体系等多方面对城市的文化建设提出了要求。文化作为城镇化发展的一

① 注：本部分节选自"中欧新型城镇化创新平台：文化城市建设与关键技术研究"（项目编号：2016YFE0133400）课题子任务报告《特色文化城市与新型城镇化耦合协调研究》。

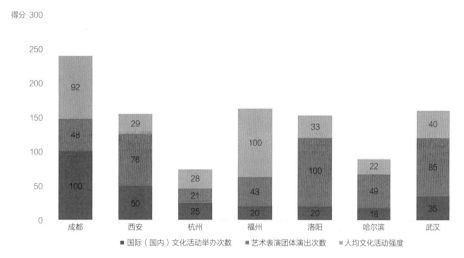

图4-5　文化活动各城市得分
来源：项目组绘制

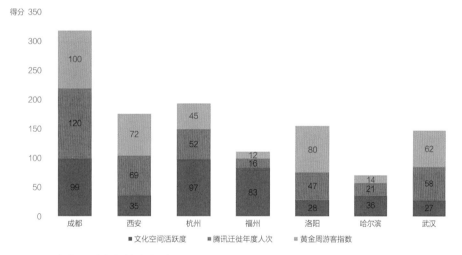

图4-6　文化吸引力各城市得分
来源：项目组绘制

种新动力，对部分地区的城镇化进程已经起到了积极的推动作用，成为城镇化建设的重要保证和推动力量。基于特色文化和新型城镇化存在的密切联系，构建定量评估模型，通过分析特色文化与新型城镇化的耦合①及联动过程，评价两者协调发展的趋势和程度，探索两者间的相互作用与影响，寻找特色文化与新型城镇化发展协调共生的可持续发展"双赢"模式。

①　耦合度的概念源于物理学研究领域，用以描述两个及以上系统之间相互影响的程度，耦合作用决定了系统由无序走向有序的趋势。

选定广州、苏州、郑州、成都、哈尔滨5个典型城市，构建了包含特色文化与新型城镇化两个子系统的耦合协调度评价模型来测度两者间的相互作用与协同效应。首先对各指标进行无量纲化以去除不同单位造成的影响，并针对不同的指标倾向，将指标分为正向指标、负向指标与定值指标3种，公式如下：

$$\tilde{X}_{ij} = (X_{ij} - \min_{1 \leq k \leq m} X_{kj}) / \left(\max_{1 \leq k \leq m} X_{kj} - \min_{1 \leq k \leq m} X_{kj} \right) \tag{1}$$

$$\tilde{X}_{ij} = (\max_{1 \leq k \leq m} X_{kj} - X_{ij}) / \left(\max_{1 \leq k \leq m} X_{kj} - \min_{1 \leq k \leq m} X_{kj} \right) \tag{2}$$

$$\tilde{X}_{ij} = \left| X_{ij} - X_{zj} \right| / \max_{1 \leq k \leq m} \left| X_{kj} - X_{zj} \right| \tag{3}$$

式（1）（2）（3）分别为正向指标、负向指标与定值指标计算公式，其中 X_{ij} 表示第 i 个系统的第 j 个指标，$\tilde{X}_{ij}$ 表示无量纲化指标，X_{zj} 为定值指标的界定值，越接近界定值的指标无量纲化后会越大。

使用前述权重计算方法对无量纲化的指标进行权重赋予，然后采用几何平均值和线性加权法计算各系统发展水平的平均测度，公式如下，其中 U_i 为系统 i 的发展水平平均测度，W_{ij} 为指标 $\tilde{X}_{ij}$ 的权重。

$$U_i = \sum_{j=1}^{n} \tilde{X}_{ij} w_{ij} \quad 其中 \ \sum_{j=1}^{n} w_{ij} = 1 \tag{4}$$

本研究构建了特色文化与新型城镇化的耦合协调模型，系统的耦合度（C）与耦合协调度（D）计算公式如下：

$$C = (1/2) \times \left[(U_1 \times U_2) / (U_1 + U_2)^2 \right]^{1/2} \tag{5}$$

$$D = (C \times T)^{1/2} \quad 其中 \ T = aU_1 + bU_2 \tag{6}$$

式（5）中 C 表示两个系统的耦合度，反映了特色文化建设与新型城镇化的相互作用程度，取值为 0~1，该值越大则耦合性越大。式（6）中 D 表示两个子系统的耦合协调度，D 值越大，系统的耦合协调性就越优，T 为两个子系统的综合评价指数，反映了整体协调效应或贡献程度；其中 a、b 为待定系数，综合相关研究与专家意见，本研究中取值都为0.5。为更直观分析耦合度与协调耦合度的值，本研究借鉴了相关研究中对这两个指标的划分标准[①]（表4-7、表4-8）。

---

① 王成，唐宁. 重庆市乡村三生空间功能耦合协调的时空特征与格局演化[J]. 地理研究，2018（37）：1100-1114.

耦合度划分标准　　　　　　　　　　　表4-7

耦合度区间	耦合类型	特征
[0, 0.3]	低耦合时期	特色文化与新型城镇化进行博弈，处于较低水平耦合时期，当C=0时，新型城镇化与特色文化之间无关状态且向无序发展
(0.3, 0.5]	拮抗时期	特色文化与新型城镇化之间的相互作用加强，出现一方的发展处于优势地位并占据发展资源而另一方不断衰弱的现象
(0.5, 0.8]	磨合时期	特色文化与新型城镇化开始相互制衡、配合，呈现良性耦合特征
(0.8, 1]	协调耦合时期	特色文化与新型城镇化良性耦合加强并逐渐向有序方向发展，处于高水平的协调耦合时期，当C=1时，特色文化与新型城镇化实现良性共振耦合

耦合协调度划分标准　　　　　　　　　表4-8

耦合协调度区间	协调类型	特征
[0, 0.2]	严重失调	新型城镇化过度发展，致使城市文化发展被严重挤压
(0.2, 0.4]	中度失调	新型城镇化仍然占绝对的优势地位，但城市的文化功能逐渐提升
(0.4, 0.5]	基本协调	新型城镇化增长速度放缓，逐渐向集约高效的方式转化，开始注重由城市文化所带来的城市发展
(0.5, 0.8]	中度协调	特色文化与新型城镇化的相互关系进一步增强，城市整体的文化环境得到了较大的改善
(0.8, 1]	高度协调	特色文化与新型城镇化相互促进，可以满足多样的文化需求，城市文化与城镇化实现有序发展

在对新型城镇化基本原则与内涵深刻理解的基础上，借鉴现有关于新型城镇化评价的研究成果，本研究构建了由城镇化水平、社会发展质量、生态发展质量、城镇化效率和城镇化协调水平5个一级指标、12个二级指标、31个三级指标构成的评价指标体系（表4-9）。

新型城镇化评价指标体系　　　　　　　表4-9

一级指标	权重	二级指标	权重	三级指标	单位	权重
城镇化水平	0.2100	人口城镇化	0.1076	城镇化率	%	0.0585
				城镇登记失业率	%	0.0491
		空间城镇化	0.1024	建成区占市辖区比例	%	0.0384
				每万人拥有建成区面积	km^2	0.0640
社会发展质量	0.2400	基本医疗卫生	0.0585	每万人卫生机构数（医院、卫生院）	个	0.0197
				每万人卫生技术人员	个	0.0212
				每万人拥有的医疗机构床位数	个	0.0176

续表

一级指标	权重	二级指标	权重	三级指标	单位	权重
社会发展质量	0.2400	基本社会保障	0.0645	城镇基本医疗保险覆盖率	%	0.0261
				城镇职工基本养老保险覆盖率	%	0.0220
				失业保险覆盖率	%	0.0164
		居民生活质量	0.0630	城镇居民人均可支配收入	元	0.0245
				城镇居民家庭恩格尔系数	%	0.0175
				城镇居民家庭人均消费性支出	元	0.0210
		基础设施质量	0.0540	城镇人均道路面积	m^2	0.0196
				万人拥有公共汽车数	辆	0.0182
				燃气普及率	%	0.0162
生态发展质量	0.1938	工业排放	0.0579	工业二氧化硫排放量	吨	0.0183
				工业烟（粉）尘排放量	吨	0.0198
				工业废水排放量	万吨	0.0198
		污染物处理水平	0.0751	固体废弃物综合利用率	%	0.0239
				污水集中处理率	%	0.0268
				城市生活垃圾无害化处理率	%	0.0244
		绿化水平	0.0608	建成区绿化覆盖率	%	0.0262
				人均绿地面积	m^2	0.0346
城镇化效率	0.1813	经济社会效率	0.1031	单位固定资产投资实现GDP	万元/万元	0.0573
				单位建成面积实现GDP	万元/km²	0.0457
		生态环境效率	0.0782	单位GDP电耗	万（kW·h）/万元	0.0362
				单位GDP水耗	万吨/万元	0.0420
城镇化协调水平	0.1750	城乡统筹	0.1750	城乡居民收入比	—	0.0634
				城乡居民人均消费之比	—	0.0525
				城乡居民家庭恩格尔系数之比	—	0.0591

　　考虑到数据的可获取性和数据之间的相关性等，本研究借鉴现有关于城市文化评价指标的研究成果，构建了由文化特色与吸引、公共文化设施与服务、文化产业与文化市场、文化创新与潜力、文化消费水平和结构以及文化政策支持6个一级指标，14个二级指标、29个三级指标构成的特色文化城市评价指标体系（表4-10）。

特色文化城市评价指标体系及权重　　　　表4-10

一级指标	权重	二级指标	权重	三级指标	单位	权重
文化特色与吸引	0.2000	文化遗产	0.0650	世界文化遗产数量	个	0.0293
				国家非物质文化遗产数量、国家级文化生态保护实验区数量	个	0.0358
		旅游资源	0.0713	旅游景区数量	个	0.0312
				国家级文物保护单位数量，中国传统村落、国家历史文化名城、名镇数量	个	0.0401
		旅游吸引	0.0638	旅游景区参观人数	万人次	0.0315
				接待过境旅游人数	万人次	0.0183
				过境旅游收入	万美元	0.0139
公共文化设施与服务	0.1838	公共文化设施	0.0620	博物馆藏品数量	件	0.0143
				人均拥有公共图书藏书册数	册	0.0143
				人均公园绿地面积	m^2/人	0.0194
				人均互联网宽带接入端口	个	0.0140
		公共文化服务	0.0528	群众文化机构组织文艺活动次数	次	0.0267
				国内演出观众人次	万人次	0.0261
		文化教育	0.0368	每万人高校学生数量	人	0.0147
				高中毛入学率	%	0.0106
				小学师生比	—	0.0115
		利用效率	0.0322	图书借阅率	%	0.0322
文化产业与文化市场	0.1913	文化产业就业	0.0861	文化事业就业人口占总就业人口比重	%	0.0489
				文化从业者人均劳动报酬	元	0.0371
		文化市场规模	0.1052	人均文化产业增加值	元/人	0.0513
				文化产业增加值占GDP比重	%	0.0539
文化创新与潜力	0.1275	创新与科技成果	0.0622	知识产权批准数量	个	0.0622
		文化创新潜力	0.0653	规模以上工业R&D投入强度	—	0.0653

续表

一级指标	权重	二级指标	权重	三级指标	单位	权重
文化消费水平和结构	0.1488	消费水平	0.0781	城镇人均教育文化娱乐消费支出	元	0.0493
				农村人均教育文化娱乐消费支出	元	0.0288
		消费结构	0.0707	城镇教育文化娱乐支出占家庭支出的比重	%	0.0442
				农村教育文化娱乐支出占家庭支出的比重	%	0.0265
文化政策支持	0.1488	财政支持	0.1488	财政支出中文化事业费所占比重	%	0.0800
				人均文化事业费	元	0.0688

为保证数据的可靠性、可比性和统计口径的一致性，本书使用的数据主要来自国家级和地方权威部门发布的统计年鉴和相关统计公报，主要包括《中国城市统计年鉴》（2013—2018年）、各地方城市年鉴（2013—2018年）、国民经济和社会发展统计公报、官方统计年鉴（2013—2018年）等。

①广州

根据广州新型城镇化、特色文化指标权重与贡献度情况，分析两者耦合协调发展水平（图4-7）。在新型城镇化方面，城镇化协调水平是影响广州新型城镇化水平最主要的因素，但其贡献度表现与社会发展质量、生态发展质量和城镇化效率相比差距明显，这说明广州城乡二元结构仍比较突出，虽然广州自改革开放以来经济和社会发展取得了长足进步，在城市建设中，也大力推动"城中村"改造、"三旧"改造、新农村建设等，不断协调城乡发展，取得了一定的成效，但其城乡发展仍存在诸多问题，特别是北部山区镇，发展水平与城镇差距明显，农村地区大量聚集的众多从事低端服务业的外来人口生活环境、收入情况与城市居民也存在显著差异，如何消除城乡生活水平的差距是广州新型城镇化面临的主要问题之一。

在特色文化方面，广州的公共文化设施与服务、文化特色与吸引是重要的影响因素。作为首批国家历史文化名城、广府文化的发祥地，其文化特色与吸引贡献度低于文化设施与服务，表明特色文化旅游资源仍有继续开发的潜力，能够发挥更多的吸引力。文化产业与文化市场及文化消费水平和结构虽然影响的权重值有限，但其贡献度表现十分突出，发展已达到了较高的水平。2012—2017年，广州文化产业增加值年均增速达13%左右，远高于同时期GDP增速，全市文化创意

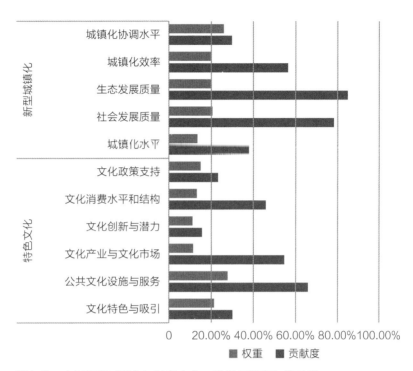

图4-7　广州新型城镇化与特色文化一级指标权重与贡献度
来源：项目组绘制

产业园区超过300个，而广州的城镇居民人均文化消费和人均文化消费占消费性支出比重，分别以5040元与13.1%，超过北京、上海、深圳，在全国一线城市中位居前列，文化产业已成为广州经济的支柱性产业。

从总体看，广州市特色文化与新型城镇化两个系统耦合协调度处于中度协调状态，并且耦合协调度指数、特色文化建设指数和新型城镇化发展指数的增长速度平稳，2012年广州市特色文化和新型城镇化耦合协调度指数仅为0.5730，2013年两者的耦合协调度超过了0.6，达到了0.6351，而后发展平稳，直到2017年耦合协调度突破0.7，达到0.7330（图4-8）。2012—2017年，虽然两个系统耦合协调度始终处于中度协调状态，但在该状态下，一直在不断稳步提升。从整体的发展趋势看，广州市特色文化发展滞后于新型城镇化，尚未能完全满足日益增长的文化生活需求，特色文化与城镇化发展尚未实现高度协调发展，特色文化建设对新型城镇化推动促进作用还有待深度开发，以实现特色文化和新型城镇化高度协同发展。

综上，为加强广州市特色文化和新型城镇化的耦合协调发展，应在新型城镇化方面，优先解决城乡生活水平存在差距的问题，在特色文化方面，挖掘文化特色与吸引，增强城市的文化创新与潜力。

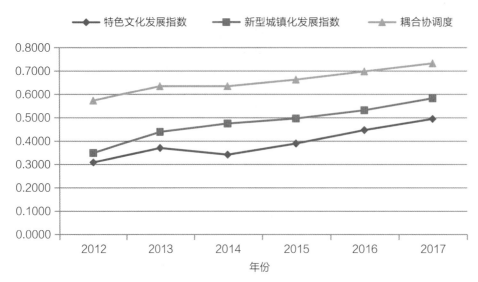

图4-8 2012—2017年广州市特色文化和新型城镇化发展水平及耦合协调度发展趋势
来源：项目组绘制

②苏州

根据苏州新型城镇化、特色文化指标权重与贡献度情况，分析两者耦合协调发展水平（图4-9）。在新型城镇化方面，社会发展质量和生态发展质量是苏州较为主要的两个影响因素，其中，社会发展质量的贡献度表现水平最高，而生态发展质量虽然是苏州最重要的新型城镇化影响因素，但其贡献度表现水平却一般，这主要是因为苏州工业污染排放较为严重。虽然近年来苏州市相继出台了生态文明建设规划、生态文明体制改革实施方案、加快推进生态文明建设实施意见和两年行动方案等文件，环保部门也采取了一系列举措，通过减少工业排放、淘汰落后产能、强化水域治理，积极改善生态环境质量，取得了显著的成效，但由于工业污染排放基数较大，苏州的生态发展仍存在一定问题，有较大的发展空间。

在特色文化发展方面，根据权重值，文化特色与吸引虽然并非苏州最重要的特色文化影响因素，但其贡献度表现最为突出，这表明苏州拥有丰富的特色文化遗产、旅游资源以及强大的特色文化旅游吸引力。苏州旅游景区的规模与质量不断提升，文化消费水平和结构、文化政策支持虽然权重不高，但贡献度表现突出。在文化投入方面，2009年起，苏州就已设立市级文化产业发展专项引导资金，对文化产业项目、产品和产业聚集区重点扶持。苏州投入大量资金，实施了一系列文化设施重点建设项目和文化产业重点项目。2016年起，苏州陆续设立"苏州市文化产业投资引导基金""苏州市文化产业中小企业信贷风险补偿专项资金"和"苏州市文化产业企业贷款担保基金"等产品，解决文化企业融资问题，文化始终作为苏州政府关注并大量投入的重点领域；而在文化消费方面，2017年2月，苏州位列原文化部、财政部联合在全国范围内开展的扩大文化消费试点第一批第二次试点城市，在此基础上，苏州还设立了文化消费大数据平台，举办了文化消费季等一系列促进文化消费的活动，截至2018年，根据《长三角城市文化报告》，苏州在长三角范围城市中文化消费水平位居榜首。在公共文化设施与服务、文化产业与文化市场方面，虽然根据权重值二者均为苏州特色文化领域重要的影响因素，但其贡献度水平与上述因素相比却表现一般，这表明，在今后的特色文化发展中，苏州在保持其他方面的优势的同时，应更加注重这两个领域的建设，以做到特色文化领域均衡发展。

从总体看，苏州市特色文化与新型城镇化两个系统耦合协调度处于中度协调状态，并且耦合协调度指数平稳增长，特色文化发展指数2012—2014年小幅增长，2014—2015年有下降的趋势，而后始终处于增长态势，但涨幅始终小于新型城镇化发展指数。2012—2014年，苏州新型城镇化发展指数低于特色文化发展指数，属于新型城镇化发展滞后的耦合协调类型；2014—2017年，新型城镇化发展指数反超特色文化发展指数，耦合协调类型转为特色文化发展滞后型（图4-10）。

综上，为加强苏州市特色文化和新型城镇化的耦合协调发展，在新型城镇化方面，应引导苏州走生态发展道路，提升城镇化水平，在特色文化方面，注重加强建设文化产业和发展文化市场。

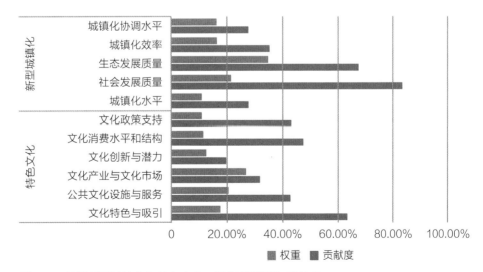

图4-9　苏州新型城镇化与特色文化一级指标权重与贡献度
来源：项目组绘制

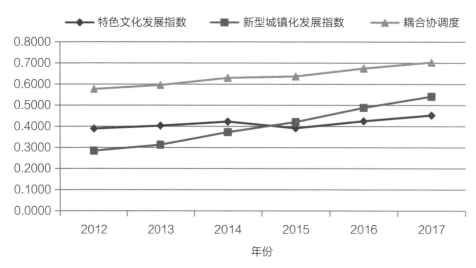

图4-10　2012—2017年苏州市特色文化和新型城镇化发展水平及耦合协调度发展趋势
来源：项目组绘制

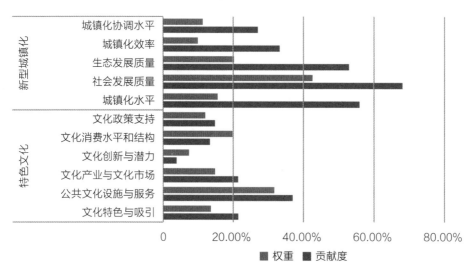

图4-11　郑州新型城镇化与特色文化一级指标权重与贡献度
来源：项目组绘制

③郑州

根据郑州新型城镇化、特色文化指标权重与贡献度情况，分析两者耦合协调发展水平（图4-11）。在新型城镇化方面，根据权重占比，虽然城镇化水平并非郑州新型城镇化的重要影响因素，但其贡献度水平十分突出，这主要是由于郑州近年来高速的城镇化发展，而其中以建成区面积的增长最为突出。与此形成对比的，社会发展质量是郑州新型城镇化发展最重要的影响因素，权重占比为42.63%，与城镇化水平（权重占比15.74%）以及生态发展质量（权重占比

20.27%）差距显著，但其贡献度水平并未与其他两项存在较大的差异，这表明在城镇化高速发展的同时，郑州的社会发展质量并未能以同样的增长速度协同发展，在今后的发展中，在关注城市建设的同时，应更加注重社会发展质量的提升。

在特色文化发展方面，公共文化设施与服务（权重占比31.84%）及文化消费水平和结构（权重占比19.84%）是影响郑州特色文化较为重要的两个因素。然而文化消费水平和结构的贡献度较差，仅有13.49%，表明郑州虽然拥有较高质量的文化设施与服务以及丰富的文化遗产，但这些资源并未促进郑州市民在文化方面产生足够的消费，在今后的发展中，郑州应将关注的重点放在如何促进市民的文化生活、增加文化市场的活力上，而非单纯的建设文化设施。

2012—2014年，郑州市特色文化与新型城镇化两个系统耦合协调度处于基本协调状态；2015年之后，耦合协调度突破0.5，进入中度协调状态，并且耦合协调度指数平稳增长。特色文化发展指数2012—2013年增长，2013—2014年回落，2014年后始终处于小幅增长的态势，但涨幅较小，未超过0.1。与特色文化相比，新型城镇化发展指数涨幅较大，达到了0.35以上（图4-12）。从整体的发展趋势看，郑州市特色文化发展明显滞后于新型城镇化发展，特色文化制约了新型城镇化的推进，说明郑州市在大力开展新型城镇化建设中，对特色文化的扶持力度不够，特色文化对新型城镇化的发展支撑和促进作用明显偏弱。

综上，为加强郑州市特色文化和新型城镇化的耦合协调发展，在新型城镇化方面，应协调社会发展质量，提升社会发展的贡献度；在特色文化方面，需要调整文化消费水平和结构，并且给予文化创新与潜力方面更多的重视。

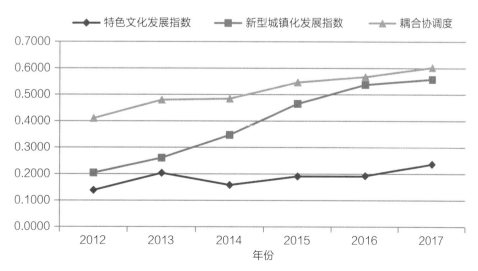

图4-12　2012—2017年郑州市特色文化和新型城镇化发展水平及耦合协调度发展趋势
来源：项目组绘制

④成都

根据成都新型城镇化、特色文化指标权重与贡献度情况，分析两者耦合协调发展水平（图4-13）。在新型城镇化方面，成都的发展呈现较为独特的波动，这主要是因为成都市在2013年12月1日、2016年1月18日与2017年1月22日分别托管双流县部分街道（镇）设立成都天府新区、撤销双流县设立双流区、撤销郫县设立郫都区，频繁的行政区划调整使多数衡量新型城镇化水平的市辖区人均指标呈现波动变化。这也在另一层面上表明，成都市区的新型城镇化水平与周边区域的新型城镇化水平存在较大差距，在今后的发展过程中应更加注重区域间的统筹协调发展。生态发展质量的贡献十分突出，各项指标均有较好的贡献度。

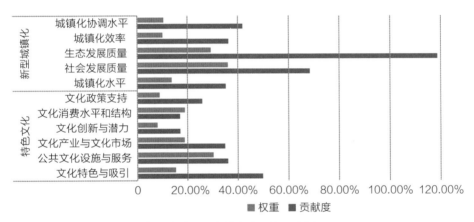

图4-13　郑州新型城镇化与特色文化一级指标权重与贡献度
来源：项目组绘制

在特色文化建设方面，成都与苏州类似，根据权重值文化特色与吸引虽然并非成都最重要的特色文化影响因素，但其贡献度表现最为突出，这表明成都拥有丰富的特色文化旅游资源与旅游吸引力。与2012年相比，成都2017年的旅游总收入、入境游客人数、旅游总人数都基本实现了成倍增长。与此相对的，权重占比最高的公共文化设施与服务的贡献度表现则不尽如人意，虽然近年来成都建设了较完善的城乡公共文化供给基础设施和服务体系，建成了一批城市标志性公共文化设施，基层文化设施也不断完善，但文化设施与服务的供给仍无法适应需求增长的速度。在今后的发展中，成都应更加关注丰富的公共文化设施与服务的供给，以满足人民群众日益增长的文化生活需求。

成都市特色文化与新型城镇化两个系统耦合协调度处于中度协调状态，从总体看，2012—2017年耦合协调度指数小幅平稳增长，在2014年有微弱的下降趋势（图4-14）。2012—2015年特色文化发展指数几乎没有变化，2015—2017

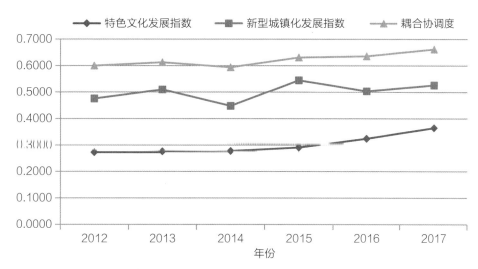

图4-14　2012—2017年成都市特色文化和新型城镇化发展水平及耦合协调度发展趋势
来源：项目组绘制

年指数微弱上涨。新型城镇化发展指数属于波动状态，2012—2013年指数增加了0.0325，2013—2014年指数下降了0.062，2014—2015年指数增加了0.0971，2015—2016年指数下降了0.0414，2016—2017年指数增加了0.0232。从整体的发展趋势看，成都市的新型城镇化水平2012—2017年增加了0.051，特色文化指数始终滞后于新型城镇化，说明成都市在新型城镇化建设的过程中需要重视特色文化建设。

综上，为加强成都市特色文化和新型城镇化的耦合协调发展，在新型城镇化方面，应注重周边区域的新型城镇化水平；在特色文化方面，需要调整文化消费水平和结构，更加注重公共设施，提升公共服务水平。

⑤哈尔滨

根据哈尔滨新型城镇化、特色文化指标权重与贡献度情况，分析两者耦合协调发展水平（图4-15）。在新型城镇化方面，社会发展质量是影响哈尔滨新型城镇化最主要的因素，但该因素贡献度水平远低于该项权重所占比例，这表明哈尔滨在基本的医疗卫生、社会保障、居民生活质量与基础设施质量方面并未达到与其城镇化水平相对应的层次；生态发展质量是哈尔滨新型城镇化各方面中表现较好的一个因素，但这在一定程度上也与哈尔滨工业水平落后于其他各城市导致工业污染排放较少有关。

在特色文化方面，文化消费水平和结构、公共文化服务与设施、文化特色与吸引以及文化产业与文化市场是较为重要的影响因素。其中，哈尔滨的文化产业与文化市场是贡献度表现最佳的影响因素。文化产业已成为拉动哈尔滨市国民经

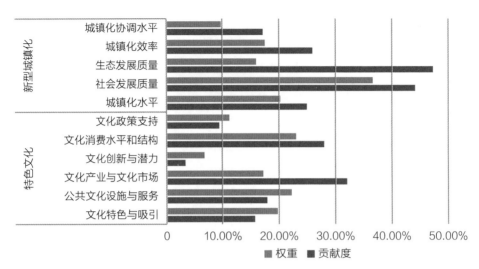

图4-15　哈尔滨市新型城镇化与特色文化一级指标权重与贡献度
来源：项目组绘制

济发展的重要引擎。通过哈尔滨的文化特色吸引与文化消费水平和结构可以看出，虽然哈尔滨打造了"迷人的哈尔滨之夏"、"中国·哈尔滨国际冰雪节"、冰雪大世界等一系列文化旅游品牌，但其消费主要来自本地居民，文化旅游吸引力同其他城市相比仍较弱。

从总体看，哈尔滨市特色文化与新型城镇化两个系统耦合协调度稳步提升，从2012年的中度失调上升至2013年和2014年的基本协调，然后从2015年开始进入中度协调状态。特色文化发展指数整体呈上升趋势，2015—2017年特色文化发展指数较为稳定，2016年有小幅回落，但幅度较小，未超过0.1，2017年涨幅仅有0.173。新型城镇化发展指数呈上升趋势，2012—2014年指数仅上升了0.0166，从2014年开始新型城镇化指数有所提升，从0.2247提升至0.3399（图4-16）。从整体的发展趋势看，哈尔滨市特色文化发展滞后于新型城镇化，尤其是在2014年之后，新型城镇化的推进速度加快，然而特色文化发展却较为迟缓，说明哈尔滨市在大力开展新型城镇化建设时，对特色文化的政策扶持力度不够。

综上，为加强哈尔滨市特色文化和新型城镇化的耦合协调发展，建议加强城镇化协调水平；在特色文化方面，需要重视公共文化设施与服务，深入挖掘文化潜力，发掘文化创新能力，并给予更多的文化政策支持。

研究结论：

以本研究建构的文化城市建设评价指标为基础，结合不同城市的具体情况，以西安、成都、武汉、哈尔滨、洛阳、福州、杭州7个城市为例，依托新数据环境，对文化资源、文化活动、文化吸引力方面进行了量化分析。以广州、苏州、

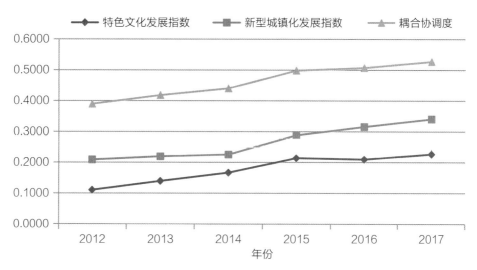

图4-16　2012—2017年哈尔滨市特色文化和新型城镇化发展水平及耦合协调度发展趋势

来源：项目组绘制

郑州、成都、哈尔滨5个城市为例，构建文化城市与新型城镇化建设之间的耦合度评价模型，确定了两者的耦合协调度，分析了两者的联动发展情况。基于研究发现的城市在文化建设方面存在的问题，提出以下建议：

在文化功能方面，在多途径探索新型城镇化建设的思路中，应强调文化产业推动新型城镇化的理念，城镇建设过程中文化产业功能的嵌入，有利于空间品质的优化和空间利用效率的提升。在我国"十二五""十三五"规划纲要中，都明确提出了"文化产业成为国民经济支柱性产业"的发展目标。作为典型的现代服务业部门，文化产业可以不断创造就业机会，对城镇发展具有关键的经济促进作用，而且文化产品作为满足人们精神需求和陶冶情操的重要部分，对提升城镇人口生活质量具有重要的社会意义。应进一步统筹文化产业发展与整个国民经济发展的关系，推动新型消费提质扩容，文化数字内容服务、多媒体游戏动漫等新业态、新体验不断丰富居民文化消费选择，也为文化市场发展注入新活力，从而不断增强文化消费力，推动文化软实力高质量发展。

在文化设施方面，在公共文化服务体系建设的过程中，需形成与经济社会发展水平相适应、满足人民群众精神文化需求、具有地域特色的公共文化资源配置机制和供给机制。从各城市特色文化影响因素的表现来看，公共文化设施与服务的供给与人民群众的文化消费常常呈现"失调"的状态，且公共文化服务能力不足与资源浪费的城市并存。因此，需同时考虑公共文化的供给侧与需求侧，创新公共文化服务有效供给的体制机制，为新型城镇化建设提供精神动力和文化支撑。

在文化活动方面，从地区实际出发对特色文化与新型城镇化发展进行因地制宜地侧重调整。各城市及地区地理位置不同，有各自的节日文化、民族文化、生活习惯以及文化资源，这些文化都与当地人民的生活息息相关。在特色文化建设的过程中，涉及广泛的内容以及多样的方式，因为各地文化各具特色，各地域又存在不同的文化差异，所以，在探索提升城市特色文化的新方法、新途径的过程中，更需要注重采取"因地制宜"的文化建设与服务方式。根据不同区域不同的文化需求，提供满足人民需要的公共文化服务，增加公共文化的有效供给。

4.4 城市文化功能

文化领域涵盖的内容很多，在城市的不同发展阶段中有着不同的功能和空间侧重点。城市的持续发展带来文化保护意识的觉醒和文化消费需求的兴起，并促成与其他城市产业功能的融合发展。不同规模城市的发展有不同的规律和特征，需因地制宜地为城市文化功能谋求合理的空间利用方式，推进城市文化生态持续、健康发展。

4.4.1 大都市：世界级文化都市建设

世界著名大都市均高度重视文化在城市发展中的作用，并有享誉世界的文化旗舰设施、密集分布于城市的公共文化设施，市民对城市文化高度认同，城市文化环境良好。巴黎、伦敦、纽约等大都市种类多样且无所不在的公共文化设施铸造了无数高文化素养的市民，吸引了来自世界各地的文化人才，营造了浓郁的城市文化氛围。

伦敦市早在2003年就公布了《伦敦：文化资本，市长文化战略草案》，提出文化战略要维护和增强伦敦作为"世界卓越的创意和文化中心"（International Centre of Excellence for Creativity and Culture）的声誉，成为世界级文化城市。伦敦的大英博物馆是世界上最大的博物馆，集中了英国和世界各国的大量古代文物。伦敦还有著名的科学博物馆、国家画廊、伦敦塔、威斯敏斯特宫、海德公园等文化设施及文化遗产。伦敦人口约719万，共有395家公共图书馆以及数不胜数的各种专业性图书馆，伦敦还有1000个以上的剧场，在伦敦可以享受来自世界各地的各种文化艺术和娱乐表演，如歌剧、音乐剧、古典音乐、摇滚、爵士乐等。

巴黎制定了法国化的文化发展战略，即在充分加强公共文化设施建设的同时，充分发挥自己丰富而独特的文化遗产的魅力，并赋予它们21世纪新的活力。巴黎不仅拥有巴黎圣母院、卢浮宫、埃菲尔铁塔、乔治·蓬皮杜全国文化艺术中心等享誉世界的文化遗产，在市中心的沙特莱广场和圣·日耳曼德伯广场等地，许多青年学生和市民还经常自带乐器举行音乐会，表演各种节目，而泰尔特尔艺术广场是世界闻名的露天画廊，巴黎的最大魅力来自其浓郁的文化氛围。

纽约市政府并没有专门制定文化发展战略，但作为主管文化的政府部门——纽约文化事务部提出的目标是"促进和保持纽约文化的可持续发展，提高对经济活力的贡献度"。政府没有提出文化发展要达到何种高度，它们关心的是如何保持目前繁荣的景象，让普通市民享受到这种景气的成果。纽约有许多世界著名的文化设施，如百老汇、林肯艺术表演中心、美国大都会博物馆、美国自然历史博物馆，但更多的是一般性的文化设施。2005年，纽约市有博物馆360个，图书馆1279个，戏剧制作机构1287个，图书馆、博物馆完全是非营利性的，戏剧机构中少数是商业的，多数也是非营利性的。

城市需要为居民提供公共设施与文化服务以营造宜居宜业的城市环境，这些公共文化服务随着人群构成的变化和生产生活方式的变迁而呈现出不同的时代特征，纽约以多元文化为背景，伦敦、巴黎等大都市对多元包容环境日益重视，持续完善着城市公共文化服务供给功能，注重文化政策的引导，文化产业、科技科研、社会文化氛围持续良性发展。

4.4.2 老城区、老工业区：文化振兴

20世纪70—80年代，因全球化带来制造业转移，欧洲城市普遍面临着工业地区的经济和环境再生诉求。在"文化导向的城市更新"的政策推动下，许多严重衰落的老工业城市，如英国的格拉斯哥、利物浦、曼彻斯特，德国的鲁尔区等，通过工业遗存再利用，推动了文化创意产业、旅游业的快速发展，重新焕发了生机与活力。具体的做法是将旧工厂、旧仓库、旧民居、旧交通设施、旧街区等再利用为美术馆、博物馆、画廊、剧院、观光旅游点，并兴建文化中心、文化广场等文化设施，举办文化庆典活动。如西班牙毕尔巴鄂的古根海姆美术馆，其前身是造船厂、集装箱收发区和化工高炉区，后经美国建筑师盖里设计改造为美术馆，开幕后吸引了大量游客，为该地区带来显著的经济效益，市容焕然一新。毕尔巴鄂也由无名的地方城市转变为欧洲重要的文化据点。再如闻名世界的英国伦敦泰特现代美术馆则是利用发电厂改建而成的。

20世纪90年代，随着对过于倚重文化消费策略的反思，兼顾文化旅游和本地

居民需求的发展途径得到更多认可，主要体现在通过更新利用老城及衰败地区的建筑房屋，提供服务设施和就业空间吸引年轻人和创意产业，混合文化消费和文化生产功能，再塑老城繁华生活。如20世纪90年代，英国利物浦老城以"最宜居的城市中心"为目标，营造具有良好吸引力的生活氛围。类似的还有爱尔兰都柏林圣殿酒吧地区（Temple Bar）、英国谢菲尔德文化产业地区（Cultural Industries Quarter）、卡迪夫艺术综合体地区（Cardiff's Chapter Arts Complex）等，通过经济结构和城市功能的多样化发展，实现了地区的转型和振兴。

城市文化氛围的塑造对吸引科技创新、金融服务等具有更高经济效能的产业有积极意义，老城、老工业区所拥有的文化资源和特色要素亦成为消费经济的重要吸引对象。文化导向的衰败地区更新是城市后工业发展阶段中城市功能重构的重要体现。随着新生力量的融入，毕尔巴鄂老工业区、利物浦老城等城市与地区的文化生态体系获得不断优化，文化经济在经济中的占比持续提升。

4.4.3 中小城市：特色文化发展

特色小镇是现代经济发展到一定阶段产生的新型产业形态，是产业特而强、功能聚而合、形态小而美、机制新而活的新型发展空间。近年来，各地涌现了一批主打文化特色的文化小镇。它们依托当地文化发展特色产业，不仅促进了经济转型升级和新型城镇化建设，也为文旅融合和地域文化的创造性转化、创新性发展探索出新路径。

山东潍坊制作风筝的历史可以追溯至春秋时期。近年来，潍坊深入挖掘风筝文化，以潍坊风筝节为引领品牌，开发新的创意内容和形态，推动风筝产品更新换代。北京冬奥、中国航天等当代主题被引入造型设计，大量绿色低碳材料和环保工艺的运用也带来生产制作的升级，使风筝的技术含量和艺术品位都在提升，并逐步走向创意引领、品质精美的高端市场。2021年，潍坊获得联合国创意城市中的"手工艺与民间手工艺之都"称号。

佛山顺德区作为粤菜文化的发祥地之一，素有"食在广州，厨在凤城（顺德）"的美誉。顺德创建的大良寻味顺德小镇，不仅集合优势要素对传统粤菜文化的菜品、标识、节庆等进行持续创新，而且在面积仅4.7km²的范围内，打造独具特色的美食文旅，每年举办各类活动500余场，吸引游客超过1000万人次。无论是升级民间工艺的，还是挖掘美食背后的生活美学，都将特色文化融入了时代潮流、融入了现代市场。2014年，顺德获得联合国创意城市中的"美食之都"称号。

江南水乡浙江乌镇位于上海、江苏、浙江的交界处，处于长三角中心位置，当地居民文化消费需求旺盛。乌镇戏剧节准确把握这一区位优势，立足千年古镇，突出文旅融合，打造极具特色的水乡艺术节形态。剧院的建筑设计既尊重原有的自然生态格局，又注重水乡地貌与现代戏剧美学的融合；文化产品和文化体验既凸显传统文化气息和江南风韵，又契合看戏观剧、文艺时尚的现代生活方式。乌镇戏剧节创办以来，平均每届剧场内演出70多场，剧场外演出1200多场，吸引入场观众超过3.5万人次。

文化小镇的建设，是一个提炼当地独特文化资源，并将其转化为优质文化资产的过程。这不单是将特色文化发展为主导产业，更是要不断进行产品迭代、功能延伸，增强特色文化的市场竞争力。潍坊、顺德、乌镇等文化小镇通过塑造品牌、数字赋能、推动文商旅融合等方式，吸引了大量游客驻足流连，为人民群众提供了多种文化体验，在生产、生活、生态协同发展中满足着人民群众的多元文化需求。

4.5 城市文化设施

4.5.1 历史文化场所

历史文化遗产承载着民族的基因和血脉，不仅属于我们这一代人。我国对文物保护单位，历史文化名城、名镇、名村，非物质文化遗产等对象均已出台相关法律法规与管理规定，在快速城镇化建设过程中，保护了大量珍贵的历史文化遗产，在延续历史文脉、保护文化基因和塑造地域风貌过程中发挥了重要作用。城市的持续发展，特别是经济的繁荣，通常伴生着文化认同的强化，对历史文化遗产的活化利用是促进文化遗产传承和可持续发展的重要途径。《住房城乡建设部关于加强历史建筑保护与利用工作的通知》（2017年）提出要最大限度发挥历史建筑使用价值，支持和鼓励历史建筑的合理利用。《文物建筑开放导则》（2019年）也提出文物建筑开放应有利于阐释文物价值、发挥文物社会功能、保持文物安全、提升文物管理水平，在不影响文物建筑安全的前提下，依托文物建筑进行参观游览、科研展陈、社区服务、经营服务等活动。平遥赵大第故居宅院所在区域自古就是平遥银匠聚集地，制作金银手工艺传承已久，现宅主将宅院作为自营金银手工作坊，延续传承了历史手工业技术；将原柴油机厂改造为电影宫园区，成功打造了平遥国际电影展、国际摄影展、国际雕塑节等文化名片，提升了古城的影响力。丽江古城内民族文化展示点已有29处，形成了以"方国瑜故居""雪山书院""东巴纸坊""纳西人家"等为代表的民族文化示范窗口，营建了极具民族特色的文化环境。扬州仁丰里历史街区利用收储用房改建仁丰里社区微型博物馆，新建4处口袋公园，持续开展文化旅游推介活动，通过文化展示打动人心，并丰富居民的生活。

国际上均高度重视历史文化场所的保护与建设，以捷克布拉格为代表，在遗产保护基础上，制定城市建设发展的原则，提出文化旅游发展、公共文化设施建设方面的策略，具有示范意义。布拉格位于欧洲的地理中心，由于历次战争中均未采取强硬的抵抗政策，因而不曾受到实质性损毁，保持着由中世纪发展至今的基本城市格局。早在1992年，布拉格的历史主城区首次以城市整体列入世界文化遗产。遵循整体保护的理念，布拉格整座城市有着极为严格的"天际线"规则，即老城内的新建大楼必须控制高度，以此保证那些历史悠久的塔尖永远展现在城市的最上空。近千年来，无论入侵与战争如何频繁发生，自然灾害如何凶猛，布拉格从来没有中断过对历史古迹的修建和维护。

布拉格在历史文化遗产保护方面的特色体现在：

a. 在布拉格，自家房子怎么装修不能由个人自行决定。如果这栋房子是文物，没有文物保护部门的许可，房子的屋顶、外墙、装饰甚至墙体颜色都不能有任何变动。此外，老城区的房子只许室内装修，不准动外部结构。多年来，布拉格市民严格遵守规定，而政府也会出钱替这些业主维修和保养房屋。

b. 为避免"保护性破坏"，政府"以旧修旧"的原则体现于每个细节。以布拉格国家歌剧院为例，这座于19世纪下半叶建成的古建筑尽管历经风雨洗礼和数次重大修缮，但始终保持原貌。

c. 布拉格对古迹的保护甚至细致到了门牌号。当地不但保留了古代用以标示主人家从事何种职业或有何喜好的象形图案式门牌，而且也有现代城市街区门牌号，市政府亦在2000多幢历史建筑的街区门牌号旁，另设文化遗产登记牌号。

d. 近来的中欧"世纪洪水"中，在人员疏散之际，布拉格的文物古迹保护工作就已同步就绪。政府第一时间对位于老城区的众多古迹竖起特质金属防洪板，同时加固中世纪的查理大桥。

其实，保护看得见的古迹亦是在保护看不见的民族文化。在这一过程中，城市文脉得以延续，城市灵魂得以留存。经得起历史检验的文物观应是：开发建设是发展城市，保护历史建筑同样也是发展城市。

布拉格在保护的基础上，制定规划原则：

a. 布拉格市内和它的郊区应组成一个统一的都市整体，整个协作区在幅员和各种功能方面应是彼此协调的机体。

b. 根据布拉格的特点和条件，建成完整的城市结构，使广场、楼房住宅、工作地点、公共事业、技术设施、自然环境、地貌等有很协调的布局。

c. 对于历史遗留下来的珍贵建筑艺术和现有地貌，不仅要很好地保护，而且要把它们改造成文明的环境。

d. 在城市功能结构中，要消除各种不同行业的单位错综复杂地交织在一起的局面，使其有合理的布局。要改善居住地区和工作地点以及居住地区、服务中心和休息场所之间的交通联系。

e. 住宅建设和各种生活服务、生产、交通等建设所需要的地皮，要集中使用空闲的和要改建的地方，但不得减少绿地；建筑物不得过密。

f. 不得在市郊紧接着城区进行密集的建设，要使它和已有的建筑群之间保持一定的空闲面积。要合理地分布在交通干线附近，并使其与自然环境和休息区相连。

g. 要使城市各区之间，特别是老区、新建的现代化居民区和新并入的居民点在文明、技术设施标准以及周围环境的水平上逐渐拉平。

h. 及时建设城市的基础设施和交通线路，不仅要注意它们的合理性，而且要使它们对环境不产生坏的作用。

i. 在解决交通问题时，首先是发展公共交通，特别是地下铁道。要为私人汽车数量的不断增长创造相应的条件。但是有一条原则：不是硬要使城市满足它的需要，而是要使它适应城市的特殊条件。

j. 在处理布拉格改建和扩建的最迫切任务时，不应忘记它的未来发展，要为将来的需要留有充分的余地。这种新的需要，随着科技革命成果的不断应用，肯定会增加[1]。

把历史文化遗产保护置于首要位置并与发展有机结合，制定文化旅游发展策略。布拉格之所以能发展为一座著名的旅游城市，与其占有的独特历史文化遗产有密不可分的关系。第二次世界大战期间，德国侵占捷克斯洛伐克时未发生大规模战争（捷克军队虽装备精良但主动放弃抵抗）[2]，这种特殊的历史背景使该国国内大部分历史建筑得以保留。时至今日，在布拉格老城区方圆5km内，仍然拥有欧洲各历史时期、各种风格的众多建筑，以哥特式和巴洛克式建筑最为著名。市

---

① 李辉. 布拉格城市的视觉性与身体性[J]. 城市建筑, 2019, 16（25）：53-59.

② 程广中. 1933—1939年德国军事战略演变初探[J]. 军事历史研究, 1989（2）：148-157.

区各种古建筑鳞次栉比，形成一片塔林景观，使布拉格得以拥有"千塔之城"的盛名。在布拉格，现代游客仍然可以亲身感受到中世纪城堡、教堂、钟楼、石桥等古建筑的非凡魅力，仍然可以为中古西方文化所震撼，布拉格也因而被游客冠以"童话之城""神秘之都""欧洲古建筑文明的露天博物馆"的美名。位于南波西米亚的始建于13世纪的小镇，在"二战"中也未遭任何破坏，至今依然留有保存完好的中世纪风貌古城和恢宏的文艺复兴式城堡，1992年被联合国教科文组织列为世界文化与自然双重遗产，被誉为"全球最美小镇"之一。作为拥有规模最大、样态最全的欧洲古代建筑文化资源的国家，捷克将历史文化遗产保护放在最重要的位置，试图将古建筑文明传承下去。为此，捷克实行了一系列与此相关的举措。一是建立专门的文化遗产保护队伍，开展对历史文化遗产的常态化监测，投入巨额经费对历史文化遗产进行精准保护和修复。布拉格城堡、圣维特主教座堂等建筑是布拉格历史文化遗产的杰出典范，具有无上的文化价值，政府将这些区域设定为特殊保护区，进行重点监测，定期修护，最大限度维持历史文化遗产的原有风貌。二是科学评估古建筑承受力，防止过度开发。例如，兴建于1357年的查理大桥是伏尔塔瓦河布拉格市区河段最著名的古桥，不仅造型独特而且建造结构坚固，原本可承载现代车辆通行，但为了最大限度延长查理大桥的生命，该桥禁止汽车通行（消防车及警车除外）。由于保护完好，桥上景观优美，加之汇集了一些露天艺术表演和工艺美术品，查理大桥成为布拉格旅客流量最大的热门景点，是体验布拉格波希米亚风情的重要场所。

进一步完善公共文化设施，烘托城市文化氛围。布拉格政府修建了一些著名的文化设施，如布拉格国家歌剧院、布拉格国家剧院、鲁道夫音乐厅（内设捷克爱乐乐团）、国家博物馆、国家图书馆、国家美术馆以及数量众多的画廊、电影院和音乐俱乐部等文化机构。布拉格古城区还保留了相当数量的书店和报刊亭，为传统文化产品的传承提供了必要的销售渠道。捷克居民还保持着良好的传统阅读习惯，在公交、地铁或电车上，读书阅报仍然是比较常见的文化景观。布拉格重视营造文化艺术氛围，完善文化古都的软实力环境。布拉格是欧洲传统文化重镇，涌现了一大批人文艺术领域的杰出人物，作曲家 W. 莫扎特，作家 F. 卡夫卡和 M. 昆德拉等人曾在该城进行创作活动，留下了诸多宝贵的文化遗迹。政府引导举办的系列年度文化活动，有力地激活了城市的文化艺术活力，使现今的游客在布拉格仍然能够体验到浓郁的文化氛围。布拉格每月都要主办若干国际性文化活动或赛事，尤以各种音乐节庆最负盛名，是全球文化艺术类节庆活动最集中的城市之一。此外，布拉格国际流浪文化节、布拉格世界国际图书展、国际木偶节、布拉格国际作家笔会节等也各具特色。这些文化活动不仅大大丰富了市民的文化生活，而且大大激发了外来游客的参与热情，提升了文化旅游的体验感和互动性。[①]

4.5.2　现代文化设施

现代文化设施是文化服务体系建设的基础平台，是展示文化建设成果、开展群众文化活动的重要阵地，主要包括博物馆、图书馆、影剧院、群艺馆、文化馆、文化站以及高校、文化科技城等。著名文化都市的图书馆、博物馆、剧场、电影院等文化设施的数量也名列前茅，不仅为国内服务，也向世界开放。世界城市均拥有世界顶级的博物馆和图书馆，如巴黎卢浮宫博物馆、伦敦大英博物馆、纽约大都会博物馆、东京国立博物馆、伦敦大英图书馆、法国国家图书馆等。在上文布拉格的文化建设中，亦重视完善公共文化设施，建设了一批歌剧院、剧院、音乐厅、文化馆、博物馆等，为文化旅游业的发展营造了良好的硬件环境。

高校是城市中文化最先进的部分之一，学生是最具有创新意识的群体。一座城市的竞争力取决于其文化的繁荣程度，而其文化繁荣与发展的基础和支撑点就是本地的高校资源。著名文化都市一般都有国际知名的高校，如伦敦的伦敦政治经济学院、帝国理工学院、皇家舞蹈学校、皇家音乐学院、皇家艺术学院、伦敦商学院等是英国的著名院校；纽约有哥伦比亚大学、纽约大学等世界著名大学；巴黎拥有众多世界著名大学，其中，巴黎大学是世界上最古老的大学之一；柏林的洪堡大学被誉为"现代大学之母"；洛杉矶拥有加州理工学院、南加州大学、加利福尼亚大学洛杉矶分校等著名高校，是全美乃至全世界的著名高等教育中心之一。这些知名的高校聚集了大量世界知名的学者和文化大师，通过知识传播、知识创造，成为社会发展的核心。

过去，文化创意产业对城市经济发展的直接贡献相对有限。21世纪以来，文化创意产业与科技创新产业协同作为地区发展动力引擎的模式显现出其综合影响力。在全球范围内的科技创新产业重回城市中心区的趋势下，文化创意产业在营造具有吸引力的良好地区文化氛围方面成效显著，向包容性的社会环境、特色性的城市空间以及良好的基础设施支撑，对科技创新产业的入驻有着积极意义。伦敦东区科技城（East London Tech City）即是一个典型案例，经历了20世纪90年代末的文化创意促进和2010年后科技创新聚集两个更新发展时期。这里融合了工作、生活、娱乐和休闲设施及服务，丰富的文化艺术设施、优质的配套服务、具有特色的建筑、涂鸦艺术等营造了包容而又生机勃勃的城市氛围，支撑了多元创

---

① 吴锋."小国家"如何做"大产业"：捷克文化旅游产业发展考察报告[J].陕西学前师范学院学报，2019，35（2）：128-132.

新创意人群的聚集。此外，英国利物浦老城北侧的大学地区更新也具有类似特征，旨在吸引科技创新产业入驻。

文化基础设施在一定程度上体现了一个城市文化建设的水平，是发展文化事业和文化产业发展的重要保障和平台，也是建设城市形象、提高城市品位、提高城市竞争力、增强文化软实力的重要载体。

4.5.3 数字文化设施

随着网络信息技术的发展，数字文化正成为文化发展的重要形式。中共中央办公厅、国务院办公厅印发的《关于推进实施国家文化数字化战略的意见》，对数字文化建设作出重要部署。数字文化发展植根中华优秀传统文化，同时也不断融入新的文化成果、技术成果，实现创新发展。以5G、AI为代表的新技术持续赋能数字文化产业，不仅使数字文化内容创作产量大增，而且使创作内容可以定制化，更好地满足人们的多样化需求。利用5G、XR、全息投影等创新技术打造更具沉浸感、更加多元的文化展示内容，带给人们更加逼真和丰富的在线观看体验；借助AI、云计算等技术，可以实现更强大的云直播、云游戏、云演艺等多种新业态融合发展。数字技术正在从内容创造和生产、展览展示方式、传播渠道等多个方面，丰富人们的文化体验。网络视频、在线新闻、网络文学、动漫游戏等文化新业态蓬勃发展，不断满足着人们文化消费的新需求。从2020年4月11日推出首场线上演出以来，国家大剧院至今推出120余场线上演出；截至目前，国家大剧院线上系列演出全网总点击量累计超34亿次。2022年3月以来，中国大运河博物馆"洛阳城"系列短视频在微信、微博、抖音等渠道陆续发布了近20集，累计全网观看量超800万次。

互联网的快速普及应用催生出了个性化、多样化、品质化、线上线下一体化、在线在场相结合等具有新特征文化消费。大数据、人工智能等技术应用更是能精准分析用户画像，实现数字文化消费的智能推送与精准分发，助推线下消费转化为线上消费。中国互联网络信息中心发布的报告显示，截至2021年12月，我国网民规模达10.32亿，即时通信、网络视频、短视频用户使用率分别高达97.5%、94.5%和90.5%，用户规模分别达10.07亿、9.75亿和9.34亿。中国音像与数字出版协会发布的报告显示，2021年我国数字阅读用户规模为5.06亿，人均电子阅读量11.58本。数字经济时代，新技术的广泛应用将创造更多、更新颖的沉浸式、体验式、互动式场景，文化消费将更注重体验化和场景化。全球新冠疫情暴发以来，民众数字化的文化消费习惯得以进一步加强，有望持续释放庞大数字消费需求，"云上生活"有望成为未来文化消费的重要形式。

4.6 城市文化活动

4.6.1 文化大事件

城市文化在宏观意义上是城市的社会意识形态以及与之相适应的制度和组织机构的总和，在微观和具体可感知的意义上可以说主要是由城市的文学艺术、大众媒介以及各种群众性的文化娱乐活动共同组成的。因此，文化活动作为城市文化建设的关键抓手与重要展示窗口，在城市文化建设中有举足轻重的地位，对带动城市文化遗产的保护利用、发展公共文化服务与相关文化产业与事业、融合城市的传统与现代文化、提升城市品牌形象等发挥了关键作用。大事件（mega-event）的实践在世界范围内拥有悠久的历史，国内外著名的城市文化活动以节庆活动、体育赛事、大型会展等类型为代表，如威尼斯双年展、米兰时装周、纽约时装周、上海国际电影节、世博会等大型城市文化活动都具有广泛的影响力，成为国际范围内城市品牌影响力的重要载体。城市重大事件具有长远性、全局性、稀缺性、主动性和活动性，其可为城市发展提供外部突发性动力，从而构成跨越式提升[①]。一些城市通过文化大事件相关活动的举办获得了物质、经济、社会、文化效益，激活了城市公共空间与历史遗迹，促进了社会融合与城市认同感，丰富了城市文化履历，提升了城市竞争软实力。

以"欧洲文化之都"为例，并非所有获得这个称号的城市都取得了理想的预期效果，因为城市更新与再生还依靠长期正确的政策保障，但不可否认的是这项计划对于城市再生的积极作用已经显现。一是促进了文化基础设施的建设。比利时蒙斯市被评为2015年"欧洲文化之都"，当年共新建揭幕了5座博物馆、2座音乐厅和1座会议中心。在比利时布鲁塞尔作为"欧洲文化之都"的2000年，全市举办了首届辛内克游行，将具有不同种族、国家和文化背景的居民融合起来。自此以后，该活动成为惯例，每两年举办一次。2015年"欧洲文化之都"捷克皮尔森设立了该国首家文化创意产业孵化器"DEPO2015"，该孵化器的原址是废弃的电车和公交车站。二是实现了经济的增长。2004年"欧洲文化之都"法国里尔的统计数据显示，用于"欧洲文化之都"的每1欧元公共资金为当地产生了约8欧元的经济效益。2013年"欧洲文化之都"法国马赛—普罗旺斯地区吸引了1100万游客，创下历史之最。匈牙利佩奇在作为"欧洲文化之都"的2010年，酒店入

---

① 吴志强. 重大事件对城市规划学科发展的意义及启示[J]. 城市规划学刊, 2008（6）: 16-19.

住人数达到12.4万，比上一年增长了27%。借助当选2008年"欧洲文化之都"之机，挪威斯塔万格与50多个国家开展了文化合作、交流。三是支持了城市的复兴。2013年"欧洲文化之都"马赛—普罗旺斯地区用于新的文化基础设施的投资超过6亿欧元，该项目又被整合进了一个总计达数10亿欧元的宏大工程——振兴了马赛这个在法国历史上发挥了重要作用的城市，当年建成开放的欧洲与地中海文明博物馆就是其中的杰作，令城市面貌焕然一新。在2013年"欧洲文化之都"斯洛伐克科希策，私营部门与当地大学合作，把这座工业城市改造成突出创造潜力和文化基础设施的全新城市，并将其打造为喀尔巴阡山地区的旅游枢纽。四是强化了社区意识。2008年"欧洲文化之都"英国利物浦共吸引近1万名登记在册的志愿者，全市的中小学生在当年至少参加了1项活动。在2009年的"欧洲文化之都"奥地利林茨，当地志愿者和学生制作了900只聚乙烯动物，作为大型装置艺术作品《洪水》的一部分。该市十几个"月度文化社区之星"也都纷纷举办文化活动，并在商店橱窗、地下隧道、巴士沿线展示艺术作品。此外，欧盟委员会认为"欧洲文化之都"给所有欧洲人带来了益处，增进了国家间的了解，并用新的眼光看待共同的历史和传统，体现了如何用创意这一全球通用语言向世界展示欧洲文化。

　　奥运会作为具有世界影响力的大事件，是展示城市特色的重要平台。2022年，北京以冬季奥运会为契机，开展了一系列活动（表4-11）。伴随北京冬奥会和冬残奥会，冬奥北京市城市文化活动组办公室、北京市文化和旅游局与51家成员单位联动，组织策划了线下、线上冬奥城市文化活动659项、1.16万场，将北京历史与当代文化融入其中，成功展示了北京的城市特色和文化魅力[①]，极大地促进了冰雪运动项目的开展，创造了可观的冰雪经济效益。

北京冬季奥运会相关活动　　　　　　　　　表4-11

场所与设施	活动内容
公共文化广场：北京市共有16个冬奥文化广场，分布在15个区。如石景山区广宁街道冬奥社区文化健身广场、延庆区北京八达岭国际会展中心文化广场、朝阳区奥森棋园文化广场等	文艺演出：16个广场的中心舞台每天都上演两场文艺演出，总计1008场。表演涵盖了杂技、曲艺、舞狮、歌舞、戏曲、朗诵、广场舞、武术表演等丰富多彩的艺术形式。 冬奥主题展览：广场上设立冬奥主题展览区，宣传奥林匹克理念，普及冰雪运动知识。 科技创新体验：市民可以通过AR、VR科技手段来模拟参与冰雪运动

① 常辰. 冬奥北京城市文化活动精彩呈现[EB/OL]. http://www.bjwmb.gov.cn/jrrd/yw/202201/t20220130.htn.

场所与设施	活动内容
图书馆、文化馆、社区中心：北京市共有冬奥示范设施91个，包括公共图书馆、文化馆、博物馆、社区中心等	阅读与趣味大集活动：首都图书馆与首都体育学院共同打造奥运书屋，举办"冰雪冬奥"数字阅读体验展。延庆区儒林街道格兰山水二期南区社区开展冬奥英语培训、冬奥儿童手抄报、文化大集等系列活动。 冰雪运动宣传推广活动：石景山区广宁街道冬奥社区启动了第二届冰雪运动季。海淀区组织"冬奥体验进社区"活动，通过歌舞表演、趣味运动项目体验等形式，让市民在家门口感受冰雪运动带来的乐趣
影剧院、音乐厅：冬奥期间北京各类剧场上演话剧、京剧、舞剧、儿童剧、杂技、魔术、相声、音乐会等423台、6722场	传统文化演出：北京京剧院在中山公园音乐堂举办"国韵华音"京剧演唱会，北方昆曲剧院推出"向未来·庆新春"昆曲演唱会等。 冬奥文化演出：包括中山公园音乐堂交响组曲《冰雪相约》、北京儿童艺术剧院《冰墩墩雪容融之冰雪梦》等
城市徒步线路：北京市文化和旅游局发布10条"漫步北京×网红打卡地——虎年春节潮玩北京旅游线路"，如"线路2：景山红楼王府井，古都红色京味行""线路9：看得见冬奥的公园，摸得着冰雪的世界"等	北京冬奥会恰逢中国春节、元宵节，纯洁的冰雪与热烈的中国红相映衬，冬奥文化与中华优秀传统文化相融合，多部门策划组织了冰雪体验、非遗展示、群众赛事、冬奥知识讲座、主题展览等冬奥主题文化活动。 通过10条线路将网红打卡地串联起来，突出春节文化、京味文化和冬奥元素，带动周边旅游景区、景点和网红打卡地，推动文旅消费

4.6.2　主题活动与节庆活动

　　城市文化活动通过搭建赛事或展览平台，密切联系政府、专业人员、学校、企业、社区、家庭等多层次人群，加深了城市内部各区域之间的联系沟通，拓展了城市与外部的联系交往，吸引更大范围的人群共同参与城市文化建构之，搭建了文化交流的桥梁，形成城市文化共鸣的"场"。在文化大事件触媒作用以及地域文化、节庆文化的影响下形成的主题活动，如能定期举办，将会逐步形成规模与品牌效应，成为城市文化品牌活动。将城市形象塑造与传播融入节事活动，民众与文化活动的周期性互动沟通，将会提高活动及城市品牌的知名度、美誉度和影响力，使民众对城市形象和品牌活动的核心价值产生心理认同与情感共鸣。围绕公益性文化项目与服务构成的城市无形资产，将会助力城市公共文化事业发展，激活城市相关的产业链发育，促进城市产业结构升级，进而提升城市文化活力。如日本动漫文化节、上海国际艺术节、洛阳牡丹文化节等，已成为国际性文化品牌活动。

　　以日本京都的节庆活动、动漫文化创新与文化产品为代表案例。京都具有浓郁的日本风情，是日本人心灵的故乡，2017年被评为"东亚文化之都"。京都作为日本文化产业的中心，是全国传统产业最繁荣的地方。至今，市内各地都有被称为"职人"的高级手艺技术者维护着传统艺术产业。旅游业是京都的支柱产业，京都市有着丰富的文化旅游资源，在注重传统文化保护的同时，将仪式型非物质文化遗产发展为节庆活动（图4-17），如已列入世界非物质文化遗产的京都祇园祭，在每年7月有长达1个月的祇园祭彩车巡游等活动，吸

图4-17 京都传统风俗活动
来源：视觉中国

引了全球游客。在日本老龄化、城市化，无形文化后继乏人，经济开发等造成原生态环境消失的背景下，京都发起"未来遗产运动"，旨在把悠久历史与丰富的地方文化、自然遗产传给百年后的孩子们。政府通过一系列措施，如通过提供资金补助、大力推动保育项目等方式，促进无形文化和有形空间的传承。在政府、宗教团体和民众的努力下，京都的众多传统风俗得以保留，如蹴鞠、春舞、陶器节、中秋的观月黄昏等[①]。

京都也积极发展现代文化。以动漫主题为鲜明特色，二次元文化以其创造力和独特魅力吸引着全球青年游客。京都动画公司创造了一系列深受年轻人喜爱的动漫作品，京都作为多部宫崎骏经典动画作品的取景地（图4-18），吸引着喜爱二次元文化的年轻游客前来打卡。此外，京都也开发了多样化的文化衍生商品，促进文化消费，除龙猫、柯南等经典动画的文创商品外，宇治抹茶、西阵织等饮食类、服饰类文化产品也深受游客欢迎。

图4-18   动画作品中的京都地标建筑
来源：视觉中国

---

① 周建高，王凌宇. 论日本世界城市建设及对中国的启示：兼论扬州建设世界名城之路[J]. 中国名城，2012，
（12）：17-24.

4.6.3 民间文化活动

民间文化活动是城市文化生态建设的重要组成部分，也是相对缺乏的部分。在民间文化活动、文化政策保障方面，以美国圣达菲为代表案例。圣达菲是美国新墨西哥州的首府，有400多年的历史。印第安人的传统文化和西班牙的文化风情赋予了这座城市独特的文化氛围。印第安人擅长制作陶瓷、编织等手工艺制品并据现代社会的审美喜好对其进行了创意设计，促进了圣达菲民间手工业、设计产业和旅游业的发展（图4-19）。每年定期举办"圣达菲设计周""绿色设计圣达菲""国际民间艺术家训练营造市场""国际民间艺术品市场"等创意文化活动，邀请世界各地民间艺术家到圣达菲交流、售卖艺术品，并吸引了世界民间艺术爱好者到圣达菲旅游。圣达菲凭借其独具特色的文化资源及世界级影响力，于2005年成功加入联合国教科文组织创意城市网络并获得"民间手工艺之都"的称号。

图4-19　圣达菲地域特色文化资源
来源：视觉中国

之所以能够成为民间手工艺之都，是因为圣达菲具有丰富的传统文化资源优势。圣达菲在历史上是手工艺商品的集聚交易之地，早期在此居住的是印第安人，他们擅长制作陶器、编织及首饰。17世纪的西班牙定居者使这里的艺术风格受到了西班牙和墨西哥风格的影响。20世纪早期，来自美国东海岸的作家和画家聚集在此，将多元化的传统文化资源融合，形成了圣达菲色彩斑斓的文化传统。

圣达菲民间文化活动的突出成就来自3个方面的重要支撑：

一是大量民间文艺工作者、文化企业从业人员聚集。圣达菲以其独特的文化资源吸引了大量民间文艺工作者到此定居。圣达菲是全美建筑师、作家和著名民间艺术家最集中的城市之一，其中，作家占总劳动力比例为全美第一。大量文艺工作者使圣达菲独具创意氛围，为艺术品生产和销售奠定了良好的人力资源基础。圣达菲约有200家独立画廊、8家博物馆、数家国际知名的表演艺术机构、电影及设计企业，人均文化企业占有量居全美第一，这些企业每年大约创造10亿美元的税收。大量的文化企业为传统文化资源向文化产品转化、促进城市发展提供了源源不绝的动力。

二是有历史悠久、具有世界影响力的民间文化市场。圣达菲本土有开展文化市场售卖民间手工艺品的传统，具有西班牙和印第安风格的市场每年都吸引成千上万的游客光临圣达菲。2004年，传统市场衍变成圣达菲国际民间艺术市场（图4-20、图4-21），圣达菲国际民间艺术市场不仅为本土民间工艺品搭建了国际市场，提高了城市的国际形象，还通过邀请世界各地的民间艺术家到圣达菲交流，售卖艺术品，为贫困地区濒临消亡的民间文化搭建了国际展示平台，为艺术家构建了国际性销售渠道。该项目的开展，为圣达菲和世界各地民间艺术家带来了大量收益，对圣达菲创意城市的建设和世界文化多样性保护起到了积极作用。

三是政府对民间手工艺给予政策支持。圣达菲政府通过设立"圣达菲艺术委员会"制定文化、艺术和旅游发展规划，来支持圣达菲创意产业发展。这些规划政策明确务实，除了对民间手工艺产业和创意产业进行方向性指导外，明确提出每年拿出房地产收益的2%和宾馆床位税的1%用于支持艺术创意产业发展。来到圣达菲的游客不仅能观赏本地精美的手工艺品，还能跟当地艺术家学习制作技艺，发挥创意潜能，更深刻地体验当地民间文化。对圣达菲而言，创意旅游扩大了当地民间手工艺品的影响，直接或间接地带来了经济收益，提升了城市的国际知名度。

图4-20　圣达菲时装秀上展示拍卖土著时装设计师作品
来源：联合国教科文组织创意城市网络官方网站

图4-21　圣达菲集市上免费的本土文化演出
来源：联合国教科文组织创意城市网络官方网站

5

历史文化保护传承

历史遗迹、文化古迹、人文底蕴是城市生命的一部分。以人民为中心、完善城市功能需要，让历史文化和现代生活融为一体，可以让人民群众增加获得感、满足感。站在实现中华民族伟大复兴中国梦的战略高度，在新形势下，历史文化保护工作也需要开拓创新，跟上时代前进的步伐。在政府主导的基础上，需要引进更多的社会力量，引进社会资本，为渐进式的保护更新注入不竭动力。积极借鉴国际先进的保护理念，不断探索完善保护与利用工作的新思路，延续城市历史文脉、留住城市的"历史记忆"，并推动中华优秀传统文化创造性转化和创新性发展。

本章将阐述历史文化的保护、传承与发展。以城市为主要研究对象，梳理物质文化遗产、非物质文化遗产的保护历程，主要对象与类型的保护要求与保护方法，分别以《芷江历史文化名城保护规划（2018—2035年）》《热贡文化生态保护区总体规划（2011—2025年）》为例，介绍实践应用与技术特点。梳理中华优秀传统文化"双创"发展的原则、方式与主要内容，以《泰山文化保护传承总体规划（2019—2035年）》为例，探索泰山文化的当代解读。此外，按照文化层构成，归纳对精神文化、制度文化、软性体验文化的认知与传承方法。

5.1 物质文化遗产保护与利用

5.1.1 国内外文化遗产保护体系

历史文化遗产保护的概念从文物本身扩大到它周围的环境，再扩大到成片的有历史意义的街区和地段，保护工作经历了从文物建筑扩大到历史地段的过程，从保护有艺术价值的建筑物扩大到保护城市建设史上有典型意义的一般建筑物的过程。与此同时，保护方法也从最初针对文物建筑的保护性修复发展到后来针对历史地段的整体性保护，再发展到在当代以人为中心，探索遗产和社会整体健康发展。1972年，联合国教科文组织颁布了历史上第一部以保护人类人文环境与自然环境为宗旨的《保护世界文化和自然遗产公约》。公约将世界遗产分为文化遗产、自然遗产、文化与自然混合遗产三种类型，文化遗产具体包括文物（monuments）、建筑群（groups of buildings）、遗址（sites）三种主要类型。"文物"是指从历史、艺术或科学角度看具有突出普遍价值的建筑物、碑雕和碑画，具有考古性质的铭文、窟洞等。"建筑群"是指从历史、艺术或科学角度看在建筑式样、分布均匀或与环境景色结合方面具有突出的普遍价值的单立或连接的建筑群；"遗址"是指从历史、美学、人种学或人类学角度看具有突出的普遍价值的人类工程或自然与人联合工程以及考古遗址等地方。随着遗产类型的拓展，文化景观被纳入其中。此外，一些国家形成了各具特色的遗产保护体系。本书以具有代表性的法国、日本文化遗产保护体系为例。

法国遗产保护的特点体现在采用了兼顾文化遗产与自然环境的整体性保护方法，以"建筑、城市和景观遗产保护区"保护工具为特色。法国文化遗产保护体系主要包括历史建筑、景观地、保护区，以及建筑、城市和景观遗产保护区，遗产保护体系的发展历程体现了保护对象的拓展与保护制度的完善。国家立法是法国历史文化遗产保护制度的核心，1840年，法国公布了第一份文物建筑清单。1913年，在此基础上形成了针对"历史建筑"的《保护历史古迹法》，规定了对历史建筑有"列级"和"登录"两种保护方式。20世纪初开始的技术革命、城市化等从根本上改变了城市的风貌景观，人们开始关注与历史建筑相关的城市肌理和景观。20世纪50年代，大规模战后重建和旧城更新促使人们进一步反思城市遗产的价值。1962年，颁布了《保护区法》(《马尔罗法令》)，由此确立了保护历史街区的新概念。1983年，法国颁布了《权力分散法》，加强对城市和乡村历史文化遗产的保护管理，产生了"建筑、城市和景观遗产保护区"的概念，将遗产地概念扩展至更为普遍的意义上，保护范围扩大到与文化遗产和自然景观相关的地区，促进了对地方性历史文化遗产保护工作的协调[1]。为了保证公众利益不受地方利益影响，这些遗产的管理权限属于国家[2]。

日本遗产保护的特点体现于《文化财保护法》，包含各种文化遗产类型，包括物质文化遗产、非物质文化遗产及文化景观等，在一部法律中予以统一分类和规范，具有全面性和系统性。日本文化遗产保护体系由《文化财保护法》界定，《文化财保护法》将文化财分为六大类，包括有形文化财、无形文化财、民俗文化财、纪念物、文化景观和传统建造物群，除六大类别的文化财直接保护对象外，还规定了对文化财保存技术和地下埋藏文化财的保护方法。日本在文化财保护过程中，强调保护传统文化持有者的重要性，注重对"人"的关注。《文化财保护法》的认定对象主要包括个别认定、综合认定和保护团体认定三种形式。其中，最有特色的是"人间国宝"认定。"人间国宝"是指被个别认定的重要无形文化财产的保持者，他们都是在工艺技术上或表演艺术上有绝技、绝艺、绝活儿

① 邵甬，阮仪三. 关于历史文化遗产保护的法制建设：法国历史文化遗产保护制度发展的启示[J]. 城市规划学刊，2002(3)：57-60.
② 周俭，张恺. 在城市上建造城[M]. 北京：中国建筑工业出版社，2003.

的老艺人。一旦认定，国家就会拨出可观的专项资金，录制他的艺术，保存他的作品，资助他传习技艺、培养传人，改善他的生活和从艺条件。此外，2004年国会通过了《景观法》，以实现保护美好的国土景观、地域风貌，创造丰富的生活环境以及富有个性与活力的地域社会的目标。2008年，颁布了《关于地域的历史风致维护和改善法律》，这是日本第一部将物质环境的传统风貌与非物质文化遗产的地方传统文化整合在一起，促进积极保护和全面改善城乡"历史风致"的综合性大法。由此看出，日本的文化遗产和历史环境保护经历了由制定特定法律保护古建筑、古都历史风土等特定对象，逐步走向通过法律手段保护更为广泛的城市景观和环境品质。通过历史环境的保护，寻找城乡景观塑造的历史文脉，继承发扬传统文化和地方特色，正在成为日本城镇建设发展的重要方向①。

　　我国文化遗产的概念是在综合了《保护世界文化和自然遗产公约》和《保护非物质文化遗产公约》两个国际公约的基础上，根据《文物保护法》并结合文化遗产保护现状做出的概念界定，这一概念与国际通行的"文化遗产"概念既有联系又有区别。与日本的"文化财"概念相比，我国的"文化遗产"并不包括其涵盖的部分自然遗产和部分文化遗产保存技术，但也有物质文化遗产和非物质文化遗产之分，其中物质文化遗产包括文物与名城、名镇、名村、街区和历史建筑；文物又可分为不可移动文物与可移动文物。当前，不同类型的遗产分属于不同的主管部门——各级文物主管部门管理文物工作，各级文化主管部门管理非物质文化遗产工作，各级建设主管部门会同文物主管部门管理历史文化名城、名镇、名村工作。名城制度是主要针对历史城镇类型遗产的保护理论方法，在历史文化名城保护的基本内容中，属于物质要素的主要包括文物古迹、历史地段、古城整体空间环境：①文物古迹是指人类在历史上创造或人类活动遗留的具有价值的不可移动的实物遗存，包括地面和地下的古文化遗址、古墓葬、古建筑、石窟寺、石刻、近现代史迹及纪念建筑、由国家公布应予保护的历史文化街区（村镇），以及其中原有的附属文物；②历史地段主要包括历史文化街区、历史风貌区和其他有保护价值的历史地段，历史文化街区是目前我国历史文化名城中关于历史地段保护的法定概念；③古城整体空间环境指的是古城的整体风貌和格局，是文物、历史建筑的重要赋存环境，具有关联性的空间关系。非物质要素也是名城价值特色的重要体现，历史文化名城中的非物质要素主要是指体现城市文化观念、生活方式的非物质文化遗产和优秀传统文化，包括体现历史文化特色的名人事迹、历史地名、老字号，口头传统，文学，传统表演艺术，传统技艺、医药和历法，传

---

①　仇保兴. 风雨如磐：历史文化名城保护30年[M]. 北京：中国建筑工业出版社，2014.

统礼仪、节庆等民俗活动，传统体育和游艺，以及与上述传统文化表现形式相关的文化空间等[1][2]（表5-1）。

历史文化名城保护体系　　表5-1

一级类目	二级类目	三级类目
物质要素	文物古迹	地面和地下的古文化遗址、古墓葬、古建筑、石窟寺、石刻、近现代史迹及纪念建筑、由国家公布应予保护的历史文化街区（村镇），以及其中原有的附属文物
	历史地段	历史文化街区、历史风貌区、其他具有保护价值的历史地段
	古城整体空间环境	自然环境特色、古城格局特色、古城风貌特色
非物质要素		体现城市生活方式、文化观念的非物质文化遗产和优秀传统文化的内涵，包括体现和传承历史文化特色的名人轶事、历史地名、口头传统，文学，传统表演艺术，传统技艺、医药和历法，传统礼仪、节庆等民俗活动，传统体育和游艺，以及与上述传统文化表现形式相关的文化空间等

5.1.2 主要类型的保护方法

（1）文物古迹

从法律地位和管理要求上，文物古迹可以分为不可移动文物和历史建筑两大类。其中，不可移动文物受到《中华人民共和国文物保护法》（2017年修正）保护，法律地位更高，保护要求更为严格。历史建筑依据《历史文化名城名镇名村保护条例》（2017年修正）保护，作为不可移动文物的重要补充，对历史城镇整体风貌的保护有重要意义。

根据《中华人民共和国文物保护法》，不可移动文物的保护方法包括：①不可移动文物应当实施原址保护并划定保护范围。因原址保护可以真实地保存与文物古迹价值关联的自然和人文景观，从而更完整地保存其历史信息与价值。无法实施原址保护，必须迁移异地保护或者拆除的，应当获得有关部门的批准。原址保护的要划定保护范围，保护范围内不得进行其他建设工程或者爆破、钻探、挖掘等作业。②不可移动文物要特别注意保护它的历史环境并划定建设控制地带。在文物保护单位的控制地带内进行建设工程，不得破坏文物保护单位的历史风貌。③不可移动文物的修缮、保养，必须遵守不改变文物原状的原则。凡是近期没有重大危险的部分，除日常保养外不应进行更多的干预。④不可移动文物已经全部毁坏的，应当实施遗址保护，不得在原址重建。如果确实有必要重建的，需

① 仇保兴. 风雨如磐：历史文化名城保护30年[M]. 北京：中国建筑工业出版社，2014.
② 王景慧. 城市历史文化遗产保护的政策与规划[J]. 城市规划，2004（10）：68-73.

要获得有关部门的批准。

根据《历史文化名城名镇名村保护条例》，以及一些城市已经出台的《历史建筑保护利用管理办法》，历史建筑的保护方法包括：由于保护地位不同，历史建筑的保护要求相对来说没有不可移动文物严格。不可移动文物侧重文物本身的保护，历史建筑强调高度、体量、外观和色彩的保护，目标是保护历史城市的整体风貌。具体要求包括以下方面：①对于历史建筑实施原址保护的，建设单位应当事先确定保护措施，报城市、县人民政府城乡规划主管部门会同同级文物主管部门批准。因公共利益需要进行建设活动，对历史建筑无法实施原址保护、必须迁移异地保护或者拆除的，应当由城市、县人民政府城乡规划主管部门会同文物主管部门，报省、自治区、直辖市人民政府确定的保护主管部门会同同级的文物主管部门批准。②历史建筑应当保持原有高度、体量、外观形象及色彩等，并可以对内部设施予以适当改造。对历史建筑进行外部修缮装饰、添加设施以及改变历史建筑的结构或者使用性质的，应当经城市、县人民政府城乡规划主管部门会同同级文物主管部门批准。③历史建筑的保护管理应当遵循保护优先、分类管理、合理利用、共治共享的原则，在保护历史建筑核心价值的前提下，鼓励开放利用、适度改善民生和促进发展。

（2）历史地段

历史地段与历史文化名城的保护方法具有相似性和继承性，但是由于空间尺度不同、保护内容深度不同，历史地段需要在保护范围内划定更为微观的核心保护范围和建设控制地带，对各类建筑物、构筑物进行分类保护，对建设活动提出具体的管理规定等。

其中，历史文化街区的保护是对重点历史地段的保护，《历史文化名城名镇名村保护条例》，以及一些城市出台的《历史文化街区保护管理办法》，保护方法主要包括：①划定核心保护范围和建设控制地带界线，制定相应的管理规定；②保护历史遗存的真实性，反对拆真建假，保护好现存各类历史文化遗存，确保历史信息的真实载体不受到人为破坏和自然损毁；③保护历史风貌的完整性，避免擅自改变和侵占历史环境，保护街区的空间环境；④维持社会生活的延续性，保持一定比例的原住民，延续生活与文化传统，改善基础设施和环境，保持街区活力；⑤对保护范围内的建筑物、构筑物和环境要素进行分类保护；⑥保护街区内的非物质文化遗产与传统文化。

历史文化街区属于"活态遗产"，当地居民需要继续在街区中生活，因此维持并完善街区的使用功能、改善基础设施，对提高居民的生活质量有重要意义。

保留居民及其生活传统，是延续历史文化街区活力的关键所在，世代生活在这一地区的居民所形成的价值观念、社群网络、生活方式、风俗习惯等，都构成了街区甚至是历史城镇的文化信息，是不断传承着的活态文化记忆，体现着街区的独特价值。因此需要对承载文化记忆的居民及其生活方式、风俗等文化形态予以整体保护，保持合适的原住民保有率，延续街区原有功能中合适的部分，减少对社区生态环境的改变，实现历史街区的有机更新与活力发展。

（3）古城整体空间环境

中国古代，不论是都城，还是地方城市，皆在因形就势、师法自然的规划实践上积累了宝贵的经验智慧。在漫长的农耕文明时期，纵横交融的高山大河框定了人们的基本生存空间，形成了多样的人居环境。自古以来，中国人对赖以生存的山山水水充满了敬畏、崇拜与感恩，在城市选址、规划、设计、营建的实践中形成了对山水神灵的顶礼膜拜、趋利避害的艺术创造、寄情山水的人居理想。论其要义，重在秉持"因宜""因势赋形""因地善为"的观念意识，用心发现和提炼蕴藏于自然环境中的巧势，借以构思和确立城市形态布局逻辑，塑造人工与自然相辅相成的人居格局。历代规划建设普遍强调顺应城址地形地势、河流走向构建城池边界与交通骨架，形成利于防御且兼具风景价值的格局框架；巧妙利用地形地势，有序排布主次功能区，借自然地利增助人文秩序；结合城址内外的山塬、水湾等"形胜之地"或关联历史胜迹的"文化高地"，塑造特色空间体系；把控环境制高点，营建标志建筑，提振格局意境。总之，其中蕴含中国规划对自然环境的尊重与自觉融合，可谓一种以最大限度活用自然潜力的积极创造。这些营城智慧融入"天人合一"的哲学思想，成为中华城市文明最突出的特征之一，因此，保护古城整体空间环境有重要意义。保护内容包括以下方面：

首先，是对山水环境的保护。我国传统城市的营城理念和营建方式是古人在长期的观察自然、适应自然、利用自然的过程中形成的，包含了丰富、直观而深刻的感性认识和经验，体现了深厚的哲学、科学和美学观念。因此，历史文化遗产与其周围的环境都是同时存在、密不可分的，失去了原有的历史环境，就会影响对历史信息的正确理解。对名城、名镇、名村所依存的山水植被等自然环境，要保护和整治好，以维持名城、名镇、名村的地域和自然特色。

其次，是对传统格局的保护。传统格局是指历史上形成的由街巷、建筑物、构筑物等结合自然景观构成的布局形态，主要构成要素包括轴线、道路、水系、山丘等。这些传统格局要素是城市物质空间在宏观上的具体体现，也是组成城市整体风貌特色的重要空间载体和关键所在。在格局保护中，需要深入挖掘体现名城特色的平面布局、空间轮廓、空间轴线以及道路骨架、水网系统等，同时还要挖掘城市的标志性历史建筑物和构筑物，通过对上述要素的整体梳理，更好地展示名城的整体空间环境和风貌，体现名城特定的地理环境和社会文化模式。

最后，是对历史风貌的保护。一是指对包括原有城市景观、传统建筑以及历史环境要素的保护；二是指在新的建设活动中，应该通过控制建筑高度、创造与传统风格相协调的建筑形象等规划设计手法，尽量做到既满足现代生活需要，又不失历史传统特色。一般来说，通过控制建筑的高度、体量、色彩、屋顶形式等，可以较好地保护历史城镇的风貌。

5.1.3 历史城镇的整体性保护

（1）整体性保护

1975年，《阿姆斯特丹宣言》和《建筑遗产欧洲宪章》两份文件详细阐述了整体性保护的意义和实施要求将整体性保护理念确立下来。整体性保护方法综合考虑了社会、经济等各方面的要求，通过城市发展计划和各个层面的城市规划，协调法律、行政、经济、技术等各方面的问题，并由地方管理机构和社会公众共同参与，以保护文化遗产和其中的人们的生活。1987年，在欧洲建筑遗产年的成果基础上，《华盛顿宪章》提出应在制定城镇发展政策时候，充分考虑到遗产地区的发展，包括居住、交通、新建设等各个方面。20世纪90年代，文化景观的概念被引入世界遗产领域，文化景观强调文化要素与自然环境的相互作用，强调文化的精神意义，试图把文化与自然重新融合在一起，文化景观概念的形成深刻地影响了世界遗产的发展。

城市历史景观源于文化景观的概念，城市历史景观是针对城镇类遗产的保护问题所提出的具有整体性的保护管理方法。这一方法不仅考虑到对城镇遗产的物质形态特征的保护，也考虑到城镇社会生活的延续和可持续发展。2005年，教科文组织在维也纳召开主题为"世界遗产与当代建筑"的国际会议，形成了《维也纳备忘录》，提出了从城市历史景观的角度整体考虑历史城镇的保护问题，强调不仅要保护那些具有纪念性的建筑，也要保护它们所形成的整体，它们之间重要的联系，以及体现在与物质、功能、视觉和材料相关联的历史类型和形态。把历史城市中各种体现历史城市整体价值的遗产要素作为一个整体，并用城市历史景观的概念来表达这种整体价值是《维也纳备忘录》提出的保护历史城镇类遗产的新视角。此外，《维也纳备忘录》侧重于平衡和调和当代发展对有遗产意义的整体城市景观的影响。

在《维也纳备忘录》的基础上，2011年，联合国教科文组织在全体大会上通过了《城市历史景观建议书》，并在世界范围推动了多个历史城市保护案例实践。《城市历史景观建议书》对城市历史景观也进行了定义，"城市历史景观是文化和自然价值及属性在历史上层层积淀而产生的城市区域，其超越了'历史中心'或'整体'的概念，包括更广泛的城市背景及地理环境"。"上述更广泛的城市背景主要包括遗址的地形、地貌、水文和自然特征，城市建成环境（不论是历史上的还是当代的），城市的地上地下基础设施，城市中的空地和花园、土地使用模式和空间安排，城市中的感觉和视觉联系，以及城市结构的所有其他要素。背景还包括社会和文化方面的做法和价值观、经济进程以及与多样性和特性有关的遗产的无形方面。"这一定义在可持续发展的大框架内，以全面综合的方式为识别、评估、保护和管理城市历史景观打下了基础。

经过各个阶段的发展，整体性保护的内涵在最初的基础上不断得到新的阐述。整体保护的范围已经从文物古迹、历史建筑的周边环境和自然环境，扩展到历史街区和历史城镇、村落，乃至城市的整体历史环境。整体保护的深度方面，从物质空间环境逐渐发展为包括社会和经济变化以及有形、无形要素的遗产环境，逐渐挖掘精神文明等更广泛的内容，即从对物质的实体遗产保护上升为对精神文化的保护。在操作层面，也提出综合多学科共同参与以及多部门整体协调，加强社会调查和公众参与。

（2）实证研究

在历史城市的整体保护方面，以加拿大魁北克古城为代表案例。魁北克市是加拿大魁北克省的首府，该城至今已有近400年的历史了。1608年，法国人最先在这里建立城市，称"魁北克"，1759年，被英国人占领。在魁北克市的古城区内，各种风格的古建筑比比皆是，每年都吸引大量的旅游者前来参观、游览。现在，魁北克古城区是加拿大首屈一指的历史文化保护区域。为了指导古城历史文化遗产的保护工作，1979年，魁北克市成立了"魁北克古城文化遗产保护局"。这个保护局和魁北克城市规划管理处在详尽地分析了这一地区的历史、社会、文化、经济、建筑和考古等情况后，共同制定了一个古城整体保护方案①。

城市的整体是指一个城市的整个外观，包括需要特别加以保护的古建筑及其物质环境。整体保护具有重要的历史、文化、美学价值。当今世界上著名的历史文化名城以及保存完好的传统文化城市都是整体保护的结果。作好整体保护工

---

① 田耘，刘泓. 古城整体保护的启示：以魁北克古城为例[J]. 城市，2018（7）：56-61.

作，一方面要注意严格保留原有建筑的传统特点。另一方面还应注意不能影响居民的正常生活；不能妨碍这一地区的发展和社会进步；制止不应有的对古建筑的破坏性建设；同时还应同步进行考古、历史和建筑艺术等多学科的研究工作。城市不是静止不变的，它要不断吸取新技术的发展成果。但是，这些新技术产物的建设都受原有城市的制约。每一个城市，其规模不论大小，都有自己的个性，这种个性是历史的体现，并留传到今天，人们可以从历史上遗留下来的街道、广场等建筑了解过去。为此，有责任不破坏、不变更一个城市或一个街区的个性。

根据文化遗产保护法的要求，历史文化保护区必须保持自己的传统特点，但也不排斥同样能表现这种特色的当代建筑。所以，保护区，必须尽一切努力维持现存古建筑的原有功能，或安排相类似的用途，以尽可能地不变更这些建筑的原有使用功能；为了传承古建筑的价值，要悉心保护建筑物的艺术特点、结构特征及其周围的小环境；不要人为地更改变动能反映细部特征的任何部件；容许设计建造新建筑，其建筑风格必须与当地建筑的传统特色相一致；必须保持保护区内环境质量的前后连贯；建筑师应把艺术感觉渗透到细部的装饰与构思中去。

古城内所有的建筑物和庭院景观都是一定时期文化的体现，应慎重对待。任何整修、改建工作都必须考虑当时的历史，不得使古建筑及其庭院的外观有丝毫与历史年代、文化时期、建筑风格不相符的地方；现存古建筑中，如果有历史上被更动过的痕迹，应予以保留，要保护对古代变更的反映；对古建筑风蚀损坏的部分，应做保护性处理，并进一步做修补或替换，但只有当被损部件在技术上无法继续保存的情况下，才可进行替换。用于替换的新部件应仿造老部件，且能完全体现老部件的特点；任何新增加的附属建筑都不得妨碍古建筑的形态和整体感，而且在质量、比例关系、材料和色彩的使用上都必须严格管理，与古建筑的特点、环境相协调；魁北克古城有很高的考古价值，这里的每块土地都有历代人民生活的痕迹。

每次考古挖掘都有新的重要发现，这对了解古代文明和各历史时期的特点都有很大意义。所以，必须最大限度地保护有考古价值的挖掘现场，以利于对历史的考证。在这一地区进行地下挖掘，必须事先向市政府申报方案，经市政府和文化部批准才可进行；保护区内所有建筑都应定期检查，及时修善，不得对居民的安全造成威胁，并保证居民有必要的卫生设施；所有建筑都应保证坚固，能抗御风暴、冰雪等各种自然侵害；保证所有建筑都能完好地发挥服务功能；保证所有建筑不受蛀虫侵害；建筑内部要有完善的防火措施；古城区内插建新建筑时须从全局着眼进行设计，在宏观上使新建筑与原有城市面貌相融合，为整个地区的建筑文化增色。在具体设计上，与周围建筑的比例要得当，表现手法要统一①。

古城区内的所有建筑，无论是属于国家的、集体的还是属于私人的，都应根据价值情况，按如下标准，作分类管理：1类，特级保护的建筑。包括国家级和市级两种，一种是被"加拿大历史古迹、风景保护委员会"认可，并登记注册、受文物法保护的建筑，属国家级特等遗产，应精心保护、维修；另一种是由于内部装修质量高，而被魁北克市列为市级特等遗产的建筑，要注意保护其文物价值。2类，一级保护的建筑。指具有历史、文化和建筑艺术价值，并保存其原始状态的建筑。对这类建筑要进行认真维护，保留原状。3类，二级保护的建筑。指虽然已受到一定的损坏，但还能从外表辨认出原始风格的建筑。修复这类建筑时，不一定完全恢复原状，可以保留现存的几个典型特征。有了这些特征，就能体现出这些建筑的文物价值。4类，三级保护的建筑。指那些在外观上，或在材料、尺度、比例关系上虽与古城保护区不相适应，但同样具有文化和建筑艺术价值，并依然保存原状的建筑，它们也应得到保护。5类，无保护价值的建筑。指那些既与保护区不协调，又衰危破败，需要大修的建筑。对这类建筑，可以考虑在街区改建中拆除。6类，指当代建设的新建筑。这些新建筑与周围环境是和谐的，反映了居民们希望在城市中欣赏到当代建筑艺术的心情。7类，指建筑物周围的空间。治理好这些空间，能使古建筑在整体上获得更高的价值，发挥更大的作用，使人们欣赏到更美的外部环境。

（3）规划实践

在历史城市的保护方面，以《芷江历史文化名城保护规划（2018—2035年）》为例②。芷江隶属怀化市，位于湖南省西部，全县总面积为2099km²，2015年芷江撤乡并镇，设9镇9乡，其中县政府驻地为芷江镇。芷江是一个以侗族为主体的多民族自治县，截至2015年，全县总人口38.9万，其中少数民族人口24.6万（占全县总人口的63.2%）。少数民族人口中，侗族人口21万（占全县总人口的54.0%），苗族人口2.9万，土家族人口约0.7万，另有回、瑶、壮、蒙古等共计26个民族。

规划将芷江历史文化价值归纳为5个方面。一是见证中国西南疆域开拓的军政重镇。自宋开始，沅州逐步成为中原政权开辟和巩固西南疆域的军政中心。明清两代沅州成为开发滇、黔的前沿阵地，要取滇、黔必先平定五溪。历任总督、

---

① 刘金声. 加拿大魁北克古城保护区古建筑的整体保护方案[J]. 国外城市规划, 1989（3）: 34-36.
② 中国城市规划设计研究院. 芷江历史文化名城保护规划（2018—2035年）[Z]. 2018. 项目负责人: 周建明, 所萌, 郑童.

巡抚、总兵、知府、知县等众多大员和士兵驻守沅州，提高了沅州的地位，也带来了城市的繁荣和发展，确立了沅州作为沅水中上游中心城市的地位。二是汇集滇黔孔道的水陆交通要冲。芷江是我国中部地区通向西南的重要门户，素有"滇黔门户、黔楚咽喉"之称。芷江是"古苗疆走廊"上的重要节点，自古以来便是湘黔大通道上的交通要冲，是古代和抗战期间军事争夺的重点地区。三是中美联合抗战的重要军事基地。芷江是控制川黔大后方区域的门户，成为保卫重庆、抵御日军进攻的重要屏障之一，同时又是抗日大后方的军事重镇。芷江机场是第二次世界大战时期盟军远东第二大军用机场，是抗战期间重要战略空军基地，是抗战后期美国战略空军唯一的前沿机场，为抗战的最终胜利做出了重大贡献。四是中国抗战胜利芷江受降的历史见证地。"芷江受降"宣告了日本侵略者的彻底失败和中国人民抗日战争取得最终的胜利，是中国军民坚持14年抗战的直接结果，也是中国近百年反侵略战争的伟大记录。五是侗族等多民族繁衍生息的世居地。芷江地处湘、鄂、渝、黔、桂五省市交界地区，位于苗疆民族走廊东端和武陵民族走廊南端，处于两大民族走廊结合处，是一个典型的多民族居住地区，这些各民族的先民在共同生息繁衍和发展的过程中，使该流域一开始就打上了多民族互动交融的烙印。

基于芷江的历史价值，确定了8个方面的保护内容。一是文物保护单位、历史建筑，二是历史文化街区和历史风貌区，三是历史城区的传统格局、历史风貌及山水格局和景观视廊等，四是抗战文化遗产遗存，五是古村落和文化线路，六是历史景观和历史环境要素，七是风景名胜和自然环境，八是非物质文化遗产和优秀传统文化。

在空间分布方面，芷江县域文化遗产主要呈三片分布：其一是县域中部（县城及周边），其历史文化遗产资源分布最为集中。县城是整个县域的政治经济文化中心，历史上也曾是潕水河流域的重要水陆转运点和中央政权控制汉苗边疆的桥头堡，因此县城集中分布了众多行政、商业、民宅、教育等物质文化遗存；此外，由于历史机缘，抗战后期，在芷江曾入驻有多达10万人的国民党军队和6000多名美国援华抗战志愿队将士，留下了众多抗战历史文化遗存，因此这一区域以城市历史文化遗存和抗战历史文化遗存集中分布为主要特征。古村落集中保留了县域除县城外主要的历史文化遗存，且主要分布于县域西南部的乡镇。水系和历史文化线路串联了县域内主要的文化遗存片区，但也作为县域社会经济发展的主要轴带，亟须加强保护。

由此，提出县域文化遗产整体保护框架为"两山一城一水、一线三区多点"（图5-1）。"两山"，即县域西北部的米公山—西晃山山脉以及县域南部的天雷

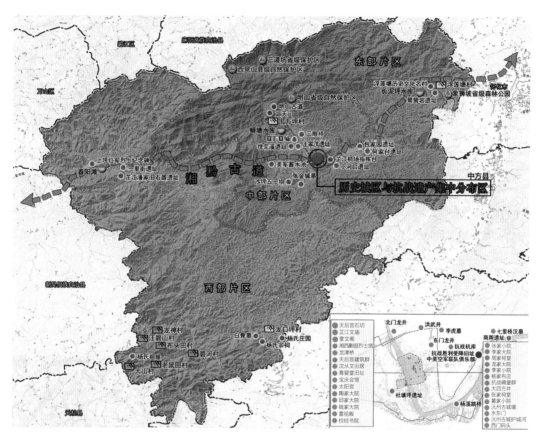

图5-1 县域文化遗产保护规划总图
来源：项目组绘制

山—燕子岩山脉，是孕育芷江历史文化的地理大环境。"一城"，即芷江沅州古城，是宋以来湘黔边境重要的政治、军事、文化中心之一。"一水"，即潕水河，是芷江县的母亲河，也是芷江沅州古城城市格局的重要组成部分，是筑城防御的重要天然屏障。"一线"，即横贯县域东西向的湘黔古道，基本与320国道重合，沿线分布着众多的古驿道、古码头、古村落。"三区"，即根据文化遗产分布特征划定的三个保护片区。"多点"，即县域内分布的各种文物古迹、古村落、自然保护区、森林公园等。

对于芷江最具特色的抗战遗产，也提出了整体性保护策略（图5-2）。芷江抗战文化遗产共78处，包括全国重点文物保护单位1处，市级文物保护单位1处，县级文物保护单位3处，尚未定级的抗战文化遗产73处。按照空军基地的设施组成，可以分为4种主要类型，分别是作战设施体系（飞行场地、机场作战、防空防御设施）、保障设施体系（航空工程、机场后勤、机场部队营区）、行政设施体系和现代纪念设施体系。这些抗战文化遗产的主要特点体现在：一是内涵丰富，集中体

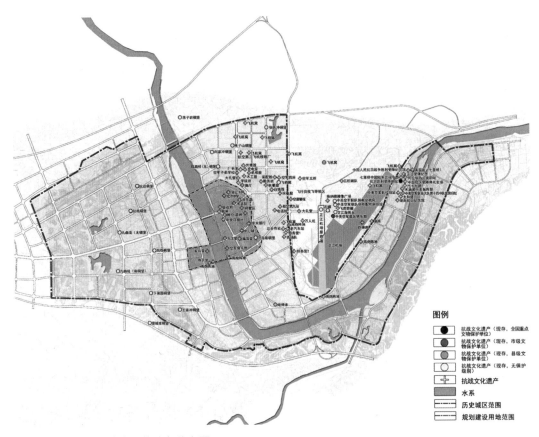

图5-2　抗战文化遗产现状遗存分布图
来源：项目组绘制

现了芷江抗战和芷江受降两个主题内涵；二是价值较高，见证中美联合抗战和芷
江受降，意义重大；三是分布集中，主要在古城内和芷江原机场两大区域；四是
特色突出，中美空军基地、受降纪念地两个遗产体系独具特色；五是数量较多，
现状不一，列入文物保护单位保护状况整体较好，但大部分遗产保护等级偏低，
保存、保护状况不佳。综上，芷江抗战文化遗产可以通过建设国家遗址公园的方
式，对芷江的抗战文化遗产进行整体性保护。同时，芷江作为抗战重要空军军事
基地，可以按照空军基地的军事战斗体系进行整体性保护和展示、利用。

　　对于抗战文化遗产，采用文物古迹、历史地段两个层次的保护方法。根据抗
战文化遗产价值，分别列入文物保护单位、历史建筑或一般抗战文化遗产遗存进
行保护。根据空间分布情况，在综合考虑、系统识别抗战文化遗产资源的基础
上，划定抗战重点保护区、抗战一般保护区和抗战协调区（图5-3）。规划芷江
抗战文化遗产保护结构为"一体、四片、多点"。"一体"：抗战文化遗产在空间
上，不仅分布在东部机场片区，还广泛分布在中部古城和西部碉堡片区，它们共

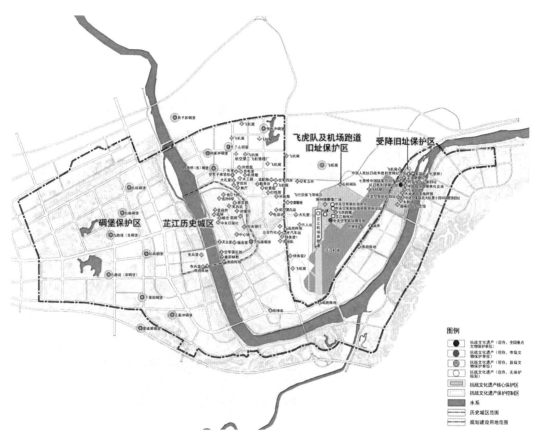

图5-3　抗战文化遗产保护结构图
来源：项目组绘制

同构成了芷江抗战文化有机体，需要宏观、整体、关联性认知。"四片"：在抗
战文化遗产集中的区域，划定抗战重点保护区、抗战一般保护区和抗战协调区，
共计4片，保护重点地段的整体历史环境。"多点"：列入各级文物保护单位的抗
战文化遗产5处，尚未定级的抗战文化遗产73处，共计78处，结合遗产、遗存情
况，进行合理保护与利用。

5.2 非物质文化遗产保护、传承与发展

5.2.1 非物质文化遗产特点与保护原则

物质文化遗产的概念从1972年《保护世界文化和自然遗产公约》颁布后，就

被广为了解和接受，非物质文化遗产的出现则相对晚一些。国际上，日本在20世纪50年代最早出现了与现代"非物质文化遗产"概念对应的词，称为"无形文化财"。1997年，联合国教科文组织制定《人类口头及无形文化遗产代表作宣言》（*Proclamation of Masterpieces of the Oral and Intangible Heritage of Humanity*）时使用的是"口头与无形遗产"（oral and intangible heritage）。2003年，联合国教科文组织颁布《保护非物质文化遗产公约》（*Convention for the Safeguarding of the Intangible Cultural Heritage*），确定了现今通用的名词"非物质文化遗产"（intangible cultural heritage）。

在中国，"民俗"一词在20世纪初始曾被大规模使用。中华人民共和国成立后，在20世纪50年代，学者开始使用"民族民间文化"来普查、搜集、记录传统的民族民间艺术。80年代后，受日语影响，"无形文化遗产"这一名词在中国被广泛应用。2004年，文化部在翻译联合国教科文组织公布的《保护非物质文化遗产公约》时，正式把"非物质文化遗产"名词确定下来。与此同时，正式文件中开始全面使用"非物质文化遗产"，代替原先的"无形文化遗产"。2011年颁布的《中华人民共和国非物质文化遗产法》对非物质文化遗产的定义是"各族人民世代相传并视为其文化遗产组成部分的各种传统文化表现形式，以及与传统文化表现形式相关的实物和场所"，包含六个方面内容，即"传统口头文学以及作为其载体的语言；传统美术、书法、音乐、舞蹈、戏剧、曲艺和杂技；传统技艺、医药和历法；传统礼仪、节庆等民俗；传统体育和游艺；其他非物质文化遗产"。

非物质文化遗产主要指人类以口头或动作方式相传，具有民族历史积淀和广泛、突出代表性的民间文化遗产，它曾被誉为历史文化的"活化石""民族记忆的背影"，包括民间传说、习俗、语言、音乐、舞蹈、礼仪、庆典、烹调以及传统医药等。非物质文化遗产的最大的特点是不脱离民族的特殊的生活生产方式，是民族个性、民族审美习惯的"活"的显现。它依托于人本身而存在，以声音、形象和技艺为表现手段，并以身口相传作为文化链而得以延续，是"活"的文化及其传统中最脆弱的部分。因此，就非物质文化遗产传承的过程来说，人显得尤为重要。

基于非物质文化遗产的"活态"特点，保护原则如下：

①濒危遗产优先保护原则

在2005年3月颁布的《国务院办公厅关于加强我国非物质文化遗产保护工作的意见》指出："随着全球化趋势的增强，经济和社会的急剧变迁，我国非物质文化遗产的生存、保护和发展遇到很多新的情况和问题，面临着严峻形势。"这种严峻形势之所以会出现，一方面，是因为非物质文化遗产失去了生存和发展的环境基础；时代变迁使其处于生存困境濒临消亡；城市化摧毁了民间文化、传统民居；传承人身故，技艺传承后继无人，人亡艺绝；另一方面，则是因为缺乏保存和保护手段。上述种种情况，有的或许不可避免，但是需要第一时间按照濒危优先的原则，通过落实"临时性制定制度"，对其进行抢救式保存和记录，以便后人进行深入研究。当然，临时性制定制度的落实必须以专家学者的科学论证为前提，否则会因为匆忙和草率导致非物质文化遗产项目认定失去科学性和严谨性。从根本上说，非物质文化遗产的濒危主要表现在传承危机上。解决传承危机的关键是对传承人的保护和培养。在这些濒危情况中，如传承人自然死亡无法阻止，但可以完善传承方式，如预先采取加强传承人培养的措施、制止环境改变等一系列科学保护方式，做到未雨绸缪。

②活态保护原则

所谓活态保护，是以非物质文化遗产传承人为核心，采取各种科学的保护方式，为他们营造出一个更加适合于他们传承的社会和自然环境。只有这样，非物质文化遗产才能如水中之鱼，自由生长、繁衍、不断发展壮大。日本非常重视非物质文化遗产保护，有许多值得我们学习的重要经验，其中之一便是通过重视非物质文化遗产传承人保护非物质文化遗产。在日本，非物质文化遗产传承人被赋予"人间国宝"的称号。在表演界，"人间国宝"是指那些在艺术表演领域有突出的表演才能、精湛的表演技艺并愿意将自己的这些技艺传授给后人的杰出的表演艺术家；在工艺制作领域则特指那些身怀绝技并愿意通过带徒方式将自己的技艺传授给后人的著名艺人或匠人。对于这些杰出的非物质文化遗产传承人，国家每年都会给予一定的补贴以鼓励他们再接再厉、精益求精。[1]活态保护除了加强对传承人的保护外，还要对整个文化生态环境进行保护。因为鱼离不开水，文化生态环境的好坏直接决定了非物质文化遗产传承与发展的质量。在现代化的影响下，非物质文化遗产依赖的农耕文化及相关的自然、社会环境急剧变迁，许多非物质文化遗产失去了生存的土壤，因此，如何保护非物质文化遗产存在和发展的文化空间，是一件需要思考而必须去做的事。

③整体性原则

《中华人民共和国非物质文化遗产法》第二十六条规定：对非物质文化遗产代表性项目集中、特色鲜明、形式和内涵保持完整的特定区域，当地文化主管部门可以制定专项保护规划，报经本级人民政府批准后，实行区域性整体保护。确定对非物质文化遗产实行区域性整体保护，应当尊重当地居民的意愿，并保护属

---

[1] 苑利，顾军. 非物质文化遗产学[M]. 北京：高等教育出版社，2007.

于非物质文化遗产组成部分的实物和场所，避免遭受破坏。实行区域性整体保护涉及非物质文化遗产集中的村镇或者街区空间规划的，应当由当地自然资源及规划主管部门依据相关法规制定专项保护规划。《文化部关于加强国家级文化生态保护区建设的指导意见》也指出："设立国家级文化生态保护区，以非物质文化遗产为核心加强文化生态保护，对于推动非物质文化遗产的整体性保护和传承发展，维护文化生态系统的平衡和完整具有重要意义"。

非物质文化遗产保护除了保护特定的文化形态之外，重要的还有非物质文化遗产存在的人文环境和自然环境。非物质文化遗产保护的关键是让它保持生命力，这就要保护它的生态环境，更重要的还在于相关文化群体能接受它，愿意传承它。"如果相关文化群体无法认同被保护，那这样的保护基本上就失败了。梭嘎长角苗生态保护中出现的问题在于被保护文化群体的主体性并没有被重视。在保护之前，文化群体并不会意识到'我'为什么要那样生活。问题往往出在'我'的主体意识中，当这种主体性与外界的非物质文化遗产保护意图相违背时，被保护的非物质文化遗产就可能变成无主体的文化空壳。"因此，非物质文化遗产整体性保护原则要求重视对文化生态保护区民众主体性的培育，在外界力量介入时，需要当地文化群体有文化自觉，认同自己的传统与习俗，只有这样才能最终达到整体性保护的目的。

④可持续发展原则

可持续发展（sustainable development）的概念发端于20世纪70年代。1972年，斯德哥尔摩联合国人类环境会议通过了《联合国人类环境会议宣言》（*Declaration of the United Nations Conference on the Human Environment*），环境问题从边缘走向核心。到70年代后期，人们基本有了一个比较一致的结论，即经济发展可以不断持续下去，但必须对发展加以调整，必须考虑发展对自然资源的依赖性。1987年，世界环境与发展委员会公布的著名报告《我们共同的未来》，首次比较系统地阐述了可持续发展思想，即"既满足当代人的需要，又不对后代人满足其需要的能力构成危害的发展"。

可持续发展也是非物质文化遗产保护的基础。这就要求非物质文化遗产保护不是保守的保护、自我封闭的保护，不是将其束之高阁，放到博物馆里保存，而是应强调"文化互动和文化创造力对滋养和革新文化表现形式所发挥的关键作用"，"鼓励不同文化间的对话，以保证世界上的文化交流更广泛和均衡，促进不同文化相互尊重与和平文化建设"。这也是在充分保护的前提下促进其合理利用、传承发展，满足当代人的需要。当然这种利用必须按照可持续发展的思路进行，不影响子孙后代的发展，防止盲目、急功近利的破坏等情况出现。

5.2.2 保护方式

非物质文化遗产活态性和流变性的特征决定了其保护方式具有复杂性。根据《文化部关于加强国家级文化生态保护区建设的指导意见》，"文化生态保护区规划中应根据各级非物质文化遗产名录项目，特别是国家级名录项目不同类型特点，因地制宜、因类制宜地采取针对性保护方式，做好非物质文化遗产名录项目的保护工作"。非物质文化遗产保护工作应该是多方面、全方位的，这些工作包括普查、整理、认定和研究，还包括继承、传播、利用和发展，因此建设科学保护体系十分必要，主要包括以下几方面。

①抢救性保护

抢救性保护的主要途径包括开展普查、立档馆藏保护、学术研究等。普查主要是对文化生态保护区内的非物质文化遗产以及与之相关的物质文化遗产进行详细调查。调查包括非物质文化遗产的种类、数量、现状、生态环境以及传承人情况。此外，还要对现有名录体系进行核实、评估、归类、确认。对于传承不利者给予警告，必要时可以除名。坚持普查工作常态化，在普查工作中要不断发现新问题，总结新经验，提出新思路。同时加强对普查工作的科学化管理，用文字及多媒体手段，对非物质文化遗产进行全面、真实、系统的记录。为确保普查工作全面、系统，普查中要注意对非物质文化遗产传承的有关实物资料进行搜集整理。

立档馆藏保护是对文化生态保护区的非物质文化遗产成果进行全面收集整理和保存，包括非物质文化遗产所涉及的作品、文字、图像、影音资料，以及代表性传承人谱系、实物、器材、表演道具、服装等，用文字以及录音、录像、数字化等多媒体等手段对其进行采录，建立完整档案，并加以保存和展示。如音乐、舞蹈的服装、道具、乐器；手工技艺的制作工具、原材料、工艺流程、制作产品；传统医药的研究记载、研究成果以及相关的民间习俗与民间信仰器物等。这是一种可进行馆藏的、固态化的文化遗产保护方式，是非物质文化遗产项目辅助性的保护方式，将对文化遗产项目整体研究起到积极和科学的保护作用。文化生态保护区规划中，将综合考虑非物质文化遗产专项博物馆、档案馆的建设，将馆藏保护相关基础设施纳入近期实施项目。

②生产性保护

文化部非物质文化遗产司2012年发布的《关于加强非物质文化遗产生产性保护的指导意见》指出："非物质文化遗产生产性保护是指在具有生产性质的实践过程中，以保持非物质文化遗产的真实性、整体性和传承性为核心，以有效传承非物质文化遗产技艺为前提，借助生产、流通、销售等手段，将非物质文化遗产及其资源转化为文化产品的保护方式。"生产性保护，是指通过生产、流通、销售等方式，将非物质文化遗产及其资源转化为生产力和产品，使其产生经济效益，并促进相关产业的发展，使非物质文化遗产在生产实践中得到积极保护，实现非物质文化遗产保护与经济社会协调发展的良性互动。其宗旨是"以保护带动发展，以发展促进保护"。目前，这一保护方式主要是在传统技艺、传统美术和传统医药药物炮制类非物质文化遗产领域实施。

生产性保护主要针对非物质文化遗产名录项目及其传承人以及原材料产地。生产性保护包括以下具体措施：a. 生产资源保护：密切关注与传统技艺相关的原材料稀缺情况，加强原材料产地保护，依照相关法规制度保障对传承人的材料供给。b. 技艺传承保护：广泛开展核心技艺的传承培训，加强传承梯队建设。在保证传统手工制作的前提下适应市场需求，适当扩大生产规模。鼓励传承人在传承传统技艺、坚守传统工艺流程和核心技艺的基础上进行合理创新和发展，推动传统产品价值提升以适应当代社会需求。c. 空间场地保护：为非物质文化遗产的生产性保护提供必要的生产场地，并在生产性保护项目较为集中、保护工作开展良好的地域设立生产性保护示范基地，集中生产销售并进行传统技艺展示。d. 市场竞争保护：采取政策扶持、经济补贴、税收优惠等方式，扶持生产性保护项目进入市场，保证其市场竞争力。禁止以机器操作替代传统核心手工工艺，为产品增加传统手工制作的认证标记。引入现代的包装推广、商业运作理念，提高传统产品的市场竞争力。规范市场，实施专利保护，保证传承人权益。e. 渠道推广保护：支持帮助代表性传承人开展产品宣传，拓展市场销路与外贸出口途径，提供产品销售的渠道与平台。f. 监督与自律：设立技术监督、手工制品资格认定机制，保障产品的质量。发挥工艺美术等行业协会的积极作用，制定原材料、传统工艺流程、核心技艺等方面的行业标准，加强行业自律和行业监管。

我国各级非遗名录中包含着丰富的民间美术和民族民间手工艺门类，国内设计领域在开发从非遗手工技艺中衍生的产品。手工艺类非物质文化遗产项目的技艺、材质符合低碳时代倡导的价值观，手工技艺体现了朴素的身心智慧和人性化的功能与审美，或许会在低碳时代有一个渐趋光明的未来。然而，在生产性保护过程中，商业资本的强势进入难以避免，受获取利润的强大动力驱使，它们往往对文化传统毫无顾忌。过度的商业开发导致人们失去对文化传统的敬畏感，长此以往，一个民族必须持有的神圣不可侵犯的价值观将会逐渐消退。因此，除了引进资本外，各地也应该重视对文化传统的研究，必要时应举办包括非物质文化遗产专家在内的各方参加的论证会，在开发初期就注意到这个问题，可使非物质文化遗产生产性保护最终取得社会效益和经济效益双赢的局面。此外，一些国外高端奢侈品企业开始把产品设计研发的目光投向非物质文化遗产，有些品牌直接提出在中国传统手工艺中寻找灵感、发现技艺。因此，在加强国际交往的同时，要采取有效的措施，杜绝中国文化遗产被随意窃取，也需要有国际共同遵循的知识产权保护方面的约法，各国共同遵守和监督，保护好各民族和国家的精神家园。

③社会性保护

社会性保护的主要方式包括保护传统节会活动，鼓励恢复传统仪式活动等。文化生态保护区往往有众多丰富的民族民间传统节日活动。这些节庆活动时间相对集中，且基本上以村落为单位，具有较高的群众参与度。因此应积极保护各类传统节日，并将节会保护与相关非物质文化遗产项目保护、文化展示相结合；同时在节会期间对各类传统工艺产品和食品的生产销售活动、传统表演及游艺活动进行保护与传承。此外，应对保护区内各类民间传统的成人礼、婚俗、祭祀、丧葬仪式等传统人生礼仪进行保护。通过政府鼓励支持，制定社会性保护实施方案，建设非物质文化遗产社会性保护示范基地，保护文化空间，开展宣传教育等方式，营造保护传统节日习俗的社会氛围，形成民间主导的保护行动。

④传承性保护

传承性保护主要通过提供资金支持、建设传习所及演出场所、（地方）媒体传播、政府采购等方式进行，特别是通过非物质文化遗产进学校（当地中小学校和专业）、进课堂等方式，以及父母传子女、师傅传徒弟等方式传承。对非物质文化遗产项目及传承人的资助应以申报和审批相结合的方式，从实际情况出发实施。在此类项目的传承中，政府应出台优惠政策和措施，对资金不足无以为继的项目以及生活困难的传承人进行及时扶持帮助；提供长期的传承平台；出台对学习者的奖励措施，鼓励文化传承和学习，将传承人保护和传习保护结合起来；通过政府引导扶持的方式进行传承保护；通过将非物质文化遗产编入教材，让非物质文化遗产进入主流教育，通过跨代传承，解决因适龄青年外出打工而出现的遗产断档问题。

传承性保护的资金支持应重点考量不同类型、不同等级非物质文化遗产项目的驱动因子与动力大小。争取多方面的资金来源，力求利用有限的资金取得最好的保护效果。传承性保护在实际操作中应注意适度原则，在保护中坚持非物质文化遗产的本真性，重点关注传承动力的恢复。在扶持的同时保护民众的文化主体地位，避免完全"官办"对非物质文化遗产本真性造成损害。

⑤数字化保护

数字化保护就是利用数字技术对非物质文化遗产项目进行文字、照片、录音、录像、数字化多媒体等各类载体的记录，并将数据资源进行标准化输入和转化，实现系统化整合、专业化分类和信息化存储，最终通过数据库等形式，实现非物质文化遗产资源的数字化保存、管理、交换和利用，达到对非物质文化遗产数字化保护的目的，保护与传承非物质文化遗产。

⑥整体性保护

按照非物质文化遗产整体性保护原则和原真性保护原则的要求，建立文化生态保护区也是科学保护非物质文化遗产的重要方式。文化生态保护区建设就是要保护非物质文化遗产赖以生存的文化生态系统。非物质文化遗产必须、依托某个特定空间，依赖相应的物质载体和其他自然、人文环境。这种文化生态系统保护体现在保护自然环境和村落（社区）等人文环境以及空间内的物质文化遗产等载体上。

5.2.3 文化形态的整体性保护

（1）文化形态整体性保护

提出对文化形态整体性进行保护，是我国建设文化生态保护区的基本要求。文化生态保护区是对以非物质文化遗产为核心的文化形态进行整体性保护的特定区域。非物质文化遗产保护除了保护其自身的所有表现形式之外，还应有非物质文化遗产存在的社会生活基础和自然环境以及相关文化群体能接受它，愿意传承它。文化形态整体性保护的措施主要包括：

第一，保护文化生态环境。中国民间许多习俗都与特定的文化生态环境紧密相依，保护非物质文化遗产，就要保护其文化生态环境。关注各种文化事象的发生、发展的过程，就要求我们要注重非物质文化遗产项目本身与周边其他文化遗产的密切联系，这就是保护非物质文化遗产的生态整体性，是文化生态保护区建设的根本基础。

第二，保护物质文化遗产。物质文化遗产和非物质文化遗产都是祖先留下的宝贵财富，虽然在具体形式、内涵、功能上有所不同，但它们都是中华民族精神情感的衍生物，是同源共生、休戚与共的文化整体，不能将二者割裂开来，应当同时加以有效的保护，这样才能延续完整的中华文化传统。

第三，全方位保护非物质文化遗产本身全部程序与技能。任何一种工艺类非物质文化遗产，都是由多种技艺、多种工序共同构成的，只保护其中部分技艺和工序，是不能将其完整传承下来的。

第四，培育文化生态保护区民众主体性。在外界力量介入时，需要当地文化群体有文化自觉，认同自己的传统与习俗，这样才能最终达到整体性保护的目的。当这种主体性与外界的非物质文化遗产保护意图相违背时，被保护的非物质文化遗产就可能变成无主体的文化空壳。

第五，为了体现多层次保护和不同等级空间管治需要，文化生态保护区规划将"规划区"分解成核心保护区、重点保护区、一般保护区和环境支撑区、专项保护区五个不同保护等级的空间管治地域，以及文化传播廊道和文化传播扩散区两种"流动"文化地域类型。通过区域等级划定，将非物质文化遗产的保护落实在具体的文化场所（空间）上，保护重要的非物质文化遗产、传承人及其技艺，保持重点区域的历史风貌和传统文化生态，不得改变与其相互依存的自然景观和环境。

（2）规划实践

在非物质文化遗产保护与传承方面，以原文化部首个批准通过的《热贡文化生态保护区总体规划（2011—2025年）》[①]为代表案例。热贡文化有着悠久的历史和复杂的积淀，在西羌先民奠定的文化基础上，又融入了吐谷浑、吐蕃、蒙古、汉等多民族文化，历经东汉时期、魏晋时期、唐宋时期、蒙元时期以及明清时期5个历史阶段，热贡地区在成为藏传佛教文化圣地的同时，也遗存了西羌族群原始宗教、北方游牧民族萨满教、西南藏族苯教、东方汉族道教等多元宗教文化。而随着藏传佛教的传播、弘扬，同时产生了热贡文化中最具代表性的热贡艺术。

规划归纳了热贡文化形态。热贡文化是以青海黄南州同仁县隆务河谷为核心地区的，包括整个隆务河流域，由多个民族在漫长历史时期形成的、独特且包含多种文化元素在内的传统地域文化。热贡文化历史可以追溯到三四千年前的新石器时代，是热贡地区历代先民在长期的生产实践中为适应高寒农牧交错区的自然地理环境、传承藏传佛教文化和中原文化等各民族优秀文化的基础上融合升华成的、一种特色区域文化形态，是以藏传佛教艺术为代表，以各类物质和非物质文化形式为载体，能够体现热贡地区多元文化元素的集合体。

规划梳理了热贡文化生态系统。热贡地区地处青藏高原东北缘，那里是青藏高原和黄土高原两大自然地理单元的接合处，也是两大地理单元的过渡地带。特殊的地理位置使热贡地区自古便与东部的汉文化和北部的阿尔泰文化联系密切，历来是民族迁移、兵家必争之地。凭借其地理位置、自然环境和诸多独特的地貌特征，形成多民族的文化融合，特别是藏族、土族与汉族文化的融合，对热贡文

---

① 中国城市规划设计研究院. 热贡文化生态保护区总体规划（2011—2025年）[Z]. 2011. 项目负责人：周建明.

化的形成有深刻的影响，使热贡文化与其他藏族地区的藏文化有着明显不同。热贡文化的孕育、发展、传承地——隆务河流域，自然环境独特、优越，既有适合于畜牧业发展的广阔草原，又有适合于农业生产的、有厚层黄土的肥沃河谷，宜耕宜农。农牧业文化的紧密接触与相互融合，贯穿着大部分历史时期。农业文化与牧业文化的紧密结合、农耕民族与游牧民族同融与文化共存，加之河谷相对封闭的地理环境成为古老文化的庇护所，才使得许多古代文化得以生成并传承至今。

规划还总结了对热贡文化定位。一是黄南州的隆务河谷是产生热贡艺术之沃土和文化生态的核心地，是热贡文化的精华所在。二是黄南热贡文化是我国传统优秀文化遗产和藏传佛教艺术的代表，热贡艺术中的唐卡制作代表了我国唐卡制作技艺的最高水平。三是热贡文化体现了当地民众的精神信仰，具有多民族文化兼容性，是研究我国民族文化不可或缺的重要原始素材。

在此基础上，提出了整体性保护措施。热贡文化生态保护区整体性保护的内容以非物质文化遗产保护为核心，同时保护其所依存的物质文化遗产、文化景观遗产与自然生态环境。①热贡文化生态保护区内非物质文化遗产指在热贡地区存在并流传至今的、与热贡文化相生相伴的文化记忆，直接反映了热贡地区的地域文化、民间信仰、生产技术水平，是文化生态保护区规划的重点内容，包括民俗、传统美术、传统戏剧、传统舞蹈及传统技艺等。②热贡物质文化遗产是热贡非物质文化遗产依存的物质空间载体，是指能够见证热贡文化历史发展进程，与热贡文化发展直接相关的各类不可移动文物，包括文物古迹、历史街区、历史城镇及历史村落。③热贡文化景观遗产、自然生态环境与热贡文化、历史事件、宗教信仰、文学或艺术作品等有着直接的关联，反映了热贡地区典型的地域特征，对热贡文化生态保护区生态系统功能的维护发挥了重要作用。自然生态环境主要包括山脉、河流、草原、森林、泉水以及隆务河谷地区的山形地貌。热贡非物质文化遗产项目分布最为密集的地区即为同仁县的隆务河谷地带。

采用了空间保护区划的规划技术，综合考虑文化类型、特征、遗产分布、价值特点等因素，在规划范围内划定文化生态保护区的保护功能区（图5-4），明确重点保护区、一般保护区的范围及与之对应的保护措施，确定保护重点，实施重点保护工程。热贡文化生态保护区的重点区域，是热贡文化及遗产资源最集中、传统文化生态保持较完整、自然生态环境良好的区域，主要涉及的地域范围即为保护区划中的重点保护区，沿隆务河谷形成"一带三区、一核多点"的空间格局（图5-5）。

重点保护区

重点保护区范围为同仁县整个县域，是热贡文化发展及传承的主要区域，应对反映热贡文化的文化形式和文化空间及其生态环境进行整体保护。总面积3275km²。

将重点保护区域划定为重点地域。重点地域呈现"一带两片"的空间结构。"一带"为隆务河谷带，范围涉及60km长的整个隆务河谷区；"两片"为双朋西片与泽库和日石经墙片等文化遗产群，是热贡文化孕育、发展及传承的重要区域，也是热贡文化遗产分布最为密集的地区。应对物质文化遗产与非物质文化遗产、遗产项目与传承人、文化遗产与其生态环境，采取整体性保护策略，保护整个生态系统的真实性、完整性。

一般保护区

一般保护区的范围包括整个泽库和尖扎县域。

泽库县域，是热贡文化的传承区域。应对反映热贡文化的文化形式和文化空间进行重点保护，加强对热贡文化所依存的高原自然生态环境的保护，使人文生态环境和自然生态环境高度融合，互生共荣。总面积6650km²。

尖扎县域，是与热贡文化相关联的区域，是藏传佛教后弘期的发祥地。应对生态环境及人文环境进行保护，使其成为一个有利于热贡文化保存、保护和发展的地域和空间。总面积1714km²。

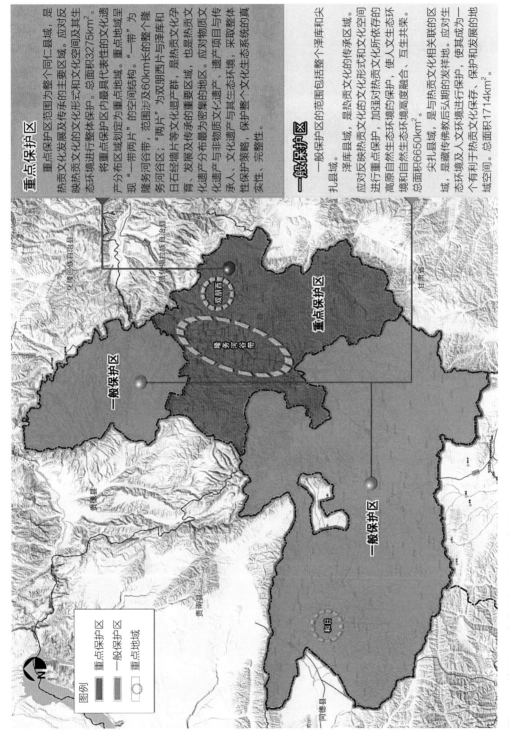

图例
重点保护区
一般保护区
重点地域

双朋西　隆务河谷带　重点保护区　一般保护区　和日

循化撒拉族自治县　化隆回族自治县　甘肃省　贵德县　贵南县　同德县

图5-4　热贡文化生态保护区保护区划图
来源：项目组绘制

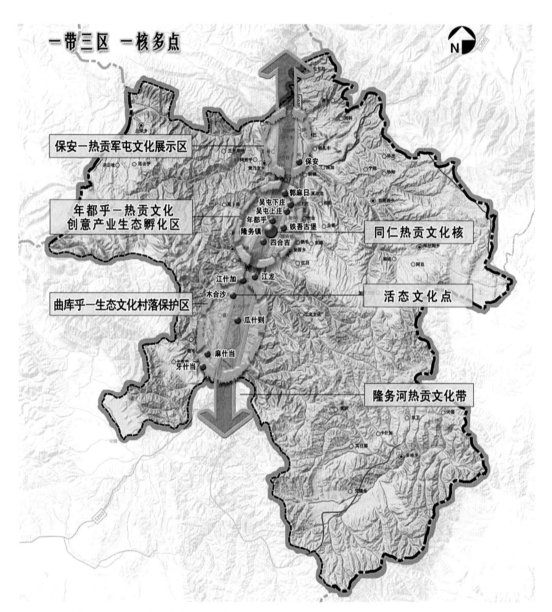

图5-5　重点区域整体性保护空间结构图
来源：项目组绘制

5.3 精神文化传承与发展

5.3.1 精神文化内涵认知

精神文化是文化层次理论结构要素之一。其作为观念形态，与经济、政治并列，是有关人类社会生活的思想理论、道德风尚、文学艺术、教育等精神方面的内容。精神文化和物质文化一样，它也是人们在日常的生活中总结出的经验理论，具体表现为人的伦理道德、对美的事物的感受、艺术品位和对精神世界的追求。也可以说，精神文化的范畴就是科学、艺术和道德，用现在的物质理论概念来解释就是真善美的统一。精神文化是人的精神食粮，孕育人的精神家园，决定人的精神状态、精神生活、精神本质，是人本质属性的体现；精神文化也是社会旗帜、社会规范，具有价值导向、精神源泉、民族凝聚的功能属性；精神文化还具有赋予民族国家国魂、集体单位群魂、个体思想灵魂的社会属性。

中华民族精神是中华民族在漫长的社会历史发展过程中逐步形成的，它是中华各族人民社会生活的反映，是中华文化最本质、最集中的体现，是各民族生活方式、理想信仰、价值观念的文化浓缩，是中华民族赖以生存和发展的精神纽带、支撑和动力，是创新社会主义先进文化的民族灵魂。所谓中华民族精神，是"中国人民在长期奋斗中培育、继承、发展起来的伟大民族精神"。这一历久弥新的中华民族精神，涵括"四种伟大精神"，即"伟大创造精神""伟大奋斗精神""伟大团结精神"与"伟大梦想精神"。中华民族精神已然化为中国人民的特质、禀赋，不仅铸就了绵延几千年发展至今的中华文明，而且深刻影响着当代中国的发展进步，深刻影响着当代中国人的精神世界。中华民族精神为中国发展和人类文明进步提供并将继续提供强大精神动力。习近平总书记关于中华民族精神的重要阐述，在时空双重层面具有极其重大深远的政治意义。[1]2017年，中共中央办公厅、国务院办公厅印发了《关于实施中华优秀传统文化传承发展工程的意见》，这是第一次以中央文件形式专题阐述中华优秀传统文化传承发展工作。该文件提出的中华优秀传统文化包括"核心思想理念""中华传统美德""中华人文精神"三项主要内容。

---

① 在2018年的"两会"上，习近平总书记首次全面阐释中华民族精神的意义。

5.3.2 传承发展中华精神文化

全面保护和传承中国文化的精神价值。中华人文精神是中华民族精神生命的表现，具有明显的历史特征。"文化可以超民族而影响其他民族，民族则不能离开其原有文化，并求加以发展兼表现一民族生命与文化生命之延续。"[①]文化特征是民族区分的根本，是民族文化认同和国家认同的重要精神支撑和思想表现。建设文化强国，必须植根于深厚的文化，全面保护历史传承下来的优秀价值理念和道德规范，从中华人文精神的传承中找到中华民族的德性之本，吸收现代价值理念。中华人文精神的生命历程塑造了独特的民族精神，包括自强不息、厚德载物、开放兼容、和谐统一等。它的当代表达形式就是"讲仁爱、重民本、守诚信、崇正义、尚和合、求大同"。中华人文精神对中华民族有积极的凝聚作用，诚如唐君毅所言："中国古代政治社会中即具备各种文化的凝合意识之种子，此种子之在数千年历史之中发芽滋长，即中国成为今日如是一大民族之根据……此诸种文化意识之种子在中华民族活动之始即已存在，自始即为中国民族之灵魂。"[②]作为一种凝聚意识，当代中华人文精神可以在民族内部整合力量，形成强大的认同意识，并由此塑造共同体的价值追求和生活方式。

传播中华精神，不断强化中国人民的文化认同和国家认同。认同问题指向了历史中内在的精神结构。中华人文精神既有其内在的民族性特质，又在某种程度上呈现时代的烙印，是民族性与时代性的统一。无论是国家认同还是民族文化认同，都不再是一种单纯依靠传统延续手段就可以保留的情感，而是需要当代中华人文精神持续的传播、影响、塑造。当代中华人文精神，要对时代提出的问题做出回应，符合时代的要求和特征，做到与时俱进。要善于利用网络信息平台，积极传播中华人文精神，向世界呈现崭新的中国形象，提升文化吸引力，赢得国际社会越来越多的尊重和认同。在当代的国际舞台上，要通过国际教育交流和建立孔子学院等方式，进行文化展示和思想传播，努力提升自身文化的吸引力，扩大文化软实力的影响。我们要通过当代中华人文精神的传承和创造，成为当代世界新价值观的提出者和引领者，实现文化强国战略。

处理好传统与现代的关系，推进精神文化创造性转化和创新性发展。文化观念上的创新，是一个民族发扬文化传统的根本前提，是中华民族屹立于世界民族之林的重要保证。在经济全球化的今天，当代中华人文精神的创新与发展要着重

---

① 史密斯. 全球化时代的民族与民族主义[M]. 龚维斌，良警宇，译. 北京：中央编译出版社，2002.

② 唐君毅. 中国古代民族之凝合意识[M]//唐君毅. 中华人文与当今世界补编（上）. 桂林：广西师范大学出版社，2005：125.

处理好传统与现代的关系。当代中华人文精神作为一种精神存在，是中华民族精神生命历程在当代的必然展现，是民族性与时代性的结合。文化的民族性特质是不同文化间相容、相感、相通的根本前提，"不忘本来才能开辟未来，善于继承才能更好创新"[①]。几千年华夏文明塑造的文化传统，是当代中华人文精神的活水源头，而这一源头的不竭动力来自与时代紧密关联的"创新性"，创新的目的内在于中华文化传统，是中华人文精神的内在要求。要对先进的价值理念做出"中国化"的转换，寻求现代化在民族生命中的立足点，立足个性寻求发展，使现代价值理念内在于中华人文精神。

5.4 制度文化传承与发展

5.4.1 制度文化认知

制度文化可以划分为狭义的制度文化和广义的制度文化。制度文化之狭义指向是指建立在一定社会经济济基础之上的，与思想、道德、宗教、艺术等观念上层建筑相区别的政治上层建筑，一定历史条件下的国家法律、政治制度是其主要组成部分。作为一种实体性形态的制度文化，当前还只是政治学研究的主要对象。制度文化之广义指向是指与自然相区别的人的活动所创造的一切规范和秩序体系，既包括国家的法律和制度，也包括社会伦理道德、规则、风俗惯制等意识形态，主要是人类学、社会学和哲学等一些学理性研究的指向。在广义的制度文化的意义框架下，全部社会现象实质上都是人的活动与创造，都可以从制度文化的本性上加以理解；人作为一种社会文化存在物，其活动的有效性和合理性都可以从制度文化的功能形态中得到诠释，为社会文化结构、层次或领域的划分提供了一个新的思路，物态文化、制度文化和精神文化构成了整个社会文化的复杂系统。[②]

习近平总书记指出："要加强对中华优秀传统文化的挖掘和阐发，使中华民族最基本的文化基因与当代文化相适应、与现代社会相协调，把跨越时空、超越国界、富有永恒魅力、具有当代价值的文化精神弘扬起来。"中华优秀传统文化中有着丰富的典章制度，涉及社会规范、文化制度、刑罚政令、行为方式等方

① 中共中央宣传部. 习近平总书记系列重要讲话读本[M]. 北京：学习出版社，人民出版社，2014.

② 孙树文. 制度文化研究[D]. 贵阳：贵州师范大学，2008.

面，蕴含着许多具有重要借鉴意义的优秀传统制度文化，今天仍然具有调治人心、惩恶扬善、保护生态等价值。

5.4.2 制度文化的结构系统

完整意义上的制度文化是一个具有自我实现能力的结构系统，是规则、对象、理念等要素的有机统一。

（1）规则

所谓规则（rule）是制度文化的核心内容，是通过规定权利、义务、责任，或者是赋予某种事实状态以意义而具有约束力的准则、标准和规定。从形成上看，规则要么是社会习俗的自发积淀，要么是权威部门的创制。

尽管规则作为制度文化的要素在内容上各异，但在形式上和逻辑上具有必然的一致性。其存在的意义在于为人的活动提供一种环境，正是在规则这一环境的熏陶、训练和强制下，人们就把各种活动习惯转化为自然，把外在的理性之物转化为内在的理性之物，从而"从心所欲而不逾矩"。因此，制度文化就是"存在于规范或规则的背景中，并为规范或规则而存在，这些规范或规则（以复杂的组合形式）各自对人在社会背景中的行为赋予意义、使之合法、加以管理甚至予以认可"[①]。

（2）对象

对象（object）是制度文化的指向和范围，或者是制度文化所涉及的范围与领域。制度文化必定是一定范围、一定领域、一定方面的规范系统，这一范围、领域和方面构成了制度文化的对象。

制度文化在对象化活动中根据自身需要通过有目的地对客体对象进行能动作用和改造，使客体对象按照制度文化的目的发生符合制度文化理念需要的变化，从而实现对于对象的占有、支配，达到对自身存在的真实理解和把握。换言之，制度文化发挥功能的过程就是通过一系列的规范将其所包涵的理念作用于对象，使其改变自在性而带有制度文化的"印记"。制度文化对象化使得其规则和理念与客观对象世界始终处于一种动态的平衡之中，制度文化因对象的存在而具有了实际指向，对象因制度文化的存在而具有了规范意义。[②]

---

① 王思斌. 中国社会的求一助关系：制度与文化的视角[J]. 社会学研究，2001（4）：1-10.
② 纪莺莺. 文化、制度与结构：中国社会关系研究[J]. 社会学研究，2012, 27（2）：60-85，243.

（3）理念

理念（idea/concept）是制度文化所体现出来的价值判断与目标定位，不同理念引导下的制度文化体现出不同的性质。制度文化理念一般不会独立体现，它需要与一定的规则规范相联系，并在制度文化自身形成和规范人的活动中发挥重要作用。

第一，一定的制度文化理念是制度文化得以产生的观念先导，是某一具体制度文化赖以产生和存在的价值观念。每一个时代占主流地位的制度文化都是其时代精神的体现。马克思主义唯物史观认为，要把制度规则的价值判断与选择放在特定的社会和历史形态下进行，才可能得出科学的结论。

第二，某一制度文化的具体安排与操作要受一定的理念所支配。就很大程度上来说，制度文化不过是一定价值理念的具体化，是一种结构化、程序化了的价值观。制度文化既可以正向价值为取向，保障现实生活世界良性运转和人的福祉的实现；也可以负向价值为归依，成为破坏生活世界和谐的手段。因此，制度文化必须有理性的价值导向，制度文化理念所要解决的正是制度文化价值的合理选择与定位问题。

第三，在生产力发展基础上的制度文化创新直接来源于理念的更新。在制度文化建构时就存在着理性判断和选择的问题，在制度文化形成后也存在着自觉调整、修正和更新的问题，其最终根据就是主体对自身根本的总体需要及其更好地满足这种需要方式的认识问题。

但是，制度文化的三大要素不是孤立存在的，它们之间相互联系、相互依存，使制度文化成为有机整体。[①]

5.4.3 制度文化传承发展

在几千年的历史演进中，中华民族创造了灿烂的古代文明，形成了关于国家制度和国家治理的丰富思想，包括大道之行、天下为公的大同理想，六合同风、四海一家的大一统传统，德主刑辅、以德化人的德治主张，民贵君轻、政在养民的民本思想，等贵贱均贫富、损有余补不足的平等观念，法不阿贵、绳不挠曲的正义追求，孝悌忠信、礼义廉耻的道德操守，任人唯贤、选贤与能的用人标准，周虽旧邦、其命维新的改革精神，亲仁善邻、协和万邦的外交之道，以和为贵、好战必亡的和平理念等。这些思想中的精华是中华优秀传统文化的重要组成部

---

① 亚青. 权力·制度·文化：国际政治学的三种体系理论[J]. 世界经济与政治，2002（6）：5-10.

分，也是中华民族精神的重要内容。①中华优秀传统制度文化是中华优秀传统文化的重要组成部分，不仅包含丰富的道德资源，而且包含丰富的制度和法制思想，是涵养制度意识、法治精神的重要源泉。

传承发展中华民族"志于道"的制度文化。中华优秀传统文化之所以优秀，是因为它是"志于道"的文化，追寻的是宇宙人生的大道。老子在《道德经》中指出："为学日益，为道日损，损之又损，以至于无为，无为而无不为。"在求知的过程中，即使知识再丰富，但只要有知，就会有所不知。而圣人无知的境界，如同镜子一样，可以"寂而常照，照而常寂"，最终达到"无所不知"。独特的求道方法使中国人很早就形成了"以天地万物为一体"的世界观。在这种"一体之仁"的观念之下，父与子、夫与妇，乃至兄弟、朋友、君臣、国家都是和谐一体的关系。在这种整体的思维方式下，中国虽然经历了漫长的历史发展过程，但仍然保持了人与人、人与自然、人与社会，乃至国与国的和谐相处。中华文明为什么能成为世界历史上唯一一个没有中断的文明，原因就在于中国人尊重古圣先贤"志于道"的发展方向，遵循"天人合一"的世界观，采取"一体之仁"的整体思维方式，坚持"民胞物与"的道德观念。这种世界观、思维方式、道德观念渗透于国家治理和社会制度的方方面面。

传承发展中华民族独特的治理制度文化。中华民族自古以来就有崇德、尚德的传统，把立德作为至高无上的人生追求。早在2700多年前，孝、悌、忠、信的观念就已经深入人心。其中，孝、悌被奉为仁之本，忠、信则被认为是"仁"的重要表现。除此之外，礼、义、廉、耻也广受推崇。这些传统美德在潜移默化中塑造了中华民族独特的治理理念，成为中华民族独特的文化积淀。传统"八德"逐渐与国家治理、制度建设以及社会风尚倡导相融合，使得中国治理在道德理念和价值追求上都呈现强烈的君子之风。以"八德"中的"廉"为例。古人早已认识到，官员的廉洁是政体延续的命脉所在。"官清则政善，政善则民安"。因而，戒奢崇俭、清廉自持对于官员来说不仅是道德要求，也是责任要求。正是因为德才兼备的领导干部是实现善治所必需，所以中国从古至今的制度完善也是围绕使"贤者在位，能者在职"这一核心而展开的。

传承发展民本主义作为治国理政的核心价值。中国古代很早就意识到民众的地位和力量，洞察到民意如流水、民心大如天的客观规律，将民本主义作为治国理政的核心价值，将人民的长远利益和整体利益作为治国理政的根本出发点。在中国古代，无论是思想家还是开明的政治家，都把民本作为治国的重要准则。老

---

① 刘余莉. 读懂中国制度[M]. 北京: 外文出版社，2022.

子认为：“圣人无常心，以百姓心为心。”荀子认为：“庶人安政，然后君子安位。”孟子则提出“天时不如地利，地利不如人和”，认为人心的凝聚、力量的融合，能够战胜一切困难，成就一切事业。因此，人民是真正的执政之基、力量之源。

“民唯邦本”的民本思想随着历史的发展不断丰富和衍变，为当代中国国家制度和治理体系提供了深厚的文化底蕴。中国共产党的历史，是一部“权为民所赋，权为民所用”的历史。中国共产党的领导地位和领导权力不是与生俱来的，是历史的选择、人民的选择。中国共产党从诞生之日起就把为中国人民谋幸福、为中华民族谋复兴作为自己的初心和使命。“全心全意为人民服务”“从群众中来，到群众中去”……中华人民共和国成立后，确立了人民民主专政的国体、人民代表大会制度的政体，确立了中国共产党领导的多党合作和政治协商制度、民族区域自治制度，确立了公有制为主体、多种所有制经济共同发展的基本经济制度，确立了不同时期“人民至上”的发展战略和发展规划。[1]

5.5 优秀传统文化传承与“双创”发展

“传承弘扬中华优秀传统文化”，“传承”就是继承和传递，是追本溯源，“讲清楚中华优秀传统文化的历史渊源、发展脉络、基本走向，讲清楚中华文化的独特创造、价值理念、鲜明特色”[2]，在此基础上，将这些“独特创造、价值理念、鲜明特色”继承和传递下去。因此，建设社会主义新文化体系，“传承”中华优秀传统文化是前提、基础和重要来源，要在深入研究的基础上对其详加辨析、取舍有度，因表现方式及内涵所指不同而分门别类、分层次、分方式传承，在扬弃中继承和传递。“弘扬”从字面上解释，就是大力宣扬，就是在继承中华优秀传统文化所蕴含的跨越时空、超越国度、富有永恒魅力、有当代价值的文化精神的基础上将其发扬光大。习近平总书记指出，“要坚持古为今用、以古鉴今，坚持有鉴别的对待、有扬弃的继承，而不能搞厚古薄今、以古非今，努力实现传统文化的创造性转化、创新性发展，使之与现实文化相融相通，共同服务以文化人的时代任务”。可见，“传承”是“弘扬”的基础，“弘扬”是“传承”的目标，二者相辅相成，相得益彰。按照以上观点，传承弘扬中华优秀传统文化，就是立足当今时代背景和经济社会发展现状，既立足本国又面向世界，对中华优秀传统文

---

① 刘余莉. 读懂中国制度[M]. 北京：外文出版社，2022.
② 中共中央宣传部. 习近平总书记系列重要讲话读本[M]. 北京：学习出版社，人民出版社：2016.

化进行提炼与创新，把继承传统优秀文化与弘扬时代精神结合起来，在对其进行当代阐释的基础上融入现代传播体系并面向现代化转型，努力实现创造性转换和创新性发展。

5.5.1 传承弘扬的原则

（1）继承性与创新性相统一

正确处理继承与创新的关系是对中华优秀传统文化传承发展的关键所在。作为同一事物的两个方面，继承是创新的前提和基础，而创新是对继承内容的升华与发展，二者是辩证统一的。要实现优秀传统文化的现代化转型，二者缺一不可，需要在继承的基础上有所创新，在创新的过程中更好地继承。

博大精深的中华优秀传统文化所蕴含的人文精神、道德理念及传统哲学思想在中华民族发展史上起到了重大历史作用，不仅维系了中华民族的团结统一，还使中华民族在抵抗各种内外风险挑战时立稳脚跟并发展壮大。因此，今天无论是推动社会主义文化繁荣兴盛，还是建设社会主义现代化强国都必须继承这一份无比珍贵的历史文化遗产。继承传统文化遗产的重要性不言自明，经过长时期历史积淀而成的思想精髓和博大智慧必须通过世代传承才能展现持久魅力、发挥永恒价值。相反，如果数典忘祖、丢掉根本，就会失去共有的思想和价值认同基础，从而引起无法抗拒的思想混乱和社会动乱。习近平新时代中国特色社会主义思想本身就是在继承发展马克思主义并广泛吸收优秀传统文化中的民本立场、创新思维、生态理念、廉政遗产、大同理想、和合智慧等思想精髓的基础上形成的。对传统哲学方法论和经典价值观的继承体现在内政外交国防和治党治国治军的方方面面，并且明确了要通过传承创新中华优秀传统文化增强文化自信和建设文化强国的内在要求。

另一方面，文化的生命力和竞争力就在于创新。若不能按照历史环境和时代要求的变化发展并与时俱进、勇于创新，而是一味食古不化、故步自封，传统文化将会丧失生机与活力并逐步失去历史光环，最终被时代所抛弃。中华传统文化是中华民族在长时期的生产生活实践和民族交往过程中积淀而成的，是封建时代社会实践的产物，无论是具体内容还是表现形式都不可避免带有与当今时代和社会发展进步要求不相符合的沉旧思想因子。需要我们结合新的时代条件予以推陈出新，以群众喜闻乐见的表现形式赋予其特色鲜明的时代内涵，架起历史与现代沟通的桥梁。通过对传统文化的"重构"与"新构"激发出它的创造力，使其永葆生命力和鲜活力。

（2）民族性与世界性相统一

文化既是民族的，也是世界的。传承与创新中华优秀传统文化不仅要立足于本民族传统文化精华，不断增强文化自信，使之展现中华文化瑰宝的独特魅力和永恒价值；与此同时，还要吸收借鉴一切外来优秀文化，通过与不同文明之间的交流互鉴来补己之短，从而达到维护世界文明多样性、传承发展中华优秀传统文化的目的。党的十九大确立了"不忘本来、吸收外来、面向未来"[①]的新时代文化建设指向，同样也为中华优秀传统文化更好的发展指明了方向，生动体现出坚持民族性与世界性相统一的原则遵循。

文明因交流而精彩、因互鉴而丰富。任何文明成果都不是完美无瑕不需要完善发展的。中华文明在形成发展过程中必然受到当时历史环境、时代条件的限制而带有一定的局限性。今天，创造性转化、创新性发展优秀传统文化更需要面向世界、博采众长，充分汲取其他民族文化中的积极成分和合理因子为我所用，中华文明也正是由于具有极大的包容特质才得以延续至今而熠熠生辉。当然，吸收借鉴其他优秀文明成果并不意味着崇洋媚外、全盘吸收。一方面，我们是有原则、有选择、有方向地吸收利用有益成分；另一方面，我们要在推动中外文明的交流互鉴中维护世界文明多样性、传承和发展中华优秀传统文化。

（3）理论性与实践性相统一

理论是实践的先导，实践是理论的来源。马克思主义强调理论与实践相结合，坚持理论与实践的辩证统一。

传承创新中华优秀传统文化应结合时代要求、基于中国社会现实予以传承发展。"将传统文化的思想精华融入社会实践和日常生活，来规范我们的行为、指导我们的行动。"优秀传统文化也只有与现实社会相融通并在解决实际问题中才能真正成为我们最深厚的文化软实力。这就要求构筑实践转化和创新的长效机制，通过更多文化创新成果驱动中华优秀传统文化不断向前发展。这表明重视传统文化并不等于仅仅是给予政策上的支持、理论上的指导，更不是空喊口号将其束之高阁不闻不问，而是着眼于新的实践要求，以我们正在做的事情为出发点进行理论思考，将各种在实现转型过程中形成的经验上升为理论认识，并将理论认识应用于实践发展，然后在新的实践中接受检验。党的十九大明确要"结合时代

---

① 习近平. 决胜全面建成小康社会夺取新时代中国特色社会主义伟大胜利：在中国共产党第十九次全国代表大会上的报告[M]. 北京：人民出版社，2017.

要求继承创新，让中华文化展现出永久魅力和时代风采"①，习近平新时代中国特色社会主义思想本身就诞生于新时代中国特色社会主义伟大实践，具有鲜明的实践性特征。

5.5.2 传承弘扬的方式

（1）深入挖掘与阐发其价值精髓

加强对中华优秀传统文化的挖掘与阐发是对其传承发展的前提和基础。吸收借鉴优秀传统文化精华治国理政需要首先梳理清楚我们的文化家底，以做到"心中有数"，彻底搞清楚中华优秀传统文化的历史渊源、发展脉络、基本走向、价值观念及鲜明特色等，从而有的放矢地吸收运用、交流互鉴、传承发展，充分发挥优秀传统文化的时代价值并焕发持久魅力。党的十九大提出要"深入挖掘中华优秀传统文化蕴涵的思想观念、人文精神、道德规范，结合时代要求继承创新"②。深入挖掘与阐发传统文化精华不仅有利于繁荣发展中华优秀传统文化，还是推进新时代文化建设发展的现实需要。

深入挖掘与阐发要先搞清楚"挖"什么。首先，要深入挖掘与阐发优秀传统文化中的核心价值观，那些已经深深烙在中华民族基因深处的核心理念。我们应以当代视角重新审视并深入理解它们的时代意义和价值，结合时代特征和实践要求来阐释这一"中国特色"。其次，要深入挖掘与阐发传统治国经验，将其作为今天的历史镜鉴，应打破经史子集的界限，按照当代治国理政布局领域对传统治国智慧进行系统化归类整理。最后，要深入挖掘与阐发中华传统美德，既要深入理解与阐释那些相对熟悉的历史史料精华，也应从卷帙浩繁的传统典籍中深入挖掘与系统梳理那些不为人知而又颇具价值的历史资料，以便全面系统地传承核心思想、传统美德、人文精神，培育文明社会新风尚。在明确了应当"挖"什么之后，就需要搞清楚应该如何"挖"。在挖掘与阐发的过程中，不应望文生义地去曲解经典文本语意，要从其本意出发架起古代文本与当代社会连通的桥梁。还要加强对历史文化遗产的开发和保护，"通过学校教育、理论研究、历史研究、影视作品、文学作品等多种方式"进行深度内容挖掘和理论阐释，培育多层文化挖掘与阐发主体力量，成立历史文化传统专门研究机构，共同续写优秀传统文化繁荣发展的新时代篇章。

---

① 习近平. 决胜全面建成小康社会夺取新时代中国特色社会主义伟大胜利：在中国共产党第十九次全国代表大会上的报告[M]. 北京：人民出版社，2017.

② 同上。

（2）唯物辩证对待中华传统文化

中华传统文化是具有鲜明二重性的矛盾综合体，传承发展中华优秀传统文化需要厘清传统文化体系中的精华与糟粕，然后辩证地分析对待。一方面，传统文化中不乏集中体现中华民族文明智慧和精神力量的思想精髓。在国家治理层面有以民为本、礼法合治、为政以德等治国经验；在社会进步层面有如先义后利、礼义廉耻、与人为善等智慧滋养；在个人修养层面有孝悌忠信、自强不息、厚德载物等修身智慧，这些都是传统文化宝藏中的精华部分。另一方面，作为传统农耕文明的产物，它也有落后保守和消极陈旧的因子，不可避免地带有封建时代的局限性，比如君臣主仆、男尊女卑、封闭守旧等纲常伦理和封建思想。我们需要一分为二地认识和对待，明确应当传承与创新的是中华优秀传统文化。

马克思主义辩证法强调要用矛盾的观点一分为二地看问题。新时代对于传统文化的学习、应用与研究都应去粗取精、去伪存真，绝不能照抄照搬全都拿到今天照套照用。在坚持唯物辩证对待传统文化的同时还要注意坚决反对"虚无主义""复古主义"等各种极端错误倾向。民族和历史虚无主义将传统文化视为阻碍我们发展前进的障碍，大肆宣扬传统文化无用、过时，认为陈旧过时的封建文化早已不适用于今天的社会发展和时代进步。

（3）创新传播教育方式，展现中华文化魅力

实现对中华优秀传统文化的传承创新必须重视其宣传教育和实践养成。一方面，要做好传统宣讲教育等基础性工作；另一方面，随着互联网及新媒体技术的迅猛发展，只有借助现代媒体传播形式并加大对传统文化的宣传阐释力度才能真正实现其现代化发展。

展现中华文化魅力，就要用好网络媒体平台这一思想宣传主阵地，借助互联网传播优秀传统文化已成为增强传统文化影响力和感召力的必然要求。近年来，《中国诗词大会》《中国汉字听写大会》《平"语"近人》等节目陆续登上荧屏，其内容鲜活、形式活泼，对探寻中华文化基因、重温经典国学进而传播与传承中华优秀传统文化起到了重要作用，这也是利用现代媒体手段传播优秀传统文化的有效形式。展现中华文化魅力，就要推动中华文化"走出去"，构建对外话语新体系，将展示中华文化与传播中国当代价值理念相结合，"推进国际传播能力建设，讲好中国故事，展现真实、立体、全面的中国"。展现中华文化魅力，就要重视并加强对优秀传统文化的教育引导与实践养成，构建中华文化特色课程和教

材体系。"复兴中华优秀传统文化,根本在于抓好传统文化教育。"①优秀传统文化可以帮助青少年树立科学的世界观、正确的人生观与价值观,不仅应加大学校中优秀传统文化的学习比重,还要以更加新颖和有吸引力的方式做好中华优秀传统文化的国民基础教育。通过对优秀传统文化的学习,让全体中华儿女都能感受到中华文化的独特魅力和时代风采,都成为传播传统美德与中华文化的主体并在生活实践中自觉践行传统思想文化精髓。

5.5.3 中华优秀传统文化创造性转化的主要内容

党的十八大以来,习近平总书记曾经数十次论及和阐述"中华优秀传统文化坚持创造性转化和创新性发展"这一重要论断。2017年1月由中共中央办公厅和国务院办公厅印发的《关于实施中华优秀传统文化传承发展工程的意见》,其中有一段专门阐述"坚持创造性转化和创新性发展"的内容:"坚持创造性转化和创新性发展。坚持辩证唯物主义和历史唯物主义,秉持客观、科学、礼敬的态度,取其精华、去其糟粕,扬弃继承、转化创新,不复古泥古,不简单否定,不断赋予新的时代内涵和现代表达形式,不断补充、拓展、完善,使中华民族最基本的文化基因与当代文化相适应、与现代社会相协调。"

创造性转化作为"双创"理论的重要组成部分,其坚持以中华优秀传统文化作为基本指向对象,以寻找和建立文化表现形式和主体内容之间的新联系为主要转化形式,以实现新时代中华优秀传统文化的发展为价值目标。认识创造性的基本内涵,掌握创造性转化的表征,对加深对"双创"理论的了解有积极意义。

（1）创造性转化的基本对象

中华优秀传统文化作为"双创"理论的主体对象,在创造性转化和创新性发展的不同过程呈现不同的具体范围。创造性转化的主体是具有整体性、以具体形式呈现的传统文化样式。在创造性转化中,中华优秀传统文化作为这种转化行为的主体,就展现出其整体性和基本性的一面。相较于创新性发展将传统文化的内容和形式抽离出来再进行整合,创造性转化充分还原文化的具体面貌,更多的是面向传统文化的基本形式,在充分了解原有面貌的基础上,针对一种文化具体且固定的形式进行整体性转化。如果说,创新性发展是"双创"的高级形式,那创造性转化就是基础形式。这种面向对象的基础性,最大限度尊重传统文化本身,发挥其不可替代的文化作用。

---

① 党圣元. 弘扬中国优秀传统文化实现中华民族伟大复兴[J]. 中国文化研究, 2014（3）: 6.

（2）创造性转化的主要形式

创造性转化的主要形式就是运用创造性思维破解传统文化中蕴含的基因密码，打破文化形式和内容之间的旧联系，创造时代需要的新联系。首先，创造性转化必须在运用创造性思维的基础上进行。创造性思维可以在最大限度上保证这种传统文化的转化在正确的范围内进行，保证了转化性质的科学性和客观性。其次，创造性转化对原真文化形式和内容原有联系的认识，是经过辩证批判的过程，并不是简单意义上的否定和打破。对于传统文化中内容和形式符合汉语表达习惯、遵循民族生活习惯、内容也易于为当代人所接受的，这种形式和内容的固定搭配就将被暂时保留，创造性转化并不是随机和无意识地对传统文化进行全面转化，而是根据不同条件进行的有意识筛选；针对需要进行创造性转化的文化形式，创造性思维将筛选形式和内容需要转化的范围和程度，并根据事物间现有联系，创造出符合具体实际需要和客观规律的新联系，在此基础上实现传统文化的转化。创造性转化的主要形式体现出客观、科学的特征和流畅、实际的运行机制。

5.5.4 中华优秀传统文化创新性发展的主要内容

（1）创新性发展的丰富内涵

创新性发展是以促进和实现传统文化在当代的发展为主要目的，并且突出创新性思维的发展方式，创新性发展的核心词是发展。将发展寓于创新性发展语境下，意味着这种发展具有严格意义上的批判性，是对旧的传统文化形式和腐朽要素进行辩证的否定和批判。辩证否定内含了对传统文化中真理性要素的肯定和继承，展示了新旧事物在发展过程的整体质变和部分量变。

创新性发展的另一个关键词是创新性，我们要在创新和创新性的关系中去深入理解创新性的内涵。创新是对客观世界原有矛盾再利用和再创造的实践过程、行为，其追求的结果是创造新的矛盾，促进事物发展；创新性是指人类在进行创新性实践过程中表现出来的能认识当前事物主要矛盾，并对当前矛盾加以利用和再创造的能力。创新强调行为本身，凸显过程和结果；创新性突出行为过程中的方式方法和行为特质。二者有根本上的不同。创新性发展是运用创新性特定思维，利用当前矛盾、创造新矛盾，推动事物之间的深入发展的实现方式，是事物之间更深入的发展阶段。创新性发展是在对传统文化肯定之否定、否定之肯定基础上实现的新发展，具有批判性质。这种创新虽然在充分汲取传统文化积极元素

的基础上发展，但是并不受传统文化的制约，实践不止，创新不停，实践是创新
的根本所在，这种创新性具有无限性。

中华优秀传统文化的创新性发展是由传统文化内部的根本矛盾所推动的，传
统文化在当今发展的主要矛盾是文化内在的要求发展与如何处理破旧形式和真理
性内容之间的矛盾。创新性发展运用创新的思维，将传统文化的有机内容提炼出
来，通过创新表现形式，实现新事物的有机结合。创新性发展作为习近平关于优
秀传统文化"双创"论述的重要组成部分，是实现中华优秀传统文化在当代发展
的重要方式方法，对创新性发展内涵的深入认识有重要意义。

（2）创新性发展的主要形式

创新性发展的主要发展形式是运用创新性思维，在辩证统一创新内容和创新
表达形式的基础上实现中华优秀传统文化在当代的发展。首先，创新性发展必须
运用创新性思维，创新性思维是创新性发展的精髓和核心。创新性思维贯穿发展
过程的始终，既体现在对发展主体的二元选择上，又体现在内容和形式发展二者
统一上；其次，创新性发展不同于运用创造性思维打破旧联系、建立新联系的转
化，而是在没有前提预设和思维边界基础上进行的发展。创新意味着打破常规，
在文化内容上并不拘泥于传统，而是鼓励吸纳国内外新颖概念、吸收时代新兴元
素，在表现形式上也随时代而动，由传统的二维转变为多维结合；最后，创新性
发展表现为坚持辩证批判的观点，创新本质上就是批判否定的结果，创新性发展
批判性地发展中华优秀传统文化，并辩证地将形式发展和内容创新结合在一起，
展现出鲜明的批判特征。

5.5.5 推动中华优秀传统文化"双创"发展

（1）基本任务

研究阐释提炼中华优秀传统文化思想精华。中华优秀传统文化的价值作用蕴
含在其丰富的思想内容之中，对其思想精华进行挖掘提炼是实现其现代转型、发
挥其现实价值、增强其世界影响的根本前提，也是推动其创造性转化创新性发
展的首要任务。研究阐释提炼中华优秀传统文化思想精华要处理好"讲自己"
和"自己讲"的关系，通过"讲自己"把握中华优秀传统文化的根本实现对其继
承，通过"自己讲"结合当代中国发展实际实现对其超越；要处理好传统与现代
的关系、历史与现实的关系、多元文化间的关系，科学认识中华优秀传统文化在
当代中国社会发展全局中的位置；要阐释好中华优秀传统文化的历史今天、独特

创造、价值作用，提炼出中华优秀传统文化的思想精华，为有效推动宣传普及增进中华优秀传统文化科学认知及中华优秀传统文化的现代转型奠定基础。

宣传普及增进中华优秀传统文化科学认知。中华优秀传统文化要实现自身现代转型，必然要在人的主体推动下实现，必然要充分发挥人的主观能动性和自觉创造性，因而人们对中华优秀传统文化的态度就显得尤为重要，且只有充分认识中华优秀传统文化的历史地位和时代价值，才能确立对中华优秀传统文化的科学态度。为此，要对中华优秀传统文化的基本精神、丰富内涵、历史地位、时代价值等进行大力宣传，积极开展中华优秀传统文化的教育教学和实践体验活动，促使中华优秀传统文化广泛融入人们的生产和生活，逐渐纠正人们对中华优秀传统文化的不合理认识，逐步重塑人们对中华优秀传统文化的信仰和尊崇。

以中华优秀传统文化助推现代化建设实践。当代中国的社会主义核心价值观体现了当前国家社会发展和现代化新人培育的基本要求，是中华优秀传统文化发挥自身时代价值最重要的现实依托，因此要大力推动中华优秀传统文化融入社会主义核心价值观，既要深入挖掘中华优秀传统文化的思想精华并赋予其新的时代内涵和现代表达形式，积极促进其融入现代思想文化体系，自觉成为现代主流价值观念的组成部分，又要促进现代思想文化体系和主流价值观念自觉吸纳中华优秀传统文化的精华，只有充分发挥中华优秀传统文化和社会主义核心价值观两方面的积极性，才能真正科学高效地促使中华优秀传统文化融入社会主义核心价值观，而一旦中华优秀传统文化融入社会主义核心价值观，就能真正成为当代中国社会主流意识形态的一部分并影响国家社会发展，自觉成为助推现代化建设实践的历史资源和文化力量。

传播中华优秀传统文化为世界贡献中国智慧。要积极推动中华优秀传统文化走出国门、走向世界，积极使其融入全球文化交流交融的潮流，自觉借鉴先进文明成果来发展完善自身，主动传播和分享自身优秀文化内容来为其他文明提供借鉴，坚决抵制不良思想文化侵蚀，保持自身文化独立性，不仅在与世界其他优秀文化的交流互鉴中实现自身发展，同时也要在与文化霸权主义的博弈中变被动为主动并取得胜利，从而不断增强中华优秀传统文化的世界影响，使其成为推动人类文明进步的坚定力量。推动中华优秀传统文化的对外传播需要加强顶层设计，制定中华文化走出去的战略规划，通过国家层面对资金、人才、设备等给予统筹和支持，不断开拓走出去的路径，不断创新文化传播的方式，以中华文字符号为依托，以思想价值理念为核心，借助"一带一路"倡议、长江经济带建设等拓宽文化传播平台，使中华优秀传统文化在与世界文明的交流互鉴中增强对世

界的影响，提升自身文化地位，实现中华文化与世界其他优秀文化的共发展共
繁荣。①

（2）规划实践

在中华优秀传统文化创造性转化与创新性发展方面，以《泰山文化保护传承
总体规划（2019—2035年）》②为代表案例。泰山是我国首批世界遗产，也是首个
自然与文化复合遗产，以符合7项突出普遍价值列入世界遗产名录。

标准Ⅰ：泰山的景观可称为独特的艺术杰作，沿着6660级台阶组成的登山步
道，一路经过11个门、14个坊、14座亭和4座阁，这条仿佛连接天地的路线已不仅
仅是简单的建筑杰作，而是在辉煌的自然基址上最终经由人类少许点缀的景观。

标准Ⅱ：作为中国最受崇敬的名山，两千年来，泰山对艺术的发展有着广泛
影响。岱庙、碧霞元君祠是泰山建筑的原型，且成为之后中国帝王时代的建筑模
式。优美的桥、坊、亭等建筑与幽暗的松林、陡峭的崖壁形成了强烈的对比，成
为山岳承载人类遗迹的典型。

标准Ⅲ：泰山是已经消逝的中国帝王时代文明的独特见证，尤其它与当时的
宗教、艺术和文学等联系紧密。两千年间，泰山是中国帝王祭祀天地的重要场所
之一，自汉代以来，泰山就是中华五岳之一。

标准Ⅳ：泰山是圣山的杰出代表。位于岱庙内的天贶殿是中国古代最古老的
三座大殿之一。碧霞祠建于宋代，它的建筑与庭院布局是山地建筑群的典型代
表。这些古建筑共同见证了唐宋时期文化和宗教的发展。

标准Ⅴ：泰山的自然和文化融为一体，包含了从大汶口文化时期开始的以宗
教祭祀为中心的传统聚居形态。泰山正成为受到游览活动急剧增加的不可逆变化
影响的典型代表。

标准Ⅵ：泰山与人类历史上许多无法忽视的重大事件有着直接和紧密的关
联，包括儒家思想的起源、中国的统一，以及书法和文学在中国历史上的出现。

标准Ⅶ：经历了接近30亿年的自然进化，复杂的地理和生物演进使泰山成为
一座屹立于平原之上的植被密覆的巨大山体，是人类千年文化与自然美景的共同
杰作。

规划首先对泰山文化内涵进行了归纳。泰山文化源远流长，内容丰富多彩。

---

① 吴增礼，王梦琪. 中华优秀传统文化创造性转化与创新性发展的维度和限度[J]. 湖南大学学报（社会科学
版），2020, 34（1）: 1-7.

② 中国城市规划设计研究院. 泰山文化保护传承总体规划（2019—2035年）[Z]. 2019. 项目负责人：周建
明，贺剑，郑童.

泰山文化开始于原始的自然崇拜，帝王封禅将泰山推到了"与天相齐"的高度，文人墨客将泰山视为高层次精神文化的审美对象，宗教信仰的繁盛，大大丰富了泰山的文化内容，民间信仰的普及与大众游览的发展使泰山文化平民化。规划将泰山文化归纳为五个方面：一是政治文化——国家秩序与国泰民安的政治文化象征。泰山是国家建立秩序、天下一统的昭示地，泰山封禅是中国古代帝王在泰山上举行祭祀天神的一种官方祀典活动，是宣示国家一统、祈福国泰民安、教化大众子民的重要仪式。二是地域文化——华夏之源与齐鲁之魂的地域文化代表。泰山及周边地域是东夷文化的发祥地和承载地，是中华文明重要源头之一，泰山（泰沂山脉）是齐鲁文化的分界线，泰山文化齐鲁兼蓄，成为多元与包容的中华民族文化的缩影。三是山岳文化——中华国山与五岳至尊的山岳文化巅峰。中华传统文化中，以东为尊，泰山处于五岳至尊的地位，泰山山脉祖起昆仑，横亘绵延数千里，拔地而起，雄踞东方万物生发之处，形成中国一大宝地，从大的空间尺度看，中国"四渎"恰恰前后拱抱。黄河、济水绕其后；淮河、长江环其前且皆曲屈有情，乃山泽通气、地润天和之象。季羡林先生言，"泰山是中华文化的主要发祥地之一，欲弘扬中华文化，必先弘扬泰山文化"。四是民俗文化——人民百姓美好生活、祈福与愿景的信念寄托。泰山祈福文化从远古走来，已经成为中华民族祈福文化的典范与代表。泰山封禅是历史上代表泰山祈福文化的重要形式，泰山东岳大帝信仰和碧霞元君信仰不但在中国影响广泛，甚至在东南亚各国也信众广泛。五是精神文化——践行"挑山工"自强担当的民族精神化身。冯骥才在《挑山工》中写道，泰山挑山工是一种精神象征，泰山挑山工经年累月一步一个台阶向上攀登，给世人留下了一道道吃苦负重、脚踏实地的剪影，"挑山工精神"成为泰山精神的一个具象化的符号。

其次对泰山区域的文化资源进行了梳理（图5-6、图5-7）。泰安是国家历史文化名城，有县级以上文物保护单位2422处；济南也是国家历史文化名城，有县级以上文物保护单位1970处。非物质文化遗产保护名录包括国家级11个、省级42个、市级310个、县级534个。非遗代表性传承人国家级6人、省级13人、市级98人、县级127人。发源于海岱地区的后李文化（公元前6300—前5400年）、北辛文化（公元前5400—前4200年）、大汶口文化（公元前4200—前2600年）、龙山文化（公元前2600—前2000年）一脉相承，形成了巨大的东夷泰山文化圈，见证着我国不同时期政治、经济社会的变迁。在众多的历史遗产中，古建筑、古遗址、古石刻占有较大比例，见证着互鉴交融的悠久历史。在泰山世界遗产保护范围内，聚集了与泰山封禅文化、礼贤文化、民俗文化相关的高等级文化遗产，岱庙、岱宗坊、遥参亭等古建筑，经石峪、唐摩崖等古石刻，分布在泰山本体及周

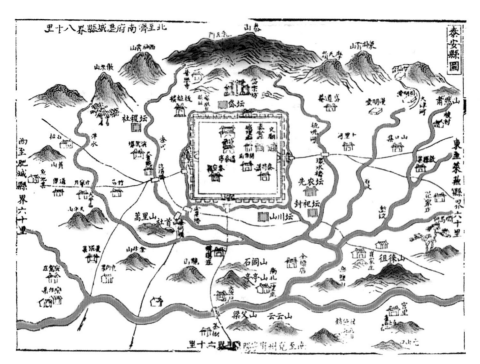

图5-6　泰山国家封禅场所
来源：[清乾隆]《山东泰安府志》

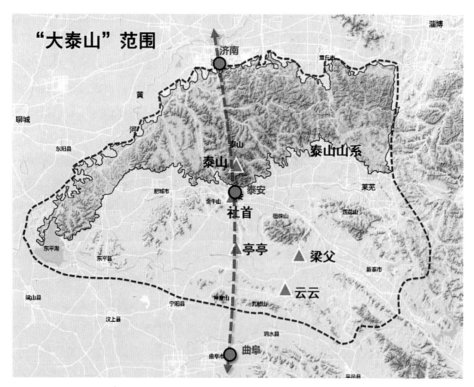

图5-7　大泰山地理范围
来源：项目组绘制

边范围；大汶口、大运河、齐长城等文化遗产分布在泰山周边地域。泰安、济南地处齐鲁文化的腹地，农耕文明历史悠久，在历史文化名镇、名村与传统村落中，蕴藏着众多历史信息和农业文化景观。自秦始皇确立泰山封禅制度以来，至清代，先后有13代帝王亲登泰山封禅，与此同时，文人墨客留下了大量吟咏泰山的著作。泰山老地名承载了丰富的泰山文化内涵，尤其是与泰山封禅文化相关的老地名，分布广泛，承载了古代帝王祭祀的历史信息和历史记忆。泰山的壮美是自然景观美和人文景观美的有机结合，通过富有美学价值和科学价值的自然景观同悠久民族文化的有机结合，形成了价值高、内容丰富、自然与人文浑然一体的文化景观。

可见，泰山文化是中华文明的重要精神源脉、凝聚了中华民族的精神共识。泰山区域因其综合而富集的文物资源、无可替代的重要地位和广泛的辐射带动作用，成为全国少有的文化遗产片区。在自然生态方面，泰山地区位于鲁中、鲁南山地丘陵区，是"泰山生物多样性保护生态功能保护区"，但当前也存在一些问题，如区域内相对高度较大、地表切割破碎、水土流失严重、生态环境超强度利用现象普遍，下一步需要整体保护泰山景观系统，保护区域内的景观和自然环境，保护生物多样性和景观的多样性。在文化生态方面，泰山区域历史悠久、文化底蕴深厚，有济南和泰安两座国家历史文化名城，保存了丰富的文化遗产和历史记忆，9个中国传统村落和一批省级传统村落承载了泰山文化的内涵，区域内文化遗产总体保存情况较好，下一步需要做好泰山文化遗产的创造性转化和创新性利用工作。

在系统梳理泰山文化源脉与赋存环境的基础上，综合历史价值、文化价值、精神价值等，把握泰山文化形态。泰山文化是指中华民族的东部先民依托泰山山脉、以泰山周边地区为核心地带，在大汶河沃野漫长的农业耕作生产生活实践中，与中华民族的政治历史、哲学文化、世俗观念等互相影响、互相振荡、互相作用，创造的融自然和文化于一体的独特文化形态。泰山文化特征可归纳为两点：一是包容天下的气度，是中华民族人格精神的体现；二是源远流长、兼收并蓄的胸怀，是中国文化开放性的体现。提出泰山文化面向当代发展的"时代价值"：

"天人合一、国泰民安"，承载人民群众对美好生活向往的吉祥文化。

"敢于担当、开放包容"，实现中华民族伟大复兴中国梦的进取文化。

"厚德载物、自强不息"，构建人类命运共同体中国智慧的和合文化[①]。

---

① 2018年12月，山东省文化和旅游厅、泰安市人民政府与规划项目组在泰安市召开了泰山文化论证研讨会，邀请了国内知名专家学者对泰山文化的精神内涵和时代价值、意义进行了研讨，共同确定了规划提出的泰山文化时代价值。

泰山文化是中华精神文化的象征之一，与黄河、长江、长城、孔孟故里等同为中华民族的重要文化形象标识。"国泰民安"是泰山文化的核心内容和鲜明特征，是中华民族的精神支柱和中国梦的具体体现。

将泰山文化与空间结合，构建大泰山文化空间发展格局（图5-8）。通过史料研究和泰山文化的时代定位，以"叙事空间"的规划布局、"精神空间"的环境营造和"科技+艺术"的创意设计，结合主题化的解说系统和情景化的标识标牌，让泰山文物古迹围绕主题定位"活"起来，使泰山成为国家文化地标、民族精神家园。整体空间结构为"一核一轴、两带两城"，一核带动——对接《山东省文化旅游发展规划》中济南省会城市圈文化旅游发展极的要求，加快济南、泰安文旅融合一体化发展；一轴支撑——依托京沪高铁，京沪高速公路等重大交通设施实现南联北融的发展格局，对接山水圣人中华优秀文化旅游发展轴的发展要求，打造泰山文化枢轴的品牌；两带隆起——依托齐长城世界文化遗产线路以及大运河—汶河资源，构建西接东进的文化发展方向，形成齐长城历史文化带和大运河—汶河历史文化带；两城联动——强化济南—泰安联动发展，加快推进济泰

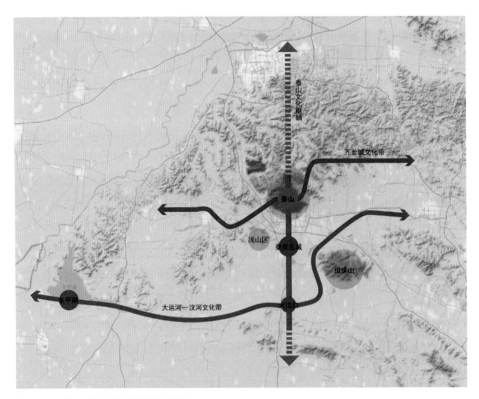

图5-8　大泰山文化空间结构规划
来源：项目组绘制

一体化和同城化发展，将济泰区域建设成山—水—圣人文化旅游带的龙头和山东省带动中西部腹地发展的枢纽区域。

　　在大泰山整体文化空间格局中，以文化枢轴的景—城—域联动为重点（图5-9、图5-10）。通过南至孔孟圣城、北至济南名城的轴线加强区域文化联系，打造完整的山—水—圣人轴线空间格局与国家主体文化骨架。其中，中华文化枢轴（泰山段），即泰山—岱庙—嵩里山段，注重历史风貌延续，保持文化枢轴周边的历史格局。中华文化枢轴（泰安段），即泰山—大汶口段，注重沿线及周边生态环境保护，着重打造云亭山节点和大汶口节点，综合遗址保护与汶河和自然景观保护，依托云亭山、汶河、山西村和明石桥开发汶河古渡生态村旅游功能。加强泰山主景区与大汶口国家考古遗址公园的联系，建立管理协调机制，包括加强宣传、设置旅游项目、加强解说教育。中华文化枢轴（整体），即济南—曲阜整体轴线，注重区域联动，以山水文化环境为基底，串联各个城市的轴线与文化聚落，以"生命体"形式相互作用，构成整体、动态的区域文化生态系统。

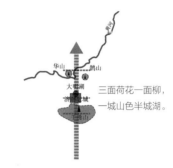

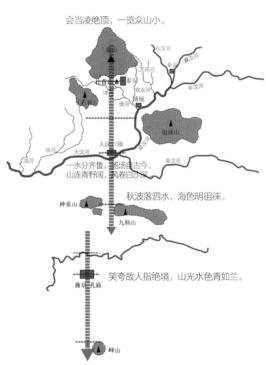

图5-9　泰山山水格局全景
来源：项目组绘制

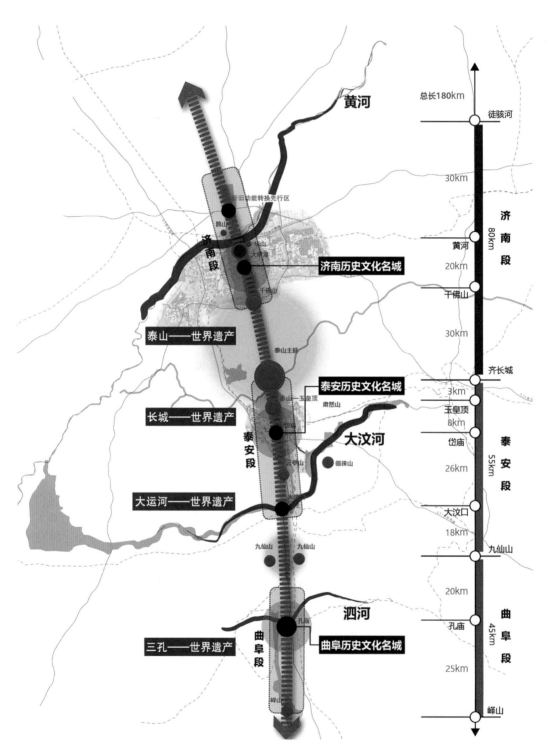

图5-10　大泰山山—水—圣人轴线规划

5.6 "软性"体验文化保育与传承

5.6.1 乡愁认知

（1）传统"乡愁"释义

"乡"是一个地理概念，即生长的地方或祖籍。"愁"表达一种忧虑、牵挂、悲伤的心理状态。"乡愁"在《现代汉语词典》中的解释是"深切思念家乡的忧伤的心情"，是一种人类情感现象。余光中的一首《乡愁》引发众多共鸣："小时候，乡愁是一枚小小的邮票，我在这头，母亲在那头。长大后，乡愁是一张窄窄的船票，我在这头，新娘在那头。后来啊，乡愁是一方矮矮的坟墓，我在外头，母亲在里头。而现在，乡愁是一湾浅浅的海峡，我在这头，大陆在那头。"乡愁承载了浓浓的亲情、深深的乡情、久远的故园情。在中国历史、文学中，乡愁也一直是文人墨客反复吟咏的主题。无独有偶，在西方文学中，盲眼诗人荷马所创作的古希腊史诗《奥德赛》也表达了相似的情感，支撑奥德修斯历经万难也要返回故乡的信念，正是其对故土浓重的乡愁。由此可见，乡愁是一种普遍的人类情感，也是人类文学艺术创作的一个古老命题。

（2）中央城镇化工作会议报告中的"乡愁"

2013年，中央城镇化工作会议提出城镇建设新目标："让居民望得见山，看得见水，记得住乡愁。""望山""见水"表达了城镇化建设的生态观，山水生态是适宜生命栖居的重要条件；"记得住乡愁"表达了城镇化建设的文化观，强调不论是乡村还是城市都需要文脉的传承。"山""水""乡愁"共同构建了新型城镇化下关于新型人居环境的一种价值追寻与取向。新型城镇化建设不仅要注意生态文明建设，让城市融入大自然，而且不能忽略人文环境建设，在建设过程中要留住特色景观，保留传统文化基因。

（3）新时代的"乡愁"

新时代的"乡愁"更多表现为城市居民与涌入城市的乡民对当下生活的反思，随着生态理念深入人心，这种反思不仅仅是个体行为，已经具有了社会普遍性和集体性特征。城市空前繁荣的背后是古村落、老街巷的损毁与青山绿林的遗失，栖居与流动的困顿、记忆与现实的反差、乡土中国与城市中国的角色转变致人们在钢铁森林中渐渐迷失自己，追寻精神家园与诗意栖居地成为新时代乡愁的主要情感来源。因此，新时代情感维度下的乡愁之"乡"，不仅指作为"家乡"这一特定乡愁情感来源，亦暗含作为人类"原乡"的抽象意义上的乡村①。村落不是一个人的家园，它是整个中华民族的精神家园，传统村落保护留住的不是个人的"乡愁"，而是整个中华民族的"乡愁"②。

5.6.2 乡愁要素解构

（1）乡愁的主体

特殊的国情历史与文化传统、特殊的地理人文与政治制度决定了乡愁对拥有数千年文明大国的意义与价值。乡愁是我国特殊的情感产物，传统文化的熏陶、多样的地域风情与悠久的人文传统都给予乡愁无尽的底蕴，我国的乡愁情感较其他国家与地域而言更显浓重与温情。

有故乡且远离故乡的人往往是带有乡愁的典型。无论生活在城市还是乡村，故乡都是个精神得以安放的襁褓，故乡是儿时记忆、童年历史、家园生活的脉脉温情所在，而最初生活的地方，无论是农家院落还是楼社小区都可认为是故乡的范畴。远离故乡之人，或是因为家族变动，或是由于地理环境的改变，抑或是出于安家立命的需求而离开故土，在一定程度上都有着对家乡的记忆与思念。很多在"外乡"未获得安身立命的资本、在异乡难以实现抱负的人，往往也有着较为强烈的乡土情感与乡愁情思。

故土面貌改变较大的群体心中乡愁情思浓重。故乡的概念很大，儿时生活的地方、家族谱系所在的地方、地域成员归属的地方都可以称得上故乡。城镇化背景下，随着城市的发展，很多农村的原始形态被不同程度地改变，很多农村人，特别是很多老一辈的农村人对农村形态的转变可谓百感交集、喜忧参半。很多城市人较农村人而言也有相似的感受，比如国企改革时，很多老一辈职工的心理也经历着风雨变化；城市面貌的日新月异使很多人在感到欣喜的同时又觉得失落与惶恐。这些人身上都有着乡愁的影子，都带着对故土家园的深情眷恋。

（2）乡愁的物质载体

我们的故乡情、民族情、审美感往往在"可触可摸"的真实情境中被强烈触

---

① 李蕾蕾. "乡愁"的理论化与乡土中国和城市中国的文化遗产保护[J]. 北京联合大学学报（人文社会科学版），2015，13（4）：51-57.

② 周润健. 冯骥才：传统村落是中华民族的美丽乡愁[DB/OL]. http://www.ylwyw.com/News_View.asp?newsid=30264.

动。工业文明进程中，物质财富的日渐充盈使人们在回望乡村时才发现乡村已面目全非。但是，千百年来，无论落脚于生产方式还是生活方式，作为承载乡土文化、传递地方气息、寄予情感深情的传统物质载体在今天虽淡去了岁月的厚重，但仍然弥足珍贵。

就生产方式而言，承载乡愁的物质载体取之自然又顺归自然，植根于传统农业、顺应于自然经济，构造了天人和谐的风貌：①农业为主，取之自然的生活方式。中华传统文化的灿烂辉煌与农业的发展联系紧密。农业在我国千百年的历史中从未消亡，甚至都不曾中断，勤劳智慧的先民们以农为本，立国、立天下，使农业成为社会生活的基础和上层文化建筑的物质支撑。而生活中的吃穿用度均来自田野，皆取之于自然。②人力为主，取材于自然的手工业技能。凝结着先农智慧的手工业虽然不及农业的社会地位高，但在社会生活领域中也独占鳌头、光芒四射，是中国古代人们智慧与辛劳的结晶，凝结着人与自然的亲密关系，不论经营方式与技艺如何改良，人力始终是承载手工业发展的最自然之力，使每个手工业产品都带有独一无二的印记。春秋时代，中华民族的祖先们就以木炭为燃料、以皮囊鼓风为动力开始冶铁，西汉时期已改良至使用煤炭，发展至东汉已改用水力，而日后的焦炭、坩埚等每一次材料的改变都无声地记录了手工技艺的发展与升级，但无论材料如何改变，皆取之于自然。这使以人力为主、取材于自然的手工技术成为中华文明得以传承的鲜活印证。③讲求和谐，天人共生的处事方式。珍爱自然，讲求天人合一、天人和谐，进而人伦和谐、人与工具和谐、人与自然和谐。使人力、畜力、工具力与自然力的统一在以天、地、人为根本的大环境中历百代而不衰，又使务实性、地域性、根本性等传统社会的特征彰显万世，以和谐共生为处事、处世的法宝，使生产方式在传统智慧的作用下造就了农耕时代精耕细作与男耕女织的繁荣，成为乡愁最原始与最自然的附着依据。

就生活方式而言，承载乡愁的物质载体大到屋舍建筑，小到衣食住行，生活的各方面都可寻得乡愁的载体：①饮食。自古以来，北方粮食作物黍、粟与南方的水稻成为传统农业的代表，直至今天，人们仍能从饮食中寻得农业的深厚影响。一方水土养一方人，一方水土有一方特色，但归根结底是各地饮食文化内涵的物质层面、社会层面与精神层面的缩影。北方好面，南方好米，这与不同地域的文化有着紧密的联系。而传统乡村中的饮食文化较城市往往更贴近自古至今的饮食方式与习惯，它以多样化、地方化、民俗化、人情化以及历史性、继承性、民族性为特色①。饮食中饱含的不仅仅是各个村庄的饮食习惯，更灌注着浓浓的

---

① 游修龄. 农业对饮食文化的潜在影响[J]. 饮食文化研究，2004（2）：3-14.

地域温情，比在城市更能寻得最初味道的来源。②乡间道路。乡间道路蜿蜒、泥泞、高低不平，成为划分农村不同区域的天然线。在很多地方，部分乡间小路在外人看来杂乱、无章可循，却承载了太多的情感归属，成为乡村物质形态的代表，是本地历史感与人文感的物化体现。新形势下，随着经济发展，传统农村的居住环境，特别是对乡间道路的建设朝着更加舒适与现代的方向转变，改善了居民的生活环境，也改变了传统的因路而分的村落布局。"村村通"的开展给农村道路建设带来了福音，水泥路、柏油马路的建设大力展开。很多承载乡土文化或者风土气息与地域特色的乡间道路，理应受到合理的规划与保护。但是，大量柏油马路与水泥路在很多乡村建设实施期间，不顾及本村的历史人文原始形态，过分强调形式，且规划不得当，致使很多富有传统气息与精神的乡路遭到蛮力破坏。③房屋建筑。传统农村房屋建筑无不外乎遵循就地取材、自然相宜、适宜气候和讲求风俗等特点，因中国地域广阔且南北跨纬度较大，温差大、气候条件多样等自然条件丰富了我国民居的地域特色，使各地民居形态各异，如中国五大特色民居建筑客家围龙屋、北京四合院、陕西窑洞、广西"干栏式"、云南"一颗印"，均具有突出的地域特色，兼具审美价值与实用功能，彰显着劳动人民的智慧。尽管各地建筑各具特色，但从文化层面所蕴藏的内涵都折射着伦理的用意。从更理性的意义上解读，民居折射的是传统建筑伦理的内涵，"礼制""中和""实用"等思想鲜明突出，政治伦理观[1]、尊卑有序的等级道德观、群体意识以及"贵和尚中"等伦理观念和思想，都得到了不同程度的体现与彰显，是民族文化精神的表达。传统民居、古建筑、地域祠堂、民居群落都不仅仅属于个体，从更广的意义上，这些固化的建筑都是属于我们整个民族的财富，是一种精神层面的物化的语言与表述，更是乡愁得以存放的家园。

（3）乡愁的精神载体

较之于"可触可碰"的现实物体，乡愁附着的精神载体更富有人文的流动性与鲜活的魅力感。着眼于散落在乡村的街角院落，乡愁的精神载体俯拾皆是：闲话家常、乡风民俗、语言文化、生活百态折射的不仅仅是乡土气息浓重的价值观念，还拼贴出了古老地域的深情与味道：①方音方言。作为地域文化的重要载体，方言往往较其他地域性载体如建筑、饮食、服饰等更生动与活泼，因为方言所承载的，不仅是人们之间的交流，更是千百年来地域内人们的生活习俗、经验与风土人情，它以其自身的地域性、乡土性、代表性、文化性成为地方性的"文

---

① 陈万求，郭令西. 人类栖居：传统建筑伦理[J]. 自然辩证法研究，2009（3）：61.

化密码"。这一重要文化传承方式在农村略胜一筹，往往最为原汁原味的方音方言总能在村庄里找到源头与归属。方音方言几乎是地域特色最外在的和最明显的表征：圆润的京腔、吴侬软语、乡土气息浓厚的山东方言、言简意赅的中原语调……每一个地域的方言都是这方水土人们性格和特点的"特产"。疾风苍劲的塞北造就不出吴侬软语，烟柳依依的水土产生不了狮吼大嗓。乡村的方言更地道、更淳朴、更有家乡特色。但是，随着普通话的推广、地域性交流的增多，普通话的普及程度迅速提高，加之新生代对传统语言环境感到陌生，方言使用群体正在缩小，语言越来越趋向于统一化，部分方言日渐萎缩进而消失。语言代表的不仅是本土的文化，更是一种情感的向心力与凝聚力的外化，民族语言的日趋衰落正在警示着我们应该守护这种延续千年的特殊文化。而乡村正是保存这份地域民族文化最后的档案地。②婚嫁丧娶。娶妻生子、传宗接代作为中华文化传承的重要大事，在人们的生活中是必谈的话题。自民国时期近代婚礼传入，西式化、都市化与洋气化的现代婚礼备受青年群体偏爱，但西式化婚礼的形式较我国乡村具有传统地域色彩的婚礼略显单一。哪怕是相邻的两个村庄，婚礼形式上也可能存在差异，更多的是凸显地方性特色。③节气节日。传统的二十四节气，惊蛰、春分、谷雨等往往作为农耕的参考符号，带有鲜明的农耕文化色彩与乡土气息，是老一辈农民口头上离不开的东西。很多承载着传统历法、神话故事、名人传说、天文地理的传统节日无不与二十四节气有着深厚的渊源，从《夏小正》《尚书》等中都可以寻得依据。对于今天的农村年轻人而言，能把二十四节气背顺的已不多，更谈不上对其意义的理解。节气对于新一代的农村人而言已陌生化，对于城市人也仅能从书本上去理解其含义，对于日常生活而言几乎没有任何指导作用。传统节日较传统节气而言并没有什么优势，春节、清明、中秋等传统节日作为世俗民风的重要组成部分，在城市中的被重视程度已经每况愈下，也只有乡村能够作为节气节日的保留者与传递人。①

5.6.3 乡愁的保育传承

与城市规模快速扩张和城市数量不断增长形成鲜明对比的是农村的衰败与消亡。国家的"乡村振兴战略"包括"文化振兴"在内的五个振兴内容，这是对以往快速城镇化的一种远见性"补短"，以期保护优秀传统文化的"根"。但在城市主导的社会形态下，仅仅依靠乡村显然不能系统、完整地保护、传承、发展我国的优秀传统文化，也不能满足现代城市居民对"乡愁"和优秀传统文化的需

---

① 李枝秀. 新型城镇化建设中"乡愁符号"的保护与传承[J]. 江西社会科学，2014，34（9）：254-256.

要。因此，如何培育城市"乡愁"？以传统农耕文明为基础的优秀传统文化如何在城市传承和发展？这是我国现阶段面临的迫切需要解决的问题。

首先，应保护好乡愁的文化载体。一是保护好物质文化载体，特别是保护好传统村落。传统村落是存留乡土记忆的载体，更是历史文化与人文价值的物质见证。若想记得住乡愁，就必须留得住传统村落，保护好传统村落有价值的部分。对农村面貌的保护与更新应遵循规划合理、人文规划、民情咨询等原则，放弃唯以经济为硬性指标的错误方向，改变以往大肆拆建的做法。合理规划有传统乡间特色的房屋建筑、树木景致，让原本历史记忆浓厚的乡土建筑、历史原物依旧绽放光彩，留住千百年来的乡土情感与脉脉温情。二是保护好精神文化载体。传统的手工技艺、杂耍、方言、民族风俗、服饰都是物化了的乡土形态与家园情感，只有保护好这类民族文化等非物质文化遗产，乡村才拥有原始文化底蕴，才是怀有乡愁的人们的最终归属，才能使无论是城市人还是乡村人，无论是游子还是固守本土的人都能够找到归家的感觉。当下，城镇化建设可谓任重而道远，率先从思想源头入手，政府从多方面、多部门进行协调与沟通，通过多方平台宣扬传统文化的精神力量、民族文化的地域特色、精神文化的理性作用，唤起民众对传统精神载体的敬畏之心。在建设过程中，相关部门应在实际行动中做好历史文化与现代建设的对接，勿让现代化建设割裂地域的文化传承，应多方合力保护好民俗文化，因为如果连精神文化载体也消失了，那么承载我们故土情结、地域人文、乡土气息的最基本土壤也失去了生命力，必然导致优秀的民间文化财富流失，留住"乡愁"无疑是一句游离于建设之外的空话。

其次，在城乡建设中也要留住乡愁。一是城乡建设应把握正确的文化导向。城乡建设必须给乡村留出足够的温情，给予乡村足够的重视。在文化大方向上将城镇发展与乡村建设双轨并行，只有厘清城市与乡村的关系，城镇化建设才不至于成为衍生人文与生态悲剧的罪魁祸首。中央城市工作会议提出的"留住乡愁"，是对人们精神诉求的警示、召唤与回归，是对城市居民在丰盈的物质生活条件下对精神家园、故土情节的感召，同时也是对广大农民特别是急于脱离土地的农民工群体的挽留。城镇化建设必须贯彻以人为本的建设理念，不要让城市人漠视乡村，丢弃了故土；更必须关注农民，不让排挤乡村、赶民上楼、破坏文脉成为引发怨怼的来源。政府城镇化建设中的全局规划必须预留文化空间，让人民心中容得下厮守、记得住乡愁。二是创建延续乡土传统的机制。一方面要加强文化宣传。政府通过广播、电视、传单或组织工作人员帮助农民改变想法，特别是在城市夹缝中生存且不能在城市中获得较好经济收入的农民放弃城市生活，呼吁他们重回故土，采取以农作物种植为主业与以农副产品加工为副业的生产方式。

另一方面要增加乡镇企业和农村的活力，提高农民收入，并且聚集大量农民，减少农村人口的流动性。政府应加大对乡镇企业的投资力度，严禁有污染的乡镇企业进入，建立以农副产品、民俗文化产品加工为主的健康乡镇企业，提高农民进入乡镇企业的积极性。根据各地的资源环境优势，发展各具特色的乡镇模式，无疑可以为城镇化发展的大厦增砖添瓦。让地域特色文化融入乡镇建设，可以依托不同乡镇的地域风貌、民族特色、风土人情建成一系列创意小镇、农家乐小镇、田园家居小镇等，让富含人文气息与地域特色的小镇成为乡镇经济发展的重要模式之一，寻求最适合本土特色的新的经济增长点，让乡镇的发展呈现多样化的色彩。[①]

① 刘沛林. 新型城镇化建设中"留住乡愁"的理论与实践探索[J]. 地理研究，2015，34（7）：1205-1212.

6 文化城市特色景观风貌塑造

文化城市不仅体现在城市的精神内涵上，也体现在物质形态的塑造上。城市意象是由美国学者凯文·林奇提出的概念，认为不同的人对城市的感应不同，因而会出现不同的城市意象，如果大多数人的意象相近，可认为是对城市文化的一种群体认知。城市意象由道路、边界、区域、节点和标志物5种要素构成，进行城市规划设计时，如果合理组织这5种要素，能给人以安全感、视觉愉悦及精神保障。文化城市建设的目的正是要营造良好的城市文化、塑造城市特色风貌，通过自然山水格局、城市空间意向、城市建筑、城市公共空间、城市标识、景观小品等特色景观风貌要素的构建，体现城市独特的文化形象，展现城市独特的历史和精神，彰显城市文化魅力，以期提升城市综合竞争力。

本章将解读城市特色景观风貌的基本构成，分析城市文化遗产、精神文化、制度文化对城市形象的影响，进而提出景观风貌建设的原则与发展方向：在尊重地域生境、场所精神的前提下，面向时代需求，塑造可识别、可记忆、美丽的城市景观形象。最后，结合新疆八卦城、福建福州，以及日本京都、巴西利亚等案例，提出适宜的传统景观风貌延续与当代景观风貌塑造策略。

6.1 城市特色景观风貌的组成

6.1.1 城市特色景观风貌的基本构成

城市特色景观风貌主要由以下三种要素组成：

一是自然景观要素。自然景观要素是最本质、最原始、最具地域表征、相对最稳定的。与城市地域性生成和发展相关的自然景观要素包括地形、地貌、动植物、气候、水文、大江大河、湖泊、山林、山体等要素。它是构成城市景观风貌的基础，不同的自然景观形成不同的景观风貌，表现在人们利用和改造自然环境的方式和程度上。

二是人工景观要素。人工景观要素是指在自然环境基础上经过人为改造的城市景观，主要包括城市建筑实体、环境艺术设施、城市格局、交通工具等。人工景观要素具有两面性：积极的、正面的、合理的人工景观不但能提升城市形象，还能熏陶人们的情操和审美情趣；消极的、负面的、无序的人工景观则会破坏城市形象，也在一定程度上影响人们的行为和看法。

三是社会历史文化要素。社会文化要素不像自然和人工景观要素那样可以量化，它是更深层次的，看似不存在其实处处有所体现的要素，物质载体可以是物体也可以是人，包括宗教信仰、城市历史古迹、伦理观、价值观、人文精神、民风民俗、审美观、开放和保护、管理模式、决策方式等。

6.1.2 不同文化元素对城市形象的影响

文化遗产对城市形象有着潜移默化的作用。宏观层面，结合城市自然地理环境、居民聚居、文化特质和交通条件等，因地制宜地安排城市内部文化空间，形成大的粗线条功能分区，在分区空间尺度上，特定类型的活动、场所和人表现出一定程度的集聚，从而形成共性文化空间要素积聚的特色文化分区。中观层面，主要是指那些在城市中功能相对独立的和具有相对环境整体性的区域，如历史街区、大型遗址区、历史文化风貌区等，这些区域是城市文化特色的集中体现区域，是在城市内部尺度较小的片区，由于特定业态的积聚效应在空间上连片发展，形成趋同或高度关联的文化功能片区，吸引相应的目标人群及活动，在时间和空间上较文化分区形成更强的积聚，形成特色鲜明的文化片区。微观层面，通过地段综合设计，使区域城市文化设施的服务功能导入城市机体内部，以此构建出不同特色的城市文化情景，对意义重大的文化资源要素在现代城市空间中的塑造，可以结合城市开放空间体系布局，建设具有地方感和历史感的开放空间。

苏州老城是历史文化形态延续的代表。苏州城一面是古典园林的古城格局，凝练出诗画江南和千年东方美学；另一面是现代摩登的高楼林立，彰显着时尚高端和国际风范。整个城市遵循"一核四城+四角山水"的构建模式，即古城大保护，四面建新城，周边大山水。从春秋吴王命伍子胥建阖闾大城，历经朝代更替，其城址和总体格局始终未变，传统文化塑造了苏州城市景观的基本骨架（图6-1）。

精神文化对城市形态有着深刻的影响。城市精神文化相对于城市物质文化而言，是人类在发展城市的实践中所创造的文化观、文化思想、文化艺术、文化产品，是人类发展城市实践活动的对象化成果，是城市人的精神象征，是城市的精神文化现象。城市的精神文化包括一个城市的知识、信仰、艺术、道德、法律、习俗以及作为一个城市成员的人所拥有的其他一切能力和习惯。城市的精神文化又可以分成两部分：一部分是通过一定的物质载体如印刷媒体、电子媒体以及其他有形物质媒体得以记录、表现、保存、传递的文化；另一部分则以思想观念、心理状态等形式存在于城市居民的大脑中，表现于市民的日常行为习惯之中。市民的生活习俗、理想信念、价值取向和追求，反映了一个城市的精神风貌，折射

图6-1　苏州老城区城市景观
来源：视觉中国
注：苏州老城区中，建筑高度不得超过北寺塔，苏州老城区至今保持着古朴的水乡风貌

着一个民族的精神①。

　　城市都有其外在形象，从民居、建筑、街道到城市文化景观，都是城市的名片，是城市给人的第一印象。国内外的一些历史城镇之所以成为世界各国人民旅游、观光的首选，就在于其特色鲜明、令人难忘的城市文化形象。城市风格是城市的内涵、城市的魅力，城市魅力则在于城市内在的精神气质和外在的精神风貌。人们对城市风格的第一印象是建筑。富有风格内涵的、保留着历史文脉的建筑，是城市风格的外在表现和依托载体。北京的四合院与上海的里弄，就是不同风格的民居；美国纽约的摩天大楼与中国上海的摩天大楼，虽然都是现代化建筑，但也有不同的文化韵味。城市景观是城市的亮点，从整体上展示城市风格。城市的景观包括大区域的整体景观和某些重点建筑物的个体景观。

　　雅典、杭州等城市是精神文化对城市形象产生重要影响的代表。雅典位于巴尔干半岛，是希腊的首都（图6-2）。那里是欧洲哲学的发源地，也是民主的发源地，曾在公元5世纪时，对欧洲乃至世界文化都产生了极其重要的影响，被称为世界圣城。雅典至今保留着很多历史文化古迹和一些艺术作品，最具有代表性的建筑物是位于城市制高点的帕提农神庙，这是西方文明的象征。杭州是浙江的省会，三面云山一面城，一江春水穿城过（图6-3）。水，世世代代滋润着杭州人，也赋予这座城市浪漫、优雅、温暖的风骨。城市景观的意蕴，不仅在情景交融的深切内涵中展示城市风格，而且在城市人的情感、情怀、情操与城市景观的交融中实现了城市精神和文化价值。

　　城市制度则在深层次上影响着城市精神风貌和精神气质的特点、品质、价值和发展趋势，在深层次上影响着城市精神文化的生产和精神文化生活。城市制度离不开人，它靠城市人设计、执行、遵守。城市制度折射着城市人的内在素质，城市人的文化理念、文化素质高低决定着城市制度设计水平的高低。城市制度文化是城市制度的观念内核，是设计、执行、监督、变革城市制度的人们的理性原则、价值取向、理念追求、道德标准、利益调整等，反映出城市制度设计的主体追求什么、捍卫什么、接受什么样的理性思索和道德底线，是主体化、内在化的关于城市制度的观念系统。城市的制度文化是城市精神文化的产品，城市制度文化蕴含于城市的精神文化之中。不同的制度文化反映着不同的精神文化特质、不同的民族精神，体现着国家精神文化的本质与伦理观。

　　北京中轴线是营城制度文化的集中体现。择中立国、象天设都，这是古人的

---

① 鲍宗豪. 城市精神文化论[J]. 学术月刊, 2006（1）: 17-24.

图6-2　雅典城市景观
来源：视觉中国

图6-3 杭州城市景观
来源：视觉中国

图6-4　北京中轴线城市景观
来源：视觉中国

都城选址与营建理念。自永定门至钟鼓楼长达7.8km的北京中轴线，肇始于元，是中国古老都城规划设计思想在北京实践的"无比杰作"（图6-4）。"中轴线的核心价值并不在建筑本身，而是建筑的尺度、形态、色彩构成了一种富有韵律的秩序关系，反映出多元一体的中华民族对几千年儒家礼制的认同与传承"[①]。

6.2 城市特色景观风貌塑造的原则

6.2.1 尊重地理环境，彰显地域特色

城市特色风貌是城市的珍贵财富，特别是由于历史的积淀形成的城市风貌特色，是城市发展的基础，是城市的历史，是城市的根的外在表现形式。以往我们只注重群体或者单体的文物价值，而忽视作为整体存在的城市特色价值，因此造成了"建设性破坏"，而如今人们逐渐认识到了城市空间的价值。我国很多城市

① 吕舟. 鲜活的"北京中轴线"[J]. 今日中国, 2022, 71（5）: 18-20.

更由于其显著的城市特色而被列为世界文化遗产，如西安、平遥、丽江等，这些城市的特色景观风貌及世界遗产名片极大地推动了当地经济和文化的发展，其效益在旅游业中体现得最为直接，其他层次的影响也变得越来越显著。

特色对鲜明城市形象的塑造有核心作用，每个城市总有一些区别于其他城市的城市风貌特色。地域风貌特色的营造首要的是特色的发掘而不是创造，应通过认真梳理现状特征，应用各种手段加以创新、强化和凸显其特色。尊重自然地理格局，不破坏自然风光和景观，提出整体风貌保护方案和景观风貌控制要求，明确重点建筑与重要节点的风貌，倡导地域特色建筑。

6.2.2 尊重地域文化，体现场所精神

城市特色风貌的形成作为一种历史性的过程，鉴于生产生活方式、气候条件、地理位置的差异，形成了不同的地域特色。自然环境为人类的生存提供了最基础的条件，也为城市的形成和发展及城市空间形态塑造创造了前提，几乎所有有特色的城市都是充分利用了地域条件建造而成的。作为城市的基础，自然地理环境对城市特色风貌来说表现为一种直观的外在因素，相比之下，城市人文特色和历史文脉所形成的城市特色是城市的灵魂和内涵。没有灵魂和内涵的城市是肤浅的，无法想象的。其实，随着城市的形成和不断发展，城市一方面为人们提供工作、居住、交通与游憩的场所，另一方面使人们的审美、情感和智慧等精神要素得以持续积累。城市地域特色凝聚的城市传统和城市精神，无论对城市本身还是其居民来讲都是一笔极为宝贵的财富。它通常能勾起人们对城市的回忆，从而增强居民对其居住城市的自豪感和认同感，将人们的创造力激发出来。

E. 沙里宁（Eliel Saarinen）曾说过，"让我看看你们的城市，我就能说出这个城市居民在文化上追求的是什么"。譬如埃菲尔铁塔之于巴黎，故宫之于北京，是城市的象征和标志，是城市的文化窗口。因此，进行城市规划建设不能随意割裂其历史文脉，而是应该利用管理与设计等各种手段尽力将其延续。

6.2.3 尊重当地生活，体现风土人情

城市容纳着生活，是人性的产物，城市特色风貌规划不单要针对道路、街区、城市等具象空间进行研究，还必须要使人们的精神生活和心理的需要得到满足，从而符合广大市民的行为习惯，为人们游憩和出行创造良好的人居环境。同时，这里的以人为本不单单指给予外地游客人文关怀，更重要的是保证当地居民的"可居性"。因此，如果对市民的意向缺乏了解，规划工作就会失去针对性。城市特色风貌的打造与市民的认知和关注息息相关，他们的认知度越高、关注度

越高，特色价值的作用力就越大。城市特色风貌必须用更长远的眼光统观全局，其活力来自居民间的交流。

6.2.4 面向时代需求，促进可持续发展

城市特色风貌在不断变化发展，城市在新时期会呈现新特色，同时原有特色也会发展并延续。在塑造特色的过程中，需要密切关注城市特色风貌的发展趋势进行，挖掘城市潜在的特色。在城市景观规划设计中，首先，要挖掘地域内涵，地域性是城市景观设计的起点，也是后续发展的动力。城市景观设计需要考虑地域因素，但提倡地域性原则，并不意味着城市文化是封闭的，城市文化是一个开放系统，它可以吸收其他地区的优秀文化，并进行整合，但这种吸收必须与城市自然条件与人文条件相结合。其次，文化景观设计在地域文化运用上要尊重自然，是在城市这个载体上对自然的重塑和雕琢，不能违背自然规律，同时是在自然中找到设计规律，充分发挥自然优势，使景观融入城市、城市融于自然。最后，回归以人为本，满足人们对归属感的需要，也是景观的重要社会功能，人的行为活动的一系列过程是景观设计所要配合的，人性化的场所设计正是这种对人的行为活动的分析所做的景观风貌设计。

6.3 城市特色景观风貌的发展方向

城市特色风貌应体现出可识别、可记忆、美丽3个基本特征①。

6.3.1 可识别

（1）可识别的内涵

在中国的历史传统思想中，一直都有无规矩不成方圆的说法。规矩不仅仅是一种约束，更是一种指引，让事物朝着更和谐的方向发展。可识别这一概念在建筑中的应用恰恰是为了方便人们的出行和带给人指引的作用，从某种程度上说是一种建议式的规范，带给人安全感，也正是这种安全的指引使人们可以更踏实地在空间内活动。如中国历史上的很多城市通常在一个具有轴线性质的空间或场所内，可以通过一定的手段，如树立中心、指明方向、形成标志等手段来形成可识

---

① 周建明，刘翠鹏. 增加城乡识别度 推动特色风貌建设[N]. 中国建设报，2014-11-04（5）.

别性，从而使得人们能够进行明确的定位，加深对于对象城市的印象。

一是树立中心。C. 诺博格-舒尔茨认为：人都具有对中心最基本的存在要求，都具有向心感，存在着一种心理归属感。没有中心，社会内部是混乱的；有了中心，才能使人在心理上建立秩序的终点，通过人们的活动，使本身的秩序建立起来[①]。也就是说，中心存在的意义就是人们在这里可以充分建立起感知环境的能力，人们在中心场所的活动性最大。

二是指明方向。确定方向是指对物体的空间关系和自身在空间所处位置的感知。这也是轴线本身的特性。有的时候为了强调轴线会采用阵列的形式增加秩序感；有的时候为了削弱轴线，会通过因势利导的自由松散的布局手法，弱化空间方向感来达到效果。利用对空间的处理进行方位的定向，可以使行人留下深刻的印象，对识别内部环境产生较好的作用[②]。

三是形成标志。它是观察者的外部参考点，利用它的醒目、引人注意的特点来为行人指明方向，是变化无穷的简单的形态要素。目前，人们依靠标志系统作向导的趋势日益增加，这也就是说，对独一无二的特殊性的关注超过了对连续性的关注[③]。

（2）空间可识别的内涵

人们通过认知能力对一个空间与另一个空间形成感官上的差别，这种现象叫作空间可识别。当人们来到一个空间的时候，首先需要在这个空间寻求一种归属感，这种归属感的产生需要这一特定空间中包含较多人们所熟悉的空间可识别要素。人们对空间的认知能力越强，人们的归属感也会越强。空间可识别性可以通过人们不同的感知能力来体验，包括视觉、听觉、嗅觉、触觉等[④]。

从城市空间来看，人们更多地是通过视觉来观察可识别的空间，增强归属感，从而将这种城市空间的可识别要素转化成城市的文化景观特性。其他形式的认知能力也不容忽视，一个人性化的城市空间就应该综合考虑人对于环境的感知与体验，绝不仅仅是视觉而已。因此，空间可识别的主体是人，空间是载体，人与空间的对话是建立可识别性的前提，这是一个动态交流的过程。

① BLOCK W. WHITEHEAD R. The unintended consequences of environmental justice[J]. Forensic science, 1999, 100（1-2）: 57-67.

② SAUNDERS C D. The emerging field of conservation psychology[J]. Human ecology review, 2003, 10（2）: 137-149.

③ 周拥军，郑卫民. 标志性建筑的原生与创新[J]. 中外建筑，2007（2）: 3.

④ 常怀生. 环境心理学与室内设计[M]. 北京: 中国建筑工业出版社，2000.

（3）城市空间结构的可识别

城市空间作为人们生活与社会活动的一种载体，其空间结构的形式对人们的生活方式产生不可回避的自然作用。当然，人类的社会活动与城市空间结构形式不可分割且相互作用，城市空间结构形式还会受到其他因素的影响。原始社会开始，人们聚居于水源相对较好的区域，这也形成了最初的"城市"，早期的城市结构更多地受制于自然地理条件[1]。如今，城市空间结构的影响因素更加多元化，如不同的地理环境、城市定位、城市中产业的类型、人们的生活方式、自然资源的分布等。不管一个城市或一定城市空间符合哪种空间结构模式，都会对其内部的建筑甚至景观有一定程度的限定。特定的建筑形式所反映出的可识别的显著特点也会表现在城市空间结构甚至更宏观的城市文化上。因此，从城市空间到建筑设计，最后再回扣城市文化主题，是一脉相承的[2]。以上这些对可识别的城市景观风貌设计都有诸多可提取之处。可以轴线式、核心式、街区式三种空间结构形式来对城市空间结构进行分类[3]。

一是轴线式空间结构。轴线对称是自古以来我国城市最常用的一种建城模式，自然而然地成为最成熟的一种城市空间组织方法。这种城市结构通过中轴线方式来控制整个城市或片区，轴线上有不同的控制节奏变化的节点，达到中国古代传统文化中提到的起承转合的境界[4]。轴线结构也是最容易凸显出可识别特点的一种空间结构，由于其对称感在视觉上给人震撼力而轻易产生深刻印象。在轴线两侧，可以通过对称或者非对称的手法来产生横向的变化，通过沿轴线方向设置不同重要节点来控制纵向节奏变化，达到引人入胜的效果。这种空间结构模式适合具有一定纪念性的城市空间，如北京中轴线。轴线的方向一定有一个重要的因素隐藏在城市背后，可以是城市发展的趋向，历史文化遗留的足迹或者旅游发展的路线。

二是核心式空间结构。核心式空间结构一般是基于城市中比较重要的建筑群或者构筑物存在，其他建筑群围绕着中心呈放射状分布。这种布局的空间结构在形态上具有较强的向心性与整体感。通常情况下，城市核心是具有较强纪念性意义的中心广场或者中心商务区等，它可以对周边的建筑群起到统领作用，给人以震撼之力。霍华德提出的田园城市理念与沙里宁提出的卫星城市都是建立这种城

---

① 王建国. 城市传统空间轴线研究[J]. 建筑学报，2003（5）：4.

② 刘蔚华. 方法学原理[M]. 济南：山东人民出版社，1989.

③ 赵航. 产业集聚效应与城市功能空间演化[J]. 城市问题，2011（3）：5.

④ 武威. 建筑创作整体性解读[D]. 哈尔滨：哈尔滨工业大学，2009.

市空间结构的理论依据。当然，这种城市结构也存在一定的弊端，当城市空间大到一定规模以后，这种向心的趋势越来越不明显，如果仍然机械地采用向心模式，就会导致"摊大饼"的城市悲剧。此时，单核心式的空间已经不足以支撑一个城市的发展需求，新的核心就会出现。一般情况下，一个较大的城市，在总体规划阶段就会对城市空间结构的模式进行限定。

三是街区式空间结构。街区式空间结构所构成的城市空间具有较强的整体性，其城市肌理由大小相似的街区模块组成，城市骨架清晰可见，城市路网井然有序，其间穿插大小不一的城市绿地以及广场等公共空间。街坊与街坊之间更容易形成商业步行街，这种空间结构模式实则增大了城市开放空间的面积、提高了品质，并形成许多趣味空间。同时，街区式空间结构从某种程度上讲也具有低碳环保的特点。因为这种模式的城市空间更有利于缓解交通拥堵，也便于鼓励人们步行或者骑自行车出行。

（4）城市空间层次的可识别

形态层次的可识别属于城市空间的客观部分，人们依靠感知与亲身体验以长、宽、高的形式对三维空间给予限定。这一层次的可识别比较直观，观察者通过肉眼观察形成直观的图像。建筑的体量大小、开放程度、形态特征等都属于这一范畴。建筑形态与所处空间是否和谐是这一层次可识别关注的要点。许多建筑形态单独看起来都满足审美与功能需求，但是组合到一起就有可能产生对空间的割裂感①。单个建筑的形态与多个建筑的组合都需要对比，但是需要一个统一的方式来使这种变化符合逻辑，这种逻辑就是这一层级的可识别点。

功能层次的可识别是城市空间的主要方面，城市总体规划中对城市用地性质的划分决定了该用地上建筑的使用功能。通常来讲，不同功能的建筑，其形态也会有所差别。比如体育馆建筑往往是大体量的，并且从其形态上便能猜出它的功能；小诊所一般是近人尺度的，其功能决定了它的空间尺度。如果强行违反这种规律，造成的尺度感失调，会给城市带来很多问题。当许多功能不一的建筑组合在一起，它们的建筑形态也必然会有差别，这种可识别是通过已知建筑的功能对其建筑形态的估量而实现的，并不一定完全准确，通常凭借人们的感觉或者经验得出一个适中的建筑形态参考值，因此这一层次的可识别属于城市空间的主观部分。

意向层次的可识别设计可以算是城市空间中最为复杂的部分。从城市空间意

---

① 张彤. 整体区域建筑[M]. 南京：东南大学出版社，2003.

向层次上来看，空间的关系比较复杂，可识别的点非常多元。城市的文化传统、历史沿革、社会资源与自然条件都会对城市产生非物质形态的影响。如一个符号、一种颜色、一个形体都有可能成为城市空间可识别的意向来源。只有通过这一层次对城市空间进行可识别设计，才能使城市空间更具立体感，更加人性化，更让人有归属感[①]。

（5）城市空间界面的可识别

宏观来看，城市空间界面由城市天际线而来，城市天际线指距离城市一定距离所观察到的城市的外轮廓线。微观来看，城市空间界面也体现在建筑与场地的关系上，比如建筑的形态、公园绿地所占的比例等。可以通过城市空间界面的形态与变化识别出城市空间的发展阶段与发展进程，并对这个城市的面貌有一个总体的认知。

（6）城市环境的可识别

①街道与设施

在城市环境当中，城市路网是城市的骨架，其形态结构决定了城市的发展模式。在路网中，不同等级的路网，其功能不尽相同，尺度上差别也较大。针对不同等级的道路，其所配备的基础设施也会有所区别。因此，城市街道与设施也具有一定的可识别性。

路网的形态。一个城市的路网结构通常要与这个城市本身的文脉气质相符合，从路网的结构上可以看出一个城市的肌理、城市的中心、城市的发展方向、城市的特色等。

街道的尺度。根据城市道路的等级可以把道路分成快速路、主干路、次干路和支路。不同等级的道路红线宽度不同，其所形成的街区尺度也不尽相同。按照功能来划分，城市道路包括机动车道、非机动车道和人行道。

营造氛围的设施。一个城市的文化、历史等信息会通过可识别性表现在城市的各个角落，自然包括街道上的基础设施。比如路灯、广告牌、公交站点。人们不难从这些构筑物或者构件中发现当地的地域特色，这说明设计者在设计这些能够烘托城市氛围的基础设施的时候已经考虑到对地域文化的传达，并通过地域符号或地域色彩等可识别的信息传达给感受者。当这种符号在周边的设施中反复出现的时候，便起到了强化主题的作用[②]。

① 林奇. 城市意象[M]. 方益萍，何晓军，译. 北京：华夏出版社，2001.
② 芦原义信. 外部空间设计[M]. 尹培桐，译. 北京：中国建筑工业出版社，1985.

②建筑与场地

建筑与建筑间的关系。在城市环境的可识别层面，建筑与建筑之间的空间相对位置以及平面关系是研究这一层次可识别设计的一个方面。建筑与建筑之间在平面构图上有几种关系形式，即平行关系、垂直关系、成角度关系、其他关系。具体采用哪种形式的关系会考虑城市的肌理和片区的文化功能等综合因素。因此，这些可识别信息都是从建筑与建筑之间的关系中读取出来的。

建筑与场地的融合。建筑与场地是不可拆开的关系紧密的两个部分，可以通过把建筑与场地做成图底关系的方式进行分析。可见建筑与场地之间有的时候比较紧凑；有的时候比较松散；有的是为了表达某种主题而呈线性关系，比如祭祀路线。因此，不管建筑与场地的关系属于哪一种，都能识别出其背后所隐含的导致其形成这种关系的文化内涵或者历史因素。

③景观与绿化

在不同的地理位置和气候区域，绿植的品种千差万别，景观要素也有所区别。打造自然水体也会成为景观营造的一种方式。人类自古以来便近水而居。现如今，水资源不仅仅是必要的生活资源，也成为赏心悦目的景观要素。

绿网——城市绿网概念是基于生态学提出的，全称是城市绿地生态网络，简称绿网，它是将城市范围内的自然生态空间和具有生态意义的人工绿地作为载体，全面致力于实现保护生物多样性、优化生态格局、提升景观品质以及发展游憩活动等整体性目标，在具有高度连接性的同时又有一定的学科交叉性，是一种多元化的网络结构体系。

蓝网——城市蓝网指的是城市水系统，更具体地说，蓝网指的是海岸带、河川和湖泊等水系统以及滨水地区。这些地区充分体现出一个城市独有的自然特色以及地方的人文风貌，同时给游客与当地居民提供优质的休闲游憩空间。通过分析蓝网在城市发展中的演变过程，可以了解一个城市环境演变的规律和城市文脉发展的大致方向。

（7）城市地标性建筑的可识别

地标性建筑也称"地标"。标志性建筑具有一个最基本的特征，即人们通常用最浅显易懂的图示语言来勾勒其基本形态，并让人产生深刻印象，一看到它就可以联想到其所在的城市乃至整个国家。比如北京天安门、悉尼歌剧院、巴黎埃菲尔铁塔、东京铁塔、比萨斜塔、纽约自由女神像等世界上著名的标志性建筑，这些地标建筑都会在人脑海中有一个简图似的轮廓。地标性建筑是一个城市的名片和象征，可以为这个城市代言。

在现代城市发展中，地标建筑的作用越来越有深意，通常可以具有标定空间领域、组织空间秩序、丰富空间层次和表达空间意义等作用，并且能够表示城市独特的文化意义。

6.3.2 可记忆

（1）记忆的内涵

记忆是人类一项重要的心理活动，人们进行一切复杂的高级心理活动，都必须以记忆为基础。柏拉图说："所有的知识都是回忆。"记忆不仅是个性化的，它同时也受到社会环境的影响，表现出社会性的特征。个人是社会与生物发展的产物，每个人由出生至成长，始终处在一个受历史、语言与文化强大制约的世界中，它们形成了我们的世界观，并有助于创造我们的价值体系。个人在记忆过程中往往倾向于根据自身的文化观念对信息进行建构整合[1]。同时，个人在记忆的过程中，大脑对于信息所做出的选择、判断与决定都不可避免地被外界环境中政治媒介、文化习惯、社会舆论等左右，甚至有很多时候，人们并不能够在实地现场亲身经历，而是通过各种不同传递方式和媒介来获取彼时彼地的信息。

（2）城市记忆的内涵

"'城市的记忆'是人们对城市环境及其形态要素所具有的美学特征认同后产生的集体记忆，可以说，城市记忆就是一个城市特色在人们的心灵上打下的难以磨灭的物质和精神文化的烙印。"[2]"城市是人们集体记忆的场所"[3]，记忆的艺术魅力使城市由瞬间转变成永恒，从有限扩展为无限。在城市历史中，记忆的活动从来都没有停止过。每个人、每件事物都在"记忆"，同时也在经历被记忆的过程，它们在城市的范围中记忆与共，可以说，城市是"靠记忆存在的"。[4]

（3）城市记忆的作用

一是延续城市历史、保护城市特色。城市记忆的重要作用也正在于保持城市历史文化的连续和身份特征。如同一个人的成长有其内在的逻辑，一个城市的发展与进步也同样具有连续性。有记忆的城市，才有延续的城市历史，才能确定城

---

① 巴特莱特. 记忆：一个实验的和社会的心理学研究[M]. 黎炜，译. 杭州：浙江教育出版社，1998
② 找回"城市记忆"：承传城市的"灵魂"[EB/OL]. http://news.sina.com.cn/c/2003-11-14/09201117634s.shtml.
③ ROSSI A. The architecture of the city[M]. Cambridge: MIT Press, 1982.
④ 芒福德. 城市发展史：起源、演变和前景[M]. 倪文彦，宋俊岭，译. 北京：中国建筑工业出版社，1989：75.

市的起源和在各个不同阶段的发展历程。城市的历史越悠久，城市就越具有特色与吸引力。被割断和抹除历史的城市就如同一座新城，居民对其将是完全陌生和没有情感的。阿尔伯蒂曾经这样指出城市记忆的重要性："失去其起源的记忆与连续性原则，城市将濒临毁灭。"[1]同时，也正是城市记忆的存在，城市物质结构与社会文化的演变才受制于内在发展规律，表现出不同于其他城市的独特风貌与形象。当今中国城市之所以产生城市特色、场所感消失等现象，归根到底就是由于城市历史文化遭到大规模人为破坏，而导致城市记忆被迫中断。或者说，城市被迫回到同一个历史为"零"的起点，并按照同一种所谓的"现代化"模式发展。

二是加强城市居民的认同感和凝聚力。城市记忆以社会实践与认同为基础，在此过程中，城市居民共享权利和义务，并在相互联系中团结在一起，基于共同的历史经验才得以产生连带的情感和共同的意志。人们之所以认同自己和其他人构成一个集体，其最重要的原因，就是有共同的历史。在古希腊，被驱逐出城市与被剥夺个人的国籍是同等的惩罚。并且，即使在战争年代，这种对于城市的归属与认同都起着十分重要的作用，这在荷马的《伊利亚特》中曾得到艺术化的表现。对"根"的欲求和对地域与遗产的共同意识还有助于增强城市居民的凝聚力，使社会得以保持稳定和兴盛。波兰华沙的战后重建就是一个十分具有说服力的例子。华沙古城的重建吸引了30万流浪在国外的华沙人回国投入建设，重建工作一时激起华沙人的爱国之情，增强了民族的凝聚力和认同感，并使恢复后的华沙城被破例列入《世界遗产名录》。

三是塑造城市的场所精神与文化。城市不是机器，而是人与环境互动的有机整体。对于城市来说，"记忆"是使其成为场所的一个关键因素，它体现出人的主观意识与外在现实环境间的关联与互动。"城市记忆"构成了城市的精神和灵魂，当一座城市丧失了"记忆"功能后，它与市民间保持的联系也将同时消失，这种城市最多只能被称作一个供人使用和居住的空间，不能称之为场所[2]。"城市记忆"永恒的魅力就在于其发展过程中不断增加的时间价值与渗透的人的精神。

（4）城市记忆的系统要素

①城市记忆的主体

记忆是人的行为，城市自身并不会记忆。因此，从广义上看，城市记忆的主

---

① BOYER M C. The city of collective memory: its historical imagery and architectural entertainments [M]. Cambridge: MIT Press, 1994.
② 在 C. 诺伯格-舒尔茨的"场所"概念中，场所不仅包括各种物质属性，也包括人们在长时间使用中赋予环境的某种氛围与情感内涵。这种特有的场所精神是在人的现实生活、历史事件以及从地域特定自然条件中所获得的文脉意义中产生的。

体是城市集体。作为一种集体现象，城市记忆最终都倾向于与其所在的社会共同体相关联，城市集体成员共享思想和情感体验，受限于共同的语言、神话、法律和行为准则，并认同共同的风俗、信仰、观念，在总体上表现出集体组织的共性。但是，集体只是从一种大的社会框架对城市记忆主体进行描述，再进一步分析，真正进行记忆的是在城市中参与行动和进行社会实践的个体，城市记忆的内容也只能通过个人才得以表达。

城市记忆主体所进行的记忆应该是在城市历时性聚居中，与城市环境充分产生互动作用之后产生的。这种记忆过程有别于游客或者那些只在固定时间中停留在城市中的匆匆过客们的行为，因为只有通过长时间的居住与社会交往，个体才可能在各种实践活动中充分学习、了解城市的行为准则、信仰、风俗等，并共享城市社会共同体的思想、观念与情感，从而产生认同，将自身与集体紧密联系在一起。

观光客们并不是通过在场所中的日常经历来记忆城市的，其记忆结果只是直观的、表面的、片面的，或是仅仅集中在城市最突出或明显的特征之上，如城市的规模、建筑尺度、色彩与标志性建筑、旅游景区、窗口地区等。而在城市中长期生活的居民对城市的感知更为深刻，其记忆内容包括那些与城市日常生活相关的内容与细节。

②城市记忆的客体

城市记忆的客体是由城市不同群体已经产生和正在书写的历史形成的，这种历史不仅包括城市中发生的重大事件，也包括城市日常的生活故事，它们共同构成了城市所有记忆载体所蕴含的思想和文化传统。"一个地方的特征是由发生在那里的事件所赋予的。……是这些时刻的活动，参与其中的人，以及特殊的情境，给我们的生活留下了记忆。住房、城市的生活不是由建筑的形状或装饰和平面直接给予的，而是由我们在那儿遇见的事件和情境的特质所赋予的。情境总是让我们成为我们自己。……建筑和城市要紧的不只是其外表形状，物理几何形状，而是发生在那里的事件。"[①] "城市记忆"客体包含了纵向时间的内容。城市如同一个有机体，从起源、发展到衰败，历经不同时期的演变过程，其间所有事件信息都以各种显性或隐性的方式保留在它巨大的城市肌体里。

城市记忆客体的时间就是固定的生活时间，即通常所说的欧几里德时间。它同时也是城市日常生活所参照的秒、分钟、小时、天、月、年等客观时间计量点，这种时间是不可逆转的，永远是一种事件发生的过去状态。

---

① 亚历山大. 建筑的永恒之道[M]. 赵冰，译. 北京: 知识产权出版社，2002.

城市记忆客体的空间就是城市的历史事件、生活故事所发生的场所空间与范围，它同时也体现了横向社会空间的内容，因为城市是生活中不同群体相互作用的综合体，反映了他们塑造、感知、体验城市的目标空间与文化想象。

③城市记忆的载体

城市记忆载体可以是物质的，也可以是非物质的，并且往往与不同的城市制度及文化价值、观念相关联，包括语言、文字、物质文化、活动等。其中，语言、文字、物质文化与现代科技催生的虚拟化人工媒介等往往需要得到官方制度的保证，而活动（特别是与日常生活相关的活动）则可以由非正式的社会活动实践来支持。

语言：语言使记忆从个人的头脑中解放出来，将"城市记忆"通过口口相传的方式在人与人、代与代之间传递。老人们通常在这种传统的记忆传递方式中充当重要的角色，在传统社会中，甚至还曾出现过专门负责掌管和传播记忆的社会群体，如僧侣阶层。这种城市记忆载体的特点是人与人信息交流的直接性，但是范围有限。

文字：文字的发明使记忆可以通过刻写、文本等不依赖于人脑的形式更长久地保存。与语言相比，文字具有人与人信息交流的非直接性，拥有范围更广的潜在受众，因此成为"城市记忆"传播的一种有效方式。

物质文化：除了语言或文字，城市中保存下来的许多物质文化，例如地理景观、历史纪念物、遗址等，同样可以通过社会制度的保证，成为再现城市历史的象征。

活动：仪式与日常活动通过自发或模式化的主体行动、重复参与，来达到超越时空，实现历史象征与社会认同的目的。

虚拟化人工媒介：进入工业社会以后，各种人工化制造的视觉、声音、图像信息传播工具，例如广播、电视、电影、互联网等，可以更加自由、生动、忠实地再现历史信息，"城市记忆"以一种"自上而下"的方式被集中而广泛地媒介化了。

从历史上看，"城市记忆"载体的时间周期有明显缩短的趋向。在前工业时代的城市中，"城市记忆"载体一旦被创造出来，往往能延续很长的时间，一首民谣、一种巫术一传就是百年、千年，但是现代化和工业化大大加快了人们的工作效率与生活节奏，文化潮流的剧烈反差和震荡使载体存在的时间大大缩短。在现实生活中，稍加留意便不难发现，除了城市建筑，其实商店橱窗中与超市货架上的商品，街头的店面、广告，电台节目，甚至整个城市都正处于频繁更替中。

6.3.3 美丽的

（1）"美丽中国"

2012年11月，党的十八大报告中提出，"要把生态文明建设放在突出地位，融入经济建设、政治建设、文化建设、社会建设各个方面和全过程，努力建设美丽中国"[①]。这是首次以官方文件的形式提出了"美丽中国"的理念，提出了建设"美丽中国"的伟大战略构想，并视其为"中国梦"的重要组成部分。

2014年3月，国务院发布了《国家新型城镇化规划（2014—2020年）》，指出了我国未来新型城镇化的发展方向。2015年，中央城市工作会议召开，强调了城市建设面临的新形势和新任务。《国家新型城镇化规划（2021—2035年）》强调，坚持走以人为本、四化同步、优化布局、生态文明、文化传承的中国特色新型城镇化道路。可见，建设美丽城市是实现美丽中国的必然选择，是美丽中国建设的重要组成部分，也是实现国家富强、民族复兴、人民幸福的伟大"中国梦"的必然要求。

（2）美丽城市的内涵

从审美的过程来看，美丽城市的美至少与三个方面有关，即主体、客体和审美过程。主体是指生活在城市里的人，首先，美丽城市之美要求人的审美能力、综合素质、个人修养到达一定的境界，这与芒福德以人性的尺度来定义城市异曲同工。其次，客体即城市本身，就该层面而言，城市之美更多地体现在城市的外观上，即城市的生态环境、建筑、空间布局。最后，审美过程是指人与城市的互动，即人与城市的关系，包括城市的经济实力、生产生活方式、产业构成和布局等。因此，美丽城市的美是主体、客体、审美过程的统一，最终达到一种和谐的状态。

美丽城市的"经济发展美"是指一个美丽的城市，除了拥有自然要素禀赋或者混合功能用途之外，还需要城市的经济体像磁场一样，具有对人才、技术、资本等生产要素的聚集能力和整合能力，尤其是人才要素。城市首先是人的集聚，人的聚集产生多样性需求，正是这种需求促进经济体系得以发展。如果城市无法吸引人才，人才资源匮乏，城市的创新、扩张以及经济的提升都无法实现。其次是产业，经济发达的城市一个显著的标志是有清晰的主导产业以及在此基础上合理搭配的产业体系。而一个先进的或者说合理的产业体系，必然要求各产业联系紧密、分工明确，并且对其他产业具有吸引的能力。不同的城市经济发展阶

---

① 胡锦涛. 坚定不移沿着中国特色社会主义道路前进，为全面建成小康社会而奋斗：中国共产党第十八次全国代表大会上的报告[M]. 北京：人民出版社，2012.

段影响着美丽城市建设的水平和质量。

美丽城市的"生活体验美"是指居民生活舒适，具体包括居民生活质量、文化氛围、人文素质等方面。美丽城市不仅包括自然环境之美，也包括生活在城市的居民所享受的公共服务，如便捷的公共设施，高质量的生活水平以及公平发展的机会。文化是一个民族的灵魂，城市的历史文化，彰显了城市的历史积淀、文化内涵和人文品味等；城市居民是城市的主体，也是建设美丽城市、维护美丽城市的中坚力量。美丽城市不仅美在道路、环境、基础设施等硬件方面，也涵盖城市居民素质、社会氛围、社会秩序等软件方面。

美丽城市还需做到"生态环境美"，环境是人类赖以生存的实体空间。美丽城市的生态美与城市居民的生产生活方式密切相关，随着人类改造自然的能力不断提升，自然环境日益失去其初始面貌，取而代之的是日益增多的人工环境和景观。从"美丽中国"提出的背景来看，美丽中国的建设要求将生态文明融入政治、经济、社会、文化的建设中。生态文明也是美丽城市建设的核心，美丽城市要求生态文明融入城市建设，而生态城市追求人类和自然的健康与活力，强调城市的生态健康。

（3）美丽城市的特征

美丽城市是以人为本的城市。城市最初就是由人口集聚形成的，就某种意义而言，城市的发展就是满足人的各种需求的发展。美丽城市就是要进一步落实人民之所想、人民之所需，在进行城市规划、建设和管理的过程中，充分体现以人为本的思想。

美丽城市是全面发展的城市。美丽城市建设的目标就是追求全面发展，不仅物质文明高度繁荣，精神文明也实现同步发展，人民思想道德素质和科学文化素质显著提高，良好的城市文明氛围得以形成，文化积淀浓厚，从而实现人的全面发展。

美丽城市是人与自然和谐的城市。美丽城市注重提高人居环境质量，最大限度地实现人们回归自然的愿望，提高生活环境的舒适度，重点体现在城市绿化注重生态性、注重垃圾分类处理、倡导绿色交通等方面，最终实现人与自然和谐相处。

6.4 城市传统景观风貌的延续

6.4.1 保护历史风貌

（1）文化保育，传承城市精神内涵

一个城市的历史文化是城市的灵魂所在，也是塑造城市风貌的重要依据。一个没有自身风貌特色的城市，将被人们看作是一个没有文化的城市，也不可能成为一个真正现代化的城市。对于城市文化特色风貌，需要进行有意识的保护和传承。对于城市文化的传承，一方面，要对能反映城市特色文化的物质载体采用载体保存、博物馆收藏的方式，通过文字、声音、图像、模型等形式进行固化，在相应的机构、设施内保存。另一方面，通过情景保存对城市特色文化进行再现性宣传，增强市民对城市文化的认同感和保护意识。城市精神是城市的核心内涵，从其形成和发展上来说具有时间连续性。对于城市精神的传承，最主要的是要找到城市精神的表达方式。城市形象和城市品牌是城市精神的集中体现，因此，对城市精神的传承，首先要准确定位城市形象和城市品牌；其次是在时间维度上展示城市精神的形成和发展过程。

（2）要素整合，强化轴线肌理空间

有些城市在发展过程中形成了特色鲜明的轴线，古代轴线是城市发展的起点，近代轴线是近代城市规划的产物。古代城市轴线作为历史上城市曾经的商业中心，沿线往往商铺林立，是研究古代城市历史文化的活化石；近代轴线上分布着近代重要的特色建筑，清晰地记录着近代城市的规划发展。对于城市风貌而言，不同时期的轴线承担着不同时期的城市中心作用，在延续城市风貌的基础上，要加强对城市轴线沿线空间的强化，凸显城市的肌理特征。城市轴线的沿线空间作为一个整体，要从弘扬历史文化的角度进行城市设计，进一步挖掘城市传统街市生活文化素材的开发价值，分段突出各段轴线的主题，加强主题景观的设计，包括文化展示区的布置、特色商品区的设置等，使文化主题更加鲜明，整体景观更加和谐。对沿线空间元素特别是对建筑进行有序引导，在对称性的基础上进行沿线景观空间的韵律性布置，能强化轴线的空间感，起到城市平面统帅的作用。

（3）空间织补，衔接街巷肌理风貌

在城市一味追求快速发展带来历史城区和生态环境破坏等城市病的背景下，2015年4月，三亚被住房和城乡建设部批准为"城市双修"试点城市。2016年2月，《中共中央国务院关于进一步加强城市规划建设管理工作的若干意见》中明确提出"有序实施城市修补和有机更新，解决老城区环境品质下降、空间秩序混乱、历史文化遗产损毁等问题，促进建筑物、街道立面、天际线、色彩和环境更加协调、优美。通过维护加固老建筑、改造利用旧厂房、完善基础设施等措施，恢复老城区功能和活力。加强文化遗产保护传承和合理利用，保护古遗址、古建筑、近现代历史建筑，更好地延续历史文脉，展现城市风貌"。作为城市双修的内容之一，城市修补是解决城市风貌特色缺失问题的重要手段。而自城市修补提出以来，其内容不断得到充实，形成了较为完善的理论基础。城市修补理论一方面反对城市建设过程中的大拆大建，另一方面主张保护和修复城市历史文化遗产，进行新旧结合式的小规模建设，从而实现城市基础设施的完善、城市品质的提升以及城市特色风貌的延续[①]。

由此可见，城市修补在处理老城历史文化遗产和新城建设发展的过程中充当着重要角色。城市高速发展带来新城的崛起，而城市老城区承载着城市的历史文化，必然存在新旧城区共存的现象，通过城市修补完成城市空间要素的"保存""修复""翻新"和"再生"[②]，以完美衔接城市肌理，达到延续城市肌理风貌的目的。

在城市保护措施方面，城市和乡镇的动态发展是时间流逝后的结果，并在环境中得到体现，如变老而又有人情味的历史街区、古朴的传统历史村落、色调泛黄的石墙外立面、村口的苍天古树等，都是历史留痕。这些风貌载体随着时间的打磨，其所承载的诸多功能没有消失，建筑结构完整、空间形态保存良好、文化价值较高，价值也随着时代的发展历久弥新，对该类风貌景观应该选择进行保护与修缮，在工程实践过程中尽可能采用与原来相近或一致的材质和工艺等，修补或替换部分缺失或破败的部分，赋予其与时俱进的使用价值，延续风貌景观的文化内涵。

如坐落于上海外滩的万国建筑群，其连绵长度达4km，其本身具有良好的景观风貌特质，是老上海承载城市记忆的独特名片（图6-5）。片区内的建筑整体质量和结构保存良好，具有万国风情特征，具备较高的使用价值，因此选用保护修缮的

① 常月. 城市修补理论研究综述[J]. 低温建筑技术, 2017, 39（11）: 151-153.
② 常青. 城市修补与设计挑战[N]. 建筑时报, 2016-07-04（6）.

图6-5 上海万国风貌建筑群
来源：视觉中国

方式对该地段进行建设调整，保存建筑主体结构，修缮破损外立面，置换内部使用功能，调整道路两侧植物景观配置、铺装等，对建筑内部的使用空间进行了再装修等，将办公、酒店、餐饮等符合现代生活工作方式的活动安排进建筑之中，实现了功能再生与价值再造。这样的改善更新方式最大程度上保留了景观风貌的真实性，极大地活化了历史建筑的功能，将历史风貌传承融入了城市的新时代潮流。

再如新疆特克斯县八卦城。据《揽胜伊犁》等资料，八卦城最早出现在南宋嘉定三年（1220年），最初之形是由道教全真七子之一"长春真人"丘处机设计，其八卦式布局风貌极具特色（图6-6）。20世纪末，新疆伊犁州特克斯县八卦城仅是一个名不见经传的新疆西部边陲小城。21世纪初，特克斯县八卦城逐步被外界熟知。2001年，特克斯县八卦城以其独特的八卦城规划布局荣膺吉尼斯之最。2007年，八卦城被列为国家历史文化名城，国务院批复文件中说："八卦城是迄今为止世界上唯一建筑正规、保存最完整的八卦。迷宫般的64卦街道布局、神奇的《易经》方位学说以有形的方式再现于该县，其一心居中、轴轴递进、环环相扣、路路相通的放射性格局，与周边的山势水势巧妙结合，不但是我国古代规划史上的奇迹，而且是世界建筑史上的奇迹。"

但因在县城建设中缺乏对八卦城深厚文化内涵的体现，置身城区，已感受不到《易经》、八卦的特色。因此，《特克斯县历史文化名城保护规划》对景观风貌提出"依据周易八卦和太极阴阳图、儒家与道教、汉文化与少数民族文化、地域和时代等因素，将城镇轮廓形态按阴阳为核，八卦环绕的模式进行规划，形成具有历史积淀和文化内涵的城市规划特色"；对文化环境提出"古城不仅是一座

图6-6　新疆特克斯县八卦城

来源：视觉中国

主题突出、营造精美的国家历史文化名城，还是承载着包括周易八卦、民族融合和社会变革等核心思想理念的优秀传统文化，所以八卦古城不仅要保护古城本身，还要保护古城承载的优秀传统文化"。

中国几千年的发展历史中，儒道学说交相辉映，深刻地影响了中华民族的文化特征，构建了中国人的价值观、自然观，也在保存至今的历史文化遗产中得到不同程度的体现。但是，在快速城镇化时期，传统营城智慧被埋没，大多数古城特色消失殆尽。在迈向生态文明的今天，需要重新认识传统营城中的山水人文智慧，促进中华城市文明薪火相传。在具体的规划实践中，需要认真梳理地方山水，认识山水环境的脉络，将城市的山水秩序与人文空间建设有机统一，创造富有生命印记的城市整体空间秩序。同时不断提升城市山水人文空间格局的感知体验度，营造可供人们眺望俯览山川形胜、凝思城市人文精神的空间，提升城市格局。

6.4.2 留住城市乡愁

前文探讨了文化视角的乡愁认知与对乡愁文化形态的传承。本节则着重探讨空间视角中城市、乡村记忆的物质载体，它们与文化的传承、建构相辅相成。文化是历史的积淀，它存留于建筑间，融汇在生活里，对城市的营造和市民的行为有潜移默化的影响，是城市和建筑的灵魂。城市的文化和记忆也是由一山一水、一砖一瓦、一段段故事逐渐形成的，每个地方都有自己的根脉、灵魂和风韵，每个地方的人们都有着自己独特的"乡愁"记忆。

（1）城市乡愁的构成要素

一是自然生态空间，原真自然的山水林田湖草与蕴含其中的生态文明与风景审美。"乡愁"由自然的山水林田湖草风景与蕴含其中的生态文明与风景审美构成，其中的关键是原真自然。山水林田湖草形成的风景是自然生态空间的物质构成，包括地理地貌、气候水文、植被水系等，是历经时间洗礼的自然和人文的双重选择，是自然界面对外部环境改变的主动适应。尊重自然、保留原真，从而形成极具差异化的自然风景。生态文明与风景审美是在自然生态空间物质构成中生发出的人文精神，体现着人与自然的和谐，生态文明、风景审美与流传于世的山水诗画同根同源，体现出"乡愁"生态空间极具保护的价值。包括：①物质空间要素——山水林田湖草。自然生态空间中的物质空间是"乡愁"的基底空间，包含山水林田湖草等完整的生命共同体，是区别于城市的典型自然空间。具体来说，包括地形地貌、水文气候、森林植被、河湖水系等。②人文精神——风景审美。"乡愁"的自然生态空间的人文精神由以自然景观为基础的风景审美构成。乡村风景审美注重对土地、山水、河流等自然空间的敬畏，在中国传统"天人合一""道法自然"的世界观和宇宙观中，传统乡村景观追求清新、淡泊、有韵味的美学境界以及和谐的人地关系。

二是农业生产空间，完整连续的田园风光与其中的产业文明与农耕文化。从乡村的农业生产空间出发，"乡愁"由完整连续的田园风光与长于其中的产业文明与农耕文化构成，其中的关键是完整连续。广义的田园风光是农业生产空间的物质构成，包括农业、林业、养殖业等具有乡村特色的基础性产业及其赖以生存的动植物群落，主要以农业为主。农业空间需要完整连续，是对当下农地荒置的批判以及乡村农业未来的期盼。农业用地要实现统一规划，保证田园风光的基底完整连续，保留并传承生于其中的产业文明及农耕文化智慧，将中国传统农耕文化体系发扬光大，使中国独特的产业文明在现代化的当下值得追忆并被后人铭记。守住乡村的农业之根本，使农业生产空间在物质基础和文化记忆中成为乡村"乡愁"的独特构成。

三是聚落生活空间，传统聚落村舍风貌与其中的乡风民俗和社会关系。从乡村的聚落生活空间出发，"乡愁"由特定传统的聚落村舍风貌与居住其中的乡风民俗和社会关系构成。其中的关键是传统。乡村聚落生活空间是由传统乡村民居演变而来的，其延续着古今匠人的智慧，乡村聚落空间的建筑、街巷、公共活动空间都要在保证其传统风貌的基础上，进行功能性的提升，实现乡村聚落物质空间构成的完整。同时，积淀在乡村生活中的非物质文化形态也要得到传承和保留，记录乡村历史、文化、信仰以及乡风民俗，如舞龙、歌舞、祭祀等；记录睦邻友好、尊老爱幼、守望相助的社会组织关系，如祖训、家谱等。它们都是凝结在聚落生活空间的人文精神的体现，也是重要的"乡愁"组织构成。

（2）城市乡愁的主要维度

在空间维度，城市在规划建设时要因地制宜地推动特色发展，不能因为过度追求城市建筑的整体性而折损城市生态环境，因此在建设过程中往往要注意保留自然风光，使人们能够在城市山水风光中忆起曾经的美好生活。乡愁的空间意象看似抽象却往往以具体的形式体现，并多与城乡公共空间、学校以及地标性建筑等记忆场所构成关联。公共空间包括家乡中的道路、桥梁、街道、院落等，其中，街道等线形的记忆场所对唤醒乡愁情感有特殊贡献；院落等节点空间则形成了乡愁的记忆单位。在公共设施建筑场所中，学校等地标性建筑在唤起情感上有着独特的作用。这与中国传统文化中的"天人合一"理念十分契合。当然，这种空间意象往往是我们中国人自己的一种集体无意识记忆。新型城镇化建设的目标是要将那些极具价值的传统村落的保护落到实处，使其为乡愁塑形固根、使人民精神有所寄托。

在文化维度，人们感触乡愁主要表现为睹物思情。这些看得见摸得着，直接吸引感官的具体物质形态往往成为留住乡愁的主要内容，这也直接导致了人们着力于对过去的文化要素实行保护和复原。但事实上，乡愁还有其隐性内涵，且意蕴更加深刻和重要，文化的保留和保护固然重要，但对过去的一味复刻也稍显激进，我们真正需要保护的不仅仅局限于具体物质形态，还有非物质文化形态的呈现方式，诸如过去的生活方式、风俗习惯等，这些往往更能寄托乡愁。因此，新型城镇化建设要把"以人民为中心"作为规划建设的基本遵循，如何挖掘实物背后的习惯与隐喻，应该成为解密乡愁的核心。家乡街道、孩童生活、地道美食以及美好记忆等共同构成了乡愁的基本内容，它可以是一口枯井、一棵百年老树，也可以是一弯故乡残月，这些都是家乡独有的文化基因，都是乡愁的符号表征，是审美情感关照的对象，守住这些就是守住传统文脉和民族根本。

在哲学维度，古庭院的设计体现出多元化的特点，整个建筑不仅体现出地方特点和民族特色，还独具匠心地将历史记忆符号也一并融合，所以它的整个建筑风格就是传统与现代元素碰撞而出的火花，在一定程度上既提高了居住的舒适度和实用性，还将文化性和传承性一并融入其中。因此，它往往体现为传统建筑文化的一种现实缩影，往往更能"记得住乡愁"。乡愁，汲取了中华民族的传统生存哲学中，诸如儒家的"天人合一"、道家的"道法自然"以及佛家的"众生平等"等质朴睿智的自然观。这些闪烁着古人在生产生活实践过程中形成的人与自然和谐相处的生存智慧的观念，使得乡愁论述的意蕴更加深厚，并道出新型城镇化建设一定要注意方式方法，不能以牺牲生态环境和人文环境为代价，要保护好我们的自然风景和田园风光，既要绿水青山又要金山银山。在城镇化的浪潮下，为避免"千城一面"，学会如何营造"诗意的栖居"是我们坚守乡愁阵地的措施和手段。"记住乡愁"往往体现的是一种诗意化、理想化的目标，也是对新型城镇化建设的一种要求，强调了建设过程中要"两手抓"，即一手抓生态环境，一手抓人文环境。

（3）保护物质载体与历史记忆

城市乡愁的载体包括遗址遗迹、建筑物、纪念性景观、地方土特产品，以及文化氛围、文化认同等。物质遗存是历史事件发生的场地，是见证历史的重要客体，也是重现历史的重要依据。由于城市传统的空间布局和形态轮廓已经在当地市民中形成历史记忆，因而需要保护城市中古建筑群落的空间格局和建筑群体轮廓。此外，在保护的基础上，还应激发地区活力，实现精神地标的功能传承。

如德国魏玛是位于德国中部的一座小城，属于图灵根州，人口约6.9万，在1999年获得过"欧洲文化之都"的殊荣。魏玛曾经历过经典的金色魏玛时代和银色魏玛时代，文化底蕴丰厚。曾经涌现出尼采、歌德等众多世界著名文化学者，还诞生了如包豪斯等世界闻名的学派，这些都使魏玛的国际声望达到了巅峰。魏玛软性文化环境建设的经验体现在三个方面：

一是公民的文化认同与自豪感。魏玛人为自己的城市有如此深厚的文化底蕴而感到自豪，他们认为魏玛不仅可以称作欧洲文化的中心，甚至可以作为世界文化的中心之一。

二是文化丰富并尊重各段历史。魏玛有丰富多样的文化，可以被看作是德国文化的一面镜子，其城市文化特色以及文化设施建设在全世界范围内都堪称范本。此外，魏玛是一个对文化和历史极为尊重的城市，不论是重要文化、光辉文化还是"不光彩"的文化，都能在魏玛这座城市得到尊重和体现，这也是欧洲人对待文化的一贯态度。

图6-7　海德教堂古今对比
来源：视觉中国

　　三是保护精神地标与空间。魏玛海德教堂位于魏玛老城区的中心位置，是魏玛新老城区互通的必经之地，海德教堂的北面是雅各布斯广场，南面是魏玛重要的集会市场，东面是魏玛城市宫殿，交通位置好，在德国知名度极高（图6-7）。魏玛教堂是一座4层的哥特式风格建筑，外墙面是白色，1734—1745年，内部被装修为巴洛克风格。海德之家、海德小学、骑士餐厅等建筑分布在海德教堂的周围，这些建筑的体量普遍较小，以此来凸显海德教堂的特殊性，更凸显了海德教堂的标志地位。海德广场因其独特的外形、庄严神圣的地位，在魏玛人心中是不可取代的，也是魏玛精神甚至是德国精神的象征。魏玛文化设施布局是对欧洲本土文化的整体呈现，又具有独特的文化特点和底蕴，这是魏玛能够成为"欧洲文化中心"的重要原因。

6.4.3　营造城市风情

（1）城市风情的内涵

　　风情，是指一个人的风采与神情，语出《晋书·庾亮传》中的"元帝为镇东时，闻其名，辟西曹掾。及引见，风情都雅，过於所望，甚器重之"[1]。也用来形容一个地方的风土人情，风土是山川风俗、气候等的总称，人情是指人的性情、习惯。风情是一个地方特有的自然环境和风俗、礼节、习惯的总称，即指一个地方的气候、地势、风俗、礼节、喜好等[2]。风情从最初的用来形容人的性格特

---

① 　意为：元帝担任镇东将军的时候，听到庾亮的名声，征召他做西曹掾，等到接见他时，看见庾亮风采与神情都很好，超过了自己的期望，特别看重他。

② 　清文康《儿女英雄传》第十四回："又问了问褚一官走了几省，说了些那省的风土人情，论了些那省的山川形胜。"

征，到后来被衍生用于形容地方环境特征以及人类社会团体性格特征，这是一种拟人的用法，即认为自然环境，或者社会集体也像人一样有性格。

一个城市的形象，依托于该城市的文化个性和独特类型，城市风情体现在多样化的建筑和生活中，体现在城市的历史文化、城市风格的多样性上，也体现在个体内心和性情的丰富性、幸福度，以及社会关系的和谐性上。

（2）城市特色文化的提炼

一个城市的文化类型以及特色文化的提炼，不仅仅需要理论界的深入研究，更需要通过多种途径集中民智，凸显城市特色形象。尽管城市已经成为这个时代的关键词，可是要确切地描述城市却并非易事。城市不像乡村那样单纯、透明、简单，而是一个太过庞杂的复合体。它是自然地理的，也是人文历史的；它是经济的，也是文化的；它是历史积淀的，也是瞬间万变的；它是一种生活方式，也是一种群体人格；作为人类生活聚落的形态，它一直伴随着文明的演进而发展。一方面，地域特征给城市文化蒙上了第一层底色，地理环境从自然角度深刻影响和塑造了人类的生存方式和生活习惯，从而形成了一个城市文化最初的积淀；另一方面，从历史角度联系中国城市化的客观历程，各个城市的发生与形成也有鲜明的异质性特征。因此，要认识一个城市，首先要对这个城市的特色文化进行解读。

性格是人的个性心理特征之一，一般指人对现实的态度和行为方式中比较稳定的、具有核心意义的个性特征。它是个体经常如何对人、对事和对自己所表现的基本特点，是一个人的心理面貌本质属性的独特结合，是人与人相互区别的主要方面。城市如人，也有自己的性格，各城市只有塑造出属于自己的独特性格，才能提高综合竞争力。城市文化性格的内涵从根本上说是"软件"和"硬件"的结合，包括两大方面：一方面是人生活的城；另一方面是城里的人，是城市精神和人文精神的有机融合，具体来说，包括历史底蕴、气候、建筑、商业、饮食、风俗习惯、语言、性格等方面。

（3）文化城市风情的塑造

城市的文化特征决定了对城市空间之美的理解不能仅仅停留在表面的秩序与和谐上，城市是人类文明的缩影，任何一座有历史的城市都有特定的社会文化氛围，它们在一定程度上虽然难以用具体物质加以表达，但却不难体会。更新延续不仅是物质形态及其环境的延续，同时也是对生活环境及其内涵的延续；不仅是对形态表面的延续，而且也是对形态内构的延续，只有这样的延续才是有层次和有深度的。

一方面是注重风格与空间的延续。可以将传统要素的一些形式特征直接运用到设计中，如南方许多城市的坡屋顶、马头山墙、粉墙黛瓦等。空间的特性是多样的，在城市更新时，新建部分应注意保持原有空间的特性并使其得以延续，而不应破坏原有的空间形态。完整的空间形态是传统城市特色的主体，完整统一的空间意象是各部分空间形象的综合体现。在城市更新时，应有机地统一和协调更新与延续的关系。此外，传统空间结构层次、环境认同、建筑群强调整体形象及丰富的邻里空间等都是老城的精华所在，在老城更新中应予以延续，并根据发展变化予以补充和完善。

另一方面是注重意象的延续。老城在长期的历史沉淀中，形成了丰富的环境意象，这些意象已同居民的生活融为一体，使生活环境更动人、更具表现力，是一种具有生命力的场所精神，在城市更新中应予以保留、延续。城市风情的形象要依靠丰富多彩的景观实体来传达，如特色街区、文化馆、艺术馆、标志性建筑等，同样也需要一些节庆活动来体现。除此之外，更为重要的是每个市民就是一个形象，因为城市的风格和城市精神是固化在每个市民的行为当中的，其一言一行都反映城市的形象，均是代表城市的符号。

在营造城市特色风情方面，以福建福州的历史城区、街区更新和非遗文化活动传承为代表案例。福州，隶属于福建省，位于福建省东部、闽江下游及沿海地区，是福建省省会，福建省的政治、文化、交通中心，海峡西岸经济区中心城市之一。福州建城于公元前202年，历史上曾长期作为福建的政治中心。1986年，福州市被国务院公布为第二批国家历史文化名城。悠久的历史，给福州积淀了深厚的文化底蕴，留下了众多的历史文化保护区、文物古迹，荟萃了文化遗产的精华。福州名城的历史文化特色主要秉承中国传统城市选址的典型特征，山水环绕、遵制守章，经过两千多年的城市发展形成了文风昌盛和商贸兴盛并重的人文特色，依托独特的自然环境和现存丰富的历史文化遗存，成为国内为数不多的古都型名城。

在城市风貌保护方面，以价值主题为导向，建立传承、延续名城价值的历史文化网络体系，整体保护"闽都格局"，提升最美闽都体验。按照闽都风貌保护区、闽都风貌过渡区、现代风貌协调区三类分区进行差异化管控与引导，远期形成整体低矮缓和、错落有致、鞍墙耸峙、中西合璧、乌白青黛掩映的风貌特征。以"青榕巷陌、粉黛灰瓦、百河润邑"的城市风貌吸引公众探寻古城历史文化，推动沿线文物、历史建筑腾退开放与人居环境改善，进一步增强历史城区文化活力与魅力。

在历史街区的更新方面，鼓励历史文化街区小规模渐进式更新。探索包括文化展示目的地、文创等新兴产业聚集地、公共服务特色地段、特色居住社区等多样化的利用功能，探索政府主导，政府融资平台、社会企业、商户、居民等多种

图6-8　福州历史街区与商业有机结合
来源：视觉中国

主体参与的实施模式，全面提升历史文化街区、历史风貌区、历史建筑群的活化利用水平（图6-8）。鼓励社区居民参与活化生活，形成留住老人、吸引年轻人的充满文化魅力的社区氛围。

在历史记忆方面，保护非物质文化遗产和优秀传统文化。完成非遗纸质档案归档、数字档案与数字管理平台建设，非遗代表性项目、传承人、传承示范基地数量持续增长，培育一支非遗宣传教育队伍，塑造一批非遗文化品牌。完善经费保障机制，建立鼓励社会力量参与的正向激励机制。

6.5 城市当代景观风貌的塑造

城市的整体文化形象有赖于城市的凝聚力和给予人们的归属感，城市需要高水平的文化价值和文化环境，需要内涵和特色。文化城市一方面要利用自身深厚的文化创造特色环境，另一方面还要塑造新的标志性空间反映时代特色，形成新旧交融充满律动的城市形象。

6.5.1 依托历史文脉，传统与现代风貌共融

在进行城市景观设计的过程当中既要吸收现代设计思想的进步之处，又要扎根于城市景观的地域文化，尊重当地的风土文化、历史文脉以及地理特征。而不是将地域文化不加变化地直接引入其形态，应当在现代主义的实践过程中因地制宜地重新解释地域性。要先充分了解城市历史文化信息的表达与认知，通过对城市景观历史文化信息的表达[①]来重新认识和解释地域文化的现代景观化表达。

（1）表现手法

①标识

城市标志点和特色空间对塑造具有个性魅力的城市景观有重要作用。用城市的标志性建筑代表所在的城市，说明城市中有这样一些已经成为所在城市象征的标志点，它们往往最容易识别，也最容易记忆，比一般地区给人留下更深刻的印象，更能勾起人们对城市的向往和美好的回忆。城市的标志也是城市空间的转折点，往往位于城市的中心区、城市出入口、对外交通窗口、道路交会口以及自然地形变化的边界之处。从空间形式上讲，城市标志性既有建筑物、构筑物、雕塑等实体形式，也有城市广场、开放绿地等"虚"空间。

一是标志性建筑与城市轮廓线。因建筑高度而成为标志点的建筑物和构筑物，占据着城市突出显要的位置，形象高大，对于城市轮廓线有重要影响。对于建设这样的标志点，要特别注意它与周围环境的和谐，一个好的标志点的空间意象应该是卓越的，能够成为所在地区的视觉中心，从而成为协调空间环境的主导因素和统领因子。如北京的故宫、巴黎的埃菲尔铁塔，无论是巨大尺度规模的宏伟建筑群体，还是竖向高耸入云的巨型构筑，往往能够成为一个地域的标志性建筑。

---

① 张建华，许珂. 当代城市景观中的历史文化信息表达[J]. 山东建筑人学学报，2006，21（4）：5.

二是别致的建筑造型体现城市特色。建筑的艺术感染力是惊人的，设计精妙、构思奇巧、造型独特的建筑可以烘托气氛，展现都市魅力，成为城市标志景点的一个组成部分。如悉尼歌剧院位于风景如画的悉尼达令港，其独特的建筑风格成为悉尼甚至澳大利亚的象征。造型独特的构筑物同样可以成为城市的标志，英国的伦敦塔是伦敦的标志性建筑，每天吸引着来自世界各地的成千上万的游客。

三是挖掘传统文化内涵的城市标志。这类标志点之所以能够成为城市的标志，是因为其有深厚的文化内涵，如巴黎圣母院是因为法国著名作家雨果的小说《巴黎圣母院》蜚声世界，从而成为巴黎的标志性建筑的。

四是景观纪念物揭示性的标识。在不具备进行实物遗存展示的条件，但又具有特殊历史文化意义的地点之上，可以根据史料文献的记载，以建筑物或构筑物的形式形成纪念性的景观，来对城市的历史文化信息进行地点性标识。如20世纪20年代，随着安阳殷墟的挖掘，殷商甲骨等文化在安阳的位置得以确定。为了纪念殷商文化的悠久历史，设计师在原址上修建了殷墟博物苑，以此来纪念这座曾经辉煌无比的城市，殷墟也成了安阳的一个标识。此外，2009年建成的国家级的中国文字博物馆成为古都安阳的又一新的标识性建筑，成为安阳城市景观当中的新亮点。

②重构

对待历史遗留的空间，应当通过恰当的手法将这些空间中有特殊价值的内容保留下来。通过对景观外表的维护修整，在形式上保持历史的风貌，体现历史文化景观的原真性，而在空间的功能上采取重新定位、整合，使其在有机的状态下融入当今这个社会环境，在体现新的社会文化价值的同时也延续了历史的文脉信息。城市之中那些遗留下来的历史空间虽然已经破旧不堪，或是已经丧失了原有的功能，但是它们却蕴含着极其重要的历史元素。将其中的构成元素有选择地保留下来，借助现代先进的设计理念和技术，将原真的历史空间转换形成新的景观空间。

③再现

结合现代的城市功能，通过对具有重要文化价值、能体现特定历史风貌景观空间节点进行选择性恢复，可以创造出既体现历史文脉又适应现代生活的景观环境。

一是意象的环境再现。城市历史空间是结合独特的自然环境共同产生的，诸如山水等自然地貌，历经了城市历史发展演变的历程与融合，形成了具有城市历史文化特点的环境景观。出于对突出城市历史文化特色的考虑，可以选择在拥有相同自然环境资源的适合地点进行异地恢复，以再现历史景观的意象。此类景观设计不必完全拘泥于历史环境的复制，注重的是历史场景意境的再现，为人们挽留颇具特色的城市印象。

二是原貌的片段再现。基于历史环境原址的历史景观再现一般采用局部复原的方法，来表现地段的历史沉积，产生与历史环境相似的文化氛围。从功能的角度来看，这种历史景观可能已经失去了原本的意义。但在美学价值上，此类景观的形成是在冷漠的现代城市中产生出的一种拥有历史意味的空间，人们从文化的回味中领略到城市的沧桑美感。此类景观设计往往只是适度地选择与今日环境能够相互融合的局部片段进行恢复，以寓意历史环境的氛围，给人们留下无限的遐想空间，形成新旧景观与古今城市的对比。

（2）实证研究

在城市传统特色景观风貌与现代风貌并存方面，以日本京都为代表案例。"传统与现代并存"是日本京都呈现的典型城市意向，这个看似二律背反的做法在京都这片土地上实现了完美的统一。和服、茶道、书法、折纸、插花等传统文化活动和铁路、游览巴士、博览会、剧院、滑雪场等繁荣现代的生活休闲方式在这座"国际文化旅游城市"有机相融。

京都古时称为"平安京"，公元794年起被定为日本首都，曾是日本重要的政治与文化中心。平安京的建造仿照了唐长安和东都洛阳的格局，注重棋盘式、方形路网的格局，南北通透。其皇城与宫殿坐落于城北，外郭城位于城南，且分为洛阳（左京）和长安（右京）东西两片区。后来，右京因地势低洼潮湿而逐渐衰退，左京逐渐壮大，故京都也被称为"洛阳"。京都四周为山水所围合，东临鸭川，西接桂川，与中国古城的格局十分吻合。即便在17世纪日本的政治中心转移到东京（江户）后，京都仍以日本第三大城市的姿态发展至今，并将当年平安京的主要城市空间格局延续了下来，特别是朱雀大道（现时的"千本路"）所在的城市中轴线及两侧区域，将这座历史古都的千年积淀完整地传承与保存下来。据统计，京都市内属于国宝级的遗存占日本总数的20%。嵯峨野、大原、岚山、清水寺、金阁寺等景点成为游客的必去之处[①]（图6-9、图6-10）。

在这座古城中，同样得以保留的还有众多历史民居。旧时的日本手工艺人的居住和工作场所称为"京町家"（町屋，英文为machiva），是一种京都特有的住宅形式。町屋通常为2~3层，整体以木构造为框架，用传统的泥土砖砌顶，屋体

---

① 姚如青. 杭州与京都：城市发展的启示[EB/OL]. http://www.chinacity.org.cn/cstj/hzyj/78480.html.

图6-9   清水寺周边街道
来源：视觉中国

图6-10   京都的亭台楼阁
来源：视觉中国

宽度较窄而长度较长。町屋最大的设计特点是"职住一体"，这种建筑以安静的庭院为中间分隔，前店后住，亦被称为"鳗鱼的寝床"。同时，该建筑格外重视装饰用材和室内布局，显示了日本传统城市住宅特有的空间意象，反映了其历史上工商业和手工业的繁荣景象，深刻影响了后世京都及其他日本城市的景观意象，形成了京都人所崇尚的"与自然同居"之美①。在这种空间体系下，京都孕育出举世瞩目的民俗工艺。其中，莳绘京漆器、开花堂茶筒、锻金工艺、朝日烧陶器、清水烧瓷器、西阵织染艺、京友禅染色技术、平安竹工艺、金网编织技艺、中川木工十大传统手工艺项目已经成为代表日本匠人精神的文化品牌，表达出独特的日本人文风情和厚重的历史乡土记忆。

悠久的历史使京都拥有了独特的传统建筑、风土人情和文化财富，形成了可代表日本的自然和人文景观。然而，明治维新之后日本社会的现代化，以及第二次世界大战后的经济高速复兴，使得京都从一个传统产业古城，逐步走向一个工业机械化导向的"产业新城"。这种现代化冲击带来的是京都在价值观和生活方式上的转变，特别是对经济性和效率性的追求，使其面临着类似当下众多中国历史古城在城市发展中面临的相似难题，即如何平衡城市现代化进程与历史文化名城的保护。据不完全统计，1945—1955年，每年有近500座町屋被推倒，取而代之的是新式的现代化摩天大楼②。人们很快发现，新建筑和设施与城市原有的肌理难以协调，城市景观和城市空间意向遭到了极大的破坏。

为了应对摩天大楼和现代主义建筑对京都传统风貌的冲击，京都政府采取了一系列长期的控制措施，从各个角度保护整个京都的文化景观与特色风貌。于是在1966年，日本便颁布了《古都保存法》。按照这部法律，京都的醍醐、桃山等14个区域、约8513hm²的范围划定为"历史风土保存区域"，若要在这些区域内新建房屋，必须上报京都府最高行政长官③。

此外，京都还有一整套体系完整的景观保存制度。1972年，《京都市市街地景观条例》（即后来的《京都市市街地景观整备条例》）出台，圈定了"巨大工作物规制区域"和"美观地区"，并于1995年修订后增辟了"风致地区"和"自然风景保全地区"，对违规在此区域内采掘砂石的，处罚从原先的收取处罚金提高为监禁，并开始对一定高度以上的建筑物实施设计控制。在建筑限高方面，从45m以下到8m以下，为不同区域设置了6种不同的限高标准。直至目前，除了京都市中心城区外，该城市大部分区域的建筑高度都控制在20m以下。

---

①　苏东宾，徐从淮. 日本的传统民居："町家"[J]. 民俗与传统建筑研究，2014（4）：60-63.

②　水岛茜，邓奕. 迁都后日本京都古城的持续发展：西阵地区的在整合[J]. 北京规划建设，2006（4）：47-49.

③　钱铮. 日本京都的"现代协奏曲"[J]. 瞭望新闻周刊，2006-10-09（29）.

《京都市市街地景观整备条例》协调衔接了多个相关国家的法规、地方条例、景观规划办法，最终形成了包括建筑物高度控制、建筑物等设计导则、眺望景观和借景控制、室外广告物控制和城市肌理保护在内的五大管控体系和相应的支援策略。《京都市市街地景观整备条例》实施之后，京都市的都市规划和城市法规也进行了相应的大规模变更，逐步制定了《眺望景观创生条例》《规定超出建筑物高度限制的特例许可手续的条例》，修订了《市街地景观整备条例》《风致地区条例》《广告物等有关条例》《自然风景保全条例》等控制性文件，以对整个京都范围内的建设、改造和发展行为进行规范。

为了适应地域景观特色，京都市将整个市域范围根据资源特质分为了6类，并进行了分类的有针对性的导则制定。其中最重要的是位于京都市中心的历史城区，它囊括了京都核心的文化空间，多个控制性文件都将此区域作为最重要的保护与控制区域进行引导[①]。

进入21世纪后，京都如同其他日本城市一样，亦面临严重的产业空心化。一方面京都大力发展具有较高技术含量的信息技术、新材料、精密电子仪器与具有艺术价值的高附加值手工业制品；另一方面京都将观光旅游定位为都市二次复兴的催化剂，也为可持续的古城文化空间保护提供了支撑动力。在推动城市景观风貌整体保护和观光旅游业发展的同时，京都近年来在保存传统的民用建筑和街道布局方面开展了大量工作。如2000年5月推出的《京町家再生计划》就通过公共渠道融资推动"京町家"老旧街区改建项目。一些原本破旧的"京町家"历史建筑的原有外观得到恢复，并通过内部装修置入了传统产品零售、餐饮和文创等业态，再次形成了历史文化和现代生活共存的和谐发展局面。同时，在观光旅游业的推动下，整个京都的寺院管理良好、景观的维护也较为完整，成为京都观光旅游的重要吸引点。

由京都本土著名建筑师高松申亲手设计的东本愿寺加建改造工程体现了当下对京都重要文化空间的思考：他开发了寺庙的地下空间，以提供高品质的僧侣住宿与生活空间，这些空间成为整个东本愿寺内部人士的活动中心，这样的设计使地面以上保留了寺庙原真的风貌，将现代化融入了文化空间的合理延续当中。

另一个成功的案例是对鸭川的环境整治和亲水空间改造采取了积极的措施，将京都的文脉生活化。如政府通过允许沿鸭川两岸的餐馆在不影响环境的前提下，适当搭建露台，拉近了消费者与鸭川的距离，形成亲水体验，将京都的文脉更好地利用到产业和市民生活中（图6-11）。

---

① 何加宜，吴伟. 超越时空熠熠生辉的京都景观建设：日本京都城市景观保护与营造政策[J]. 城市管理与科技，2010，（2）：75-77.

图6-11　京都鸭川两岸风情
来源：视觉中国

　　此外，在风貌保护的基础上，京都新建筑的实践往往是充满新意且恰如其分的。如日本建筑设计师原广司设计的城市综合体京都火车站，通过"有孔理论"将庞大钢结构建筑物内的"死空间"转化为富有生气的"活空间"，使之与周围传统的町屋和低矮的住屋形成了视觉和动线上的串联。在设计初期，这个钢铁巨人般的综合体建筑受到了很多质疑：根据常理，新建的京都车站应当设计为一个体量轻巧、古典式的讨巧建筑。然而，当居民和游客沉浸在这23万㎡的"主题公园式"建筑中，享受着其内部便捷的交通组织和五星级酒店、购物中心、博物馆、剧院、商业街、广场、空中屋顶花园等公服商业设施时，那些当初激烈反对的人士也开始喜欢上这个建筑作品。因为建筑师原广司在这里创造了一种新的模式：人们感受不到这是一个旅客行色匆匆的火车站，反而觉得这里是一个可以尽情享受逛街和消费乐趣的场所，是一个东西方文化融合的大型城市露天舞台，是一个在功能和体验上与古朴的古城相互补充的文化活力中心。

　　另一个著名的建筑案例是安藤忠雄设计的京都府立陶板名画庭院。安藤忠雄在这个用于展览的建筑中将京都的传统融入清水混凝土、水声、水景的空间构成，追求自然的元素和建筑材质，让人在空间中体验宁静，以表达京都所特有的禅意。这样的设计既延续了京都的文化本真，又为市民和来此观光的游客创造了丰富的空间体验，将京都的精髓以更多角度表达出来。

　　综上，自全球化时代到来之后，众多城市研究者深入探讨了经济与产业的全球化给地方性带来的改变，为一批批代表地方本土和时代特性的建筑和景观形式不断消逝而扼腕。日本京都的现代化之路带给众多有自身鲜明历史文化的国家一个启示：在追求经济利益和社会进步的同时，应当传承与延续本民族的文化特质，尊重城市的多样性，才能更好地融入全球化，以地方性标榜在全球化浪潮中的特殊地位。

　　具体而言，京都的这些传承与创新的实践将城市引向全新的未来：不能畏惧改变，但要保证是向好的方向转变，同时要有一个不变的自然、不变的传统作为本质，即新事物应当是对传统的再诠释，大胆创新，不故步自封，迈向未来。这些实践表明了当代历史文化名城保护中的一个重要共识，即活态文化的保护只有通过使用，使其具有一定的"现实性功能"才可能生存、得以传播，从而可持续的发展。京都因其古城风貌受到功能主义建筑的强烈冲击，保护的首要任务是基于对建筑形式、空间肌理等的景观风貌进行严格控制，同时再通过提升软实力保证文化空间的内核得到保护。此外，新建筑对古城的功能补充和文化再挖掘都是重要的支撑系统，这是从当代空间使用者自身需求出发的人性化思考。

6.5.2 依靠符号、形式语言，塑造现代城市景观

（1）设计手法

　　从符号学的角度看，有无数个景观元素互相关联、组成城市景观整体，它们综合了城市景观应该具有的精神功能、美化功能、安全保护功能和使用功能。此外，还涵盖各种景观要素的复杂性、地域性和历史性。根据不同的文化内涵可以提取出不同的符号形式，将各具特色的景观符号通过一定的设计手法整合到一套完整的体系当中。城市景观作为一个系统，始终处于一种开放的状态，因此要用科学的观念和方法研究它的形式表达，这一研究方法始于20世纪初抽象艺术流派和现代建筑的兴起。抽象艺术家们由过去仅注意形式表达内容转向注意形式本身，发现形式本身就是有意义的东西，事实上还是决定作品价值的重要因素[①]。创造理想的城市空间环境最终要落实到具体的物质形式上，景观的功能、技术、材料、时代感、地方性等景观内容都要通过形式来体现。各种各样的流派和风格、不同的审美情感都要通过特定的形式表现出来，形式是城市景观的语言[②]。

---

①　罗文媛，赵明耀. 关于建筑形式表达的系统研究[J]. 哈尔滨工业大学学报，2003（10）：1261-1263.

②　罗文媛，赵明耀. 建筑形式语言[M]. 北京：中国建筑工业出版社，2001.

①空间

点、线、面、体是景观空间的造型要素，掌握其语言特征是进行景观艺术设计的基础[①]。

点是构成形态的最小单元，点排列成线，线延展成面，面组合成整体。当平面上只有一个点时，我们的视线会集中在这个点上，点在空间环境里发挥着积极的作用，并且容易形成环境中的视觉焦点。如一个雕塑、一个亭子、草坪中的一棵树等都可以看作是景观空间中的一个点，点的合理运用是景观创造力的延伸，其手法有自由、放射、节奏等，点是一种轻松、随意的元素，是景观艺术设计的重要组成部分。

线是点的无限延伸，有长度和方向。线具有极强的表现力，除了反映面的轮廓和体的表面状况外，还给人的视觉带来方向感、运动感和生命感，即所谓"神以线而传，形以线而立，色以线而明"。景观中形形色色的线可以归纳为直线和曲线两大类，直线给人以刚硬、挺拔、明确的感觉，直线形态的设计象征着崇高、胜利，如烈士陵园的人民英雄纪念碑。此外，直线还可用来限定通透的空间，如公园里的花架和廊柱。曲线具有柔美、流动的特征，它变化丰富，比起直线更使人们欣赏关注。古典园林就很注重对曲线的应用，表现出造园的风格和品位，体现出师法自然的特色。

面是指移动的轨迹，和点、线相比，它有较大的面积、很小的厚度，因此有宏大和轻盈的表情。面的基本类型有几何型、不规则型和有机型。几何型的面在景观空间中最常见，如方形面单纯、大方、安定，圆形面饱满、充实、柔和，三角形稳定、庄重。几何型的斜面还具有方向引导性和动态性。有机型的面是一种不能用几何方法求出的曲面，它更富于流动和变化，多以可塑性材料制成，如拉膜结构、充气结构等。不规则型的面虽然没有秩序，但是比几何型的面更自然，更有人情味以及文化的味道，如洛阳白马寺园林中的水池的不规则平面。

②色彩

色彩作为城市景观中的重要组成因素，又以其所承载的历史、文化和美学信息引起广泛关注。在全世界范围内，人们越来越重视如何从色彩这一设计角度使城市具有统一和谐、美丽宜人的景观。如安阳和西安同属于历史古都，由于其所处的时代不同，城市色彩也不同，这是由于城市的历史、文化、地域不同。中原地区比较偏爱红色和黄色，历代很多古都建立于此，所以造就了中原地区独特的具有皇家风范的色彩。在城市景观设计中，重视传统的人文色彩研究，并将其在

---

① 张鸿雁. 城市·空间·人际：中外城市社会发展比较研究[M]. 南京：东南大学出版社，2002.

新的时代背景下合理地展现出来，是传承和发展地方特色文化的一个重要环节。

③光影

在景观设计中，光有更加重要的作用。从文艺复兴时期到现代，西方建筑师非常重视空间中光影的无穷变化和夸张的效果给人们带来的精神力量，从而采取更多样的手法使无形的光成为建构空间和实体的特殊材料。路易斯·康在设计理查德学院研究生楼时把光作为空间建构的一砖一瓦来使用。光对空间建构的功能性及其空间氛围的营造有极其重要的作用，光和构成建筑空间的实体构件一样，在表现空间、调整空间的同时也构筑空间。在设计中充分利用自然光，把自然光在空间建构中的功能性作用和艺术性作用结合起来，构筑一个完美的建筑艺术空间[①]。

（2）实证研究

在塑造当代城市景观风貌方面，以巴西利亚规划为例。巴西利亚位于巴西中部的热带草原，是1956—1960年在一片荒野上建造起来的带有"规划试验"性质的新首都。1822年巴西独立之后，为了国防安全及内地发展，很早就有迁都内地的设想。1891年，巴西政府为解决沿海与内地发展不平衡的问题，通过其第一部宪法提出在内地兴建新都。然而到了20世纪50年代，在原首都里约热内卢无法应对大量农村人口涌入、城市住房紧张、就业困难以及医疗条件下降等问题时，新都建设和迁都计划才真正得以实施。时任巴西总统的库贝切克于1956年提出了"毕五十年之功于五年"的口号[②]，并将新首都定名为巴西利亚，标志着这一宏伟工程的开始。

巴西利亚所在的戈亚斯州中部地区原本是荒无人烟的荆棘之地，海拔1100m，距原首都里约热内卢约900km。1957年，巴西政府向全世界招标并在之后入围的26个方案当中选出了本土设计师 L. 科斯塔（Lucio Costa）的平面布局方案为最初蓝本。巴西利亚规划方案从十字架获得灵感，通过"十字"的区域总体结构贴合现状地形，并将十字长轴变成弧线，让巴西利亚的城市布局犹如一架即将起航的飞机，极具象征寓意（图6-12）。与此同时，巴西著名建筑师 O. 尼迈耶（Oscar Niemeyer）受聘担任新都的总建筑师。其大胆奇丽的设计风格、"自由形式的现代主义"的设计手法，以及平和而积极的社会价值观念，使得巴西利亚整体的建筑风貌能够很好地与周围自然环境相结合，并逐渐成为巴西利亚社会生活中的代表性文化元素，是从形式语言到精神层面对于巴西本土文化的现代式回应。

---

① 成涛. 城市环境艺术[M]. 武汉：华南理工大学出版社，2000.
② 刘少才. 巴西利亚：年轻的城市，年轻的文化遗产[J]. 友声，2014（1）：51-53.

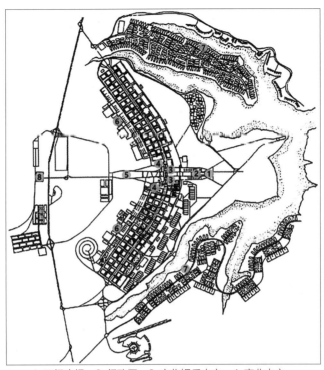

1 三权广场　2 行政区　3 文化娱乐中心　4 商业中心
5 体育场　6 居住区　7 独立住宅区　8 铁路客运站

图6-12　巴西利亚规划示意图
来源：沈玉麟. 外国城市建设史[M]. 北京：中国建筑工业出
版社，2013：173.

另一位颇具盛名的景观设计师R. B. 马克斯（Roberto Burle Marx）也参与了城市总体规划中的公共区域设计。他将一系列符合巴西利亚现代理念的街巷格局和寓意丰富的景观艺术雕塑巧妙结合，进一步将这座体现现代主义理念的城市表达到了极致形态。在这里，城市人均绿地为120m²，全市拥有家庭游泳池2.5万个，汽车每2人1辆，每100余个市民中就有1名警察，是以人为核心的乌托邦式的城市。

巴西利亚从1956年11月动工兴建至今，人口已由最初的不足20万增长至如今的301万人，是人类有史以来完全从平地起建，由一个人主持设计，耗时最短完工并启动的城市建设奇迹。1987年，联合国教科文组织破例把这座现代城市列为世界文化遗产，评价巴西利亚是城市设计史上的里程碑，有"世界建筑艺术博物馆"的美称[①]，是世界遗产城市中最年轻的城市。

① 任丽洁，张仁，劭兰霞. 从巴西迁都巴西利亚谈首都规划与建设[J]. 松辽学刊，1994（4）：81-84.

图6-13 平地而起的"飞机城"巴西利亚
来源：视觉中国

巴西利亚的规划设计总结起来有以下主要特点：

①十字架的乌托邦意向

从宏观意向上看，巴西利亚的十字式"飞机型"总体空间格局象征着巴西是一个迅猛发展、高速起飞的发展中国家，而科斯塔的设计将各个功能组团合理安排在这个十字架构件基础之上，将整个巴西利亚分为新区、旧区和工人住宅区三大部分，使巴西利亚作为政治中心的城市职能极具意向性地得以施展[1]（图6-13）。

在这个现代主义乌托邦式的构想中，总规划师将代表国家的权力中枢机关（如三权广场、议会、总统府和最高法院）布置在了"机头"位置；将城市的行政办公组团（18座对称的政府各部办公大楼）布置于"机身前部"。

① 魏彤岳，田野，杨军."傲慢"与"偏见"：柯布西耶"现代城市"理论在巴西利亚的实践评析[J]. 规划视角，2011（27）：183-187.

在科斯塔的设计理念中，两条相互垂直的主轴线自然构成了巴西利亚的中心，是各类城市级商业、文化娱乐等公共建筑的集中区。其中横向轴线自火车站起，自西向东长达8.8km，通过林荫大道及一系列开放空间将城市主要公共建筑、行政建筑串联起来（图6-14）；纵向轴线长达13.5km，由北向南呈弓形，沿线集中布置城市的主要居住片区，形成了沿轴排列、连绵起伏、错落有序的街坊空间。由于整个巴西利业的城巾定位不包括商业之都，所以市区里难以见到沿街商铺，只有专门规划的超市区，没有喧哗和豪华的消费场所。

②居住区

总建筑师尼迈耶以10栋大楼为邻里单位，设置了11个"超级小区"，并辅以学校、幼儿园、影院、教堂、商店及店铺等服务设施。这些超级小区一致采用了低密度、低容积率的建控标准，使每一栋住宅周边都拥有不同于巴西其他城市的充沛的开放空间。尼迈耶为了进一步体现他渴望通过设计消除社会差异的宏伟设想，将巴西利亚的住宅公寓都进行了标准化统一设计：这些住宅公寓采用了新技术和新材料来适应南美洲的炎热气候，并对葡萄牙殖民者常用的繁琐装饰进行了大量简化，形成了一种基于巴西本土地域文化背景的现代化改良建筑。住宅建筑只限7层以下的低层电梯公寓式住宅，底层架空，作为儿童下雨时的玩耍之处[①]。

③工业区

巴西利亚城区内禁止建设各类重工业项目和污染较重的轻工业工厂。仅有的工业园区位于主城"机尾"向南的延伸线上，分为工业区、印刷出版区和小型作坊，涉及的产业门类主要包括服装、食品、电力、电子、汽车、出版、建筑材料等。起初，这种布局方案以"职住不平衡"的理由遭受非议，但随着巴西利亚作为首都的政治、经济、文化职能不断强化，人们也逐渐意识到了当初规划意图的合理性和前瞻性。

④交通规划

巴西利亚的交通规划基于柯布西耶的"光明城市理论"，布设了大框架交通路网格局，并以现代化、立体化、快速化作为道路规划的总体原则。城市内部以高速道路作为骨架，以次干道作为城市用地细分的边界（图6-15）。

尽管巴西利亚的交通规划是以机动车作为交通系统的主体，但是科斯塔通过"人车分离"等手段提升居民所需的"街道公共空间"。例如，该市主要公路均为单行线，立体交叉不设红绿灯，从而使部分街区转化为放大的城市公园。

---

① 石晓风，魏薇. 巴西利亚城市设计的人性化与形式美思考[J]. 先锋论坛，2011（4）: 21-24.

图6-14 巴西利亚景观大道和开敞绿地
来源：视觉中国

图6-15 巴西利亚大尺度的车行道路和露天停车场
来源：视觉中国

　　除了便捷的高速交通网络，巴西利亚在规划初期便预留了重要的对外轨道运输通道。该市的铁路从城市西侧经过，向南与机场接驳，再与城市的工业区共同构成全国重要的交通中心，借由放射状的公路通往郊区各卫星城镇以及里约热内卢和圣保罗等城市。

　　⑤城市绿化

　　巴西利亚所在地域为稀树草原和干旱森林生态景观，这也构成了该城的典型乡土景观。在规划伊始，设计师就预先在市内及周边辟建了一系列国家公园、生态保护区和自然保育地，使复合生态系统和城市人造空间有效融合，比一味注重植树种草的城市人工绿化有着不可比拟的优越性。

　　城市内部道路退线充足，确保每个"街区"都有由统一的灌木墙、小花园和草坪组成的绿化带环绕；再向内则是建筑物门前、私人庭院种植的花草树木。据统计，巴西利亚是世界上人均拥有城市绿地面积最多的首都城市，总体绿化面积占用地规模的60%以上，人均绿地面积最高可达100m^2。具有几何形式美感的林荫道和自然灵动的人工湖泊形成了布局协调、结构新颖、繁花似锦的花园城市印象。

⑥建筑

巴西利亚的公共建筑设计体现了"开放"与"个性"两种设计意向。总建筑师尼迈耶试图通过"没有围墙的都市"来传达一种社会平等理念。这种设计意图贯穿了全城几乎所有的公共建筑，就连包括总统府、总统官邸在内的所有政府机关都没有全封闭的高墙。

对于体现城市现代风貌的公共建筑群，市政府相继委托了一众前卫设计师对城市纵轴线开展了大胆的建筑实验，例如带拱廊的外交部和司法部大楼、排列成火柴盒式的各部大楼、双曲线形的国家大教堂、金字塔形的国家大剧院以及知名的"双碗"国会大厦（图6-16）。整个公共建筑群的尽端是218m的巴西利亚的制高点——巴西利亚电视塔，登塔俯瞰，新首都现代化的一面尽收眼底[①]。

图6-16   巴西利亚部分代表性建筑（上：国家议会大厦；下：国家大教堂）
来源：视觉中国

---

① 李孟顺. 巴西利亚：建筑的文化灵性[J]. 创新科技，2008（11）：58-59.

　　巴西利亚之所以被联合国教科文组织确定为世界遗产，成为众多璀璨辉煌遗产城市中的一员，与其吸纳、融合欧洲各国建筑风格又不失巴西民族建筑特点密切相关。然而，因该城在极度追求城市平面构图效果时也牺牲了部分城市基本功能，也在后续几十年的建设和运转过程中受到了一些批评。这些批判集中在认为科斯塔的飞机理想模型欠缺对经济、文化、社会和传统的考虑：首先，整座城市更像是一个纪念碑式的建筑或主题公园，而非一个具有活力的人类活动场所，行人在当中找不到他们的位置；其次，巴西利亚并没有实现创始者"消除阶级分异"的宏大理想，反而将低收入者赶出了中心城区，仅留下中高收入的"精英"阶层；再次，纯粹的组团式架构使同类型的建筑集中在城市的某个特定区域，如所有旅馆都集中在一处，但实际上，从其他都市的建设经验中人们都认为城市功能在空间上混合才使城市更有生命力。

　　即便如此，巴西利亚也不失为对城市形态与功能协调统一的一次创造性尝试，也是一场宏大的关于人、社会、自然、文化如何在城镇空间中有机兼容的实践。特别是在城市个性表达、高速路网搭建、绿地湖泊美化、住区平等化设计、邻里单元标准化等方面为后世的城市规划提供了难能可贵的样例。多位伟大的规划师、建筑师和景观设计师在哲学层面的深刻思考，也最终转化成了空间上的解决方案，恰恰成为这个城市整体特质中的一个重要部分，体现了人类精神和智慧的伟大创造力，以及现代语境下的精神典范。

　　巴西利亚是对《雅典宪章》中柯布西耶式的"功能城市"的高度体现，其设计方案的宏观纪念性作用明确，规划师以乌托邦式的理念构建了整个城市的生活方式，在人类的城市建设史上有特别的意义。以上这些特性让巴西利亚从整个城市的规划设计角度赢得了"最年轻的世界遗产城市"称号，在世界文明史上画下了重重的一笔，也成为城市设计的重要标志性案例。

7

城市文化空间规划设计

城市文化空间承载着城市的各项文化功能与文化活动，与城市景观风貌形成"表""里"组合、相辅相成的整体。城市文化空间体现着城市文化精神，是城市空间的重要组成部分，也是人类学、社会学、文化学、地理学、建筑学与城乡规划学的交叉研究领域，在实践中涉及众多的主体。在新时代背景下，通过赋予空间更多文化功能，多方的发展诉求将得到平衡，城市的整体发展将更加具有可持续性。关于文化空间的更新改造规划，国内已有一些较为成功的实践案例，如"新天地"模式、"文化创意产业园"模式以及古村落保护开发模式等，但总体来说，文化空间体系较为破碎、设计手法较为单一，导致了文化空间雷同等现象。世界各国有不同的历史文化，有些国家通过在物质层面加强集聚与改善设施、在理念层面增加文化供给等措施，在当代形成了具有知名度并富有特色的文化空间。我们从战略引导、功能塑造、设施改善、氛围营造等视角研究国际文化空间案例，挖掘其中取得成就的案例，以期为我国文化城市建设提供一些可借鉴、可落地的经验。

本章将梳理城市文化空间的类型，提出文化空间建设的方向，从城市节点与地标区、城市文化街区与文化园区、城市整体文化空间三个不同尺度，在梳理各类文化空间文化特质的基础上，分析文化的表现形式与设计手法，以物质层面、精神层面、管理层面为重点，归纳空间、设施结合文化特质的规划设计策略，并对不同实施模式进行总结。

7.1 文化空间的组成与分类

7.1.1 文化空间构成要素

文化是一个广义的概念，在古希腊时期，拉丁文中的"cultura animi"原意是对"灵魂的培养"，并由此衍生出"文化是生物在其发展过程中逐步积累起跟自身生活相关的知识或经验"等各种各样的定义，而广义的文化应当包括文字、语言、建筑、饮食、工具、技能、知识、习俗、艺术等形式。从古至今，具体谈及某项文化的时候往往都与一定范围的地域息息相关，文化与空间相互关联又相互支撑，随着时间的推移不断变迁。研究城市文化往往与城市空间分不开，所以，对文化空间的研究要看其背后所代表的文化是什么，是怎样塑造文化空间的。对文化空间的内涵研究，其核心在于将文化空间表述为人们在时空维度上对物质空间的精神感受，落实到物质实体的层面可表述为"人""活动"和"场所"三大要素①。

首先，人作为改造自然的主体，是社会文化生活的主导动因。任何空间的文化表述，都需要通过人这个主体去认知。认识文化活动的发起者与参与者，影响着文化空间的发展与变化。同时，人作为个体，其世界观、价值观等的异同都被真实反映到文化空间的表现形式中，形成独有的文化环境；与此同时，文化空间的地理特质、人文传统也反作用于人的价值观，二者在互动之中不断转换与演进，经过碰撞、交错和融合，最终形成丰富多彩的文化空间。

其次，文化活动包括了众多文化元素，如熙来攘往的繁华街景、街头表演娱乐和集市贸易等各项具有地方特质的现象与人类参与的活动。人是文化活动的行为主体，而文化活动是文化空间的内在价值，它集中体现了它的生命力和活力，是对地域特色文化和传统的现实展示与演绎，也是文化空间在时间和空间交叉点上的外在表征。

最后，无形的文化意识离不开有形的空间载体。文化活动的开展离不开具体的环境和场所，应依托具体的标志性建筑空间、街巷、广场和公共空间等场所，传递风俗人情、展示传统技艺、举办节庆活动等，塑造完整的场景，帮助人们切身感受文化记忆的传承和延续。在文化遗产保护当中，众多非物质文化遗产将古城及其建筑、民居、寺庙等囊括在内，使文化空间形神兼备，其文化内涵展现得更加生动而鲜活。

文化空间的三大要素"人""活动"和"场所"在空间特有的文化和社会背景下相互交叠，组成和谐统一的整体，构成具有地方特色的文化空间。本章对文化空间案例的研究将基于对以上三大要素的理解，针对案例中具有公信力的人物、活动和空间进行分析，探讨和总结其对应的活动策划创意、具象空间的营造手法等具有可借鉴意义的经验。

7.1.2　城市文化空间的分类

（1）按内容形态划分

姜建蓉②提出按照空间的内容形态，将文化空间分为四类：一是城市节点或地标区（主题广场、文化设施、标志性建筑等），其在一定程度上代表或凸显了

---

① 徐鑫. 旅游村镇的文化空间再造研究[D]. 泉州：华侨大学，2012.
② 姜建蓉. 城市文化空间：推进文化强市建设的新路径[EB/OL]. http://daily.cnnb.com.cn/nbrb/html/2012-04/03/content_450340.htm.

整个城市的特色；二是历史文化街区和传统村镇，它们保留了当地特有的建筑形式、街道肌理、风俗习惯等文化特色，体现了城市的文化发展脉络；三是文化创意产业园区，它是近年随着文化创意产业兴起而形成的特殊空间产物，多为政府主导的产业聚集园区，依托旧厂、旧区、旧村等进行功能改造升级，以满足文化创意产业的办公需求，同时形成了独特的空间形态；四是文化业态集聚区，是指某种文化业态在一个地区逐渐聚集发展，使该地区形成了鲜明的文化特色，例如伦敦西区。

（2）按空间尺度划分

王承旭[①]提出可按照空间尺度对文化空间进行分类，即包括宏观层次的城市整体文化意向空间，中观层次的文化分区和文化片区，以及微观尺度的文化设施和场地。其中，文化分区与文化片区的区别在于文化分区主要存在于大中型城市内部，通过历史演变与周围地区形成文化差异，具备独特的文化特性；而文化片区的范围更小且具象，以历史文化街区、特色公共空间等为主。

（3）按文化功能划分

同时，王承旭也提出按照文化功能进行划分，将文化空间分为基础型、标志型和提升型三种。基础型主要指以建设宜居城市为导向，为市民提供各类公益文化设施和公共空间，具体表现为各类惠民工程；标志型以增强城市文化核心竞争力为导向，建设标杆型空间场所，包括大型文体设施（如奥体场馆）、文化片区（如北京"798"）等；提升型介于两者之间，例如一些市级文化设施，本身便兼具了文化旅游和服务市民文化生活的双重职能。

（4）按照空间要素基本特征划分

黄鹤[②]结合景观学的分析方法，从斑点、廊道、斑块、基质四种类型对文化空间进行阐述。其中，斑点是点状的文化空间要素，如文化设施、主题公园等；廊道是指线形文化空间，包括城市水系文化走廊、历史自然形成或人为规划形成的轴线空间；斑块是指面状文化空间，如历史街区、创意园区等。这三者相互补充、配合，形成城市的点、线、面三个层次的城市文化空间要素。而基质是指城市空间景观的基地，如山川地形、城市肌理格局、建筑风格、绿化特色等，它帮助人们了解城市风貌特色和文化气质。

---

① 王承旭. 城市文化的空间解读[J]. 规划师, 2006（4）: 69-72.
② 黄鹤. 文化规划：基于文化资源的城市整体发展策略[M]. 北京：中国建筑工业出版社, 2010.

以上的四种学术界主要分类方式，反映了文化空间的多样性，同时涵盖各类案例的难度以及各个划分方式上的局限。在以下研究当中，主要以"内容形态"的划分方式为主要框架，在案例选取上兼顾其他划分方式的特点，如在空间尺度上选取由小到大的案例，在文化功能上兼顾市民使用与文化旅游导向的案例，同时在空间要素上兼顾节点、轴线、面状的案例，综合形成以下三个文化空间的类别：城市节点与地标区、文化街区与文化园区、城市文化空间系统。

7.2 文化空间的建设方向

7.2.1 充分展示地域文化魅力，彰显城市人文活力

自改革开放以来，城市化、工业化发展将中国带入了小康社会，从马斯洛需求层次理论的视角来看，一部分城市和地区的发展程度已经满足了市民基本的温饱需求，产生了更高层次的对生活品质的需求，牺牲城市的历史文化资源来换取经济利益的做法开始受到谴责。实际上，自20世纪的产业全球化浪潮开始，多数发展中国家和地区都经历过或正在经历本土文化的丧失，其中一个重要的现象是城市空间的变迁——古城历史街区、古镇、古村落不断受到功能主义和高容积率建筑的侵蚀，丧失了原有的文化氛围和空间意境。当地的历史文化往往是一个地区不同于其他城市的独特资源，它起源并成长于本土的自然人文环境，是时代变迁的产物。文化空间往往具有不可替代性，它集中代表了一定地域范围内的历史文化特质，具有空间上的整体性、时间维度上的传统性和文化上的活态性，需要全社会共同努力对其进行全面保护。

在保护过程中，需要注重文化空间的完整性和活态性，即在保护物质空间的同时注重文化内核的功能传承。城市空间作为城市文化和传统的载体，其本身就体现了城市文化的内容和意趣。奥地利的维也纳是世界著名的音乐之都，音乐作为其文化特征在城市中得到了全方位的弘扬，城市空间的历史沉淀更增强了维也纳的音乐魅力，建筑如"华彩的乐章"，充分展示了其"凝固的音乐"的魅力，各种各样的音乐厅散布在城市各处，门口衣着华丽、姿态优雅的侍者向路人介绍着音乐会的情况，世界著名音乐家的雕像点缀着城市。维也纳有一条秀雅的街道，称为"音乐街"，这条街道没有轰鸣而过的汽车，也没有喧嚣不己的摊贩，每天下午都有小乐队在此演出，小乐队一般由一把小提琴、一把吉他和一支长笛

组成，有的还配有沙球和皮鼓，各国名曲完全不受传统派的约束，演奏者可以随意发挥，真诚地表达自我的情感，一曲终了，不管内行还是外行的观众都会报以热烈的掌声，一些演奏者会举着一个小口袋，向观众要钱，观众给不给钱不强求。这一幅幅充满诗意的街头小景吸引了无数的居民和游人，而这条音乐街也就在街头艺术家们的不断创新和观众的热情中世代生存。维也纳的音乐文化在其城市空间中得到了有机的包容和生动的再现，由此也增加了其城市空间的独特美感，让人流连沉醉并油然而生对音乐和艺术的崇敬。

7.2.2 富有城市生活温度，体现城市的开放包容

中国部分发展程度较高的城市已经走过了资本的原始积累期和快速工业化的阶段，非生产性、非经营性的艺术活动和实践逐渐成为城市生活的重要组成部分。各类历史设施与空间，经过一定的改造之后往往可以成为城市文化生活的重要元素，是支撑文化经济发展的重要场所。同时，由于在改革开放的前期一味追求工业化和城镇化的效率，众多中国城市在空间环境上越来越不适宜居住和生活，城市的历史文化不断被侵蚀，取而代之的是缺乏个性、追求功能性的空间，其品质有待提高。城市中的文化空间往往具有较好的空间品质，甚至多数是城市中地标性的空间节点。精细利用已有的文化空间，并通过文化战略与空间规划设计的结合创造出新的文化空间，将大大提高市民的城市生活品质。

城市作为人们聚居的场所，对市民生活的支持往往是第一位的。通过对文化空间的保护、改造和创造，城市环境可以得到极大的改善。如在波士顿昆西市场的案例中，市场的改造虽然是从商业化的角度出发，但从对于城市的贡献来看，项目为波士顿市区增加了商业空间、公共空间等有活力的元素，增强了地区吸引力，使市场附近办公楼的白领、游客等都有机会来到市场使用这些空间。

文化空间的保护、改造和创造策略应当以人为本，正视空间使用者的需求，并提供相应的"服务"以满足使用者的需求。虽然其中"人"的界定范围因时而异，但从本质上来看，空间升级往往在功能上对整个城市是有正面作用的，无论是提高了基础设施服务水平还是增加了人们在城市生活中选择的可能性，更加宜居的城市生活往往成为行动策略目标愿景中的一项重要内容。如在伦敦特拉法加广场的案例中，广场完成了从帝国时代对英雄的纪念性意义到当代代表伦敦城市文化，即多元化、包容性并具有悠久历史的世界城市文化的转变。这一转变并未脱离文化空间本身的文化内核，它代表了伦敦作为世界城市的转变方向，即从帝国时代的首都逐步转向全球化时代下的核心节点城市。在此过程中，特拉法加广场始终是伦敦的地标性空间节点，象征着城市最宝贵的精神。

7.2.3 应对当代多元文化与精神消费诉求，塑造城市品牌与名片

文化的真实性保护概念是指在城市发展的进程中当代人有将文化遗产真实、完整地传承下去的责任义务。其中有对文化遗产在"过去"这个时间阶段中的解读，即尊重其原真的形式、形态，进行可持续地传承。然而，在当代背景下，一成不变的事物其实并不真正存在，即使古城的空间形态得以保留，但风俗习惯等也会由于社会大环境的变迁而发生改变。在现实当中，一方面，当地人有满足自身需求的权利，如众多古城的建筑质量已经远不如现代新建的居住片区，设施陈旧、开间较窄、缺乏统一规划布局，这些亦激发了对制定兼顾当地居民需求和文化空间价值的保护模式的思考；另一方面，为了使文化空间可以为更多人所认知、使用，从而形成本土的文化归属感、打造城市名片，拓展文化空间的使用方式，如提供观光旅游、互动式体验、消费等十分必要。这使得文化空间的发展方向从纯粹而保守式的保护变为带入"生产"的观念，即在实践中探索如何更好地利用文化空间这一珍贵的文化资源以达到更丰富多彩的社会经济发展目标。因此，对于当代城市多元文化与精神消费诉求的重要转变，文化的真实性保护更加注重对"意象"遗产的传承，即场所精神的保留。

对于文化空间的保护、改造、发展甚至创造是城市"品牌化"和塑造城市文化名片的重要途径。中国虽然地大物博，但在当今的全球化浪潮之下，相邻地方的同质化竞争相当严重。作为单个的城市或地区，想要在城市或区域间的竞争中独树一帜，运用城市的"品牌化"和文化战略往往是增强自身竞争实力的一个重要渠道。如英国剑桥作为依托剑桥大学建立起来的"大学城"，若仅仅服务于学府教职工和学生的日常消费需求，其城市文化是相当单一的。剑桥一则是顺势而为地利用剑桥大学守旧主义的特点强调了城区的保护，使旅游观光业不断繁荣；二则是利用剑桥大学不断创新的精神和学术界的创新能力拉近了与产业的联系，将城市的产业命脉寄托于知识经济的研发和生产的合作，内外兼修，使城市的影响力不断扩大。在城镇尺度上类似的案例还有很多：英国巴斯作为历史城镇类的世界文化遗产，城市名片十分抢眼，文化空间的保护和相应的开发策略使它在成为世界文化遗产的基础上更好地塑造了城市形象；英国伦敦巴比肯依托居住区整体设计打造文化事件的支撑空间并丰富城市文化生活；韩国坡州艺术村通过培育、集聚文化创意产业而形成品牌效应。这些路径因"地"而异，且并不是一劳永逸的，只有不断在变化中适应变化，并带着保护传承城市历史文化的初衷，才能成就对文化空间与城市品牌的塑造。文化资本的运用可以创造更高的空间附加值，同时也在无形当中确保了城市更新成果的质量。

7.3 城市节点与地标区的设计

7.3.1 广场与公共建筑

城市广场与公共建筑，以伦敦特拉法加广场与查令十字（伦敦所有铁路和道路的工程坐标原点）为代表案例。特拉法加广场位于伦敦泰晤士河北岸的西敏市中心区。该广场始建于1805年，以纪念英国海军纳尔逊将军大败拿破仑的特拉法加战役。如今，特拉法加广场是伦敦市中心的重要地标性节点，其南端是伦敦传统中心点查令十字；再往南是政府办公区白厅（英国首相办公之处），通向国会大厦；西南是通往白金汉宫的仪仗道林荫路（图7-1）。广场的北面是国家美术馆、唐人街和伦敦大学学院等高校群。特拉法加广场占地面积约4.8hm^2，包括2个十字花形喷泉，1个中央主体纪念柱和多组铜像雕塑构筑物。广场从选址到空间尺度再到布局，全方位体现出建筑师 J. 纳什（John Nash）和 C. 巴里（Charles Barry）对尊贵、庄严、不可侵犯的国家精神的终极追求。

图7-1　作为伦敦重要城市节点的特拉法加广场
来源：Google街景

特拉法加广场采用典型的罗马式中轴对称式布局，纳尔逊纪念柱既是中轴线的节点又是全广场的视觉中心。位于纪念柱北侧的两个对称花形喷水池与其北端的台阶组成了广场的公共活动与游憩空间。广场四周的雕塑铜像既包括数位历史名将与君主，也包括了轮展的现代雕塑作品，成为公众艺术的焦点。此外，特拉法加广场还是当地交通的中心枢纽，查令十字车站即位于其附近，有巴士及5条地铁线经此。二百多年来，它一直是伦敦乃至全英人民聚集庆祝除夕夜、圣诞节等节日和进行政治示威的场地。

在历史上，特拉法加广场也因为聚集成群的野鸽而闻名，有"鸽子广场"之别称，在其鼎盛时期，广场上曾聚集了3.5万只野鸽。2005年，为了解决野鸽带来的公共卫生问题，大伦敦市政厅采取了一系列措施，包括立法禁止在广场上喂食鸽子、派出猎鹰在广场上空巡逻等。如今，广场上的鸽子几乎绝迹，但这并不影响特拉法加广场的历史文化地位。同时，没有了鸽子的干扰，广场上可以搭建临时舞台、举办庆典甚至拍摄电影等，成为丰富多彩的公共活动空间。

（1）物质层面策略

特拉法加广场由于长期作为市区的重要交通枢纽，在私家车逐渐增多的背景下变得拥堵不堪，虽然是城市精神的代表场所，但却被各类车辆所堵塞，被行人认为是不安全的地方。加之进入千禧年之后，伦敦市政厅从西敏市手中收回广场的管辖权，推行了一系列具有文化氛围的活动，行人的增多与川流不息的车流形成了巨大的冲突，改造迫在眉睫。1996年，伦敦市政厅委托福斯特建筑事务所（Foster & Partners Co.）进行特拉法加广场的景观改造研究。福斯特和他的团队通过当下流行的空间句法工具对当时特拉法加广场上行人对广场的使用方式和路径进行了分析，发现了两大问题：伦敦人避免使用特拉法加广场中心区，游人不是从特拉法加广场游览到威斯敏斯特广场的。最后，福斯特事务所根据该模型提出了相应的改造对策，伦敦市政厅采纳并在进入千禧年后开始实施该改造策略[①]。

特拉法加广场于2003年完成了改造，将其中心建筑国家美术馆前的行车道路封闭，建筑前下沉式广场的高差大台阶被改造成美术馆入口的大台阶，把美术馆建筑和广场连成一个整体，并于广场两侧与前面组成一个人行道路系统，与车流分行，且依托步行阶梯为广场增添了洗手间、无障碍电梯等设施。通过此次改造，供使用者自由选取角度开展活动的空间增加了，据统计，前来广场活动的人流比以前多了13倍。

改造后的特拉法加广场有了更好的行人步行可达性和更多的开敞空间，随着使用者的增多，越来越多的街头艺人也参与到广场的日常活动中来，他们丰富了整个广场的景观。各类节庆和演艺活动项目在伦敦市政厅的计划下有序进行，和古老的特拉法加广场一起，象征着这座魅力之城的活力与丰富多彩（图7-2）。

---

① 威斯敏斯特政府和大伦敦政府. 特拉法尔加广场：历史公共空间再生[J]. 城市建筑，2005（7）：64-65.

图7-2　改造后的特拉法加广场
来源：视觉中国

（2）精神层面策略

特拉法加广场的成功改造，不仅由于其本身对伦敦有重要的支撑性作用，还在于其利用地标性广场空间实施城市文化战略、塑造城市精神，这是使其成为一个优秀文化空间案例的核心原因[①]。伦敦市政厅和西敏市议会在维护特拉法加广场的过程中主要推动了以下几个核心活动的举办：

①第四柱基公共艺术项目

特拉法加广场的4个角落分别竖有高约4m的雕塑基座，其中3座分别仁立着3个英国19世纪著名历史人物青铜雕像，他们分别是英皇乔治四世（George IV，1840年建）青铜立像、亨利·哈维劳克（Henry Havelock，1861年建）青铜立像与查尔斯·纳皮尔爵士（Sir Charles James Napier，1855年建）青铜骑马像。然而，广场西北角上那一个基座从1841年广场建成到1999年，一直没有雕塑竖立其上，其原因是原本在这个基座上准备竖立一尊威廉四世（William IV）的青铜骑马像，但是在建造时出现资金困难，致使该设计未能按计划完成。而后来虽然资金问题得到解决，但权力层又对雕像应该是皇室成员还是民族英雄产生了不同看法，且始终未能达成一致意见。于是，这就让这个雕塑基座一直空置着，显得很

① 陆劭明. 基于空间事件的城市精神塑造策略[J]. 城市文化，2011，18（8）：120-124.

特别，英国人习惯叫它"第四雕塑基座"（Fourth plinth）①。

1999年皇家人文学会（Royal Society of Arts）构想了第四雕塑基座公共艺术项目，该学会认为公共艺术观念在英国已为社会各界接受，主流艺术家已经把参与公共文化建设作为实现其艺术主张的重要渠道。第四雕塑基座的不完整性，恰恰为今日的艺术家埋下了创作伏笔——昔日为国王与国家英雄塑像准备的雕塑基座，为当代艺术家提供了一个跨越了历史时空的"特定场地艺术"（site-specific art）的命题，能够极大地激发当代艺术家的创作灵感，第四雕塑基座将变为当代公共艺术的试验场，将艺术家与公众联系到一起②。

2003年，伦敦市政厅成立的第四柱基项目委员会邀请艺术家创作出8件作品。经过公众评选，从中产生最后获选放置在柱基上的艺术品。此后，特拉法加广场第四雕塑基座公共艺术项目每隔一年半就会展出不同时代的艺术家的创作。历经20年的轮替，第四基座已变成了一个展示世界级当代艺术的窗口，也成为一个关于城市及其公共空间价值的讨论平台，甚至伦敦出租车司机载客时也会和乘客谈论对本季第四柱基雕塑的评价。

特拉法加广场的公共艺术活动呈现了当代城市文化空间的一种典型状态和其背后深层的管理制度、社会认知和发展理念，发生在柱基上的艺术观念总和，也成为当代公共艺术的一个缩影（图7-3）。围绕着主柱基、广场以及周边的公共文化设施（如国家美术馆）形成的"城市文化舞台"与整个社会的审美认知及公民的国家文化认知共同成长，其所激起的广泛公众讨论和所触及的更深刻的社会价值议题远超当代艺术实践者的想象。

②伦敦设计节

伦敦设计节（London Design Festival）至今已连续举办了20年，包括特拉法加广场、泰特艺术中心、艾尔伯特博物馆、金丝雀码头等多个城市开放空间都是该节日的主要举办场地。

2006年，由英国著名设计师 T. 迪克森（Tom Dixon）设计的椅子装置占满广场，并允许民众在展览结束的时候将椅子搬回家。闭展当天，数千名市民兴奋地挑选自己喜欢的作品，最终将所有椅子一扫而光，整个广场像变魔术一样变得空荡荡，景象即壮观又生动有趣。

2009年，西班牙设计师 J. 海因（Jamie Hayon）的作品《对弈》（The Tournament）将特拉法加广场再次置于城市文化热潮中。该作品以2m高的陶制西洋象棋

① 刘向娟. 当代艺术介入公共空间: 伦敦特拉法加广场的"第四柱基"[J]. 科学·艺术·时尚, 2013（1）: 5-9.
② 吕坚. 伦敦"第四雕塑基座": 公共艺术项目逐鹿之地[J]. 公共艺术, 2009（1）: 56-60.

图7-3　特拉法加广场的公共建筑与艺术活动
来源：视觉中国

为主角，以特拉法加战役为故事背景，让每一个走进广场棋局的人在棋盘当中梦游仙境。

2010年，德国设计师 C. 斯哈尔（Clemens Weisshaar）与 R. 克拉姆（Reed Kram）在特拉法加广场上重置了从奥迪公司生产线上卸下的8只机械手臂，并将它们组成一个巨大的异形八爪鱼，于是一个名为《超》（Outrace）的装置作品在特拉法加广场的夜幕下诞生了。同时，在设计节主办方和奥迪汽车公司的合作下，全球观众可以通过设计节官网参与互动，控制机械章鱼触角用光轨来画出他们输入的文字。画出的光轨由摄影设备记录下来，并在网络社区上进行二次分享传播。该作品让参与者体验了虚拟交互与现实文化空间的复杂关系，被《国际先锋论坛报》评价为"新品种数码产品设计师的典范"。

综上所述，伦敦设计节所诠释的"设计"不仅已经超越了视觉或者功能范畴，而且在一个高度国际化的环境中尝试探索一种个人智慧和创造力与资本、政策、媒体、营销高度结合的合作关系。而当这一切以古老的伦敦为背景时，则显得别有意味，让人们感受到了城市文化空间的包容性和多意性。

③其他节庆活动

除以上两个最具特拉法加广场特色的活动项目之外，广场作为伦敦市的重要地标还会在伦敦市政厅的组织之下举办众多活动，如每年农历春节的华人春节庆典活动、每年4月的枕头大战、基督庆典等，甚至每年为支持环保、减少化石能源消耗而举行的伦敦"裸骑"活动也将特拉法特广场作为重要的路线节点之一。

通过举办多样化的活动，伦敦将国际化、跨文化的视野传递给了所有市民乃至所有关注伦敦的人，特拉法特广场承载了伦敦的精神，将这个城市的传

统、自身活力和多元化等一齐展现给广场的使用者[①]。以上这些寄托于城市空间的文化活力塑造，对整个伦敦的城市发展模式产生了深远的影响：第一，城市文化空间为市民邻里的基本互动交往提供了最直接的"场所"，是持续塑造城市精神的"温床"；第二，政府和城市管理者对新兴文化和艺术的包容，有利于地方文化的再次复兴、公共艺术与文化产业的多元发展；第三，虽然城市文化空间往往只是一个"点"或街区，但它实际上打破了传统的基于土地资源的城市经济增长模式，柔化了伦敦社会的空间异化以及土地使用级差；第四，对文化空间的活化利用（如举办设计节、增加轮展席位等）有效地避免了空间闲置问题，重新激发了城市的活力。

综上，特拉法加广场案例的特殊性在于它是一个历史名城乃至一个西方文化代表性国家的重要地标性场所，它代表了其重要的城市乃至民族精神。引入由政府主导的一系列空间改造设计和活动后，这里成为新时期的文化场所——它在当代不再象征君权、皇权等，一方面它自身就具有极强的吸引力，即由其地标性的场所地位和周围著名地标景点共同决定；另一方面这些多元化活动的介入赋予了广场另一种精神，即伦敦的活力与包容性与艺术、文化、历史等元素休戚相关，这是特拉法加广场成功的核心原因。除了以上成功因素之外，还应当看到文化空间这一概念的多样性，也应当看到其随时间而变化的动态特点。从形式上，文化空间可以存在于不同的城市功能当中，可以从历史中习得、演化、改造，也可以是新时期创造力的产物。文化空间的本质不仅仅支撑了文化活动的发生，更重要的是它或许会代表更大空间尺度上的文化特质，仅就广场设计而言，很难说伦敦

① 刘娟. 伦敦春节庆典：一个域外春节的个案研究[J]. 节日研究，2011（1）：249-260.

特拉法加广场到底有多么优秀，但是这里发生的文化事件使它成为国家尺度的代言场所，甚至代表并引领了重要的西方主流文化，这都大大超越了"广场"这一空间尺度。

7.3.2 商业空间

商业空间的塑造，以波士顿昆西市场改造更新为代表案例。位于波士顿市中心的昆西市场建于1824—1826年，作为美国19世纪上半叶建成的重要市集中心之一，被授予了"国家历史地标"的称号。

自1822年波士顿立市以来，市中心的商贸需求已经超过了主要的市场和会议中心法尼尔厅的承载能力。为提供更大的商贸空间，昆西市场应运而生。昆西市场选址紧邻法尼尔厅，由建筑师亚历山大·帕里斯根据希腊复兴式样设计，滨水而建。主要由中央市场、北市场和南市场3幢花岗岩建筑组成，曾一度是波士顿的海港活动中心和食品等商品批发中心（图7-4）。

20世纪60年代，美国由于州际高速公路的建设和小汽车的广泛使用，郊区化过程加速，大型现代购物商场在主要高速公路沿线兴起，而城市中心的商业区则开始衰退。昆西市场也因环境拥挤、建筑陈旧而逐渐衰败，早在1950年代初，部分市场已废弃不用。1956年，波士顿市规划局曾计划将其拆除，在原址上兴建新的办公建筑。在城市更新项目负责人 E. 罗格（Edward Logue）和一批学者的努力之下，昆西市场的历史价值得到了肯定，老建筑被保留下来。1961年，为重新开发城市的滨水地区，恢复城市中心区的活力，波士顿重建开发局将昆西市场列入波士顿市的整治更新计划。经过一系列可行性研究、方案征求与资金筹集，1974年，昆西市场项目由 J. 劳斯（James Rouse）和地产开发商劳斯公司（Rouse Company）策划重修完成，并于1976年重新向公众开放。

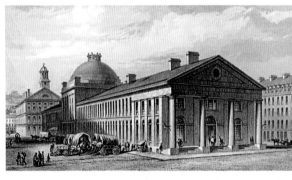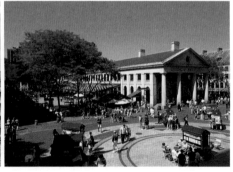

图7-4　昆西市场主建筑（左：19世纪，右：21世纪）
来源：视觉中国

整修一新的昆西市场不仅获得了哈尔斯顿·帕克奖（Harleston Parker Medal）和美国建筑师协会第二十五年奖（AIA's Twenty-Five Year Award）等建筑类大奖，还获得了商业和文化上的巨大成功，成为波士顿这座城市的一笔璀璨又富有活力的巨大财富。

（1）物质层面策略

①历史建筑保育更新：历史元素功能化与再利用

昆西市场更新的特色与重要意义之一，在于它提出了一种保护历史建筑的方式。这种保护不是单纯的保护，而是在历史建筑中安排适当的功能，在"再利用"的过程中，将历史元素与新生的文化空间需求相结合，释放新的活力。如带有圆形穹顶的主建筑被改造成一个中心食品市场，第一层相当于一个室内街，各种各样的售货摊和生鲜蛋奶食品供应铺还原了历史的风情，唤起一种怀旧的情绪。而中央苍穹下的圆形大厅，则被利用为一个开放的共享空间，衔接室内街，又由餐馆环绕，给人们提供了一个聚会、休闲和进行非正式娱乐活动的场所。另外，南北两幢建筑也被充分再利用，与配套的步行街、建筑小品、观赏场所、露天设施等组合成生动而富有乐趣的文化空间。

②公共空间升级：新文化空间的再赋予

功能结构的转型和历史建筑的更新提供了一个基础、一个升级的公共空间，而在这个升级的公共空间里，旧的情愫和新的思潮交相碰撞，上班族、居民、游客、艺术家、美术家、音乐艺人和各类文化团体最终又共同营造了一个新的、生机勃勃的新文化空间。

③打造城市旅游：文化旅游中的昆西市场

除了建筑保育、公共空间设计等微观场所营造手法之外，波士顿政府还将昆西市场作为重要节点纳入整个城市的文化旅游发展战略来考虑。其一，昆西市场可以是历史旅游路径的重要节点。提起波士顿的历史旅游发展战略，就不得不提波士顿的"自由径"。作为美国独立战争的发起城市之一，波士顿拥有众多与美国独立之路息息相关的历史场所。于是波士顿政府在市中心区布局了一条约4km的"自由径"（freedom trail），串联起了16个与美国独立历程相关的、波士顿最重要的历史遗迹。这条"自由径"常常被初到波士顿的游客当作体验美国城市历史文化的首选旅游路线。昆西市场和法尼尔厅作为这条线路上的一个重要节点，其商业设施和服务与其他观光型历史地标建筑在功能上形成了很大程度的互补，是众多慕名而来的游客休憩、购物、游玩和体验当地文化的绝佳之地。

其二，昆西市场可以是滨海文化空间的一部分。在城市文化旅游发展战略中，波士顿政府利用和强调了海岸公共空间的重要性，将海岸岛游轮公园与昆西市场相连接，完美地把海岸公共空间带的使用者引入昆西市场和市区的核心部分，同时也将昆西市场的游览者引向海岸公共空间带，使富有历史感的商业场所和海岸公共空间相互衔接，在功能上又起到相互补充的作用。

以上策略串联起了波士顿众多重要地标景点，而昆西市场也作为"城市名片"之一展现于大众面前，强化了波士顿的文化旅游城市形象。

（2）精神层面策略

如果说昆西市场的兴建是时代的需求，那么该市场的功能转型也同样是时代的期冀，即由港口批发市场向"节日市场"转变。现代化郊区购物中心、批发市场的兴起，使昆西市场原有的单一功能——港口批发市场的功能被取代，而其独特的地理位置和历史价值又暗中催生了丰富的、多元化的功能需求和对产业结构转型的需求。

从地理位置来看，昆西市场坐落于波士顿新市政厅和政府办公中心边的滨水区域，毗邻金融区，与法尼尔厅以及市级的旅游景区和百货商店也相距不远，在步行可及的范围内有大量上班族和近2万居民，另外还有大量的游客人流，他们都是潜在的客源。因此，昆西市场被改造为城市中的购物中心，一种被赋予全新概念的"节日市场"。

"节日市场"区别于港口批发市场，郊区购物中心和大型百货商店，是在老建筑里发展小型的零售商业，充分利用历史的元素唤起人们的怀旧情绪，同时增加更多的装饰和设计吸引人们。最后的方案包括160个小型商店，以及面积为2.19万m²的零售空间和1.43万m²的小型办公套房，吸引了小型食品市场经销商、零售商、餐饮娱乐、小型展厅（包括波士顿历史的展厅），室内室外还随处可见设计精美独特的手推车售卖商品。"节日市场"的规划方案最大限度地激发了昆西市场的活力，多元化的参与者带来的丰富功能活跃了整个空间，使一个历史的、单一化的空间获得了功能上的新生（图7-5）。

综上，城市整治和城市更新下的文化空间问题是一个较为特别的视角，随着我国城市发展到一定阶段，伴随而来的旧城更新是一项值得特别探讨的问题。近年来，关于"存量"的规划也在城市研究学者和规划工作者的研究中成为焦点话题之一。在实践中，城市更新是由于城市环境等多种因素开始恶化，因此在城市管治方面需要通过一系列的手段来重新提升已经衰败的区域，从而使城区重新焕发活力。成功的城市更新项目往往具有诸多共性，其中最重要的包括具有旗帜鲜明的历史文化和项目的经济可行性。昆西市场是代表波士顿乃至美国东海岸的重

图7-5　昆西广场的文化活动
来源：视觉中国

要贸易文化精神场所，在地理区位、地标性地位和建筑物上都有其自身特质，同时，将昆西市场改造成一个迎合城市消费和休闲习惯的场所可以更好地使改造项目具有经济上的可行性。这些特质共同决定了昆西市场最终的改造成果有了设计优良的公共空间、热闹的消费场所和本土性极强的空间使用人群，包括周边居民和工作者、游客、街头艺人、商贩等，这些在空间上的美好设想也更好地保障了更新项目的成功。

7.4 城市文化街区与文化园区的规划

7.4.1 居住社区

居住社区的营建与改造，以英国伦敦巴比肯（Barbican）社区的建设为代表案例。历经30年的多期修建，一个汇集艺术、文化、商业、居住等多元化功能的巨型城市综合社区——巴比肯中心，在1982年由伊丽莎白女王二世揭幕（图7-6）。

图7-6　伦敦巴比肯鸟瞰
来源：视觉中国

　　如今，它已是伦敦乃至欧洲最大型的表演艺术中心之一，作为英国野性主义的经典之作，被"英国遗产"组织列为二级保护建筑，成为极具潜力的高尚住宅区和英国首都文化中心。

　　1940年的一个秋夜，德军的一场空中突袭战夷平了伦敦市中心的巴比肯地区。"二战"过后，伦敦内城区只剩下5000多人居住，于是英国规划部门在20世纪50年代的规划重点即是战后重建，改善城市的生活环境和建造大规模综合社区。巴比肯地区的重建成为一针催化剂，直接刺激了"新伦敦"和"未来都市"等构想的形成。

　　当时的伦敦金融城公司（City of London Corporation）组织了巴比肯社区的设计竞赛，由G.贝瑞（Gerald Berry）领导的新巴比肯委员会制定了开发规划。钱柏林（Chamberlin）、鲍威尔（Powell）和鲍恩（Bon）被聘为巴比肯的建筑师，这个团队自1952年开始进行规划与建筑设计，并随着时代的发展不断修正他们对"未来都市"的憧憬。规划认为，巴比肯的设计方案需要实现提供住处、减少交通拥堵、保护历史建筑、拥有大面积开敞的开放空间和花园等目标，总体目标是建造一个"城市纪念碑"。

　　该设计师团队一方面如大多数现代主义建筑师一样，以纯粹追求解决建筑问题的最佳方法为指南，另一方面又希望巴比肯能继承伦敦和欧洲的传统建筑语言。这样截然不同的想法与伦敦市期望赋予的庞杂功能一起，注定了建成后的巴比肯中心将是一个庞杂而繁复的巨型综合体。在2003年的"灰色伦敦"票选中，巴比肯中心也被市民投票戏称为"水泥怪物野蛮入侵城市"：那些大面积人工毛坯混凝土和巨大架空人行平台，高耸的住宅塔楼和复杂的地面指引黄线确实令人印象深刻。但这并不妨碍巴比肯成为伦敦重要的都市门厅、艺术堡垒以及一个承载现代民主公平社会和集体场所的、乌托邦式的都市建筑。

（1）物质层面策略

①艺术事件制造机会的空间支撑系统

从最初规划开始，建筑师团队就非常渴望为巴比肯提供艺术设施，以弥补伦敦内城区表演设施的不足。建成后的巴比肯中心包括：作为著名的伦敦交响乐团和BBC交响乐团长期驻地的巴比肯厅（Barbican Hall）、为皇家莎士比亚剧团特别定制的巴比肯剧院（Barbican Theatre）、当代艺术重地巴比肯艺术画廊（Barbican Art Gallary）、拥有众多艺术和音乐特别展品的巴比肯博物馆（Barbican Library），此外还包括其他小型剧场、画廊、会议厅、展销厅和非正式活动空间。

这些空间设计专门服务于各种目标团体、表演和艺术活动，为其提供便利而现代的艺术设施，又不失时机地在设计中强调了巴比肯艺术中心的历史和建筑元素。这样丰富的艺术空间支撑系统每年都在支持并承办来自世界各地的艺术盛会，为英国、欧洲乃至世界的文化交流提供了一个不可多得的精彩场所。

②都市门厅和高尚社区

巴比肯不仅是一个集文化、表演、购物、游览于一体的都市门厅，还是一个拥有超过2000户住宅单元，学校、餐厅、庭院、健身中心和室外运动场地以及配套交通公共设施的高尚社区（图7-7），作为现代艺术的残留，它粗犷而生动地体现着那个年代的人们对于"未来都市"的畅想。巴比肯的运作模式也充分体现着现代民主社会公平和平等的思想，被誉为"现代世界的奇迹"、乌托邦式的建筑。

（2）精神层面策略

巴比肯中心在1982年改造完成，由英国伦敦金融城公司耗资兴建与运营，其总斥资工程费用为1.56亿英镑，兑换现代币值约为5亿英镑，即近50亿元人民币。巴比肯中心每年营业额达3400万英镑，每年付费参观人次逾120万。英国女王赞誉它为"现代世界的奇迹"：在建筑方面，留下不可磨灭的成就；在艺术方面，巴比肯包括音乐厅、剧院、画廊、艺术学院、图书馆等，是欧洲最大的表演艺术

图7-7 伦敦巴比肯乌托邦居住社区
来源：视觉中国

中心，其"艺术无疆"的理念深植人心。图书馆和部分展览免费，在这里欣赏艺术并不是奢侈的消费。巴比肯中心设有沙发、桌椅等公共设施，让每个人都能在此驻足。

巴比肯艺术中心的宣传口号是"与众不同"，在文化市场营销中采用的战略目标如下：

• 在财务可持续的基础上，向所有的观众提供世界一流的、能够将卓越和创新结合在一起的艺术、教育和推广项目，培养具有可持续性的合作伙伴网络，特别是在东伦敦地区。

• 积极利用巴比肯中心的空间和设施使商业收入和活动最大化，根据业务需要、商业和艺术机遇以及品牌价值观来维护和开发建筑。

• 作为伦敦的一个国际艺术和教育团体，与伦敦市政厅音乐戏剧学院和伦敦交响乐团合作，开展一项以最有效方式协调各机构优点和资产的项目。

• 挖掘巴比肯开发功能，创建一个以艺术项目卓越性为基础，并通过提高私人收入来建立新激励机制的模式。

在这样的营销模式下，巴比肯中心成功吸引了皇家莎士比亚剧团、伦敦交响乐团、皇家电视学会等可持续性合作伙伴。举办了各种表演和商业活动，包括针对儿童和残疾人的扶助项目、国际酒类挑战赛、尼克法伊时装销售（时装秀）以

及汇丰银行和荷兰皇家壳牌公司的年度大会等。此外，巴比肯还与其他艺术团体建立了紧密的战略合作关系，与附近的希尔克剧院、市政厅音乐戏剧学校、伦敦博物馆以及新建剧院弥尔顿阁一起，构筑了伦敦东地区的联合艺术圈，不断吸引着英国本地居民和来自世界各地的游客和团体。

综上，巴比肯案例的独特之处在于它并非是一个以旅游业或消费为主导的文化空间，它地处伦敦的核心区位，镶嵌于一片具有几千年历史的城区之内，建造在一片战争的废墟之上，主要用途其实是一个居住片区。首先，虽然巴比肯社区的功能是以居住为主，但社区规划和建筑设计却是在众多现代主义著名建筑师的共同协商之下完成的，具有强烈的现代主义特质，是粗犷主义的重要代表作，在建筑和规划史上有特别的标志性价值。其次，巴比肯案例中的居住区并非以封闭式社区的形象示人，而是通过布置可支撑文化产业发展的空间系统（如音乐厅、博物馆等）不断吸引人们瞩目，一个功能完善的社区形象塑造了巴比肯独有的社区文化特质，而这与它所处的伦敦金融城地区相距甚远却又有千丝万缕的联系——伦敦市区的每一条街、每一栋楼都有悠久的历史，而巴比肯的成功在于它是在重建中破茧而出的新的文化空间，以社区加文化产业支撑场所的形式与周边环境功能互补，同时它在文化产业和建筑、规划史中的地位使得它与众不同，即使并不拥有几千年的故事和传统，却不妨碍它成为伦敦的重要地标性文化空间。

7.4.2 小城镇

历史城镇的更新与提升，以英国巴斯的文化旅游开发为代表案例。英格兰西南部的小城镇巴斯，是英国唯一列入世界遗产的城市。公元前罗马人入侵英格兰时，在这里发现了温泉并兴建了规模庞大的浴场，古浴场遗址就是古罗马时代的遗迹（图7-8）。自18世纪乔治王时代起，巴斯就是著名的度假胜地，著名文学家简·奥斯汀（Jane Austen）曾经在这里居住并写下了精彩小说，更为这个小城增添了一丝人文气息。如今的巴斯也是英格兰重要的旅游中心，拥有罗马浴场、巴斯修道院、巴斯建筑博物馆、维多利亚艺廊、东亚艺术博物馆、皇家新月楼等众多历史文化旅游景点，每年接待100万过夜游客和380万日间游客，也因其保存完好的历史建筑而常常成为复古电影电视剧剧组的重要拍摄场地。随着时代的变迁，只供人瞻仰的历史遗迹越来越难留住旅客的脚步。为此，巴斯市政府在不改动历史遗迹的基础上做了一系列旅游开发策略，以实现突出城市特色、维持巴斯吸引力的发展目标。

图7-8 巴斯古罗马浴场
来源：视觉中国

巴斯最重要的文化遗产即为其保存完好的历史建筑，其中最重要也是最具有历史代表性的三处建筑或建筑群分别是罗马浴场、巴斯修道院和乔治王时代的石制建筑。公元前60—70年，古罗马人占领了英国，在埃文河谷发现了天然温泉，在那里兴建了一座供奉智慧女神萨里斯·密涅瓦的神庙，并利用天然温泉修建了公共浴场。在古罗马文化中，公共浴场不仅是供人沐浴的场所，还是重要的社交活动场所，在贵族阶层中尤其流行，也是商人们决定商业交易、哲学家们高谈阔论的绝佳之地。巴斯罗马浴场的遗迹，包括大浴池、雕刻、壁画、钱币、神庙等，体现着古罗马在沐浴方面的文化传统。

始建于公元7世纪的巴斯修道院，是英格兰最大的哥特式建筑之一。公元973年，该修道院由于第一个征服英格兰全境的埃德加国王在此加冕而知名。1449年，新上任的巴斯主教在此梦到从天梯登入天堂的天使，得到启发后的主教对修道院进行了重新改修，并于此时完成了著名的壁饰"天使的阶梯"。巴斯修道院于1539年被亨利八世勒令解散之后，曾一度沦为废墟达两个世纪之久，直到19世纪30年代由当地建筑师 G. 马奈斯（George Maness）改建，后来又由 G. 史考特（George Gilbert Scott）爵士将教堂内部按照维多利亚的风格重新翻修，才成为今日的模样。

此外，与古罗马浴场和巴斯修道院相辉映、构成巴斯旧城整体风貌的，是由建筑师 J. 伍德（John Wood）父子于18世纪规划设计的建筑群。这些建筑大多由当地盛产的金米色巴斯岩构建而成，设计具有典型的乔治王时代风格，散发出一种柔美而高贵的格调。J. 伍德还在城市中心设计了一处象征太阳的圆形广场和象征月亮的建筑，两者之间由布鲁克林大街连接，形成一条富丽堂皇的空间轴线。这种规划风格一时蔚然成风，对伦敦、爱丁堡等城市的规划产生了很大影响。

（1）文化产业层面策略

①充分利用历史建筑展示主题文化

由于巴斯城区大多数建筑属于历史保护遗迹，城区有较为严格的规划立法保护，如何使未利用起来的历史遗迹发挥其当代的产业作用成为政府和各个利益攸关者考虑的主要问题。其中一个特别的案例是巴斯"时尚博物馆"（Fashion Museum），其前身是一座18世纪贵族士绅的社交场所，而在1963年吸纳了私人捐赠的藏品之后，巴斯及东北赛默特议会突发奇想，决定将这里打造成一个展出衣服历史的博物馆。如今，博物馆的收藏品约3万件，常年展出的衣服为600多件，配合昔日为上流社会仕女们华服斗艳的场景，该博物馆发展成为英国展出最多宫廷服饰的博物馆。

巴斯是重要的世界文化遗产，在空间上代表了古罗马时期的沐浴文化，但现实中，这一沐浴传统并没有被现代人延续下来；同时，由于其空间的独特性，不能对被保护的历史建筑做出任何改变，循规蹈矩地利用很容易让文化遗产变成供人观摩枯燥历史的景观。软件的改进、包装和文化艺术活动的引入是让古遗迹焕发新生的一种方式，而时尚博物馆则是在可改变的范围内重新利用空间，引入新元素并转化开发为观光资源的一个特色案例。

②互动式文化体验和节庆活动

巴斯最热门的景点是受到完整保存和维护的罗马浴场。公元前罗马人留下的遗迹加上19世纪乔治王时代加盖的建筑，组成了现今的罗马浴场博物馆。传统型的观光是通过个人租借语音导览的方式，引导游客手持导览机随着规划好的路线前进，以欣赏浴场遗迹和陈列遗产展品，了解这座遗迹的历史。然而这样瞻仰式的参观体验很难持续吸引游客重游，于是增加过夜游客和吸引更多平日时间无法来参观的民众成为巴斯旅游业的主要发展策略，同时，巴斯罗马浴场也开始引入互动式体验游，并定期举办不同主题的节庆活动。

互动式体验主要针对博物馆部分，借由引入较为多元活泼的导览方式来丰富游客的体验。比如，引入近年来很流行的角色扮演模式，让博物馆工作人员穿上古罗马时期的服装在大浴场附近走动，通过亲身与游客互动的方式来提升游览体验的品质；另外，在导览结束时，让游客试喝巴斯的温泉水，也成为一种广受好评的方式。

节庆活动则是基于古老遗迹的另一种有效开发策略。如"夜间博物馆"（Museum at the Night）系列活动，引入古代乐器演奏会，由专家现场解说古罗马时期和中世纪时期的乐器等，在延长景点可游览时长的同时，各式文化活动也吸引了更多游客。其中，颇为成功的是2011年由巴斯大学举办的"巴斯灯光节"（Illuminate Bath Festival），透过灯光投射在浴场上进行一系列表演，带来一种现代与过去时空交融的奇异氛围，吸引了大批游客前往观赏。

③修道院的展览与公益活动

如今的巴斯修道院还是保守主义下严肃的宗教机构，主要供民众做礼拜和做弥撒等。而对于喜欢宗教历史建筑的游客，修道院除了提供免费的语音导览之外，也提供特别设计的付费活动，"塔楼之旅"（Tower Tour）就是其中之一。在塔楼之旅中，解说员将带领参团的游客，从正殿部分的介绍开始，一路带领游客走上212级阶梯直通塔顶，一览巴斯的城市风光。这些付费活动的收益和游客的捐助，都将作为修道院维护的经费和帮助弱势团体的基金。

不仅如此，作为一个严肃的宗教机构，巴斯修道院近年来还做了许多与当代艺术展览相关的突破性尝试，比如每年都会在巴斯举行"另类思考"（Think Different）艺术展。展览中的展品主要是巴斯"街友之家"的流浪艺术家的作品，包含摄影、创意书写和声音创作等，希望能通过展览加强社会大众对流浪人士的关怀意识。同时，巴斯修道院也借助此展览举办公益活动，吸引企业赞助，试图帮助流浪人士——"街友"们寻找工作机会。除了公益活动和公益类型的展览，巴斯修道院还邀请了许多国际知名的当代艺术家在巴斯修道院内设立"奥德赛"（Odyssey）展览，其中包括英国知名艺术家 D. 赫斯特（Damien Hirst）的作品《圣·巴塞洛缪》（*Saint Bartholomew*），该作品强调生命的历程及可能性，符合修道院关怀人本的精神。这类当代的突破性艺术作品与巴斯修道院的古老气息相结合，给予游人艺术文化与人文精神上的升华体验，成功吸引了更多的人群。

（2）文化消费层面策略

面向未来发展，巴斯政府与专业机构合作，积极打造多样化的旅游产品。近年来，巴斯观光局意识到，由于资讯取得容易但信息单一，游客在规划行程时也会受到传统习惯的影响。对于巴斯而言，古老的城市意象已经不足以吸引游客，如果无法突出城市特色，将在竞争日益激烈的国际观光市场中失去优势。因此，在2012—2014年巴斯和东北索姆雷斯特目的地营销策略（A Destination Marketing Strategy for Bath and North East Somrest, 2012-2014）的研究会议中，巴斯观光局提出，未来，巴斯在维持其历史遗迹的吸引力的同时，还需要开发现代文化艺术资源，积极举办各项节庆活动，并且借助多媒体工具和社交网络对巴斯进行全方位的宣传，将巴斯打造成一个具有历史气息的当代文艺之都。

在以上策略的前提下，巴斯观光局与私营旅游公司（Bath Tourism Plus）合作推广并赞助了各项观光计划，与巴斯商业改进部门（Bath Business Improvement District）联合开展了多项策划，如"巴斯购物节"（Shopping in Bath）"公共节庆版块"（The Public Event Panel），还有合作开发介绍巴斯旅游产品的手机APP等，旨在将商业与旅游结合，在持续促进巴斯商业活动的同时改善巴斯的观光环境。

综上，巴斯在整体上是典型的世界遗产案例，在地域和时间跨度上代表了重要的文化特质，应当从各个方面进行保护。然而，当前众多文化遗产存在类似问题，即物质文化载体得到较为完整的保留，但其文化内涵却难以为继。如本案例中，巴斯不可能再承担古罗马时期的沐浴文化职能，而旅游业作为重要的文化空间保护手段，在以观摩为主的旅游产品设计上显得单一而古板，如何盘活现存文化资源，保护、合理开发世界文化遗产并使文化资源与当代人生活对接，同时产生社会经济效益等成为实施中的难题。调动游客的参与感是互动式体验产品的核心考量，而具体到旅游产品而言，通过现存旅游资源的再开发，可以极大地提高游客的旅游体验质量，从而进一步赢得更大的旅游市场。从历史遗迹的保护来看，旅游产品的再开发，无论是创造符合市场口味的新产品还是升级改造旧产品都是聚集人气的重要渠道。一方面，旅游业的增长为巴斯带来了更多的旅游收入，使当地的历史遗迹可以有充足的资金得到更全面的保护；另一方面，新创造的旅游产品同时赋予历史遗迹一个新的形象，"新"在于结合了现代人的口味，但其本质依旧是基于遗迹的文化内核，将其扩大推广，以新的方式更好地传承并发扬文化遗产的核心价值。

7.4.3 大学城

教育型城市是文化城市的重要组成类型，以英国剑桥的规划为代表案例。英国剑桥是极具典型性的大学城，剑桥一词既可以指剑桥大学（Cambridge University），也可以指大学所在的剑桥市（Cambridge City）。剑桥市位于伦敦以北约90km，建城史可以追溯到两千多年前罗马人进入英格兰时建立的军事要塞，在1209年剑桥大学建立以前，剑桥市只是一个乡间集镇。

剑桥大学前身是一个剑桥市的学者协会，这些学者在1209年离开牛津来到剑桥，办学之初规模很小，学生散居各地不便管理，于是具有牛津剑桥特色的"学院"应运而生。从1284年至今，先后设立31个学院，其中27个称为"学院"（college），4个称为"学堂"（hall）。这些学院有自己的财产收益，是完全区别于大学的法人团体。学院的责任是招收学生，提供食宿和福利，为学生配备导师，但并不提供课程计划，也不授予学位。这种管理制度被称为"学院制"或"导师制"，为区别于当前的学院制、导师制，也被称为"社团型学院"，剑桥大学是这种模式的代表，学院制的组织方式也使其在空间的组织模式上更加特殊，这些学院分布在剑桥市的不同位置，与市镇产生了紧密的空间联系，使学校与城市"共生"[①]。

剑桥大学尊重保守主义的传统，保守主义的文化特征影响到校园的方方面面。当前，剑桥仍然保护着高密度的哥特式、巴洛克式建筑；出行交通工具是脚踏车；中央草坪仅允许教授行走；三一学院的餐前祈祷仅允许使用拉丁语；多处饭厅设有高低桌，高桌为院长、院士使用，低桌为学生使用。剑桥大学的800年华诞之日，学校将牛顿的力学公式、霍金的《时间简史》封面、弥尔顿的《复乐

---

① 刘宁. 大学园区对城市发展的影响研究[D]. 上海：华东师范大学，2013.

园》文稿等剑桥人文硕果骄傲地投映在大学参议院的两堵墙上，保守主义尊重权威和秩序的特征保障了大学800年来不容撼动的学术地位。在英国人心中，剑桥是顶级学术殿堂，其建筑、仪式、制度等都成为权威象征，是其他高校效仿的对象。

（1）物质层面策略

①历史遗迹保育

利益相关者由于都意识到了剑桥历史城区的不可替代性，所以对剑桥历史遗迹和相关空间的保育显得异常严肃。在历史城区中，城市规划通过立法规定任何改动，包括建筑立面设计等对风貌影响较大的改动，以及建筑室内设计等对风貌影响较小的改动均需经过审批。此外，规划对新建筑的审批也异常严格，包括剑桥大学的扩建建筑在设计上都延续了学院制的院落风格，且在建筑高度、体量、色调等多个方面提出协调统一的要求，这些规划政策强有力地保证了具有"保守主义"色彩的剑桥城市风貌。更重要的是，在几百年间，每个时期的"新"建筑不断适应和融入整体的学院环境，保证了风貌传统的延续，保育区内人们的活动和多数商业业态也与剑桥文化息息相关，如康河撑篙等，这些特质完整地保留了其文化空间的真实性（图7-9）。

图7-9 剑桥大学校园景观
来源：视觉中国

②剑桥科学园区建设

为突出剑桥大学城的特色，剑桥规划委员会早在1950年就指出应当严格限制剑桥市的工业、制造业发展以及相应的配套生产活动，这项政策有利于科技企业聚集。20世纪60年代，英国政府在教育经费上采取区域均衡措施，剑桥大学由此出现经费短缺的情况，客观上刺激了校方频繁与工商业界接触，以拓宽经费来源。同时，受硅谷地区高科技产业发展对美国经济带动有积极成效的影响，英国政府和剑桥大学希望效仿这种大学城推动高新技术产业发展的模式。于是在1973年，剑桥大学三一学院在剑桥镇西北5km处成立了剑桥科学园①。20世纪90年代，剑桥大学还依托科学园，建立了集中信息技术企业的产业园区。随着交通通达度不断提升，产业不断壮大，这里在短短数年间就聚集了1000余家高新技术企业，创造的年收入多达30亿美元。

（2）文化产业层面策略

①历史文化旅游

剑桥大学的权威性使整个剑桥市受到了众多国际游客的青睐，每年有超过500万游客（其中有约100万过夜游客和400万一日游游客）来到剑桥参观，为剑桥市贡献了近7000个就业岗位和每年约3.6亿英镑（约36亿元人民币）的旅游收入。根据当地调查，在剑桥，游客和居民的人数比例约为38∶1，高于牛津的11.5∶1。游客活动主要集中于历史城区且多数为一日游的游客。同时，剑桥市也将旅游作为一项重要的城市发展策略，其市场目标锁定于全国乃至全世界的潜在游客②。

剑桥的核心旅游景点大多数为剑桥大学的历史建筑，这些建筑分布在城区的各个位置，与居民区、商业区甚至城市绿地相互交错，整个城区成为完整的旅游景区，而人们在其中的活动，特别是剑桥大学的教职工、学生等，成为鲜活而有灵气的活态旅游资源。比如剑桥大学的男子学生有一项传统，通宵学习之后的男子学生将聚集在康河边一起歌唱；再如徐志摩在《再别康桥》中对康河上撑篙的描述，这些具有剑桥特色的活动都成为最具吸引力的旅游资源，使剑桥成为国际旅游景点。

②知识型创意产业

在剑桥大学建立后到19世纪中叶，剑桥市一直是农业集镇。剑桥大学也因此

---

① 米加宁，黄丽华. 英国剑桥科学公园案例分析[J]. 科学管理研究，1996，14（5）：66-68.

② MAITLAND R. How can we manage the tourist-historic city? Tourism strategy in Cambridge, UK, 1978-2003 [J]. Tourism management, 2006, 27 (6): 1262-1273.

成为学术研究的世外桃源并且孕育了牛顿、培根等著名学者。直到19世纪后期，剑桥附近才建立起一些工业，如1881年创建的剑桥科学仪器公司，就是在剑桥大学物理学实验室的技术支持下开始生产科学仪器。

剑桥作为大学城的最大特征就是与城市产业具有很强关联，如19世纪就发展起来的以大学为主要客源的体育器材业、出版印刷业和造纸业等。随着剑桥镇产业的发展，学校认识到剑桥镇的繁荣对大学发展是有利的，因此逐渐摒弃了治学须在幽静闭塞环境中的成见[①]。此后逐渐形成了大学与城市产业良性互动的局面。随后也刺激了剑桥产业园的诞生与发展，通过"产学研合作"和"发展高科技产业"[②]，造就了与美国硅谷齐名的著名的"剑桥现象"[③]。此外，在政府的有力支持下，剑桥大学还与麻省理工学院成立合作机构"剑桥—麻省理工学院研究院"，将教学、研究和社会服务三项职能融为一体，在"学校—工业—政府"的合作格局下服务社会，也成为剑桥对自身教育资源的与时俱进的开发策略。

综上，一方面，剑桥在历史城区保留了传统风貌和传统风俗习惯。剑桥大学的保守主义在城市生活中充当了延续历史文化的角色，成为具有真实性、完整性和活态性的文化空间，并依托剑桥大学的名声打造面向国际旅游市场的旅游目的地，使学府的使用者、市民和旅游者共同保护剑桥具有特殊价值的文化空间。另一方面，剑桥大学发展至今已经成为集悠久历史传统、近代科学成就与当代创新活力于一体的世界级研究学府，剑桥市的大学科学园也成为欧洲最具代表性的高科技园区，"剑桥现象"将学府与城市的关系拉得更近，将学府文化与城市现代化有机结合。这两个方面从不同的产业视角出发，保护并良好地利用了宝贵的文化资源，同时体现在文化空间的落实之上，形成了独特的文化与城市之间的联系。

7.4.4 文化产业园区

文化产业园区以在国家文化战略下自发形成的韩国文化艺术乌托邦——坡州艺术村（Heyri Art Village）为代表案例。韩国政府在1997年亚洲金融危机后，开始积极推动文化产业发展，提出"文化立国"的口号，将文化创意产业视为国家经济发展的重要产业，由此诞生了韩国京畿道坡州市艺术家村等文化园区。

韩国坡州艺术村建成于2005年，位于坡州市西北郊区，占地面积约50hm²，是目前韩国规模最大的艺术村（图7-10）。该艺术村聚集了数百名画家、雕塑

① 陆伟芳. 近代英国城市群落与城市发展定位[J]. 世界历史，2004（6）：82-90.
② 王雁，孔寒冰，王沛民. 世界一流大学的现代学术职能：英国剑桥大学案例[J]. 清华大学教育研究，2002（1）：27-48.
③ 范硕. 英国"剑桥现象"及其形成机理研究[D]. 长春：吉林大学，2010.

图7-10　韩国坡州艺术村平面图
来源：韩国坡州艺术村旅游地图

家、音乐家、作家、电影制作人、设计师等，共同建造了由工作室、美术馆、博物馆、画廊等组成的文化艺术园区。"Heyri"这个名字来源于坡州传统耕作曲《Heyri的声音》（the Sound of Heyri）。目前，这一艺术村是国内外艺术作品展示的空间，也是各种艺术节庆活动举办地，更是国内外文化艺术交流和学习的基地。经过10多年的经营发展，如今已颇具规模，成为具有世界影响力的文化艺术天堂。

作为国家文化战略下兴起的文化产业园区，坡州艺术村是在国家战略的引导作用下由创意人士自发建成的文化产业聚集地，其本身并非是具有悠久历史底蕴的典型传统文化空间，其发展经历了三个主要阶段，分别是1997—1999年的开发期、2001—2005年的形成期和2006年至今的发展期。

开发期（1997—1999年）：数百位艺术家组成联盟向政府认购土地。在1997年，坡州艺术村最初作为韩国土地公社"统一土地开发项目"的一部分，被设想发展成一个图书村，与附近的出版城形成产业关联。这个消息引发数百位画家、摄影师、雕塑家、作家、建筑师等自发组成艺术家联盟，在1999年合资向政府买下这片约50hm²的土地的使用权，并开始筹备艺术村的各项开发事宜。

形成期（2001—2005年）：数百位艺术家参与建设文化艺术村。2000年底，文化艺术村的总体规划完成；2001年，艺术家联盟与韩国延世大学城市综合体研究中心、坡州艺术村规划中心开始同心协力、各尽所能地打造属于艺术家们自己的文化艺术村；2005年底，艺术村建设完工，近400位艺术家入驻。

发展期（2006年至今）：举办各种文化艺术活动，吸引更多艺术家加入，逐步发展为韩国规模最大的艺术村。在2006年后，艺术村对外开放并举办各种文化艺术节，许多艺术家加入并促进其吸引力不断提高。目前，艺术村有近500位艺术家（包括作家、导演、建筑师、音乐家等），开放了一批工作室、博物馆、展览馆、音乐厅、画廊等，拥有100余栋复合多功能的建筑，未来几年内会进一步增加到400多栋。

（1）物质层面策略[①]

①LOFT发展模式

艺术村管理委员会为了更有利于艺术的深入探索和交流，希望艺术家不仅将艺术村作为工作室，而且能够在这里居住，因此主要采用LOFT发展模式。以成为艺术家的共同创作基地和成为艺术孕育、传播和展示之地为宗旨，在具体空间规划上有如"相关建筑60%以上的面积必须用于展览、演出等公共活动"等严格要求，但也充分考虑到艺术家作为长期的拥有者和居住者，故将公共空间和私密空间相平衡，为艺术家提供高品质的生活。

②尊重与保护自然

在艺术村的空间规划中，将对自然的尊重和保护放在重要位置。摒弃现代主义的功能理性规划模式，艺术村将尊重自然置于规划的核心，尽最大可能保留了地势的起伏和山丘所具有的独特形式美感，将建筑以镶嵌的方式有机地融入原生态的自然景观，同时，人工景观和自然景观互相穿插衔接，从而最终达到一种"顺势而为"的和谐平衡。所以，在艺术村当中，使用者不会看到几何状和硬线条的路网甚至广场、中轴线、大草坪等刻意划分出的功能性场地，相反的，沿着自然地势自由展开的路网结构和随山丘地形而天然聚集的社区中心将呈现在使用者面前，将一种富有"野趣"的空间意味赋予到艺术村当中。

除了总体规划，艺术村具体建筑的设计导则也充分体现了"与自然对话"的精神。比如，导则约束了建筑的高度体量，如限高12m；为了更好地与自然相融合，也限定应使用自然属性强的建筑材料，如砖、木材、素混凝土等，而如镀膜玻璃、不锈钢、金属板材等则被限制少用或不允许使用。这些要求连同公共空间与私密空间的矛盾一起，给艺术村的建筑设计带来了一系列挑战，当然，这样的

---

① 杨志疆. 艺术的世外桃源：韩国Heyri艺术村的规划与建筑设计[J]. 境外建筑，2010（4）：96-100.

设计条件也催生了一系列富有创新性自然韵律的建筑佳品。

③控制未来发展的多变性

会依据不同艺术家的特点对艺术村的建筑进行调整，所以，可以预见到艺术村未来的发展必然灵活而多变。此外，作为一个新兴的、统一规划的创意产业园，整体性是艺术村品牌塑造的重要手法，这使得一个既灵活又具有控制性的整体框架成为协调不同建筑风貌的必备策略。

在艺术村的整体规划中，建筑建设用地被严格控制和划分，以保障单体建筑的灵活性与艺术村整体风貌的协调性。首先，在用地范围内，以建筑为中心，外部空间被分为面向公众的公共广场和面向使用者的私家花园，既有公共空间，又有艺术家的私密空间。其次，在规划设计中也形成了一些约束性的管控要求，如在用地红线范围控制方面，对不同建设形态提出了要求：在比较平坦的用地范围内，建筑应注意界面处理，以便这些区域以后形成的街道有序连续；对于坡地而言，地势高差会形成天然的台地、挡土墙，规定应进行艺术化与景观化处理，使高差能够融入设计；此外，块状用地必须注意建筑各立面与景观的关系等。这三种用地形态灵活而自然，顺应周围的自然环境，在保持了一定的整体性的基础上，又带来了天然的、充满想象力的现代感。

（2）管理层面策略

艺术群落、艺术村的形式在世界各地广泛兴起，相对于无序、自下而上、"野性生长"的艺术群落形式，韩国坡州艺术村展现出更多的系统性、组织性和不输于一流艺术区的原创性，成为文化产业园中独树一帜的成功实践。艺术园区的形式在中国也有不少，如北京798艺术区、上海松江创意产业园等，相关建设与运营已取得初步成效。

坡州艺术村涉及的文化产业类型相对较多，交流范围也相对广泛，呈现出具有关联性的产业集聚形态，有利于文化从单纯呈现向制造与消费转变，也有利于带动国家文化产业成长壮大。这样的产业集聚形态发展与其文化价值开发策略息息相关，而在其文化价值开发策略中，起到关键作用的主要有两点：清晰的自组织结构方式，以及指向"文化制造"的艺术宗旨[①]。

①清晰的自组织结构方式

在艺术村开发前期，韩国政府给予积极支持，主要是在基础设施建设方面。但在开发后期，为了延续艺术村的独特性和独立性，其发展和运作均由民间和非

---

① 徐中孟，李季. 世界文化创意产业园研究[M]. 台北：秀威出版，2012.

政府组织主导。

首先，艺术村的产权开发方，是由购买艺术村土地的数百位艺术家组成的艺术家大联盟。这些艺术家们选举代表组成委员会，在组织结构方面以委员会的形式进行管理，共成立了10个委员会，（如规划委员会、建筑委员会、艺术委员会等）来负责各项事务。这些委员会不仅负责艺术村的日常行政管理，也在重大发展决策的制定和执行方面发挥关键作用，为贯彻推进艺术村的宗旨打下组织结构方面的重要基础。

②明确的艺术宗旨——"文化制造"

创建艺术村的宗旨、目标也很明确，一方面是为艺术家提供具有良好氛围的创作基地，另一方面是为文化艺术的展示和传播尽到自己的责任。在此宗旨下，艺术村在入村人员、建筑形式和文化活动方面都有考虑。

在入村人员方面，艺术村主要选择和结合了两类人群，一类是艺术工作者，另一类则是与文化艺术相关的管理人员。这样的考虑使文化产业关联领域可以充分合作，如画家与画廊、音乐家与音乐厅、作家与出版社等，艺术相关产业链条的上下游参与者能够在一个艺术集群里交流，有助于吸引更多的文化人士，也有助于将创意人士的创作加以传播，带来更大范围的影响。

在建筑形式方面，由于其本身就是在塑造一个新兴的艺术村典范，所以委员会对建筑有相当高的要求。结合艺术村对建筑风貌的管控要求，经过评选后委任了34名本土建筑师及6名国外建筑师进行建筑设计，并邀请韩国延世大学城市综合体研究中心负责空间建设规划。另外，韩国延世大学城市综合体研究中心的职员与艺术村的设计师、建筑师组成了一个艺术村设计协会，负责艺术村周边配套的设计、提交艺术村新会员的房屋规划方案等工作。

那里每年定期举办各类文化艺术节，并采用各种各样的辅助设施，使艺术村成为交流互动、展示传播艺术的平台。

综上，韩国艺术村的独特之处在于它是一个在国家政策鼓励之下自发组织的有序开发的成功案例。在地理区位上，项目的发生有一定偶然性（项目最初构思的本来是一个出版城），其模式在空间上或许具有依托当地较好土地资源的条件，但它的出现更象征着这种建设模式有巨大的市场：几百名文化人士对具有办公、展览、体验、营销等功能的优质空间需求，使艺术村应运而生，在集体自组织的模式之下有序地进行有针对性的开发。这些规划设计在出发点上遵从了艺术家对空间的需求，同时兼顾了游客和公共空间使用者的体验，既有创意又不失秩序地搭建起了艺术家与公众的沟通桥梁，有效地帮助创意产业形成更深远的传播影响力，其自身也逐渐成长为支撑文化产业发展的成熟文化空间和重要的旅游资源。

7.4.5 创意集群区

文化产业集群区，以纽约苏荷区的更新提升为代表案例。提到纽约，提到美国现代艺术，就不得不提美国纽约苏荷区。它位于纽约下曼哈顿岛的中部，曾经为纽约制造业的中心，而如今已经成为美国现代艺术的代名词、时尚的先锋之地。相对于多数地区自上而下的、由政府和开发商主导的空间改造，纽约苏荷区则是一种自下而上的、由一批批艺术家、艺术团体和派别自发而成的空间革新（图7–11）。

图7–11　纽约苏荷区
来源：视觉中国

20世纪上半叶，纽约市开始了从工业中心向金融中心的产业结构转型。在此过程中，由于传统工业衰退，苏荷区原有的工业厂房和仓库的工业生产价值逐渐丧失，大量厂房闲置，周围环境也变得相当恶劣。但是工业厂房的室内空间开敞，层高普遍较高而且多是没有分割的大尺度空间，可以依据使用者的需求灵活分割出居住、工作所需的空间。另外，良好的采光、室内运输工具和材料货梯的应用也方便艺术家创作，提供了很好的创作环境。当然，最重要的还是租金低廉。于是，自20世纪50年代末起，苏荷区逐步吸引了一批艺术家，将废弃空置的厂房变为工作室，又经过艺术家们在装饰、材料、色调搭配以及灯光等方面的特殊处理，形成了独特的超现实风格。暴露的房屋结构、管线、横梁和砖墙，搭配粗犷的不锈钢器具、脚手架模具等，组成了一间间原始、豪放而别具一格的艺术家新派居室，最后汇集成了苏荷区最具吸引力的文化元素。

精心改造的旧厂房和仓库被称为LOFT，是艺术家们创作、聚会、交流的场所，也是纽约前卫派的领地，流浪音乐人和现代艺术家的庇护所。美国当代艺术的领军人物、先锋派画家 C. 克劳斯（Chuck Krause）、视觉艺术领域的代表 F. 斯特拉（Frank Stella）、雕塑家 R. 塞拉（Richard Serra）和摄影大师 C. 舍曼（Cindy Sherman）都曾在此建立工作室。20世纪60年代，苏荷区成为美国现代艺术的中心，时尚商店、酒吧等娱乐场所开始入驻，也有相当一部分非艺术行业的开发者加入LOFT生活，这些开发者就像20世纪早期的伦敦和巴黎的现代建筑艺术运动的开发商和赞助商一样，受周围环境的熏陶而一跃成为艺术先锋阶级的代表。

发展至今，苏荷区已成为集商业与艺术于一体的综合社区，这里有近600家服装、饰品、美食、百货店。如以百老汇大道为例，这里有经营珠宝、服饰、化妆品、家居用品的特色店50余家，囊括世界各地风味美食的高级主题餐厅、各式餐馆100余家。世界知名品牌如普拉达（PRADA）、香奈儿（CHANEL）、路易登威（Louis Vuitton）早已登陆这块黄金区域，还有众多充满个性的小商店以及历史建筑坐落其间，甚至一些小店就开设在历史建筑中，销售着独特的货品。这里拥有30余家画廊，其中18家为商业画廊，为这里增添了浓郁的艺术氛围。艺术与商业在这里水乳交融，既是苏荷区的真实写照，又是其鲜明的特色。

（1）物质层面策略

①艺术化的极简实用主义设计与"SOHO效应"

最初，艺术家们将旧工厂改造成"LOFT"，也只是秉着简约与实用至上的原则。如将建筑里的大开间或者挑空部分设计成为工作区，对巨大明亮的工业照明设备进行再利用，给连接几个空间的楼梯赋了新功能以节约空间，以及将底层临街房间改造成商店来出售作品以维持生计。这些极简实用主义的空间利用方式与设计，将铸铁工业建筑本身的特征充分暴露，与墙面涂鸦艺术、橱窗中极具魅力的作品产生了一种视觉反差和令人惊叹的艺术效果。艺术家们的精心耕耘，使废墟中诞生了名为"SOHO"的现代艺术之花，"SOHO"效应迅速蔓延全世界，或许也正是反映了现代人对艺术化极简生活的一种认可与赞叹。

②"修旧如旧"：多方利益协调下的历史文化遗迹保护

从早期到中期，从"非法"到"合法"，不得不提及的就是纽约市政府提出的"以旧整旧"政策。具体包括：一是对现行法律进行修改，允许艺术家们在苏荷区中长期合法居住，允许艺术家们自筹资金与开发商共建合作公寓，底层可以调整为商业用途；二是市政府有关部门取消了对改造区域、楼层等的具体限制，进一步吸引了房地产商投资；三是在规划改造时，采用"修旧如旧"的方式，避免破坏楼房外在面貌，只是对内部设施进行改造；四是改造的同时积极引导商业业态发展，包括餐饮业、酒吧业、旅游业和时装业等。

这种"修旧如旧"的政策既协调多方利益，又提出一种新的对历史文化遗迹的保护方案。这种多元化的空间利用和改造政策，取得了多方面的成效：一是既保护了充满历史底蕴的工业建筑，又给艺术家们提供了的个性空间，取得了不错的社会效益。居住合法化政策达到"留凤筑巢"的效果，鼓励了更多艺术家聚集于此。二是实现了城市中心的再增值，政府在有限的财力下，鼓励房地产商参与开发旧城，取消了对苏荷区改造的众多限制，开发商开始将大量资产投入到苏荷区的改建中，取得了良好的经济效益。三是形成了苏荷区独具特色的经济发展模式，随着区域文化吸引力提升，刺激了经济的再度发展，除艺术品外，餐饮、酒吧、旅游、时装业也得到快速发展。艺术经济产业链的形成，让苏荷区迅速成为掌握世界时尚流行脉搏之地、纽约最具特色的文化旅游空间之一。

（2）管理层面策略

①早期开发：产业结构转型——废弃厂房向艺术阵地的华丽转身

苏荷区是一个典型的工业、制造业向文化艺术产业转型的案例。回溯其发展历程，并无显著的特别之处，最初几个艺术家搬进废弃厂房的举动还被视为非法占领，是时代里程碑式的发展契机触发了这场华丽的转型。这种自发的文化产业的形成、自然的文化空间构筑历程与民俗文化的形成有些许类似：因时、因地，先行者的灵感迸发逐渐激起精彩的文化思潮，难以复制，成为一个特定地区、一个民族不可忽略的文化元素。

苏荷区从破败工业区转型为文化艺术园区的基础，或许是由其与城市中心"疏而不离"的区位关系所决定。艺术和艺术家的流动有一定的自然规律，对于大部分经济能力有限、追求自由的艺术家而言，能够吸引其常驻的地方需要拥有宽松的文化氛围、流动方便的交流环境、廉价宽敞的空间。这些空间往往不是城市中传统的繁华地段，却与城市发展水平息息相关，当地整体经济的高度繁荣、政治的稳定开放以及思想的自由解放为文化区发展提供了素材灵感、消费者、开发商以及大量知名艺术家。苏荷区与纽约中心曼哈顿的关系正是如此。

②中期开发：保育和支持——多方参与的艺术经济鼓励措施

虽然政府和开发商在苏荷区艺术产业的萌芽阶段没有发挥举足轻重的作用，但是在之后的阶段里，政府的一系列措施确实支持了这个新兴艺术产业茁壮成长。如1960—1970年，美国联邦政府开始对文化设施建设进行专项补贴，补贴对象包括了艺术家住宅，这类政策保护了纽约艺术家们获得廉价仓库的权利，也刺激了将阁楼改造为住宅的市场需求。

另外，开发商的介入也促进了苏荷区的发展。一方面，开发商作为艺术创作的直接消费者之一，帮助艺术家们将自己的创作成果向艺术产业转换，也同时吸引了更多寻求发展的艺术家来此居住。另一方面，开发商借助艺术家创造的时尚文化环境以及利用政府的优惠政策，开始对苏荷区及其周边进行基础设施建设投资、服务业投资和房地产业投资，客观上改善了整个街区的居住环境。

艺术家、政府和开发商三者之间互惠互利的关系，共同促进了街区艺术产业萌芽的成长、发展和壮大，使街区逐步发展为具有综合功能的社区，被誉为"艺术家的天堂"，街区的成功经验也为新兴文化空间的保育和发展提供了值得借鉴的案例。

③后期开发："士绅化"——艺术与商业的融合

苏荷区的后期开发与商业化一直是一个毁誉参半的过程。一方面，良好的艺术氛围使苏荷区声名远扬；而另一方面，精明的房地产商趁此上涨了房价，使得穷困的艺术家们被迫撤离。如今，真正的艺术家在苏荷区已不多见，只剩下他们曾经的工作室遗址和少数世界顶尖的知名画廊，昂贵的香水店、奢侈品店、家具店、古董店、餐馆和咖啡店已然成为主流。"士绅化"在赶走艺术家的同时，也使苏荷区成为现在纽约房租最昂贵的地区之一，成为负有盛名的购物天堂。

尽管苏荷区已经很难被认定为真正的艺术区，但有人认为如今苏荷区的独特之处也正在于此：它发源于艺术，受益于艺术，虽不为艺术区而设，但艺术又无处不在。这里的每个商家为显示自己商品的个性和艺术品位都使出浑身解数，就连国际知名的品牌营销店也不得不迎合这种气氛，在这里设置专卖店出售专门设计的产品。这里的艺术氛围不光感染着商家，也同样感染着消费者，如今的消费者不仅是单纯的品牌追逐者，更是特色文化商品的探索者，这种艺术与商业交融促成的独特魅力，像磁铁一样吸引着全球的商业资本。

综上，纽约苏荷区是由创意产业集群带来旧区活化的里程碑式案例，世界各地都在通过规划实践努力引导这种模式落地，可是这种模式并不易于复制。创意人群的聚集是自发形成的，随后的旧区活化也是由艺术家、瞄准商机的投资人共同主导，苏荷区成功的原因除了旧区拥有租金廉价而宽敞的闲置空间之外，也离不开纽约的城市背景——众多有才华的创意人士为了梦想聚集在这里，却暂时处于资本和名气积累阶段，因此对创作有极大的热情，这一特质让众多城市羡慕不已。后期，在政府、开发商主导的运行策略中，SOHO效应得到了良好的发挥。但这一模式最终将苏荷区带到"士绅化"的激烈辩论当中，"以艺术为名"的高昂物价将一个创意与艺术的天堂变为了少数精英群体才可以享用的空间，而不得志的艺术家们或许又紧接着去了下一个旧区，打造出另一个艺术区。

7.5 城市整体文化空间的规划

在城市公共文化设施与场所方面，以法国巴黎的改造提升为代表案例。G. E. 奥斯曼领导了巴黎改造的工程，历史上对其铁腕、专制的行为褒贬不一：不可否认，一次强权式的对历史城市的大规模改造，在保证改造效率的同时，必然会带来诸多问题，如巴黎圣母院所在的城岛在改建中成为一个死气沉沉的行政中心，巴黎具有活力的城市文化氛围被破坏，并产生了一定的社会分异。然而，奥斯曼的功劳也是有目共睹的，他引领巴黎的发展走向崭新的时代。

7.5.1 功能设施

巴黎有近4000年的人类活动史，在公元508年被法兰克人①占领并定位为墨洛温王朝首都后，逐渐成为世界关注的焦点。工业革命促使欧洲走上发展快车道，19世纪是法国工业化快速发展时期，随之而来的快速城镇化和人口集聚使得巴黎早在1850年人口数量便突破了百万。快速城镇化使这个以中世纪时期的构架为基础的城市面对着巨大的人口、经济、环境、基础设施、住房等多方面的压力，使得曾经繁荣的巴黎陷入混乱。同时，由于自1789年法国爆发大革命以来，巴黎经历了多次动荡，低收入阶层私自搭建的居所造成了开敞空间减少、垃圾成堆、传染病流行等诸多问题，至拿破仑三世时代，城市生活环境已残破不堪。

1852年，时任巴黎市长的奥斯曼作为总设计师，对巴黎进行了一系列现代化改造，这项宏大工程被认为是巴黎成为现代城市的标志。奥斯曼的计划主要集中在两大方面：一是更新市中心区的破败建筑；二是更新城市的基础设施，如道路、下水系统和公共空间等②。

---

① 法兰克人是公元5世纪时，入侵西罗马帝国的日耳曼民族的一支。
② 王莉萍，蔡峻. 从卡西莫多的巴黎到奥斯曼的巴黎 [EB/OL]. http://www.urbanchina.org/n/2014/0214/c373706-24359895.html.

其一，奥斯曼通过强有力的政治力量拆除了一批质量欠佳、衰败的建筑（虽然后来亦被批判为"野蛮地摧毁大量历史遗迹"），同时建造了一定数量质量优良的大型建筑、住房与公共建筑。他主张将建筑业与社会福利建设结合起来，1852—1859年，巴黎市内有4000余户房屋被拆迁，9000余户新房屋被供应到市场，净增5000余户。其在任的前7年，新建房屋能够供17.5余万人居住，为日益增多的进城人口提供了居住空间。在大力推进住房建设的同时，奥斯曼也通过法律有效保障低收入者的利益，如制定贫困线，在一定水平线下的租户将不再被征收财产税；确实达到贫困线的居民无论租金是多少都不再征收房屋税。这些措施使得城市空间焕然一新，著名的巴黎歌剧院、图书馆、法兰西美术学院以及大量的百货店、时装屋和娱乐场所也都在这一时期落成，众多剧院、图书馆、公园等场所或设施开始服务于市民[①]。

其二，奥斯曼重新梳理了市中心区的路网体系，重新搭建了巴黎的城市格局，拆除了巴黎的外城墙，建设环城路，有效地避免了市区车流的交通拥堵。同时，奥斯曼的计划开辟出了许多笔直的林荫大道，辅以精美设计的灯柱、长椅等街道元素和街道尽端的节点景观，打造出人车共存并适宜步行的道路系统（图7-12）。

图7-12　奥斯曼改造后的香榭丽舍大街
来源：视觉中国

---

① 朱明. 奥斯曼时期的巴黎城市改造与城市化[J]. 城市史研究，2011（3）：46-54.

7.5.2 景观环境

奥斯曼对巴黎的空间改造为时代留下了丰富遗产，一百多年后的今天，城市中众多名胜古迹被列入世界遗产或各级遗产名录，城市文化氛围依然生机勃勃，承担着众多国家现代化职能，同时也成为欧洲最重要的文化中心之一。

良好的景观环境也是奥斯曼在改造计划中考虑的重点，他的计划遵循了审美原则，即自拿破仑三世发出改造巴黎的命令之初就以"美化巴黎"为名，成立"巴黎美化委员会"。改造计划通过许多原创性的布局和装饰，创造了一种巴黎特有的城市风貌：如严格控制建筑高度，统一建筑形式与沿街立面；设立适宜步行的林荫大道，道路两旁种植高大的乔木，并在大道的尽端汇集处设置广场和精美的雕塑。其中香榭丽舍大街是奥斯曼改造的重点之一，这条马车时代的街道在19世纪中期时已再也无法承担汽车时代的压力，行人空间逐步减少，环境恶化。奥斯曼的计划促成道路沿线的停车位改建至地下，而地上则通过步行优先的规划、街道"家具"的设置、街边商业氛围的塑造和充满吸引力活动节点的设计，将香榭丽舍大街更新改造得焕然一新，使这条充满活力的林荫大道成为巴黎不可或缺的重要地标。

圣马当运河的改造则是另一个奥斯曼计划的模范案例。1802年，拿破仑决定将几百公里外的水引入巴黎以解决城市饮水水质、塞纳河河运压力的问题，于是开辟了这条长达4.5km的运河，与城市外其他几条运河一起将洁净的水资源引入巴黎。运河在1825年投入使用，然后随着公路和铁路的不断发展，运河沿河的工厂、仓库和工人相继搬离，运河逐渐失去了运输的能力，价值逐渐衰退，废弃了较长时间。奥斯曼的计划将运河打造为集聚生活氛围的公共空间，给城市密集地段的运河加盖并只留以天井，在上盖的地面布置社区公园和蔬果市场；岸边设立众多亲水平台和供行人短暂停留的设施，使更多的市民前来使用。今天的圣马当运河几乎保留了奥斯曼改造计划中的成果，然而在一百多年后，运河两岸逐步发展成了充满年轻气息、富有创意的文化空间，挤满了来来往往的艺术家和设计师。

此外，奥斯曼的改造计划利用保留地和城市空地设立了一批向市民开放的公园绿地。在计划的开展实施中，政府开发了肖蒙、蒙苏里、蒙梭3座公园，连同香榭丽舍花园、卢森堡花园（图7-13），成为市民流连忘返的休闲去处。除此之外，计划还注重在市区利用建筑退让与道路配合，尽可能多地开辟小广场，用精美的喷泉、雕塑和绿树等进行装饰，构成"微型花园"，在第二帝国之前，巴黎只有1处小型广场，奥斯曼执政期间增加了24处。这些措施给巴黎增添了大量

图7-13　簇拥在繁华闹市中的卢森堡公园
来源：视觉中国

的公共绿地，绿色区域的增加达到15万m²。这些公园绿地成为巴黎的"城市之肺"，充足的阳光、新鲜的空气和开敞的空间提高了城市生活的品质。城市公园中的花草树木，也体现着高水准的设计水平与园林传统，整个城市环境在繁华之余绿意盎然、生机勃勃。

在巴黎改建的案例中，奥斯曼在整体上保留了巴黎的城市肌理，保护了中世纪以来塞纳河沿岸的历史遗迹，但同时，在面对急速膨胀的人口压力和建成环境急速下降之际，他通过市中心区的更新，和一定程度上向郊区扩张的方式重新定义了城市的结构，在保证空间品质的同时将整个城市带入现代化时代，奠定了往后几百年的城市发展基调，也及时扭转了市中心空间品质衰败的趋势。回过头看，随着时间的积累，当年的奥斯曼带有艺术性的"美化活动"不仅为今天的巴黎保留了主要的历史遗迹，也突破性地创造了另一份历史文化遗赠：宽阔的林荫大道，环境幽美的公园广场，尺度适宜、设计精美而坚固耐用的建筑等，这些元素结合在整个城市发生的种种活动，构成了一幅优美、独特的历史古城的画卷。

7.6 文化空间建设的实施模式

首先，项目经济性是所有案例成功的基础。大多数案例需要市场力量的参与或者需要巨额的投资，这使得项目经济性成为必要的前提条件。如基于城市更新的波士顿昆西市场，由于其优良的地理区位和改造可带来商业价值，投资者才愿意主动参与其中，通过服务周边上班族和远道而来的游客，进而达到共赢目标，这才确保了项目的可行性。巴斯的案例更加特别，城区大量的历史遗迹使得巴斯难以进行基于土地开发的大规模旧城更新，然而潜力巨大的旅游业鼓励了各方参与到保护文化空间和开发有地域特色旅游产品的市场行为中来，也成为多方共赢的成功案例。

其次，文化空间的发展策略与空间尺度有较强的关联性。从不同内容形态的文化空间比较来看，空间尺度较小的文化空间的策略更明确，如伦敦特拉法加广场在空间上更注重景观改造以加强步行通达性，而昆西市场的公共空间改造和建筑改造也更注重建筑设计和微观尺度景观设计的手法和原则；相对应的，较大尺度的案例如英国剑桥、韩国坡州文化村实际上更需要就文化空间的完整性进行思考，即如何保障整个片区在策略上形成完整而有各自特色的"品牌"，再向下延伸进行具体的空间设计。

再次，发展策略往往兼顾多种手法，超越单纯的空间设计层面。文化空间的传承、保育与创造并不只是通过空间的设计手法而达成的，当然，物质空间是支撑这些文化元素发生的场所，但更重要的是如何通过软实力的定位策略来获得文化空间的成功。例如特拉法加广场案例对空间的改动并不大，但其一系列的文化战略将多元化的文化事件引入广场，扩大了广场的影响力，从一个纪念性场所一跃成为城市精神的重要代言场所。再如巴斯的案例更加具体，由于巴斯的文化遗产特殊性，改造空间这一条路完全不可行，这也使当地政府和利益攸关者更加注重旅游产品策略的创新，运用新的方式扩大了巴斯文化空间的影响力。

此外，开发决策主体与文化空间的成功息息相关。政府、教会、高校、私人、社区都可以是文化设施建设、文化活动策划的主体。由自上而下的政府主导有力，还是自下而上多方主导更可持续，是文化空间规划决策中的焦点话题。在这些案例中，政府决策始终是文化空间保护和开发的最有效手段，因其拥有制度制定者的身份，特别是土地开发权和规划审批权，在极大程度上促进了文化空间的成功。然而，一些文化空间是很难通过政府的项目策划形成的，比如纽约苏荷区艺术家的自发集聚，甚至韩国坡州艺术村的案例中政府也仅仅是辅助作用，提供政策性保障的功能。同时，市场的作用是巨大的，比如纽约苏荷区案例中房地产商看到艺术带来的人气和商机而做出的各种投资行为，改变了街区的发展方向，而剑桥案例当中产学研合作的基础亦是潜在市场的力量推动了产业园区的诞生。

由此，在推动文化空间的保护与开发之时，由谁来主导，是文化空间发展策略中最基本的问题：不同实施主体有不同的策略目标、成果预期、手段和考虑因素，这些将深刻决定文化空间在保护和开发过程中的具体侧重方向和最终的成果。通过案例分析，本书将着重探讨政府主导、市场推动和社区推动模式的异同，以期总结其适用性。此外，无论何种模式，文化空间的保护与开发需要的是各个利益相关者的参与，以确保公共利益不受侵害的同时达到共赢的最终目标。

7.6.1 政府主导

政府主导是文化空间建设与更新采取的主要模式。政府主导的文化空间策略相对而言更加注重其对于整个城市产生的社会经济效益，所以在具体项目的投入、产出上并不会严苛要求。例如伦敦的特拉法加广场，地标性的广场往往作为公共空间并不能产生最直接的经济效益，从这类文化空间的改造来看，投入的资金并不能产生直接收益。然而，通过投入成本并不大的特拉法加广场景观改造并在此推广跨文化、多元的活动有助于打造城市名片，有助于吸引更多的游客和人才来伦敦，这些间接的成果和巨大收益是难以量化的。

同时，由于政府相对其他利益相关者而言是强势角色，所以在政策工具的制定和运用层面有先天的优势。如京都的保护若交由市场来推动，或许早已改造为摩天大楼。相反，政府通过规划的控制手段、首先确保传统城市风貌和建筑得到很大程度的保护，再通过刺激政策来引导风俗习惯的传承和复兴等，有效维护了京都古城文化空间的完整性和活态性。

但另一方面，政府主导模式具有强烈的目的性，较容易错误估计其他参与人和市场的反响程度，如全球众多都市都期望能学习纽约苏荷区的模式，推动旧区更新和城市中作为新兴产业的创意产业的发展，然而常常适得其反，因为"引巢筑凤"等自上而下的策略模式有时并不能吸引来真正的"凤"，这正是政府主导模式的一大弊端。

为消除自上而下模式策略的信息壁垒，政府需要通过更多的方式来"调节"决策的制定，如设立专门的咨询机构、利用政策驱动私人部门参与（通过PPP等方式）以及鼓励民间团体参与等。这些经过优化的理性决策模式能够更好地发扬政府主导模式的优点并能在一定程度上规避其缺陷，它们是当今世界城市规划主要采取的决策方式。

7.6.2 市场推动

新自由主义信奉市场经济是推动社会进步的重要方式，其中市场参与到城市建设和发展中可以保证项目的经济可行性。从文化空间的视角来看，由于文化空间既离不开文化活动的支持，亦不应当违背基本的社会经济发展趋势，空间中发生的文化活动往往也应当具有"文化经济"的属性。

市场推动的文化空间成功案例往往是值得深入探讨的。在城市更新领域，市场力量的表现显得异常重要，而城市更新领域中传统丧失与经济利益的矛盾亦是当下中国较发达城市面临的普遍问题。例如在波士顿昆西市场的改造案例中，私人部门在政府的管治之下进行投资开发，促进了波士顿市区这一重要城市节点地区的更新，在最后的成果中也更加注重商业空间的引入，通过回应当代消费文化以保证项目的可持续性和满足基本的盈利、维护需求。市场力量的优势在于其自身的灵活性，即根据项目特性提出可以得到较好落实的策略模式。所以由市场推动的文化空间保护、升级改造和创造往往可以使得全社会利益和私人部门利益得到保障。

在项目运作过程中，市场经济原则固然是重要的，但市场的参与必然有其弊端，一味追求经济利益最大化，难免造成对文化空间历史文化价值的破坏。在日本京都的保护案例当中，我们发现，从土地发展的角度来看，实际生活中原来传统的建筑形式"町屋"已经难以适应当代人的空间需求（人口的增长和经济的发展需要更具功能性、大体量的建筑形式）。如果放任市场行为自主调控城市的发展，古城的城市肌理和文化传统将受到不可恢复的永久破坏，最终将一个古老、传统而优美的城市变为一个钢筋水泥的资本市场。相反地，正是由于政府较为强势地介入和居民的积极配合、参与，京都的文化空间得到了保护和传承，社会共同利益和文化价值才得到了修正和保育。

文化空间保护和开发过程多需要借助市场的力量实现。如巴斯案例中，政府每年需要对文化遗产投入大量的资金进行保护，但这些文化遗产作为城市的资本却很难变为实际的社会经济效益，反而一定程度上阻碍了城市获得其他发展机遇。于是，通过旅游产品的打造，巴斯意图重新提升其自身的旅游吸引力。随着旅游业的不断发展，巴斯围绕旅游业而有了更多的细分业态，特别是与博物馆和历史遗迹相关的展览与互动体验，以及围绕游客提供服务的商业业态。通过这些提升软实力的方式，巴斯的历史遗迹不但得到了充足的资金和合理的保护，也服务于更多的人群，将其历史文化价值提升到更高的高度。此外，这些措施保障了整个城市与文化遗产的产业关联性，使对于文化空间的保护并不会成为一种看不见底的吸金黑洞，从而更加具有经济可行性。

7.6.3 社区推动

社区推动模式是自下而上的、从民众这个泛化的群体出发，对文化空间的保护与开发进行倡导和推动。在现实的实践当中，民众指代的范围往往不同，有的倾向于游客和游憩的城市居民，而有的侧重在附近居住、活动的市民，甚至还有更细的分类方式，但总的说来，与文化空间保护和改造有最直接利益相关性的群体是空间的主要使用者，也是我们所探讨的社区的范围，例如古镇中的居民、文化创意产业园中的工作者等。其中，韩国坡州艺术村便是社区推动模式的一个成功案例，项目的起源是由几百名民间创意人士为了一个共同的目标，集体筹资向当地政府购买土地的开发和使用权，并在随后的开发中自发组成了社区，他们共同完成空间和建筑的规划设计以及一系列策略的制定。

从韩国坡州艺术村的案例中我们可以看到，社区推动模式最大的优点是由于开发战略于民众意见的基础之上形成，各个细节较为合理、"接地气"，相对于政府主导的模式而言可实施性较强、空间使用者的满意程度较高。但社区推动模式在缺乏相关制度基础的政策环境中实施难度较大，首先需要的是真正有共同目标的群体，并能够推选意见首领处理共同事务，更重要的则是能融入当地政策环境、通过合适的渠道实现共同目标。这一过程亦需要多方角色配合，当地政府管治下的制度环境以及社区目标与社会共同目标的兼容性等问题都需要详细研究。

8 城市文化生态建设

城市文化生态是城市文化繁荣发展的基础。目前，在我国城市建设领域中，对文化生态的关注仍然不够，文化生态建设失衡也导致城市在品质发展和特色文化建设上存在问题。如我国许多城市存在物质文化发展迅速，精神文化和制度文化发展相对滞后的现象；又如在发达的网络科技文化与西方强势文化扩张的环境下，原生的优秀传统文化正失去传承的土壤，文化生态的多样性受到了严重威胁。特别是在城镇的空间利用层面，传统文化生存的底层空间日益消失，供人们交往的文化空间在城市建设中被日益压缩，民间自发的文化活动日益消亡。一个良性的城市文化生态应是"精英文化""大众文化"和"草根文化"三位一体的"草灌乔型"多元体系。因此，用生态学的原理打造城市文化应是当代中国城市文化建设方向性、目标性的着力点。

本章将解析城市发展过程中"技术至上"规划带来的问题，明确良好的文化生态环境对城市文化繁荣的重要意义，提出文化生态建设的重点。结合一系列规划实践与研究，归纳文化生态视角下主题文化—文化形态—文化生态的整体认知方法，重点总结历史文化保护传承与生态建设、精神文化培育与生态建设、现代主题文化提炼与发展等重点领域的规划与建设方法。

8.1 文化生态建设的意义

8.1.1 "技术至上""经济至上"城市建设的问题

20世纪初，国际上自动化大生产驱动了更大程度的都市创新，技术进步、社会发展和新机动性的结合，引发了文化进步与城市建设模式的更新，促成了现代主义与现代城市的出现与发展。G.贝特森（Gregory Bateson）在《心灵生态学》（*The Ecology of the Mind*）中，将现代主义的悲剧性影响描述为"这些主宰当代文明的观念可以概括如下：①我们与环境是对立的，②我们与他人是对立的，③个体（或个体社会）至上，④我们可以单边控制环境而且必须为之奋斗，⑤我们生活在无限拓展的天地之内，⑥经济决定论是常识，⑦技术为我们效力"。C.芬格胡特（Carl Fingerhuth）将现代城市的时代精神总结为：僵化的教条主义，对原有结构的极其无礼，对新结构的无端偏爱，以及对非理性观念的公然冒犯。这些范例本应存在于追求一种毫无争议的完美和毫无冲突的纯净之中，随着现代城市建设模式逐渐成型，许多问题日渐突显。纯净而辉煌的现代城市，开始异化为缺乏社交、单调、人们如行尸走肉般的集散地①。

21世纪初，新技术取得进一步发展，技术力量深刻地影响着人们的生活，多项成果与城市建设深度融合，智慧社区、智慧城市成为规划建设的热点，但一些单纯依托新技术开发的样板项目，却很难取得预期成效。如2006年，阿联酋斥资220亿美元，在阿布扎比建设零碳城市——马斯达尔，提出理想的规划愿景：以清洁能源取代石油、煤等传统能源。按照原计划，马斯达尔应在2016年建造完成。然而，由于金融危机和能源等技术问题，只完成了建设进度的5%。开发者认为，即使完全建成，也只能实现50%的碳排放目标。如今，这座理想城呈现出"宏伟"却"荒芜"的未来城市景观：空置的办公大楼、无人的街道、大片未开发的土地等。有相同情况的还有韩国的松岛新城，它位于距离首尔市56km、紧邻仁川国际航空港的人工岛上，是一个大型私人房地产开发项目。这里有高效的中央垃圾处理系统、便捷的公共交通体系，各种传感器安装于街道、建筑和社区，从能源使用到交通流量都可以被监测。就技术层面而言，松岛新城是一个革命性、全球领先的科技城市典范，但却忽视了重要的一点——以人为本，高昂的居住、医疗、教育成本，长时间的通勤，有缺失的文化环境等使居住在松岛有种"冷清"的体验，新城氛围几近与"鬼城"相似。

再如2017年，谷歌旗下公司步行道实验室（Sidewalk Labs）宣布，将和多伦多滨水区（Waterfront Toronto）合作，投资5000万美元，在多伦多启动全球第一个智慧街区项目。其旨在开创数据驱动的城市规划和运营方法体系，利用谷歌的尖端科技和数据，创建城市创新实验室，探索未来城市发展的可能。所有的高楼大厦都用更环保的木料建成；公共人行道采用先进科技，会随着时间和用途变化设计；公共空间会随温度自动加热；传感器将嵌入城市的各个角落，收集信息；垃圾将通过地下管道全部无人传送；无人驾驶汽车穿梭在城市的各个角落，全面构建了令人激动的未来生活场景。然而，在2020年，因信息隐私、居民反对及经济不确定等多种因素，该智慧街区项目终止。2022年，多伦多市宣布了这一街区新的中标开发商，并推出新的开发计划，规划承诺将建设800套经济适用公寓、两英亩②的森林、屋顶农场，并专注于与本土文化相关的新艺术场所建设，强调城市社区应是自然和人工环境的复合体，尊重人类生命、植物生命和自然世界的重要性。由此，"以包容韧性活力的田园社区取代智慧项目"等意见引发关注，在社会上掀起了对智慧街区的批判与反思。

从现代城市到智慧城市的探索与实践，反映了城市对技术革命的系统性响

---

① FINGERHUTH C. 向中国学习：城市之道[M]. 张路峰，包志禹，译. 北京：中国建筑工业出版社，2007.

② 1英亩≈0.4hm²。

应。文丘里在1966年出版的《建筑的复杂性与矛盾性》中已经关注到了现代主义过于简单化的倾向，"我宁可要杂乱无章的生动也不要显而易见的统一，宁可要意义丰富也不要意义明确"。现代主义者把城市当成"居住的机器"，而生活在其中的居民，在灵魂深处渴望着一种全然不同的城市，一种真正由城市居民所创造的反映社会交往关系的城市形态。在当前的发展中，数字技术对各个城市系统的改造，无论是能源还是环保、交通还是物流、商业还是公共服务，都有积极意义，有利于提升城市服务能力。一些智慧城市项目不缺少政府的大力支持，也不缺少资金和技术保障，但它们难以成功的主要原因在于其过度追求高科技，将城市看作新技术的试验场和追求利润的竞技场，忽视了以人为本的原则，轻视现实需求与"获得感"，甚至给居民造成新的不便，侵犯居民权利。难以聚集人气，无法形成稳定、繁荣的生活，这些规划中的理想城市失去了可持续运行的基础，即使初期资金充足，也无法维持长期健康的运行。

8.1.2 良好的城市文化生态

城市文化生态是城市文化系统发展状况的综合体现，包括众多构成要素，如城市规划能力、城市建筑设计水平、城市教育体系发展状况、城市公共文化服务体系建设水平、市民综合素质与精神风貌等。城市文化生态发展表现为多种文化要素的辩证运动，如传承历史文脉与发展现代文化、发展文化产业与刺激文化消费、保护名胜古迹与建设新城新区等。[①]从人与自然的关系特征看，我国多数城市是典型的核心城市，以"城"为核心，外围是副食品供应基地、粮食供应基地，最外围的山林、河流、湖泊沼泽带是基础能源供应基地。从城市与周边环境的关系特征看，历史上的核心城市对周边地区的文化生态具有强大的辐射力和带动作用。城市文化生态中包括地域文化与外来文化、传统文化与现代文化、城市文化与乡村文化，出于各种原因，它们在发展速度和发展程度等方面存在差异。文化生态学认为，文化多样性和文化差异性是人文环境的主要特征，城市文化的多样性和差异性也就构成了城市文化生态的鲜明特色。[②]

城市文化的发展与繁荣需要健康的文化生态系统支撑。参考生态健康的相关研究，澳大利亚生态经济学家康斯坦萨（Constanza）认为，健康的生态系统稳定而且可持续，具有活力，能维持其组织且保持自我运作能力，对外界压力有一定弹性。卡尔（Karr）认为"如果一个生态系统的潜能能够得到实现，条件稳

---

① 李博. 打造良好城市文化生态[EB/OL]. http://www.fjrd.gov.cn/ct/49-114220.
② 方乐，周介民. 城市文化生态：文化差异性与文化多样性的统一[J]. 湖南城市学院学报，2010（5）：9.

定，受干扰时具有自我修复能力，这样的生态系统就是健康的"。中国学者也对生态系统健康进行了界定，在《生态系统健康评价——概念构架与指标选择》中，生态系统健康被定义为"生态系统的内部秩序和组织的整体状况，系统正常的能量流动和物质循环未受到损伤，关键生态成分保留下来，系统对自然干扰的长期效应应当具有抵抗力和恢复力，系统能够维持自身的组织结构长期稳定，具有自我调节能力，并且能够提供合了自然和人类需求的生态服务"。

再如健康城市的研究，世界卫生组织提出的健康城市指标包括"健康指标、健康服务指标、环境指标、社会经济指标"四项内容。2020年，中国建筑学会发布《健康小镇评价标准》，提出了健康小镇的定义与评价框架。标准认为健康小镇是以提升居民健康水平为目标，具有一定人口规模、建设面积及相关产业，能提供健康的环境、文化、服务的生产和生活空间。健康小镇不一定是"传统建制镇"，它是一定人口规模的生产生活单元的统称。不同于"健康产业特色小镇"，健康小镇的产业要对小镇发展有良性支撑，但是应对小镇环境无害且不能影响居民健康。健康小镇是具有自然、社会、经济特征的地域综合体，兼具生产、生活、生态、文化等多重功能，连接城市乡村，互促互进、共生共存。

现代城市文化在内在构成、相互关系、发展机制等方面与自然生态环境中物种之间、物种与环境之间的关系形态存在着很多相似之处，结合生态健康研究与健康城市研究，城市综合文化生态系统评价，主要针对文化生态系统结构的合理性与功能的完整性及其演进过程中的正向作用。城市文化生态因子主要包括对区域文化形成、传承与发展有影响的各种环境因子，如自然环境因子、人文生态因子、技术信息因子、区域人群与外部文化、国家制度与政策等。文化生态的系统性、共生性、多样性、进化性与文化生态系统健康度呈正相关，综合评价应包括空间与环境、经济发展、社会文化、运营管理四个准则层（评价因子）与各准则层下的指标层（评价集）：①空间与环境：空间与环境的留存度、空间与环境的多样性、空间与环境的协调性；②经济发展：经济发展的在地性、经济发展的多样性、经济发展的可持续性；③社会文化：社会文化的留存度、社会文化的多样性、社会文化的活力度；④运营管理：运营管理的参与度、运营管理的可持续性。

总体来说，城市文化生态建设是包含城市空间、经济、社会、运营等维度的系统工程，是对地域文化"巢"的综合保护与培育。人是城市发展的重要因素，一个良好的城市文化生态系统，应为市民提供良好的工作、居住、消费环境，并有助于处理好人与自然、人与人、城市与周边环境的关系。丰富多彩的城市文化是一个城市精气神的集中体现，建立起"草灌乔型"的城市文化生态，不仅能够让广大市民找到精神的栖居之所，更能充分激发一个城市昂扬向上的强大活力，有效展示一个城市欣欣向荣的勃勃生机。

8.2 文化生态建设的重点

8.2.1 涵养城市的文化基因

城市空间是城市社会、经济、文化、历史以及各种活动的载体，是城市发展程度、阶段与过程的空间反映。它不仅是人类创造的文化产品，也是承载人类文化的容器。从物质与精神双方面的文化整体观角度，以基因的视角重视城市文化基因的研究、保护与延续，才能探索发展出独一无二、不可替代的城市文化。利用文化基因优势助力城市建设发展，必须理清城市文化脉络，保存好、传承好、利用好城市的"文化基因"。首先，在保护文物古迹等有形文化遗产的同时，注重保护非物质文化遗产、地域文化、社会心理、习惯模式等无形的文化基因，加强与文化基因相关的研究工作，提升城市建设与遗产保护修复工程的历史文化内涵与品位，将具有城市文化特色、体现地方文化基因的历史源流、历史名人、民间传说故事等要素体现在城市设计中。其次，通过历史文化遗产保护传承体系的建设，让古建筑、遗址、名人故居、传统街区、文化场馆、文化公园等传统文化载体与现代文化载体交织，形成全覆盖的城市文化网络，让丰富的历史文化资源成为现代城市生活的有机组成部分。推进文化交流传播，促进不同文化积淀、文化元素、文化取向和文化形态交叉融合、优存劣汰、互相推进，使各民族文化都得到动态的发展。实施民族文化的品牌化经营战略、人才培养战略和数字化提升战略，进一步助力城市建设发展。

通过对一种文化形态的考察，包括由文化形态深入及里的某个文化类型的源脉、特征、结构、功能、价值与演变过程的认知，并通过把握某一种文化的显性属性，即在复杂适应性系统组织过程中出现的独特行为和主要特征[①]，特别是其中的关键特征，以及由此关联的某种文化类型的核心价值，在此前提下才能更加科学、精准地保护、传承、发展其独特的地域文化，从而有效防止因为学习某种文化而被"同化"，防止地域文化特色脱域与退化，增强当地人民的文

---

① 马尔腾. 人类生态学：可持续发展的基本概念[M]. 顾朝林, 译. 北京：商务印书馆, 2012.

化自信和文化自觉。文化生态建设的目的就是要营造保护地域文化与创新发展特色文化的"巢"，即通过对文化生态（地域）系统的保护，实现对"（地域）文化形态的整体性保护"，进而实现对文化基因和地域文化保护、传承与发展的目标。

8.2.2 提炼城市的主题文化

城市主题文化的概念最早由西方学界提出并付诸实践。D. 麦克尼尔（Donald McNeill）认为主题文化是辨识城市的关键。B. 阿兰德洛维奇（Biljana Arandjelovic）分析了格拉茨"设计之都"的主题文化塑造，认为其通过主题建设调节了城市的文化遗产保护和现代发展的矛盾。D. 派尔森（David Pearson）和 T. 派尔森（Thomas Pearson）以意大利"美食之都"的主题文化经营为例，论述了主题文化在塑造城市品牌、拉动投资、增强居民文化自豪感等方面的积极意义。"水上之都"威尼斯、"音乐之都"维也纳、"影视之都"洛杉矶、"时尚之都"巴黎之所以家喻户晓、闻名遐迩，就是因为它们具有得天独厚的文化特色，这些也都是以主题文化凸显城市独特性和文化旅游形象的成功范例。

国内学者对城市主题文化的研究集中于城市规划、城市设计、景观设计等领域。付宝华认为，城市主题文化是一个城市个性化的文化形象和品牌概念，构建城市主题文化的目的和战略意义，就是塑主题文化之核、筑主题文化之魂、彰主题经济之势、显主题建筑之特。[①] 郭佳认为，城市文化是一门城市管理科学，包括了举凡城市所创造的一切物质文化、制度文化和精神文化的总和及其所形成的管理系统。城市文化的构成要素有城市精神文化、物质文化、建筑文化、自然文化、管理文化、制度文化、行为文化等。而城市主题文化是按照原创性、特质性和系统性的原则，找到城市的主题和灵魂，根据城市特质资源形成的特质文化来构建城市主题空间形态，并围绕这一主题空间形态来发展城市、建设城市的一种文化策略[②]。傅才武认为城市主题文化是一种由特定城市"自然特质、文化特质、经济特质"构成的区别于其他城市的特殊性表征，也是指基于城市独特资源，如自然地貌条件、历史文脉、社会群体和产业分布等的城市主流文化形态及其呈现形式，既体现为能够被人清晰感知、记忆和向往的城市文化形象，也体现为特定城市的独特性及标示差异性的标志物。但傅才武同时认为，强调城市主题文化战

① 付宝华. 城市主题文化与世界名城崛起[M]. 北京：中国经济出版社，2007.
② 郭佳. 文化、城市文化与城市主题文化辨析[C]//2008城市发展与规划国际论坛论文集. 2008:159-160.

略的同时，也可能损伤城市多元文化生态系统①。保存好城市的历史文化遗产，包括名胜古迹、传统风俗习惯、传统工艺技术、传统文艺和古籍名著等，是塑造城市主题的基础。北京、上海、拉萨、昆明、杭州等是中国文化风格的代表。历史文化遗产是城市个性文化建设的重要载体和基本内容，立法保护历史文化遗产的重要性和调整、完善城市建设战略，对在发展新区的同时保护旧城的重要性都是不言而喻的②。

8.2.3 打造城市的文化品牌

打造城市"品牌"也就是塑造城市的风格形象和精神风貌。与众不同的地理位置、生存环境、文化内涵、历史积淀、风土人情，让每一座城市都有可能发展成为独一无二的"个性城市"。"个性"也就是将城市置于国内外比较中来确定适合本土、传承本土文化而迥异于其他城市的独树一帜的文化发展方向。这种特色文化，既不是对传统文化一成不变地照搬照抄，也不是对外来文化不加区分地照单全收，而是在寻找本地历史文化底蕴和当代文化精神内核的基础上，适当吸收外来文化的精华而形成的顺应时代潮流又独具特色的城市文化③。每个城市都可以根据该城市居民的价值取向、思想情操、精神状态，打造一种标志性建筑、塑造该城市的形象，发展一些精品的文化事业，如教育事业、体育事业、医疗卫生事业等，以推广这个城市的品牌。"梅须逊雪三分白，雪却输梅一段香。"每一个城市都有它的亮点。每一个城市的领导者都应在物质空间、人文精神上对城市的风格风貌有一个主动的把握，应根据本城市与众不同的自然地理、人文内涵确定城市景观目标，建设不可替代的城市形象④。每个城市都要发现自身的亮点，并在统筹兼顾城市的全面发展中有意识地"擦拭"这个亮点，让这个亮点照亮全国甚至全世界。

城市品牌的打造主要是通过发掘、重塑地域标志性文化。因此，地域标志文化的发掘对于一个城市品牌的营造是非常重要的。地域标志文化就是指那些最能代表某一地域特色以及地域最高文化水平、艺术水平和科技水平的具有标志性、象征性意义的传统文化，主要可以分为两类：

①物质遗产型地域标志文化

物质遗产型地域标志文化是指一个城市在历史发展过程中不断叠加并留存下

---

① 傅才武. 文化空间营造：突破城市主题文化与多元文化生态环境的"悖论"[J]. 山东社会科学. 2021（2）：66-75.

② 郭卫兵. 加快城市文化建设推动城镇建设三年上水平[J]. 大舞台，2011（5）：11.

③ 王旭晓，王敬川. 城市文化建设的基础：留住城市记忆[J]. 科普园地，2011（12）：111.

④ 陈李波. 城市美学四题[D]. 武汉：武汉大学，2006.

来，与文化有关的建筑、建筑群、历史文化街区等景观遗产。如果说自然景观是自然界的造化，那么文化景观则是指居住在这座城市的人们为满足某种需要，在自然景观的基础上有意识地人为创造出来的景观。由于创造者的文化背景、宗教背景、经济背景等不同，其创造的文化景观也会带有明显的属于自己的地域、历史以及宗教风格。一个城市好坏的评价标准之一，就是要看它是否具有明显的属于自己的文化风格，是否具有景观上的唯一性。通过这些文化景观，我们可以了解更多关于该城市的历史、文化、艺术、宗教与经济，地域标志文化是了解一座城市的重要窗口。与这些景观有关的历史遗存、艺术遗存，如特定时期、重大事件中的口号、宣传画等，都应该成为保护和挖掘的重点。

物质型地域标志文化又可分为以下两个大类：一是可移动型地域标志性文化，这种文化可以作为一个城市的标志，如甘肃武威"马踏飞燕"、洛阳"天子驾六"、成都"太阳鸟"等。这些历史遗留下来的文物，可作为城市的名片。二是不可移动型地域标志文化，它常是人们认知一座城市的重要标志，这类地域标志文化常会作为一座城市的象征而出现在各种宣传品中，如澳门大三巴牌坊、北京故宫、拉萨布达拉宫、苏州园林、上海外滩等，都是城市最典型的地域标志文化，通常采取抽象的方法，提炼为城市的标志符号。

物质型地域标志文化多是历史叠加起来的产物，在规划中既要考虑这座城市的整体风格，也要考虑随着城市发展，每个时代的不同之处。实际上，将每个时代的建筑作品排列起来，就是一座城市的建筑发展史，由此可以想见这座城市的变化。当然，作为一种动态存在，随着居住者改变，一座城市的景观也会因不同居住者的到来与离去而发生质的变化，它同样可以反映出一个城市的历史变迁。此外，物质型地域标志文化多是历史载体，如果资源不足，或是古建筑不足以代表该城市的城市性格或品味，也可以从近现代甚至当代最能代表该城市特色的建筑中去寻找物质型地域标志文化，如台北市的"101大楼"、香港中银大厦，凭借前卫风格、独特造型，分别成为台北、香港的地域标志。

②非物质文化遗产型地域标志文化

除物质型地域标志性文化外，对非物质型地域标志性文化的发掘也十分重要。非物质型地域标志性文化，大多源于当地非物质文化遗产，如北京的京剧以及烤鸭制作技术、保定的摔腿子、金华的火腿制作技术、景德镇的瓷器制作技术等，都是这些地区最典型的非物质型地域标志性文化。它们既是城市的名片，也是城市的看点和经济增长点。

8.2.4 塑造城市的文化形象

强调个性和特色一直是人类社会追求的终极目标，城市形象的打造已成为世界各国城市规划建设发展中最重要的课题之一。法国巴黎是世界闻名的"时尚之都"，奥地利维也纳为"音乐之都"，意大利威尼斯是"水上之城"。国内大连把城市核心确定为"服装之都"；珠海因获联合国授予的"人居环境最佳城市"称号，所以明确其城市形象为"浪漫之城"；成都素有"中国最悠闲的城市"之称，"休闲之都"自然就代表了其城市形象；南宁城市景观特色以绿色见长，"中国绿城"即成为它的城市形象；杭州则把"人间天堂"作为城市形象的核心概念。城市形象是社会公众、市民和游客对城市的整体印象和评价[1]。

城市形象塑造旨在通过塑造城市特色，将城市形象定位推向市场，吸引更多的外部资源和外地顾客，以促进城市经济发展。近年来，城市形象塑造理论可归纳为城市形象会展观、城市形象塑造要素观、城市形象塑造CIS观、城市形象塑造文化观、城市形象塑造标志观，代表性观点有：

①城市形象塑造会展观

沈建华等认为，可利用城市的优势资源举办大型体育赛事，塑造和提升城市形象，构建城市发展的核心竞争力，保持竞争优势[2]。樊传果认为，节会活动是塑造和提升城市形象的重要手段，举办节会活动可极大地提高城市的知名度，扩大城市影响力，有力地提升城市形象。要举办好节会活动，必须做好节会活动的主题创意[3]。于洪平以传播为平台，围绕体验经济和注意力经济展开的各种形式的城市推展、活动营销将成为城市赢得密集型客户和消费者的最新也最有效的制胜法宝[4]。

②城市形象塑造要素观

张宏指出，城市形象建设包括硬件和软件两部分，硬件部分包括城市布局、城市建筑、城市道路、园林绿化、环境卫生、城市色彩等，软件部分包括城市经济、政府行为、市民素质、干群关系、社会治安等[5]。朱玉明等提出从空间形象、景观形象、政府形象、企业形象、市民形象和文化形象等方面提升济南的城市形象[6]。司万师等则从城市形象的构成要素出发，探讨了街景综合整治和街区

① 王东强，田书芹. 城市形象理论研究述评[J]. 资源开发与市场，2008（12）：1114—1117.

② 沈建华，肖锋. 大型体育赛事对城市形象的塑造[J]. 沈阳体育学院学报，2004（6）：746.

③ 樊传果. 论节会活动与城市形象的塑造和提升[J]. 学术交流，2006（12）：109-110.

④ 于洪平. 论城市形象的塑造与营销[J]. 东北财经大学学报，2007（6）：21.

⑤ 张宏. 世纪之交的大连城市形象建设[J]. 大连大学学报，1999（1）：40-41.

⑥ 朱玉明，尹清忠. 城市形象提升的理论与实践：以济南市为例[J]. 中共济南市委党校学报，2004（4）：121.

形象设计的主要内容①。

③城市形象塑造CIS观

企业形象识别系统（Corporate Identify System，简称CIS），具体来讲是采用视觉识别设计、形象塑造等宣传手段，传播企业经营理念、企业文化，以彰显企业精神和个性，实现企业与社会公众双向沟通并使公众对企业产生认同感和接纳度，最终形成对企业的特定印象。城市CIS是将CIS的理论、方法与城市规划设计结合，实现城市规划和艺术设计学科的交叉，基本内涵在于要通过挖掘城市历史与文化的内质来给予城市规划以准确的定位，通过形象来表达城市的文化内涵，使城市具有个性与特色。胡同泽提出了城市形象的地缘识别、人文识别和政策识别的概念②。张明亮指出，城市导入CIS就是综合运用MI、VI和BI，向城市内外部传递城市形象的相关信息，加深人们对城市形象的认知和认同，提升城市在人们心目中的地位，从而获得良好的品牌效应③。柳庄认为，城市形象的塑造是一项复杂的系统工程，它需要政府、社会和企业的全面参与，需要在城市建设中导入西方现代都市推出的CIS整体形象识别系统④。

④城市形象塑造文化观

田丰伦认为，塑造城市形象要以软件要素、文化力提高产业成长和竞争力⑤。颜如春认为，城市形象塑造要从意识形态和文化发展的高度来思考城市形象问题⑥。沈山等提出面向新经济时代的南京城市形象定位是：建设文化都市，并发展成为世界文化之都；以"学在南京、成功世界"的底蕴，"博爱之都""世界第一城垣"的营销形象，创造"学习型城市、创新型城市"的品牌，建设"科技先导、古都特色、滨江人居、大学一流"的世界文化之都⑦。

⑤城市形象塑造标志观

赵彧等认为，广场在塑造城市形象方面可以发挥其特殊的作用，可在城市形象物质层面发挥作用的同时影响其精神层面。在城市中合理地设置广场可以改善城市的空间环境并提升城市的整体形象⑧。欧阳旭等阐述了高层建筑在城市形象中所表现的文化性、标志性、天际轮廓线三种特性，探讨了通过高层建筑塑造城

---

① 司万师，朱晓东，朱晓静. 浅谈城市形象设计与街景综合整治[J]. 安阳工学院学报，2005（4）：81-82.

② 胡同泽. 西部地区二级城市的产业功能定位：以重庆的江津、合川、南川为例[J]. 经济，2004（5）：110.

③ 张明亮. 城市品牌塑造中的CIS运用：兼论大连模式[J]. 天津经济，2002（9）：18-19.

④ 柳庄. 关于大庆城市视觉形象塑造的几点思考[J]. 大庆社会科学，2007（3）：27-28.

⑤ 田丰伦. 重庆打造西部最强的城市[J]. 西部论丛，2003（12）：45.

⑥ 颜如春. 城市形象塑造要强化文化意识[J]. 行政论坛，2002（9）：73.

⑦ 沈山，祁豫玮，林炳耀. 文化都市：形象定位与建设策略：以南京市为例[J]. 人文地理，2005（2）：84-85.

⑧ 赵彧，虞大鹏. 广场与城市形象的塑造[J]. 中国科技信息，2006（17）：181-182.

市形象的措施[①]。如重庆市的"人人重庆"形象标志雕塑在主要道路、广场或高速路等地方立体地展示了重庆的城市形象。

8.3 历史文化保护传承与生态建设

8.3.1 线性文化遗产体系

大型线性文化遗产涉及较为广阔的空间地域，包含多元的遗产要素，在保护利用过程中，既包括主题文化的提炼，也包括运河景观廊道文化生态的保护与提升，以《山东省文化旅游融合发展规划（2019—2035年）》[②]中大运河（山东段）文旅融合发展为例。大运河是中国古代创造的一项伟大工程，是世界上里程最长、工程量最大的运河，2014年列为世界文化遗产。在山东省境内，大运河流经鲁西地区，沟通了枣庄、菏泽、济宁、泰安、聊城、德州的地域空间。深度挖掘大运河（山东段）沿线丰厚的历史文化和浓郁的民俗风情，以运河为廊道，以城市为节点，在改善生态环境的同时，重点发展度假体验、健康养生、运河观光、文化创意、研学旅游等旅游产品。结合各市文化资源情况、大运河文化体系的特色，选择适宜的文化与旅游资源进行融合发展探索。按照资源共享、品牌共创、市场共拓的原则，强化"鲁风运河"品牌联盟建设，构建"鲁风运河"整体旅游品牌形象（表8-1）。

文化生态视角下大运河（山东段）各市文旅融合发展指引　　表8-1

城市	特色文化资源		文化传承 重点项目	文旅融合 方向
德州	文化 遗产	苏禄王墓、宋代窑址、德州仓储、码头建筑群、回龙观遗址、漕运码头、日伪时期修建的炮楼、净水池、四女寺枢纽、九达天衢坊、题名塔、苏禄王墓、清真寺、陵县神头汉墓群、东方朔墓、东方朔画赞碑	德州漕运仓储文化展示区：推进漕运码头、仓储建筑群、苏禄王墓等重要文物及周边区域保护和修缮，建设漕运主题公园	世界遗产观光、水利工程研学、乡村生态休闲
	特色 场所	董子园风景区、德州扒鸡集团		

---

① 欧阳旭，张楠. 高层建筑与城市形象塑造[J]. 山西建筑，2006（23）：38-39.
② 中国城市规划设计研究院. 山东省文化旅游融合发展规划（2019—2035年）[Z].

续表

城市		特色文化资源	文化传承 重点项目	文旅融合 方向
德州	名人	董仲舒、东方朔、刘备、窦建德、崔义玄、孙伏伽、颜真卿、孟云卿、孟郊、李之仪、吕颐浩、崔立、董伦	德州漕运仓储文化展示区：推进漕运码头、仓储建筑群、苏禄王墓等重要文物及周边区域保护和修缮，建设漕运主题公园	世界遗产观光、水利工程研学、乡村生态休闲
	州乂	西河大鼓、琴书、柳子戏、河北梆子、清平吹调、乱弹、跑驴、毛竹板、木板大鼓、哈哈腔		
	特产	扒鸡、保店驴肉、西瓜、乐陵小枣、中华蜜酒、古贝春酒、禹王亭特酿		
	民间工艺	黑陶、刺绣、剪纸		
聊城	古镇	张秋古镇、七级古镇	聊城临清运河钞关文化保护展示区：整合钞关前关遗址、后关建筑、主事官房等建筑片区空间环境，注重钞关片区、街巷、院落场所精神和临清城市文脉的延续，建设中国税史博物馆，打造运河钞关文化展示区	世界遗产观光、运河城镇体验
	文化遗产	临清钞关旧址、阿城故城、景阳冈遗址、山陕会馆、光岳楼、海源阁、阳谷狮子楼、聊城铁塔、武松庙、临清舍利塔、临清清真寺、曹植墓		
	地域文化	东昌阳明心学		
	文学	金瓶梅		
	武术	临清弹腿		
	饮食	呱嗒、张家厚饼、临清鲤鱼跳龙门、武大郎烧饼、布袋鸡、驴肉、十香面、临清汤		
	曲艺	山东快书、杂技艺术、八角鼓、临清时调、临清琴曲、临清乱弹、临清洼里秧歌、范县罗罗戏、临清小调		
	特产	济美酱园、魏氏熏鸡、景阳冈酒系列、东昌名酒、临清狮猫		
	舞蹈	五鬼闹判、伞棒舞		
	民间工艺	东昌木版年画、茌平中堂画、印花土布、雕版印刷、临清贡砖、临清哈达、聊城毛笔、剪纸		
泰安	文化遗产	戴村坝、古州城、安山古镇、戴庙、义军粮仓等遗址、大汶口文化遗址、洪顶山摩崖石刻	泰安东平运河遗址公园：依托世界文化遗产戴村坝、大清河，发挥国家级水情教育基地示范引领作用，整合戴村坝、龙珠岛（鸡心滩）等，充实改造戴村坝博物馆，加强小汶河、大清河等水系治理，建设运河遗址公园	世界遗产观光、水利工程研学
	名人	夏侯胜、刘桢、程咬金、梁灏、梁固、钱乙、梁楷、王桢、罗贯中、高文秀、王宪、杜三策、范道坤、蒋作锦、吕彦直		
	民间习俗	腊山庙会、理明窝庙会、司里山庙会、白佛山庙会		
	饮食	东平湖全鳞鱼、水浒宴、东平粥、北门烧饼、东平湖糟鱼、胡辣汤、泰安煎饼		
	民间工艺	老湖镇木鱼石、稻屯苇编织品、东平草编、条编织品、孙村竹编、丰庄杨镰、前山屯陶制品、彩蛋工艺品		

续表

城市		特色文化资源	文化传承重点项目	文旅融合方向
济宁	文化遗产	济宁古城、运河总督衙门遗址、太白楼、东大寺、竹竿巷、南旺运河遗址公园、南旺分水龙王庙、南阳古镇、夏镇、鲁国故址、野店遗址、三孔、三孟、声远楼、微子墓、张良墓、崇觉寺铁塔、武氏墓群石刻、祝英台碑	济宁"运河记忆"遗产廊道：整合竹竿巷、广育堂、玉堂酱园、潘家大楼、太白楼、铁塔寺、南阳镇、微山湖运河故道、夏镇等资源，规划建设"运河记忆"主题街区、河道总督署遗址保护展示设施及大运河总督署博物馆、太白湖运河文化主题公园，打造运河遗产廊道	世界遗产观光、运河城镇体验、水利工程研学、儒风访圣研学
	区域文化	孔孟之乡、礼仪之邦		
	名人	孔子、孟子、李白、祝英台、白英、宋礼		
	饮食	鲁菜、孔府宴、微山湖全鱼宴		
	特产	玉堂酱园、微山湖麻鸭、菱香酒、鲁西黄牛、小尾寒羊、孔府家酒		
	文学传说	儒家经典、水浒传、梁祝传说		
	曲艺	山东快书、嘉祥唢呐、梁山水浒戏、济宁八角鼓		
	舞蹈	仙鹤舞、平阳寺火虎		
	武术	任城查拳、梁山燕青拳		
	民间工艺	嘉祥石刻、嘉祥鲁锦、嘉祥印花土布、碑帖、楷木雕、尼山砚		
枣庄	文化遗产	北辛文化遗址、薛国故城遗址、滕国故城遗址、清真寺、关帝庙、青檀寺、龙泉塔、匡衡墓、权妃墓、台儿庄船闸	枣庄市台儿庄区大运河文化展示中心：在台儿庄古城现有景区基础上，按照中华运河文明传承创新核心区、国际知名旅游目的地、世界文化遗产定位，建设大运河文化展示中心	世界遗产观光、运河城镇体验、红色文化研学
	文博场馆	台儿庄大战纪念馆、铁道游击队纪念馆		
	景区	滕州红荷湿地		
	名人	墨子、鲁班、滕文公、奚仲、匡衡、孟尝君、毛遂		
	饮食	羊肉汤、菜煎饼		
	特产	石榴、石榴茶、张家狗肉、马家牛肉、微山湖鲤鱼、微山湖咸蛋、松花蛋		
	曲艺	唢呐古曲、鲁南花鼓、柳琴戏、寺庙音乐、船夫号子		
	舞蹈	台儿庄渔灯秧歌、枣庄四蟹抢船		
	民间工艺	伏里土陶		

德州段运河流经县区包括德城区、武城县、夏津县，由卫运河和南运河组成，全长141km。这里被誉为"神京门户""九达天衢"，九曲十八变的"龙形"走势在整个运河沿线城市中都是独一无二的。这里有运河四大粮仓中的德州仓，它至今保留完整并仍在发挥作用。传统文化以董子文化、黑陶文化、扒鸡文化为代表。据此，主题文化与旅游融合方向规划为"世界遗产观光、水利工程研学、乡村生态休闲"。

聊城段运河流经县区包括阳谷县、东昌府区、临清市。临清是京杭大运河上的重要节点城市，明清时期是全国重要的流通枢纽城市和商业都会，中州古城、运河钞关、鳌头矶、舍利宝塔保留至今。东昌府在历史上被称为"江北水城"，《水浒传》《聊斋志异》等文学著作中的许多情节均以此地为背景。据此，主题文化与旅游融合方向规划为"世界遗产观光、运河城镇体验"。

泰安段运河流经县区为东平县，戴村坝水利工程的建设，在技术水平尚不发达的年代是十分惊人的，是我国水利发展史上的壮举，被誉为"运河之心"。据此，主题文化与旅游融合方向规划为"世界遗产观光、水利工程研学"。

济宁段运河流经县区包括梁山县、汶上县、嘉祥县、任城区、鱼台县、微山县，标志性资源包括"运河之都"济宁、"运河之脊"南旺分水枢纽工程、京城驰名的老玉堂酱菜、名列全国五大伊斯兰教清真寺之一的济宁东大寺、乾隆皇帝多次南巡驻跸的南阳古镇等。据此，主题文化与旅游融合方向规划为"世界遗产观光、运河城镇体验、水利工程研学、儒风访圣研学"。

枣庄段运河流经县区包括台儿庄、峄城、薛城区、滕州市，台儿庄段是唯一一段东西走向的航道，也是最大的东西弯道。台儿庄古城3km长的古运河河道被誉为"活着的运河"。这段运河避开黄河改道与泛滥的影响，在400年间保持畅通，航道具有极高的技术价值，此外有京杭运河第一大港滕州港、山东省最大的船闸微山船闸等。据此，主题文化与旅游融合方向规划为"世界遗产观光、运河城镇体验、红色文化研学"。

8.3.2 古城文化体系

古城是承载综合功能的空间，是地域文化富集、交融的场所，对于古城的保护，除了物质载体外，其文化生态环境同等重要。以独克宗古城的保护为例，历史上的独克宗是云南、西藏和四川之间"大三角"的连接地区，是藏区和滇区民族文化交流的窗口、汉藏友谊的桥梁。特殊的自然和地理环境，独特的历史和宗教文化造就了古城的空间形态、山体水系、建筑群体以及具有民族特色的人文景观和民族文化。藏经堂、茶马古道、五凤山赛马场、百鸡寺、大佛寺是构成独克宗古城文化空间的地理场所。此外，还有以卡瓦格博为核心的藏族山区文化空间，以天界神川为核心的多民族文化融合空间。

发展至今日，社会经济的快速发展改变着人们的生产生存模式，古城居民的传统生活观念、居住方式面对现代生活方式的冲击，都面临着改变和选择。古城内的多处老屋都经历过更新整治，更有不少外界人士花重金收购，以各类个性风格改造古城建筑，甚至千篇一律地重复着其他古城或城市的建筑风格，中国传统修复古建筑的方法越来越受到现代生活方式的挑战。古老的独克宗，在文化消费出现西方化、趋同性、现代性的情景中，在"真实性"与创造性之间获取共通，使文化特色成为古城发展的活力之源，是古城文化空间保护的关键。

在文化空间保护的概念中，对保护对象的价值是首要任务，可以从古城的核心象征、核心文化、符号标识、集体记忆和历史记忆以及文化主体等要素中识别，也可以从文化类型、空间尺度、文化影响力及文化载体等方面入手，鉴别独克宗古城作为历史文化古城的文化地位和价值所在，由此，判断该古城建筑风格、社交环境、文化场域以及生态产业的整体格局。独克宗古城成为文化空间的条件有：第一，存在特定群体；第二，存在周期性文化特性活动；第三，存在在特定场所或地点进行的活动；第四，形成了特定的制度或习俗。在此基础上，保护古城传统人文环境是未来发展的基本思路，历史传统与现代风格协调，是古城发展的核心。作为个体，古城中的人文氛围本身就有多种价值，如文化价值、社会价值、情感价值等。人文环境是集中体现历史文化遗产的地方，古城的魅力在于其与众不同的人文环境特色，这是一座古城的内涵、文脉和外在表现明显区别于其他古城的个性特征。独克宗古城作为文化空间有聚居于此地的群体共同认同的文化象征物，有凝聚此地的居民的文化观，有认识和交流的符号，有传承、表达和保护该古城文化空间的主体。

作为文化空间保护形态存在的独克宗古城，在规划建设上遵循文化空间保护的要求和原则。第一，完整性保护原则。在旧城改造与新城建设之间，应该以古城的文化空间价值要素的完整保护为核心标准。第二，真实性保护原则。古城文化空间中的文化形态和样式应该保有其真实、符合文化发展规律以及族群自然选择的主动性。第三，生态性保护原则。古城文化空间的存在与地理、社会、自然关联，兼具自然生态性和文化生态性。在就地取材与外来输入之间发掘一种内生性文化生长模式。第四，生活性保护原则。古城文化空间是动态的、活态的文化，古城保护进程中如果割断文化遗产的整体性、系统性和综合性，独立的文化遗产也将沦为"文化孤岛"。越是历史悠久的城市，其文化积淀越是深厚，生命体系越是完整。文化名城的延续离不开它生存的历史文化传统和历史环境氛围，一个拥有完整历史风貌的城市，才是一个伟大的城市，才是一个真正意义上的历史文化名城。

综上，独克宗古城独有的"三区"交融文化，无论是艺术表现，还是语言传述，都具有价值特色。规划从特征文化入手，建立核心文化圈，再考虑协调其与其他文化的关系。独克宗古城的历史文化保护在完整性、真实性、生态性及生活性方面的完善，远比单纯的建筑修复、单一的文化呈现、单向的产业发展以及单个的主体保护重要得多。利用文化生产与再生产对古城文化空间进行保护，最终将流动的、多样的、分散的历史文化古城内涵与外延价值沉淀于空间内，发现原生文化与新进文明的交会点，解决历史文化古城保护与发展的问题，打造古城自身传统更新与现代化发展接轨的格局，在时代发展的进程中，焕发勃勃生机。[①]

8.4 精神文化培育与生态建设

8.4.1 秉承城市人文关怀

满足人的生活需要，赋予人们以愉悦的感受和有催人奋进的激励作用是文化建设"以人为本"的直接体现。城市文化建设要给人归属感、安全感、成就感和幸福感。人在心情愉快时，工作效率是最高的。如果想要让经济、政治、生态建设效率更高、成果更好，首先应该考虑的就是文化建设。"幸福城市"是每个角落都为人着想、文化建设比较成熟的城市。要让所有城市都朝着"幸福城市"的目标前进。加强文化设施建设，加强学校、图书馆、艺术馆、影剧院、科技馆、体育馆和会展中心等文化载体建设，举办有特色的文化活动，推广"百家讲坛""读书会"等系列文化教育宣传活动是文化建设的基本途径。

群众是文化建设的主体，这里的"群众"既包括城市常住人口，也包括暂时居住在城市或有流动性的农民工及其子女、农村出身的大学生、"蚁族"、知识分子等人群。城市建设主体既不是城市的政府部门，也不是少数的文学家、艺术家、建筑师、教育家等。政府部门只能是文化建设的主导者和文化潮流的引领者。广大人民群众才是真正的文化建设的实践者。人民群众有草根文化、大众文化，精英阶层有精英文化。随着文化全球化的兴起，文化呈现多元化，文化取

---

① 程波，李禹潞. 文化空间视阈下人文历史古城的保护与发展研究：以香格里拉独克宗古城为例[J]. 西华师范大学学报（哲学社会科学版），2019（1）：115-120.

向、文化选择多样化。此时，坚持社会主义核心价值体系建设可以起到引领城市文化建设方向的作用。

社会主义核心价值体系可以塑造城市之魂，"引领社会思潮、凝聚社会共识"。在人民群众达成思想共识的情况下，文化建设实践才能更加高效并不偏离主方向。城市文化建设要注意"根基要稳，枝叶要盛"。当地文化建设不仅不能丢，还应该丰富发展，同时对外来文化的精华要借鉴吸收。

8.4.2　健全城市文化设施与教育体系

管理和经营城市并非易事，尤其是文化管理这方面，可变性、灵活性和不易操作性让城市文化建设管理困难重重。突破城市文化建设管理困境，让城市焕发活力的根本在于人类生存的基本条件，如物质提供、精神尊重等得到保障[①]。根据马斯洛的需求层次理论，我们要让城市文化建设朝着人要求"自我实现"的方向发展。量力而行、因地制宜地修建科技馆、展览馆、体育场馆、会议服务中心、博物馆、图书馆及其他文化娱乐设施。净化网络信息，规范媒体的信息发布，教育广大市民，使之养成理性思考的习惯，使之树立科学的价值观，使之拥有昂扬向上的精神风貌。

8.4.3　统筹城市文化生态管理体制建设

文化建设是"五位一体"政策的重要组成部分，与经济、社会建设是共存共荣的关系。应站在国家的高度制定城市文化管理制度，采用长远的战略眼光，形成广阔的文化视界。还应继续完善城市文化管理制度体系，制定明确的城市文化建设目标及可持续的文化建设体系规划，继续健全城市文化建设的监管体制，加强监管工作，充分体现政府应有的职能和作用。

通过政府主导，逐步建立健全公共文化投入的稳定增长机制。我国城市建设管理发展战略是"科学发展、理性建设、建管并重、重在管理"[②]。城市文化建设资金的筹措，可以依靠该城市的经济增长，也可以通过走市场化道路、发行市政债券进行融资，还可以号召社会慈善机构进行捐建。如文化场馆可以分为两类：一类是公益性的，如博物馆、图书馆、展览馆，可以财政拨款创办，其经营运转由政府负责，向公众免费开放。另一类是经营性的，如大剧院、体育中心、青少年活动中心，可以面向市场，发起招标，让政府和企业合作创办，商业化运营；

① 孙俊. 城市步行空间人性化设计研究[D]. 上海：同济大学，2007.
② 李勇. 中国城市建设管理发展研究[D]. 长春：东北师范大学，2007.

或者由政府发行债券向广大市民集资创建，最终收益返还给市民；或者由政府号召，让社会慈善组织或个人捐资捐物，使之得以建成。

8.4.4 实证研究

良好的文化生态环境，有赖于精神文化的建设，以全国文明城市云南昆明为代表案例。城市文明建设是一项系统工程；在法治环境方面，昆明市构建市域社会治理"三大体系"，实施"党建引领、街道吹哨、部门报到"新举措，"五个一批"和100个城乡社区治理创新试点工程扎实推进。建成公共法律服务中心1814个，实现四级公共法律服务实体平台全覆盖。在生态环境方面，全市空气质量优良率长期保持在97%以上，森林覆盖率达到51.4%。深入实施滇池保护治理三年攻坚行动，2019年滇池水质由2014年的劣Ⅴ类提升为Ⅳ类，昆明入选国家城市黑臭水体治理示范城市，以总评分第一名的成绩荣获联合国人居署国际花园城市金奖。

在生活环境方面，昆明市建立城市网格化管理全覆盖五级平台，做到了全方位监管、全天候调度、全过程考核、全链条责任。推进生活垃圾、生活污水治理和"厕所革命"，开展62条城市道路整治，新增城市绿地743hm²，建设2000余个景观亮化设施，完成老旧小区改造463万m²。在社会环境方面，昆明市纵深推进扫黑除恶专项斗争，禁毒工作实现盘龙区、官渡区"摘帽"，"两抢"警情逐年下降，不文明养犬行为减少78%。与2018年相比，2019年昆明社会治安安全感指数排名上升24名，交通安全感指数从倒数第四跃居全国第一。

在人文环境方面，昆明市开展第四批国家公共文化服务体系示范区创建工作，文化及相关产业营业收入增长12.4%，成功举办上合昆明马拉松、滇池国际龙舟争霸赛等重大体育赛事活动。连续三年入选国家最具竞争力会展城市，被评为全国十大最具文化影响力城市，成为全国第一家创建为"民族团结进步示范市"的省会城市。特别是在未成年人成长环境方面，昆明市围绕"扣好人生第一粒扣子"主题，开展德育主题活动3000余场。建成市级、区级未成年人心理健康辅导中心10个、青少年校外教育活动中心13个、乡村学校少年宫100所。构建"2+11"教育现代化制度体系，新增优质学位7万多个。通过各方面的共同努力，2020年昆明市入选第六届全国文明城市，其城市形象和综合竞争力极大提升（图8-1、图8-2）。

图8-1　昆明城市环境治理　　　　　　　　图8-2　昆明市开展志愿服务活动
来源：昆明文明网官方网站

8.5 现代主题文化的提炼与产业化发展

城市文化是一个城市建设水平的综合反映，可以折射出一个城市的民俗风情、文化品位，直接或间接地推动城市发展，随着时代发展与产业拓展，城市文化也有现代化发展的需求。

8.5.1 城市特色主题文化的提炼

2022年，习近平总书记在党的二十大报告中指出"中国式现代化是物质文明和精神文明相协调的现代化"，多次提出要"大力发展社会主义先进文化"，以深圳的文化发展为例。深圳是一座创造了世界奇迹的城市，是中国特色社会主义制度的集中体现，地区生产总值从1980年的2.7亿元增至2020年的2.77万亿元，经济总量位居亚洲城市第五；财政收入从不足1亿元增加到9789亿元，实现了由一座落后的边陲小镇，发展到具有全球影响力的国际化大都市的历史性跨越。2020年，深圳文化及相关产业增加值超过2200亿元，形成了开放多元、兼容并蓄、创新创意、现代时尚的城市文化特质。2019年，《中共中央国务院关于支持深圳建设中国特色社会主义先行示范区的意见》指出，深圳经济特区已成为一座充满魅力、动力、活力、创新力的国际化创新型城市。

根据深圳文化的现状特征以及深圳城市文化建设的任务，深圳城市主题文化应当是体现中国特色社会主义制度优越性的社会主义先进文化；同时，还要传承作为深港文化发展之源的岭南地域文化，特别是广府民系的优秀传统文化，以及作为国际交流前沿城市，在汲取中外优秀现代文化，并进行本土化融合的基础上，形成的当代新兴城市文化。三者相辅相成，共同构成深圳特区文化定位的主要内容。依据上述文化定位，深圳文化发展应该注意：①努力平衡现代性与传统性，确保两者都得到重视，既要继承优秀的广府民系历史文化，又要将时尚活力和引领潮流注入其中；②要在全球化的世界里保持地方性和独特性，特别是注重港澳优秀文化的融合性吸收与中国特色社会主义先进文化的创新性发展。③完善文化基础设施和文化活动、营造当地居民广泛参与的良好制度与氛围。

8.5.2 优势主题文化的产业发展

在打造城市品牌与城市文化产业链建设方面，以美国洛杉矶为代表案例。坐落在美国西海岸加利福尼亚州南部的洛杉矶，在整个20世纪，经历了惊人的发展，不仅成为一个国际性大都市，也成为后现代城市发展的典型。它的人口密度低，城市分散扩展，缺少传统意义上的中心城市，呈现多中心的城市空间结构。除拥有先进的高科技产业和金融服务业外，洛杉矶还是美国的文化娱乐中心之一，文化产业非常发达。洛杉矶与全美最著名的好莱坞电影产地、世界上第一座迪士尼主题公园所在地、两次夏季奥运会举办地等地标性建筑或事件联系在一起，成为一座举世闻名的"电影城"和"旅游城"。洛杉矶无论是在城市发展还是文化产业发展方面，都具有典型性。战后，它的城市发展过程伴随着文化产业发展的印迹，两者相互映衬。

纵观洛杉矶的历史，它是引领世界潮流、具有主题文化核心竞争力的城市。在21世纪的今天，它完全具备世界城市抗衡能力和超越力量。其城市主题文化的裂变产生的经济价值难以估量，正是有了这些对电影产业文化的深层次开发和延伸，才有了今天好莱坞电影之都的繁荣。众多相关产业链条的出现，大量与电影相关的硬件设施的建造，成就了今天好莱坞电影产业的最大特色，也成就了洛杉矶城市主题文化的辉煌（图8-3）。

好莱坞的发展史就是美国电影的发展史，从好莱坞产出第一部电影开始，就不只是电影的成功，比电影更重要的城市生命在孕育、形成，那就是好莱坞的城市主题文化。"艺术梦幻"城市主题文化活动系统包括每年的奥斯卡电影大奖和电影学院大奖及其他各种电影颁奖活动；其城市主题文化视觉系统是举世瞩目的星光大道和明星蜡像馆；城市主题文化新闻系统是好莱坞的影视杂志、明星报刊、电视广播专题节目；城市主题文化系统是电影剧本产业、明星传记产业、电影发行业、音像出版业；城市主题文化旅游系统是环球影城、主题大酒店及主题商场；城市主题文化品牌企业系统是上百家的电影拍摄公司、制景公司、特技公司、化装公司、电影服装公司；城市主题文化教育系统是各种演艺培训中心、各种影视大学；城市主题文化金融系统是以电影为投资对象的专业银行、风险投资公司、

图8-3　洛杉矶电影主题文化产业
来源：视觉中国

电影设备租赁公司、信托投资公司及电影创业板市场；城市主题文化规划系统是电影企业生产区规划、电影外景区规划、城市休闲区规划；城市主题文化政府职能系统是提供城市主题信号、城市主题市场、城市主题品牌、国际市场大环境。

通过电影这个主题，洛杉矶把城市的经济、文化、旅游、教育、新闻、企业、金融与城市规划有机地串连在一起，形成了一个完善的城市主题文化产业链。城市以将电影为主题的资源做了最合理的配置、最优的利用和最大限度的开发，把主题文化做大做强，形成系统的文化产业，是好莱坞电影纵横世界、经久不衰的原因。[①]

① 郭佳. 电影之都洛杉矶[N]. 中国文化报, 2008-02-19 (007).

9

特色文化城市中的
新技术应用与开发

随着计算机技术的进步和城市规划理论、方法与实践的发展，面向文化城市规划建设的新技术研究与应用已经成为城市规划研究与实践的热点。信息化赋能已成为国土空间规划领域的研究热点与实践突破口，新技术的集成应用和创新是智慧国土空间规划重要的驱动力。引导文化城市规划建设向更科学合理的方向发展，实现文化城市规划建设的信息化发展目标，需要引入一些新技术和手段，这也是现今城市化程度不断加深、经济迅速发展的必然要求。

本章将系统梳理与文化城市相关的新技术数据支撑、技术工具与技术方法，通过整合数字技术、信息技术与空间技术形成支撑文化城市建设全周期全维度的关键技术体系。该体系包含了信息底座构建、文化要素识别、区域特征判断、空间增强设计、规划实施评估5个相互衔接传导的技术层次，贯穿文化城市建设的各个重要环节。

9.1 新技术助力文化城市量化研究

9.1.1 文化城市建设科技发展

城市建设日益需要在低碳、智慧、绿色等可持续发展方面得到全面提升。面对这一转型，规划的内涵、价值、类型、形式、市场和技术手段都在发生深刻的转变，这必然要求在传统的空间统筹中加入多学科的科学技术方法，为城市规划的制定与决策提供更加科学、客观的支持，规划行业迫切需要创新，探索存量时代规划服务于社会的新模式。与此同时，以互联网浪潮和工业智能化等为标志的第四次工业革命正以一系列新技术改变和影响着我们生活的城市，信息与通信技术的飞速发展，移动互联网时代、物联网时代的接踵而至，大数据与云计算、人工智能等技术的迅速迭代，网络数据、智能卡、手机信令等反映微观大样本量居民活动和城市各环节运营大数据的出现，为城市规划建设的创新发展提供了新的手段和方法，大大拓展了规划建设应用的广度和深度。

文化城市规划建设从业者及研究者不断将新技术、新方法、新数据引入规划建设实践和文化城市科学研究。一些学者通过各类时空大数据的挖掘和分析，识别文化城市特色景观、文化城市各类设施建设，诊断文化城市各类空间发展面临的问题，评估文化活动的空间聚集状态，测度不同功能空间之间的要素流动与联系；利用人工智能、机器学习等文化城市计算技术方法，对文化城市空间结构、城市增长、土地利用变化、交通网络、景观生态进行动态仿真模拟和评估，为规划建设辅助决策提供支撑；基于大数据在文化城市及其区域空间进行模拟分析、空间动态监测与评估、空间规划建设管理；借助于WebGIS信息系统及可视化技术，实现文化城市要素的集成、分析与管理；在建筑信息模型（BIM）基础上发展起来的城市信息模型（CIM），为实现文化与数字孪生城市打下了基础。

这些新技术的应用，无疑为文化城市规划建设的持续发展提供了工具，为城市文化创新发展提供了动力。下面分别从相关机构、主要分析工具、主要数据来源、常用方法、应用领域进行总结，以期为后续的持续发展提供借鉴。

9.1.2 文化城市规划建设新数据来源

从应用的数据类型上看，目前的研究涵盖了丰富的数据种类，并呈现不断扩展的趋势，遥感测绘数据、物联网数据、互联网数据与规划建设中的大数据都被广泛涉及（表9-1）。

物联网大数据。包括交通传感及生活设施数据。在交通传感方面，可利用相应管理局及企业或者地图APP数据。早在2004年，浮动车数据就得到了应用，随后公交IC卡数据、出租车计价器数据、ETC数据、公交车GPS数据、手机信令数据、停车数据和网约车数据等在交通规划研究领域纷纷得到应用，公交刷卡数据可以用检测人们的公交出行OD、导航APP传回的GPS数据经处理后可以了解道路的实时路网信息、通过抓取地图数据获取道路拥挤情况，进而用这些数据进行交通可达性分析。在做全覆盖长时段的交通出行统计时，预测居民的出行线路、交通选择以及有关道路的通行情况等，为优化交通规划提供有效信息；也可通过交通班次信息对城市关联程度、城镇群形态进行描述。在生活设施数据方面可通过通信定位数据收集人群行为活动以利于设施选址与评价分析，或者可以通过用电、用水、燃气相关数据，反映人口和产业信息等。

互联网资源。包括政府公开数据、企业开发数据以及公众参与数据。政府公开数据可通过相应政府网站及规划网站获取，用以评估规划建设实施状况或优化规划方案；企业开发数据可用以识别用地功能、建筑总量、开发强度以及描绘建成区形态等；公众参与数据主要通过社交平台的定位、评论功能，例如利用评论功能给某个空间质量评价打分，或者通过不同时段的定位判别用地性质等。由此可见，互联网数据可开发和创新的空间较大，扩展数据的广度有利于文化城市规划建设数据多样性发展。

规划新技术主要的数据来源　　　　　　　　　　　　　表9-1

类型	数据案例	常见应用
调查统计	统计数据	传统数据查询和专题图制作，基于WebGIS的城镇体系分析
	现场调研	城市用地、道路、设施等信息采集，现场照片和多媒体信息采集，空间信息定位、定向和专题图制作
遥感测绘数据	影像遥感	可用以识别自然和人工空间要素，分析城市用地边界扩张问题，或者利用灯光遥感判别城镇化程度等；就地图测绘而言，可用以对城市地质、水文、地形进行汇总
	灯光遥感	
	地图测绘	
物联网大数据	公交（地铁）刷卡	城市功能区识别、职住关系与通勤分析
	共享单车数据	
	出租车GPS数据	交通量预测与路网容量、交通热区探测、城市功能区识别
	手机信令数据、移动互联网LBS数据	城市空间结构特征、节日客流分析与预警、城市建成环境评价、就业中心体系识别
	基站数据	
用户生成数据UGC	微博数据（文本、图片、签到、转发、位置等）	城市功能空间组织、公共参与、应急管理
	Fliker照片	城市地标识别、城市意象解读
	两步路、六只脚轨迹数据	用户行为分析，判别道路使用状况，进行用户路径规划
	用户评论数据如大众点评等	对餐饮业、酒店、景区等进行运营评价
	游记分享网站	游客热门旅游线路规划
互联网平台数据	利用新媒体技术采集	规划公众参与
	电子商务数据	城市体系格局测度
	互联网地图兴趣点（POI）数据	城市功能区特征识别、生活便利度评价、城市建成边界识别、餐饮业空间格局分析等
	街景数据	街道空间品质评价
	房价数据	城市空间要素特征、地价模拟
	百度/腾讯热力图	职住关系分析、城市空间结构分析、多中心体系分析、城市交通等时圈
	百度指数	城市网络体系分析
	百度/腾讯迁徙数据	城市间人口流动格局

9.1.3 文化城市规划建设新技术工具

文化城市规划建设新技术的应用涉及许多技术工具的应用，从规划建设数据的获取、存储到数据管理、数据分析与可视化等分别涉及不同的工具，总结如下（表9-2）。

文化城市规划建设领域新技术工具   表9-2

用途	工具名称	工具特性	掌握难度
数据获取	火车头采集器	实现互联网数据自动化	适中
	八爪鱼采集器		适中
	Flume	可用的、可靠的、分布式的海量日志采集、聚合和传输系统	较难
数据存储与数据管理	Hadoop	用于在计算机集群上分布式存储大型数据库	较难
	Hive		较难
	Hbase	高可靠、高性能列式存储的NoSQL数据库	较难
	Redis	高效内存数据库	较难
	Neo4j	图数据库	较难
	MySQL	关系式数据库管理，实现空间数据管理与分析	适中
	PostgreSQL		适中
数据处理	Hadoop MR	基于Hadoop MR的分布式计算框架	较难
	Spark		较难
	KAFKA	实时流数据传输的数据总线	较难
	Storm/SparkStreaming	实现流计算的计算框架	较难
数据分析	ARCGIS	空间数据管理、空间分析、空间可视化软件	简单
	QGIS	开源GIS软件，有丰富的功能插件	适中
	SPSS	社会统计学常用软件，可以进行回归等量化分析	简单
	Ucinet	社会网络分析常用工具，可以用于计算中心度、网络可视化	简单
	gephi		简单
数据可视化	Geohey	商业地理空间数据可视化工具	简单
	Echarts	提供直观、生动、可交互、可高度个性化定制的数据可视化图表	适中
	Tableau	商业智能数据可视化工具，可用于创建多种类型的图标	简单
编程语言	Java	编程语言，基于Hadoop MR计算框架编写数据处理	难
	Scala	编程语言，基于Spark计算框架编写数据处理	难
	Python	编程语言，基于Spark计算框架编写数据处理	难
	R	统计计算语言，是一套数据处理、计算和制图软件系统	较难

注：掌握难度以传统规划从业人员为衡量标准。

9.1.4 文化城市规划建设新技术方法

随着以海量化、多源化和高精度数据为表征的大数据时代到来，城市规划需要逐渐从以"经济活动和建设用地"为核心的物质空间规划转向以"个体日常行为活动"为核心的社会空间规划。动态规划及公众参与的要求使城乡规划不得不走向可视化、规范化，互联网、GIS以及VR的发展，更使得城乡规划技术方法多元化发展，借助CA建模、数据挖掘、知识图谱、决策支持系统、云计算等技术，通过数字建模、机器学习等方法对城市居民时空行为特征、城市空间结构的动态变化进行分析和模拟预测，帮助规划师定量地分析和解决城市问题，逐步向地理决策支持专家系统发展，为城市空间结构优化提供技术支撑。以下分别介绍规划新技术涉及的主要方法（表9–3）。

规划新技术涉及的主要方法 表9–3

分析方法	具体应用
复杂网络分析	中心性分析
	网络可视化
GIS技术	OD和出行分析
	三维地理信息软件（Skyline）
	WebGIS
RS技术	遥感监测
预测模拟技术	元胞自动机
	多智能体
人工智能	词频统计与可视化 基于机器学习的人口职住地分析 基于知识图谱的城市主体图模型
	基于机器学习的城市交通路网模拟生成
	基于深度学习的街景图像识别
	自然语言处理技术（natural language processing，简称NLP）
大数据与云计算	分布式数据库
	分布式计算
VR	虚拟地理信息系统
城市信息模型	三维激光扫描
	数字孪生城市

复杂网络作为一种社会学研究的工具被广泛应用于各学科领域，道路交通网络作为一种典型的复杂网络，研究其中心性有助于了解城市经济活动空间分布特征，同时还能辅助决策城市空间发展的功能布局。典型的复杂网络包括小世界网络（Small World Network）和无尺度网络（Free-Scale Network）。小世界网络的节点往往通过几步便可相连，具有较高的连通性和成组成团特征；无尺度网络中少数节点与其他节点具有大量连接，但大部分节点和其他节点仅有较少连接，具有高度依赖某些枢纽节点的特征。近年来，城市地理、城市规划以及经济地理相关领域的学者们积极开展道路网络中心性与城市社会经济活动空间分布以及道路网络中心性与土地利用强度方面的研究，并取得了丰富的成果，包括从点度中心性和中介中心性两方面测度并确定交通要点，基于道路网络中心性对轨道交通应急救援站的选址进行研究，探讨道路网络中心性与第三产业、商业网点的关系，以及在医院可达性评价中的应用。结合遥感监测、卫星定位等技术对文化城市规划建设情况进行实行动态监测、实时发布与公众监督，重点加强对生态控制线、水源保护地、城市开发边界等的监控，提升文化城市规划"一张蓝图"综合动态管控能力。目前，三维激光扫描、空地一体化扫描技术已经非常成熟，运用这些新技术、新方法可为提高文化城市品质提供很好的技术支持。可在历史建筑数字化保护工作中进行应用，开展特色空间研究和城市设计，构建生态、具象化、有趣的规划模拟场景，是提高文化城市品质的重要核心。而开展特色空间研究和文化城市设计虚拟仿真建模工作，是这一场景最直观的体现。

通过WebGIS等平台尽量降低规划建设分析的数据转换和软件操作门槛，从而实现整个文化城市规划建设过程中新技术的无障碍支撑和渗透。规划建设基础数据的查询、空间分析和建模、2D和3D可视化等均在WebGIS端实现，使规划师可以直接通过网页端应用查询、分析和可视化、成果管理等功能，同时可以通过开放接口等方式实现与社交媒体技术结合，从而实现一定程度的公众参与式规划评价，为传统城市规划编制提供更便捷有力的支撑。

机器学习是能够通过设计和分析使计算机拥有自主"学习"的算法的总称，是以概率统计理论为基础的。通过机器学习不仅能够对现有的城市文化空间进行有力的分析，还有助于推测及演算现有城市文化空间的规律。深度学习是机器学习的分部，是对生物神经网络的基本特征进行抽象和建模，能够从四周环境中学习，并以与生物相似的交互作用适应环境，其依托图像识别技术的进步，为学习空间与模拟空间的研究提供了新的可能。现阶段，计算机运算能力的大幅提升，人工智能技术的极速发展及革新，如机器学习、深度学习的产生，使计算机更加智能化。而这些新技术的产生，使设计手段更加创新，不仅能够辅助获得更品质良好的城市设计，同时还能够提高设计效率。

　　元胞自动机（Cellular Automata，简称CA）具有强大的空间运算能力，可以有效地模拟复杂的动态系统，已经被广泛应用于土地利用变化、城市扩展模拟等领域。杨俊等设计了一个局部土地利用竞争的CA模型，并用于模拟大连市经济技术开发区1998—2009年的土地利用变化。冯永玖等利用KPCA-CA模型，模拟和重建了快速城市化区域上海市嘉定区1989—2006年的城市演化过程，预测了研究区2010年的城市空间格局。龙瀛等考虑城市发展的综合因素，提出了一种约束性CA模型识别城市增长边界的方法，客观全面地分析了多个城市发展政策下城市增长的时空动态变化过程，进而实现了对城市形态的分析。多智能体模型采用自下而上的建模思想，该模型的关键组成单元是系统中所涉及的对象，智能体的特征属性和行为规则的确定是依据其在系统中所扮演的角色，进而构建动态变化的模拟系统。通过智能体的建模方法，可以进行城市土地空间扩张复杂系统的分析与模拟，对考虑环境中智能体微观决策行为具有强大的空间自组织能力的优势。目前，多智能体理论已被广泛应用，如陶海燕等将智能体与GIS相结合，模拟出城市居住空间格局的演变过程；武田艳等基于多智能体系统理论构建了大型居住社区公共服务设施配置决策模型；肖洪等利用多智能体理论模型分析了长沙城市人口分布的演变过程；张鸿辉等将宏观智能体和微观智能体相互结合，构建了城市增长时空动态变化模拟多智能体模型，并通过联合决策共同推动了连云港的城市化进程。

　　云计算平台是指基于硬件资源和软件资源的服务，提供计算、网络和存储功能。云计算平台可以划分为三类：以数据存储为主的存储型云平台、以数据处理为主的计算型云平台以及计算和数据存储处理兼顾的综合云计算平台。通过大数据云计算平台，不仅实现了资源的按需分配，而且能够实现对基础设施的资源池化。利用大数据云计算平台来储存和分享城市数据，能够在很大程度上提升文化城市数据的利用率，并且可以最大化地体现出文化城市数据的价值，同时还可以保障文化城市数据的储存和应用安全。智慧城市需要大量的非结构数据信息，通过大数据云计算平台，能够对这些进行统一处理。在智慧城市中，大数据云平台可以运用大量数据，并结合城市的社会服务属性来提供信息分析、信息关系等方面的功能，进而可以为智慧城市提供更加全面的数据服务支持。

　　虚拟现实技术是指通过数据的运用和计算，借助计算机生成一个动态、互动的虚拟世界。人们通过感官体验和虚拟世界中的数据进行交互式操作，从而获得较为真实的模拟感觉。虚拟现实技术是数据发展的新型产物，其运用科学的方式，打破了传统文化城市规划建设中的限制和制约，让文化城市规划建设更为合理。工作人员可根据三维场景和数据，对文化城市规划建设提出确切可靠的发展建议。通过虚拟技术模拟设计方案场景，从而对规划方案的实际运行效果进行分析模拟，并发现其中存在的问题，便于相关人员根据在方案审批过程中发现的问题，结合实际考察情况展开规划建设，形成最终方案的三维模型，使建设方可以直接观看规划效果。

城市信息模型是指以建筑信息模型、地理信息系统、物联网等技术为基础，整合文化城市的地上地下、室内室外、现状未来多维的信息模型数据以及城市感知数据，构建起三维数字空间的文化城市信息有机综合体，并以此规划建造管理文化城市的过程和结果的总称。文化城市信息模型平台融合了三维的空间数据以及各种城市的建设信息，能够提供文化城市三维数据的可视化表达、专业的模型计算、管理审查等核心功能，为城市建设运营和管理提供各种智能服务。整体来说，城市信息模型技术方法仍然处于探索阶段，呈现以下两大趋势：第一个趋势就是城市信息模型和建筑信息模型的不断融合和打通。确切来说，BIM本身的发展，对于城市信息模型技术的迭代起到了非常关键的作用。结合工程项目改革审批的发展，建筑信息模型的精进对城市信息模型的发展极具推动作用。另一个发展趋势是物联网数据发展，也就是对文化城市今后运营中各个方面的感知，都推动了城市信息模型平台在文化城市管理与运营中发挥更大的作用。这两方面的发展结合，构成了今后城市信息模型整体的发展趋势。

从字面上看，"数字孪生"就是对我们世界万物的实体，不管是原子还是分子，进行数字化的复制。对于数字与文化孪生城市而言，它不仅是对实体城市的简单复制和映射，还需要我们基于数字空间，进行社会经济环境的重构与创新，这将孕育出与实体城市互动交织的新兴未来。因此，数字与文化孪生城市将基于真实的城市数据，不断进化出未来智能；将随着数字技术的演进日益强化，最终成为一个承载人类物质世界、社会活动和集体心智的无限场域。

9.1.5 特色文化城市建设技术研发与规划应用

基于上述分析，发现文化城市建设的关键在于如何构建一套能够整体性分析、测度、评估城市在文化发展领域的技术方法体系，并根据该技术体系在不同空间维度、不同目标群体、不同实施内容中的实际发现和具体结论，同步完善文化城市的研究理论内涵和实践路径。

在研究过程中探索性构建了囊括"宏观—中观—微观"尺度，以文化资源与吸引力、文化空间与设施、文化活动与活力、文化产业与政策为重点因子的文化城市关联性技术模型。针对每个层次中最具代表性和应用潜力的技术方向，搭建了基于资源要素信息化的文化城市智慧应用集成平台，并研发了6项核心关键技术模块——在文化资源与吸引力方面，构建了基于海量文本解读的文化语义挖掘技术、针对文化城市行为空间的动态人流时空大数据分析模型。在文化空间与设施方面，研发了针对文化生态地域系统的文化生态保护与文化景观识别技术、针对文化城市与文化地域关系的区域网络引力测度模型、基于交互式设计理念的文化空间场景协同平台。在文化活动与活力、文化产业与政策方面，构建了文化城市活力动态监测平台与文化舆情监控平台（表9-4）。

在规划与实践过程中，率先在全国13个不同城市和地区开展了试验性与示范性应用，规划实践成果涵盖"区域—城市—片区—场地"等多种空间尺度，支撑完成"总规—详规—设计"等多种任务类型，获得了地方政府、业内专家和社会群众的广泛认可，实现了文化城市关键指标体系的构建和动态测度，形成了重要的基础数字技术支撑。

新技术支持的文化城市研究与规划应用框架　　　　表9-4

类型/尺度	区域/城市	街区/村镇/地段	街道/园区/节点
文化资源与吸引力	世界文化遗产数量，全国重点文物保护单位，国家历史文化名城、名镇、中国传统村落数量，国家非物质文化遗产数量、文化生态保护数量，旅游景区数量、参观人数、旅游收入		
文化空间与设施	用地面积、建设强度、生态面积、适宜开发土地规模、城市形态类型、文化功能总量及比例、公共服务覆盖率与服务水平、职住平衡水平、产业结构	用地性质、各种功能密度、功能多样性、主导功能、各种公共服务设施可达性、生活相关功能密度。文化功能空间尺度、建筑密度、容积率、开放空间类型、可达性、建筑分布规律、开发年代、是否适宜开发	文化服务设施可达性、生活相关功能密度、步行指数、绿地率。街道长度、直线率、建筑贴现率、界面密度、橱窗比、宽高比、可达性、铺装、建筑色彩、建筑分布特征
文化活动与活力	文化活动比例、平均心情、整体意向、整体活力、幸福感	不同时段的活动密度、微博密度、点评密度、签到密度、与之产生联系的地块、人口密度、热点时段。文化活动分布特征、内部联系特征	平均消费价格、好评率、设计品质、风貌特色、活力、意向
文化产业与政策	文化产业从业人口、就业密度、文化市场规模、创新与科技成果数量、科学研究与试验发展（research and development，简称R&D）投入强度、文化事业占财政支出比重		

9.2 基础信息平台

9.2.1 数字孪生城市信息模型

文化数据是文化数字经济的核心，以文化大数据为基础的文化生产新体系的构建，将助力文化生产与文化消费的体系化升级，引领文化产业新增长。2020年7月，国家发改委等13个部门联合印发《关于支持新业态新模式健康发展　激活消费市场带动扩大就业的意见》，推动15种数字经济新业态发展，进一步为新兴文化产业的培育提供土壤。

围绕国家数字经济发展、新基建融合基础设施建设，聚焦"文化产业数字化战略，加快发展新型文化企业、文化业态、文化消费模式"核心领域，共同打造以数据智能为驱动，以文旅场景为特征的新经济增长模式。融合数据要素汇集及统一管理；面向文化产业的数据智能服务支撑体系；政府和文化企业数字化基建及数据驱动的文化数字化转型赋能；数据与场景深度融合，数字化场景重构，形成场景数据闭环和全链条数据驱动，打造新一代文化产业的创新创意和高质量发展模式。

数字孪生城市信息模型的含义比较宽泛，但其核心内涵是指将城市的各个范畴通过数字世界完整地进行反映，并基于特定算法使这些范畴相互融合、相互影响，形成对客观城市世界中的空间、要素、行为活动的孪生化数字化构建。需要强调的是，数字孪生城市并非单纯地对城市进行记录和描述，而是借助历史数据、实时监测数据、算法模型对城市的表征和运作模式进行模拟、验证、预测，进而掌握城市的物理实体和社会组织的全生命周期过程，推动城市高质量发展。

传统的数字孪生城市更侧重于对城市地理空间信息和城市建设工程信息的整合，比如常见的基于GIS的各类国土空间信息管理平台。这类数字孪生城市的建设意义重大，但仍然存在数据丰度不够、服务应用层薄弱、数据孤岛现象普遍、动态监测敏感程度低、跨部门协作能力差等问题。特别是在文化城市建设领域，传统的数字孪生城市模型对城市的"社会化"属性关注严重不足，且获取城市人文类数据的渠道也十分有限。

因此，研究认为目前亟待在数字孪生城市的框架内，研发创制一批能够指导文化城市建设的新思路方法、新技术模块、新应用场景以及新服务业态，才能够实现数字孪生城市对城市物质内涵和精神内涵的整体把握。从这个点出发，研究构建了基于Blender开源平台的一系列技术搭载模块，主要包括动态人流密度统计、社会文化舆情热力统计、广域文化网络引力矩阵、用户自定义模型API接口、城市文化活力指标数据管理平台等。通过上述创新模块图，实现了涵盖城市人文世界、物理世界、数字数据世界的三维一体，为后续文化城市建设所需的专项数字孪生城市平台系统提供了基本雏形（图9-1）。

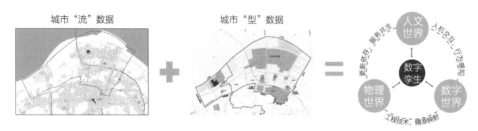

图9-1　完整的数字孪生城市概念与技术体系示意
来源：项目组绘制

依托该平台体系，团队已率先开展了部分基于文化时空大数据、文化消费大数据、文化语义和文化舆情大数据的建模分析与探索，并取得了以下应用实践反馈和技术成果。

9.2.2 文化城市智慧应用集成平台

"文化城市智慧应用集成平台"是针对我国文化城市建设标准体系构建和数据收集整理所形成的专项成果，也是响应国家加强数字基础设施建设的产出之一，是同时面向政府管理机构、城市规划专业人士和公众市民的线上产品。该集成平台旨在通过数据结构化采集、数据智能化计算、数据可视化展示三大模块构建对象城市的全文化要素信息库，是对多样庞杂的文化城市各类基础数据信息进行"收集—沉淀—处理—呈现—共享"的信息赋能型应用平台（图9-2）。

文化城市智慧应用集成平台已构建了文化资源数据库、名城保护档案馆、文化传承基因图谱、实施建设案例库4个主要板块。通过和牵头单位中国城市规划设计研究院的规划实践工作形成"产研联动"，已收录完成了包括大同、洛阳、宁波、承德、武汉等12个城市的相关基础信息，架设了包括历史文化名城、非物质文化遗产及其主要承载地区、国家级文化生态保护区和世界遗产在内的四大公共参与互动界面。文化城市智慧应用集成平台与中国城市规划设计研究院2017年上线的"中国传统村落数字博物馆"，共同形成了覆盖全国、跨越城乡的文化要素信息数字化底座，总共涉及3215个基础地理点位信息、60余万文字介绍、26万张高清图片、6千分钟音视频素材、16个城市实景模型，且收录信息仍在不断补充更新。

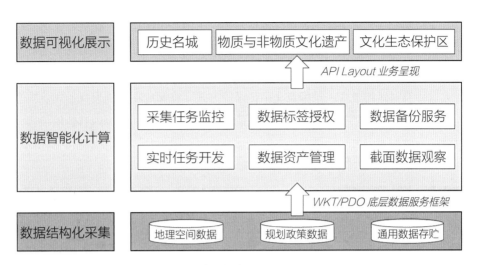

图9-2　文化城市智慧应用集成平台技术架构
来源：项目组绘制

　　以历史文化名城为例，数字档案馆设立了城市历史档案馆、城市文化基因库、以及相关规划3个子板块。其中，城市历史档案馆通过"时间轴+大事件"的方式动态呈现案例城市自建制以来的发展脉络；城市文化基因库收录了包括城市物质文化遗产、非物质文化遗产、文化景观、山水城格局等基础性要素在内的空间位置、特征表述和现场实景照片；规划板块则呈现了历史文化名城保护规划和城市总体规划中关于文化城市建设的技术图纸和规划方案。

　　在规划实践中，以怀化侗族苗族文化生态保护实验区总体规划[①]为例。怀化市地处武陵山片区，古为五溪地区，为侗族、苗族等多民族聚集地区。在长期的历史发展过程中，当地各族人民创造了丰富绚烂的民族传统文化，包括世代相传的非物质文化遗产，与当地自然环境，古村镇、古建筑相依相存，形成了较为完整的文化生态区域。

　　但是，由于缺乏保护管理经费与经验等问题，区域内非遗项目尚未得到全面普查建档。部分群众对非遗价值所知甚少，保护观念薄弱。非遗生产性保护开发和市场化开发度低，文化的原真性被仿造、伪造的恶意市场竞争行为破坏。如何处理好非物质文化遗产的保护、传承、利用关系成为亟须解决的核心问题。

　　在规划编制过程中，项目组所在团队首先引入了"文化城市智慧应用集成平台"对该文化生态保护实验区的文化要素进行扫描式梳理。特别是对保护实验区内非物质文化遗产项目及代表性传承人等相关信息，进行文字、照片、录

① 中国城市规划设计研究院. 怀化侗族苗族文化生态保护实验区总体规划[Z]. 2021. 项目负责人：周建明，陈杰.

音、录像、数字化多媒体等各类载体的真实、系统、全面记录，建立怀化市非物质文化遗产项目数字基因库，并收集相关资料立档保存，用于研究及线上展览（图9-3）。针对濒危非物质文化遗产项目和年老体弱的代表性传承人，应组织专业人员，及时运用录音、录像及文字记录等方式，将濒危项目的组成形式、核心内涵、传承规律和依存环境以及传承人的技艺展示、口述讲解等内容运用录音、录像、文字、图画等方式进行记录和整理分类。

图9-3　非遗项目与相关产业情况

9.3 辅助规划设计

9.3.1 基于海量文本解读的文化语义挖掘技术

　　文化语义是语言学的分支门类，广义的文化语义是指文化经过语言符号转化形成的社会投射。在文化城市研究中，可将大数据与语义分析用于无形的人文生态因子、技术信息因子、区域人群与外部文化、国家制度与政策等文化生态因子分析，对海量文本信息进行有效的语义分析，通过自然语言处理、信息检索、信息分类、信息过滤、语义挖掘对无形的文化生态因子进行科学的分析判断。采用大数据进行分析，可以避免个人意志带来的主观性、片面性和局限性，减少因缺少数据支撑而带来的偏差，降低决策风险。通过大数据挖掘和分析技术，可以有针对性地解决文化生态保护与社会治理难题，针对不同社会细分人群，提供精细化的服务和管理。

　　大数据分析的数据来源主要包括政府信息公开的文件，如政府年鉴、工作报告、统计公告等，此外，结合互联网实时数据，如通信大数据、地图大数据、文旅市场大数据、自媒体大数据、招聘大数据等，对非结构化长文本采用语义分析技术，增强数据的全面性、科学性。文本信息提取基于信息抽取技术，实现文本信息抽取，用于政府工作报告分析和统计。如对于经济类文档，提取其中数值及对应含义，存储以构建互联网经济数据库。后续可根据互联网经济数据库，针对产业活跃度、区域经济关联度、社会消费热点、社会通胀通缩预期等进行分析预判。

长期以来，我国的文化城市研究对文化语义的挖掘不够重视。研究基于自然语言分析技术创建了一套能够有效对城市文化语义进行挖掘和分析的算法技术。该技术通过词性标注、句法分析、文本聚类、信息抽取，语义挖掘等一系列统计分析工具，让计算机以近似于人类的思维方式在极短时间内解读海量文本，并可以根据使用者的需要从中抽取出带有统计意义的语言含义、语言模式以及群体用户的心理特征（图9-4）。

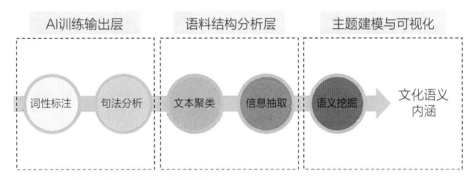

图9-4　文化语义内涵挖掘技术路线图
来源：项目组绘制

自然语言处理技术是超越传统大数据统计算法的一项重大技术突破，早期的实践应用集中在机器翻译、语言转录、社会舆情、国防安全等领域。不同于传统的语义统计学分析方法，NLP的技术核心在于可针对目标语料源的特征，预先对计算机进行"训练"（即所谓的机器学习），随着机器学习的层次不断拓展，其算法核心对海量语义的把握也随之更为精准清晰。相较于新闻、政策文件、热点评议等常规语料内容，城市文化类语料有着鲜明的特征，即隐喻性、多义性和地方性，特别是古代文史典籍类的语料素材，其所需的机器训练模型往往需要特别定制。项目团队借助汉语词法分析系统（ICTCLAS），针对性改良原有的NLP计算模块，使其适用于各类常见的文化典籍（城市史志、古典诗词等），通过"词向量""地理实体信息抽取""语义共现网络"等手段，获得了从海量文本中迅速解读文化语义内涵的智能分析工具。

文化语义挖掘技术的研发不仅极大程度地减少了人工查阅原始语料的时间成本，更从人工智能角度揭示了"文化—社会—空间环境"三者相互塑造过程中的语义学逻辑，从而辅助规划从业者和城市决策者快速识别出可能影响特定文化在城市建设过程中涉及的全部社会含义或物质要素，从而建构详实科学的决策基础（图9-5）。

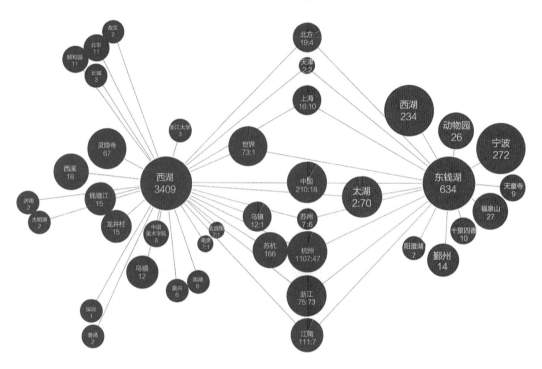

图9-5　文化语义内涵挖掘对西湖、东钱湖游客评议分析
来源：项目组绘制

在规划实践中，以浙东唐诗之路核心段天姥山规划设计为例[①]。天姥山位于浙江省绍兴市新昌县，是"浙东唐诗之路"精华地，享有"一座天姥山，半部全唐诗"的文化盛誉。诗仙李白三入剡中，在此写下《梦游天姥吟留别》的千古名篇。《全唐诗》中近450余位诗人自越入剡、寻访天姥，流传下1500余首吟诵不绝的精彩华章。

但随着城镇快速扩张和局部地区的环境退化，天姥山唐诗之路丰富的文化遗存正在逐渐衰败：作为陆上诗路的天姥古道破损严重，沿线古驿古铺踪迹难寻；作为水上诗路的剡溪已失去通航功能，部分河段硬质渠化，生态景观破坏

---

① 中国城市规划设计研究院. 浙东唐诗之路天姥山旅游区总体规划（2021—2035年）[Z]. 2021. 项目负责人：周建明，刘小妹.

严重。游客游览天姥山，除文字记录外，已无处领略诗意风景、无从感知唐诗之路。因此，如何将无形的诗歌文化转化为有形的文化场景，如何再现天姥山"诗意的风景"，如何实现天姥山唐诗文化的保护传承与活化利用，成为编制规划的重点和难点。

项目创新性地采用了文化语义挖掘技术，选取了48900首全唐诗以及1500首天姥山诗歌，从高频词意、诗歌色彩、诗人情绪3个维度进行语义挖掘分析，并将诗歌的文化意象进行空间耦合。通过文化语义共现、文化语义词向量分析等技术模块发现天姥山的"诗景"聚焦于"天姥""沃洲""剡溪"等关键词，并通过语义中的地理实体信息抽取，识别出"古道寻幽迹、乘舟入剡溪、登临天姥岑"这3条浙东唐诗之路上的时空线索（图9-6、图9-7）。将计算机识别出的地理坐标和其他史料进行印证整合，便形成了规划所在地域的"唐诗之路"时空线索，重塑天姥山的历史文化空间场景，实现了从抽象"历史文本"到具象"现实环境"的文化语义转化，对新昌县建设文化城市和打造浙东唐诗之路精华地提供了有力的空间证据和坚实的规划依据。

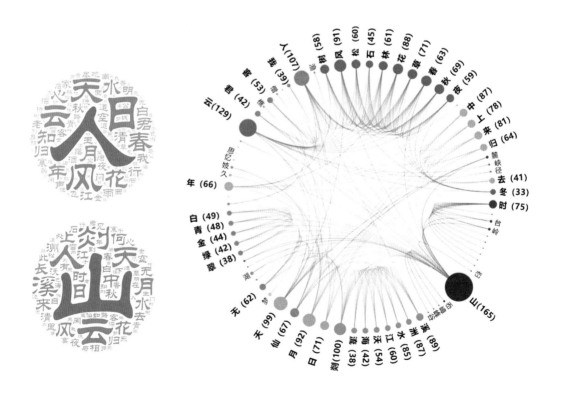

图9-6　全唐诗与天姥山唐诗高频单字（左）和天姥山唐诗语义共现网络（右）

来源：项目组绘制

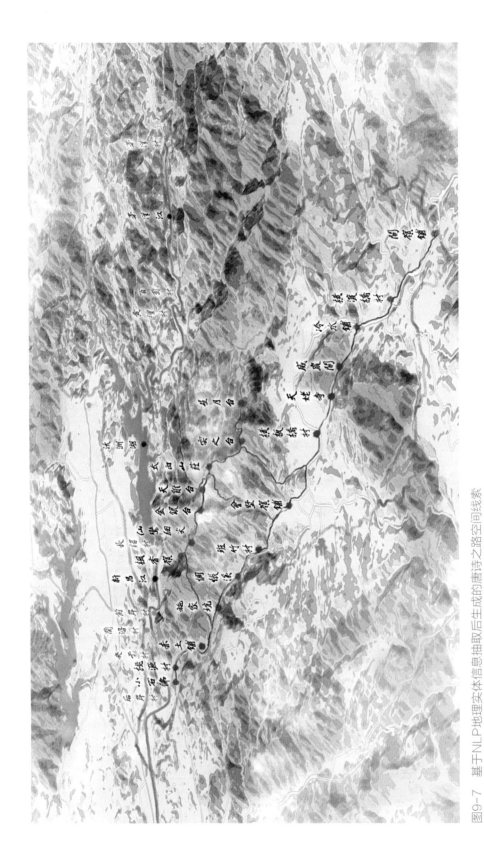

图9-7　基于NLP地理实体信息抽取后生成的唐诗之路空间线索

来源：项目组绘制

注：通过NLP识别出3条唐诗之路空间线索——古道寻幽迹（红）、乘舟入剡溪（蓝）、登临天姥岑（绿）

9.3.2 动态人流时空大数据分析技术

从"以人民为中心"或者说从人本主义出发，文化城市的规划建设都需要关注"人"在城市文化生活和社会文化实践中的行为模式，因为城市文化是人类生产生活活动在城市空间的投影。基于这种思路，"动态人流时空大数据分析"技术对人的空间行为分析具有重要意义。

该技术的特点是可以在不同区域尺度上，根据互联网开源的数据，如用户导航调用数据、用户消费订单数据等，对目标人群的文化活动特征和文化消费行为进行深度描绘，从而准确获得游客、旅客的"时空动线"，并进行坐标整理和空间叠合，形成包含游客行为模式、旅行时间、兴趣点在内的热线地图。该技术可供使用者对"时空动线"进行深度整理，根据原始数据的开放程度，可获知停留时长、兴趣点密度、随行评议等附加信息；也可将个体的"文化活动事件"转化为带有数值权重的坐标点，生成研究区域内的文化活动热力地图，进一步对不同文化景观节点、城市文化休闲设施的吸引力、可达性、利用率等开展定量化评估；探知城市文化活动和城市空间的耦合关系，帮助城市管理者和规划师发现城市活力集聚片区或城市文化设施的空间配给策略（图9-8）。

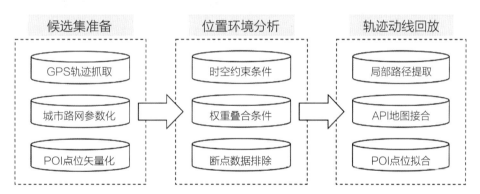

图9-8　城市文化活动轨迹描绘技术框架图
来源：项目组绘制

在规划研究中，以绍兴鉴湖概念规划与方案设计国际竞赛[①]为例。本团队应用此项技术抓取了672条绍兴市柯桥区和越城区的游客动线，并将整理过的动线与城市数字地图叠合，初步确定了研究片区内多个主要城市的文化空间节点，为后续的城市更新方案和地域文化传承与发展方式提供了详实充分的社会调研样

---

① 中国城市规划设计研究院. 绍兴鉴湖概念规划与方案设计国际竞赛[Z]. 2022. 项目负责人：周建明，苏航，刘小妹.

本。同时，项目通过二次整理用户"动线"所附带的停留时长、兴趣点密度、随行评议等矢量数据，将个体的"文化活动事件"抽象为带有数值权重的坐标点，再将坐标点位通过样方计数法在GIS上生成研究区域内的文化活动热力地图，从而有效探知城市文化活动（如观光停留、文化消费、观摩参观）和城市空间的耦合关系，帮助城市管理者和规划师发现城市活力集聚片区并制定城市文化设施的空间配给策略（图9-9、图9-10）。

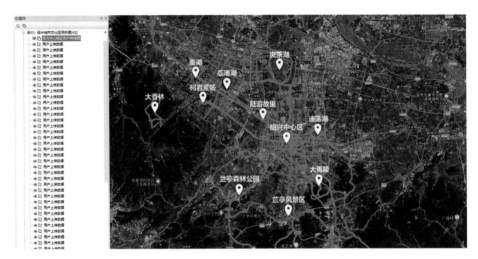

图9-9 城市文化活动热线图
来源：项目组绘制

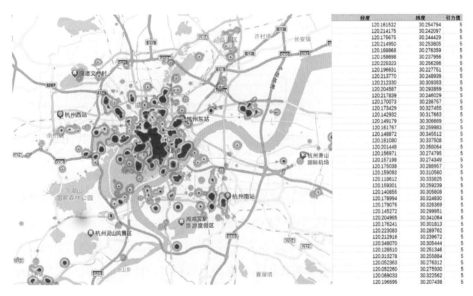

图9-10 城市文化引力区
来源：项目组绘制

目前，该项技术已经广泛应用于多种类型的文化城市和特色文化地域的社会文化专题研究中，如中国城市规划设计研究院文化与旅游规划研究所团队同期开展的"南北湖未来城系列规划设计（2020年）"[①]、"武陵山区（湘西）土家族苗族文化生态保护区建设规划（2021—2035年）"[②]、"怀化市侗族苗族文化生态保护区规划（2021年）"[③]、"菏泽市文化生态保护实验区总体规划（2014年）"[④]、"（云南省）昭通市"十四五"文化和旅游发展规划（2021年）"[⑤]等，帮助决策者和规划设计人员快速准确地识别出兼具宜居宜游特色的城市文化空间节点与文化特色路径，显示了该技术成果广泛的应用场景和实用潜力。

9.3.3 文化生态保护与文化景观识别

城市文化生态保护是对一个较完整的文化生态地域系统进行的保护，内含各类文化及其相互关系、文化与物质载体及其与自然环境的关系。当前，我国对文化生态保护建设与发展的研究主要集中于文化和旅游部推动的文化生态保护区且大多处于探索阶段，城市文化生态定量研究基本处于空白状态，并且对文化生态系统的健康性判定主要基于实地调查，效率低且科学性差。本书通过建立文化景观与文化生态之间的关联性，采取快速、动态变化的文化景观识别方法，科学掌握文化生态系统的特征与演化规律；进而，根据预设区域的各个文化生态因素综合识别出文化生态地域系统的敏感区、核心区和文化生态廊道，判别文化生态保护的空间特征和功能状态，以此提出有针对性的保护策略。城市文化景观的显性特征突出，通过城市文化景观与文化生态地域系统的关联性分析，可以较好地识别城市文化生态系统的特征、状态及其演变规律，从而为城市健康文化生态系统建设提出针对性策略。

（1）文化景观识别分析方法

文化景观特征及生态功能为划定不同文化功能区域的重要辅助依据。文化景观特征指根据不同的文化景观类型进行空间识别的方式。为科学辨识文化景观，本书尝试构建了文化景观识别与分析技术，将文化生态问题诊断、文化生态功能评价和

① 中国城市规划设计研究院. 南北湖未来城系列规划设计[Z]. 2020. 项目负责人：周建明，刘泉，苏航，宋增文，刘小妹.
② 中国城市规划设计研究院. 武陵山区（湘西）土家族苗族文化生态保护区建设规划（2021—2035年）[Z]. 2021. 项目负责人：周建明，陈杰.
③ 中国城市规划设计研究院. 怀化侗族苗族文化生态保护实验区总体规划[Z]. 2021. 项目负责人：周建明，陈杰.
④ 中国城市规划设计研究院. 菏泽市文化生态保护实验区总体规划[Z]. 2014. 项目负责人：周建明，刘畅.
⑤ 中国城市规划设计研究院. （云南省）昭通市"十四五"文化和旅游发展规划[Z]. 2021. 项目负责人：宋增文，陈瑾妍.

景观格局规划紧密结合,通过景观格局的优化、景观的恢复与重建,促进城市文化生态处于健康、稳定、可持续发展状态。文化生态保护的文化景观识别分析可分为识别、提取、构建三个模块。该框架首先根据区域生态要素,确定生态敏感区和文化生态保护重点区域;其次基于重要生态流空间特征,确定文化生态保护地域的重要生态斑块和廊道;最后依据生态敏感区、重要生态斑块和廊道,构建文化生态安全格局,确定文化生态地域的空间结构、空间特征和功能稳定性。

景观生态安全格局的基本理论最初由俞孔坚从国外引入国内[①]。克雷潘(Knaapen)等人基于景观生态规划方法的理论基础,提出了针对保护景观生物多样性的最小累积阻力模型并被广泛应用至今[②]。借鉴景观生态安全格局的理论,文化生态保护地域的景观识别度分析技术基本路径总结如下:首先,基于近年来社会经济数据和实地调查记录,分析当地生态要素分布,在评价生态敏感区的基础上识别生态保护地区;其次,根据典型物种的空间分布规律和迁移特征及其他重要生态流(能量流、物质流和信息流)特征,确定重要生态斑块和生态廊道;综合考虑生态敏感区(垂直叠加的生态要素分布)和生态廊道、斑块的分布(水平空间的生态要素分布),确定景观多样性、景观聚集度和景观连接性等多个景观格局指数,构建城乡一体化的景观生态安全格局,建立城市空间结构;最后,在人类活动集中区确定小型斑块,使它们通过建立和修复通道实现与基质、大型斑块的连接。

(2)规划实践

因缺乏城市文化生态系统研究的典型案例,本书选取迪庆民族文化生态保护实验区[③]的研究成果。该保护区位于云南省西北部,地处"三江并流"世界自然遗产腹地及茶马古道旅游线路要冲。"迪庆"为藏语"智慧安乐"之意,因出现于小说《消失的地平线》中的"香格里拉"而闻名于世。迪庆是以藏族为主体的26个民族相融共济的多民族地域,其中,藏族、傈僳族、纳西族、汉族、白族等9个民族世代聚居于此。迪庆拥有藏族格萨尔、纳西族手工造纸技艺、藏族黑陶烧制技艺、藏医药等优秀的非物质文化遗产,并分布着大量世界与国家级自然和物质文化遗产,2010年经文化部批准成为我国第十个国家级文化生态保护实验区。

---

① 俞孔坚. 生物保护的景观生态安全格局[J]. 生态学报, 1999 (1): 10-17.

② JAN P K, MARTEN S, BERT H. Estimating habitat isolation in landscape planning[J]. Landscape and urban planning, 1992, 23 (1): 1-16.

③ 中国城市规划设计研究院. 迪庆民族文化生态保护实验区[Z]. 2012. 项目负责人:周建明,所萌.

通过全方位的分析总结，提炼了迪庆民族文化立体化的点、线、片、面这一有较强独特性的文化景观分布特点，结合对迪庆州自然生态环境、经济文化环境、社会历史与人文环境的特色分析，以及采用多因子综合评价方法得出的生态敏感性评价，总结出迪庆文化生态的空间系统特征——南北分布的民族文化生态空间、古道商贸与文化辐射空间、垂直分布的生态景观空间，依此确立空间保护体系中的"生态斑块""生态廊道"及"文化生态基质"三个层次。鉴于村寨是迪庆少数民族非物质文化遗产留存最丰富、传承最有序的地域空间，结合迪庆多民族"大分散、小聚居"的垂直分布特征，应以民族村寨为保护主体，实现非物质文化遗产在村落空间的"就地保护"与"原产地保护"目标，构建以民族村寨为基础的文化生态保护体系，突出民族传统村落在非物质文化遗产保护传承中的重要作用。依据自然环境、地貌类型、民族分布，在整体区域划分上，将保护区划分为三江并流北部藏族文化保护区、河谷下游纳西族及傈僳族文化保护区以及三江并流中部以藏族为主体的多民族多元文化保护区，同时实施八大世居民族的空间管控保护措施，即建立民族文化生态保护以三大世居少数民族分布空间为重点的"大区划"格局、建立以主要世居民族自然与人文生态特征及其影响力为核心的八大民族核心文化区域、建立专项保护的重点村落，从而形成保护区整体"三区八片、一带多点"的保护空间结构（图9-11）。

（3）取得专利与软件著作权的技术方法

中国城市规划设计研究院联合北京智数公司，获得了以下多项专利和软件著作权。

①文化生态系统的空间特征分析方法及装置

该发明公开了一种文化生态系统的空间特征分析方法及装置。方法包括：获取文化生态保护区的生态信息；利用空间分析模块对所述文化生态保护区的生态信息进行空间分析，以得到分析结果；根据所述分析结果确定所述文化生态保护区的空间规划、生态敏感度、水土流失风险度和用地适宜度。通过该技术方案，可以建立科学的分析工具，对文化生态系统空间进行整体的特征把握与研究，为文化生态的空间保护提供科学依据。专利号：2021100524007。

②非物质文化遗产项目的濒危度分析方法及装置

该发明公开了一种非物质文化遗产项目的濒危度分析方法及装置。方法包括：获取非物质文化遗产项目对应的评估指标；确定各个评估指标对应的权重值；根据各个评估指标和对应的权重值，计算出所述非物质文化遗产项目的濒危度评分；根据所述濒危度评分确定所述非物质文化遗产项目的濒危等级。通过该技术方案，设

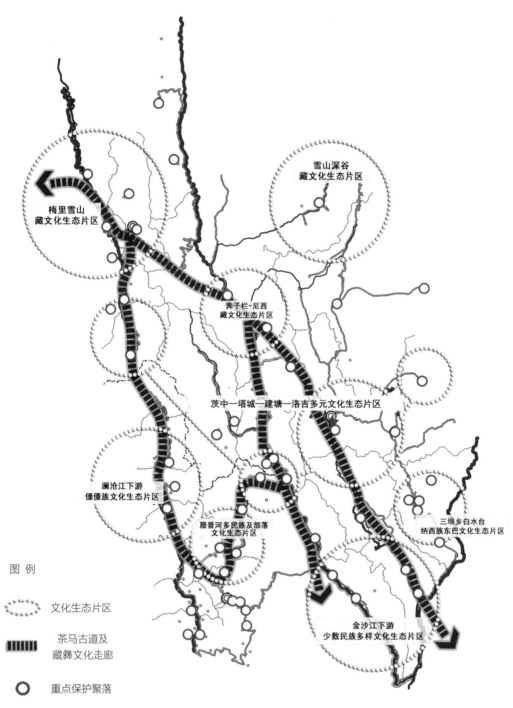

图 例

⬭⬭⬭　文化生态片区

▮▮▮▮　茶马古道及
　　　　藏彝文化走廊

◯　重点保护聚落

图9-11　迪庆民族生态保护区空间保护体系
来源：项目组绘制

定了一套科学而严谨的非物质文化遗产保护状态评估指数，科学合理地监测、评估非物质文化遗产的濒危程度，为保护工作提供依据。专利号：2021100554996。

③空间景观识别分析方法及装置

该发明公开了一种文化生态保护区的空间景观识别分析方法及装置。方法包括：根据预设地区的各个生态因素，识别出生态敏感区和文化生态保护区；根据典型物种的空间分布规律、迁移特性和其他重要生态流特征，确定所述文化生态保护区的重要生态斑块和重要生态廊道；根据所述生态敏感区、所述重要生态斑块和所述重要生态廊道，构建景观生态安全格局；根据所述景观生态安全格局，确定所述文化生态保护区的空间结构；根据所述空间结构确定所述文化生态保护区的空间特征和所述文化生态保护区的稳定性。通过该技术方案，可以为文化生态保护区科学保护提供依据。专利号：202110112637X。

④取得的软件著作权

- 城市微脑城市规划大数据平台V1.0。
- 文化生态区地理环境特征分析与比较分析软件V1.0。
- （国家级+部分省级）文化生态区人口流动大数据分析（热力图）软件V1.0。
- 文化生态区文化景观时空变化分析评估软件V1.0。
- 文化生态系统健康性测度模型软件V1.0。
- 不同城市区域居民出游潜力分析与决策模式软件V1.0。
- 文化生态保护区文化类型区划的景观识别方法（算法）V1.0。
- 文化生态区文旅产业发展与非物质文化遗产保护的关联度分析软件V1.0。
- 文化生态区工业化城镇化发展指数与非物质文化遗产保护传承能力关系分析软件V1.0。
- VisualMap空间信息可视化系统V1.0。

9.3.4　区域文化网络引力测度模型

区域文化网络引力测度模型是根据地区对外空间吸引力、区域人口流动情况、区域交通网络结构所构建的用于观察相邻地域不同的文化城市（镇）相互关系的引力模型，是一项专门考察文化城市综合空间效应的分析工具。传统的城市引力模型主要集中在区域产业研究和区域交通两个领域，且其所截获的数据往往是静态的"属性数据"（如城市规模、户籍人口数、年度经济总量等），而对于文化城市建设中所关注的社会人群流动的"关系数据"研究较少。

研究提出的文化区域网络测度引力模型是以"动态人流—时空大数据分析"为技术核心，通过精确设定电子围栏、精细划分人群结构特征、多源异构大数据坐标采集等创新运算模块，对亿级单位的"时空人流"清单数据进行清洗、脱敏、加工、处理、入库，从而动态揭示文化城市在城镇区域网络中的"血缘关系"（图9-12）。

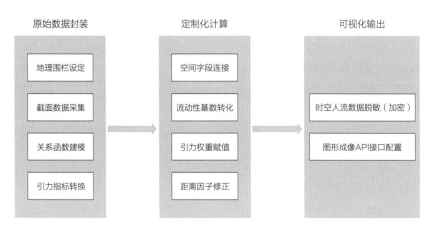

原始数据封装　　　定制化计算　　　可视化输出

地理围栏设定　　　空间字段连接

截面数据采集　　　流动性基数转化　　时空人流数据脱敏（加密）

关系函数建模　　　引力权重赋值　　　图形成像API接口配置

引力指标转换　　　距离因子修正

图9-12　区域文化网络测度引力模型技术框架图
来源：项目组绘制

该技术所需的数据处理运算依托于2017年开始构建的文旅大数据平台，经过近5年的完善，目前可达到每年千亿级对外调用的硬软件服务水平。文化网络引力测度模型通过观察人群的跨地域流向特征，特别是对目标人群（如非遗传承人、文化体验型游客）构建的细颗粒度追踪，从一定程度上回答了文化城市、古镇、历史文化名村在区域尺度上的集群关系与能级差异，帮助从业者和决策者从整体上把握文化城市在区域新型城镇化发展进程中的地位和机遇。

在规划实践中，以山东省文化旅游融合发展规划为例。山东是我国文化和旅游资源大省，是著名的"孔孟之乡、礼仪之邦"，素有"一山一水一圣人"的美誉。但其文化传承和旅游发展的"三化"问题突出，文化资源的创新利用与旅游发展的文化弘扬结合不够，没有产生强烈的"化学反应"。在此背景下，项目团队承担了《山东省文化旅游融合发展规划》，首次在省域尺度研究文旅融合发展的模式机制，探索构建开放、活力、多元的文化城镇体系新格局。

在编制过程中，研究创新应用了"区域文化网络引力测度模型"技术，对全省范围内历史文化名城、名镇、名村以及其他文旅资源富集地区进行了文化网络引力测度评估，并刻画了目标客源市场对山东文旅需求的行为特征，结合省级交通体系、城镇布局规划等成果内容，进一步识别明确山东全省范围内的国际特色文化旅游城市、区域文化旅游中心城市、主题旅游县市、特色文化旅游小镇的区域文化网络层级，从而确定了全域"两极驱动、双轴支撑、三带隆起、两廊延伸"的空间总体发展框架（图9-13、图9-14）。

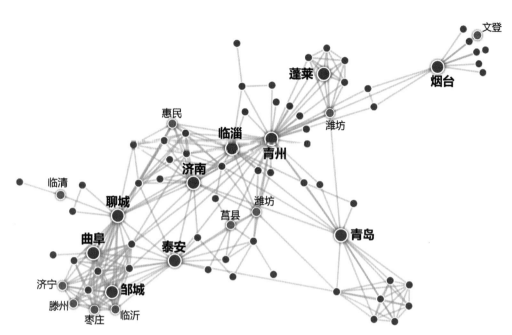

图9-13 地域文化引力模型
来源：项目组绘制

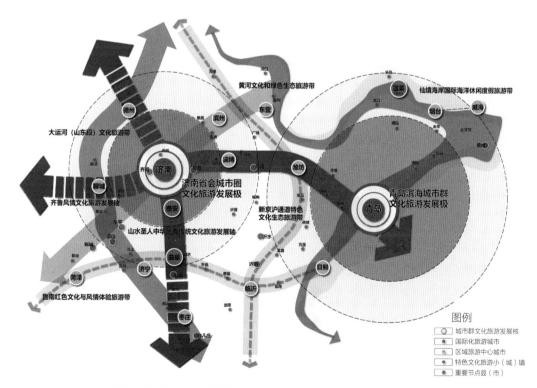

图9-14 山东省文化旅游总体空间结构图
来源：项目组绘制

9.3.5 基于交互式设计理念的文化空间场景协同平台

随着遥感技术和数字建模技术的飞速发展，城市信息模型的技术架构和应用实践也越发成熟。然而，对于城市文化空间这种精细化程度高、空间数据多源、可视化要求多样的命题，传统的CIM系统无法提供有针对性的技术支持。

中国城市规划设计研究院团队研发的文化空间场景协同平台包含云基础iPaaS服务、图形数据转换、模型轻量化引擎、配件模型仓库与外部接口等模块，能够实现在倾斜摄影模型和常规设计软件之间的桥接，并通过积木化的应用组装模式，快速构建各类业务应用及图形应用场景，满足城市文化空间对复杂应用场景的诉求，对文化遗产的数字化保护和文化空间的动态设计与评估提供新的CIM技术通道（图9-15）。

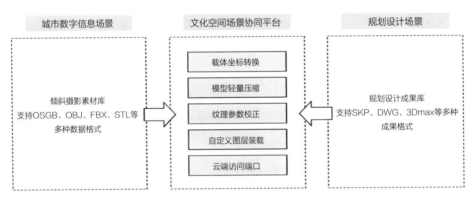

图9-15　文化空间场景协同平台技术框架图
来源：项目组绘制

中国城市规划设计研究院团队利用自主研发的文化空间场景协同平台，支撑开展了两项文化城市建设实践任务。其一是针对文保单位的数字化存档保护工程，其二是针对城市建设敏感地区（如文物埋藏区）的建设评估模拟工程（图9-16）。

在规划实践中，以承德市隆化县中心城区文化魅力区城市设计[①]为例。通过文化空间场景协同平台对历史建筑的点云扫描数据和数字修复模块进行整合，并依据原始坐标嵌套到平台的三维地图查看器中。最后，根据实际情况将建筑物的建立年份、保存情况以及重要程度等信息进行录入，实现每一栋目标建筑的信息化管理，便于查看街区中不可拆除、不可移动且需要保护的建筑的详细信息，并

---

① 中国城市规划设计研究院. 承德市隆化县中心城区文化魅力区城市设计（2021—2035年）[Z]. 2021. 项目负责人：苏航，张浩然，丁拓.

图9-16 文化空间场景协同平台在历史建筑数字化保护中的应用演示
来源：项目场景截图

协调其周边的建筑风貌、特色以及用途，避免在街区更新过程中对老城的核心要素造成破坏。通过整合传统地理信息系统、倾斜摄影技术以及虚拟现实场景渲染技术，对文物埋藏区、董存瑞烈士陵园周边等城市风貌敏感区和建控地带开展了从场地分析、方案推敲、建设模拟、实效评估等一系列基于交互式设计理念的文化空间场景协同工作，为城市文化景观和文化要素创新活化利用提供了详细现状数据、精准建前评估、高效协作与生动展示，确保对城市文化魅力地区进行精细化、科学化规划设计，从而准确评估新建筑对城市历史文化空间造成的影响，避免盲目建设造成尺度失调、风貌失控、文化错位等现象（图9-17）。项目团队目

图9-17 承德隆化土城遗址建控地带的新建项目数字模拟（VR-3D成像）
来源：项目模型截图

前正致力于找到该技术的模型轻量化解决方案，在控制算力成本的情况下，实现更大尺度的场景数字化协同，从而将该技术的应用场景由文化城市空间拓展到文化城市地域维度。

9.3.6 文化城市活力与文化舆情监控平台

我国的社会发展和城市建设正处在转型时期，文化城市的内涵和表现形式往往是多方面的。我国文化城市建设评价指标体系应至少包括"硬要素"（文化资源、社会人口、基础建设条件等）和"软要素"（经济环境、政策制度、外部机会等）两大维度。在指标体系构建过程中，考虑到我国地方城市的差异性，在指标中加入了替代性指标，并通过各指标进行无量纲化以去除不同量尺与单位造成的影响，增加替代指标的可比性。同时，为进一步验证该评价指标体系的实际效果，研究遴选了西安、成都、武汉、哈尔滨、洛阳、福州、杭州7个城市作为试点案例，通过收集统计2015—2019年的相关数据，最终形成了对上述城市在文化城市建设方面的总体评价。

为了对我国文化城市建设水平进行动态追踪，本项目团队基于上述指标体系，搭建了可实时进行案例扩容、指标更新、大数据检索录入的文化城市活力监控平台，使文化城市建设所需要的基础数据资源与城市现代治理的各个板块产生链接，真正使数据变为关键性生产要素。基于该指标体系提供的数据系统架构，研究团队与北京理工大学计算机学院通过深度合作，将文化城市活力评价的范畴拓展应用到城市的文化舆情监控领域中，通过对互联网媒体数据的深度采集，实现对城市文化热点、高频话题、文化舆论正负面敏感信息的实时感知，构建了城市文化舆情、城市旅游评议舆情大数据监控模块，目前该研发已进入最终测试阶段，近期将选择试点城市进行首批实地应用。

10

文化城市建设

经典案例与建设指南

面向新时代，文化城市建设在路上。前文从不同侧重方面介绍文化城市建设的理论方法与实践模式，本章将系统整理国内外文化名城完整的文化发展策略与规划设计方法，涉及文化品牌、文化影响、文化产业、文化功能、文化空间、文化设施、文化活动、文化规划等维度，旨在结合当前最新的发展情况与应用技术，总结标杆城市共性的、可借鉴的经验。

10.1 国外文化城市

10.1.1 巴黎

（1）城市文化品牌

巴黎是法国的政治、经济和文化中心，也是享誉世界的文化大都会之一。巴黎位于法国北部的塞纳河畔，面积1.2万km²，人口约1200万，历史底蕴深厚，自然风景旖旎，人文景观独特，素有"浪漫、时尚、艺术、文化之都"的美誉。

（2）文化独特性与影响力

文化独特性与城市历史和资源禀赋息息相关。巴黎历经了革命、工业化和旧城改造的冲击，所幸城市的空间格局和历史风貌并未遭受严重破坏。中世纪、文艺复兴、现代主义等各个时期的艺术家、建筑师和文人都在这座城市留下了大量有形和无形的文化遗产。世界上没有两座"巴黎"，是因为巴黎拥有独特的文化资源，并擅于利用，形成自己的文化软实力。从2001年开始，中央和地方政府每年从预算中拨专款资助各类文化团体和建设各类文化场所，加大对视觉、音乐、表演艺术、出版、印刷等文化领域的支持，鼓励全新的艺术创造。2013年，文化领域的投入已占到法国地方预算的45%，而巴黎的这一比例更高。

巴黎作为全球城市，有着巨大的文化影响力。美国科尔尼管理咨询公司发布的《全球城市报告（2018）》中，专家依据27项标准对全球135个城市进行评选，最具影响力城市排名前三的依次为纽约、伦敦和巴黎，其文化相关指标在所有城市中遥遥领先（图10-1）。同时，丰富的遗产资源和众多文化活动，也让巴黎成为世界最炙手可热的国际会展与旅游目的地。国际会议协会（International Congress & Convention Association，简称ICCA）的统计数据显示，巴黎以每年

174场大型国际会议列全球第二位（仅次于维也纳），年接待3700万游客和8200万参观者，是全球最具吸引力的旅游目的地[①]。

全球城市指数排名及得分

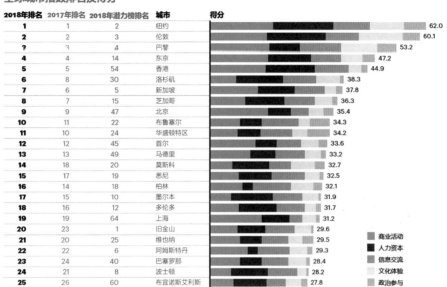

2018年排名	2017年排名	2018年潜力榜排名	城市	得分
1	1	2	纽约	62.0
2	2	3	伦敦	60.1
7	3	4	巴黎	53.2
4	4	14	东京	47.2
5	5	54	香港	44.9
6	8	30	洛杉矶	38.3
7	6	5	新加坡	37.8
8	7	15	芝加哥	36.3
9	9	47	北京	35.4
10	11	22	布鲁塞尔	34.3
11	10	24	华盛顿特区	34.2
12	12	45	首尔	33.6
13	13	49	马德里	33.2
14	18	20	莫斯科	32.7
15	17	19	悉尼	32.5
16	14	18	柏林	32.1
17	15	10	墨尔本	31.9
18	16	12	多伦多	31.7
19	19	64	上海	31.2
20	23	1	旧金山	29.6
21	20	25	维也纳	29.5
22	22	6	阿姆斯特丹	29.3
23	24	40	巴塞罗那	28.4
24	21	8	波士顿	28.2
25	26	60	布宜诺斯艾利斯	27.8

商业活动
人力资本
信息交流
文化体验
政治参与

图10-1 《全球城市报告（2018）》城市排名
来源：美国科尔尼管理咨询公司发布的《全球城市报告》

（3）文化场所与文化产业

巴黎是一座世界历史名城，文化遗存丰富多彩。巴黎拥有1400多年的城建史，老城区内文化遗存丰富，城内保留着4处世界文化遗产，还拥有3800处文物古迹。数量庞大、价值极高的历史文物塑造了巴黎高尚的城市文化[②]（图10-2）。巴黎文化遗产保护起步很早，大巴黎规划遵循"新旧分开"的原则，完好保留老城区的空间格局、传统建筑，并通过持续维修、改造和再利用，将废弃的老建筑改为博物馆、书店、艺术家工作室等文化场所。

巴黎重视文化设施的建设。截至2018年，巴黎市区内有3座大型歌剧院、191所博物馆、2198座有官方备案的旅游景点、734座电影院与29座歌舞剧院[③]，文化设施密度极高。在排名前五的博物馆、美术馆参观次数上，伦敦以2596万人次

① 杨辰，周俭，兰德. 巴黎全球城市战略中的文化维度[J]. 国际城市规划，2015，30（4）：24-28.

② 白志刚. 巴黎的城市文化[J]. 前线，2000（9）：56.

③ 岑蔚. 博物馆城市[D]. 北京：中央美术学院，2020.

图10-2　巴黎文化场馆
来源：视觉中国

排名第一，巴黎以2480万人次紧随其后①。根据欧盟2019年的统计数据，巴黎95%的人口都能在2km内找到一处文化设施，密度高于其他欧洲城市。同时，巴黎每年投入专款用于博物馆、剧院、音乐厅的建设和维护。如从2001年起，巴黎政府向巴黎歌剧院的投入每年增加约120万欧元，向夏特莱剧院的拨款每年增加约190万欧元②。巴黎还通过革新博物馆设施、票价、展陈等，满足大众的文化需求。巴黎的博物馆票价低廉或完全免费，并设有方便残障人士的设施，所有社会群体都可以进入。随着多媒体技术的发展，以蓬皮杜艺术中心为代表的当代艺术博物馆，率先尝试由传统的"以物为本"陈列向"以人为本"的数字展示过渡。

巴黎是法国创意产业的聚集区，创意产业覆盖面广，涉及行业广泛，注重传统与现代结合。早在19世纪，巴黎的服装、皮革、奢侈品等手工艺产业就十分发达，据统计，1860年，传统工艺的从业人数就已达25748人③。如今，巴黎在时尚产业的影响力依然不容小觑，世界著名的时尚集团和奢侈品集团，如路威酩轩（LVMH）、开云（Kering），总部都设在巴黎。究其原因，其时尚之都的地位

①　欧文斯. 世界城市文化报告[M]. 黄昌勇，译. 上海：同济大学出版社，2018.

②　任一鸣. 巴黎公共文化发展及其启示[J]. 文化艺术研究，2012，5（4）：17-24.

③　黄辉. 巴黎文化产业的现状、特征与发展空间[J]. 城市观察，2009，3（3）：28-37.

除了与服饰的设计生产有关，还与法国的历史传统、文化遗产和文化环境息息相关。

（4）文化发展定位

巴黎文化政策由市长指导，由主管文化事务的参议员协助，再由下属的巴黎文化事务处具体落实实施。作为巴黎十要的政府性文化机构，巴黎文化事务处的主要职能是促进巴黎本土文化乃至全法文化繁荣发展，并制定符合当下形势的文化政策[①]。巴黎的文化定位以保持巴黎作为艺术之都的世界地位，积极保护民族艺术，以及巴黎老城区的历史古迹、艺术建筑和文化遗产，培养城市的文化氛围，延续城市的历史文化风貌为目标[②]。自2001年以来，巴黎市政府每年发布《文化政策》作为文化行动纲领，有计划有步骤地推动"全球文化与创意之都"的建设。2011年确立了活力、民主和空间三大战略[③]，包括：

• 加强巴黎的文化活力。支持一切形式的艺术活动，帮助公众参与文化活动，打造影视艺术之都，推动公立博物馆和文化机构改革。

• 让所有人都能享有文化资源。完善对青年人的文化培训计划，资助残疾人走近文化，推动落实价格改革、数字化与文化民主，支持业余艺术家计划。

• 让艺术与文化活动更好地嵌入城市空间。加强文化遗产的保护与再利用，支持将文化作为城市的核心功能，促进地区间平等分配文化资源，强化对巴黎文化创意空间的培育，减少对街道/河道空间的争夺，将公共空间还给文化艺术。

（5）文化发展行动计划

重视文化遗产保护，开拓文化遗产保护利用的新视角。法国在文化方面先后出台了《中华人民共和国文物保护法》《历史建筑保护法》《历史建筑周边环境法》等。巴黎不仅在国家管理层面设置"保护区"，还在城市总体规划中加入遗产保护内容，进一步划定特殊保护地区，强化除保护区外其他地区的遗产保护。通过实行国家规划师制度、历史古迹建筑师制度，对城市建设活动进行监督和管理[④]。巴黎市政府要求巴黎古城区的新建筑"限高"，有效地保护了古城区的历史风貌。

积极扶持新兴创意产业发展。这也是巴黎影视业、表演艺术、音乐等产业发

① 尹明明. 巴黎文化政策初探[J]. 现代传播（中国传媒大学学报），2010（12）：166-167.
② 王林生. 国际重要首都城市与北京文化战略比较分析[J]. 西部学刊，2013（7）：29-32，39.
③ 杨辰，周俭，兰德. 巴黎全球城市战略中的文化维度[J]. 国际城市规划，2015，30（4）：24-28.
④ 陈静，余昕. 欧洲城市的文化遗产保护实践与启示[J]. 建筑与文化，2020（8）：129-131.

展迅速的原因。例如，为支持影视业发展，巴黎大区自2001年设立了影视产业基金，对本国和外国利用巴黎地区资源的影片给予资助。为统筹影视资源，巴黎还优化了文化设施布局，在其北部建设了巨型电影城，拥有80多个电影摄影棚、5个大型拍摄基地、众多后期制作公司以及具备领先数字技术的跨国公司和世界知名的电影实验室。再如，政府还投入文化资金用于扶持杂技、街头艺术、现代音乐产业。巴黎政府对杂技项目的预算由2001年的18万欧元增至2007年的67万欧元。从就业状况上看，巴黎的创意产业市场已经非常成熟，提供的就业岗位数量超过大部分欧洲城市。欧盟统计局的数据显示，每1000个巴黎人中就有286个从事与文化创意相关的工作。创意人才的聚集得益于巴黎集中的教育科研资源和包容的社会环境。巴黎拥有17所国际知名大学、350所高等教育机构和全国59%的研究人员，设计、艺术、建筑等专业世界领先，为创意产业持续输送了大量人才。此外，巴黎"尊重差异，包容多样"的社会环境，吸引了来自世界各国的文化艺术家、留学生来工作生活。宽松的文化氛围、混合的文化空间以及丰富的文化生活都是艺术家创意动能的源泉。

提倡文化民主化，鼓励市民参与文化活动。提倡把文化权利作为一项福利提供给公民，巴黎文化政策始终坚持通过文化产品数字化和门票优惠等为年轻人和业余艺术家提供更多的学习和交流机会。从巴黎时装周、巴黎国际当代艺术展、法国秋季艺术节等大型展会，到街区的舞台表演、文化沙龙等小型活动，巴黎的公共文化生活可谓丰富多彩。"街头艺术"十分活跃，城市西北部的泰尔特尔艺术广场是世界闻名的露天画廊，每天都有不少画家在那里即席作画出售。在市中心的沙特莱广场和圣·日耳曼德伯广场等地，青年学生和市民经常自带乐器举行音乐会，表演各种节目。例如，"巴黎不眠夜"是巴黎政府自2002年起每年举办的最有特色的活动之一，届时全城的各种文化机构都会参与进来，活动点多达上百个且全部免费，艺术在巴黎的夜幕中彻夜喧嚣，在整个法国都有着巨大的影响力。

10.1.2　纽约

（1）城市文化品牌

纽约是美国人口最多的城市，也是全世界最大的都会区之一。一个世纪以来，纽约在商业和金融方面发挥了巨大的全球影响力。纽约是一座世界级城市，直接影响着全球的经济、金融、媒体、政治、教育、娱乐与时尚界，联合国总部也位于该市，因此纽约被公认为世界之都。

纽约的历史较短，只有300多年。最早的居民点在曼哈顿岛的南端，原是印第安人的住地。1524年，意大利人弗拉赞诺最早来到河口地区；1609年，英国人哈德逊沿河上溯探险，该河便以他的名字命名；1626年，荷兰人从印第安人手中买下曼哈顿岛辟为贸易站，称之为"新阿姆斯特丹"。

1664年，英王查理二世的弟弟约克公爵占领了这个地方，改称纽约，即新约克，（英国有约克郡）。1686年，纽约建市。独立战争期间，纽约是乔治·华盛顿的司令部所在地和他就任美国第一任总统的地方，也是当时美国的临时首都。1825年，连接哈德逊河和五大湖区的伊利运河建成通航，以后又兴建了铁路，连通了纽约与中西部，促进了城市的大发展。到19世纪中叶，纽约逐渐成为美国最大的港口城市和集金融、贸易、旅游与文化艺术于一身的国际大都会。

（2）文化资源与文化设施

纽约是美国文化、艺术、音乐和出版中心，有众多的博物馆、美术馆、图书馆、科学研究机构和艺术中心，美国三大广播电视网和一些有影响的报刊、通讯社的总部都设在这里（表10-1）。

纽约城市文化指标情况　　　　　　　　　表10-1

指标	数量	单位	年份
每年的音乐表演	36192	次	2015
公共图书馆	207	个	2015
国家博物馆	7	个	2015
其他博物馆	135	个	2018
主要音乐厅	16	个	2015
现场音乐场所	453	个	2015
每年所有剧院的戏剧表演	30576	次	2015
剧院	637	个	2018
公园、花园等公共绿地比例	27	%	2010
遗产/历史遗址	34000	处	2018
世界遗产	1	处	2018
一年内在该国出版的图书	304912	种	2013
每年的舞蹈表演	6292	次	2012
艺术画廊	1475	个	2015
专业的私立文化高等教育机构	12	个	2011

续表

指标	数量	单位	年份
非专业舞蹈学校	682	个	2012
电影院	98	个	2018
电影屏幕	374	个	2015
每10万人口拥有的电影院银幕	4.3	个	2015
一年内在该国影院上映的电影	718	部	2015
电影节	57	个	2012
书店	814	个	2018
每10万人口拥有的书店	9.4	个	2018
每10万人中拥有的酒吧	25	个	2012
餐厅	26697	个	2017
米其林星级餐厅	72	个	2018
市场	144	个	2015
节日和庆典活动	263	次	2015
在城市学习的国际学生	98906	人	2014
电子游戏厅	32	个	2015
访问量排名前五的博物馆和画廊的访问次数	16000000	次	2015
前5名艺术展的日均参观人次	4447	人	2017
每年所有剧院的入场人数	13790000	人	2018
每年所有剧院的门票销售总值	1700	百万美元	2018
主要电影节入场人数	120000	人	2014
主要狂欢节/节日的预计出席人数	3500000	人	2015
估计主要狂欢节/节日的出席人数占城市人口的比例	42	%	2015
每年国际游客人数	12700000	人	2016
每年国际游客人数占城市人口的比例	147.3	%	2016
居住在城市的人口占全国总人口的比例	2.7	%	2017
劳动年龄人口	5492659	人	2017
外国出生人口比例	37.2	%	2016
人均年收入	34099	美元	2016
国内生产总值	678300	百万美元	2016

续表

指标	数量	单位	年份
创意产业就业的比例	5.4	%	2015
夜总会、迪斯科舞厅和舞厅	498	个	2015
每10万人拥有的公共图书馆	2.4	个	2015
公共图书馆每年出借图书	56.3	百万册	2017
每10万人拥有的餐厅	309.6	个	2017

来源: 2010—2018 年纽约州政府、纽约市城市规划土地利用部、纽约艺术联盟、城市未来中心公报

长期以来，纽约的文化生活一直被视为这座城市活力的象征。从卡内基音乐厅到现代艺术博物馆，将公民抱负与富有的慈善家联系起来的公私合作伙伴关系使这座城市拥有了世界级的非营利文化机构，而以社区为基础的草根组织则在社区层面带来了丰富的文化。纽约市目前已投入9.34亿美元用于250个文化团体的基础设施建设项目，整个城市都在进行重大升级和翻修。然而，在纽约，并非所有投资都用于大型建筑项目，它还培育了创意生态，认识到健康的文化生活取决于机构和个人的多样化组合。为此，纽约市大约一半的文化赠款流向了小型组织。

纽约是美国少数民族最为集中的地区，作为首批特大城市之一，大都市区人口超过2000万。如今，近40%的纽约市居民是在外国出生的，黑人有100万以上，主要聚居在哈莱姆街区，著名的唐人街有15万华人，还有众多的意大利人和犹太人。

自17世纪以来，纽约市一直是贸易中心，也是移民到美国的主要门户之一。纽约不仅是美国的金融和法律之都，还是创意产业的中心，涉及时尚、设计、艺术和广告。人们也越来越认识到创造性活动和文化演艺对营造健康社区的价值，并推动其植根于纽约的社区，社区在发展艺术形式方面经常发挥革命性的作用，下东区的意第绪剧院，布朗克斯的嘻哈和涂鸦，东村的流行艺术和朋克摇滚，哈莱姆文艺复兴时期的爵士乐和文学，以及白老汇剧院区的持续发展，都是很好的范例。

（3）文化发展行动计划

21世纪，纽约市一直保持其作为世界领先城市之一的地位。它的经济实力、对思想和移民的开放态度以及世界级的文化资产强有力地组合在一起。其文化政策的制定也有重要借鉴意义，涉及城市治理的各个方面，促进政府与城市居民更好地对话，并倡导更好地代表所有文化群体。

纽约市的经济繁荣导致地价和租金大幅上涨，对文化人才和组织留在这座城市构成了挑战，为应对这场危机，纽约市长承诺为艺术家建造1500个可以负担得

起的生活和工作空间，并设立"市长文化补助金"。纽约市的第一个综合文化计划（A Cultuzal Plan for all New Yozkers）于2017年启动，该计划拟利用该市的文化人才来解决长期存在的城市问题，涉及公共卫生、安全、家庭暴力、扫盲、规划、移民和刑事司法等方面。例如，卡内基音乐厅和缓刑部资助一项全年免费的文学艺术项目，以帮助缓刑人员与其邻居建立联系。这项工作还将为贫困和失业率高的城市地区提供新的就业途径。文化教育机构与卫生和心理卫生部合作，促进全市93个家庭庇护所的艺术参与，尤其针对学龄前儿童。艺术教育机构也与市长办公室合作，将舞蹈作为促进青少年健康成长、增进家庭关系的工具。纽约市与纽约市立大学合作制定了文化团计划，为来自不同背景的优秀学生提供在文化领域就业的切入点，并与剧院组织合作，为11个非营利剧院组织提供了200万美元，用于提供培训和指导。城市文化计划履行了促进多样性的承诺，并将城市资金与多样性要求联系起来，纽约市还使用了包括残疾人和非二元性个体在内的多样性定义，因此经常被排除在美国公平和包容性对话之外的群体受到了关注。

10.1.3 东京

（1）城市文化品牌

东京是日本的首都，位于日本关东平原中部，是面向东京湾的国际大都市，日本三大都市圈之一东京都市圈的中心城市，面积约2130km^2。东京起源于江户市，在17—18世纪的江户时期，已然成为日本的商业、艺术和文化中心，素有"时尚之都""动漫之城"的美誉。

（2）城市的文化特点与影响力

今天的东京是创新与传统相融合的城市。一方面，它闻名于其历史悠久的神社、寺庙以及表演艺术，是日本传统文化的中心；另一方面，"美食、时尚、音乐、艺术、动画和科教"新趋势的崛起，使其成为创作者的文化中心。日本的流行文化元素塑造了世界的文化体验，包括已经遍布世界的卡拉OK、日本漫画和寿司，还有索尼随身听之类的创意产品。东京文化以其"相互交流性和高度的文化参与性"著称。东京民众认为文化并不是孤立的或是"事不关己"的，如历史上普通市民早已深入到丰富多样的艺术和文活动之中，消费者与创作者的界限早已模糊，普通市民作为独立艺术家的艺术行为成为东京文化独树一帜之处。

东京始终秉持着"干练、优雅、合作"的精神，迅速从战后的废墟中振兴，促进城市社会经济文化全面发展。以建设"世界第一都市"为目标，明确提出

"以文化开拓东京未来，建设世界上独一无二的文化都市"。在日本都市战略研究所最新发布的《2021全球城市实力指数》[①]中，东京连续6年位居世界第三，亚洲第一（图10-3）。

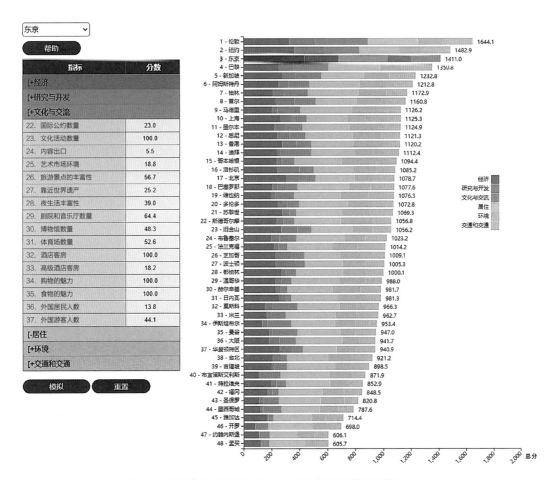

图10-3 《2021全球城市实力指数》城市排名及东京文化类指标得分情况

（3）文化场所与文化产业

东京的城市文化空间实现了传统与现代的紧密契合。城市依然是日本传统文化的绝对中心，保留了很多传统文化的形式，包括古代的神社和庙宇，歌舞伎和艺术表演。这些表演在东京有若干重要的演出地点，比如歌舞伎座、国家剧院。其遗产/历史遗迹数量达872处。另外，现代文化设施总量大、人均占有量高，在

① 《全球城市实力指数》年度报告于2008年首次发布，该报告对全球44座大都市进行评价和排名，评估这些城市的"吸引力"（即吸引世界各地有创造力的人士和企业的综合实力）。城市的评分以六类指标为基础：经济、研发、文化互动、宜居性、环境和方便度。

全球占领先地位，尤其是书店和酒吧数量遥遥领先，每10万人拥有的书店数量达12.2个。同时，致力于改建现有的文化设施，同时开发新设施，越来越多的艺术画廊和剧院建在东京的大型商业设施内（表10-2）。

东京城市文化指标情况　　　　　　　　　表10-2

指标	数据	单位	年份
公共图书馆	387	个	2016
国家博物馆	9	个	2016
其他博物馆	164	个	2016
主要音乐厅	13	个	2017
遗产/历史遗迹	872	处	2016
世界遗产	2	处	2018
美术馆	618	个	2018
电影院	67	个	2015
书店	1646	个	2016
公园、花园等公共绿地比例	7.5	%	2015

来源: 2015—2018 年东京市统计局、东京美术馆、日本交响乐团协会公报

　　东京形成了以动漫为代表的具备核心竞争力的文化创意产业。早在2006年，东京政府推出的《十年后的东京——东京在变化》在述及文化的部分时提出，要充分利用动漫产业等优势文化产业提升东京的城市魅力及国际地位。2011年，东京推出的《〈十年后东京〉2011行动计划》指出要将动漫文化和与其相关的节庆、会展、观光、旅游等行业作为提升东京的文化魅力和产业能力，促进东京城市文化软实力发展和文化传播的重要手段[①]。如今，东京是日本文化创意产业的主要集聚区，其规模和产值约占日本文化创意产业的60%。《动漫产业报告2021》数据显示，截至2020年，日本共有811家公司从事动漫及相关产业。其中，单东京就有692家，占日本所有动漫公司比例为85.32%。动漫产业不仅是东京仅次于汽车业的第二大支柱产业，且通过东京国际动漫节和"动漫外交"等文化交流平台提升东京国际形象、活跃文化氛围。

　　（4）文化发展定位

　　日本一向重视城市文化建设，20世纪80年代提出了"文化立国"的发展理

---

① 王林生. 动漫节庆产业对城市发展的文化意义: 以日本东京为例[J]. 同济大学学报（社会科学版），2014, 25（1）: 63-67.

念。2007年的《东京都文化振兴方针》提出要在2015年将东京建设为文化魅力感受型、文化富裕型和具有丰厚文化创造底蕴的都市，展示东京的文化活力和文化多样性。东京的文化战略以增强东京城市文化的活力和魅力为导向，通过现代文化产业的发展，激活东京的文化资源，展示东京多样性的文化形态和国际前沿的文化视野，通过创造性的文化生产拓展东京的文化影响力[①]。2016年出台了《打造"都民优先"的新东京——东京2020发展计划》，提出将东京建造成"传统与现代相融合，世界范围内独一无二的文化城市"[②]。

（5）文化发展行动计划

设立"东京文化资源区"，保护历史文化资源。筹办2020年冬奥会期间，为了大幅度提升东京以及日本在全球的文化存在感，"东京文化资源区"的构想在2014年被提出。这一构想将文化资源区作为展示"遗产"和"创意"的重要场所，同时旨在保护那些在高速城市化进程中有幸留存下来的历史文化资源。东京文化资源区包含的范围曾是江户时代宗教、文化和商业的中心，创造了丰富多彩的俳谐、浮世绘与歌舞伎等都会文化，主要被分为以下区域——生活文化资源区、艺术文化资源区、学术文化资源区、流行文化资源区、江户文化资源区，并针对性实施文化项目、环境项目和地区项目3种类型的发展项目[③]。

- 文化项目。指对区域内独具特色的文化资源进行有效利用，通过开设项目学校、设置社区艺术中心、构建地域文化档案等形式，将文化资源观光设计成一种体验城市的巡回路线。

- 环境项目。指为方便文化项目的开展而实施的环境治理，包括慢行系统的完善、城市景观的整治、市政设施的整理、历史建筑的利用等。

- 地区项目主要是以文化资源的活用和地域组织的联动协作为核心，从而解决地区和团体独自行动难以处理的制度问题。

实行政府主导型文化创意产业发展模式，凸显动漫文化产业特色。通过发挥政府干预和市场配置的联合作用，推动文化产业发展。动漫节庆活动的开展是培育城市文化活力和提升城市文化影响力的有效途径。东京国际动漫节是东京市政府和相关动画企业及团体为了鼓励和发展动画产业而主办的国际性动漫展，这个商业性浓厚的盛会以国际动画交流与进出口商业洽谈为目的，自2002年开始举

① 王林生. 国际重要首都城市与北京文化战略比较分析[J]. 西部学刊，2013（7）：29-32, 39.
② 秦迎林，孟勇，罗康洋，等. 全球城市文化资产综合评估指标体系及实证研究[J]. 全球城市研究（中英文），2021, 2（1）：96-110, 191.
③ 周详，成玉宁. 传承与创新：东京文化资源区与新都市生活的耦合机制研究[J]. 现代城市研究，2020（5）：54-62.

办，目前已发展成世界上规模最大的动漫主题展会。依照惯例，每年，日本及国际顶尖的动画制作公司、玩具软件开发公司、电影电视公司等相关企业和团体数百家齐聚东京，发布关于动画的最新信息。展会规模从首届的102家参展商、288个展位、50163名观众，发展到2015年344多家参展商、615个展位、近132492名观众、媒体记者1500多人。东京动漫展目前已经成为全球规模最大的动画主题创意展览会之一，每年都有来自全球数百家国际顶尖的动画制作公司、游戏开发公司、电影电视公司参与该展。

注重通过多种活动培育城市文化、艺术氛围，激活城市活力。东京以"相互沟通和文化参与"为原则，将文化活动与生活方式结合，为市民提供了大量的文化活动机会，积极的文化氛围极大地提升了城市吸引力。东京艺术委员会制定了各种计划，以鼓励艺术和文化的创造与传播，通过实施探索东京的原创性项目，促进国际文化交流，并为从事各种艺术和文化工作的有前途的年轻人提供机会，在东京的文化政策中发挥了关键作用。包括组织节日和社区参与计划，如创意福祉东京计划、六本艺术之夜、传统文化与表演艺术体验等系列文化项目。文化要素存在于众多市民的生活之中，形成了东京博大的文化的基础。

积极开展日式文化推广，扩大全球影响力。2019年日本知识产权战略本部发布"酷日本"（Cool Japan）战略。"酷日本"战略作为日本保护知识产权的重要举措，旨在让世界感受日本魅力，并指出其具体包括"动画、漫画、游戏、时尚、饮食、传统文化、设计、机器人和环境技术等"。战略提出将"酷日本官民合作平台"作为创意和人才诞生的平台，在该平台共享消息和知识，同时推动包括外国人在内的各类人才和组织共同协作，创造新价值。运用各类信息发布手段，有效增加日本的粉丝，如通过酷日本大使、驻外使馆、国际交流基金等向国外发布信息。同时与充分了解外国人兴趣、提供服务的平台合作，进行个性化定制信息发布。

10.1.4 阿姆斯特丹

（1）城市文化品牌

阿姆斯特丹是荷兰的首都，面积2580km²，人口约250万。城市起源于一个位于阿姆斯特尔河上的水坝，12世纪晚期一个小渔村建于此，而后由于贸易的发展，阿姆斯特丹在荷兰黄金时代一跃成为世界上重要的港口之一。阿姆斯特丹是一座拥有交织如网的运河系统的"水上之都"。自17世纪荷兰独立以来一直是欧洲著名的文化与艺术之都，因其文化和创新而远近闻名。

（2）文化独特性与影响力

阿姆斯特丹是一座奇特的城市。全市共有165条人工开凿或修整的运河，美丽的运河交织出水都风光。由于地少人多，河面上泊有近2万个船屋。迷人的风车、醉人的郁金香、传奇的艺术家、香醇的奶酪、独特的建筑是这座城市的名片。凭借优越的地理位置、独特的文化景观和较为完备的设施，阿姆斯特丹也成为著名的国际旅游目的地。它被欧睿信息咨询有限公司（Euromonitor International）评为欧洲第七大最受国际游客欢迎的城市，每年接待约1500万游客。

阿姆斯特丹在贸易和创新方面有着悠久的历史。其自由、宽容的城市声誉可以追溯到启蒙运动时期，当时它吸引了伦勃朗等艺术家与斯宾诺莎和笛卡尔等思想家，是全球贸易、金融和思想中心。如今，整座城市仍然弥漫着自由、民主、开放的文化氛围，是荷兰的文化中心。在《2021全球城市实力指数》中，阿姆斯特丹综合排名第六。（图10-4）

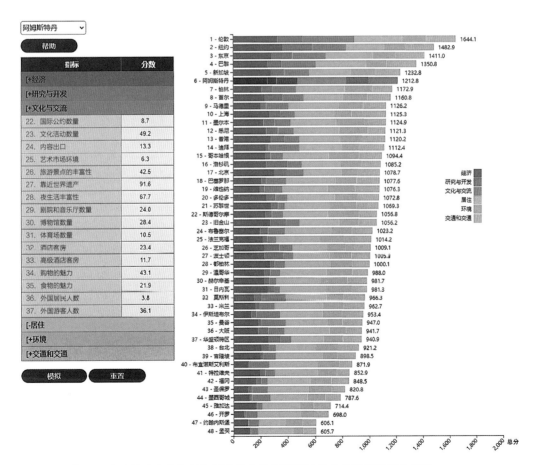

图 10-4 《2021全球城市实力指数》城市排名及阿姆斯特丹文化类指标得分情况

（3）文化场所与文化产业

阿姆斯特丹拥有众多的文化遗产，均相对集中地分布于城市中心地带，有博物馆、美术馆、教堂、市政厅等建筑物，也有旧式建筑风格的私人住宅、被用作新文化用途的废弃厂房等。除了国家博物馆、梵高博物馆、城市博物馆、历史文化场所、历史建筑和古堡、钻石手工工场之外[①]，城市中还有大量现代文化活动空间。在独特的"城市—运河"一体的空间结构下，阿姆斯特丹的博物馆、图书馆、酒吧等文化空间基本沿着运河分布，集中于运河区及其附近。其最为著名的运河带被列入《世界遗产名录》，还被称为最有魅力的"城市博物馆"[②]（表10-3）。

阿姆斯特丹城市文化指标情况　　　　　表10-3

指标	数据	单位	年份
公共图书馆	80	个	2014
其他博物馆	138	个	2018
国家博物馆	6	个	2018
主要音乐厅	5	个	2015
剧院	58	个	2014
遗产/历史遗迹	14	处	2018
世界遗产	4	处	2018
美术馆	196	个	2014
电影院	38	个	2014
书店	136	个	2014
公园、花园等公共绿地比例	13	%	2018

来源：2014—2018 年荷兰统计局、荷兰博物馆协会、荷兰剧院和音乐厅协会、荷兰电影摄影联合会公报

用文化创意产业打造世界级IP。荷兰有"创意之国"和"设计之邦"的美誉，长久以来，荷兰首都阿姆斯特丹一直是艺术创意的"温床"，城市创意产业的就业比例高达9.2%。其中最为著名的是其博物馆文创产业，如梵高博物馆积极进行文创衍生品开发，与梵高有关的文创产品种类众多，衣服、鞋帽、阳伞、文具、酒具、瓷器、提兜、挂件、器皿等，应有尽有，并广受世界各地参观者喜爱，衍生品销售收入成为博物馆的重要收入来源。阿姆斯特丹国家博物馆以收藏荷兰绘画名家顶峰时期的杰作而出名，还开发了互动体验，提供VR、飞行员游戏、骑行移动车景等文创体验类服务，成为博物馆+科技的标杆。（图10-5）

① 冯翔. 文化产业：城市经济可持续发展的驱动力[J]. 中国文化产业评论, 2008, 7（1）: 221-235.

② 程丹妮. 阿姆斯特丹与杭州运河带的塑造对比分析[J]. 中国市场, 2021（1）: 22, 30.

图10-5　阿姆斯特丹博物馆与公园
来源：视觉中国

丰富多彩的节庆活动彰显了城市魅力，社会公众对新文化和创意社会活动的接受度也很高。阿姆斯特丹是名副其实的"节日之都"，相关统计数据显示，阿姆斯特丹每年的节日和庆祝活动高达350个，其中较为出名的包括阿姆斯特丹灯光节、阿姆斯特丹国际纪录片节、Kwakoe夏季节庆活动、Floriade活动、Spui的艺术市场等。这些趣味横生、多姿多彩，或民间或官方的节日活动为阿姆斯特丹吸引了大量粉丝，创造了极大的游客量和旅游收益。成功举办了"阿姆斯特丹博物馆之夜"，倡导位于阿姆斯特丹的博物馆向公众打开大门，这项新颖的市场战略，参观人数相较博物馆平日提高了近50%，且2/3的参观者来自荷兰境外。

（4）文化发展定位

20世纪初，阿姆斯特丹作为国际商业、文化和旅游中心的地位不断下降，在此背景下，阿姆斯特丹集合各种要素，积极开展城市品牌重塑和营销。2003年，阿姆斯特丹市政府力邀广告创意界领袖 K.克拉默（Kessels Kramer）公司为城市设计宣传口号。经过深入的市场调查和研究，凯塞尔最终创作了"I amsterdam"[①]这一城市品牌，以此突出自由包容的品牌定位。此后，该营销口号在阿姆斯特丹变得家喻户晓。其字母雕塑被放置在城市游客密集的地方，如博物馆广场、中央火车站、会展中心及公园等，成为阿姆斯特丹的标志性建筑物（图10-6）。

2004年，阿姆斯特丹把旅游、商务、文化等资讯整合在一个目的地营销平台上，阿姆斯特丹合作伙伴机构（Amsterdam Partners）于2004年3月成立，作为政

①　"I amsterdam"代表着阿姆斯特丹的热情，旨在用这个标语告诉全世界，阿姆斯特丹欢迎每一个人。

图10-6 博物馆前的"I amsterdam"雕塑
来源：视觉中国

府、企业和相关地区、组织共同的营销平台。该机构的中心任务是围绕阿姆斯特丹的独特定位，即"创意、创新和商业精神的融合"，来推广和提升阿姆斯特丹大都市区的城市品牌形象[①]。

（5）文化发展行动计划

重视文化设施建设，给市民提供更多的文化机会。过去的10多年，阿姆斯特丹在文化基础设施方面投入了大量资金。超过25个机构已经建成、重建或翻新，包括中央公共图书馆、国家博物馆、市立博物馆和德拉马尔剧院等。可用于艺术和文化的资金增加了9%以上，达到每年9000万欧元。荷兰博物馆协会于1981年推出了博物馆通票（Museum Card），持卡人在一年有效期内（非荷兰居民购买的临时卡有效期为31天）可无限次进入荷兰境内的400多家博物馆。它的本意在于鼓励市民将参观博物馆变成一种常态化的生活与研学方式。荷兰国立博物馆于2013年重新向公众对外开放，并为观众提供了免费的网络博物馆。观众除了可以免费高清下载20万份馆藏，更可依据个人喜好创立属于自己的私人网络博物馆，还可以通过自己喜欢的方式将艺术原作做成纪念品来收藏。

积极开展历史文化空间重塑活动，将文化创意融入运河的空间塑造。由于整

① 王春雷，涂天慧. 城市旅游目的地品牌资产管理研究：以荷兰阿姆斯特丹为例[J]. 全球城市研究（中英文），
2021，2（2）：110-126，193.

座城市被运河环绕，城市的起源和兴盛都在运河及其周围留下了历史的痕迹，其历史、文化已经和运河融为一体，密不可分，并且阿姆斯特丹人还将它们完美地结合在了一起。"黄金年代"建成的旧城区在工业外迁和城市居住地外扩过程中逐渐转换为以景观、生态、文物保护为核心的历史街区。辛格尔运河沿岸是阿姆斯特丹最具风情和特色的区域，运河边也分布有酒吧、咖啡馆、各种文化餐厅、博物馆及原始、古老且美观的住宅。阿姆斯特丹充分利用运河的自然与文化资源，提升岸上与水上生活品质，延续了历史传统中对水上空间的利用，沿用运河游船，日夜、四季人们都可以乘船游玩[①]。因此玻璃船观光也成了阿姆斯特丹最经典的巡河方式，可透过船顶和玻璃窗欣赏两岸各个时期色彩斑斓的荷兰传统民居建筑（图10-7）。

积极发展夜间文化经济。阿姆斯特丹以自由开放的夜生活闻名于世，它在最大化提供夜间服务方面世界领先。2003年，阿姆斯特丹开创性地任命了首位"夜间市长"（night mayor）来监督（晚九朝五）的夜间经济活动，致力于在市政府、企业主和居民之间架起桥梁，建立沟通机制，提出创新的解决方案，满足行政管理体系和实际操作中场地经营者和艺术家的需求，确保夜生活和城市生活的其他部分能够共存。阿姆斯特丹政府坚信，夜间经济可以吸引有活力和创意的年轻人，增强城市创造力。为缓解市中心夜生活的压力，阿姆斯特丹充分利用城市近郊闲置的文化空间探索夜间经济新模式。

图10-7 阿姆斯特丹运河风光
来源：视觉中国

① 程丹妮. 阿姆斯特丹与杭州运河带的塑造对比分析[J]. 中国市场，2021（1）：22，30.

10.1.5 伊斯坦布尔

（1）城市文化品牌

伊斯坦布尔（土耳其语为İstanbul，英语为Istanbul），原名君士坦丁堡，是土耳其经济、文化、交通中心，世界著名的旅游胜地，繁华的国际大都市之一，位于巴尔干半岛东端、博斯普鲁斯海峡南口西岸，扼黑海入口，为欧亚交通要冲，战略地位极为重要，有着悠久而多样的历史。面积5343km²，拥有1400多万居民。

这片土地自新石器时代开始有人居住。公元前658年，希腊移民在金角湾与马尔马拉海之间的地岬上建立了一座城市，称为拜占庭。公元330年，君士坦丁将罗马帝国迁都至此，起初称为新罗马，不过很快就以其创建者君士坦丁命名，名为君士坦丁堡。公元395年，罗马帝国分为东、西罗马帝国，君士坦丁堡成为东罗马帝国首都。1453年成为奥斯曼帝国首都。

伊斯坦布尔之名在奥斯曼帝国征服之前至少已经存在百余年，如1403年西班牙国王遣使觐见帖木儿大帝，使臣途经君士坦丁堡，他在回忆录中提到，希腊人也称此地为伊斯坦布尔，但西方国家认为奥斯曼帝国是此地的侵略者，所以依然坚持称此地为君士坦丁堡。1923年土耳其共和国初建时为首都（独立战争期间迁都安卡拉），伊斯坦布尔才成为国际上的正式名称。

伊斯坦布尔当选为2010年欧洲文化之都和2012年欧洲体育之都；该市的历史城区在1985年被联合国教科文组织列为世界文化遗产；2018年11月，世界城市排名发布，伊斯坦布尔进入世界一线城市行列。

（2）文化活力与影响力

近年来，伊斯坦布尔一直在发展其特色文化，2010年被确立为欧洲文化之都进一步提升了其发展的动力。伊斯坦布尔双年展由伊斯坦布尔文化艺术基金会于1987年创立，现已成为国际视觉艺术巡回展上的一项重大活动。2015年，第14届双年展在3个月内吸引了54.5万名游客，第15届将于2017年举行。与此同时，伊斯坦布尔设计双年展探索了各种设计类型，包括建筑以及城市、室内、工业、图形、时尚、纺织和新媒体等。伊斯坦布尔融合了传统和现代。它是一座拥有无与伦比的文化遗产的古城，同时拥有强大的经济、年轻的人口和充满活力的当代文化景观。

（3）文化资源与文化设施

伊斯坦布尔有着丰富的文化遗产，历史悠久的城市半岛是联合国教科文组织的世界遗产。一些标志性建筑可以追溯到罗马时代，包括纪念性的瓦伦斯渡槽。

然而，拜占庭和奥斯曼时代的建筑占据了城市的天际线。索菲亚大教堂于公元537年落成，是君士坦丁堡东正教大主教的所在地，是近千年来世界上最大的大教堂。今天它是一个博物馆。16世纪的苏莱曼尼耶清真寺和17世纪的蓝色清真寺都将圣索菲亚的灵感与传统伊斯兰建筑相结合。奥斯曼时代的其他标志性建筑包括托普卡帕宫，几个世纪以来，它一直是奥斯曼苏丹的居所和行政中心，现在则是土耳其文化和旅游部经营的博物馆（表10-4）。

伊斯坦布尔城市文化指标情况　　　　　　　表10-4

指标	数量	单位	年份
每年的音乐表演	2500	次	2015
公共图书馆	62	个	2014
国家博物馆	22	个	2014
其他博物馆	49	个	2014
现场音乐场所	106	个	2015
每年所有剧院的戏剧表演	12926	次	2013
剧院	189	个	2013
公园、花园等公共绿地比例	2.2	%	2015
遗产/历史遗址	38292	处	2014
世界遗产	1	处	2014
一年内在该国出版的图书	19154	种	2014
每年的舞蹈表演	158	次	2014
艺术画廊	199	个	2014
通才大学艺术与设计学位课程学生	3126	人	2014
非专业舞蹈学校	109	个	2015
电影院	99	个	2015
电影屏幕	704	个	2013
每10万人拥有的电影院银幕	4.9	个	2013
一年内在该国影院上映的电影	357	部	2014
一年内在该国院线上映的外国电影	249	部	2014
电影节	14	个	2015
书店	134	个	2015
每10万人拥有的书店数量	0.9	个	2015
每10万人拥有的酒吧数量	2	个	2015

续表

指标	数量	单位	年份
餐厅	1122	个	2015
市场	601	个	2015
节日和庆典	150	个	2015
在城市学习的国际学生	14072	人	2014
电子游戏厅	18	个	2010
博物馆/画廊参观人数中每年至少参观一次的劳动年龄人口比例	90	%	2014
访问量排名前5的博物馆和画廊的访问次数	8948092	次	2014
前5名艺术展的日均参观人次	2179	人	2011
每年所有剧院的入场人数	2510265	人	2013
每年所有剧院的剧院门票销售总额	2	百万美元	2015
每年的电影院入场人数	16251695	人	2013
主要电影节入场人数	130000	人	2015
每年电影票销售总额	73294423	美元	2014
每年国际游客人数	11842983	人	2014
每年国际游客人数占城市人口的比例	82	%	2014
居住在城市的人口占全国总人口的比例	18.5	%	2014
劳动年龄人口	10243634	人	2014
人均年收入	25000	美元	2014
国内生产总值	394000	百万美元	2014
创意产业就业比例	1.6	%	2013
夜总会、迪斯科舞厅和舞厅	106	个	2015
每10万人拥有的公共图书馆	0.4	个	2014
公共图书馆每年出借图书	0.4	百万册	2014
博物馆	71	个	2014
每10万人拥有的餐厅	7.9	个	2015

来源: 2010—2015 年土耳其统计研究所、伊斯布尔尔文化和旅游业理事会、伊斯坦布尔国家歌剧和芭蕾舞局公报

（4）文化发展行动计划

自20世纪中期以来，该国人口呈爆炸式增长，这一增长主要来自农村地区的国内移民。为应对这种增长，需要发展基础设施以容纳新居民，同时保持获得绿地、水资源和高质量生活的机会。鉴于其快速发展，现代化与考古遗产保护的问题目前在伊斯坦布尔十分尖锐。如挖掘博斯普鲁斯海峡下的马尔马拉伊隧道时，发现了新石器时代定居点和拜占庭港口遗迹以及大量完整的沉船残骸后，但保护工作的开展却被推迟了数年。历史悠久的卡拉克地区已成为一个时尚和艺术街区。一个以前的仓库成为伊斯坦布尔第一个当代艺术博物馆；前奥斯曼银行成为一个文化中心。

伊斯坦布尔的文化和遗产政策由多个机构制定，公共投资主要集中于恢复遗产和创建文化中心。增加社会参与仍然是一项挑战，许多城市居民还没有养成参观博物馆、图书馆和参加文化活动的习惯。另一个挑战是加强政府机构、文化机构和私营部门之间的合作与协作。

10.1.6 孟买

（1）城市文化品牌

孟买临阿拉伯海。16世纪初，葡萄牙殖民者曾将其改名为Bombaim，意为"美丽的海湾"。17世纪，孟买被转赠给英国，改名为 Bombay，意为"良港"。1995年，孟买市政府恢复了Mumbai的读音，但旧称"Bombay"仍然在一些居民和著名机构中广泛使用。

孟买融合了传统文化与现代文明，具有开放和包容性，聚集了来自世界各地的人，除了当地人，还有60多个国家的侨民。古典与现代、西方与东方的文化在此交流、碰撞，形成了独特的孟买文化。

（2）文化独特性与多样性

孟买是印度最大的城市和经济中心，是印度西部滨海城市，印度第一大港口，棉纺织业中心，马哈拉施特拉邦首府。孟买大区是印度整个国家人口第二密集的地区，2016年的人口统计显示，该地区人口大约为2130万（仅次于人口2500万的印度首都新德里）。孟买也是印度最富裕的城市，这里的百万富翁和千万富翁冠绝印度所有城市。与印度其他主要城市一样，孟买也有贫民窟。唯一的区别是，在这里，贫民窟居民的识字率要高得多。

孟买是印度西部的教育中心，著名的孟买大学是印度三所历史最悠久、规模最大的综合性大学之一，在国际上也享有较高的声誉。这所大学培养出许多印度各界著名人士。孟买还拥有印度两个重要的研究机构，分别是塔塔基础研究协会和巴巴原子研究中心。

孟买的信仰是多样化的，67%以上的居民信奉印度教，其余居民的信仰则涉及几乎世界上所有的宗教，孟买的建筑也集中反映了这一特点。如今的孟买市内，既有欧洲风格的古典式建筑，也有一幢幢现代化的摩天大楼，同时还有印度教寺庙、基督教大教堂、伊斯兰教清真寺、佛教寺庙等宗教建筑。

孟买流行多种语言，主要有英语、马拉地语和印地语等。其中，马拉地语是官方语言，近3/4的小学使用马拉地语，其他则使用不同的9种主要语言。成年人则使用各种各样的方言土话，形成了独特的孟买腔。

孟买非常重视与国外城市的交流与合作，先后与英国的伦敦、美国的洛杉矶、俄罗斯的圣彼得堡、中国的上海、德国的斯图加特和日本的横滨建立了友好城市关系。

（3）文化设施与文化产业

孟买拥有3处联合国教科文组织确认的世界遗产，分别是贾特拉帕蒂·希瓦吉火车站、象岛石窟以及该城市独具特色的维多利亚风和有艺术风范的建筑群等。

孟买是印度娱乐中心，是印度电影的诞生地（1896年7月7日在此拍摄了印度第一部电影），电影业极为发达，全国大多数电影制片厂均设在这里，故亦有"印度的百老汇"之名。印度大部分重要电视和卫星网络以及主要出版社均将总部设在孟买。宝莱坞是世界最大的电影生产基地之一，位于印度孟买电影基地，宝莱坞对印度以至整个印度次大陆，中东以及东非和东南亚的一部分流行文化都有重要的影响，并通过南亚的移民输出传播到整个世界，拥有数亿观众。

孟买以其节日而闻名，这些节日展示了这个国家的多样性。参加这些活动，尤其是甘尼什·查图蒂节、纳夫拉特里节、迪帕瓦利节和胡里节，是了解孟买和印度文化的绝佳方式。孟买的节庆活动众多，既有印度全国性的节日，如洒红节、排灯节，也有孟买地方性的节日，如克里希那神诞辰日、象头神节、象岛艺术节等，还有经典的西方节日。克里希那神诞辰日是印度教的传统节日，节庆活动中最惊险刺激的就是叠罗汉——人们骑在他人的脖子上，最高可达四五层楼高。象头神节也是印度教的节日。节日当天，人们相互泼洒红色粉末，一边载歌载舞，一边推送神像上街游行，直至将其放入大海。象岛艺术节每年2月在象岛举行，来自全国各地的人们尽情地表演印度古典音乐和舞蹈。此外，孟买国际电影节和邦根加节等都能让人感受到浓浓的节日气氛。

10.2 中国文化城市

10.2.1 西安

（1）城市文化品牌

西安古称长安，是中国西北部最大的中心城市，位于中国内陆腹地黄河流域中部关中盆地。下辖11个区、2个县、7个国家及省级重点开发区，并代管一个国家级新区，即西咸新区。2021年，全市年末常住人口含西咸共管区为1316.3万。

西安地处关中平原中部，是国家明确建设的国际化大都市、国家中心城市，获评国家卫生城市、国家园林城市、中国形象最佳城市、中国国际形象最佳城市、中国最具幸福感城市、全国文明城市等。

（2）文化独特性与多样性

西安是中国历史上建都朝代最多、时间最长、建都最早、影响力最大的都城，也是中国国家区域中心城市，更是中华文明的发扬地、中华民族的摇篮、中华文化的杰出代表，有着"天然历史博物馆"的美誉。在《史记》中，被誉为"金城千里，天府之国"，1981年联合国教科文组织把西安确定为"世界历史名城"，西安是国务院公布的第一批国家历史文化名城。

西安是中华民族和东方文明的发源地之一，早在100万年前，蓝田古人类就在这里建造了聚落；7000年前的仰韶文化时期，这里已经出现了城垣雏形。西安有3100多年的建城史和1100多年的国都史，先后有西周、秦、西汉、东汉、新、西晋（愍帝）、前赵、前秦、后秦、西魏、北周、隋、唐13个王朝在此建都，又为赤眉、绿林、大齐（黄巢）、大顺（李自成）等农民起义政权的都城。自西汉起，西安就成为中国与世界各国进行经济、文化交流和友好往来的重要城市。"丝绸之路"就是以长安为起点，西至古罗马。西安是闻名世界的历史名城，与罗马、雅典、开罗齐名，也是中国六大古都中建都历史最长的一个，长安文化代表着中华文化的主干。"西安"之名称始于明代。元至元九年（1272年），元世祖封三子忙哥剌为安西王，镇守这里，改京兆府为安西路。元皇庆元年（1312年），改安西路为奉元路。明洪武二年（1369年），改奉元路为西安府，府城简称西安，名称一直沿用至今。

历史上，西安也是地方行政机关——州、郡、府、路、省和长安、咸宁两县的治所。1911年辛亥革命爆发后，西安是全国最早响应的省会城市之一。20世

20年代，随着西安现代工商业的发展和城市人口的增加，诞生并逐步形成了不同于历史上任何行政建制的新型地方行政建制，即市级建制。1927年11月25日，陕西省政府议决设立西安市。1930年11月8日，陕西省政府撤销西安市建制，辖区复归长安县。1932年3月5日，国民党确定长安为陪都，定名西京，并成立西京筹备委员会，但西京市政府始终未成立，后西京筹备委员会撤销。1944年9月1日，西安市政府正式成立，为陕西省辖市。1947年8月1日，西安市升格为国民政府行政院直辖市，为全国12个院辖市之一。

1936年12月12日，发生了震惊中外的"西安事变"。事变之后，设在西安的国民革命军第八路军驻陕办事处，为延安革命根据地输送了大批青年知识分子和军需物资。党和国家领导人周恩来、邓小平、叶剑英等都曾在此领导过革命斗争。1949年5月20日，西安解放。之后，西安是中央西北局和西北行政委员会所在地，中央人民政府的直辖市；1954年6月改为省辖市；1984年10月被国务院列为计划单列市；1992年被批准为内陆开放城市；1994年被批准为全国综合配套改革试点城市和副省级城市；2018年被确定为国家中心城市。

西安以强大的科技实力、门类齐全的工业体系和日益成熟的城市服务体系成为中国重要的科研、高等教育、国防科技工业和高新技术产业基地及辐射北方中西部地区的金融、科技、教育、旅游、商贸中心。

（3）文化产业与文化活动

西安市委、市政府将文化和旅游业作为提升城市核心竞争力的重要路径，加强文化建设、促进文化和旅游融合发展是全市10项重点工作之一，以曲江新区为代表的国家级文化产业园区发展势头良好。"博物馆之城"初步建成，"演艺之都"正在崛起，文艺强市实至名归，"网红之城"远近闻名，文化和旅游的集群效应逐步呈现。

2020年，全市接待游客1.8亿人次，旅游业总收入1882亿元。规模以上文化企业661家，规模以上文化企业营业收入601亿元。AAAAA级景区5家，AAAA级景区26家（含西咸新区5家），省级旅游度假区4家，文化馆与艺术馆14座，图书馆14座，博物馆157座，国家级非遗项目10项，各级文保单位432处。文化旅游产业成为西安市主导产业之一。

积极推进文化旅游与体育、科技、农业、工业、商业等相关产业的融合，坚持走观光旅游与休闲度假旅游并重的路子，推动历史文化与自然生态产品"两轮驱动"。不断推出消夏避暑、登山采摘、骑行徒步、演艺美食、博物馆体验、云上旅游、夜间旅游等类型丰富的旅游产品。

（4）文化发展定位

西安品牌影响持续增强。从文化之都、书香之城、音乐之城、博物馆之城到时尚之都、硬科技之都等，西安城市新名片愈发闪亮。通过全面盘点资源，用文化的理念发展旅游，用旅游的方式传播文化。独树城市品牌，倾力打造"千年古都·常来长安"文化旅游IP，一系列文旅活动和产品使西安保持了持续的市场热度。

（5）文化发展行动计划

推进体系建设，做强文化产业。加强对传统文化产业的技术改造，推进科技赋能的新兴文化产业的创新发展，推进文化产业数字化、文化科技融合、文化金融融合，重点发展数字传媒、电子竞技、数字博物馆、文化科技、文化金融等产业，加快发展以文化创意为主体的新型文化业态，做大做强影视制作、演艺娱乐、动漫游戏、印刷包装等主导产业，培育一批具有国际影响力的文化龙头企业和知名品牌，建设西安国家级文化和科技融合示范基地，加速推进数字文化产业腾飞发展，提高文化产业发展质量，实现文化产业由国民经济支柱性产业整体迈向高质量发展的现代产业。到"十四五"末，全市文化及相关产业市场主体达到3.5万个，文化产业发展水平走在西部地区前列。

打造文化标识，激活创新动能。弘扬好历史文化、传承好丝路文化、继承好秦岭文化、发扬好红色文化，用好改革创新一招，通过文化赋能，用好原创新驱动平台，使资源的文化脉络更加清晰，文化基因绵延，遗产保护和开发利用有机融合，文化传承与城市发展和谐共生，文化资源的创造性转化和创新性发展取得新成效。

力促深度融合，做优文旅产业。建设一批文化旅游创新基地、园区、企业，突出文化旅游产业的产业链、创新链建设，围绕头部企业，梳理、优化、拓展产业链条，持续"补链优链强链"，推动文化旅游产业做大做强。紧抓文旅产业数字化、在线化、智慧化的发展趋势，推动"文旅+""+文旅"双向发力，以基础性文化和旅游产业迭代升级、融合性文化和旅游产业集成优化、创新性文化和旅游产业突破发展，大力发展全域旅游，促进文化和旅游深度融合发展。

强化产品供给，塑造文化品牌。深化文化和旅游的供给侧结构性改革，扎实推进文化和旅游融合，以满足人民日益增长的美好生活需要为目标，坚持科技赋能文化和旅游发展，推出系列活态化、体验式、创新性文化和旅游产品，提升文化和旅游产品品级，优化文化和旅游产品体系，打造经典文化和旅游品牌，不断丰富文化体验、休闲游憩、避暑避霾度假、康体健身等优质文化和旅游产品供给，推进文化和旅游业高质量发展。

升级消费品质，激发市场活力。落实国家发改委等部门印发的《关于促进消费扩容提质加快形成强大国内市场的实施意见》和《陕西省促进旅游消费八条措施》等指导意见，大力培育新型消费，提升传统消费，突出完善文化和旅游消费环境，以促进西安文化和旅游消费升级为目标，加强国内外市场营销，以健全文化和旅游消费体制机制为着力点，用好消费券等激励手段，激发文化和旅游的市场活力，全面拓展国内国际两个市场。

提高服务效能，优化发展环境。坚持以人为本，以优化西安文化和旅游发展的软硬件环境为目标，着力建设优质的文化和旅游发展营商环境、便利的智慧平台、健全的投融资体系和完善的市场监管机制，提高服务效能，切实保障游客、文化企业和旅游企业的切身利益，突出抓好生态环境建设。

拓展文化交流，深化区域合作。以坚定文化自信、促进文明交流互鉴为指引，进一步扩大开放，广泛参与世界文明对话，以提升文化软实力与传播中华优秀文化为目的，畅通国内国际双循环。

10.2.2 泉州

（1）城市文化品牌

泉州古称"刺桐"，位于中国东南沿海，是一座写满海洋记忆的港口城市，已有1300多年历史。10—14世纪，泉州在繁荣的国际海洋贸易中蓬勃发展，成为各国商旅云集、多元文化交融的东方第一大港。

泉州市域范围内东南临海，西北部为山区腹地，泉州城建于沿海平原，北依清源山，南临晋江，东北为洛阳江，两江在城东南汇入泉州湾。泉州海域位于东海和南海的交界地带，海岸线绵延曲折，全长达500多千米，沿海分布有多处天然深水良港，具有优越的航运条件。泉州现辖14个行政区县，2019年末常住人口874万，全市土地面积11015km^2，海域面积11360km^2，海岸线总长541km，大小港湾14个，岛屿207个。

（2）文化独特性与多样性

泉州是宋元中国的世界海洋商贸中心，是公元10—14世纪产生并留存至今的一系列文化遗产，分布于以今天泉州城区为核心的泉州湾地区，包括九日山祈风石刻、市舶司遗址、德济门遗址、天后宫、真武庙、南外宗正司遗址、泉州府文庙、开元寺、老君岩造像、清净寺、伊斯兰教圣墓、草庵摩尼光佛造像、磁灶窑址、德化窑址、安溪青阳下草埔冶铁遗址、洛阳桥、安平桥、顺济桥遗址、江口码头、石湖码头、六胜塔、万寿塔22个遗产点，具有鲜明的海上贸易和东西方文明交融特征，古老、生动，甚至世所罕见，见证了"刺桐"这座古代东方大港的地位、奉献和风韵。

千年海丝、闽南文化是泉州城市的根和魂，泉州一直以发掘好、利用好这座文化宝库为己任，让文物说话，让历史文脉传承，让城市留住记忆。泉州是全国著名侨乡和台湾汉族同胞的主要祖籍地，旅居世界各地的泉州籍华侨、华人有720多万，旅外乡亲热心桑梓建设，或投资办厂，或兴学育人，或捐资慈善，或兴办公益，涌现出一大批贡献巨大、成就杰出的乡贤硕彦，成为推动泉州经济、文化社会发展的重要力量，成为泉州与世界密切联系的纽带和桥梁。

泉州市人均文化事业费和每千人公共文化设施面积均居全省第一梯队，基本建成四级公共文化设施网络。泉州市公共文化中心木偶剧院、歌舞剧院建成投用，新建县（市、区）图书馆、文化馆等3处。全市电视频道高清化改造完成，泉州文化云上线运行，建成11个特色资源数据库，数量和容量位居福建省前列。深入实施"万千百十"文化惠民工程，开展送戏下乡、文化广场演出5万多场，累计参与群众超800万人次，形成28个公共文化活动示范品牌。初步形成以人民为中心推进公共文化服务共建共享的"泉州经验"。

（3）文化设施与文化产业

向海而生、开放融合的传统基因，塑造着泉州生动多彩、充满活力的社会风格和文化面貌。丰富多样的民间信仰、风俗习惯、传统工艺、文化艺术、乡土饮食等历代传承，泉州已登记的各级非物质文化遗产达505项，其中列入世界级"非遗"名录的有4项（南音、木偶戏、中国传统木结构营造技艺、水密隔舱福船制造技艺）。泉州是国务院首批公布的24个历史文化名城之一。拥有各级文物保护单位945处（国家级44处）。

坐落于中国东南沿海的泉州，曾是10—14世纪繁荣的亚洲海洋贸易网络东端的商贸中心，宋元中国杰出的对外经济与文化交流窗口。它以位于江口平原的城区为运行中枢，东南面的辽阔海域是其对外联系门户，西北面的广袤山区是其产业基地，水陆复合的运输网络连通其间，呈现为港口、城市与腹地联动发展的整体繁荣景象。承载着关键价值特征的22处遗产要素及其关联环境，包括了行政管理机构与设施遗址、多元社群宗教建筑和造像、文化纪念地史迹、陶瓷和冶铁生产基地，以及由桥梁、码头、航标塔组成的水陆交通网络，完整地体现了宋元泉州富有特色的海外贸易体系与多元社会结构。

这一系列遗产记载着宋元泉州令人瞩目的繁荣与成就，它是世界海洋贸易引擎型港口的杰出范例，具有产—运—销功能高度整合的区域一体化空间结构，以及中外风格多元荟萃的聚落景观，展现出东亚帝国农业文明与世界海洋商业文明间的经济与文化发展观交流，见证了积淀并传承至今的多元共荣海洋商业传统。泉州作为宋元中国与世界文明的对话窗口，展现了完备的制度体系、发达的经济水平以及包容的文化态度，对该时期亚洲海洋贸易的高度繁荣以及东亚与东南亚的社会发展做出了突出贡献。

获批国家文化和旅游消费试点城市。文化产业增加值从2016年的386.32亿元增长至2019年的578.63亿元，位居全省首位。新增国家级众创空间7家、国家文化重点出口企业2家、省文化企业十强2家、省级文化产业示范基地10家。累计接待游客2.579亿人次，实现旅游总收入合计3961亿元。新增A级景区23家、省级旅游度假区3个、全国乡村旅游重点村3个、省级工业旅游示范基地4个、省级观光工厂34家。西街入选第一批国家级夜间文化和旅游消费集聚区，德化县获评国家全域旅游示范区，晋江市、惠安县、永春县获评全省全域生态旅游示范县（市、区），泉州古城文化生态旅游度假区获评省级旅游度假区。组织参加"文博会""旅博会"，签约文旅项目56个，完成投资100多亿元。

（4）城市文化发展定位

聚焦塑造"宋元中国·海丝泉州"世界遗产城市文旅品牌，系统整合泉州文旅优势资源与特色要素，打造"世界海丝休闲旅游目的地"形象。设计、提升、完善并落地全市推广使用世界遗产文旅品牌形象视觉识别系统，以世界遗产、海丝文化、闽南文化、工业文旅、研学旅行等为要素重点，以古城古港、城·山·海为特色，各县（市、区）文旅品牌和"泉州古城""郑成功""德化白瓷""妈祖信俗"等福建文化标识为支撑，构建多层次、立体化的文旅目的地品牌体系，指导推动相关主体通过注册集体商标并逐步推广使用等措施，培育区域文旅品牌。

（5）文化发展行动计划

泉州世界遗产地，古城是核心。22处遗产点中，鲤城区集中了8处世界遗产点，泉州古城整体纳入缓冲区管理。古城还集中着近300条古街巷和669幢传统历史建筑。以列入世界遗产为契机，抓好重中之重，结合国家"生态修复城市修补"试点，以"绣花"功夫改善人居环境、传承历史文脉，在"润物无声"中促进古城蝶变复兴。

真实性保护，让古城既有诗意又充满"烟火气"。不久前，象峰巷拆除了存在几十年的电线杆和密集的电线网，从巷口望向东塔，视野一览无遗。花巷修缮提升后，浓郁的闽南背街小巷风情吸引了市民游客前来打卡，每到节假日人流涌动。秉承"修旧如旧"的修缮理念，泉州对669幢传统历史建筑逐一登记建档、挂牌保护、分批修缮，做到"原址、原状、原物、原汁原味"。2018年至今，相继启动金鱼巷"微改造"项目、中山中路综合提升工程、中山中路周边29条街巷综合提升工程、中山南路周边43条街巷整治提升工程等。立足于"微更新""微改造"模式下的活态保护和综合提升，着力解决内涝、管线老化、供电等老城居住问题，并维持历史风貌。

功能性提升，在古城畅享美好品质生活。市民游客畅游便捷便利——主干道有公交"小蓝"，背街小巷里有社区巴士"小白"，管制路段有自行车"小黄"，"微循环"交通模式无缝接驳各种交通工具，不断提升游客体验感。周到的考虑甚至延伸到了公厕——金鱼巷老旧公共厕所改造后成为既美观又实用的"网红公厕"，古色古香的艺术设计外观展示了传统建筑之美，精心优化的内部功能更为人性化，被群众称为街巷里的"最美公厕"。

活态性传承，让文化遗产和非遗保护发展相得益彰。除了44项全国重点文物保护单位，泉州还有5项世界级非遗项目、36项国家级非遗项目，大多集中在古城。为了让文化瑰宝"活"在市民和游客身边，泉州科学统筹文化遗产与非遗技艺展示工作。端午节假期，全民共享非遗文化盛宴——在古城街巷，"嗦啰嗹"巡游活动盛大举行，市民游客互动体验火鼎公婆、拍胸舞、悬艾草等优秀传统文化。节假日之余，海丝泉州古城徒步游、南音常态化公益演出、"威远楼之夏"戏剧节、"闽南美好生活"嘉年华等活动贯穿全年，让"更好地保护，更好地共享"成为社会共识。为了活化利用非居民古建筑，台魁巷常态化举办"泉州传统民居营造技艺展"，旧馆驿——清源驿成为古琴研学场所等，古建筑以全新姿态"活起来"，让更多人领略泉州文化古今融合之美。

优质环境吸引，文旅融合项目不断增加。2018年，全市签约文旅项目41个，总投资382.57亿元，其中35个文旅项目纳入全省文化旅游重点推进项目，进一步增强文旅发展后劲。通过文旅经济产业发展小组平台，已有豪尔赛等知名公司主动接洽项目，全年力争策划生成20个以上优质文旅项目，至少签约落地1个投资额10亿元以上的项目。同时，对文化、文旅、文创的更加重视，也使变化发生在更为深广的领域——在德化，陶瓷"冰墩墩""雪容融"与北京冬奥会一起向未来；在安溪，铁观音茶文化系统正式列入全球重要农业文化遗产；在南安，以郑成功收复台湾360周年为契机，举行国际郑成功文化节等一系列活动；在街头巷尾，木偶头、金苍绣等作品走出博物馆、展示柜，为市民游客所喜爱。

10.2.3 大同

（1）城市文化品牌

大同市，山西省第二大城市，是中国首批24个国家历史文化名城之一、中国首批13个较大的市之一、中国十大古都之一、国家新能源示范城市、中国优秀旅游城市、国家园林城市、全国双拥模范城市、全国性交通枢纽城市、中国雕塑之都、中国十佳运动休闲城市。

大同的区位"西界黄河，北控大漠，东连倒马、紫荆之关，南据雁门、宁武之险"。境内山峦起伏，沟壑纵横，形成许多天然关塞，在军事上进有依托，守有屏障。三面临边，自古为兵家必争之地，是首都之门户、三晋之屏藩、中原之保障，被誉为"北方锁钥"。曾为北魏京师、辽金西京、明清重镇，是历史上民族融合、战争频仍的地区。其城址均在大同盆地北部边缘地段、御河西岸。

近年来，大同打造了一批具有大同特色的文化品牌和文化名片，城市文化竞争力和城市影响力不断增强。加强了云冈、恒山、古城、长城四大核心资源引领带动优势，叫响了文化古都、清凉夏都、美食之都三大品牌，相继构建了避暑康养、研学体验、自驾旅居、乡村旅游、低空旅游等文旅新业态。

全面优化景区空间布局，增加"二次消费"产品业态，在推动景区扩容提质增效、整合全市"吃住行游购娱"各类资源、建设大型综合性文旅集散中心等方面还需加强。

（2）文化设施

截至2021年，全市共有文化艺术馆11个、文艺表演团队81个、公共图书馆11个、博物馆22个、档案馆11个。全市共有广播电视台11个、微波站11座、有线电视网10个。广播人口覆盖率达99.2%，电视人口覆盖率达99.6%，有线电视用户31.3万户。

（3）城市文化发展定位

大同市推出主题突出、层次分明的全域旅游品牌，形成以"中国古都、天下大同"为总品牌，以"塞上长城""避暑康养"为主打品牌，以"首善平城""世界云冈""云游云州""魅力新荣""厚道浑源""山水灵丘""颐养广灵""五彩天镇""杏韵阳高""醉美左云"10个县域旅游子品牌为支撑，构建多层次、全方位的"1+2+10"全域旅游品牌矩阵，打造"多元品牌、全域体验"的大同文旅新形象。

（4）文化发展行动计划

立足古都大同的历史文化优势，实施文化强市战略，按照"大产业、大融合、大建设"的发展路径，充分挖掘和利用优秀传统文化、历史文化，坚定文化自信，加强文化化人，繁荣文化事业，大力培育发展特色文化业态，推动"文化+"发展。加快文旅融合发展，提升大同历史文化名城的知名度和美誉度。

做好文化资源的保护和利用。强化系统保护理念，加大文物文化遗产的实物性、数字性、抢救性、修复性保护力度，做好文物安全隐患排查工作。实施文物保护利用工程，加强对世界文化遗产、重要大遗址、重要文物建筑、革命遗址的保护利用，深挖云冈文化内涵，突出"保护、研究、弘扬"三个重点，加大云冈石窟保护力度，建设云冈峪历史文化基因库，加强"云冈学"研究，推进云冈学学科建设、学院建设，加强数字化保护。推动云冈学走向世界。加快推进古城保护修复，延续古城文脉，切实做好历史街区保护修复工作，将北魏、边塞、民族融合等文化元素融入城市门户，主要街区、公园广场注重多元体验，通过多种形式、多种渠道推进古城保护修复与开发，让古城真正"活"起来。加强北魏文化、军旅文化、长城文化、边塞文化等研究，挖掘名城、名胜、名典中蕴藏的文化故事，把北魏民族融合史塑造成"游山西，读历史"的文化招牌，加强历史建筑活化利用，开展历史文化名城保护工作评估，保护历史城镇、村传统风貌，开展文化古镇活化研究，编撰一批历史文化典籍和重点图书。

创新非遗传承保护，加快非遗产品化，打造大同非遗特色品牌，将非遗传习所纳入旅游线路，融入旅游消费各环节，推动非遗项目进景区、进校园、进企业、进机关、进社区。积极开展"万里茶道"申遗工作，注重"非遗"美食品牌化打造，大力挖掘"凤临阁百花烧卖""老大同什锦火锅""北魏贡酒""大同羊杂""浑源凉粉""大同刀削面"等食品技艺类项目。注重非遗文创产品推广，强化"飞天结艺""康氏绢人""大同木雕""大同剪纸""大同铜器""广灵内画"等文创产品的宣传力度。积极在历史文化名城、名镇、名村建设中融入非遗文化，在古城规划保护修复和新型城镇化建设中，充分考虑非物质文化遗产的项目特点、地域特征、时代特色，增加非遗展示项目和非遗元素。

培优铸魂，创作文艺精品剧目。紧紧围绕全面建成小康社会、建党100周年重要节点，聚焦文化传承、乡村振兴、脱贫攻坚等主要题材，推出一批展示大同文化印记的精品力作，持续打磨舞蹈诗剧《天下大同》、歌舞剧《北魏长歌》，谋划创排交响音乐诗《美丽大同》，创排大型抗战首胜舞台剧《热血》、脱贫攻坚舞台剧《八九雁来》《忘忧草》等，抓好小型剧创作，推出非遗、戏曲、歌舞、民俗等一批精品小剧目，举办小剧目展演活动。

大力培育发展特色文化业态。立足区位条件和资源条件，巩固发展文化演艺、节庆会展、文博衍生、文化艺术等特色文化业态。在文化演艺业方面，以古城大型演艺为支撑，打造长城金三角演艺娱乐中心。持续办好大同云冈文化旅游节，国际雕塑双年展等活动，创新举办大同古都灯会，做强特色节庆会展品牌。在文博产业方面，推动多堂剪纸文化产业园区等项目。

10.2.4 长沙

（1）城市文化品牌

长沙，湖南省省会，是长江中游地区重要的中心城市，全国"两型社会"综合配套改革试验区，中国重要的粮食生产基地，长江中游城市群和长江经济带重要的节点城市。长沙位于湖南省东部偏北，湘江下游和长浏盆地西缘。总面积1.18万 km^2 ；辖6个区、1个县，代管2个县级市；境内地势起伏较大，地貌类型多样，地表水系发达。气候温和，四季分明，湘江穿城而过。东邻江西省宜春、萍乡，西连娄底、益阳，南接株洲、湘潭，北靠岳阳。长沙是综合交通枢纽，京广高铁、沪昆高铁、渝厦高铁在此交会。

长沙是首批国家历史文化名城，历经三千年城名、城址不变，有"屈贾之乡""楚汉名城""潇湘洙泗"之称。有马王堆汉墓、四羊方尊、三国吴简、岳麓书院、铜官窑等历史遗迹。凝练出"经世致用、兼收并蓄"的湖湘文化。长沙既是清末维新运动和旧民主主义革命策源地之一，又是新民主主义的发祥地之一，走出了黄兴、蔡锷、刘少奇等名人。

长沙是中国国际形象最佳城市、东亚文化之都、世界媒体艺术之都。打造了"电视湘军""出版湘军""动漫湘军"等文化品牌。长沙有高校51所，独立科研机构97家，两院院士52名，国家工程技术研究中心14家，国家重点工程实验室15个；有杂交水稻育种、天河超级计算机、国内首台3D烧结打印机等科研成果。

（2）文化独特性与多样性

深厚的历史文化底蕴。从文化遗存来看，全市有国家级、省级文物保护单位73处，其中有中国现存最著名的商代青铜器——四羊方尊，有"汉文化博物馆"之称的马王堆古墓，有世界出土数量最多的各类简牍，有世界"釉下彩陶瓷"的起源——长沙铜官窑。从文化标志来看，有中国"孝"文化的代表——定王台；

有中国"忠"文化的代表——贾谊故居；有禅宗文化的代表——开福寺、密印寺；有世界上创办最早的高等学府——岳麓学院，并以湖湘学派影响了中国近现代史进程。从文化载体来看，绚丽的浏阳烟花名扬全球，精美的湘绣产品走向世界，别致的望城剪纸韵味独特，民俗文化声名远播。

丰富的名人文化资源。长沙是人才辈出的热土，孕育了灿若群星的历史名人。屈原、贾谊、杜甫、柳宗元、欧阳询、怀素、朱熹、张栻等历代文学家、思想家、政治家、哲学家、书法家，有感于长沙山川之灵秀、民风之淳朴、文化之厚重，写下了大量传诵千古的题咏，成就了长沙"屈贾之乡""潇湘洙泗"的美誉。19世纪中叶以来，长沙先后涌现了大批改变中国历史进程的人才，有曾国藩、左宗棠等晚清名臣，谭嗣同、唐才常等维新志士，黄兴、蔡锷等辛亥革命元勋，毛泽东、刘少奇等无产阶级革命家。当代的周光召、袁隆平、李谷一、宋祖英、谭盾等人，也在不同领域续写了长沙人杰地灵的华章。

独有的山水文化特色。长沙的岳麓山、湘江水、浏阳河、橘子洲，与欣欣向荣的现代城市一起，构成了世界罕见的山、水、洲、城风貌。岳麓山不仅有弦歌不绝的岳麓书院，还有古麓山寺和云麓道宫、爱晚亭、白鹤泉、黄兴墓、蔡锷墓，是名副其实的文化之山。湘江作为长沙的母亲河，它的万千姿态成为古往今来文人墨客吟诵和赞美的对象，留下了一批传世佳作。浏阳河以一首民歌传唱大江南北，橘子洲堪称中国内河第一洲，山、水、洲、城四大要素浑然一体，留下了与众不同的"长沙印象"。

繁荣的娱乐文化市场。长沙受湖湘文化熏陶，积淀了乐观豁达、敢于创造的文化性格，是闻名国内外的娱乐之都。湖南卫视的众多娱乐节目，开创了中国电视造星、娱乐选秀的先河。田汉大剧院、琴岛演艺厅等歌厅文化独具本土特色，成为外地人来长沙必享的"文化大餐"。解放路酒吧文化街、化龙池清吧文化街、太平街历史文化街、清水塘古玩文化街等各具特色，洗浴、保健、休闲等产业持续发展，为长沙的城市文化消费提供了平台。社区文化、方言小品、地方戏曲等传统文化生活得到较好传承，成为取之不尽的快乐源泉。

兴旺的现代文化产业。20世纪90年代中期，长沙文化产业开始兴起，特别是近几年来文化强市建设全面推进，文化经济总量在全国省会城市中居于前列。2010年，全市文化经营单位5.6万个，从业人员52.2万人；文化产业总产出948.7亿元，实现增加值453.8亿元，占全市GDP的比重为10%；实现税收总额达62.8亿元；对经济增长的贡献率为19.4%。以湖南广播电视台和长沙广播电视台为代表的"电视湘军"具有国际影响，推出了《雍正王朝》《走向共和》《恰同学少年》《黎明前的暗战》等优秀电视作品。以蓝猫、虹猫等为代表的卡通动漫在全国处于领先地位，涌现出宏梦、山猫、三辰、拓维等一批知名动漫企业。以出版湘军为代表的新闻出版业蓬勃兴起，湖南出版集团综合实力名列全国前茅，截至2023年，长沙图书交易会已举办30届，其影响力只亚于全国书市和北京图书订货会。

（3）文化设施与文化产业

截至2020年底，长沙市有公共图书馆10座、文化馆10家、文化站170处、博物馆36家、美术馆13家。2019年，长沙市文化产业总支出为2078.4亿元，增加值为674.27亿元，占GDP比重5.83%。

产业园区蓬勃发展。"十三五"期间，重点打造马栏山视频文创产业园、长沙信息产业园、天心文化产业园、后湖国际艺术园等一批特色鲜明、功能完备、富有活力、效益明显的文化产业园区。长沙天心文化产业园为国家级文化产业示范园区，马栏山视频文创产业园获评首批国家级文化与科技融合示范基地，并获得国家级文化产业示范园区创建资格。

文旅消费活力充沛。"十三五"期间，积极创建长沙文化消费十大地标、十大品牌、十大创意等系列品牌和100家"示范单位"，长沙获评国家文化消费试点城市优秀奖。采取多种措施鼓励文旅消费，精心培育长沙休闲旅游节、图书交易会、印刷博览会、阳光娱乐节、公益电影月等品牌活动，推动长沙消费试点、网吧转型升级、实体书店发展、固定电影放映点建设等工作。2020年，全市城镇居民人均消费支出39133元，教育文化娱乐人均消费7180元。

（4）城市文化发展定位

总体定位：国际文化创意中心、国际旅游中心城市。

文旅定位：世界媒体艺术之都、东亚文化之都；国际文旅消费中心、国际夜经济中心、全国旅游文创研发中心、全国旅游装备制造中心、中部地区旅游大数据中心、全省旅游集散中心。

品牌定位：山水洲城，快乐长沙。

10.2.5 大理

（1）城市文化品牌

大理白族自治州地处云南省中部偏西，海拔2090m，东邻楚雄州，南靠普洱市、临沧市，西与保山市、怒江州相连，北接丽江市，辖大理市和祥云、弥渡、宾川、永平、云龙、洱源、鹤庆、剑川8个县以及漾濞、巍山、南涧3个少数民族自治县，是中国西南边疆开发较早的地区之一。大理是全国唯一的白族自治州，著名的丝绸之路和茶马古道在此交会，被称为"亚洲文化十字路口的古都"。历史文化悠久、文物古迹众多、自然风光绮丽，大理以独特的人文景观和浓郁的民族风情，列入国家第一批历史文化名城。

（2）文化独特性与影响力

大理历史悠久，是云南最早的文化发祥地之一。据文献记载，4世纪白族祖先就在这里繁衍生息，有许多氏族部落散布，史书中称"昆明之属"，他们创造了灿烂的新石器文化。南诏、大理国时期，大理一度成为云南的政治、经济、文化中心。大理作为一个古都级城市的时间长达500多年，在它有限的空间范围内，浓缩了古代云南南诏和大理政权的兴衰[①]。大理还拥有丰富多彩的民族文化。长期以来，洱海湖畔是善良智慧的白族人民的主要聚集区。以白族为代表的各族人民，长期受中原文化的熏陶，与各民族以及东亚、东南亚各国人民交流广泛，形成了多元、厚重、包容、开放的民族文化，素有"文献名邦"之称，被誉为"亚洲文化十字路口古都""多元文化与自然和谐发展的典范"。

凭借繁盛灿烂的历史文化底蕴，得天独厚的美丽山水底色，以及丰富多彩的区域资源底气，大理集全球最佳宜居城市、国家历史文化名城、国家文化和旅游消费试点城市、最佳魅力城市等多项桂冠于一身。

（3）文化场所与文化产业

大理历史文化遗产众多，文物保护单位共计598个，全国重点文物保护单位居云南省第一（31个），自治州级文物保护单位168个，县市级文物保护单位338个。多元的文化孕育了大量特色非物质文化遗产，非遗代表性项目多达719项，其中国家级非物质文化遗产有16项，如白族绕三灵、白族扎染技艺、白剧、白族民居彩绘、大理三月街等。《大理州非遗保护条例》颁布实施，大理国家级文化生态保护实验区建设扎实推进，建成大理文化生态保护实验区非遗展示中心和大理、巍山非遗街区，新建12个非遗传习所、10个"非遗+旅游"示范点，培育李小白手工银壶，璞真、蓝续扎染，剑川木雕等知名非遗品牌。白族扎染传承人段银开入围角逐2021年中国非遗年度人物（表10-5）。

---

① 吴晓亮. 边疆城市发展与民族文化的合理开发利用：以大理城市发展为例[C]//"21世纪都市可持续发展暨纪念中国人类学百年"国际会议论文集，2002：58-70.

大理州"十三五"期末非物质文化遗产① 　　　　表10-5

名称	总数	国家级	省级	州级	县市级
非遗代表性项目	719项	16项	59项	197项	447项
非遗代表性传承人	2276人	12人	134人	245人	1881人
非物质文化遗产生产性保护示范基地	4个	2个	2个	—	—

　　近年来不断加大公共文化基础设施建设，健全覆盖城乡的公共文化服务体系。全州建成13个图书馆、14个文化馆、112个乡镇综合文化站、1157个村（社区）综合文化服务中心，形成了以州级为主导、县城为中心、乡镇为骨干、村（社区）为终端的公共文化服务网络。大理州入围"东亚文化之都"候选城市；创新社区文化"嵌入式"服务，打造了巍山文华书院、先锋沙溪白族书局等一批最美公共文化空间、最美阅读空间。大理州群艺馆"艺术普及"文化志愿服务项目被评为2021年"春雨工程"全国示范性志愿服务项目，"东山葫芦笙舞"荣获省第十二届民族民间歌舞乐展演金奖；"风花雪月·乡愁大理"中国当代美术名家大理采风作品展系列活动深受欢迎。博物馆事业发展迅速，全州备案博物馆20个，其中国有博物馆14个、行业博物馆4个、非国有博物馆2个，年参观博物馆人数约450万人次；各级博物馆、纪念馆馆藏文物达68627件，一级文物54件，二级文物161件，三级文物1046件。举办基本陈列展览347个，举办临时展览93个，观众参观人数2197万人次（表10-6）。

大理州"十三五"期末公共文化设施情况 　　　　表10-6

项目	指标	"十三五"实绩
图书馆	州级	1个
	县市级	12个
文化馆	州级	1个
	县市级	13个
文化站及其他	乡镇文化站	110个
	村级文化室	1152个
	文化活动广场	1500余个

---

① 大理州"十四五"文化和旅游发展规划[EB/OL]. http://www.dali.gov.cn/dlrmzf/xxgkml/202207/2eb19c377a8247a3a91e4f05259b694c/files/74a1b478d5d2442e8f6874a2d4a6abe8.pdf.2022-7.

大理州文化产业逐步增长。文化产业增加值从2016年19.43亿元增长到2020年29.99亿元，2020年文化产业增加值占GDP比重为2.02%。正在快速推进大理·鹤庆银器国家级文化产业示范园区、剑川木雕省级重点培育文化产业园创建工作。在产业构成中，文化旅游业占绝对优势，"十三五"期间，共接待海内外旅游者2.2亿人次，同比增长83.3%，实现旅游总收入3524亿元，同比增长172%。大理州列入第一批国家文化和旅游消费试点城市，据2019年公共财政预算支出情况显示，文化旅游体育与传媒占总支出的1.3%[①]。

（4）城市文化发展定位

《大理州"十四五"文化和旅游发展规划》提出了其未来发展定位为"成为名副其实的历史文化名城、国际旅游名城"，具体包括：深入挖掘历史文化资源，弘扬民族特色文化，推进历史文化资源"合规性保护、合理化利用、活性化发展"，名城管理达到国际一流水平，加快名副其实的历史文化名城建设；以全域旅游建设为方向，以国际化标准全面提升智慧管理服务水平，着力把大理建设成为名副其实的国际旅游名城；最大限度发挥好历史文化、美丽山水、自然资源和区位优势，加快"六个大理"建设，深度融入和打造大滇西旅游环线建设示范区；升级创新产品业态，发挥文化旅游融合发展新优势，打造世界级文旅产业和以"一带三道十八廊"为核心的"漫步苍洱"世界级康旅品牌。

（5）文化发展行动计划

推进历史文化遗产资源法规体系建设。包括健全历史文化资源保护法规体系，制定了《大理历史文化名城保护条例》《大理白族自治州非物质文化遗产保护条例》《大理洱海海西保护条例》等；建立历史文化资源保护规划体系，编制了《大理历史文化名城保护规划》《大理古城控制性详细规划》《大理古城景点和文物古迹修复规划》等；完善历史文化资源保护技术体系，制定出台《大理州历史建筑保护、修缮与利用技术导则》《大理白族自治州传统建筑和近现代优秀建筑评估认定办法》等。

以文化保护传承为核心，挖掘历史文化资源和人文要素。开展了历史建筑全市普查工作。完成了历史建筑确定、公布和挂牌保护，完善历史建筑名录；完成了历史建筑测绘、信息数据采集等建档立卷工作。深入挖掘红色历史文化资源，完善资源保护名录，细化红色历史文化资源保护措施。开展了名城历史人文要素

---

① 大理白族自治州统计局. 大理统计年鉴（2020）[EB/OL]. http://www.dali.gov.cn/dlrmzf/xxgkml/202112/5108abb20c9e4e108e7f9b836c947195/files/4208821be18943e789fe686d0a0cd06b.pdf.

调查，挖掘了一批历史人物、历史故事、历史重要事件，整理了一批历史书籍、民间故事、民间传说，创作了一批白语汉译并加注字幕的31部大本曲全本演唱；开展了名城非物质文化遗产调查，建立了国家、省、州、县四级非物质文化遗产和非遗代表性传承人名录，建立了大理非遗数据库。建成了云南省首家非物质文化遗产博物馆——大理非物质文化遗产博物馆①，设有序厅、"乡愁纪念册"、"精神家园的守护人"、"白族民间艺术的瑰宝"、"千锤百炼的技艺"等8个展厅以及1个非遗活态展演舞台，重点展示大理州具有代表性的非遗项目和传承人，以及相关实物制品、传承人作品，通过定期开展形式多样的白剧等民间艺术展演、传承培训活动，同时运用全息幻影成像、电子地图、多媒体展示、微缩场景、玻璃钢人像、3D画面等综合陈列手段，展现大理各族人民在历史发展和生活实践中的聪明智慧和卓越创造。

挖掘文化资源，积极发展民族文化创意产业。政府将文化创意产业列为重点发展的战略性产业之一，加大政策扶持力度。立足悠久的历史、深厚的文化、独特的民俗、多姿的风情，加大创新力度，发展多层次、多样性的历史文化和民族风情旅游产品，实现了文化创意与旅游业的融合②。鹤庆银器年产值达26亿元，鹤庆新华村被评为"中国淘宝村"；剑川木雕年产值超4亿元；"鹤庆银匠""剑川木匠"荣获第三届全国创业就业服务品牌。《大理州建设名副其实的历史文化名城国际旅游名城争创大滇西旅游环线示范区行动计划（2021—2023年）》中还提出，打造消费升级、智慧赋能的"创意大理"示范样板。做大做强非遗产业和企业，构建"金木土石布"五位一体民族民间传统工艺品产业发展体系。

持续开展城市文化营销。打造集"网、端、微、刊"于一体的文旅媒体矩阵，深挖生态大理、文化大理、乡愁大理等资源，集中力量打造好大理"会客名片"。《有一种生活叫大理》《中国最佳爱情表白地》入选文旅部旅游宣传推广培训班教学案例。发布大理最佳爱情表白地图H5专题页以及《大理目的地婚礼产业发展报告》，推出29个"大理最佳爱情表白地"打卡点、5条告白路线，抖音"有一种生活叫大理"话题播放量达37.4亿次、"中国最佳爱情表白地大理"话题播放量超过1.8亿次。《艺览天下：了不起的地方——大理州·剑川县》节目在CCTV-3及新媒体互动平台播出。

---

① 名城依旧，活力焕发：大理历史文化名城40年保护和发展概览[J]. 城乡建设，2022（12）：77-79.
② 束金鑫. 大理文化创意产业发展战略研究[D]. 昆明：云南大学，2016.

10.2.6 上海

（1）城市文化品牌

上海位于中国东部，地处长江入海口，与临近的浙江省、江苏省、安徽省构成长江三角洲，是中国经济发展最活跃、开放程度最高、创新能力最强的区域之一，行政面积6340.5km²，常住人口2489.43万。上海城市精神是"海纳百川、追求卓越、开明睿智、大气谦和"。2020年，上海市生产总值达3.87万亿元，总量规模跻身全球城市第六位。上海面向2035年的城市总体规划明确提出，上海是长江三角洲世界级城市群的核心城市，国际经济、金融、贸易、航运、科技创新中心和文化大都市，国家历史文化名城，并将建设成为卓越的全球城市、具有世界影响力的社会主义现代化国际大都市。

（2）文化独特性与影响力

红色文化、海派文化、江南文化共生共荣，构建了"上海文化"的内涵基因和独特品质。江南传统吴越文化与西方传入的工业文化相融合，形成上海特有的海派文化，上海人多属江浙民系，使用吴语。早在宋代就有了"上海"之名，1843年后，上海成为对外开放的商埠并迅速发展为远东第一大城市，今日的上海已经成功举办了2010年世界博览会、中国上海国际艺术节、上海国际电影节等大型国际活动。

"海纳百川、追求卓越、开明睿智、大气谦和"的城市精神和"开放、创新、包容"的城市品格，是上海宝贵的精神财富。传统与现代交融、本土与外来辉映、有序与灵动兼具、文明与活力并蓄，是上海特有的都市魅力。2018年，习近平总书记在首届中国国际进口博览会开幕式主旨演讲中指出开放、创新、包容已成为上海最鲜明的品格，强调这种品格是新时代中国发展进步的生动写照。在日本都市战略研究所最新发布的《2021全球城市实力指数》中，上海排名第十，文体、旅游设施等方面得分相对较高（图10-8）。

（3）文化场所与文化产业

上海文化底蕴深厚，留下了众多文化遗产。1986年被国务院正式公布为国家历史文化名城。上海目前有枫泾、朱家角、新场、嘉定、练塘、张堰、高桥、南翔、金泽、川沙新镇等国家历史文化名镇，娄塘、徐泾、庄行、六灶、大团、堡镇等风貌特色镇，罗店镇东南弄村、浦东新区康桥镇青村等历史文化名村[①]。上

---

① 华又佳. 传承与开放：上海城市发展中的文化治理[J]. 党政论坛，2018（5）：41-43.

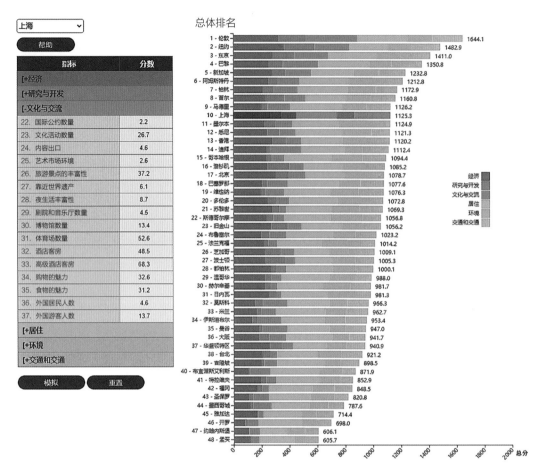

图10-8 《2021全球城市实力指数》城市排名及上海文化类指标得分情况

海市有国家级非遗项目76项，省级非遗项目375个子项；国家级代表性传承人120名，省级代表性传承人343名。

现代公共文化服务体系已基本建成。基本公共文化服务标准化、均等化全面推进，中心城区10分钟、郊区15分钟公共文化服务圈不断完善，全市常住人口人均公共文化设施建筑面积达到0.2m²，如公共图书馆、美术馆、博物馆等公共文化设施建设以及吸引外籍人士工作、留学和旅游等指标，已经达到国际先进水平。"文化上海云"成为全国第一个实现省级区域覆盖的文化数字化服务平台。

积极推进博物馆体系建设。市博物馆、纪念馆总数达149家，其中国家一级博物馆7家、国家二级博物馆13家、国家三级博物馆9家。全市博物馆年接待观众总量约982万人次，举办陈列展览527个，举办社会教育活动5307次。以上海常住人口统计，每16万人拥有一座博物馆。全市博物馆藏品总数达223.5万件，其中珍贵文物21.6万件，年新增藏品数量1.9万件。"长三角博物馆教育联盟"成立，搭建起区域间合作交流新平台。博物馆公共服务空间得到延展，展览走进商业广场、机场、地铁，博物馆文化进一步走进市民日常生活。作为上海夜生活节重要板块之一，组织全市41家博物馆参与"博物馆奇妙夜"活动。博物馆延长开放时间，使观众不仅能观看特展，体验缤纷主题活动，还能享受夜场门票、文创产品、餐饮茶点等折扣优惠（表10-7）。

上海城市文化相关指标情况　　　　　　　　表10-7

指标	数量	来源
公共图书馆	23个	《上海市国民经济和社会发展统计公报（2020）》
书刊流通量	2547万余册次	《上海市统计年鉴（2021）》
电影院	348个	《上海市统计年鉴（2021）》
备案博物馆	149个	《上海市国民经济和社会发展统计公报（2020）》
演出机构	1911个	《上海市统计年鉴（2021）》
营业性演出	30772场	《上海市统计年鉴（2021）》
艺术品经营单位备案数	602家	《上海市统计年鉴（2021）》
美术馆	89家	《上海市统计年鉴（2021）》
国有美术馆	26家	《上海市统计年鉴（2021）》

文博产业已形成集群。根据上海财政局数据，2019年，上海的文化体育与传媒支出占地方财政支出的2.2%。全球影视创制中心、国际重要艺术品交易中心、亚洲演艺之都、全球电竞之都建设成效显著，全市集聚7000余家影视企业，成为全国举办各类艺术博览会数量最多、影响力最大的城市之一。"演艺人世界"成为国内密度最高的剧场群，全国80%以上的电竞企业在上海集聚。重大文化节展活动影响力持续提升，上海国际电影节成为亚太地区最具影响力的国际电影盛会。上海市电子竞技运动协会、毕马威企业咨询（中国）有限公司2021年12月联合发布的《全球著名电竞城市产业发展指数指标体系设计与排行报告》显示，在2021年全球著名电竞城市综合排名中，洛杉矶、上海、首尔名列前三。

（4）文化发展定位

《上海市社会主义国际文化大都市建设"十四五"规划》提出，到2025年，城市文化创造力、传播力、影响力持续提升，市民文化参与感、获得感、幸福感不断增强，传承优秀传统文化、吸收世界文化精华、彰显都市文化精彩、发展社会主义先进文化的城市文化特质更加凸显，加快将上海建设成为更加开放包容、更富创新活力、更显人文关怀、更具时代魅力、更有世界影响力的社会主义国际文化大都市。

（5）文化发展行动计划

通过规划、政策发布系统性推动城市文化建设。2004年上海文化工作会议对文化城市的概念作了粗略定义；2016年《上海市城市总体规划（2016—2040）》制定出台，提出了"至2040年建成卓越的全球城市，国际经济、金融、贸易、航运、科技创新中心和文化大都市"的目标。随后先后发布《上海市"十三五"时期文化改革发展规划》《上海市社会主义国际文化大都市建设"十四五"规划》等专门的指导性政策文件，系统持续地推进文化城市建设。

确立城市有机更新以保留保护为主的理念，进一步完善"点线面"相结合的历史文化风貌保护体系。编制文物建筑"一幢一册"保护导则，实施精准保护，对文物本体及周边环境进行强化预防性保护和总体保护。全市不可移动文物数量达3449处，其中全国重点文物保护单位40处。全面完成第一次全国可移动文物普查和国有文物收藏单位藏品清库工作，上海成为全国唯一的社会文物管理综合改革试点城市。

全力打响"上海文化"品牌。推动打响"上海文化"品牌三年行动计划。有力推进美术、舞台艺术、电视剧、纪录片、公益广告、网络视听、群文作品、展览项目等创作生产。已建成"艺术商圈""地铁文化长廊""机场艺术馆""人人屋""望江驿"等一批新型人文空间，培育了"黄浦江游览""建筑可阅读""休闲好去处""演艺新空间""夜游美术馆""非遗在社区"等一批品牌文旅融合体验项目。

大力发展文博创意产业，培育核心产业优势。2017年发布《关于加快本市文化创意产业创新发展的若干意见》，提出未来上海将主要聚焦影视、演艺、动漫游戏、网络文化、艺术品交易、出版、创意设计、文化装备八大产业板块，提出建设全球影视创制中心，打造亚洲演艺之都，建设全球动漫游戏原创中心，巩固国内网络文化龙头地位，深化国际创意设计高地建设，构建出版产业新格局，构建国际重要艺术品交易中心，加快实施文化装备产业链布局等，并提出"加快全球电竞之都建设"。从完善文化经济政策，有效引导资金、土地、人才等资源集聚，减轻文化创意企业负担方面提出发展措施，进一步保障市场主体的创意创新活力。

10.2.7 深圳

（1）城市文化品牌

深圳，又称鹏城，位于南海之滨，面积1996.85km²，2021年末常住人口1768.16万。毗邻港澳，是粤港澳大湾区的核心引擎，是一座充满魅力、活力、动力和创新力的国际化创新型大都市。深圳之名始见史籍于明朝永乐八年（1410年），清朝初年建墟，1979年成立深圳市，1980年设置经济特区，是中国设立的第一个经济特区，也是中国改革开放的窗口和新兴移民城市。深圳在中国高新技术产业、金融服务、外贸出口、海洋运输、创意文化等多方面占有重要地位，也在中国的制度创新、扩大开放等方面肩负着试验和示范的重要使命。荣获全国文明城市、国际花园城市、联合国教科文组织创意城市网络"设计之都"等称号。

（2）文化独特性与影响力

深圳的城市文化建设具有鲜明的先进性和现代性，总体来说呈现开放多元、兼容并蓄、创新创意、现代时尚的文化特质。其文化类型主要包括：①特色鲜明的地域历史文化，包括广府民系历史文化、客家文化、岭南文化、近代海防文化和革命文化等。②海纳百川的开放文化，深圳地理位置特殊，靠近广州，毗邻香港，受近代思想启蒙影响，中西方文化的碰撞融合在此不断沉淀，改革开放以来，被称为改革的试验田和对外开放的窗口[①]。中西文化在这里交会互动而又彼此独立，使深圳成了汇集中西方文化的"万花筒"和展示多种文化的"大舞台"[②]。同时，深圳是一个典型的移民城市，90%以上的人口来自中国各地和海外，多种文化共存共生，2003年深圳打出"来了，就是深圳人"的口号，体现了深圳博大的胸怀和"海纳百川"的气度。③开拓进取的创新文化。深圳因改革而生，以创新为魂，40年来敢闯敢试、敢为天下先，率先实行以市场为取向的经济体制改革，始终坚持创新驱动，持续推进以科技创新为核心的全面创新，实现了由一座落后的边陲小镇到具有全球影响力的国际化大都市的历史性跨越。

深圳特区建立以来，始终把文化建设摆在突出位置，1983年，在全市年度财政收入不足2亿元的情况下，市委市政府毅然决定拨款231万元投资文化建设，2003年，深圳正式提出"文化立市"战略，引领文化事业快速发展，多年来，

① 房尚文. 新时代深圳文化建设的几点特色[J]. 特区经济，2020（10）：23-25.

② 孟瑞霞，孟晓霞. 雄安新区城市文化建设探索研究：以深圳、上海城市文化建设之比较为例[J]. 北京城市学院学报，2021（2）：19-23.

这座曾经被戏称为"文化沙漠"的新兴移民城市,迅速蝶变成著名的"设计之都""创意之都""全国文明城市"①。

（3）文化场所与文化产业

深圳作为一个年轻的城市,建市历史较短,相比于北京、西安等古城,历史文化遗产数量较少。截至2021年8月,深圳市共有各类不可移动文物共1106处,其中全国重点文物保护单位3处,包括大鹏所城、中英街界碑、土洋东江纵队司令部旧址,还有省级文物保护单位11处、市级文物保护单位37处、区级文物保护单位91处。全市已登记在册的博物馆共有58家,其中国有博物馆18家、非国有博物馆40家。在非物质文化遗产方面,深圳共有市级以上非物质文化遗产代表性项目98项,其中国家级7项、省级28项、市级63项。共有代表性传承人176人,其中国家级传承人3人、省级传承人24人、市级传承人30人、区级传承人119人。深圳已陆续建成20余个非物质文化遗产传习所和非遗博物馆。

现代公共文化服务体系基本建成,逐步推进文化设施均衡化。2003年下半年,深圳市文化局首次在全国提出建设"图书馆之城"的新思路。截至2020年,全市建有文化馆84个、公共图书馆710个、自助图书馆302个,基层综合性文化服务中心662个,形成了以市图书馆为龙头、区图书馆为骨干,街道图书馆、社区图书馆、各类自助图书馆等为网点的服务网络（图10-9）。

图10-9　深圳图书馆
来源：视觉中国

①　刘宗璋. 新发展阶段深圳文化产业形势分析与对策研究[J]. 特区实践与理论,2021（4）: 76-81.

举办系列品牌文化节庆活动。目前，深圳已形成如文博会、读书月、创意十二月、深圳国际创客周等品牌性活动，其中，深圳文博会是目前我国国家级、国际化、综合性文化产业博览交易会，自2004年创办以来，品牌影响力越来越广泛。近年来，深圳以创意设计为引领，打造了一批具有世界影响力的设计专业展会和专业大奖，举办了"深圳设计周暨深圳环球设计大奖""中国设计大展"和"深港城市建筑双城双年展""深港设计双城展""深澳创意周"等系列重点创意设计活动[①]。

积极发展文化产业。2016年印发《深圳文化创新发展2020（实施方案）》，明确了深圳文化产业的目标和定位——走"质量型内涵式"发展之路，构建现代文化产业体系。依托数字技术发达和文化创意资源集聚的优势，深圳大力推动文化产业数字化，数字创意产业快速发展，成为引领深圳文化产业快速发展的新兴力量，业态、规模和发展水平全国领先。数字信息服务、动漫、网络视听、数字文化装备和消费终端制造等行业实力位居全国前列，初步形成了覆盖创作生产、传播运营、消费服务、衍生品制造等较为完整的产业链条。截至2020年，深圳文化及相关产业法人单位超过10万家，从业人员超过100万人，产业增加值从2015年的1021亿元增长到2020年的2200亿元，占全市GDP的比重从5.8%上升到8%，年均增速远高于全市GDP增速。

（4）文化发展定位

近年来，从国家到深圳市政府都出台了指导深圳未来发展的政策性文件，其中与城市文化发展定位相关的内容如下。指出了其不同时间的阶段性目标，总体如下：

到2025年，建成现代化国际化创新型城市、区域文化中心城市。

到2035年，建成具有全球影响力的创新创业创意之都、城市文明典范。

到21世纪中叶，成为竞争力、创新力、影响力卓著的全球标杆城市。

①《中共中央　国务院关于支持深圳建设中国特色社会主义先行示范区的意见》

践行社会主义核心价值观，构建高水平的公共文化服务体系和现代文化产业体系，成为新时代举旗帜、聚民心、育新人、兴文化、展形象的引领者。

到2025年，深圳经济实力、发展质量跻身全球城市前列，研发投入强度、产业创新能力世界一流，文化软实力大幅提升，公共服务水平和生态环境质量达到国际先进水平，建成现代化国际化创新型城市。到2035年，深圳高质量发展成为

---

① 刘宗璋. 新发展阶段深圳文化产业形势分析与对策研究[J]. 特区实践与理论, 2021（4）：76-81.

全国典范，城市综合经济竞争力世界领先，建成具有全球影响力的创新创业创意之都，成为我国建设社会主义现代化强国的城市范例。到21世纪中叶，深圳将以更加昂扬的姿态屹立于世界城市之林，成为竞争力、创新力、影响力卓著的全球标杆城市。

②《深圳市国民经济和社会发展第十四个五年规划和二〇三五年远景目标纲要》

到2035年，建成具有全球影响力的创新创业创意之都，成为我国建设社会主义现代化强国的城市范例，率先实现社会主义现代化。成为高质量发展高地，城市综合经济竞争力世界领先，经济总量、人均地区生产总值在2020年基础上翻一番；成为法治城市示范，建成一流法治政府、模范法治社会，营商环境位居全球前列，城市治理体系系统完备、科学规范、运行高效；成为城市文明典范，开放多元、兼容并蓄的城市文化特征更加鲜明，城市品位、人文魅力充分彰显，时尚创意引领全球；成为民生幸福标杆，实现幼有善育、学有优教、劳有厚得、病有良医、老有颐养、住有宜居、弱有众扶，市民享有更加幸福安康的生活；成为可持续发展先锋，打造人与自然和谐共生的美丽中国典范。到21世纪中叶，以更加昂扬的姿态屹立于世界先进城市之林，成为竞争力、创新力、影响力卓著的全球标杆城市。

③《深圳市文体旅游发展"十四五"规划》

到2025年，深圳开放多元、兼容并蓄、创新创意、现代时尚的文化特质更加鲜明，公共文体服务水平和文体旅游产业发展质量达到国际先进水平，城市文化软实力快速提升，建成辐射粤港澳大湾区、服务全国、面向世界的区域文化中心城市。

公共文化服务标杆。推进公共文化服务创新发展，率先建成普惠性、高质量、可持续的城市公共文化服务体系，打造公共文化服务高质量发展的样板。

文体旅游产业先锋。强化科技创新支撑和创意设计引领，大力发展数字文化产业和创意文化产业，加快推动旅游产业和体育产业高质量发展，打造创新创造活力迸发的国际文化创新创意先锋城市。

国际时尚创意高地。建成一批国际一流的标志性文体设施，汇聚国际化的品牌文化活动，创意品牌和创意活动成为引领国际时尚品位的重要风向标。

国际著名体育城市。完善全民健身公共服务体系，提升竞技体育综合实力，构建高端体育赛事体系，建设国家体育消费试点城市，加快建设国际著名体育城市。

世界级旅游目的地。对标国际一流滨海旅游城市，推进中国邮轮旅游发展实验区建设，推动国家全域旅游示范区创建，优化旅游基础设施和公共服务，营造国际化、高品质的旅游消费环境。

国际文化交流中心。增强粤港澳大湾区核心引擎作用，促进"大湾区文化圈"建设，加强深港、深澳文化合作，丰富"一带一路"文化交流，建设成为向世界传播中国形象、中国声音、中国理念的国际文化交流中心。

展望2035年，深圳城市文化软实力显著增强，城市文化竞争力世界领先，建成国际著名体育城市，建成具有全球影响力的创新创业创意之都和世界级旅游目的地，成为彰显国家文化软实力的现代文明之城和城市文明典范。

（5）文化发展行动计划

大力建设文体旅游基础设施，打造地标性文化设施。2018年发布《深圳市加快推进重大文体设施建设规划》，提出规划建设"新十大文化设施"，包括深圳歌剧院、深圳改革开放展览馆、深圳创意设计馆、国深博物馆、深圳科技馆（新馆）、深圳海洋博物馆、深圳自然博物馆、深圳美术馆新馆、深圳创新创意设计学院、深圳音乐学院，致力于打造具有国际一流水平、代表城市形象的地标性设施。提升改造"十大特色文化街区"，打造新的城市文化景点，包括大鹏所城、南头古城、大芬油画村等。

构建多层次城市公共文化服务体系。大力推进"图书馆之城"建设，基本构建了"一个平台、二层架构、三级垂直、四方联动"的特大城市图书馆总分馆体系。"一个平台"，即以深圳图书馆为中心，联合全市各级图书馆（室）共同构建"图书馆之城"统一服务平台，推进全市一证通行、通借通还和联合采编，为居住在不同片区的市民提供标准化服务。"二层架构"，即市级、区级图书馆分别建立总分馆体系。"三级垂直"，即探索区、街道、社区三级图书馆实行人财物垂直管理，大幅提升服务效能。"四方联动"，即在政府主导的区、街道、社区图书馆外，引入社会力量广泛参与图书馆服务建设，形成四方联动，成为总分馆体系的有益补充。推进"一区一书城、一街道一书吧"建设，加大对实体书店的支持力度，培育数字阅读新风尚。打造了"悠·图书馆""智慧书房""荷合书院"等一批新型特色文化空间。

打造国际知名文化活动品牌。提出建立"城市文化菜单"，形成"月月有主题，全年都精彩"的文化生活新局面。该项目由市委宣传部牵头组织各有关部门和单位，自2017年起，每年定时收集并精选城市文化活动信息，提前一周通过"深圳艺文惠""深圳发布"等新媒体向社会发布，为市民提供权威、专业的文化信息服务。选取提升深圳文化的国际影响力、服务好国家战略、突出创新创意特色、充分响应广大市民文化需求的活动，涵盖文化艺术、创意设计、科技创新、体育休闲等多个类别，形成了"深港城市/建筑双城双年展""深澳创意周""国际摄影大展""国际水墨画双年展""国际版画双年展""国际魔术节""深圳设计周暨深圳环球设计大奖""深圳国际马拉松"等众多大型节事品牌。

着力推动"文化+"产业发展。《深圳市培育数字创意产业集群行动计划（2022—2025年）》提出加快数字技术研发及应用、扩大优质内容供给、促进业态融合创新、巩固提升优势产业、培育壮大市场主体、促进区域交流合作六大重点任务，并重点阐述了六大重点行动，包括数字技术研发与应用促进行动/内容创作生产提升行动、业态融合发展创新行动、优势产业巩固提升行动、数字创意企业孵化行动、区域合作协同发展行动。

10.3 文化城市建设经验

综合国内外城市文化建设的代表案例，特色文化城市建设的重点包括以下方面：

一是注重"文化定位"对城市发展的导向性作用。21世纪以来，世界许多大都市、大中城市都在对各自在新世纪中的发展战略做系统深入的思考，都不约而同地把发展文化产业作为文化战略的核心，同时又将文化战略作为城市整体发展战略的核心。经过多年实践，世界一些以"文化战略"作为发展战略核心的城市衍生出数种模式。英国政府早在2000年就发布了《创造机会——英格兰地方政府制定地方文化战略指南》，要求各地方政府在2002年底之前必须制定出本地区的文化发展战略。如伦敦的文化战略是强调建设具有文化多样性的世界都市，曼彻斯特的文化战略则是成为"创意之都"或者"文化之都"。西班牙巴塞罗那在世纪之交明确了"文化——知识城市的发动机"的文化战略，重点在内容产业、知识产业和可持续发展上，充分反映了文化产业在新世纪的转型中将发挥主导性作用。2000年，新加坡明确提出要建设成为"21世纪的文艺复兴城市"，不仅要成为亚洲的核心城市，也要成为世界文化中心城市之一，这标志着新加坡的发展已从经济建设提升到文化建设。这些案例对我国发展文化产业和文化城市、明确城市定位有着深刻的借鉴意义，应从战略的高度对文化城市的发展目标、路径选择和措施保障等做出规划和指导。

二是注重"文化生态"对内生文化自信与外在城市整体文化环境的培育。文化[①]同时包含了物质与意识两方面的因素，它是由社会共同体发展出来的特有思考方式、生活态度和历史过程中所累积的文明，也是个人与集体、后代与前代相互沟通的桥梁。通过文化，不同民族、时代的人们传递、继承和发展他们对生活的观念。文化与城市之间保持着紧密的联系，事实上，"文化"（civilization）一词就源自于拉丁文的"城市"（civitas），它是城市集体建构与认同的产物，与城市人的精神直接相关。强势的现代性与全球化打破了原来相对封闭的地方文化系统，导致产生文化趋同现象，这种情况造成的严重后果在于不仅将使城市外部形象雷同，而且更关乎城市人群未来生活方式、行为与心理的发展。当然，一个城市的历史与灵魂也并不易于消亡，在表层文化进行一次次迅速淘汰变换的同时，也伴随着对深层文化的召唤与回归，但是，所付出的代价实在太过沉重。不同城市的文化只有呈现不同程度的差异，才能避免乏味，使人类生存的世界丰富多彩。同时，一座城市只有正视自己的传统文化，才有助于保持鲜明的城市特色和形成自己的场所精神。

三是注重"文化空间"对城市的塑造与再造。结合城市更新行动，强化文化遗产保护与利用，进一步挖掘城市文化资源，提高空间利用率和综合价值，创造文化地标场所与新型人文空间，展现城市文化品位。应鼓励开展形式多样、有特色的优秀传统文化活动，让文化、艺术活动更好地嵌入城市空间，提高城市空间利用率和综合价值，营造当地居民广泛参与的活跃的文化氛围，增强居民的归属感、自豪感，激发城市活力。

四是注重"文化产业"对城市经济结构的重组。将文创产业作为城市新的经济增长点，支持时尚创意、电竞游戏、影视动漫等重点领域的文化关联产业发展，努力用文化创意产业打造标杆文化项目和世界级IP。围绕文化资源和文化发展定位进行文创产业优化配置，发挥龙头企业的带动和引领作用，支持高科技企业积极建设企业文化，并加强科技赋能，推动文化产业高端化发展，提升核心竞争力。如阿姆斯特丹最著名的是博物馆文创产业，梵高博物馆积极进行文创衍生品开发，与梵高有关的文创产品种类繁多，服装、挂件、行李箱、瓷器等应有尽有，衍生品销售收入成为博物馆的重要收入来源。应积极开展文化推广和交流，吸引更多国际组织和国际机构进驻，招揽更多国际文化人才，不断扩大全球影响力。

五是注重"文化服务"对城市公共服务功能的提升。统筹布局文化服务设

---

① 按照人类学的观点，"文化"是人类环境中由人所创造的一切方面总和的统称，是包括知识、信仰、艺术、道德、法律、习俗等各种现象的复合整体。在民俗学中，"文化"指由集体创造、集体享用、集体保存和传承的内容，包括物质文化、社会组织、意识形态、口头语言等。

施，构建丰富多彩的现代公共文化服务体系，注重培育社区文化、市民文化，给居民提供更多的文化机会，通过文化服务丰富"美好生活"的内涵和体验，进一步释放文化消费的巨大潜力。如东京以"相互沟通和文化参与"为原则，将文化活动与生活方式结合，包括组织节日和社区参与计划，如"六本木艺术之夜"、传统文化与表演艺术体验等系列文化项目，将文化因素融入市民生活。巴黎则提倡文化民主化，把文化权利作为一项社会福利提供给公民，始终坚持通过文化产品数字化和门票优惠等为年轻人和业余艺术家们提供更多的学习和交流机会。城市可推出博物馆通票、年票等优惠活动，将文化设施游览、文化研学变为居民常态化的生活方式，鼓励数字博物馆、档案馆等数字化文化产品建设。

附　录

附录一：欧洲文化之都

1. 名称由来

"欧洲文化之都"这一活动始于1985年6月13日［时称"欧洲文化城市"（European Cities of Culture）］，那时的欧洲还处在被冷战分割的时代，两个阵营里的人们交流还相当困难。它的举办目的是："突出欧洲文化的丰富性、多样性及其共有的特性，增进欧洲民众之间的相互了解，促进形成一种同属于欧洲共同体的意识。"它作为欧盟超国家共同文化战略的一个常规性项目，很好地实施了欧盟强调文化在推进欧洲一体化过程中重要作用的文化战略和欧洲强调文化的公共举措的文化政策（即将文化视为全体公民的福利，在保护和发展文化活动的同时，使公民在文化获取方面人人平等），既加强了文化在创意、发展和就业中的重要作用，也充分考虑城市居民的利益和兴趣，鼓励文化设施的建设和草根阶层的文化活动，更促进了欧洲文化的多样性和不同文化之间的对话。

2005年，"欧洲文化城市"正式更名为"欧洲文化之都"（European Capital of Culture），实施了一系列新的决议、法案，以保障"欧洲文化之都"工程顺利发展。经过激烈的竞争，每年选出1至2座欧洲城市，授予其"欧洲文化之都"的荣誉称号，享受称号的城市将这一年称为"文化年"。在这一年里，入选城市有机会展示本地区的文化亮点、文化遗产、文化活动等，吸引许多欧盟其他成员国的艺术家、文化机构前来交流、演出，同时，也吸引全球各地的人们前来参观旅游。它不仅给获评城市带来荣誉，也为城市的重建、复兴和转型提供机遇，带给这些城市10年以上的高速发展期，吸引欧洲各国政府和城市竞相申办。

2. 组织机构

在城市被官方确认为"欧洲文化之都"之后，该市就进入接受欧盟监督与支持的阶段。在这个阶段，该市的文化规划要接受欧盟监督咨询专家组的审查，审核通过以后，欧盟委员会向该市提供专门资金支持。

欧盟监督咨询专家组围绕城市举办"欧洲文化之都"活动的前期准备工作

展开多次讨论，对当选城市的准备、规划进行评估，并进一步提出建议和意见；1年后，东道国提交中期报告；3个月后，欧盟召开第一届监督大会；3个月后，东道国提交终期报告；3个月后，欧盟召开第二届监督大会；5个月后，欧盟向东道国颁发奖金；3个月后，东道国开展"文化年"活动；1年后，专家组将对城市的准备情况和计划进展进行综合评估，最后向欧盟委员会提交报告。

通过评估的城市将最终获得欧盟资金支持。欧盟通常会给每个城市提供150万欧元的资金支持。自2010年开始，支持资金以"梅利纳·梅尔库里奖"的形式颁发，主要奖励那些在活动前期进行了精心准备的城市。"梅利纳·梅尔库里奖"在主办当年的前3个月发放。由于"欧洲文化之都"涉及城市文化、经济、教育、社会等各方面的发展，因此，除了"梅利纳·梅尔库里奖"之外，主办城市还可以根据自身需要，申请其他欧盟项目的资金支持。例如，申请"欧盟地区资金"（EU regional funding）用于地区发展和社会发展；申请"欧盟文化项目"（EU culture program），用于举办相关文化活动。此外，主办城市和国家还可以根据欧盟关于终生学习、青年教育、公民教育、多语种保护等相关政策申请其他资金支持。

3. 申报条件与程序

在近30年的发展中，"欧洲文化之都"的遴选机制历经多次变更。当前，"欧洲文化之都"采取预选方式，多级选拔，提前多年授予城市"欧洲文化之都"的荣誉称号，给城市充分的时间准备，保证"文化年"的质量与水准。在评选标准上，评审会参照欧盟相关规定，从城市与市民发展、项目管理、财政预算、媒介策略等多方面评估候选城市，然后经过多轮选拔，最终选定主办城市。2006年10月24日，欧洲议会和欧洲委员会颁布了《关于欧洲文化之都的第1622号决议》（以下简称《决议》），作为"欧洲文化之都"工程的最新标准，制定了"欧洲文化之都"的最新遴选机制，从2007年开始生效。在此之前，欧盟成员国通过协商已确定了2007—2019年的"欧洲文化之都"东道国，并将东道国名单列入《决议》。自2007年起，各个东道国按照《决议》所安排的顺序组织"欧洲文化之都"的遴选工作。按照不同阶段的任务，整个遴选程序为：首先，东道国的相关部门要提前6年在国内发布申请通知，征集城市参与竞选。参选城市要根据政府的要求在10个月内提交初步的申请提案。为了让各申请城市可以了解更多与"欧洲文化之都"倡议相关的目标、申请程序、选拔程序及选拔标准信息，东道国及欧洲委员会还设立了咨询日，为各个城市提供相关咨询。进入预选阶段，东道国组织评选小组进行初步评估，评选小组成员由欧盟各国文化领域的专家组成，评选组成员不允许访问候选城市。预选会议将投票选出入围城市并对入围城市的规划提出针对性的建议。终选会议阶段，东道国与欧盟官方共同协商重新组织评议小组。评议小组成员可在终选会议之前对入围城市进行实地调查，为了确保公平性，评议小组要么访问所有入选城市，要么一个也不访问。终选会议最终选定一个东道国城市作为候选城市。经过多轮评选和申请修改，东道国最终选定城市并通报欧洲议会、欧洲理事会、欧盟委员会和区域委员会。欧洲议会在3个月内对评选结果提出相关意见。基于评议小组的报告以及欧洲议会的意见，欧盟部长理事会将官方提名该城市为当年讨论的"欧洲文化之都"并亲自颁发荣誉称号。"欧洲文化之都"称号现在严格限定在欧盟的城市，一般享受称号的年限为一年。

4. "欧洲文化之都"关键理念

注重相关国家之间的机会平等：在欧盟的27个成员国中，至2012年仅有塞浦路斯和马耳他这两个国家尚未得到承办"欧洲文化之都"的机会，但它们已经分别被安排在2017年和2018年承办此活动。任何国家不能连续两年承办，承办"欧洲文化之都"活动的机会在文化积淀和经济实力差距甚大的欧洲各国间得到相当平等的分配。

注重权衡活动的竞争性与公益性："欧洲文化之都"承办国的城市需经历竞争性申办过程，通常会有3～5个城市参与，经过几轮严格比选确定最终优胜者。同时，各国大多未刻意将机会偏向给首都、大都市，特别是那些著名文化大国，更重视发挥此活动对中小城市和衰落城市的公益性。如三次承办的意大利，其首都罗马至今尚未中选；两次承办的英国，也尚未推出其首都伦敦；而三次承办的德国，除1988年出于政治考虑推出统一前的西柏林外，后两次机会也没有交予慕尼黑、科隆、汉堡这样的大都市。

并非刻意复古，更多是寄意复兴："欧洲文化之都"尽管大多选择拥有悠久文化历史的古城承办，但其目的绝非刻意复古，令城市完全再现历史时期的建筑、环境和人文风貌，而是寄意于对城市本质的复兴，是对传承久远的城市精神进行挖掘、演绎与弘扬。相对以物质形态记录某一历史节点的文化实物而言，以非物质形态一脉相承的文化精神显然是城市发展的真正根源与希望。例如英国北爱尔兰地区的最大城市贝尔法斯特就通过与利物浦和曼彻斯特竞争"欧洲文化之都"申办权重新树立了城市文化精神，从而有效提升了市民荣誉感与凝聚力，尽管最终落选，但该市实现了由"衰落"而"复兴"。

足够尊重文化边缘人群和非物质文化："欧洲文化之都"的承办城市都不仅凸显已具相当知名度的主流文化内容，还特别重视对本地边缘文化人群（underrepresented group）和非物质文化（intangible cultural heritage）的解读与展示。"欧洲文化之都"并不只是一个令自身声名远扬的头衔，它更应提供一个令城市中所有人群抛却芥蒂、和谐相处的绝佳机会。为此，为那些不受重视的弱势人群和行将消失的珍贵非物质文化遗产创造与世界握手的机会，将是令其真正融入城市和重现生机的必然选择。例如，利物浦作为2008年"欧洲文化之都"承办城市，就在突出本地著名的海事文化与工业文化之外，特别展现了其广纳全球移民和常开风气之先的文化特质，并总结出"世界一城"（The World in One City）这一提振人心的城市精神语。由此，利物浦重现鼎盛时期的城市活力，真正成为英格兰西北部地区的中心。

欧洲文化之都名单

颁布时间／年	城市
1985	雅典（希腊）
1986	佛罗伦萨（意大利）
1987	阿姆斯特丹（荷兰）
1988	西柏林（西德）
1989	巴黎（法国）
1990	格拉斯哥（英国）
1991	都柏林（爱尔兰）
1992	马德里（西班牙）
1993	安特卫普（比利时）
1994	里斯本（葡萄牙）
1995	卢森堡（卢森堡）
1996	哥本哈根（丹麦）
1997	萨洛尼卡（希腊）
1998	斯德哥尔摩（瑞典）
1999	魏玛（德国）
2000	雷克雅未克（冰岛） 卑尔根（挪威） 赫尔辛基（芬兰） 布鲁塞尔（比利时） 布拉格（捷克） 克拉科夫（波兰） 圣地亚哥-德孔波斯特拉（西班牙） 阿维侬（法国） 博洛尼亚（意大利）

续表

颁布时间／年	城市
2001	鹿特丹（荷兰） 波尔图（葡萄牙）
2002	布鲁日（比利时） 萨拉曼卡（西班牙）
2003	格拉茨（奥地利）
2004	热那亚（意大利） 里尔（法国）
2005	科克（爱尔兰）
2006	帕特雷（希腊）
2007	卢森堡（卢森堡） 锡比乌（罗马尼亚）
2008	利物浦（英国） 斯塔万格（挪威）
2009	林茨（奥地利） 维尔纽斯（立陶宛）
2010	埃森（德国） 佩奇（匈牙利） 伊斯坦布尔（土耳其）
2011	图尔库（芬兰） 塔林（爱沙尼亚）
2012	吉马朗伊斯（葡萄牙） 马里博尔（斯洛维尼亚）
2013	马赛（法国） 科希策（斯洛伐克）
2014	于奥默（瑞典） 里加（拉脱维亚）
2015	蒙斯（比利时） 比尔森（捷克共和国）
2016	圣塞瓦斯蒂安（西班牙） 弗罗茨瓦夫（波兰）
2017	奥胡斯（丹麦） 帕福斯（塞浦路斯）
2018	瓦莱塔（马耳他） 吕伐登（荷兰）
2019	马泰拉（意大利） 普罗夫迪夫（保加利亚）
2020	戈尔韦（爱尔兰） 里耶卡（克罗地亚）
2021	诺维萨德（塞尔维亚） 蒂米什瓦拉（罗马尼亚） 埃莱夫西纳（希腊）

注：截至2021年。

附录二：联合国教科文组织创意城市网络

1. 名称由来

联合国教科文组织"创意城市网络"（UNESCO Creative Cities Network，简称UCCN）成立于2004年10月，是教科文组织在全球推行的三大旗舰文化项目之一，致力于发挥全球创意产业对经济和社会的推动作用，促进世界各城市在创意产业发展、专业知识培训、知识共享和建立创意产品国际销售渠道等方面的交流合作。

该网络汇集了各大洲和地区拥有不同地理人口、经济、社会、文化和环境背景的城市。它们肩负着同一使命：使文化和创意成为城市发展规划的核心，从而使城市更具安全性、发展韧性、包容性、可持续性和前瞻性，符合联合国《2030年可持续发展议程》，特别是可持续发展目标第11条，即建设包容、安全、有韧性和可持续的城市。创意城市网络由多个具有共性的城市组成，有设计、文学、音乐、手工艺与民间艺术、电影、媒体艺术、美食7个主题。这些城市致力于为可持续发展的共同目标汇集资源、经验和知识，并通过城市间的合作伙伴关系在国际层面积极合作。

这一项目的设立代表着教科文组织全球文化保护理念的新动向，旨在通过对成员城市促进当地文化发展的经验进行认可和交流，从而达到在全球化环境下倡导和维护文化多样性的目标。被列入全球创意城市网络，意味着对该城市在国际化中保持和发扬自身特色的工作得到认可。

2. 组织机构

评审过程由教科文组织协调进行。该过程包括技术性预筛选以及专家和UCCN成员城市的外部独立评估。为了保证评审的独立性，评审专家的身份和评审信息概不透漏。申请城市在评审过程中不得施加任何影响或进行游说。教科文组织总干事将咨询独立专家并收集全部7个领域现有成员城市的外部建议，从而做出最终决定。

3. 申报条件与程序

创意城市网络每两年一评；由城市自愿提出申请，总结并展示本国城市在社会、经济和文化发展中的成功经验、创意理念和创新实践；再由外部专家委员会进行评审，决定是否将其纳入该网络。

　　为了给申请参加创意城市网络的城市提供一种规范性的指导意见，教科文组织从两个方面提出了创意城市网络的申请步骤。

第一，创意城市网络申请材料的撰写要求

（1）突出申请城市的文化资产在创意城市网络平台上的位置。

（2）提出申请城市在地区经济和社会发展方面的核心创意因素。

（3）向世界各地的文化产业界人士提供共享的城市创意智慧。

（4）介绍申请城市在培训当地文化工作者方面的专业能力和在地方性能力方面的情况。

（5）分享申请城市通过交流知识、经验和技术来培养创意人才的经验。

（6）列举申请城市在国内和国际市场上促进文化产品多样化的事例。

第二，创意城市网络的基本申请程序

（1）向教科文组织递交由申请城市的市长签名同意的正式信函，并规定，申请材料原则上应由一个申办管理委员会提出，该委员为最好由公共部门、私人部门以及市民社会的专家组成，同时，申请城市的市长需要委任官方人员担任教科文组织的指定联络人员。

（2）教科文组织将提出申请的城市通报给该城市所在国家的教科文组织全国委员会。如果该全国委员会不准予申办，那么该候选城市的申请就会被拒绝。

（3）由专门从事该申请城市领域的非政府组成一个外部专家小组，审查候选城市的申请。

（4）在与专家小组商议之后，教科文组织总干事将决定是否接受该城市为创意城市网络的成员。

4．评选标准与指标

　　要成为UCCN的成员，申请城市必须提交一份申请，明确表明其资产、承诺、实施申请时提出的城市行动计划，以及为达成UCCN目标作出贡献的能力。

　　在准备向联合国教科文组织创意城市网络提出申请时，申请城市需注意以下几点：

　　参与过程：申请书的准备和制定必须由市政府主导，并且应由公共和私营部门的相关利益方以及民间合作伙伴共同参与制定。

　　前瞻方式：申请城市的文化遗产和现有创意资产应成为建立一致且渐进式行动计划的支柱，该计划将根据联合国《2030年可持续发展议程》及其17个可持续发展目标为城市的可持续发展作出贡献。联合国教科文组织创意城市网络的目标

主要围绕战略方法和有影响力的项目。

包容性可持续发展：联合国教科文组织的创意城市以文化和创意作为实现发展目标的方式，促进可持续城市发展。在这种情况下，各申请城市在落实行动计划的活动和方案时，必须展示其在城市层面对联合国《2030年可持续发展议程》的参与度，并采用包容性的发展方法，包括经济，社会和环境方面。

长期承诺：申请城市应注意，被指定为联合国教科文组织创意城市意味着承诺持续而积极地落实教科文组织的价值观念并承担使命，落实可持续发展的目标。特别是，申请城市必须致力于准备并实施持续的行动计划，通过四年一次的《成员资格监测报告》定期报告其成果，积极参与UCCN年度会议，并通过直接参与或自愿捐资等方式支持和促进联合国教科文组织创意城市网络秘书处开展的活动。

可持续发展的行动计划、能力和资源：申请书应包括针对该申请城市的拟议战略，并附有一项四年行动计划，其中应列出获得指定资格后将在地方和国际层面实施的特定项目和倡议。该行动计划还应详细说明优先事项、能力和资源（财务和人力）。将通过上述监测和报告程序对拟由该城市（如指定）实施的倡议和项目的预期结果与影响进行评估。

交流与合作：成员城市之间的交流对UCCN的发展和信誉至关重要，是其重要基石。因此，申请城市必须表明其承诺和能力，在国家、区域和国际层面与教科文组织和该网络成员城市共同开展活动并落实合作倡议。

5. 获选后的要求

指定城市承诺自指定之日起提交四年期的《成员资格监测报告》，以确保其对实现教科文组织创意城市网络目标的承诺和积极贡献，并促进成员城市之间的信息交流和良好实践互鉴。

联合国全球创意城市网络名单

类型	颁布时间	国家	城市
文学之都	2004年10月	英国	爱丁堡
	2008年8月	澳大利亚	墨尔本
	2008年11月	美国	爱荷华城
	2010年7月	爱尔兰	都柏林
	2011年8月	冰岛	雷克雅未克
	2012年5月	英国	诺里奇

续表

类型	颁布时间	国家	城市
文学之都	2013年11月	波兰	克拉科夫
	2014年12月	西班牙	格拉纳达
	2014年12月	德国	海德堡
	2014年12月	捷克	布拉格
	2014年12月	新西兰	达尼丁
	2019年10月	中国	南京
电影之都	2009年6月	英国	布拉德福德
	2010年12月	澳大利亚	悉尼
	2014年12月	韩国	釜山
	2014年12月	爱尔兰	戈尔韦
	2014年12月	保加利亚	索菲亚
	2017年11月	中国	青岛
	2017年11月	英国	布里斯托
音乐之都	2006年3月	西班牙	塞维利亚
	2006年5月	意大利	博洛尼亚
	2008年8月	英国	格拉斯哥
	2009年6月	比利时	根特
	2010年6月	中国	哈尔滨
	2012年3月	哥伦比亚	波哥大
	2013年10月	刚果共和国	布拉柴维尔
	2014年12月	日本	浜松市
	2014年12月	德国	汉诺威
	2014年12月	德国	曼海姆
民间手工艺之都	2005年7月	美国	圣达菲
	2005年9月	埃及	阿斯旺
	2009年6月	日本	金泽
	2010年7月	韩国	利川
	2012年4月	中国	杭州
	2014年11月	中国	苏州
	2013年10月	意大利	法布里亚诺
	2013年11月	美国	帕迪尤卡

续表

类型	颁布时间	国家	城市
民间手工艺之都	2014年12月	海地	雅克梅勒
	2014年12月	中国	景德镇
	2014年12月	巴哈马	拿骚
	2014年12月	印度尼西亚	北加浪岸
	2021年11月8日	中国	潍坊
设计之都	2005年8月	阿根廷	布宜诺斯艾利斯
	2005年11月	德国	柏林
	2006年5月	加拿大	蒙特利尔
	2008年10月	日本	神户
	2008年10月	日本	名古屋
	2008年11月	中国	深圳
	2010年2月	中国	上海
	2010年7月	韩国	首尔
	2010年11月	法国	圣埃蒂安
	2011年3月	奥地利	格拉茨
	2012年6月	中国	北京
	2014年12月	西班牙	毕尔巴鄂
	2014年12月	巴西	库里蒂巴
	2014年12月	英国	邓迪
	2014年12月	芬兰	赫尔辛基
	2014年12月	意大利	都灵
	2017年11月	中国	武汉
媒体艺术之都	2008年6月	法国	里昂
	2013年11月	日本	札幌
	2013年11月	法国	昂吉安莱班
	2014年12月	塞内加尔	达喀尔
	2014年12月	韩国	光州广域市
	2014年12月	奥地利	林茨
	2014年12月	以色列	特拉维夫
	2014年12月	英国	约克
	2017年11月	中国	长沙

续表

类型	颁布时间	国家	城市
美食之都	2005年5月	哥伦比亚	波帕扬
	2010年2月	中国	成都
	2010年7月	瑞典	厄斯特松德
	2012年5月	韩国	全州市
	2013年10月	扎赫勒	黎巴嫩
	2014年12月	中国	顺德
	2014年12月	巴西	弗洛里亚诺波利斯
	2014年12月	日本	鹤岗
	2017年11月	中国	澳门
	2019年10月	中国	扬州

注：截至2021年。

附录三：联合国可持续城市与社区

1. 名称由来

《可持续城市与社区指南：评价标准、管理体系、实施纲要》（简称"SUC标准"或"SUC指南"），是《2030年可持续发展议程》发布后，全球首个由联合国系统编制完成的可持续城市与社区领域的国际化标准。该标准2015年1月启动编制，由联合国环境署担任主编，联合国人居署、联合国可持续发展办公厅等10余个机构参编，2018年12月正式作为联合国官方文件（DTI/2207/PA）向全球发布，为世界各国尤其是发展中国家可持续城市与社区建设制定了明确发展目标、关键绩效指标、具体实施策略和国际化考量标准。经2019年全国"两会提案"及国务院办公厅备案，住房和城乡建设部正式发文，支持在全国范围及"一带一路"沿线国家推广应用SUC标准。

SUC标准重点依据《2030年可持续发展议程》第11项可持续发展目标，在联合国环境署"全球资源高效城市倡议"及"可持续建筑与气候倡议"框架工具的基础上，充分借鉴ISO37120/37101可持续指标体系、联合国人居署城市繁荣倡议、中国绿色建筑与城区标准和国际最佳范例，适用于全球可持续城市与社区的建设与评估，并率先从中国启动。

2. 组织机构

2015年起，来自住房和城乡建设部、环境保护部、发展和改革委员会、中国科学院、中国建筑科学研究院、同济大学、浙江大学、香港城市大学等机构的专家也参与了该标准的编制。SUC项目管理中心是该标准的在华实施机构，中国国际科技促进会人居智库工作委员会是该标准的技术支撑机构。

3. 申报条件与程序

SUC管理体系为实施城市可持续发展提供了运营框架，重点通过以下五大步骤：

步骤一：了解发展背景

目标：了解城市与社区现有可持续指标关键基线，了解城市与社区可持续发展的驱动力、需求、机遇与制约条件。

说明：该步骤旨在明确可持续城市的关键原则，助力地区或市政府（省、县或郡）官员更好地获悉当地可持续发展的机遇与制约条件，以及社区的主要驱动力与需求。该阶段，在国家政府或国际组织的协助下（如必要），市政府官员应明确、处理并分析指标。该策略可参考可持续城市关键性能指标九大类内容。尽管各类别指标均可进行单独分析，但也可进行跨类别评估，以获悉不同因素间的协同效应。

利益相关方：由地方政府指定的牵头机构将与全国或地方数据机构及其他相关数据提供机构合作（可能包括地方研究机构、调查机构等），根据提供的指南，收集所需的关键原则数据。其他利益相关方包括现有及未来居民和周边社区居民。地方政府官员应决定是否允许社区规划、设计与管理公私营机构以及投资开发商参与。

步骤二：设立目标与调动机构资源

目标：明确可持续行动优先区域，将成果最大化并设置目标，为利益相关方分配责任并确保合作，明确可持续解决方案的管理与融资选择。

说明：该步骤是创建可持续高效城市策略的重要部分。在地方利益方磋商结果的基础上，提供一套坚实的决策框架，有助于制定及选择与城市自身情况最相符的解决方案。每个城市都有独特的需求、机遇和优先领域，这将决定实现该策略目标将采取的方法途径。

通过以下方面，可确定优先领域：

与利益相关方和决策制定者共同举行指导研讨会（或系列研讨会），与会者选择应代表广泛利益。

同型学习项目，包括提供与其他面临相似挑战的城市交流知识和经验教训的机会，有助于了解自身现状。

其他利益相关方咨询选择，如在互动网站网上咨询、网络调查和论坛或可持续/生态专家研讨会。一般在决策关键期召开持续4~7天的研讨会，共同制定可持续社区规划。

利益相关方：联合国环境规划署或类似机构将推动优先区域选择过程，联系专家顾问与利益团体代表，并提供国际融资选择等相关建议。

步骤三：实施途径

目标：为市政府提供众多备选方案，特别是相似条件下在其他地方已取得成功的方案，确定最具潜在有效性的解决方案，以促进城市和当地社区可持续发展，提供可以量化所选干预措施潜在成效的支持数据与信息。

说明：该步骤为城市政府决策者提供每项目标的干预方案与备选融资方案。该过程旨在帮助政府官员做出明智决定，筛选出最合适、最有效的干预措施，用以实现目标。步骤三在很大程度上以数据模型和情景分析为基础，同时借助重点地区可持续城市模型工具、经济模型工具和融资方案分析工具。可利用包含可持续发展和经济因素的电脑量化模型选出最有成效的方案。编辑可融入模型工作的案例研究数据库和其他实证数据以进一步推动该过程。除了可以应用于学术研究和咨询机构的专业化模型，可持续发展评估工具还可用于对比不同备选方案。

利益相关方：市政府将与专业机构合作，使用软件模型来对比不同方案并选出最佳措施，以实现前一步骤所设定的目标。

步骤四：流程监控

目标：监测可持续发展目标的实现进程，采取合理及时的纠改举措。

说明：步骤四要求定期监测并重新评估步骤一所选定的指标。积极监测关键性能指标将为合理投资，对比所实施干预措施的成效并排序提供方式方法。这确保了数据可信度并可提供丰富的信息来源，便于城市官员及时整改，采取补救行动；还可纠正某些错误或挽回局势，使前一步骤中设定的目标得以实现。定期监测将鼓励执行官员制定积极的行动方案，以防止潜在问题出现并鼓励发展意识。根据城市不断变化的需求和机遇定期回顾目标，特别是随着城市的发展扩张，重新评估中长期目标。采用奖励模式校准目标是确保有效可信度的另一关键，其他旨在实现建设可持续城市目标的国家以其实际行动证明了该方法的可行性。因此，应通过公众对成果的认可等设置奖励机制，为超越目标也可考虑经济鼓励。

利益相关方：市政府和地方社区管理者将与数据提供机构共同监测进程，需维护与研究机构和其他数据提供方的关系，以确保按时、按要求、按频率传达指标相关信息。

步骤五：经验与知识传承

目标：优化国家和全球基准

说明：该步骤包括开发系统和项目，以确保在实施和监测具体干预措施的过程中习得的经验知识在地区、国家及国际范围内得以共享和二次利用。关于措施成败的信息有助于其他城市制定更加有效的可持续发展战略和实施计划。现有经验表明，项目应简述实施过程和结果并存储到永久数据库中，便于其他利益相关者使用。最具意义的经验教训可成为最佳范例，并进行资源共享。除了所习经验外，监测可持续城市关键性能指标所得数据可用于确立基准，便于对比不同干预措施的有效性，并为将来成功标准的制定奠定基础。基准对于实证规划、积极学习和持续提高过程必不可少，这也是建设可持续城市的要求。了解过去的表现才能衡量未来的成功，并有望优化可持续目标的实施成果。

利益相关方：市政府可与利益集团和研究/学术机构合作制定并发布所习经验和基准系统。市政府官员也可通过中央政府及其他城市政府来推广最佳范例和所习经验。联合国环境规划署或类似机构将根据市政府要求，密切市政府与研究机构之间的联系。

4. 评选标准与指标

"SUC评价标准"为促进城市与社区可持续发展制定并阐述了关键可持续目标及性能标准。该评价标准在国际和中国可持续发展最佳范例的基础上，明确了关键评估领域，并提出一套定量和定性指标。

可持续城市评价标准九大一级指标：

安全经济型城市。

交通与便利性。

文化和自然遗产。

土地利用效率。

城市抗灾与弹性。

健康的生态环境与气候应对。

安全、可持续的公共空间。

资源效率。

城市管理及政策。

可持续社区评价标准七大一级指标：

可持续建筑。

包容的社区设施和服务。

宜居的社区景观。

经济与生产力。

安全。

有自豪感、高素养的社区。

社区管理。

附录四：东亚文化之都

1. 名称由来

"东亚文化之都"是中日韩三国在文化领域共同推进务实合作，重点打造的东亚区域文化合作品牌活动，已写入2012年第五次中日韩领导人会议联合声明，以及第四次中日韩文化部长会议签署的《上海行动计划》。活动在尊重文化多样性的前提下，本着"东亚意识、文化交融、彼此欣赏"的精神，突出"共生·创新·和谐"的共识，推动东亚文化传统的保护与传承、创新与发展，以及人民的认同与共享。

"东亚文化之都"旨在发挥中日韩三国历史文化渊源深厚、文脉相通、文化传统相近的优势，在世界舞台展现东亚文化的同时，传承和弘扬中华优秀传统文化，展示中华文化的独特魅力，增强国家文化软实力和中华文化国际影响力。"东亚文化之都"评选活动对推动国内城市文化建设、亚洲区域文化交流合作和促进世界文化多样性发展都有积极意义。

2. 组织机构

由文化和旅游部统筹"东亚文化之都"的申报、验收、认定和管理等相关工作。

由省级文化和旅游行政部门牵头，负责本地区申报城市的省级自查、验收、评估和监督管理等工作。

申报城市的人民政府负责组织开展申报、创建，并及时做好总结与整改等相关工作。

3. 申报条件与程序

"东亚文化之都"的申报、验收、认定和管理工作，遵循"严格标准、注重实效、扩大影响、统一认定、动态管理"的原则，坚持公开、公平、公正、透明，通过竞争性选拔择优认定。

自查与申报。申报城市按照《"东亚文化之都"申报条件和验收评分导则》进行自查后，填写《"东亚文化之都"申报书》，并向省级文化和旅游行政部门提出申报。

省级验收。省级文化和旅游行政部门负责对申报城市组织省级相关评审验收工作，形成相应的省级评审验收报告。省级评审验收报告填写在《"东亚文化之都"申报书》中。

城市创建。申报城市获得候选城市资格后，以《"东亚文化之都"申报条件和验收评分导则》为基本标准，从城市文化资源开发，文化保护、传承与利用，文化设施建设与服务供给，文化产业和旅游产业发展，文化和旅游融合创新等方面，系统性、创新性地开展城市建设工作。通过创建工作实现：城市层面推动以文化为引领的城市升级换代，塑造城市文化品牌，打造城市文化软实力；国家层面弘扬中华优秀文化，助力文化强国建设，提高中华文化在东亚地区的影响力；区域层面培育东亚共同文化，提高东亚文化的包容性和东亚文化认同，提升东亚文化在全球的影响力和竞争力。

国家验收。文化和旅游部按照"集中初审、实地暗访和终审答辩"的流程对申报城市进行评审验收工作。评分导则由文化和旅游部制定。文化和旅游部验收工作按照评分导则进行：集中初审。申报城市须是历史文化名城，或在东亚历史发展进程中发挥了重要作用，具有特殊历史地位或东亚文化特色的城市，且在近三年内无重大文物违法案件和安全责任事故、无重大负面文化或旅游舆情的条件下，文化和旅游部组织专家委员会对申报城市的相关材料进行集中初审，履行审批程序后确定候选城市。实地暗访。待城市完成创建工作后，文化和旅游部根据工作需要委托专家委员会进行现场检查，重点对申报城市的文化和旅游资源禀赋、文化保护与传承、公共文化设施与服务、文化产业和旅游产业、文化和旅游融合、实施保障等进行实地校验。暗访复核过程中如出现与申报材料内容不符的条目，或发现与"东亚文化之都"申报条件不相匹配的情况，专家须提出评估意见。终审答辩。文化和旅游部组织专家委员会终审答辩，并形成专家意见。城市答辩内容须包含但不限于"东亚文化之都"创建和工作方案。

4. 评选标准与指标

申报城市能够秉承城市创新精神，助力我国文化强国建设，弘扬中华文化的理念、智慧、气度、神韵，遵照"东亚意识、文化交融、彼此欣赏"的发展宗旨，突出"共生·创新·和谐"的共识，尊重文化多样性，积极参与主办"中日韩文化部长会议""中日韩旅游部长会议""中日韩艺术教育论坛"等中日韩国家级区域文化和旅游合作项目，积极参与与"欧洲文化之都""东盟文化城市"的对话与交流活动，配合做好"东亚文化之都"品牌建设工作，以文化为桥梁凝聚中日韩文化力量，增强青年一代对亚洲文化的集体认同感和归属感。

申报城市须是历史文化名城或在东亚历史发展进程中发挥了重要作用，具有特殊历史地位或东亚文化特色的城市，且在近三年内无重大文物违法案件和安全责任事故、无重大负面文化或旅游舆情。

申报城市文化和旅游资源禀赋良好。历史文化悠久，文化形态丰富，文化资源规模可观，城市的历史文化品牌、旅游品牌、城市综合品牌突出，文化自信与开放度高，交通辐射能力和文化传播力较强，推动中华文化"走出去"，促进对外文化和旅游开放水平持续提高，在东亚地区有一定的影响力。

申报城市重视文化保护与传承。城市重视非物质文化遗产保护与传承，重视文物保护与利用，重视知识产权保护，形成非物质文化遗产数据库和在线展演平台，文化资源总体保护情况良好，并得到了科学而合理的利用和传承。

申报城市公共文化服务与设施较为完善。城市公共文化服务体系与机制健全有效，拥有完备的文化服务网络平台，备有文化场所安全经营应急预案，文化活动丰富，市民参与度高。

申报城市文化产业和旅游产业具有比较优势。城市对文化产业和旅游产业有固定的投入机制，拥有一批文化和旅游企业，有丰富优质的文化和旅游产品，重视智慧化服务设施建设，并且产出效果良好。

申报城市文化和旅游深度融合。全面推动文化和旅游在理念、职能、产业、市场、服务等方面深度融合发展，持续提升文化和旅游供给能力、创新创意能力、服务质量和综合效益，深入推动数字技术赋能景区、度假区和文化场馆的建设与发展。

申报城市实施保障有力。城市对"东亚文化之都"的创建编制了发展规划和实施方案。候选城市创建成效显著，领导机制健全，组织保障有力，政策保障有力，联建机制有效，品牌营销效果良好，在文化和旅游交流、文化和旅游项目建设、文化和旅游产品开发、文化产业和旅游产业发展、城市文化和旅游空间营造、文化和旅游企业培育、文化和旅游社会组织发展、文化和旅游体制机制创新、文化和旅游智慧化发展、旅游平台建设等方面成效突出。

5. 获选后的要求

文化和旅游部建立动态管理机制，统筹"东亚文化之都"的复核工作，原则上每3～5年以抽查的方式完成"东亚文化之都"的复核工作。省级文化和旅游行政部门对所辖区内已命名的"东亚文化之都"和"东亚文化之都"候选城市要进行日常检查和发展评估，并参与复核工作。

文化和旅游部对当选"东亚文化之都"的城市和候选城市进行动态监管，如出现复核不达标或发生重大文化或旅游违规违法案件、重大文物违法案件和安全责任事故、重大文化或旅游安全事故、严重损害消费者权益事件、因相关问题受到中央和国家机关部委通报批评、严重破坏生态环境行为和严重负面舆论事件，将视问题的严重程度，予以通报提醒、严重警告或撤销命名。

东亚文化之都名单

颁布时间／年	国家/城市
2013	中国泉州、日本横滨、韩国光州
2014	中国青岛、日本新潟、韩国清州
2015	中国宁波、日本奈良、韩国济州
2016	中国长沙、日本京都、韩国大邱
2017	中国哈尔滨、日本金泽、韩国釜山
2018	中国西安、日本东京都丰岛区、韩国仁川
2019	中国扬州、日本北九州、韩国顺天
2020	中国绍兴、中国敦煌、日本北九州、韩国顺天
2021	中国温州、中国济南、日本大分县、韩国庆州

注：截至2021年。

附录五：东盟文化之都

东南亚国家联盟（Association of Southeast Asian Nations，简称ASEAN），1967年8月8日成立于泰国首都曼谷，现有10个成员国——印度尼西亚、马来西亚、菲律宾、泰国、新加坡、文莱、越南、老挝、缅甸、柬埔寨。总面积约449

万km²，人口6.54亿（截至2018年）。秘书处设在印度尼西亚首都雅加达。2021年11月22日，中国国家主席习近平正式宣布建立中国东盟全面战略伙伴关系。

自2008年起，东盟文化艺术部长会议一致达成共识，会议轮值主席国筛选本国一个城市申请参评为"东盟文化之都"。"东盟文化城市"评选活动的启动旨在反映东盟各国的文化与标志，该活动每两年举行一次。

以往被评选为"东盟文化之都"的城市分别是：菲律宾宿务市为"2010—2011年东盟文化之都"，新加坡首都新加坡市为"2012—2013年东盟文化之都"，越南顺化市为"2014—2015年东盟文化之都"，文莱斯里巴加湾市为"2016—2017年东盟文化之都"，印度尼西亚日惹市为"2018—2020年东盟文化之都"，柬埔寨暹粒市为"2021—2022年东盟文化之都"。

东盟文化城市名单

当选年份	国家/城市
2010—2011	菲律宾宿务市
2012—2013	新加坡新加坡市
2014—2015	越南顺化市
2016—2017	文莱斯里巴加湾市
2018—2020	印度尼西亚日惹市
2021—2022	柬埔寨暹粒市

注：截至2022年。

附录六：国家历史文化名城

1. 名称由来

1978年，党的十一届三中全会确立了"改革开放，以经济建设为中心"的大政方针，而以城市为中心的开发建设活动和旧城更新改造，给古建筑、文物古迹及其周边环境带来了一定程度的"建设性破坏"。这引起了社会各界的关注。1981年12月28日，根据北京大学侯仁之、建设部郑孝燮和故宫博物院单士元三位先生的提议，当时的国家基本建设委员会、国家文物事业管理局、国家城市建设总局向国务院提交了《关于保护我国历史文化名城的请示》，建议并选择了24座有重大历史价值和革命意义的城市，作为国家第一批历史文化名城加强管理和保护。1982年2月8日，国务院正式转批这一请示，公布开封等24座城市为首批国家历史文化名城。

根据《中华人民共和国文物保护法》，"历史文化名城是指保存文物特别丰富，具有重大历史文化价值和革命意义的城市"。从行政区划看，历史文化名城并非一定是"市"，也可能是"县"或"区"。

2.　申报程序

申报程序：

准备阶段。申报国家历史文化名城的城市（县）应对照国家历史文化名城条件标准，开展本市（县）历史文化价值研究，对历史文化资源进行普查，积极开展不可移动文物认定公布和文物保护单位核定公布，推动完成历史文化街区和历史建筑的认定公布工作。

评估阶段。完成准备工作后，由城市（县）人民政府向省级住房和城乡建设（规划）主管部门提出评估申请。省级住房和城乡建设（规划）主管部门会同省级文物主管部门研究提出意见，经省、自治区、直辖市人民政府同意后，报请住房和城乡建设部、国家文物局开展评估。收到评估申请后，住房和城乡建设部会同国家文物局组织专家对申报城市（县）进行评估，出具是否符合国家历史文化名城条件标准的评估意见。

审查阶段。经评估符合国家历史文化名城条件标准的城市（县），在两年内达到《国家历史文化名城申报管理办法》（2020年）提出的工作要求后，由省、自治区、直辖市人民政府提出申请，经住房和城乡建设部会同国家文物局组织有关部门、专家进行论证，提出审查意见，报国务院批准公布。

指定程序：

对符合国家历史文化名城条件标准而没有申报的城市（县），住房和城乡建设部会同国家文物局向该城市（县）所在地的省、自治区、直辖市人民政府提出申报建议。省级住房和城乡建设（规划）主管部门和省级文物主管部门应督促该城市（县）按照本办法要求开展相关工作。

接到申报建议1年后仍未申报的，住房和城乡建设部会同国家文物局向国务院提出直接确定该城市（县）为国家历史文化名城的建议，对提醒、约谈、督促后仍不履行职责的相关责任人，按照干部管理权限向相关党组织或部门提出开展问责的建议。

3．评选标准与指标

国家历史文化名城应具有下列重要历史文化价值之一：

与中国悠久连续的文明历史有直接和重要关联。在国家政权、制度文明、国家礼仪、农业手工业发展、商贸交流、社会组织、思想文化、宗教信仰、文学艺术、科学技术、城市与建筑、自然地理、人文地理、军事防御等方面具有重要地位。

与中国近现代政治制度、经济生活、社会形态、科技文化发展有直接和重要关联。突出反映近现代战争冲突与灾害应对、革命运动与政治体制变革、工商业发展、生活方式变迁、新思想新文化传播、科学技术发展、城市与建筑等方面的历史进程或杰出成就。

见证中国共产党团结带领中国人民不懈奋斗的光辉历程。突出反映中国共产党诞生、创建革命根据地、长征、建立抗日民族统一战线、夺取人民解放战争胜利、完成新民主主义革命等方面的伟大历史贡献。

见证中华人民共和国成立与发展历程。突出反映社会主义制度建立与发展、工业体系建立、科技进步、城市建设、重大工程建设等方面取得的巨大成就。

见证改革开放和社会主义现代化的伟大征程。突出反映中国特色社会主义制度建立、社会主义市场经济体制确立、经济特区建设发展、沿海开放城市发展、科技创新和重大工程建设等方面取得的伟大成就。

突出体现中华民族文化多样性，集中反映本地区文化特色、民族特色或见证多民族交流融合。

国家历史文化名城应具有能够体现上述历史文化价值的物质载体和空间环境：

体现特定历史时期的城市格局风貌、历史文化街区和历史建筑保存完好。历史文化街区不少于2片，每片历史文化街区的核心保护范围面积不小于1hm²、50m以上历史街巷不少于4条、历史建筑不少于10处。

各级文物保护单位不少于10处，保存状态良好，且能够体现城市历史文化核心价值。

4．获选后的要求

年度自评估。自2022年开始，各名城每年应开展一次自评估工作，对历史文化保护工作情况进行总结，实事求是梳理经验、查找问题，形成数据翔实、直面问题的年度自评估报告，并附相关证明材料。自评估报告应于每年12月底前报送省级住房和城乡建设（名城保护）、文物部门，北京、上海、天津、重庆4市的自评估报告报送住房和城乡建设部、国家文物局。

定期评估。住房和城乡建设部、国家文物局每五年组织第三方机构对所有名城开展全覆盖调研评估，全面了解制度政策落实、保护工作成效、典型经验做法、存在问题等情况。各省级住房和城乡建设（名城保护）部门应会同文物部门结合名城自评估工作，每年对本省（自治区）所有名城开展一轮评估，形成省级评估报告。省级评估报告应提出名城保护的基本情况、主要经验和问题清单。省级评估情况应及时报送住房和城乡建设部、国家文物局。

重点评估。对特定区域、流域的名城保护情况，名城内特定时期历史文化资源保护工作开展情况，或者问题频发的名城保护管理情况，住房和城乡建设部、国家文物局以及相关省级住房和城乡建设（名城保护）部门、文物部门，及时组织开展重点评估。

对专项评估或群众举报发现突出问题的名城，住房和城乡建设部将会同国家文物局约谈名城所在地方人民政府。对问题严重的名城，住房和城乡建设部将会同国家文物局在进行必要复核论证的基础上，根据相关法律法规和部门规章，对照《国家历史文化名城保护不力处理标准（试行）》，按规定要求和程序作出处理。需通报批评的，由住房和城乡建设部会同国家文物局给予通报批评；需列入濒危名单或撤销其名城称号的，由住房和城乡建设部会同国家文物局报请国务院将其列入濒危名单或撤销其名城称号。各省级住房和城乡建设（名城保护）部门、文物部门应积极配合纪检监察、检察机关对负有责任的领导干部依规依纪依法作出处理。

对专项评估发现的问题，相关名城应制定整改方案，及时进行整改。整改方案要具有针对性，明确时间表、路线图、责任人。省级住房和城乡建设（名城保护）部门应会同文物部门对整改工作进行跟踪督导，特别是督促被约谈和处理的名城所在地方人民政府做好后续整改落实工作，并根据评估结果，指导各地统筹谋划名城保护中长期工作安排，及时修订名城保护管理规定，修编保护规划，按要求向住房和城乡建设部、国家文物局报告整改落实情况。

国家历史文化名城名单

省份	城市
北京市（1个）	北京市
天津市（1个）	天津市
河北（6个）	正定县、山海关区、邯郸市、保定市、蔚县、承德市
山西（6个）	太原市、大同市、祁县、平遥县、新绛县、代县
内蒙古（1个）	呼和浩特市
辽宁（2个）	沈阳市、辽阳市
吉林（3个）	长春市、吉林市、集安市
黑龙江（2个）	哈尔滨市、齐齐哈尔市
上海市（1个）	上海市
江苏（13个）	南京市、无锡市、宜兴市、徐州市、常州市、苏州市、常熟市、南通市、淮安市、扬州市、高邮市、镇江市、泰州市
浙江（10个）	杭州市、宁波市、温州市、嘉兴市、湖州市、绍兴市、金华市、衢州市、临海市、龙泉市
安徽（7个）	寿县、安庆市、桐城市、歙县、亳州市、绩溪县、黟县
福建（4个）	福州市、泉州市、漳州市、长汀县
江西（5个）	南昌市、景德镇市、赣州市、瑞金市、抚州市
山东（10个）	济南市、青岛市、临淄区、烟台市、蓬莱区、青州市、曲阜市、邹城市、泰安市、聊城市
河南（8个）	郑州市、开封市、洛阳市、安阳市、浚县、濮阳市、南阳市、商丘市
湖北（5个）	武汉市、襄阳市、钟祥市、荆州市、随州市
湖南（4个）	长沙市、岳阳市、永州市、凤凰县
广东（8个）	广州市、佛山市、雷州市（公布名称为海康县）、肇庆市、惠州市、梅州市、中山市、潮州市
广西（3个）	柳州市、桂林市、北海市
海南（1个）	海口市（含琼山区）
重庆市（1个）	重庆市
四川（8个）	成都市、都江堰市、自贡市、泸州市、乐山市、阆中市、宜宾市、会理县
贵州（2个）	遵义市、镇远县
云南（7个）	昆明市、会泽县、通海县、丽江市、建水县、大理市、巍山彝族回族自治县
西藏（3个）	拉萨市、日喀则市、江孜县
陕西（6个）	西安市、咸阳市、韩城市、延安市、汉中市、榆林市
甘肃（4个）	天水市、武威市、张掖市、敦煌市
青海（1个）	同仁市
宁夏（1个）	银川市
新疆（5个）	吐鲁番市、库车市、喀什市、伊宁市、特克斯县

注：截至2022年。

附录七：全国文明城市

1. 名称由来

全国文明城市是高举中国特色社会主义伟大旗帜，物质文明和精神文明协调发展，市民文明素质和城市文明程度明显提高，信仰坚定、崇德向善、文化厚重、和谐宜居、人民满意的城市。

全国文明城市是对一个城市文明创建工作成效的最高评价，是反映一个城市经济、政治、文化、社会、生态文明建设和党的建设综合发展成果的最高荣誉，是社会普遍公认的综合性强、含金量高、公信力大的城市荣誉称号。

2005年以来，中央文明委每三年评选表彰一届全国文明城市。经过多年实践，全国文明城市评选形成了一套科学规范、标准严格、实用有效的评选制度和评选办法，确保评选结果经得起群众和实践检验。在三年创建周期内，由各省、自治区、直辖市择优推荐一批全国文明城市提名城市、城区，中央文明办每年对提名城市、城区组织第三方测评，以三年测评加权平均成绩作为评选新一届全国文明城市、城区的基本依据。根据城市类型和工作实际，全国文明城市评选分为省会（首府）和副省级城市、地级城市、县级市和县、直辖市城区4个组别，中央文明办分组别进行测评排名，从每个组别中择优选取新一届全国文明城市、城区。

为客观评价创建文明城市工作成效，中央文明委颁布《全国文明城市测评体系》，作为评选全国文明城市的主要依据。为突出文明城市创建高标准严要求，确保全国文明城市的美誉度公信力，中央文明委颁布《全国文明城市创建动态管理措施（负面清单）》，从党风廉政建设、安全生产、社会治安、生态环境保护、诚信建设、创建工作机制等方面确定具体负面清单项目，针对不同性质的问题从轻到重分别实施罚扣测评分数、通报批评、停止全国文明城市资格一年、取消提名城市参评资格、取消全国文明城市荣誉称号等惩戒办法，划定创建文明城市工作的"底线"和"红线"。通过建立这种"有进有出"的动态管理机制，有力督促了全国文明城市和提名城市巩固创建成果、提升创建水平，确保了文明城市创建的质量和水平。

2. 组织机构

全国文明城市每三年评选表彰一届。在三年创建周期内，根据《全国文明城市测评体系》，中央文明办前两年对地级以上提名城市（区）进行年度测评，第三年中央文明办对各省、自治区、直辖市文明委择优推荐的地级以上提名城市（区）进行综合测评，依据三年测评加权平均成绩确定新一届全国文明城市（区）。

3. 评选标准与指标

《全国文明城市（地级以上）测评体系（2021年版）》由9个测评项目、72项测评内容、140条测评标准构成。

测评项目1：建设有强大生命力和创造力的社会主义精神文明
指标名称1：习近平新时代中国特色社会主义思想学习宣传教育
测评内容1：抓好党员干部理论武装
测评内容2：加强面向全社会的理论宣传普及

指标名称2：理想信念教育
测评内容3：深化中国特色社会主义和中国梦学习宣传教育
测评内容4：落实意识形态工作责任制度
测评内容5：巩固壮大主流思想舆论

指标名称3：文明培育
测评内容6：加强思想道德建设
测评内容7：培育和践行社会主义核心价值观
测评内容8：传承弘扬中华优秀传统文化
测评内容9：深化精神文明教育
测评内容10：构建诚信宣传教育体系
测评内容11：推进文明旅游工作
测评内容12：提高文明交通素质
测评内容13：加强网络文明建设
测评内容14：选树宣传先进模范
测评内容15：制作刊播展示公益广告
测评内容16：强化公共文明引导

指标名称4：文明实践
测评内容17：加强基层基础工作

测评内容18：提升服务能力水平

测评内容19：发展志愿服务事业

测评内容20：开展志愿服务活动

指标名称5：文明创建

测评内容21：实施文明创建工程

测评内容22：深化文明村镇创建

测评内容23：深化文明单位创建

测评内容24：深化文明家庭创建

测评内容25：深化文明校园创建

测评项目2：廉洁高效的政务环境

指标名称6：党风廉政建设

测评内容26：推进全面从严治党

指标名称7：政务行为管理

测评内容27：依法行政

测评内容28：政务公开

测评项目3：公平正义的法治环境

指标名称8：法治宣传教育

测评内容29：建设社会主义法治文化

指标名称9：基层民主建设

测评内容30：加强基层组织建设

测评内容31：健全社区民主建设与管理制度

指标名称10：公民权益维护

测评内容32：完善公民权益保护机制

测评内容33：分众化做好公民权益保护工作

测评项目4：诚信守法的市场环境

指标名称11：诚信建设制度化

测评内容34：加强社会信用体系建设

测评内容35：开展诚信缺失突出问题专项治理

指标名称12：文明诚信服务

测评内容36：执法监管部门和窗口服务单位提供文明优质服务

测评项目5：健康向上的人文环境

指标名称13：国民教育

测评内容37：推动义务教育优质均衡发展

测评内容38：规范学校及校外培训机构管理

指标名称14：科学普及

测评内容39：加强科普工作

指标名称15：公共文化服务

测评内容40：推进文化事业发展

测评内容41：加强文化服务供给

测评内容42：完善基层文化设施

指标名称16：文化产业

测评内容43：健全文化产业体系

指标名称17：民族团结进步

测评内容44：开展民族团结进步创建

测评项目6：和谐宜居的生活环境

指标名称18：经济发展和科技进步

测评内容45：坚持创新驱动发展

测评内容46：提高居民收入水平

指标名称19：城市运行管理

测评内容47：提升城市科学化精细化智能化管理水平

测评内容48：加强无障碍设施建设

指标名称20：城市市容市貌

测评内容49：建设优美环境

测评内容50：保持城市整洁

测评内容51：打造优良秩序

测评内容52：加强社区治理

指标名称21：健康中国建设

测评内容53：保障人民健康

指标名称22：社会保障

测评内容54：健全社会保障体系

测评项目7：安全稳定的社会环境

指标名称23：双拥共建

测评内容55：巩固军政军民团结

指标名称24：公共安全体系建设

测评内容56：加强公共安全保障

测评内容57：加强食品药品安全监管

测评内容58：做好突发公共事件应急处理

测评内容59：保障人民生命安全

测评内容60：维护社会安定

测评项目8：有利于可持续发展的生态环境

指标名称25：环境管理与环境质量

测评内容61：改善城市空气质量

测评内容62：加强城市河湖管理

测评内容63：改善城市水环境质量

测评内容64：改善城市声环境质量

测评内容65：树立绿色环保观念

指标名称26：土地资源管理

测评内容66：落实耕地保护制度

测评项目9：长效常态的创建工作机制

指标名称27：组织领导

测评内容67：健全领导体制和工作机制

指标名称28：群众支持参与

测评内容68：广泛宣传动员

测评内容69：吸引群众参与

测评内容70：群众满意度

指标名称29：加强动态管理

测评内容71：推进创建常念化

指标名称30：投入保障

测评内容72：完善保障机制

4. 获选后的要求

中央文明办依据《全国文明城市测评体系》每年对全国文明城市（区）进行复查测评，依据测评成绩确定是否继续保留全国文明城市（区）资格。

全国文明城市（区）名单

类型	城市（区）
省会（首府）、副省级城市（26个）	山东省济南市、浙江省宁波市、江苏省南京市、广东省广州市、浙江省杭州市、山东省青岛市、福建省厦门市、湖北省武汉市、河北省石家庄市、广东省深圳市、湖南省长沙市、江西省南昌市、贵州省贵阳市、四川省成都市、辽宁省沈阳市、海南省海口市、青海省西宁市、宁夏回族自治区银川市、安徽省合肥市、辽宁省大连市、河南省郑州市、黑龙江省哈尔滨市、福建省福州市、吉林省长春市、云南省昆明市、甘肃省兰州市
直辖市城区（28个）	上海市嘉定区、上海市徐汇区、上海市静安区、上海市奉贤区、上海市浦东新区、上海市长宁区、重庆市渝北区、天津市和平区、重庆市南岸区、天津市河西区、重庆市江北区、北京市海淀区、北京市西城区、北京市东城区、北京市通州区、北京市朝阳区、上海市闵行区、天津市西青区、天津市北辰区、上海市崇明区、天津市滨海新区、重庆市合川区、上海市松江区、上海市金山区、上海市青浦区、重庆市沙坪坝区、重庆市涪陵区、北京市延庆区

续表

类型	城市（区）
地级市 （104个）	浙江省湖州市、江苏省宿迁市、江苏省徐州市、江苏省泰州市、四川省遂宁市、四川省绵阳市、河南省许昌市、浙江省丽水市、江苏省常州市、辽宁省鞍山市、浙江省台州市、江苏省扬州市、江西省赣州市、河南省濮阳市、河南省驻马店市、安徽省宣城市、贵州省遵义市、四川省泸州市、山东省日照市、江西省吉安市、江苏省苏州市、湖南省湘潭市、湖南省常德市、宁夏回族自治区石嘴山市、河北省唐山市、山西省长治市、山东省威海市、陕西省咸阳市、福建省龙岩市、湖南省株洲市、湖北省宜昌市、安徽省芜湖市、安徽省蚌埠市、安徽省安庆市、福建省三明市、河南省洛阳市、湖南省岳阳市、甘肃省嘉峪关市、四川省广安市、山东省淄博市、江苏省镇江市、内蒙古自治区鄂尔多斯市、河南省新乡市、安徽省淮北市、安徽省铜陵市、广东省佛山市、浙江省绍兴市、山东省烟台市、河北省秦皇岛市、山东省潍坊市、山东省东营市、辽宁省盘锦市、广东省中山市、江苏省南通市、福建省莆田市、广东省东莞市、福建省漳州市、浙江省嘉兴市、安徽省马鞍山市、甘肃省金昌市、山东省临沂市、广东省珠海市、浙江省温州市、广东省惠州市、湖北省十堰市、江苏省盐城市、浙江省金华市、浙江省衢州市、山东省济宁市、陕西省延安市、江苏省淮安市、山东省泰安市、浙江省舟山市、四川省德阳市、广东省肇庆市、江苏省连云港市、安徽省滁州市、河南省焦作市、江西省萍乡市、云南省普洱市、湖北省鄂州市、河南省漯河市、河北省廊坊市、河南省南阳市、湖北省荆门市、吉林省吉林市、广西壮族自治区桂林市、四川省自贡市、四川省眉山市、安徽省黄山市、湖南省郴州市、山西省晋城市、云南省曲靖市、河南省信阳市、安徽省宿州市、陕西省铜川市、四川省宜宾市、贵州省六盘水市、河南省商丘市、湖南省娄底市、福建省宁德市、江西省景德镇市、山西省忻州市、安徽省阜阳市
县级市和县 （126个）	山东省胶州市、安徽省当涂县、江苏省江阴市、江苏省张家港市、江苏省常熟市、吉林省梅河口市、河北省迁安市、云南省安宁市、浙江省桐庐县、江西省南昌县、江苏省如皋市、浙江省诸暨市、江苏省溧阳市、广东省四会市、山东省寿光市、山东省莱州市、山东省荣成市、湖南省韶山市、河北省正定县、河南省巩义市、浙江省长兴县、安徽省天长市、江苏省宜兴市、河南省永城市、广东省龙门县、山东省龙口市、云南省腾冲市、山东省乳山市、河南省长垣市、湖北省大冶市、内蒙古自治区鄂托克前旗、福建省沙县、内蒙古自治区准格尔旗、河南省济源市、陕西省志丹县、浙江省瑞安市、陕西省凤县、浙江省余姚市、海南省琼海市、吉林省敦化市、河南省西峡县、湖北省宜都市、新疆维吾尔自治区库尔勒市、广东省博罗县、福建省石狮市、福建省武平县、江苏省丹阳市、浙江省德清县、安徽省金寨县、吉林省延吉市、山东省曲阜市、河南省林州市、江苏省邳州市、江苏省启东市、河北省大厂回族自治县、浙江省慈溪市、江苏省海安市、浙江省嘉善县、江苏省昆山市、安徽省广德市、浙江省海盐县、浙江省平湖市、浙江省安吉县、江西省宜丰县、湖北省枝江市、河南省新安县、安徽省宁国市、山东省新泰市、湖南省宁乡市、山西省静乐县、湖北省竹山县、四川省都江堰市、安徽省歙县、四川省米易县、江苏省句容市、浙江省临海市、浙江省建德市、陕西省彬州市、河南省平舆县、福建省上杭县、贵州省凯里市、山西省古县、江西省玉山县、江苏省太仓市、江苏省如东县、四川省阆中市、浙江省义乌市、陕西省吴起县、浙江省嵊州市、吉林省通化县、内蒙古自治区杭锦旗、河北省文安县、河南省柘城县、江苏省靖江市、贵州省仁怀市、山东省肥城市、山东省青州市、湖北省丹江口市、山东省昌邑市、重庆市巫溪县、云南省景洪市、黑龙江省桦南县、福建省福清市、山西省长子县、广东省仁化县、山西省沁水县、河南省汝州市、吉林省集安市、云南省石林彝族自治县、河北省遵化市、山东省诸城市、四川省江油市、云南省楚雄市、河南省兰考县、江西省芦溪县、江西省大余县、江苏省高邮市、湖南省湘潭县、广西壮族自治区北流市、青海省玉树市、云南省澄江市、福建省德化县、新疆维吾尔自治区博乐市、安徽省桐城市、河南省新县

注：截至2022年。

附录八：特色文化城市建设指南^①

1. 总则

1.1　编制目的

《特色文化城市建设指南》（下称本指南）为中华人民共和国科学技术部国家重点研发计划"中欧新型城镇化创新平台：文化城市建设与关键技术研究"（项目编号：2016YFE0133400）的研究成果。

为加强特色文化资源保护与利用，鼓励探索特色发展模式，加快培育特色鲜明、和谐宜居、富有活力、充满魅力的特色文化城市，推进美丽中国与新型城镇化建设，特制订本指南。

1.2　适用对象

本指南适用于具有一定特色文化资源、具备以文化驱动特色发展潜力的中国城市。

1.3　基本原则

坚持保护优先。最大限度尊重特色文化资源的原真性与整体性，传承地方历史文脉，保护传统风貌，突出本土特色，不搞大拆大建，避免建设性破坏。

坚持因地制宜。根据自然人文条件、社会经济发展水平、区域基础设施和生产方式等，合理确定特色文化城市的发展模式，统筹协调城镇、农业、生态的空间关系，实现特色化、可持续发展。

坚持以人为本。以不断提高当地居民幸福指数为立足点，积极引导当地居民参与，注重民生改善和公共服务提升，建设宜居、宜业、居游共享的和谐城市。

坚持创新发展。建立有效的建设和管理机制，建管并举，探索创新发展模式和创新机制。

1.4　技术标准

结合《特色文化城市监测与评价技术指标体系》研究成果，进一步编制特色

---

① 中国当前阶段进行的城市更新与历史文化保护理论方法，主要源于西方发达国家，文化城市建设虽然受到国家的高度关注，但是目前尚无统一的技术标准与管理模式，中西方文明有差异，城市发展阶段、管理制度、文化环境等存在不同，构建本土化理论方法体系有重要意义。基于当前问题与实践情况，急需出台中国文化城市建设与发展方面的导则，如通过统一名词阐释实现对文化城市内涵的统一认识，通过机制构建保障实施主体的协调联动，强调对文化城市共性规律的把握与对特色的挖掘和保持，规范相应规划的内容、重点与体例等。综合现阶段研究的各项成果，特制定了具有示范意义的《特色文化城市建设指南》。

文化城市的标准与规范。各地开展特色文化城市建设工作，除应符合本指南外，同时应符合国家现行有关标准、规范的相关规定。

2. 术语

2.1 特色文化城市

指文化资源保护得当、文化魅力彰显、文化关联产业动力强劲、文旅休闲氛围浓厚、综合治理能力突出的城市。

3. 总体要求

3.1 延续文脉，彰显魅力

特色文化城市要挖掘和认知本地优秀传统文化基因，坚持真实性、完整性的理念，优先保护和传承地方文脉，加强对历史风貌、建筑、民族民俗、传统技艺等的整体保护与延续，延续人与自然和谐相处的生产方式和生活方式，塑造城市特色风貌，彰显城市魅力。

3.2 创造价值，提升动力

特色文化城市建设要与地方文化传承、特色产业发展、脱贫致富工作相结合，支持发挥文化基因特色，培育文化关联性产业和"幸福产业"，优先鼓励引导文化创意、旅游休闲、电子商务、教育研学、养生养老、乡村度假、文化用品生产等业态发展，增强特色文化城市的发展动力和活力。

3.3 设施先行，氛围营造

统筹布局文化旅游服务设施，完善公共文化服务体系，创新旅游休闲接待服务设施供给方式，改善交通条件，整治提升城乡人居环境品质，创造更丰富、多元、新颖的文化体验，形成有活力的文旅休闲氛围，提升居民与游客的获得感。

3.4 政府主导，多元参与

创新发展理念，建立健全政府主导、全社会参与的工作机制，引导各级财政、各领域人才资源、社会资本与金融资源等向特色文化城市建设工作倾斜，形成多方共建的合力，引导城市发展方式变革，实现全民共享特色文化城市建设成果。

4. 保护文化遗产，延续城市文脉

4.1 树立正确的文化遗产价值观

充分认识文化遗产作为城市文化发展载体的作用和兼具时间与空间、物质与精神等多重属性的特点，从历史、区域、文化、功能等多维度认识文化遗产的价值，系统梳理文化遗产与环境的关联性并谋划系统性保护与利用。正确理解文化遗产原真性、不可移动和不可再生的属性，格外谨慎地传承其文化内涵，系统呈现城市文化发展的时间脉络，妥善处理保护与利用的关系，避免简单以经济价值为导向的处置方式。注重维护原住民的生活延续性，着力改善民生。充分发挥文化遗产的"教化"功能，促进文化复兴和可持续发展，同时促进城市文化关联产业蓬勃发展。

4.2　构建因地制宜的文化遗产保护体系

在落实世界遗产、"大遗址"、历史文化名城名镇名村、历史文化街区、传统村落、文物保护单位、历史建筑、文化生态保护区等相关保护要求的基础上，重点围绕物质与非物质文化要素及其关联系统，探索能发挥地域文化特色和保护对象特点的保护传承方法与路径。着力完善管理机构设置和多部门协调合作机制，开展文化遗产保护利用的立法工作，明确财政、人才等领域的支持措施，针对性开展文化遗产保护利用工作。

5. 塑造特色风貌，彰显文化魅力

5.1　挖掘地域文化内涵

充分尊重地域特点，顺应城市所处的自然环境、文化环境及社会环境，梳理城市空间资源，在历史遗迹、地方民俗、地理气候、经济特色、产业特色等方面深入挖掘地域文化内涵，提炼城市核心文化特征，凝聚共识，确立古今辉映的特色城市文化形象，引导形成与城市紧密相连的独特价值观、生活方式和文化特质。

5.2　传承"天人合一"的城市营建思想

充分认识人与自然和谐统一的发展规律和"天人合一"的中华民族智慧，传承和发展中华传统营城思路，妥善处理城镇与周边山、水、林、田、湖、草等生态景观要素的格局关系，重视对农耕文明、生态文明的继承与弘扬，保护自然山丘、河湖水系、地表植被、野生动物栖息地等自然景观资源以及农田种植、牧场草场、池塘养殖、茶园果园、水利灌溉等农业生产景观资源，促进生产、生活、生态空间协调统一，让城市"看得见山、望得见水、记得住乡愁"，切实打造"美丽中国"。

5.3　加强总体城市设计

强化总体城市设计观，尊重和延续城市文脉，对城市规模、尺度、空间布局、形态、建筑形式、风格、色彩等进行全面统筹和有机配置，打造优美的城市天际线，塑造有地域特色的城镇风貌，创造文化地标场所与空间，展现城市文化品位，避免"千城一面"，传达地域文化内涵，构建有中国风范的特色人居环境，提升文化软实力，重塑城市文化自信，增强城市凝聚力。

6. 培育文化动力，推动转型发展

6.1　打造城市文化品牌

依托特色文化资源，提炼文化特征，明确城市在国家与区域尺度下的特色文化定位，突出国际化语境下的文化价值，系统谋划树立城市文化品牌的战略举措，支持重点领域的文化关联产业发展，举办系列文化品牌活动，加强城市营销推介，重塑特色化的城市形象，提升城市的影响力与知名度。

6.2　活化利用文化资源

结合城市更新行动，鼓励活化利用历史文化、民族民俗文化、工业文化、农业文化等各类文化资源，重点发展文创产业，打造与大众消费方向一致的新业态、新产品，推动破败地区创意化升级改造，聚集人气，提升活力，促进城市有机更新，实现城市发展动力换挡与路径转型。

6.3　创新特色文化体验

重视有形、无形文化遗产在工业化后期和后工业化时代的无穷价值，充分认识人民生活品味提高带来的对传统文化欣赏回归的趋势与规律，重点关注传统农耕文明、近现代工业文明下的特色文化资源，发展基于手工技艺类文化遗产的特色文化产业，寓教于乐，丰富文化体验方式，培育内生动力，带动地区经济发展。

7. 补齐设施短板，提升文旅休闲氛围

7.1　完善文旅设施服务体系

构建丰富多彩的文化服务设施体系。重点加强博物馆、图书馆、科技馆、美术馆、文创园区等代表性文化设施和文化空间的建设，鼓励发挥地域文化特色布局多样化、特色强的文化设施，积极引入社会力量推动城市文化设施高质量运营，以大"IP"思维打造具有地域特色的文创产品形象，实现文化影响力提升。

构建高水平的文旅休闲服务设施体系。打造高质量的文旅休闲消费业态，将文化创意元素引入地方土特产品、传统手工艺品、农产品等的包装设计和商品化开发，着力打造夜间经济示范区，大力发展地域传统美食，扶持餐饮老字号和地方名店名品，鼓励建设美食主题街区，结合"互联网+"做好特色旅游的宣传促销。鼓励结合旅游景区景点建设高水平的接待服务设施，鼓励依托景观优美的村庄及旅游景区周边发展主题鲜明、功能完善的客栈或民宿，培育乡村度假新业

态。结合交通条件和建设条件，有序引导汽车房车营地建设。

7.2　改善交通条件，支撑开展文旅休闲活动

积极链入"八横八纵"的国家高速铁路网络建设，完善国家干线公路网络，统筹布局综合性重大交通枢纽设施，提升城市对外交通可达性和区域辐射能力。推进文旅专线公路网络和慢行交通系统建设，重点谋划以绿道、蓝道、步道等慢行系统串联文旅休闲目的地的空间组织模式。AAAA级及以上旅游景区、重要旅游度假区宜设置旅游交通换乘与集散服务站，并有若干旅游公交专线通达。结合旅游交通集散服务站设立旅游信息咨询中心，或在客流集中处设置单独的旅游信息咨询站及流动服务点。

7.3　建设文化氛围浓厚的"完整社区"

结合地方实际和"完整社区"建设行动，构建全覆盖的社区文化设施服务体系，以传播文化、放松身心、服务生活为目标，在政府主导、社会参与、多方力量融入的机制下，鼓励利用社区文化设施、各类公共服务设施、公共活动空间等开展丰富多彩的社区型文化活动，推动社会主义精神文明建设"下社区"，培育"书香""墨香"等特色文化型社区，形成人人积极参与、文化氛围浓厚的社区软环境，增强社会认同感与凝聚力。

8.　优化体制机制，提高综合治理能力

8.1　搭建组织实施机制

强化以政府为主体的管理、控制与引导，构建以特色文化城市建设为中心的行政管理体制，明确专项工作牵头组织部门，搭建联席会议等形式的部门间统筹协调机制，编制相应的规划、行动计划、实施方案，建立健全项目库，制定相应的保护发展政策和支持措施，将责任落实到部门、机构和负责人，并加强对方案实施的监督管理。

8.2　加大政策与资金支持力度

加快研究出台支持特色文化城市建设的相关配套政策，提高地方、企业及当地居民参与文化项目投资运营的积极性。要加强国家、省市各类财政专项资金的整合利用。政府引导推动设立特色文化城市建设专项基金，将符合条件的企业和项目纳入支持范围。加大金融支持力度，创新特色文化城市建设的投融资机制，支持符合条件的相关企业上市，发展相关项目资产证券化产品，加大对小型微型企业的信贷支持。支持农村集体土地承包者的非农建设用地经营权根据需要向文化旅游等特色产业流转、集中、经营，通过使用权入股、联营等形式与其他单位、个人共同开办文化旅游企业，修建文化旅游服务设施。

8.3　加强宣传推介

将特色文化城市纳入国家级和省级重点推荐的旅游地名录。政府网站要完善和不断更新特色文化城市的旅游服务信息。结合城市和旅游景区整体形象的推广，在中央和地方主流媒体大力宣传旅游品牌。用好"互联网+"的机遇，积极谋划在线游赏、直播带货等新形式的文化价值变现方式，反哺文化遗产保护的资金与人力投入。对资源保护到位、文旅经济活跃、当地居民获益、综合效益显著的城市给予重点包装和市场营销推介，提升其知名度和影响力。

8.4　发挥多元主体作用

发挥市场主体在特色文化城市建设过程的积极作用，在项目计划、实施途径、业态选择、资金筹措、商业管理、设施运营、旅游开发等环节主动参与作为，不断创新文化遗产保护利用的商业模式、运营模式与盈利模式，以"绣花功夫"推动城市更新，提升历史街区活力，塑造城市文化形象。

鼓励社会力量的全过程参与与监督，组织居民代表参与重大项目论证。支持居民从事文旅接待服务业，相关部门应通过组织培训班、从业人员交流、技能竞赛等多种方式提高从业人员的技能水平和参与意识，提高特色文化城市建设的全民获得感。发挥社会力量的创造性，支持社会组织参与文化遗产的保护利用和城市文化空间的运营，开展丰富多彩的公民文化教育活动，引导正确的舆论导向，促进社区自治下的文化氛围营造，使文化遗产保护利用成为一种公民自觉。

主要参考文献

[1] EVANS G, SHAW P. The contribution of culture to regeneration in the UK[M]. London: London Metro Politan University, 2004.

[2] BENNETT T. Culture: a reformer's science[M]. Sydney: Allen and Unwin, 1998.

[3] FRED I. Cultural Studies[M]. Oxford: Blackwell, 1993.

[4] COHEN N. Urban planning conservation and preservation[M]. New York: McGraw-Hill, 2001.

[5] RODWELL D. Conservation and sustainability in historic cities[M]. Hoboken: Wiley-Blackwell , 2008.

[6] CODY J, SIRAVO F. Historic cities: issues in urban conservation[M]. Los Angeles: Getty Conservation Institute, 2019.

[7] PENDLEBURY J. Conservation in the age of consensus[M]. London: Routledge, 2009.

[8] BANDARIN F, VAN OERS R. Reconnecting the city: the historic urban landscape approach and the future of urban heritage[M]. New York: John Wiley & Sons, Ltd , 2015.

[9] MONTALTO V, TACAO M C J, ALBERTI V, et al. The cultural and creative cities monitor[M]. 2019 ed. Luxembourg: Publications Office of the European Union, 2019.

[10] UNESCO, The World Bank. Cities, culture, creativity: leveraging culture and creativity for sustainable urban development and inclusive growth[M]. UNESCO, Th World Bank, 2021.

[11] UNESCO. Reshaping policies for creativity: addressing culture as a global public good[M]. Paris: United Nations Educational, Scientific and Cultural Organization, 2022.

[12] United Nations Human Settlements Programme. World cities report 2022: envisaging the future of cities[EB/OL]. https://unhabitat.org/sites/default/files.

[13] European Communities. European capitals of culture: the road to success from 1985 to 2010[R]. European Communities, 2009.

[14] Urban Task Force. Towards an urban renaissance[R]. London: Office of the Deputy Prime Minister, 1998.

[15] Greater London Authority. London cultural capital: realising the potential of a world: class city[R]. London: Greater London Authority, 2004.

[16] English Heritage. Valuing places: good practice in conservation areas[R]. London: Park Communcations, 2011.

[17] MAGEEAN A. Assessing the impact of urban conservation policy and practice: the chester experience 1955－96[J]. Planning Perspectives, 1999, 14（1）: 69－97.

[18] RODWELL D. Sustainability and the holistic approach to the conservation of historic cities[J]. Journal of architectural conservation, 2003, 9（1）: 58-73 .

[19] 芒福德. 城市文化[M]. 宋俊岭, 译. 北京: 中国建筑工业出版社, 2009.

[20] 芒福德. 城市发展史: 起源、演变和前景[M]. 宋俊岭, 倪文彦, 译. 北京: 中国建筑工业出版社, 2005.

[21] 威廉斯. 文化与社会[M]. 高晓玲, 译. 长春: 吉林出版集团有限责任公司, 2011.

[22] 科特金. 全球城市史[M]. 王旭, 译. 北京: 社会科学文献出版社, 2006.

[23] 马尔腾. 人类生态学: 可持续发展的基本概念[M]. 顾朝林, 译. 北京: 商务印书馆, 2012.

[24] 兰德利. 创意城市[M]. 杨幼兰, 译. 北京: 清华大学出版社, 2009.

[25] 博厄斯. 人类学与现代生活[M]. 刘莎, 谭晓勤, 张卓宏, 译. 北京: 华夏出版社, 1999.

[26] 凯勒. 文化的本质与历程[M]. 陈文江, 吴骏远, 译. 杭州: 浙江人民出版社, 1989.

[27] 哈维. 后现代的状况: 对文化变迁之缘起的探究[M]. 阎嘉, 译. 北京: 商务印书馆, 2013.

[28] 欧文斯. 世界城市文化报告[M]. 黄昌勇, 译. 上海: 同济大学出版社, 2018.

[29] 汤姆林森. 全球化与文化[M]. 郭英剑, 译. 南京: 南京大学出版社, 2002.

[30] 芬格胡特. 向中国学习: 城市之道[M]. 张路峰, 包志禹, 译. 北京: 中国建筑工业出版社, 2007.

[31] 梁启超. 梁启超论中国文化史[M]. 北京: 商务印书馆. 2012.

[32] 费孝通. 对文化的历史性和社会性的思考[J]. 思想战线, 2004（2）: 1-6.

[33] 吴良镛. 中国人居史[M]. 北京: 中国建筑工业出版社, 2014.

[34] 吴良镛. 人居环境科学导论[M]. 北京: 中国建筑工业出版社, 2001.

[35] 单霁翔. 从"功能城市"走向"文化城市"发展路径辨析[J]. 文艺研究, 2007（3）: 41-53.

[36] 王景慧. 历史文化名城保护理论与规划[M]. 上海: 同济大学出版社, 1999.

[37] 阮仪三. 历史文化名城保护实践的新探索[J]. 中国名城, 2011（7）: 10-13.

[38] 仇保兴. 风雨如磐: 历史文化名城保护30年[M]. 北京: 中国建筑工业出版社, 2014.

[39] 王树声. 中国城市人居环境历史图典[M]. 北京: 科学出版社, 2016.

[40] 刘魁立. 文化生态保护区问题刍议[J]. 浙江师范大学学报（社会科学版）, 2007（3）: 9-12.

[41] 鲍宗豪, 胡以申. 文化: 国际大都市的灵魂[M]. 上海: 上海社会科学院出版社, 2004.

[42] 苏国勋, 张旅平, 夏光. 全球化: 文化冲突与共生[M]. 北京: 社会科学文献出版社, 2006.

[43] 奚洁人. 世界城市精神文化论[M]. 北京: 学林出版社, 2010.

[44] 勒盖茨, 斯托, 张庭伟, 等. 城市读本[M]. 中文版. 北京: 中国建筑工业出版社, 2013.

[45] 杨苗青, 刘小钢. 文化都市: 大城市以文化论输赢[M]. 广州: 广州出版社, 2002.

[46] 付宝华. 城市主题文化与世界名城崛起[M]. 北京: 中国经济出版社, 2007.

[47] 吴忠. 城市文化与文明[M]. 北京: 人民出版社, 2011.

[48] 叶茵. 中华民族的文化与性格[M]. 北京: 民族出版社, 2006.

[49] 张钟汝, 章友德. 城市社会学[M]. 上海: 上海大学出版社, 2001.

[50] 周建明, 刘畅. 文化生态保护区理论与实践[M]. 北京: 中国建筑工业出版社, 2016.

[51] 周建明, 所萌, 岳凤珍. 文化生态保护区的理论基础与规划特征[J]. 城市规划,

2014, 38（S2）：49-54.

[52] 张鸿雁. 论特色文化城市理论体系建构研究与实践创新：中国本土化特色文化核心价值的理论体系与范式建构[J]. 南京社会科学，2012（8）：1-11.

[53] 张鸿雁. 城市定位的中国本土化与创新[J]. 南京社会科学，2008（7）：110-115.

[54] 刘治彦，付晓东. 中国城市经济发展评价与展望：中国城市发展报告[R]. 北京：社会科学文献出版社，2010.

[55] 刘士林. 特色文化城市与中国城市化的战略转型[J]. 天津社会科学，2013（1）：122-127.

[56] 陈柳钦. 城市文化：城市发展的内驱力[J]. 西华大学学报（哲学社会科学版），2011, 30（1）：108-114.

[57] 马如兰，孟杰，李波，等. 文化社区及文化城市建设与新型城镇化[J]. 甘肃科技，2010, 26（22）：4-6.

[58] 刘士林. 新中国的城市化进程及文化城市战略[J]. 文化艺术研究，2010, 3（2）：27-44.

[59] 陈柳钦. 城市文化：城市发展的内驱力[J]. 理论学习，2011（1）：108-114.

[60] 林梓. 城市文化及其发展[J]. 社会科学家，1987（1）：13-15.

[61] 任平. 时尚与冲突：城市文化结构与功能新论[M]. 南京：东南大学出版社，2000.

[62] 陈立旭. 都市文化与都市精神：中外城市文化比较[M]. 南京：东南大学出版社，2002.

[63] 赵忠德. 文化的定位[J]. 辽宁师范大学学报（社会科学版），2006（1）：18-21.

[64] 鲍宗豪，胡以申. 文化：国际大都市的灵魂[M]. 上海：上海社会科学院出版社，2004.

[65] 刘合林. 城市文化空间解读与利用：构建文化城市的新路径[M]. 南京：东南大学出版社，2010.

[66] 黄鹤. 文化政策主导下的城市更新：西方城市运用文化资源促进城市发展的相关经验和启示[J]. 国际城市规划，2006, 21（1）：34-39.

[67] 翟天健. 文化主导下的城市更新：近十年来我国"文化城市"研究现状及热点分析[J]. 新闻知识，2019（6）：70-73.

[68] 魏伟，刘畅，张帅权，等. 城市文化空间塑造的国际经验与启示：以伦敦、纽约、巴黎、东京为例[J]. 国际城市规划，2020（3）：77-86.

[69] 戴立然. 城市文化与文化城市的辩证思考[J]. 大庆社会科学，2001（6）：38-38.

[70] 沈山，祁豫玮，林炳耀. 文化都市形象定位与建设策略：以南京市为例[J]. 人文地理，2005, 20（2）：84-87.

[71] 刘士林. 关于城市文化研究的几个基本问题[J]. 现代城市研究，2013（4）：3.

[72] 陈虹. 试谈文化空间的概念与内涵[J]. 学术论坛，2006（1）：44-64.

[73] 顾如春. 城市形象塑造要强化文化意识[J]. 行政论坛，2002（9）：73.

[74] 王林生. "文化城市"理念的历史语境及理论内涵[J]. 城市问题，2014（4）：17-23.

[75] 樊勇. 文化建设与全面小康[M]. 北京：社会科学文献出版社，2005.

[76] 蔡绍洪，李莉，解伏菊. 大中城市从功能城市到文化城市的可持续发展之路[J]. 经济纵横，2010（11）：31-34.

[77] 马如兰，孟杰，李波，等. 文化社区及文化城市建设与新型城镇化[J]. 甘肃科技，2010（22）：4-6.

[78] 查晓鸣，杨剑. 刍议城市文化建设的策略[J]. 中共济南市委党校学报，2015（2）：89-92.

[79] 谢守红，宁越敏. 世界城市研究综述[J]. 地理科学进展，2004（5）：56-66.

[80] 房尚文. 新时代深圳文化建设的几点特色[J]. 特区经济，2020（10）：23-25.

[81] 高小军. 深圳都市圈文化产业区域协同发展研究[J]. 特区实践与理论, 2022(3): 111-117.

[82] 刘宗璋. 新发展阶段深圳文化产业形势分析与对策研究[J]. 特区实践与理论, 2021 (4): 76-81.

[83] 吴晓琪. 全球标杆城市: 中国指标体系及深圳范例[J]. 城市观察, 2021(4): 42-56.

[84] 周继洋. 上海与五大国际文化大都市文化指标对比研究[J]. 中国名城, 2019(5): 83-89.

[85] 徐晓迪. 全球标杆城市比较视角下的深圳文化辐射力研究[J]. 特区经济, 2022(1): 9-12.

[86] 韩永辉, 张帆, 梁晓君. 深圳打造全球标杆城市的现状、挑战及对策分析[J]. 城市观察, 2021(2): 63-74.

[87] 龙瀛, 罗子昕, 茅明睿. 新数据在城市规划与研究中的应用进展[J]. 城市与区域规划研究, 2018, 10(3): 85-103.

[88] 李苗裔, 王鹏. 数据驱动的城市规划新技术: 从GIS到大数据[J]. 国际城市规划, 2014, 29(6): 58-65.

[89] 赵珂, 赵钢. "非确定性"城市规划思想[J]. 城市规划汇刊, 2004(2): 33-36, 95.

[90] 杨俊宴, 胡昕宇. 城市空间特色规划的途径与方法[J]. 城市规划, 2013, 37(6): 68-75.

[91] 肖竞, 李和平, 曹珂. 历史城镇"景观—文化"构成关系与作用机制研究[J]. 城市规划, 2016, 40(12): 81-90.

[92] 胡海胜, 唐代剑. 文化景观研究回顾与展望[J]. 地理与地理信息学, 2006(5): 95-100.